ハイデガー読本

Martin Heidegger

秋富克哉・安部浩・古荘真敬・森一郎 編

法政大学出版局

序

　ここにわれわれは、『ハイデガー読本』を世に送る。刊行作業としては終わりだが、ささやかながら一つの始まりとなることを願って。本書が、ハイデガーの思索に関心をもつ人びとに迎えられ、読者一人一人がものを考えるよすがとなることを望んでやまない。

　法政大学出版局の『読本』シリーズはこれまで、ヘーゲル、カントを皮切りに、少なからぬ哲学者を取り上げてきた。二十世紀の代表的哲学者と見なされ日本で盛んに研究されてきたマルティン・ハイデガー（一八八九―一九七六年）は、しかし、不思議と登場しないままだった。要因の一つとして、わが国のハイデガー研究が大学ごとに分立し、まとまりをもっていなかったことが挙げられよう。その旧弊を打破しようとして組織されたのが、ハイデガー・フォーラムである。二〇〇五年の創設準備以来のこの十年間、全国の哲学研究者が連絡を取り合い、開かれた対話を繰り広げる場となってきたフォーラムの実績によって、状況は大きく変わった。その相互交流の広がりは、共同研究の成果が凝縮された一冊の入門書を、世に送り出すことを可能とするに至ったのである。

　一九二〇年代にハイデガーの講筵に列し、帰国後はその影響下に自身の思索を展開した田辺元、三木清、九鬼周造らを先駆けとして、わが国は、ハイデガー研究において世界有数の蓄積を誇る。だがそれは遺憾ながら、今日の隆盛を必ずしも意味しない。「ハイデゲリアン」と言えば、難解な専門語を弄んで観念遊戯に耽《ふけ》る秘教的自閉集団の代名詞とされてきたほどである。なるほど、哲学の世界は秘境にも似た近寄りがたさをもつ。しかしながら、われわれの哲学者が身をもって示したように、ものを考えることは、孤塁に閉じこもるだけにとどまらず、同時代の大問題に身を晒し、それと対決することで、はじめて鍛えられる。実存、政治、技術といった二十世紀の根本問題に挑んでいった思索者に学ぼうとする者が、現代世界から目を逸らしてよいはずがない。

とりわけ、二〇一一年三月の東日本大震災とそれに続く原発事故は、人びとに戦慄を催させ、立ち止まって考えるという課題を突きつけることとなった。その課題に絶好の目配せを与えるのが、ハイデガーの思索なのである。いつの時代にも新しい哲学の可能性を拓こうとする志を、わがものとし、共有し合い、次世代に伝えてゆくこと。そうした共同事業が、ハイデガー研究の企図には属している。本書はその共同宣言の書として編まれた。

現代における哲学の可能性を拓くことは、しかし、時局的トピックに飛びつくこととは異なる。本書でわれわれは、奇を衒《てら》うことなく、『読本』としての正攻法を貫こうとした。つまり、ハイデガー・フォーラムに集った研究者の衆知を結集して、二十世紀最大の思想家の全貌を一般読者に分かりやすく伝えることをめざした。国内外に類書が多数あるなかで編む以上、「オーソドックスな決定版の入門書」でなければならないと、そう確認し合って執筆者に協力を求めた。ハイデガーの前期、中期、後期に多彩に展開された思索世界を、たった一冊で網羅的に概観するなどという無謀な企ては、字数の制約と訳語の統一要求と相俟って、各執筆者に難渋を強いたにちがいない。それでも空中分解することなく公刊に漕ぎつけられたのは、哲学的対話の愛好心に根ざした友誼が、そこに通い合っていたからだろう。その友愛の賜物が与えられたことを、ともに喜びたい。

本書は三部から成り、時期的にハイデガーの思索を三つに区分して見てゆく。

第Ⅰ部では、学問を修め研究者として出立《しゅったつ》した初期フライブルク大学時代と、教授職に就き「哲学界の隠れた王」として頭角を現してゆくマールブルク大学時代の思索を扱う。最初期の思索からどんなふうに『存在と時間』が実っていったか、アリストテレスとカントがどう摂取されたか、とりわけ、この二十世紀の古典はいかなる内実をそなえているか、が関心の中心となる。『存在と時間』には六章を費やして丁寧に解説を加える。

第Ⅱ部では、『存在と時間』が圧倒的な成功を収め母校に呼び戻されたのち、時代の激動の中でフライブルク大学学長に選ばれ、栄光から挫折への暗転を経て深化してゆく思索の道程をたどる。つとに「転回」が取り沙汰されてきた時期にあたる。なかでも、一九三〇年代後半に書き記された『哲学への寄与論稿』は、三章を割いて詳しく解説する。二十世紀という巨怪な時代の真っただ中を生きた思索者のすがたを浮き彫りにする。

第Ⅲ部では、ドイツ無条件降伏後、一時は教授活動停止の憂き目に遭いながらも、『ヒューマニズム書簡』と『ブレーメン講演』を手始めに、旺盛な講演、著述活動に入ってゆく円熟の境地を見届ける。乏しい時代の思索の結晶たる『杣道《そまみち》』や、後期の代表作『講演と論文』が再び繙かれ、物と世界、科学と技術、詩作と言葉が、問い直される。『存在と時間』の著者が行き着いた晩年の境涯を示す講演「時間と存在」で締めくくられる。

なお、各部の境目ごとに、編者による序奏・間奏をコラムふうに挿し入れておいた。

以上の三部構成の本文のほか、本書には付録として「ハイデガー全集の全貌」が付されている。一九七五年にドイツのクロスターマン社から刊行の始まった『マルティン・ハイデガー全集（*Martin Heidegger Gesamtausgabe*）』は、四〇年の歳月を経て、八〇冊を優に超える刊行巻数に達し、その全貌を現すに至っている。日本でもこれに呼応して創文社から邦訳全集が刊行されてきた。それを概観することは、ハイデガー哲学に関心をもつ読者にとって有益であろうとわれわれは考え、本文執筆者に加え気鋭の研究者にも協力を仰ぎ、既刊の全巻の梗概を付すこととした。ハイデガーの絢爛たる思索的生涯が絵巻物のように連なり、誰の眼にも壮観であろう。本書に二次文献案内を付すことはしなかったが、その代わり、これだけ豊かな一次文献を逐一解説できたことを誇りとしたい。

二〇一四年三月、本書の原稿が揃ってきた段階で、『ハイデガー全集』第九四、九五、九六巻が公刊された。『考察（*Überlegungen*）』と題された一九三〇年代から四〇年代にかけてのこの思索日記――通称「黒ノート（*Schwarze Hefte*）」――には、偏狭な「反ユダヤ主義的」イデオロギーを抱懐していたことの証拠がみられると、刊行前から独仏の新聞等で報じられ、物議を醸した。この点を重く見たわれわれは急遽、『ハイデガー全集』の当該三巻担当の編者であり事情に最も精通しておられるペーター・トラヴニー氏（ヴッパータール大学教授）に依頼して、このテクストの問題性に関して寄稿していただくことにした。全集概観への本質的追補として、哲学と政治の間柄にかかわる最新レポートを掲載できたことを、この場を借りてトラヴニー氏に感謝したい。

もう一つ、本書には重要な付録がある。事項索引を兼ねた「標準訳語一覧」である。これまでハイデガー研究において、翻訳は鬼門であった。ドイツ語のニュアンスを鏤《ちりば》めて哲学用語を鋳造する魔術師の至芸を、日本語に定着させるのは至難の業だが、そればかりではない。既存の邦訳は訳者により訳語が相当異なるため、読者に当惑を強いてきたのである。多数の執筆陣から成る一書でこれを放置すれば、混乱を来たすのは必至である。そこで本書では、必ずしも訳語上の見解を等しくしない編者間で話し合って訳語の調整を図り、可能な範囲で統一を試みた。特定の一人の見解に倣うのではなく、対等な研究者同士の長い議論のすえに選んだ訳語である。とはいえ、ドイツ語の単語に複数の日本語訳をあてた場合も少なくなく、章ごとに若干の訳語のばらつきも許容したが、諒とされたい。

本書用に作成した訳語一覧表と執筆要領に沿って執筆者がおのおの原稿作成にいそしんでいるちょうどその頃、『存在と時間』の新訳が二種出版された。岩波文庫版の熊野純彦訳と、作品社版の高田珠樹訳である。両訳書を検討し訳語選定に反映させる余裕はもはやなかったが、ハイデガーの主著が新たな装いのもと読み継がれてゆくであろうことを、心強く思う。主著の翻訳が十種にのぼるという事実一つとっても、日本が世界中でハイデガーへの関心の最も高い国の一つであることはまちがいない。また、「黒ノート」をめぐる最近の議論は、毀誉褒貶《きよほうへん》の賑やかなお騒がせ哲学者の面目躍如たるものがある。欧米の論者とはまたちがった角度で「ハイデガーにおける哲学と政治」の問題を眺め、「反ユダヤ主義」や「全体主義」についての議論を深めることが、われわれには可能なのである。

かつてニーチェは、哲学者とは「尋常ならざる（außerordentlich）事物をたえず体験する」存在であり、自身の思想に襲われるさまたるや「彼に特有な出来事（Ereignisse）のごとく」だとし、さらにこう付け加えた——「この宿業的な人間のまわりでは、つねに雷鳴が轟き、唸り声がし、何かが張り裂け、無気味（unheimlich）なことが起こる」と（『善悪の彼岸』二九二番）。ニーチェはここで自分のことを語っているかのようである。

われわれの哲学者もまた、そのような「尋常ならざる」「無気味」な存在であり、さながら、彼の哲学そのものが一個の「出来事」であった。その世界を覗くことも、これはこれで、尋常ならざる無気味な出来事の相を呈することとなろう。本書が、その体験の道案内役を果たせるとしたら、編者としてこれに優る喜びはない。

本書の装幀は、ハイデガー・フォーラム大会ポスターのデザインを第一回から担当くださっている中野仁人氏（京都工芸繊維大学教授）に、お願いすることができた。学界の通念を打ち破る斬新なポスターを毎年制作されている氏に、フォーラムの結実の一つである本書も飾っていただけたこと自体、壮挙であり、感謝にたえない。読者におかれては、『読本』シリーズのイメージを更新する表紙を、内容ともども、ぜひ堪能いただきたい。

出版にあたって、法政大学出版局編集部の郷間雅俊氏に大変お世話になった。氏の温かい理解と強力な支援なしには、本書は生まれなかった。記して感謝の意を表したい。

二〇一四年一〇月

編者を代表して

森　一郎

追記——ハイデガー研究の若手育成の一助にと、本書出版にあたって渡邊邦美様より篤志を賜わった。御礼申し上げたい。

目次

序　iii
凡例　xii

第I部　前期ハイデガーの思索——最初期から『存在と時間』まで

序奏——神学という由来　ハイデガーの生い立ち　古荘真敬　4
1　「カントへ還れ」から「事象そのものへ」　問いの出発点　村井則夫　7
2　事実性の解釈学　初期フライブルク期という「道」　池田　喬　17
3　アリストテレスの現象学的解釈　そこに胚胎していたもの　森　秀樹　27
4　カントの現象学的解釈　超越論的時間地平の発見　齋藤元紀　37
5　基礎存在論の成立と理念　『存在と時間』Ⅰ　安部　浩　47
6　世界・他者・自己　『存在と時間』Ⅱ　松本直樹　57
7　内存在・気遣い・真理　『存在と時間』Ⅲ　古荘真敬　68

8　死と良心　『存在と時間』Ⅳ　森　一郎　79
9　時間性・日常性・歴史性　『存在と時間』Ⅴ　伊藤　徹　89
10　「時間と存在」のゆくえ　『存在と時間』Ⅵ　仲原　孝　100
間奏1――神は存在論にたずさわるか　『カントと形而上学の問題』をめぐって　安部　浩　110

第Ⅱ部　中期ハイデガーの思索――一九三〇年代から第二次世界大戦まで

11　メタ存在論、不安と退屈、自由　「形而上学」の展開　瀧　将之　115
12　学長ハイデガーの大学改革構想　『ドイツ大学の自己主張』　轟　孝夫　125
13　もっとも無気味なものへの問い　『形而上学入門』と「芸術作品の根源」　小林信之　135
14　思索的な詩作を詩作的に思索すること　ヘルダーリン解釈　神尾和寿　146
15　ニーチェとユンガー　ニヒリズムと形而上学の超克をめぐって　山本與志隆　156
16　現代の窮迫から第一の原初へ　『哲学への寄与論稿』Ⅰ　秋富克哉　166

17 跳躍と根拠づけ　『哲学への寄与論稿』Ⅱ　山本英輔　177
18 将来する者たちと最後の神　『哲学への寄与論稿』Ⅲ　関口　浩　187
19 真理概念の変容　「真理の本質について」「プラトンの真理論」「世界像の時代」　相楽　勉　196
20 別の原初への道　『原初について』『野の道での会話』　松本啓二朗　206
間奏2――迷いのなかを進む六本の道　『杣道』をめぐって　秋富克哉　216

第Ⅲ部　後期ハイデガーの思索――第二次世界大戦後から最晩年まで

21 西洋哲学の原初　「アナクシマンドロスの箴言」を中心に　陶久明日香　221
22 近代ヨーロッパの終焉　「ニーチェの言葉〈神は死んだ〉」「詩人は何のために」　小野　真　231
23 思索という行為　『「ヒューマニズム」について』『何が思索を命ずるか』　菊地惠善　242
24 現代技術の本質　『ブレーメン講演』『技術と転回』『放下』　後藤嘉也　252
25 世界に住むということ　「物」「建てる、住む、考える」「詩人的に人間は住む」　稲田知己　263

26 差異と没根拠　「同一性の命題」と『根拠の命題』　井上克人　273
27 世界を開示する言葉　『言葉への途上』　橋本武志　283
28 精神医学との対話　『ツォリコーン・ゼミナール』　梶谷真司　294
29 存在の出来事としての性起　「時間と存在」　嶺　秀樹　304
特別寄稿　ハイデガーと「世界ユダヤ人組織」　「黒ノート」をめぐって　ペーター・トラヴニー（陶久明日香／安部 浩 訳）　315
付録　ハイデガー全集の全貌　監修：齋藤元紀／陶久明日香／松本直樹　(19)
事項索引（標準訳語一覧）　(9)
人名・著作名索引　(4)

＊本書内の写真＝安部浩 撮影

凡例

一、クロスターマン社から刊行中のドイツ語版『ハイデガー全集』（*Martin Heidegger Gesamtausgabe*, Vittorio Klostermann, Frankfurt am Main, 1975– ）のテクストを引用するさいには、「GA」と略記のうえ巻数を示し、コンマの次に頁数を記す。たとえば、Band 10, S. 100 の場合、「GA10, 100」となる（『ハイデガー全集』第一〇巻、一〇〇頁、の意）。創文社版『ハイデッガー全集』の邦訳書には、ドイツ語原版の頁付けも記載されているので、容易に調べることができる。

一、単行本からの引用は、『存在と時間』（Martin Heidegger, *Sein und Zeit*, Max Niemeyer, Halle, 1927, 19. Aufl., Tübingen, 2006）のみ、略号「SZ」を用いる。たとえば、*Sein und Zeit*, S. 200 は、「SZ, 200」（『存在と時間』二〇〇頁、の意）。この書の多くの邦訳書にも、原書の頁付けが記載されている。

一、GA の同じ巻や SZ からの引用が続く場合には、二度目以降の巻名・書名略号を省略する場合がある。

一、ハイデガーの基本用語の訳語は、既訳を踏まえつつ、初心者にも違和感のないよう工夫を凝らして、ある程度の統一を図った。巻末の「事項索引」は、標準訳語一覧表も兼ねているので、そちらを参照されたい。

一、Seyn と Sein の訳語の区別については、第16章の注2（一七五―一七六頁）を参照。

一、ギリシア語のφのカタカナ読みは、慣例に従う（例：「ソフィア」「ピュシス」）。長音表記についても、慣例に従う（例：「アレテー」「プラトン」「アンティゴネー」）。ギリシア語の原語を示す場合には、ローマ字での表記とし、イタリック体で記す（例：*noein*）。

一、引用文中の〔 〕は、引用者による補足ないし補注を示す。〔…〕は中略を示す。

一、ドイツ語特有の略号とその意味は、次の通り。ebd. = ebenda「同書（同箇所）」、a.a.O. = am angeführten Ort「前掲書」、S. = Seite「頁」、Bd. = Band「巻」、vgl. = vergleiche「参照」、hrsg. v. = herausgegeben von「編」、Hg. = Herausgeber「編者」（複数の場合は Hgg.）。

ハイデガー読本

メスキルヒの風景
ハイデガーの実家（左の中央）と聖マルティン教会（右）

第Ⅰ部

前期ハイデガーの思索

最初期から『存在と時間』まで

序奏　神学という由来
ハイデガーの生い立ち

古荘真敬

マルティン・ハイデガーは、一八八九年九月二六日、ドイツ南西部のバーデン大公国（現バーデン・ヴュルテンベルク州）の田舎町メスキルヒに、父フリードリヒ、母ヨハンナの長男として生まれた。教会の雑用担当の寺男だった父フリードリヒは、桶作り職人でもあり、少年ハイデガーも頻繁にその仕事場を訪れていたらしい。手許にある存在者の例として「ハンマー」が繰り返し取り上げられる『存在と時間』の論述には、彼の少年期の原風景が反映しているのかもしれない。

ハイデガー家は、質素な生活を営む敬虔なカトリックの家庭であり、当時、こうした田舎町の低い階層に生まれた才能豊かな少年にとって、高等教育への進路は、教会からの経済的援助なしには望みえないものだった。十四の歳、メスキルヒの高等小学校を出たマルティン少年は、聖職者養成のための奨学金を受けて、近隣の地方都市（一九〇三年からコンスタンツ、〇六年からはフライブルク）のギムナジウムに編入した。その神学生寮で多感な思春期を過ごした後、〇九年の卒業とともに、イエズス会の門を叩いて修道士になろうとした。だが、心臓に持病をかかえていた彼は、修道士生活には不適格とされ、二週間の見習い期間のみでイエズス会を去らざるをえなくなる。転進先は、フライブルク大学神学部であった。

後にフライブルク大司教となるコンラート・グレーバーからは、コンスタンツのギムナジウム時代、神学生寮の舎監と寮生という間柄で親しく指導を受けた。やはりメスキルヒの職人の子であったグレーバーは、同郷の少年ハイデガーに目をかけていたらしい。ハイデガーは、一九〇七年の夏、当時コンスタンツの司祭になっていたこの十七歳年上の「父のような友人」から贈られたブレンターノの学位論文『アリストテレスにおける存在者の多様な意義について』に感動し、はじめて「存在の問い」に目覚めたのだと述懐している（GA12, 88）。彼は、これを繰り返し熟読しては哲学への関心を深め、一九〇九年の大学入学直後からは、フッサールの『論理学研究』を図書館から借り出し、カトリック神学の勉強のかたわら、「ブレンターノの学位論文によって触発された問いについての理解が決定的に進むことを期待して」読みふけるようになったのだという（GA14, 93）。

ところが、神学と哲学の二兎を追う勉学に打ち込みすぎた結果、一九一一年の二月、心臓疾患が再び悪化し、ハイデガーは休学して故郷で静養せざるをえなくなった。挙げ句、教会関係職につく適性を疑われるまでに至り、神学部で勉強をつづけるための奨学金すら打ち切られてしまったのである。さまざまな史料を発掘したフーゴ・オットによる伝記研究では、青年ハイデガーが、このときどれほど深刻な窮地に追い込まれ、その後、新たな奨学金の獲得にいかに苦心しながら、神学部からまずは理学部へ、そして哲学部へと転進を図って勉学を継続したかが詳述されている（Hugo Ott, *Martin Heidegger. Unterwegs zu seiner Bibliographie*, Durchgesehene und mit einem Nachwort versehene Neuausgabe, Reihe Campus, 1992, S. 67–80. フーゴ・オット『マルティン・ハイデガー　伝記への途上で』北川東子・藤澤賢一郎・忽那敬三訳、未來社、一九九五年、九二―一一四頁）。ハイデガーは、ここで神学から哲学へと大きく舵を切ったかにみえる。だが事情はもう少し複雑であった。

一九一三年にアルトゥール・シュナイダーのもとで学位論文『心理主義における判断論』を仕上げ、早くも一五年にはリッケルトのもとに教授資格論文『ドゥンス・スコトゥスの範疇論と意義論』を提出し、試験講義「歴史学における時間概念」に成功して、母校フライブルク大学での私講師生活をはじめた頃までのハイデガーは、まだカトリック世界への帰属意識を失ったわけではなかった。一九一三年以来の彼を経済的に支えていたのは、キリスト教哲学の研究に献身することを約束して得た「聖トマス・アクィナスを顕彰する財団」からの奨学金であり、また当時ハイデガーは、シュトラースブルク（現ストラスブール）に転出した指導教官シュナイダーの後を襲ってキリスト教哲学の教授職につこうと意欲を燃やしていたらしいのである。そのハイデガーがカトリック世界を見かぎることになった大きなきっかけは、内部の有力教授からも期待感を吹き込まれていたこの人事選考において、一九一六年、屈辱的な敗北を味わったことだったのではないかと、オットは推測している（a.a.O. S. 95–96. 邦訳一四〇頁）。私生活では一七年に、プロテスタントのルター派出身の女性エルフリーデ・ペトリと結婚し、一九年一月、友人に宛てた私信のなかで「カトリシズムのシステム」との訣別を語るに至った（a.a.O. S. 106. 邦訳一五六頁）。

その後ハイデガーは、ハイデルベルクに去ったリッケルトの後任としてフライブルクにやってきたフッサールから親しく教えを受けるようになり、一八年末に第一次世界大戦の気象観測部隊への従軍から帰還後、一九年にはフッサールの助手となって、いわゆる「初期フライブルク期」の講義を開始した（ただし、正式な助手着任は二〇年秋）。フッサールのそばで「現象学的に〈見ること〉」の修錬を重ねながら、独自の哲学概念を工夫し、アリストテレスを初めとする古典テクストを現象学的に解釈することを試みていくなかで（GA14, 97f.）、次第に頭角を現していった彼は、二三年、マールブルク大学の「正教授の地位と権利を伴う員外教授」のポストを得て転出し、すばらしい講義で学生を魅了する哲学者としての名声をいっそう高めながら、ついに二七年、『存在と時間』を出版した。そうして一挙に花開いたハイデガーの前半生は、いかなる志と宿命の帰結と見るべきであろうか。ともあれ彼の人生行路の第一のターニングポイントはカトリック世界との挫折にみちた訣別のうちに見出されるとするオットの考えには、一定の説得力があるように思われる。

「神学という由来がなければ、私は決して思索の道につくことにはならなかっただろう」（GA12, 91）と、後年ハイデガーは語るが、その「由来」とは、右のような経歴をたどった彼にとって素朴に懐かしいものなどではなく、求めながらも繰り返し拒絶されて傷つくことを経て、それとの対決を誓うことになったものであるようだ。たしかに他方において、大都市の大学からの招聘を断りつつ、「大地の沈黙の呼びかけ」の内に招じ入れられた「農婦」について語るハイデガーは（GA5, 19）、終生、郷里の風土と生活に深い愛着を感じていたように見える。「田舎に留まる」ことにこだわった彼は、都会人による「民族性や土着性についての偽りの空談」を軽蔑し、自分の哲学の仕事は「農夫たちの労働」と「同じ種類のもの」であり、「山々と農夫たちの世界に支えられ導かれている」と述べた（GA13, 10–13）。しかし、同時にまた他方では、彼の哲学は、その愛すべき農夫や農婦たちの帰属する信仰共同体との訣別によっても密かに規定されていたと言えるのかもしれない。

一九七六年五月二六日に亡くなった彼は、故郷メスキルヒの共同墓地に埋葬されたが、遺言にしたがって、その墓石には、隣り合う人びとの墓に刻まれた十字架ではなく、ただ一つの星が刻まれている。

1　「カントへ還れ」から「事象そのものへ」

問いの出発点

村井則夫

思想家の最初期の著作群は、往々にして、その思想家の生涯の主題を提示する。その後どれほど劇的な転調が訪れ、予想外の変奏を見せる思想ですら、最初に鳴り渡った主題の余韻を響かせ、その原主題が思想全体の曲調を左右するように見える。ハイデガーの場合、すでに私講師時代からその講義の絶大な魅力によって、「哲学界の隠れた王」としての伝説を身にまとい、留学生を含め、多くの学生を惹きつけていた。そうした日本人留学生の一人である田辺元（一八八五―一九六二年）は、日本に最初にハイデガーの講義を紹介した論考「現象学に於ける新しき転向」（一九二四年）において、その動向を次のように要約している。「氏は初めリッカートの門から出て現象学に入り、フッサールの立場の制限を知ると共に、ディルタイの影響の下に現象学を新しき方向に転ぜしめようとして居る。已《すで》に氏のアリストテレス研究は当代匹儔《ひっちゅう》無しと称せられて居るが、氏の現象学に与へんとする転向も亦《また》、現代の「生の哲学」に対する傾向と相俟つて注目を惹きつゝある」[1]。こうして哲学界に新風を巻き起こそうとしている気鋭の哲学者ハイデガーの面目が同時代の日本にも伝えられたが、『存在と時間』（一九二七年）執筆以前のこの時期のハイデガーは、学位論文と教授資格論文以外に大きな公刊物をもたなかったため、そのまとまった哲学的思考の全貌は、いまだ人の知るところではなかった。

この沈黙のおよそ十年間からの転身があまりに劇的であり、『存在と時間』によって著作家としても圧倒的な衝撃を与えたため、のちに『初期論文集』として公刊された最初期の論考は、ともするとその影に隠れ、修学期の延長のように捉えられがちである。田辺もまた、学位論文『心理主義における判断論』と教授資格論文『ドゥンス・スコトゥスの範疇論と意義論』については、「前者はリッカートの立場にあるもの、後者はそれからフッサールの現象学に移らんとする過渡期に相当するものであつて、何れも最近の氏自身の創意を示すものでない」として、これらに特別の考慮を払っていない。しかしながら『初期論文集』は、一〇〇巻以上を予定されている『ハイデガー全集』のなかでも、ハイデガーが生前に自ら公刊した――決して多いとは言えない――十余冊の著作（全集では第一部門「既刊著作」）の一巻であり、とりわけ教授資格論文《ハビリタツィオーン》『ドゥンス・スコトゥスの範疇論と意義論』（一九一五年提出、翌年公刊）は、ハイデガーが二十世紀初頭の時代背景のなかで自らの思考の主題と方向を見出していった軌跡を明らかに示し、彼独自の思想の芽生えを暗示するものである。実際にこの教授資格論文は、修学時代のハイデガーが薫陶を受けた新カント派の思考を背景にスコラ学の体系を取り上げながらも、スコラ学の硬化した地表を突き抜けることで、アリストテレスという鉱床を掘り当て、そこから原始キリスト教・アウグスティヌスによる転回へと向かうハイデガーの思想形成の大きな転機になったものと考えられる。

田辺も晩年の未完遺稿「哲学と詩と宗教」（一九五三年頃より執筆）において、あらためてこの著作の意義を振り返り、ハイデガーにとってのスコトゥスの意味を積極的に規定している。そこでは、ハイデガーが教授資格論文の標題に掲げたスコトゥスに対して、「トマスと並んで中世盛期のスコラ哲学を代表するアリストテレス哲学の祖述者でありながら、トマスの陥つた困難に鑑み、却て同時に、アリストテレス祖述の時代に先だつスコラ哲学初期の代表的神学者であつたアンセルムスの立場を継承してアウグスティヌスの自由意志論を採入れ、之をもつてアリストテレスの主知主義を規制補完しようとした[2]」という評価が与えられている。こうした見解に従って当時のハイデガーを、「もはや決して純粋のアリストテリケル〔アリストテレス主義者〕ではなくして、同時にアウグスティヌスの影響を受け、知性と意志、存在の同一性と自由の否定媒介性、の綜合を意図して居た」と評したとき、田辺の眼力は確かであった。『存在と時間』のみならず、その前後の講義群を参照できるようになった現代から見て、この一節は形成期のハイデガーの思考をもつ射程を鋭く抉り出したものと言える。そこで本章では、このような全体的な布置を念頭におきながら、教授資格論文を中心に、ハイデガーが「存在への問い」を探り当てる背景となった思考を追跡してみよう。

1　初期ハイデガーの時代背景

二十世紀初頭のヨーロッパにおいては、進行する近代化・合理化の動向や唯物論的な科学主義に対する批判が噴出し、反合理的な運動が流布すると同時に、文化全体の立て直しのために、一種の復古運動や原点回帰の流れが生じつつあった。「進歩的反動[3]」とも言えるこの状況において、修学期のハイデガーを取り囲む文化的状況もまた、伝統の再興の内に刷新の道を見出し、「新《ネオ》（neo; neu）」という語を冠した一連の思想運動――すなわち新カント派、新ロマン主義、新トマス主義などの思潮――によって彩られていた。

司祭の道を志していたハイデガーの最初の職業選択にとっては、当然のことながらピウス十世（在位一九〇三―一四年）の教令『ラメンタビリ』[4]による反近代主義、およびレオ十三世（在位一八七八―一九〇三年）の回勅『エテルニ・パトリス』[5]に代表される新トマス主義の趨勢が一役かっている。そうした時代状況の内で、修学時代のハイデガーは、ボナヴェントゥラ、トマス・アクィナスなどのスコラ哲学に依拠するC・ブライクの著作『存在について――存在論概論』（一八九六年）に親しみ、またJ・グレート（一八八三―一九四〇年）によるスコラ哲学の代表的なラテン語教科書『アリストテレス＝トマス哲学綱要』（一八八九年）について書評（一九一二年）を執筆する(GA16, 30)など、新トマス主義の環境に身を置き、スコラ学を介してアリストテレス哲学を吸収することで、存在論的な主題に接近していった。

その一方で、ハイデガーが哲学の研鑽を積み始めた時代は、リープマン（一八四〇―一九一二年）が『カントとその亜流』（一八六五年）で提起した「カントへ還れ（Zurück zu Kant）」をモットーに、新カント派の運動が勃興し、フライブルクでハイデガーの指導教授となったリッケルト（一八六三―一九三六年）は、ヴィンデルバント（一八四八―一九一五年）とともに西南ドイツ学派の領袖であった。とりわけハイデガーはリッケルトの高弟であるラスク（一八七五―一九一五年）を重視し、その思考の内にフッサールとの親近性を見出し、「一九一一年刊の『哲学の論理学』と題する〔ラスクの〕著作においては、範疇の把握、および範疇的直観についてのフッサールの決定的な諸成果が取り入れられている」(GA21, 28)といった高い評価を与えている。そしてリッケルトがヴィンデルバントの後継者としてハイデルベルク大学に移ったのち、その地位を受け継いだのがフッサールであり、一九一九年からはハイデガー自身がフッサールの助手を務めていたことを思えば、ハイデガーの学問的形成が、新カント派から現象学に移行する二十世紀初頭の運動の渦中で行われたことが、事実としても確認できる。

さらに教授資格論文の「結語」では、「無制約者」をめぐるノヴァーリスの箴言をモットーとして、Fr・シュレーゲル「生の哲学」（一八二七年）からの引用が印象的に組み込まれているように、その最終地点には、ロマン主義における「無限性」や「生」の理解への共感が透けて見える。若きハイデガーが、キルケゴールやドストエフスキーに強い関心を寄せたことはよく知られているが、そうした知的感受性は、大きな文脈で見るなら、二十世紀初頭の新ロマン主義によって形成され、さらにその背景には、その一連の運動を支えたディーデリヒス社などの出版活動が大きな役割を果たしていたと考えられる。こうした状況を勘案するなら、最初期のハイデガーは、新トマス主義の感化の下でスコラ学およびアリストテレスに取り組み、新カント派の薫陶を受けることで学問論的な問題意識を研ぎ澄まし、さらにその思考を延長した先に、新ロマン主義によって喚起された「生」や「実存」の理解を遠望していたということになる。

2　超越論的思考とスコラ学

リッケルト、およびラスクが展開した新カント派の理論は、判断論・範疇論を中心として、知の論理的性格を反省的に考察し、対象と認識の関係を解明することを目指すものであった。認識が認識としての正当性をもつためには、単なる論理的整合性や無矛盾性だけではなく、対象との関係を本質的な契機として含まなければならないため、認識についての考察は、形式論理学にとどまることはできず、カントの言う「超越論的論理学」とならなければならない。「超越論的」認識とは、カントによって「対象にではなく、対象一般についてのわれわれのアプリオリな諸概念に関わるすべての認識」(『純粋理性批判』第二版、25)と定義されるように、対象を直接に論じるのではなく、対象と認識との「関係」を主題とするものである。対象を対象として設定し、それを内容のある認識へと形成するために、どのような理性的構造が必要であるかといった問いが、カントの『純粋理性批判』の中核をなす超越論的論理学の根本問題である。そのため超越論的論理学は、対象的主語と理解内容の結合である「判断」や、思考の根本法則である「範疇」を分析することによって、対象を欠いた空虚な思考ではなく、対象世界と密接に結びついた認識を根拠づけ、科学と数学に代表されるアプリオリな学知を正当化することを目指すものであった。新カント派はそうしたカントの構想を継承すると同時に、その基礎づけの理念を、自然科学だけでなく、歴史学などの精神科学一般にも拡張しようとしていた。ハイデガーがのちに『存在と時間』において、「基礎存在論」として掲げる諸学の基礎論の構想は、新カント派のこのような学問論的動機によって育まれ、その精度と密度を高めた果てに見出された理念にほかならない。

新カント派は、カントの批判哲学に忠実に、経験的認識の範囲を越えた形而上学的問題に踏み込むことを避け、哲学を学問論や認識論の問題に限定するため、ハイデガーのもうひとつの哲学的核であったスコラ学的・アリストテレス的存在論の関心をただちに満足させるものではなかった。むしろ新カント派にとっては、アリストテレスの存在論は、認識論的な方法論を欠いた「素朴な形而上学」(GA61, 4f.)と受け取られ、その哲学的意味は軽視されがちであった。そこでこの時期のハイデガーは、サントルール『カントとアリストテレス』についての書評(一九一四年)にも見られるように(GA1, 49–54)、アリストテレス・スコラ学の存在論の欠陥をカント・新カント派による批判的・認識論的思考によって補完すると同時に、新カント派の超越論的思考をより包括的な存在論的問題へ向けて解放することを自らの課題とすることになった。存在論的着想と超越論的思考との接点を求めるハイデガーのこうした問題意識に即して、その試みの一助として教授資格論文の主題とされたのが、中世末期から近世初頭の後期スコラ学において展開された「思弁文法」、およびそこに含まれる範疇論と意義論である。

ダキアのボエティウス（一二七七年以前活動）、ダキアのマルティヌス（一三九四年歿）、エルフルトのトマス（十四世紀前半）など、スコトゥス学派によって展開された「思弁文法」、あるいは「意義様態論」と名づけられた精緻な理論は、実用的な文法学とは区別される「哲学的」文法学を意味している。十三・十四世紀のアリストテレス主義の影響下にあるその理論においては、言語の問題を中心としながら、言語と意味、思考と存在をめぐって、哲学的に本質的な議論が展開されている。思考がいかに存在を捉え、なおかつ、有限な言語活動がいかにして普遍的な認識を記述することができるのかといった問題は、個別的な自然言語の技術論である通常の文法学に解消されることはない。しかも哲学的な言語使用が存在に対する述定である以上、言語の存在論的機能は、単に認識と言語の一般構造に還元されるのではなく、存在そのものの構造に根差したものでなければならない。それに応じて思弁文法においては、存在と思考の関係をめぐる形而上学的考察が展開され、存在の基本的な構造と、思考におけるその理解、および言語におけるその表現といった主題が体系的に論じられることになった。

思弁文法はこのように、思考の構造の認識論的解明と形而上学的存在論の関係を取り上げるところから、ハイデガーにとって、スコラ学と新カント派の思考を繋ぐ「失われた環《ミッシング・リンク》」としてきわめて適切な題材と受け取られたことであろう。そこでハイデガーは、『ドゥンス・スコトゥスの範疇論と意義論』において、新カント派の判断論やフッサールの純粋文法の理念を論じた学位論文『心理主義における判断論』（一九一三年）の問題意識を延長し、スコトゥス学派の思弁文法を正面から論じることになった。この教授資格論文の公刊直後の雑誌『カント研究』の書評においても、この著作は「明らかにヴィンデルバント、リッケルト、ラスクおよびフッサールの影響の下で〔…〕スコラ学的思弁と現代の論理学の繋がりを、専門知識に裏づけられながら鋭利に抉り出している」(6)と評されている。こうして初期ハイデガーにおいては、新トマス主義の影響で培われた後期スコラ学・アリストテレス的な存在論の主題が、新カント派の超越論的な思考法の内に組み込まれることで、やがては「存在への問い」に結実する問題意識が形成されるにいたる。

3　スコラ学の流動化と超越範疇

『ドゥンス・スコトゥスの範疇論と意義論』は、ドゥンス・スコトゥスの名前を冠しているとはいえ、ハイデガーがその主要な分析対象に選んだ『表示様態、あるいは思弁文法について（*De modis significandi sive grammatica speculativa*）』は、実際は「精妙博士《ドクトル・スブティリス》」スコトゥスのものではなく、エルフルトのトマス（十四世紀前半）のものであることが、その後グラープマンによって判明している(7)。しかしながら、ハイデガーはこの論考に関して、分析の歴史的正確さよりも「体系的目的」(8)を強調し、「私にとって中世哲学への取り組みは、まず第一には、個々の思想家のあいだでの歴史的関係を明示するというより、現代哲学の手段を用いてその哲学の理論的内容を解釈し理解することであった」（GA16, 38）と回顧している。

ハイデガー自身が述べているように、スコラ学の解釈において重要なのは、「問題の本質的な潜勢力とその連関の摘出」であり、そうした「本質的潜勢力」の「原理的流動化」（GA1, 399）こそがそこで目指されるべきものであった。いかなる理論も歴史的継承の内で硬直化し、学派の形成によって形骸化せざるをえないが、ハイデガーはそうした伝統の重圧からスコラ学を解放し、それを現代的な関心に照らして再活性化することを課題としたのである。複雑に絡み合った哲学史の藪の中から問題の本質的関連を抜き出し、それを新たな可能性へと読み替えていくそのような解釈を、ハイデガーは「解きほぐし（Aus-wicklung）」、ないし「流動化（Flüssigmachung）」と呼び、その実現を目標に掲げている(9)（GA1, 196f., 204, 399）。哲学的読解の創造性を示すこうした用語の内には、『存在と時間』における「存在論史の解体（Destruktion）」の微かな予感をも見ることができるだろう。

スコラ学の問題を活性化し、その生命力を取り戻す作業のなかでハイデガーが着目したのが、「思弁文法」の存在論的基礎をなしている「超越範疇（transcendentalia）」の議論であった。超越範疇とは、対象を規定する一般の範疇とは異なり、個々の対象規定を超越し、存在者一般について語られる述語を指す。あらゆる対象的範疇を超越するため、「超範疇的規定」とも呼ばれるこの超越範疇は、アリストテレスが論じた「一」と「存在」の等価性といった問題を出発点としている。『形而上学』第四巻第二章（1004b23ss）で語られるように、「〈存在する人間〉と言うのも、ただ〈人間〉と言うのも同じことであり、またこれらを重ね合わせて〈一つの人間で一つの存在する人間〉という言い方をしても何らの異なるものを示しはしない」。つまりここでは、「存在」と「一」は異なった意味内容をもつにもかかわらず、同一の対象について同時に語ることができ、互いに交換可能であるといった論点が提出されている。このように、あらゆる存在者に関して同等に語られうる述語が超越範疇と呼ばれ、その理論は十三世紀前半にパリ大学総長フィリップ（一一六五／八五—一二三六年）などの手によって、スコラ学の理論的基盤として確立された(10)。トマス・アクィナス（一二二五—七四年）は『真理論（*De veritate*）』において、超越範疇として、「もの、一、或るもの、真、善（res, unum, aliquid, verum, bonum）」を挙げており、これが超越範疇の古典的定式とみなされる。この超越範疇の議論は、存在者一般に関する述定可能性を問題にしているという意味で、形而上学的な言語理解の根本的次元を主題化し、高次の反省に関わる知の理論を提起している。そのためこの超越範疇の理論は、カント『純粋理性批判』においても、「古人の形而上学において純粋悟性概念を扱っている」ものと理解され、「およそ存在するものは、一、真、善である」といった命題が提示されている（第二版、113）。カントを継承する新カント派にとっても、超越範疇の理論は、哲学的反省に関わる「反省的範疇」の論点と重なっており、ハイデガーもまた教授資格論文において、判断論・範疇論といった新カント派の論理学的文脈を踏まえたうえで、このスコラ学の議論を分析している。

スコトゥス学派において展開された超越範疇の理論は、存在一般についての述定の可能性を論じているため、そこでは存在と思考の関係をめぐる根本的な論点が提起されることになった。「もの、一、或るもの、真、善」は、存在と異なった意味内容をもちながら、それと交換可能である限り、単なる論理的形式とは異なり、普遍性と意味の充実を両立させるものである。なぜなら超越範疇の内には、存在自身の内容的な豊かさが表現されると同時に、それを捉える思考の運動が示されているからである。ものは存在し、存在する或るものは一であり、真であり、善であるといった一連の交換には、思考自身が存在の充実に呼応しながら運動していることが端的に現れている。このような事態――ヘールズのアレクサンデル（一一八五頃―一二四五年）によって、「一・真理・善は、存在と交換可能である」[11]と明確に語られた事態――を、ハイデガーは超越範疇をめぐる「循環」として記述しているが、この循環は、言うなれば存在をめぐる思考の躍動であり、存在を軸に回転する思考の円環運動である。それは存在についての思考と述定の可能性を示し、カント的に言うなら、アプリオリでありながら同語反復に尽きない総合判断の可能性を開くものであった。こうしてハイデガーは、後期スコラ学の超越範疇の理論を、存在の内容的理解の分析と、思考の構造をめぐる反省的な解明として浮き彫りにして、存在論的次元と超越論的次元との接合を図るのである。

4　意味と知の理論

超越範疇の理論をもとにして、存在に関する述定の可能性を探り、普遍的でアプリオリな判断を論じようとするハイデガーは、その思弁文法論の中心に、フッサールの現象学との類似を見出していく。超越範疇が思考における存在の自己表現だとするなら、そこでの存在は、意識によって捉えられる限りでは意識内在的でありながら、それがあくまでも存在である限りは、意識から独立し、意識にとって超越的でなければならない。このような内在的超越の議論は、まさにフッサール現象学の中心的課題であり、その解明は、意識の根本的構造の理解に大きな役割を果たすものであった。認識とは、意識の外部にある対象が、意識にとって内在的に捉えられることである以上、意識はつねに自らの外部に超出する独自の働きをもっている。内部と外部が直接に交差するそうした認識の働きは、対象の側の物理的な触発、あるいは主観的な心理的実在やその機能によって説明することは不可能である。そこでフッサールは意識の内に「志向性」という超出の機能を認め、さらにその志向性が心理的表象や物理的実在とは異なった理念的な意味の次元に関わることを主張する。フッサールが論理学における心理主義を批判し、純粋論理学・純粋文法学の確立を目指すのは、このように、経験的意識や経験的表象に解消しえない超越論的な意識の領野を開拓するためであった。ハイデガーも『心理主義における判断論』においてフッサールの純粋論理学の構想に共感を示し、教授資格論文では、思弁文法の内にフッサール的な純粋文法学と同質の思考を見出そうとしているのである。

「スコラ学の思考は、〔…〕論理的領域の固有性と固有の価値に対して、無視や過小評価を許さない成熟した見解を示している」(GA1, 275) と指摘したうえで、ハイデガーは、スコトゥス学派における「魂の内にあるもの」、あるいは「概念上の存在」といった用語の内に、そうした論理的領域の固有性を認めている。なぜなら、スコラ学で語られる「魂の内にあるもの」とは、実在的な「自然上の存在」とは区別される意識の領野であり、フッサールの語る「ノエマ的意味」に相当するものと考えられるからである。確かに意識の働きは、そのつど何らかの対象に向かう志向的作用として、その活動や作用は「基体的に知性の内にある」心理的事実であることは間違いがない。しかしながら、判断において表現される意識の理解内容は、実在的な対象とは異なって、意識に内在するものでありながら、意識の実的《レエル》な構成要素からは独立したノエマ的な意味の次元である。スコラ学においては、「第一志向」(「第一次的に考察されたもの」)に対して、「第二志向」(「第二次的に考察されたもの」)と呼ばれるものが、そうしたノエマ的意味に対応している。「第二志向」としての「意味」は、「第一次的に考察されたものにおいて考察されたものとしてあるもの」という複雑な表現で語られるように、それ自体は直接的意識の遂行そのものではなく、意識の働きに対する反省によって発見される次元である。それはフッサール的な術語で言えば、意識の直接的で自然的な態度の還元によって初めて見出される反省的・理念的な次元ということになるだろう。

こうした第二志向が、対象を意識の内で把握しながら、その対象をあくまで意識の外部に存在する実在とみなすことを可能にする。そのためこの第二志向としての意味こそ、対象と意識の中間領域をなすものであり、対象の自体性を破壊することなく、それを意識の内に把捉する「知」を成立させる次元とみなされる。こうしてハイデガーは、スコラ学とフッサール現象学の親近性を指摘することで、スコトゥス学派の思弁文法を、意識の志向性、あるいは内在的超越の理論として、そしてより広くは「知」一般の理論として理解することになった。知とは意識の遂行ではあるが、その知が真理である以上、その知は意識から独立した対象をその存在において把握しなければならない。しかし対象は知として意識の内部に現れる限り、知は自らとは区別される次元を、それ自身の内部に意味として産出しなければならない。ハイデガーがスコトゥス学派の見解を要約して語るように、「主観は心理的実在としては実在的な心理的諸作用を引き起こし、生み出すものであるとしても、その対象的内実に関しては（「しかし対象に関しては」）実在の生成を生み出すものではなく、その遂行によって意味の意識をもたらすものである」（GA1, 285）。

知が真なる知として成立するには、それは空虚な仮象ではなく、存在を理解するものでなければならないが、存在は主観によって構成されるわけではないため、存在を理解する知の働きは、その遂行のなかで自らの権能を相対化し、存在に対して中立化しなければならない。この中立化の領域こそが、現象学においては理念的意味の領域と呼ばれ、思弁文法においては、第二志向として、超越範疇が十分に機能する次元とみなされる。この理念的意味の空間の内でこそ、「存在」は「一つ」の対象である「或るもの」として、主観から独立した「真理」として、そしてまた意味充実である「善」として成立する。こうしてハイデガーは、後期スコラ学の超越範疇の理論を、思考の構造に対する超越論的分析として受け止めると同時に、そうした思考が働く領域である「第二志向」の理解を仲立ちとして、思弁文法における超越範疇の問題を現象学的な意味論へと導いていく。存在論的観点と認識論的観点を調和させようとするこうした考察においては、対象と思考の関係、および意味と存在との緊張関係が浮かび上がり、やがてそれは『存在と時間』において、「存在の意味」の問いへと結実することになるだろう。

5　ハイデガー現象学の開始

初期ハイデガーにおいては、アリストテレス・スコラ学によって芽生えた存在論的関心を、新カント派、および現象学によって獲得された哲学的思考法といかに宥和させ、そこに新たな論理を切り拓くかという点が最大の問題となっていた。とりわけ『ドゥンス・スコトゥスの範疇論と意義論』では、フッサールの範疇的直観やラスクの反省的範疇の理論を助けとしながら、スコトゥス学派の思弁文法の解釈を通して、超越範疇の存在論的機能の分析や、知の理論としての意味論の考察を展開していった。その点でこの論考では、意識の志向性や超越、意味と存在の差異など、『存在と時間』の萌芽となるような着想も認められる。しかしながら、その考察はあくまでも、スコラ学の思弁文法における意義理論と、新カント派・現象学における超越論的な意味の論理を前提としたうえで、両者の共通点を見出すといった論調に貫かれているため、哲学的思考としては一定の限界をもつのも事実である。何よりもそこでは、最大の主題である超越範疇や理念的意味の理論が、どのような方法的手続きによって取り出されうるかというところまでは、考察の眼差しは届いていない。つまりその考察にあっては、理念的意味の領野を抽出する方法の問題、あるいは超越範疇そのものの演繹といった問題が差し当たっては棚上げされているのである。それは何よりも「現象学的還元」をどのように理解するかという点に収斂するが、教授資格論文におけるハイデガーは、スコラ学を「現象学的還元を止揚する、ないしはむしろ不可能にするもの」(GA1, 202)と考え、その問題をあらかじめ回避している。そのため、ここで断念された現象学の方法論をめぐる思考は、この後のハイデガーの諸々の講義、とりわけ「アリストテレスの現象学的解釈」や、原始キリスト教・アウグスティヌスをめぐる実存論的解釈の内で装いも新たに練り上げられることになる。そこでは、思弁文法的・存在論的な「意義様態」の理論が、現存在の実存論的様態論へと転換され、超越範疇が生の範疇としての「実存範疇」というかたちで捉え直されることになる。それはハイデガー独自の現象学の開始であり、「事象そのものへ」という標語の新たな展開の始まりであった。

注

(1)『田辺元全集』第四巻、筑摩書房、一九六三年、二四頁。

(2)『田辺元全集』第一三巻、筑摩書房、一九六四年、三二二頁。

(3) 上山安敏『神話と科学――ヨーロッパ知識社会　世紀末～20世紀』岩波書店、一九八四年、八七頁。

(4) Lamentabili (3. Juli 1907): in, H. Denzinger, A. Schönmetzer, *Enchiridion symbolorum definitionum et declarationum de rebus fidei et morum*, Freiburg im Breisgau 1976, 3401–3466.

(5) Aeterni Patris (4. August 1879): *ibid.*, 3140.

(6) "Wissenschafliche Rezension der Habilitationsschrift von Martin Heidegger", in: A. Denker et al. (Hgg.), *Heidegger und die Anfänge seines Denkens* (Heidegger-Jahrbuch Bd. 1), Freiburg/München 2004, S. 90.

(7) Cf. M. Grabmann, "De Thoma Erfordiensi auctore Grammaticae quae Ioanni Duns Scoto abscribitur Speculativae", *Archivum Franciscanum Historicum* 25 (1922), pp. 273–277.

(8) "Brief Martin Heideggers an Martin Grabmann (1917)", in: A. Denker et al. (Hgg.), *a.a.O.*, S. 74.

(9) Cf. J. Schaber, "Heideggers frühes Bemühen um eine ›Flüssigmachung der Scholastik‹ und seine Zuwendung zu Johannes Duns Scotus", in: N. Fischer, F.-W. von Herrmann (Hgg.), *Heidegger und die christliche Tradition*, Hamburg 2007, S. 108–113.

(10) J. A. Aertsen, art. "Transzendental; Transzendentalphilsophie", in: J. Ritter, K. Gründer (Hgg.), *Historisches Wörterbuch der Philosophie*, Bd. 10, Basel 1998, Sp. 1360–1365.

(11) Alexander Halensis, *Summa theologica*, P I, inq. 1, tract. 3, qq. 1–3: Unum, verum et bonum convertuntur cum ente.

2 事実性の解釈学

初期フライブルク期という「道」

池田　喬

1　初期フライブルク期における「事実性の解釈学」

シュヴァルツヴァルト（黒い森）が背後に広がるドイツ西南部のフライブルクは、一四五七年設立のフライブルク大学を中心として、世界各国から学生が集まる大学都市である。ハイデガーが哲学を修めたのも、その後二度に渡って教鞭を執ったのもこのフライブルク大学であった。その一度目は、学位論文に続いて一九一五年春に教授資格請求論文を提出した後すぐの一九一五年冬学期から、マールブルク大学へ転出する前の一九二三年夏学期までの間である。若き私講師として講義や演習を行った二六歳から三四歳までのこの時期が「初期フライブルク期」と呼ばれている。

この頃の聴講者のなかには、レーヴィット、ガダマー、田辺元など、錚々たる顔ぶれが含まれている。アーレントがハイデガーに出会ったのはマールブルク大学に移ってからだが、そのアーレントによれば、初期フライブルク期から、講義の筆記ノートが出回り、ハイデガーの名は「秘密の王の噂のように」ドイツ中に知れ渡っていたらしい[1]。

現在のハイデガー研究においては、通常、初期フライブルク期の哲学は、一九一五年からではなく一九一九年から二三年までの講義で語られた内容を指し、しばしば「事実性の解釈学（Hermeneutik der Faktizität）」と総称されるが、それには理由がある。

まず、一九一九年とは、フッサールがハイデガーを自らの助手に採用しようと動き始めた年であるが、『存在と時間』の内容に関係する事柄を扱いだしたのもこの年であるとハイデガー自身が『存在と時間』の脚注で述懐している（SZ, 72. Anm.）。一九一九年は当人にとって初期フライブルク期の開始点を意味していたようであり、全集で公刊されているのもこの年以降の講義である。また、同じ脚注においてハイデガーは、一九一九年以降に自分が講述したのは「現存在の〈事実性の解釈学〉」であると述べており、マールブルク大学へ転出する直前の一九二三年夏学期講義が『存在論（事実性の解釈学）』と名づけられてもいることから、初期フライブルク期の哲学は総じて「事実性の解釈学」と呼ばれうるのである。[2] 以下、この「事実性の解釈学──初期フライブルク期という道」について概説していこう。

2　世界観と学の間で
──根本学および根源学の理念とその困難

第一次世界大戦の戦後処理をめぐる混乱のなか、一九一九年一月から四月までハイデガーは戦時緊急学期講義「哲学の理念と世界観問題」を行う。初期フライブルク期の哲学は、この講義で提示された「根本学（Urwissenschaft）」としての「哲学の理念」に始まる。この理念の要請は、世界観（Weltanschauung）と学（Wissenschaft）の間で引き裂かれた当時のドイツ哲学の状況に根ざしていた。

一方で、「世界観」こそ哲学の課題だと考えられる場合があり、そのとき、哲学は、文化ごとに歴史的に形成されてきた諸世界観の類型論としての世界観論に従事することになる。たとえば、一九一一年のディルタイ「世界観の諸類型と、形而上学的諸体系におけるそれらの類型の形成」が引き合いにだされよう。[3] 他方で、このディルタイの試みをすぐさま「厳密な学としての哲学」で批判したフッサールのように、世界観哲学は「絶対的で無時間的な価値に対する名称としての学」[4] と相容れないという反応がある。あるいは、新カント派のリッケルトは、ある出来事が歴史的な個別性をもつのは、その出来事が普遍的な文化価値に結びつけられることによると論じて、歴史の相対性と価値の普遍性を調和させようとした。[5]

ハイデガーはこうした哲学界のただ中で、世界観と学の〈間〉に新たな哲学の理念を打ち立てようとした。一方で、世界観の現象は、現に生きる人間の動機付け連関であり、生の事実として認められる。他方で、この現象を、相対主義に陥らずに学問的対象とするには、何らかの「形式的理論化（formale Theoretisierung）」（GA56/57, 114）が加えられなくてはならないと考えたのである。

この形式的理論化は、「何かは在るか？（Gibt es etwas ?）」（63, 67）という問いにおいて試みられる。およそ「何か（etwas）」について問うとき、しかも「何か」の実質的内容を捨象した最も形式的なこの問いにおいても、すでに「それ（es）」が現れている。「それが世界化する（Es weltet）」（73, 91）や「それが性起する（Es er-eignet sich）」（75）など、「それ」の非人称表現を随所で強調しながら、ハイデガーは、世界の内部で具体的に出会われる何かではない前世界的な何か、その限り「まだない（noch nicht）」（115）ものの領域を指し示そうとする。この領域は何かが世界の内部に現れるための〈源〉であり、何かが体験可能なものとして世界に入り込む「生の躍動力」(ebd.)をもつ。

根本学にとっての問題は、生においておよそ何かが何かとして体験されるとはどういうことか、である。この問題解明のために取り組まれた「周囲世界体験」の現象学的分析によれば、たとえば、私は講堂に入りながら講壇を講壇として見るが、大学を知らないセネガル人を連れてきたならば別様に見る(72)。「厳密に言えば、それぞれの固有な自我が共に鳴り響くことにおいてのみ、自我は周囲世界的なものを体験するのであり、それは世界化する」(73)。世界観を形式化することは、生体験の多様性を損なう中立化ではない。むしろ、世界観と学の間に成立すべき根本学は、「それ」が世界化し、何かが何かとして体験されるという事態に歴史的自我が関与する仕方を分析しようとしているのである。

この根本学がハイデガーにとって一つの「哲学の理念」であるのは、それが「客観化(Objektivierung)」による理論化とは異なる仕方で生に肉薄する可能性だからである。たとえば、私が、講壇を見ることを、感覚データの受容と思考による情報処理として構築的に説明するような場合、それが可能なのは、「私が周囲世界的なものを破壊し、それをぬぐい去り、破壊し、私の歴史的自我を捨象した上で、理論に従事する」(85)限りにおいてである。生体験そのものにおいては、私は感覚データではなく講壇を見ている。体験を客観化する理論的態度は「脱体験化(Ent-leben)」(74)の傾向を免れないのである。

しかし、根本学の理念によって見いだされた新たな〈生の哲学〉には別の困難が待ち構えていることがすぐに明らかになる。一九一九/二〇年冬学期講義『現象学の根本問題』で、ハイデガーは「即自的な生」と「即かつ対自的な生」を区別し、「根源学(Ursprungswissenschaft)」は後者の根源の学であるとする。その根源領域は即自的な生においてはまだ与えられておらず、厳密に学的な方法に対してのみ接近可能である。ところが、この即自的な生自身の内に根源領域への接近を阻む傾向があること、すなわち、即自的な生の根本相である「自足性(Selbstgenügsamkeit)」が「そもそも生の根源領域が接近可能になるかどうかを疑わしくさせる」(GA58, 27)ことに、ハイデガーは気がつくのである。

「自足性」とは即自的な生の「充実形式」(31)であり、生の要求が身近な生世界の環境によって充実されると同時に、生が特定の世界へと拘束される仕方である。この生の習慣的な遂行と特定の世界の閉鎖的な関係は、中性的で目立たない彩りと「日常性」(39)という特有のリズムを生に与える。こうした日常性の形成は、その対極に、何らかの激しさをもち、際立っているような「学問的、芸術的、宗教的、政治‐経済的な生」(ebd.)を浮き彫りにする。こうした特殊的に現出する生は、他の生の現出態から自らを区別し表現されるとともに、自らの支配領域を――たとえば「すべては政治的である」というように――生全体に拡げようとする傾向をもつ。ハイデガーによれば、日常性のみならず、学問的生も世界観的考察も独断的傾向を含んでおり、生の現実を飛び越え、生を真に即かつ対自的に見ることを阻んでしまうのである。

事実的生の自己隠蔽的な性格は、生の哲学的考察の可能性を揺さぶる内在的危険であり、その後もハイデガーにとって重大な主題であり続ける。一九二一／二二年冬学期講義『アリストテレスの現象学的解釈――現象学的研究入門』において、この性格は「転落（Ruinanz）」（GA61, 121）として術語化される。転落とは、私たちが世界のほうから自らを解釈し保持する「反照」と、世界を前もって構築する「前構成」という二つの動性に基づいて、特定の世界の内で生きる様式である（119ff.）。この転落の概念が、『存在と時間』の「頽落（Verfallen）」の先行形態であることは明白であろう。

3　生の意味の現象学的分析――事実的生経験と時間性

一九一九／二〇年冬学期講義の根源学で探し求められた根源領域は、この講義の結論部で「状況の原的構造（Urstruktur）」（GA58, 261）と呼ばれることになる。その後、この構造は、「生の存在意味」の「事実的生の形式的な原的構造」（GA61, 131）として主題化されていく。

解明されるべきは、この原的構造において、生がその「関連意味（Bezugssinn）」「内実意味（Gehaltssinn）」「遂行意味（Vollzugssinn）」（GA58, 261）へと分節化される仕方である。しかし、いかにして生の意味の原的構造への接近は可能なのだろうか。事実的生の閉鎖的で独断的な傾向を単に飛び越えようとしても、客観的理論化と同様に生からの乖離に陥るだけであろう。ハイデガーが歩んだ道は、むしろ日常性に密着することであり、「生」の日常的用法の分析という、ウィトゲンシュタインの〈意味の使用説〉に似た発想である。事実的生の日常的な言語表現のなかにその意味的分節化の構造を見いだそうとするのである。

一九二一／二二年冬学期講義のハイデガーによれば、動詞「生きる」は、何かの内で（in）、何かのために（für）、何かとともに（mit）、何かに対して（gegen）生きるというように、前置詞を伴って何かに向けられている（GA61, 85）。この「何か」は形式的に「世界」と呼ばれ、世界が生の「内実意味」だとされる。同時に、「彼はまったく自分の世界の内で生きている（Er lebt ganz in seiner Welt）」（86）が「まったく自分の生（活）を生きている（Er lebt ganz sein Leben）」（ebd.）と言いかえられるように、世界と生は相互に置き換え可能であり、このことは、生が常に世界へと関連づけられていることを意味していよう。この生の「関連意味」は形式的に「気遣うこと（Sorgen）」とされる。世界と気遣いという生の存在意味の連関は根源的な志向性であり、先に見た反照と前構成もこの「志向性の表現」(131)と呼ばれる。

しかし、生の意味はこれで尽きるわけではない。気遣うことがいかに遂行されるかという点に目が向けられるなら、生の「遂行意味」が生じる。一九二〇/二一年冬学期講義『宗教現象学入門』で言われるように、「これらの三つの方向〔内実、関連、遂行〕に向かう意味の全体性が現象であり、現象学とはこの意味の全体性の解明である」(GA60, 63)。「遂行」については、一般に〈生き方〉が主題となる場合に、単に世界へと関わることではなく、世界への関与をどう遂行するのかが問題となることを思い浮かべるとよい。ハイデガーが関心を寄せているのは、どういう生き方が善いかではなく、むしろ、生の遂行において生が独特の仕方で時間的に分節化されるということであり、生の「時熟意味(Zeitigungssinn)」(GA61, 53)という契機である。しかし、事実的生は、世界と気遣いの相関を自己充足的な転落の傾向のなかで閉鎖的にしてしまい、生の遂行・時熟意味をそれとして主題化することを妨げるので、そのかぎりにおいて、遂行・時熟意味への接近は、「転落に抵抗する実存的な」(160)哲学の営みを要求するだろう。

一九一九/二〇年冬学期講義の根源学においてハイデガーはすでに、この生の転落への抵抗の契機を、生が「事実的自己世界へと向かって尖鋭化すること」(GA58, 85)に見いだす素振りを見せている。この講義以降、初期のハイデガーは、生の内実意味としての世界を「自己世界(Selbstwelt)」「共同世界(Mitwelt)」「周囲世界(Umwelt)」の三つのアスペクトをもつものとして論じているが、なかでも事実的生が自己世界に向かって自らの関心を優位させる傾向において、事実的生から出発しつつ探し求めていた根源領域への侵入が可能になるのではないか、という問いが現れる(86)。

自己世界と根源領域は同一ではなく、前者へと生が尖鋭化することで、生の意味の原的領域が開かれ、遂行・時熟意味が解明されるべきである。しかし、自己世界へと尖鋭化された生経験は、歴史的に見れば、心理学的な理論化によって脱体験化されてきた。そのため、この経験を「自己世界の根本経験の獲得」(101)によって明るみに出すこと、あるいは「事実的生経験(faktische Lebenserfahrung)」の現象学という課題が現れる[6]。

この現象学的考察にとっては、客観化する理論も転落的な日常の言語表現も適切な手がかりにならない。そこで、一九二〇/二一年冬学期講義では新約聖書のパウロ書簡における生の自己表現が注目される。

ハイデガーによれば、「原始キリスト教の宗教性は本来的に事実的生経験そのものである」(GA60, 82)。パウロの生は使徒としてキリストの再臨(パルーシア)を待望して生きるなかで「緊迫感(Bedrängnis)」に包まれており、「この緊迫感がパウロの本来的状況を明確化する。この緊迫感のほうから彼の生の各々の瞬間が規定されている」(98)。この生の本来的状況において、生の遂行はその時間性において生の意味を分節化する。パウロの生が緊迫のなかでそのつどの瞬間を規定されているのは、パルーシアの到来を待望しつつもその「時(Wann)」がいつであるかが不確定だからである。「〈時〉への問いが私の振舞いへと立ち戻ってくる。いかにパルーシアが私の生に存するのかが生そのものの遂行へと指示し返す。〈時〉の意味、キリスト者がその内で生きる時間の意味はまったく特別な性格をもっている」(104)。到来の不確定性や瞬間といった語で分節化されるこうした生の時間性においては、「客観的な無関心的な時ではない、時の明示的な性格付け、つまりカイロスが決定的である」(150)。内実・関連・遂行という三方向へと向かう生の意味の原的状況は、生のこうしたカイロス的な時熟意味を明らかにすることでくまなく照明されるのである。

緊迫感やカイロス的な時間性という問題は、つづく一九二一/二二年冬学期講義でも、「不穏(Unruhe)の様式が十全な現象として事実性を規定する」(GA61, 93)とか、「事実的生が自らの時間をもつ」(139)、「カイロス的なもの――〈時間〉」(ebd.)などという表現とともに継続する。

一九二二年秋に招聘人事に際して書き下ろされた『アリストテレスの現象学的解釈(解釈学的状況の告示)』(通称『ナトルプ報告』)では、「いかにカイロスという存在者がフロネーシスの内で構成されるのか」(GA62, 383)が論じられている。フロネーシスとは、アリストテレス『ニコマコス倫理学』において、制作の知であるテクネーや理論的な知であるエピステーメーと区別されて論じられる実践的行為の知である。それは、特定の行為をなすべき状況を照明する知であり、「十全な瞬間を真に保つあり方」(384)だとされる。フロネーシスにおいては、技術知や理論知とは異なり、各自的な生の遂行の仕方が時間性の観点から問題になっているのである。その限り、フロネーシスに関するアリストテレスの記述は、キリスト教的生経験と同様に、カイロス的時間性が分節化される事実的生経験の表現である。

この両者がハイデガー哲学にとってもつ重みは、パウロが経験したとされるパルーシアの「時」の不確かさが後に「死」の議論へと実存論的に書き直されていくであろうことや、「瞬間」が『存在と時間』における現存在の実存論的時間性の一契機として概念化されていることからしても明らかであろう。

4　事実性の解釈学

――生の根本カテゴリーと形式的告示

これまで述べてきたことからわかるように、初期フライブルク期は、同時代哲学の文脈に即したこの時期に固有な話題を含む一方で、『存在と時間』の主要概念の形成期という性格も強くもっている。『ナトルプ報告』では、先述したアリストテレス解釈に先立って「事実的な人間的現存在（das faktische menschliche Dasein）（GA62, 351）の哲学的探求が試みられており、術語もかなり『存在と時間』に近いものになっている。

この時期のハイデガーが自らの提案する諸概念を生の「カテゴリー」と呼んでいることは重要である。通常、カテゴリーとは、世界の存在者を分節化する根本概念であり、アリストテレス以来、哲学がその概念形成の成果として誇るものである。しかし、ハイデガーが「カテゴリー」として提示しているのは、「事実性」「世界」「気遣い」などであり、「実体」「量」「質」といった伝統的カテゴリーの枠内にはまったく収まっておらず、彼が、このカテゴリーの書き換えを自らの最大の課題の一つと見なしていたことがうかがわれる。

なるほど、類似の課題設定ならばディルタイの「生のカテゴリー」論にも見られる。ディルタイは、自然科学的認識の概念形成とは異なる仕方で、生自身の本質に存しているカテゴリーの分析という課題に従事した。そして、生のカテゴリーは、同一性、程度、関係など、あらゆる現実性に適用可能な「形式的カテゴリー」に対して、体験、時間性、意義などが「実在的カテゴリー」と呼ばれ、後者こそ精神的世界の把握において根本を成すものとされたのである。(7)

しかし、一九二一／二二年冬学期講義において生の「根本カテゴリー（Grundkategorie）」の獲得を哲学の課題として打ち出すとき、ハイデガーは自然科学と区別された精神科学の概念形成というディルタイの問題意識とは別の狙いをもっていた。すなわち、哲学の根本問題としての存在論的な根本概念の捉え直しである。「現象学的根本カテゴリーの本来的解釈と根源的獲得は〔…〕カテゴリー的なもの自体の意味の解釈と密接に連関する限り、詳細なアリストテレス解釈を私たちに要求する」（GA61, 79）。現に、すでに見たように、この講義に引き続いて一九二二年秋に書かれた『ナトルプ報告』では、アリストテレス解釈に即して、生の運動カテゴリーとしての時間性などが問われていた。このことと連動して、一九二一／二二年冬学期講義以降、ハイデガーは自らの哲学を「存在論（Ontologie）」（60）と明確に呼びはじめるとともに、その存在論的考察は西洋哲学の伝統の根源としての古代ギリシア哲学の解釈と一体でなされることになる。一九二二年夏学期講義『存在論と論理学に関するアリストテレス精選諸論文の現象学的解釈』でハイデガーはアリストテレス『形而上学』と『自然学』に翻訳・解釈を加えていくとともに、演習では『ニコマコス倫理学』を扱い、その成果が『ナトルプ報告』に結実するのである。

こうしてハイデガーは同時代哲学の問題系に拘束されるでも、また、宗教現象学のような個別のトピックに縛られるでもなく、古代以来の存在論を今日に呼び戻すという『存在と時間』の広大な問題性に辿り着く。世界内部的存在者に適用される「カテゴリー」に対して、現存在の存在を分節化するにふさわしい「実存範疇《カテゴリー》」を獲得するという『存在と時間』の課題への呼応も明白である。ここでさらに注目に値するのは、カテゴリー問題とともに「解釈学」と呼ばれる方法が明確なかたちをとってくることである。

すでに見てきたように、ハイデガーは、生の意味の原的領域への到達や生の根本カテゴリーの獲得を、日常的言語表現やテクスト化された生の表現の解釈を通じて試みている。事実的生の哲学的探究は、主観的反省によるのではなく、歴史的に伝承されてきた生解釈を自らの獲得物のための立脚点にする。その限り、『ナトルプ報告』においてハイデガーがアリストテレス解釈に先立って明確化するように、生の意味の哲学的解釈は、自らが置かれている歴史的な「解釈学的状況（hermeneutische Situation）」（GA62, 346）を前提する。「解釈とは過去を理解しつつ我がものにすることであり、解釈の状況はつねに生き生きとした現在の状況である」（347）。哲学的考察の成功は、この前提をあらかじめ見通しが効くようにしておくことにかかっており、この出発点は、問う者が自ら歴史的に定位することによって獲得できる。哲学的考察の対象は、フッサールの言う「絶対的で無時間的な価値」ではなく、生の歴史的な遂行に対してのみ姿を現すのである。

初期フライブルク期の哲学はハイデガー自身によって「事実性の解釈学」と呼ばれていた。すでに戦時緊急学期には「解釈学的直観」（GA56/57, 117）という語が現れ、その後も断片的には継続して現れるが、『ナトルプ報告』に続く初期フライブルク期最後の一九二三年夏学期講義『存在論（事実性の解釈学）』に完成形を見ることができる。

事実性と解釈学は不可分な関係にある。「解釈することはそれ自体、事実性の存在性格の可能的な際立った仕方である」（GA63, 15）。解釈学は、事実性に外から加えられるのではなく、事実的生の自己解釈を徹底して遂行すること以外ではない。しかし、この自己解釈的な存在には「既成解釈（Ausgelegtheit）の内に存在していることが属する」（ebd.）。この既成解釈のなかには、学的であるか否かを問わず、歴史的に形成されてきたさまざまな生解釈が含まれよう。そのため、事実性の解釈学にとっては、「哲学の対象である存在の存在性格には、自己隠蔽と自己遮蔽という仕方で存在しているということが——しかも付随的にではなくその存在性格からして——属している」（76）。解釈学的状況はすでに危険を孕んでいるが、その内に入り込むことが、解釈学にとっては唯一の好機なのである。

そのための方法を、一九一九／二〇年冬学期講義以来、ハイデガーは「形式的告示（formale Anzeige）」と呼び、洗練してきた。考察を始めるためには特定の解釈に固執した偏見に陥ってはならないが、既成解釈からまったく自由には何の考察も開始できない。一切は、既成解釈を可能な限り形式化して、「未規定ではあるが、何らかの仕方で理解可能な告示内容から出発して、理解を適切な視座（Blickbahn）にもたらすこと」（80）にかかっている。形式的告示は、問う者の解釈学的状況を始めに見通しよくするために必須の方法なのである。

ハイデガーは、各人がその内に生きている既成解釈を、最広義に「それぞれの接近や交渉の内で予め把持されているもの」としての「先持（Vorhabe）」と呼ぶ（ebd.）。その上で、「このような研究に対して現存在（それぞれ固有な現存在）がその内に立ち現れる先持は、形式的告示において、現存在（事実的生）は世界の内で存在していることとして把握されうる」（ebd.）と言う。「世界の内に存在している」ことは、誰にとっても疑いなく理解可能かつ最大限に形式化された表現であり、あらゆる理論的または実践的な世界解釈はこの生の事実の理解内容に基づけられている。その限り、形式的告示は、特定の解釈に偏向しがちな視線に対して「予防的」（ebd.）である。(8)

形式的な告示内容を「固定された一般的命題」（ebd.）と見なすことは誤りである。むしろ、事実性や世界内存在といった「カテゴリーとしての現象」を提示することは、「道を絶えず準備していくことを意味する」（76）と考えられていた。それらは今後の考察を通じて内容が充実されることを待つ未だ空虚な概念であり、最初に最小限の理解可能性を読者と共有するための現象である。

形式的告示は、その後も、『存在と時間』では表立たない仕方で、その二年後の一九二九／三〇年冬学期講義『形而上学の根本諸概念』では表立って扱われることになる。「道を絶えず準備する」のが哲学だという認識は、ハイデガーの根本確信だったに違いない。形式的告示の先行形態である根本学の形式的理論化に始まった若き日の講義録をも収めることになる全集の刊行にあたって、死を間近にしたハイデガーがその第一巻に打った銘は、「作品ではない、道である（Wege: Nicht Werke）」であった。

注

（1） Hannah Arendt, “Martin Heidegger ist achtzig Jahre alt”, in G. Neske und E. Kettering（Hg.）*Antwort – Martin Heidegger im Gespräch*, Tübingen 1988, S. 233.

（2） 一つ注意すべきことがある。『存在と時間』の注でハイデガーは事実性の解釈学の開始点を一九一九／二〇年冬学期講義としているのに対して、全集の初期フライブルク期講義録はこれに先立つ一九一九年一月—四月の戦時緊急学期講義からの記録を収めている。本章でも全集の方針に従い、戦時緊急学期講義から説明を開始するが、事実性の概念が定着するのは、ハイデガーの回想通り、一九一九／二〇年冬学期講義からである。

（3） Wilhelm Dilthey, “Die Typen der Weltanschauung und ihre Ausbildung in den metaphysischen Systemen（1911）”, in B. Groethuysen（Hg.）*Weltanschauungslehre, Abhandlungen zur Philosophie der Philosophie*, Gesammelte Schriften VIII, Stuttgart 1960.

（4） Edmund Husserl, “Philosophie als strenge Wissenschaft（1910/11）”, in Th. Nenon und R. Sepp（Hg.）*Aufsätze und Vorträge (1911–1921)*, *Husserliana* XXV, Dordrecht/Boston/Lancaster 1987, S. 52.

（5） Heinrich Rickert, "Geschichtsphilosophie," in W. Windelband (Hg.) *Die Philosophie im Beginn des 20 Jahrhunderts, Festschrift für Kuno Fischer*, Heidelberg 1905. 戦時緊急学期に続く一九一九年夏学期講義『現象学と超越論的価値哲学』は、新カント派の価値哲学の批判的考察にあてられている（GA56/57, 119–203)。

（6） ただし、この講義の結論部で、ハイデガーは、自己世界への尖鋭性へと傾くことを「撤回されなければならない一面性」（GA58, 228）と呼んでおり、この尖鋭性が根源領域への唯一の接近通路でないことを認めてもいる。

（7） Wilhelm Dilthey, "Plan der Fortsetzung zum Aufbau der geschichtlichen Welt in den Geisteswissenschaften", in B. Groethuysen（Hg.）, *Der Aufbau der geschichtlichen Welt in den Geisteswissenschaften*, Gesammelte Schriften VII, Stuttgart/Göttingen 1979^7, S. 196.

（8） 形式的告示は、一切の既成解釈を括弧に入れ、批判的に吟味する視点を与えるため、「現象学的破壊（phänomenologische Destruktion）」の方法でもある。「（現象学的）破壊」の概念は、『存在と時間』や一九二七年夏学期講義『現象学の根本問題』で大きく取り上げられることになるが、最初に主題化されたのは一九二〇年夏学期講義（GA59）である。

3　アリストテレスの現象学的解釈
そこに胚胎していたもの

森　秀樹

ハイデガーは、教授職を得るために、アリストテレス解釈をめぐる著作を公刊する計画を持っており、一九二二年の『アリストテレスの現象学的解釈――解釈学的状況の提示』はその概略を示したものであった（vgl. GA62, 438ff.）。だが、一九二三年に彼はマールブルクに招聘され、結局、アリストテレスに関する著作は完成されることがなかった。とはいえ、この著作を準備するなかで、彼に新しい問題意識、すなわち、時間を地平とする超越論的哲学の構想が生まれ、これが『存在と時間』へと結実することになる。

ハイデガーは一九二一年から二七年にかけて実に七つの講義と五つのゼミナールでアリストテレスの解釈を展開している。一方において、この一連の〈アリストテレス解釈〉は『存在と時間』の原型として解釈することができる(1)。しかし、他方において、彼の〈アリストテレス解釈〉のすべてを『存在と時間』とその構想に還元することはできない。たとえば、ガダマーは「転回」がすでに一九二四年に話題に上っていたことを報告している(2)。だとすれば、〈アリストテレス解釈〉の内には、『存在と時間』に結実する諸思想が見られるというだけにとどまらず、萌芽的な仕方であるにせよその後の思索をも包摂するような端緒がすでに見られるということになる。

1　〈アリストテレス解釈〉から『存在と時間』へ

この節では、主として『アリストテレスの現象学的解釈』に基づいて〈アリストテレス解釈〉の全体を概観し、『存在と時間』との関係を見ていくことにする。

ハイデガーによれば、現代にあっては生という概念が多義的となり、混乱をきたすに至っているが（GA62, 351）、このような状況の由来はギリシア的・キリスト教的根本経験にある（GA62, 367）。生の概念の多様性を支えていた根本経験が忘却され、存在論や論理学が存在を抽象的な現前性として把握するようになってしまうのにともなって、形式的な多様性のみが伝承されているというのである。だとすれば、アリストテレスに見られる根本経験と、その忘却とが現代における生の概念を規定しているということになる（GA62, 371）。

ハイデガーは現象学を根源的な領域への遡及として理解するが、学そのものが歴史的な状況のなかで遂行されるものであるため、それは解体（Destruktion）としてのみ可能である（GA62, 368）。そこで〈アリストテレス解釈〉は、硬直化した存在概念を解体しつつ、アリストテレスの根本経験へと遡ることによって、この概念に生き生きとした連関性を取り戻し、存在論を新たに生起させることを試みるのである（GA62, 371）。

『存在と時間』の時期、ハイデガーは西洋哲学の歴史を存在忘却の歴史として規定し、これと対決することを通して（＝解体）、根本的な経験に到達し（＝還元）、それに基づいて、現代において存在論を生起させることを試みようとする（＝構成）（vgl. GA24, 26f.）。しかし、このような思想は、萌芽的な仕方であるとはいえ、すでに『存在と時間』以前の〈アリストテレス解釈〉に見られるものである。そこで以下においては、この三分法に従って〈アリストテレス解釈〉を整理していくことにする。

ハイデガーによれば、現代の諸存在概念は非本来的な理解の内にある。それゆえ、この理解を規定している歴史すなわちアリストテレスと対決することを通して、この理解をより本来的な理解へと還帰させなくてはならない。

さて、アリストテレスは『ニコマコス倫理学』第六巻で、「魂が肯定したり否定したりすることによって、真理に到達する際の状態については、その数は五つあるとしよう、五つの状態とは、(1)「技術《テクネー》」、(2)「学問的知識《エピステーメー》」、(3)「思慮《フロネーシス》」、(4)「知恵《ソフィア》」、(5)「知性《ヌース》」のことである」と述べている[3]。ハイデガーは、アリストテレスが判断としての真理の根源には存在者を隠れなきものとして露わにすることがあると考えていたことを指摘し（GA62, 378）、上記の引用を存在者を開示する諸様式の究明として解釈する（GA62, 375）。そして、彼はこの諸様式の区別に依拠しながら、より本来的な開示のあり方への還帰を試みる。アリストテレス自身は思慮《フロネーシス》と知恵《ソフィア》を最も全体的な知であると考え、思慮《フロネーシス》を倫理的徳《アレテー》と、知恵《ソフィア》を知的徳《アレテー》と見なしているが、ハイデガーはここから「世界内存在」への還帰、本来的な開示への還帰を読みとる（GA62, 376ff.）。

まず、ハイデガーは思慮《フロネーシス》と技術《テクネー》の区別から、人間の具体的な交渉関係を導く「配視（Umsicht）」とそのような関係を離れた純粋な対象化である「注視（Hinsicht）」との区別を読みとり、後者は前者から派生してきたと解釈する（GA62, 353, 374f.）。学問的知識《エピステーメー》は存在者の見相《エイドス》を析出させるが、同時にこの析出は見相《エイドス》が生じてきた根源である交渉関係を忘却させることになる（GA62, 91f.）。ハイデガーによれば、このような傾向はすでにアリストテレスの存在論の内に見られ、それが後の存在論の歴史を規定した。たとえば、今日では、実体《ウーシア》とは抽象的な実体性あるいは本質（Was-sein）を表すものとして理解されている。このような事情から、われわれは実体《ウーシア》を存在者の実体と理解し、それに基づいてアリストテレスの哲学を理解する。しかし、実体《ウーシア》は本来、資産を意味していた（GA62, 373f., 398）。すなわち、実体《ウーシア》はその実体性を資産が属する世界から得ているのである（GA62, 373）。結局、ギリシア人は実体《ウーシア》ということで有用性のネットワーク（配視）のなかにある具体的な物のことを考えているのであり、ギリシア人はその際、同時に「周囲世界（Umwelt）」を理解しているのである（GA18, 26ff.）。そして、このような周囲世界は人間と存在者との交渉関係によって支えられており、人間はこの世界のなかでこの世界そのものと関わりつつ存在している（GA62, 68f., 373f.）。ハイデガーは思慮《フロネーシス》はこのような存在様式を開示していると解釈する（GA62, 383）。これが『存在と時間』における日常的な気遣い（Sorge）に対応することは容易に見てとることができる。そしてさらに、ハイデガーはこの思慮《フロネーシス》の内にすでに時間性が働いていることをも指摘している（GA62, 383ff., GA18, 131）。このようにハイデガーは人間存在を時間的な仕方での諸物との交渉関係であると見なす。これが第一の還帰をなす。

しかしながら、日常的な開示性が最も全体的な開示性であるわけではない。ここにおいて、第二の還帰、すなわち、本来性への還帰が必要となる。アリストテレスは思慮《フロネーシス》を本来的様態に対する欠如態と見なし、本来的な様態を知恵《ソフィア》と呼ぶ（『ニコマコス倫理学』第六巻第七章）。だが、ハイデガーはこの知恵《ソフィア》に対して両義的な態度をとっている。

まず、一方において、ハイデガーはアリストテレスが知恵《ソフィア》の概念を事実的な状況から汲み取ろうと試みていることを評価する。すなわち、アリストテレスは臆見《ドクサ》や先行する学者の意見を検討し、そのなかから事象に〈より即した〉概念を練り上げているとする。ハイデガーは特に以下の二つの箇所に注目している。①『形而上学』第一巻第一章において、アリストテレスは臆見《ドクサ》から知恵《ソフィア》が何であるかを理解しようとしている（GA62, 387f.）。②『自然学』第一巻で、アリストテレスはピュシスに関する先行する諸言明と対決しつつ、運動の概念を思惟している（GA62, 391f.）。これらの箇所に見られるのは、先行する過去をわがものとすることによって、根本経験を生起させるという思想であるが、これこそハイデガー自身が〈アリストテレス解釈〉においてとる方策である（GA62, 232）。

しかし、他方において、アリストテレスが実際に提示する知恵《ソフィア》のあり方は以下のようなものである。すなわち、魂《プシュケー》は一種の運動であり、知恵《ソフィア》は魂《プシュケー》の最高のあり方であるから、知恵《ソフィア》は運動論すなわち『自然学』に依拠して最高の運動として規定される。さて、通常、運動（活動）は他の何ものかを目指すが、このような運動は未だ完成に至っておらず不完全である。これに対して、他の何ものも目指さず、それ自体で充足している運動があるとすれば、それが完全な運動であるということになる。しかるに、思惟という活動においては「思惟している」と「思惟した」は同時的であり、それ自体で充足している。かくして、観照が魂《プシュケー》の最高の活動となる（GA62, 386）。

　確かにアリストテレスは、知恵《ソフィア》や運動の概念を析出するにあたって、臆見《ドクサ》を検討することから出発しているが、ハイデガーはこの析出の過程で「配視」から「注視」への転換が生じていると解釈する。「注視」は人間の生の運動性から本質的概念を析出することではあるが、この析出はそれが生じてきた運動性を忘却させてしまう（GA62, 385f.）。そのため、アリストテレスは分析によって得られた概念を事象とは無関係に究極にまで押し進め、そのような開示として知恵《ソフィア》を規定してしまう（GA62, 82f., 91, 385f.）。実際、アリストテレスが提起している知恵《ソフィア》においては、運動概念は制作といった特定の運動のあり方から案出されたものであり、生の運動から析出されたものではなくなってしまっている（GA62, 386f.）。それにもかかわらず、アリストテレスはこの概念を無理やりに生の領域へと適用し、事実的な生の運動性を疎外してしまう。すなわち、知恵《ソフィア》は「自分に固有の存在領野にとっては疎遠な範疇を使って語っている」（GA62, 390）のである。

　そしてさらに、ハイデガーは生の疎外的な把握である知恵《ソフィア》が西洋の形而上学の歴史を規定してきたと考える（GA62, 389）。すなわち、このようなアリストテレスの概念性が、アウグスティヌスを経由して、中世哲学を規定し、それに対抗したルターをも規定することになった。そして、その結果であるドイツ観念論もまたこの一連の歴史の中にある（GA62, 369）。

　かくして、根源的な存在概念を構成するためには、アリストテレスが陥った危険性を回避しつつ、アリストテレスが貫徹しえなかった道を歩まねばならない。すなわち、本来的な理解は、生の事実性の外部からではなく、内部から、生を規定するのでなくてはならない。ハイデガーは事実性のなかでの理解の生起を①事象を与える根本経験（die sachgebende Grunderfahrung）、②主導的要求（der führende Anspruch）、③支配的理解性（die herrschende Verständlichkeit）という三つの要素に分析する（GA18, 270ff.）。まず、理解はつねにすでに一定の状況（世界）のなかで、これに規定されつつ生じる。これが根本経験である。この語の説明でハイデガーは情態性（Befindlichkeit）という語を用いている。そして、この理解は本来の存在あるいは意味へ向かうよう要求されている。最後に、理解は公共的な理解性（臆見《ドクサ》）に至らなくてはならない。ロゴスは臆見《ドクサ》から出発して、臆見《ドクサ》に至るのである。人間はこのような三要素に規定されつつも、これらを見透す（durchsichtig）運動としてある（GA18, 275f.）。すると、本来的な理解はこのような運動のなかで最も遠くまで全体を見透す活動となる（GA62, 91f., GA18, 95）。これは事実性の現象学的解釈学として遂行されることになる（GA62, 232）。

以上のような〈アリストテレス解釈〉は『存在と時間』の構想全体を先取りするものであるということができる。まず、第一に、『存在と時間』既刊部は「世界内存在」への還帰と本来性への還帰という二つの還帰を行っているが、〈アリストテレス解釈〉はこの二つの還帰のあり方をすでに提示している。そして第二に、『存在と時間』の全体構想は「還元」「解体」「構成」の三部からなり、既刊部はその内の「還元」に相当するにすぎないが、〈アリストテレス解釈〉は、アリストテレス（および、それに規定された西洋の存在論の歴史）と対決（解体）し、より本来的な開示性へと還帰するなかで（還元）、「事実性の解釈学」を提示しようとしている（構成）。このような構造の点でも〈アリストテレス解釈〉は『存在と時間』を先取りするものであった。

しかし、『存在と時間』は〈アリストテレス解釈〉から大きな一歩を踏み出すことになる。すなわち、〈アリストテレス解釈〉の到達点はそのつどの状況のなかでの最も本来的な理解としての「事実性の解釈学」であった。しかしながら、この「事実性の解釈学」が最も本来的な人間の構造を開示していると見なすならば、人間にとって存在はこの構造のなかで出会われることになるであろう。すなわち、「事実性の解釈学」の構造分析から存在の地平が得られることになる。ここにおいて、ハイデガーは「事実性の解釈学」を事実的に遂行されるべき活動と見なす代わりに、人間の本質構造と解釈するようになっていく。〈アリストテレス解釈〉においてすでに人間に固有な活動性は「見透すこと」としてあらわにされていた。これに従って、『存在と時間』は人間存在の構造を気遣いへ、そして、時間性へと還元する。すると、現存在にとっての存在は時間性の図式、すなわち、「テンポラリテート」において生起することになるはずである。しかるに、存在に関して現在支配的な「被解釈性」は、存在を「テンポラリテート」の一契機でしかない現前性《プレゼンツ》から解釈している。したがって、存在の地平としての「テンポラリテート」の提示は存在概念の新たな生起を呼び起こしうるはずである。このように「超越論的哲学」は構想するのである。

かくして、『存在と時間』は〈アリストテレス解釈〉から生成してくる。そして、〈アリストテレス解釈〉における諸分析を新しい地平のもとに統合しようとする。しかし、同時にこの移行は一つの「断絶」をもはらんでいる。すなわち、「超越論的哲学」が存在の地平を提示しうるのは、この哲学が開示性の全体構造を把握した場合においてのみである。しかるに、「事実性の解釈学」においては、本来的開示性はあくまでも事実的なものであった。この「断絶」は「超越論的哲学」の根底に関わる問題である。なぜならば、獲得された開示性が特定の歴史的状況に規定された事実的なものである以上、それを存在一般を思惟する際の地平と見なすわけにはいかなくなるからである。

2 「事実性の解釈学」と「超越論的哲学」

一九二四年夏学期の講義においてハイデガーは、哲学の諸概念が世界の内での他者や事物との相互交渉関係のなかで生成してきたということを解明しようとしている。その際、彼はアリストテレス『弁論術』の解釈を通して、その具体的なあり方を分析しているが（GA18, 110）、ここにおける解釈は両義的である。まず、一九二四年といえば、ハイデガーはすでに『存在と時間』に着手しており、この講義の内にも、事実性の解釈学へと参入することと並んで、人間の存在を構造として提示しようとする傾向もまた見られる。この傾向は具体的には、情態性を操作する能力である弁論術の解釈によって人間の現存在を構造化しようとする目論見に現れている（GA18, 138f.）。しかしながら、ここでの開示性の分析は人間が徹底的に事実的であることをも明らかにしている。というのも、人間の現存在こそが概念の由来する土台であり、根本諸概念を取り戻すためには根源的な開示性へと遡及しなくてはならないが、それは事実的にのみ可能だからである。

アリストテレスにおいて最も根源的な開示性の問題は人間の善《アガトン》の問題として論究される。「人間にとっての善とは徳《アレテー》に基づく魂の活動である、ということになるだろう、またもし徳が複数あるならば、そのなかの最善の、最も完全な徳に基づく活動である、ということになるだろう」（『ニコマコス倫理学』1098a16f.）。そして、「徳《アレテー》とは、「選択にかかわる性格の状態《ヘクシス・プロアイレティケー》」なのであり、その本質はわれわれとの関係における「中庸《メソテース》」にある、ということになるが、その場合の中庸とは、「道理《ロゴス》」によって、しかも思慮ある人が中庸を規定するのに用いるであろうような「道理」によって規定されたものなのである」（1106b36f.）。そしてさらに、「しかるべき時に、しかるべきものについて、しかるべき人々に対して、しかるべきことのために、しかるべき仕方でこうした情念を感じることは、中間の最善のことであり、これこそまさに徳に固有のことなのである」（1106b20f.）。

ハイデガーはまず、徳《アレテー》が中庸《メソテース》に従って、極端を廃すなかで決定される好機《カイロス》の選択《プロアイレシス》を「目指すこと（Aus-sein-auf）」であると指摘する（GA18, 144）。徳《アレテー》はまず企投へと関係づけられる。しかし、アリストテレスによれば、選択、決意はロゴスなくしてはありえない（GA18, 145）。すなわち、中庸《メソテース》を選択し、決意するには全体の見透しが不可欠なのであり、これが企投が可能となる条件となる（GA18, 145, 188）。時宜に応じた選択をするためには、状況に開かれてあることが必要なのである（GA18, 264）。ハイデガーは選択《プロアイレシス》をEntschlossensein（決意／覚悟していること）と翻訳し、これを本来的な開示性として理解している（GA18, 145）。このような決意性／覚悟性において初めて、好機《カイロス》をつかむことができるのである（GA18, 95）。

また、アリストテレスは徳《アレテー》をヘクシス（習慣）とも規定している。徳《アレテー》は空間的に全体へと開かれていなくてはならないだけではなく、時間的にもそうでなくてはならない。つまり、徳《アレテー》は一朝一夕に生まれるものではなく、日頃からの反復（ハイデガーによれば、これは根源へと繰り返し遡ることである）から形成されたものである（GA18, 181, 191）。このような事情を考慮して、ハイデガーはヘクシスをGefaßtsein（覚悟をしていること）あるいはFassung（平静さ、自制）と翻訳している。このようなヘクシスが人間の本来性をなす（GA18, 176）。

さらに、ハイデガーはこのヘクシスが人間の意志から生じるようなものではなく、パトス（情念）から生じるものであることを指摘する（GA18, 261）。すなわち、ヘクシスとは「持たれる」ことであり、パトス（受動）の一種なのである（GA18, 172ff.）。パトスとは、慣れ親しんだ状態に対して外部から力が加えられることによって、人を何らかの情念へと向かわせることであり、ハイデガーはパトスを情態性、あるいは「〔情況の内に〕自らを見出すこと（Sich-befinden）」（GA18, 171）と解釈している。通常、パトスはヘクシスに対立するものとして現れ、ヘクシスを揺り動かす。このような意味では、パトスは気分の転調、魂の変化、ヘクシスからヘクシスへの移行状態、として現れる（GA18, 171）。それゆえ、パトスは開示性を根本的に規定し、それに基づく選択や判断を左右する（『弁論術』1378a20）。しかし、根源的な開示性である決意性／覚悟性はこのようなパトスにさらされつつ形成されるヘクシスでなくてはならない（GA18, 185）。かくして、徳《アレテー》というヘクシスは最も根源的なパトスのなかでGefaßtsein（覚悟していること）として形成されるのでなくてはならない（GA18, 261, 326）。そして、このようなパトスのなかからのみ、ロゴスもまた生い育つのである（GA18, 261）。後にハイデガーは、『存在と時間』が存在を地平から規定しようとした点を批判し、「放下した平静さ（Gelassenheit）」の概念によって地平が生成してくるあり方に注目しようとしているが（GA13, 62）、このような着想はすでに〈アリストテレス解釈〉の「覚悟していること（Gefaßt-sein）」の概念において先取りされている。

このような事情であるから、より根源的な開示性を形成するためには、より根源的な事実性にさらされなくてはならない。思い通りにならないものに直面することが生を規定し、存在そのものとの出会いを可能にする。ハイデガーの解釈によれば、アリストテレスは恐れ《フォボス》、驚き《タウマゼイン》が知恵《ソフィア》の全体性に及ぼす意義を強調し、「危機を脱すること《ソーゼイン》」の意義（人間は何か不利なことに直面するなかで、何か本来的なものをつかむことができる）を指摘している（『ニコマコス倫理学』1115a6f.『形而上学』982b13f.『霊魂論』417b2f. vgl. GA62, 95, GA18, 196）。また、ハイデガーは『存在と時間』を先取りするように死という事実性にも言及している（GA62, 181）。まさに、このような事実性のなかから、しかも事実的に決意性／覚悟性は形成されるのであり、そのなかでのみ、根源的な存在概念を再生させることができるのである。
以上においてみたように、〈アリストテレス解釈〉は「事実性の解釈学」の立場をとっており、決意性／覚悟性もまた事実的にのみ生起しうるという着想から出発した。しかし、そこから派生してきた『存在と時間』に見られる「超越論的哲学」は時間を地平として存在を分節化することを目論んでおり、決意性／覚悟性を最も全体的な開示の構造として解釈することを必要とする。したがって、「超越論的哲学」は〈アリストテレス解釈〉における事実性の解釈学、すなわち、本来的な開示性である決意性／覚悟性すら事実的にのみ生起してくるという考えを放棄せざるをえなかった。結局、「事実性の解釈学」は「超越論的哲学」に還元されえない内容を持っていたが、「超越論的哲学」はそれを捨象することによって、「事実性の解釈学」の諸要素を統合する。このような意味で『存在と時間』は〈アリストテレス解釈〉の成果の収奪と見ることもできるのである（vgl. GA9, 357）。

3　ピュシスの哲学

ハイデガーは、『存在と時間』の挫折以降、現存在の時間性を支える存在そのものを問題とするようになり、ピュシスの問題を思惟するようになる。しかし、すでに〈アリストテレス解釈〉は決意性／覚悟性を事実的に思惟するなかで、決意性／覚悟性を超えて、決意性／覚悟性を事実的に可能ならしめるものを、自然（ピュシス）としても思索しようとしている。すると、「転回」を導いた問題意識はすでに〈アリストテレス解釈〉の内に胚胎しており、特に『存在と時間』へと回収されなかった問題意識（ピュシスの問題）と密接に関係していると考えることができる。

〈アリストテレス解釈〉において主題となったのは「事実的生」の把握であった（GA62, 305, GA18, 272）。この観点から見る場合、アリストテレスの『自然学』における運動概念は両義的なものとなる。一方において、アリストテレスは運動をデュナミスとエネルゲイアという「根本範疇」によって規定しているが（『自然学』201a10、『形而上学』1065b16）、ハイデガーはこのような「範疇」は運動概念の固定化をもたらしてしまったと考える（GA62, 397f.）。デュナミスとは本来「〜のため」を意味し、目的であるエンテレケイアと関連している（GA18, 300, 305）。そして、運動はこの「〜から〜へ」という枠組のなかで生じるが、これは制作《ポイエーシス》の過程として見られる。確かに、このような観点は、生成に注目してはいる。しかし、ここでは制作されたもの、完成されたものこそが本来的に存在するものと見なされ、制作を遂行する運動は忘却される傾向にある。それゆえ、アリストテレスにおいては、制作という営みの契機となる「真なるものとしてのある」も「付帯的にある」も、完成物にとっては非本質的なものでしかないとされてしまう（GA62,

398）。

だが、他方において、アリストテレス自身は諸概念を事実的な生のなかから形成してもいる。ここに見られるのは、先行する過去をわがものとすることによって、ロゴスを生起させるという発想である。すなわち、人間は世界内存在として、特定の状況のなかで、さまざまな存在者と交渉関係を結び、そのなかでロゴスを見いだしていく（GA18, 269）。

そして、第2節において見たように、決意性／覚悟性は最も根源的なパトスにさらされつつ開示するという意味を持っていた。ここにおいて、ピュシスを人間の開示性を規定しつつも、極限としてその外部にとどまるものと見なす考え方が生じることになる。まず、自然は周囲世界に先行する「すでに現にあるもの」として現れる。さらに、自然は人間の環境をなし、人間の生活を支えるとともに、これを規定する根本条件としても現れてくる。すると、自然は人間の能力を超えたものとしても現れることになる（GA18, 265f., GA62, 94f.）。このような自然が人間を根本的に規定しており、人間は自然をパトスを通して看取する。こうした発想は中期のニーチェ解釈において再び取り上げ直される。ハイデガーは後の『放下』の思想を予示するように、以下のように述べている。「存在論という研究の主要な課題は探求されるべき存在を明らかにすることである。そのうえで、もしもひとが自分の生のなかでもはや存在論に到達しないとしても、それはどうしようもない。この課題が達成されるまで、世界は待たなくてはならない。もしこの課題が達成されえないならば、世界はまだ熟していないのである」（GA62, 179）。このように考えるとき、生としての開示性のピュシスとその外部にとどまるピュシスとが分節されることになる。

人間のピュシスとそれを超えるピュシスという根本分節が生じるとき、ピュシスそのものを思惟するという構想が生じる。このような観点を前提としてのみ、パルメニデスが驚きをもって見据えたものを存在そのものとして捉え直すことが可能となる。実際、ハイデガーはすでに〈アリストテレス解釈〉において、パルメニデスを、単にアリストテレスによって克服されたものとしてではなく、徳《アレテー》の問題を最初に提出した者としても詳細に論じているのである（GA62, 209ff., 393）。

ハイデガーはアリストテレスのピュシス論を生の運動性を固定化するものとして批判していた。しかしながら、パルメニデスの批判的克服として生起した、アリストテレスのピュシス論（運動論）を上記のような観点でも見直している。すなわち、ピュシスを人間の開示性の根底として、開示性を与えつつも、自己を隠す徳《アレテー》の思索としても検討している。実際に、ハイデガーは、アリストテレスのピュシス論においては中心的ではない非現前や欠如性といった概念に注目している（GA62, 394, 398, GA18, 298）。すなわち、運動が転化である以上、これは欠如、非現前を前提とせざるをえない（GA18, 298）。そして、現出は非現出において可能となるのである（GA18, 311）。ここに後のピュシスに関する思索の先取りを見ることができる（vgl. GA9, 301）。

以上において見てきたように、ハイデガーは萌芽的な仕方であるとはいえ、彼の思索の全行程の諸要素を初期の段階ですでに眼前に持っていた。ただし、当時の彼にはそれを統合する視座が欠けていた。そのような視座への歩みに出発点を与えたのは、『存在と時間』という挫折を運命づけられた試みであった。その挫折を糧として、これにとりこまれない諸要素を論じるべく、ハイデガーは思索の道を展開していったのである。[4]

注

（1） Theodore Kisiel, *The Genesis of Heidegger's Being & Time*, 1995, S. 221ff., Franco Volpi, "Being and Time: A 'Translation' of the Nicomachean Ethics ?", Theodore Kisiel and John van Buren (ed.), *Reading Heidegger from the Start*, State University of New York Press, 1994.

（2） Hans-Georg Gadamer, "Der eine Weg Martin Heideggers", *Gesammelte Werke*, Bd. 3, S. 423.

（3） アリストテレス『ニコマコス倫理学』朴一功訳、京都大学学術出版会、二〇〇二年。以下、『ニコマコス倫理学』からの引用はこの翻訳を用いる。

（4） 本稿は拙論「初期ハイデガーにおける「アリストテレス解釈」の展望」『現象学年報』第一二号（一九九七年）を大幅に改稿したものである。

4 カントの現象学的解釈

超越論的時間地平の発見

齋藤元紀

私が数年前『純粋理性批判』をあらためて研究し、いわばフッサール現象学を背景に読んだとき、まるで目から鱗が落ちるような思いがした。そしてカントは私にとって、私が探求にさいして歩んでいる道の正しさを本質的に確証してくれる人物となった。（GA25, 431）

一九二九年刊行の『カントと形而上学の問題』は、彼の前期の超越論的思考の輝かしい成果として、毀誉褒貶相半ばしながらも、今なお多くの読者を魅了し続けている。しかしこの成果が、この時期突如生み出されたものではなく、長年にわたるカントとの格闘の産物であったことを忘れてはならない。ハイデガーは修学時代にすでにカントの『書簡』やカント関連の研究書について書評を著しており、一九一五年にフライブルク大学私講師として教壇に立った直後の時期にも演習や講義でカントを取り上げている。「カントに還れ」をスローガンとして掲げる新カント派の隆盛のなか、西南ドイツ学派の領袖リッケルトの薫陶を受けたハイデガーにとって、カント哲学はフッサール現象学やアリストテレス哲学と並んで、きわめて大きな重要性をもっていたのである。

こうしたカントへの関心は、フッサールやアリストテレスへの取り組みのなかでいったん背後に退くものの、一九二三年秋にもう一つの新カント派の牙城、マールブルク大学へ転任して以降次第に高まりを見せ始める。もとよりハイデガーはマールブルク学派の歴史的考察を高く評価していたが、それとフッサールの超越論的認識との接合点がこの時期に「時間」として見定められる。一九二四年に「時間性」を人間の存在理解を統括する最上位の視点として設定するという『存在と時間』へ通じる根本洞察を獲得したハイデガーは（GA64, 107, 124）、一九二五年夏学期講義『時間概念の歴史への序説』で初めてカントの時間概念の検討を課題として掲げ（GA20, 11）、続く一九二五／二六年冬学期講義『論理学』でようやくカントの時間論の解釈に着手するに至る。「存在および存在の諸性格を理解することと時間との連関について何かを予感した唯一の人物はカントである」（GA21, 194）。当初予告された講義計画を大きく変更してまでカント解釈に取り組んでいること、また同時期の演習でも『純粋理性批判』に取り組んでいることを考えあわせれば、この時点でハイデガーがカントの時間論の存在論的射程にいかに高い期待を寄せていたかが窺えよう。

とはいえ、その期待は同時に批判を含んだものでもあった。というのも、そこでハイデガーはカント時間論の制限を指摘しつつ、現存在に固有の時間性を剔抉してもいるからである。「しかしカントの時間概念は、問題の根本的な理解を獲得する道を、つまりそもそも問題を設定する道を、彼に対してまさしく塞いでしまったのである」（GA21, 194）。カントの時間論に対するこうした両義的な態度は、『存在と時間』の伏流として、存在一般の意味としての時間性の究明という二〇年代後半のハイデガー自身の超越論的考察の次元を形作ってゆく。そうしたなかで、哲学の本流たる《形而上学という戦場》をめぐってハイデガーがカントとの全面対決を敢行したのが、一九二七／二八年冬学期講義『カントの純粋理性批判の現象学的解釈』（以下『カント解釈』講義と略記）であった。この『カント解釈』講義から引用した冒頭の一節は、したがって、カントへの手放しの賞賛に尽きるものでは決してなく、新カント派の向こうを張って、フッサールやアリストテレスの哲学を踏まえつつ、長年の格闘の末にようやく、ハイデガーがカント哲学に自らの存在論の刃を正面から突きつけた宣言文として読まねばならないのである。

そこで本章では、こうした流れを踏まえつつ、『カント解釈』講義においてハイデガーがカント哲学のうちに超越論的時間地平を発見するにいたる過程を追跡することにしよう。

1　「学としての形而上学の基礎づけ」と「存在論一般の基礎づけ」の連関
——基礎存在論から現存在の形而上学へ

『カント解釈』講義の冒頭から、カントへの両義的姿勢は明瞭に打ち出されている。「著者自身が理解していたよりももっとよく著者を理解する」というカントの有名な文言を引きつつ（『純粋理性批判』（以下 KrV）, A314/B370）、こう述べられている。「したがって、正しく理解するということは、カントが何を語ろうとしていたかに目を向けることを意味するのであり、それゆえ彼の記述に立ち止まることなく、彼の考えていることの基礎へと立ち戻ることを意味するのである」（GA25, 3）。「正しく理解すること」とは、「よりよく理解すること」として、カントとの対話の内に進んで歩み入り、そこで理解されたものを「是認」したうえで、カントが「語ろうとしたことを語る」という「哲学的な闘い」を敢行することを意味する。カント哲学の知識を得るだけでなく、その主著『純粋理性批判』の主要問題を理解すること、そしてそれによって自ら「哲学すること」を学ぶこと、それこそがこの講義の狙いなのである（GA25, 4, 6）。

では、ほんらい立ち返るべき哲学の基礎とは、哲学の本質とは何か。ハイデガーによれば、カントは「哲学は形而上学」であり、「『純粋理性批判』は学問としての形而上学の基礎づけ」であると確信していた（GA25, 10）。そのさいハイデガーは、従来の『批判』の解釈に見られる三つの典型的な誤解を挙げている（GA25, 73f.）。それは第一に「形而上学的誤解」であり、フィヒテにみられるように、本来有限であるはずの理性を絶対的な我へと高めてしまう立場である。若きハイデガーはすでに西南学派に色濃く残るフィヒテの実践哲学の影響を見抜き、その目的論的思考に潜む無前提さを厳しく批判していたが、その批判的洞察はここにも生かされている（GA56/57, 142f., 145）。第二は「認識論的誤解」であり、マールブルク学派に顕著であったように、数学的自然科学の基礎づけとして『批判』をとらえる立場である。第三は、第二の誤解に基づく「心理学的誤解」であり、認識を心理的なものととらえ、心理学、わけても実験心理学によって『批判』に学問的基礎を与えようとする立場である。これは学位論文ですでに指摘されていたような、当時の実験心理学的カント解釈を念頭においたものであろう（GA1, 90, 153, vgl. 63）。だがハイデガーはこれらの立場がいずれも真の『批判』の狙いとは相容れないとして斥ける。『批判』はどこまでも「形而上学の基礎づけ」として、そしてほかならぬ「存在論」として読まれるべきものなのである。

こうしたハイデガーの立場は、十九世紀末から二十世紀初頭にかけて次第に準備され、二〇年代にニコライ・ハルトマンやマックス・ヴント、ハインツ・ハイムゼートらによって展開された、カント解釈におけるいわゆる「存在論的‐形而上学的転回」[1]と表面上軌を一にしているようにも見える。というのも、彼らはいずれもマールブルク学派に反旗を翻して、観念論や現象学、さらにはまさしく存在論との連関において、それぞれにカントの超越論的哲学の形而上学的側面を強調していったからである。しかしハイデガーは、根本的な点でこうした「存在論的‐形而上学的」解釈者たちと立場を異にしている。ここではとくにハイムゼートと対照させながら、その違いを見てみよう[2]。

それは第一に、「形而上学」の意義の相違である。ハイデガーは、正当にもカントの「形而上学」の狙いが「理論的‐独断的」な伝統的形而上学に対する「批判」にあったと述べている（GA25, 15f.）。ハイムゼートによれば、こうした独断的形而上学に対するカントの批判は、合理論が「数学的自然科学」と結託して作り上げた「自然主義的」形而上学にのみ向けられていた。しかしハイデガーによれば、このように「数学的自然科学」に依拠することにより、本来「認識論」ではない『批判』

が「物質的自然の存在論」として誤認される恐れがあると反論する。ハルトマンやハイムゼートも『批判』が「認識論」であるだけでなく「形而上学」でもあると見なしているが、その両者を組み合わせたとしても「カントが語ろうとしていること」の「新しさ」を救い出せない（GA25, 66f.）。ハイデガーにとって『批判』は、認識論における自然主義的な意味での物質的自然の存在ではなく、あらゆる「存在者一般の存在」のありようを基礎づけるという意味での「形而上学の基礎づけ」なのである。

ここから第二に、『批判』の位置づけの相違も明らかになる。ハイムゼートは『批判』の序論の文言に従い、三批判書をその批判以後に新たに築かれるはずの「体系」、すなわち「将来の哲学」たる「形而上学」の「究極の段階」のための「予備学」として位置づけ（KrV, A11/B25）、『批判』をカント自身の目論んだ新たな形而上学と存在論の構築のための前段階とみなす。しかしそれに対してハイデガーは、『批判』を「学問としての形而上学の基礎づけ」として捉える。自然科学を含めてあらゆる学問は、それぞれに存在者を対象としているが、当の学問自身はその存在者の存在を基礎づけることができない。そうした存在者についての諸学を基礎づけるのは「存在論」が果たすべき役割である（GA25, 39）。諸学を担う「アプリオリ」な総合的認識の可能性を「理性」の批判によって究明しようとする『批判』は、それゆえ「存在論一般の基礎づけ」であり、そのための「形而上学の方法の論考」なのである（GA25, 61）。『批判』は確かに「体系」としての「形而上学全体」の前に置かれているが、それは『批判』が「形而上学の根本学科の基礎づけ」であると同時に「超越論哲学の基礎づけ」であり、それゆえ「存在論の基礎づけ」であると同時に「存在者一般の存在の体制の学」でもあることを意味している（GA25, 61, 66）。マルクス・ヘルツ宛書簡でカントが『批判』を「形而上学の形而上学」であると述べているのは、まさしくこうした意味で理解されねばならないのである。(3)

第三の、そして最も重要な相違は、人間の理解である。ハイムゼートは、「理論理性」と「実践理性」の「相互作用」に着目し、カントにならって「人格」の「自己」や「人格性」の新たな「カテゴリー」の創出を目指した。それに対してハイデガーは『存在と時間』で、そうした「理論」と「実践」の「相互作用」や「自己」や「人格性」そのものの存在論的身分、さらには従来の「カテゴリー」の妥当性がなお不明瞭であると批判している。「ことさら「自然主義的」、「合理主義的」に考えなくても、「実体的なもの」の存在論の支配下に抑圧されていることがあり、そしてこのことのほうがこの支配をいかにも当然のこととしているために、かえってますます宿命的に支配されていることになる」（SZ, 320, n. 1）。ハイデガーにとって「自己」の概念は、まさにそうした実体の伝統的存在論の犠牲となってきたものなのである。

『存在と時間』の基礎存在論的分析は、すでにこうした従来型の「自己」や「人格性」概念の実体的性格を批判し、それとは異なる「現存在」の存在論的究明を展開していた。だがハイデガーは、自らの考える人間の存在論的身分を強調すると同時に、その独自な身分をもった人間を「学としての形而上学の基礎づけ」の中心に位置づけるために、この講義の冒頭で「人間的現存在」の特徴づけを再度行ってみせている。人間的現存在の根本特徴は「世界内存在」と「自由」にある（GA25, 19f.）。人間的現存在の日常的な水準での世界との関わりあいは「実践的交渉」と呼ばれるが、それは「前存在論的な存在理解」によって支えられている。それに対して、自然科学を含めた諸学問における「理論的-学問的な存在理解」は、たんなる「実践の欠落」や静観的な「観照的」態度ではなく、「露呈された」存在者に対して、人間的現存在が「自由」に自己自身を結びつけ、それに向かい合う「対象化」を行うことである（GA25, 26f.）。こうした日常的な前存在論的存在理解、ならびに「対象化」を行う諸学問の各領域における「領域的存在論」を担う存在理解を仕上げるのが、他ならぬ「存在論としての哲学」の仕事である。「一切の学問は、潜在的には、そしてその根本においては、哲学なのである」（GA25, 37f.）。

ハイデガーは「哲学の中心」をなす「基礎存在論」によってこそ、学問の基礎づけが果たされるとする。しかしそれゆえに「基礎存在論」はまた、「人間的現存在」の「存在理解」一般を問題とし、「学問としての形而上学の基礎づけ」を敢行するカントの『批判』と重なりあう（GA25, 39, 70f.）。このようなハイデガーの立場からすれば、「ハイムゼートやその他の人々」による「表面的な形而上学の導入」では「何も得られないばかりでなく、かつてのカント解釈にそなわっていた徹底性もまったく果たされない」と断罪されることになる。[4] しかし人間の存在理解を「理性」による「認識」に狭め、眼前の物としての存在者の存在と同一視する傾向をなお強く残す『批判』に、ハイデガーは全面的に賛同するわけでもない。ハイデガーの課題は、『批判』につきまとうそうした先入見を、「事象そのもの」へ迫る「現象学」によって振り払い、人間的現存在の「超越」に根差した新たな「形而上学」を構築することにある。カント解釈は、基礎存在論からこうした「現存在の形而上学」への移行を果たすための要石なのである（vgl. GA28, 235）。

2　超越論的感性論の現象学的解釈
――直観における思考の生成

カントの『批判』の主要部分は「超越論的原理論」と「超越論的方法論」から成り立ち、前者はさらに第一部門の「超越論的感性論」と第二部門の「超越論的論理学」に分かれる。『カント解釈』講義が扱っているのは、第一部門から第二部門の第一部「超越論的分析論」第一篇「演繹論」までであるが、続く

第二篇「原則の分析論」の「図式論」も実質的な解釈対象となっている。この講義の「現象学的解釈」の方針は、第一に「超越論的感性論」を『批判』全体のなかで独自かつ中心的な意義をもつものとして位置づけること、とはいえ第二に「超越論的感性論」と「超越論的論理学」とをその独自性を保ちつつ統一させ、両者の「基礎を見えるようにし、積極的に規定すること」である（GA25, 77ff.）。つまりハイデガーの解釈の狙いは、悟性ないし思考が感性ないし直観から生成することを明らかにしたうえで、さらに両者の根源的統一の根拠そのものを見出すことなのである。

思考が直観に基づき、直観に奉仕する――思考と悟性を優位に置く『批判』の根本を揺るがすこのような解釈方針をハイデガーが採った理由は二つある。それは一つにはフッサール現象学への依拠であり、もう一つはアリストテレス哲学への依拠である。ここではまず前者から見ていこう。

ハイデガーによれば、「フッサール」は「認識が思考でもある」という「認識の直観性格」を「カントとは別個に再発見」したのであり、それこそが現象学の「根本的な把握」であるとされる（GA25, 83）。このようなハイデガーの理解を支えているのは、他ならぬ「カテゴリー的直観」の概念である。カントの時間概念の検討が最初に宣言された一九二五年の『時間概念の歴史への序説』講義で、ハイデガーは現象学の「決定的な発見」として「志向性」、「カテゴリー的直観」、「アプリオリの根源的な意味」の三つを挙げている（GA20, 34）。このうち「カテゴリー的直観」は、フッサールが『論理学研究』の第六研究で取り上げたものであり、のちのハイデガーの述懐によれば、これこそ「存在への問い」へつながる「存在者の多様な意味」を規定するにあたって広い射程を切り開いた当のものであった（GA14, 98, GA15, 373f.）。

フッサールによれば、対象を単純に感性的に知覚するのが「感性的直観」であるが、それとは異なり、対応する具体的な対象は現実には存在しないものの、なお何らかの充実される意味を志向する働きが「カテゴリー的直観」である。たとえば「この本は青色で、かつ白色の帯つきである」という場合、「本」、「青色」、「白色」、「帯」は具体的な対象として感性的に知覚されるが、「この」、「かつ」、「である」にはそれに対応して感性的に知覚される具体的な対象がない。しかしそれにもかかわらず、それらの意味は充実されたものとして理解されている。こうした表現として、フッサールは冠詞や接続詞、数詞、そしてわけても繋辞《コプラ》としての「存在」を挙げる。フッサールにとって、これこそが「存在は実在的《レアール》な述語ではない」というカントの発言の真意なのである（KrV, A598/B626）。とはいえカテゴリー的直観は決して感性的直観と無関係であるわけではなく、むしろ感性的直観に基づけられている。純粋な思考や純粋悟性概念たるカテゴリーもその例外ではない。「最終的にカテゴリー的なものは感性的直観に依拠しているのであって、基づける感性を伴わないようなカテゴリー的直観は、したがって悟性による洞察や最高度の意味での思考が不条理であるということは事柄の本性にかなっている(5)」。

ハイデガーのカント解釈は、明らかにこうしたフッサールのカテゴリー的直観の着想を下敷きにしている。カントによれば、われわれは感官をとおした直観作用のうちでさまざまな物に出会っているが、しかしそうした物は同時に「いま」、「ここで」、「並んで」、「背後に」といった規定とともに出会われている。とはいえそれらは決して感覚器官を通して受容された経験的なものではなく、経験につねに伴いながらも経験に先立つアプリオリなものである。このような「直観形式」たる「時間」と「空間」は、対象的なものではなく、「非対象的」なものとしてわれわれが目を向けている何ものかなのである（GA25, 128ff.）。「経験的直観」と「アプリオリな純粋直観」とをこのように区別してゆくハイデガーのやり方は、カテゴリー的直観に則りながらカントの感性論を読み解く、優れてフッサール的な現象学的解釈であると言えよう。

しかしハイデガーは、現象学の第三の決定的な発見たる「アプリオリ」の理解の点で、カントから離反する。カント以来、さかのぼればデカルト以来、アプリオリは経験に依拠しない認識作用とみなされ、主観の内部に位置づけられてきた。「カントの意味では、アプリオリは主観的領域の性格である」（GA20, 101）。しかしフッサールによって明らかにされたのは、感性的直観においては経験的な具体的対象のうちに「本」や「青」といった色や物質のアプリオリな理念が見てとられているが、それだけでなく、カテゴリー的直観であっても、カテゴリーに対応して充実されうる何らかの理念的な対象があるということであった。このことは、具体的な対象にも理念的な対象にも先んじる、アプリオリで超越論的な「存在」があることを示している。こうしてフッサール現象学は「アプリオリは主観に制限されない」ばかりでなく、さらにはそもそも「主観性と何の関係もない」ということ、そして「アプリオリ」が「存在の称号」でもあるということを明らかにしたわけである（GA20, 101）。

だがこの「存在」の理解をめぐって、ハイデガーはさらにフッサールからも離反する。フッサールの「純粋意識」においては、その意識の作用のなかにある存在、そして意識の作用主体の存在そのものへの問いが怠られているからである（GA20, 157ff.）。このことは、翻って、カントにも当然当てはまる。カントは確かに、「空間」と「時間」という「直観形式」は「主観の様式」ではあるが、感覚器官をつうじて知覚されるような「経験的な心的物理的な主観性」の規定と混同してはならないと、「存在論的差異」を踏まえたかのような区別を厳格に設けている（GA25, 150）。しかしカントは、そうした主観の規定性がどのようにして客観の事象の内実性の一部となるのかを、積極的に説明できていない。カントにおいては「「心性」や「自己」とは何を意味しているのか、「自己のうちにあらかじめ存している」

とは何を意味しているのか」という主観の主観性ないし主観の存在そのものへの問いが忘られているのである（GA25, 160f.)。

3　超越論的分析論の現象学的解釈
——構想力における超越論的時間地平の形成

こうしたハイデガーの超越論的感性論の現象学的解釈をさらに背後から支えているのが、アリストテレスである。ハイデガーによれば、カテゴリー的なものはすべて最終的には感性的直観に依拠するというフッサールのカテゴリー的直観の考え方は、すでに『霊魂論』のなかで示されていると言う。「表象《ファンタジア》なくして魂は決して思考しない[6]」。ハイデガーはこのアリストテレスの一節を次のように翻訳する。「心は、そもそもそれにあらかじめ何かが示されなければ何も思うことができず、対象的なものをその対象性において把握できない」（GA20, 94)。いささか奇妙なこうしたハイデガーの翻訳の意図は、『霊魂論』の次の一文から明確になる。「表象は感覚や思考と別なものであり、それは感覚なしには生じないし、またこの表象なくして思考は生じない[7]」。つまりハイデガーは、感性からの思考の生成という着想ばかりでなく、さらにその生成における表象＝構想力〔想像力〕の媒介という着想を、そもそも『霊魂論』から得てきていたのである。

だがハイデガーは、表象を介して感性から思考が生成するという、伝統的心理学も踏襲してきた枠組みをそのまま受け入れているわけではない。むしろ表象＝構想力は、感性と悟性ないし直観と思考という二つの幹を基礎づける根なのである。ハイデガーがこのような転換を図るのは、まずもって感性と理性が類似した性格をもち、なおかつ両者が表象＝構想力の時間性格を共有していると考えるからである。こうした発想の由来も、やはりアリストテレスにある。ハイデガーは、アリストテレスでは感性（アイステーシス）と理性（ヌース）がしばしば直接的な把握という意味で「触れる」と表現されていると同時に、そうした理性が「ロゴス」としては「分離」をも含む優れた「綜合」の働きを持っていると指摘する（GA21, 180f., 185, SZ, 226[8]）。つまり理性は、感性において与えられた多様な対象を、見誤りや取り違えといった「偽」の可能性を含めて、「ロゴス」を通して「綜合」することにより、思考に対して対象の存在を直接的に見えさせるものなのである。

「超越論的論理学」の「超越論的分析論」第三節では「悟性」の「綜合」について語られているが、そこでハイデガーはカントに従って「純粋直観」の「綜合」と「悟性」の論理的で自発的な「綜合」とを区別しつつも、さらに「直観と思考」の「綜合」が必要であるとして、それを先のアリストテレスの着想に従って「表象＝構想力」に帰す。カントは「綜合一般は構想力の単なる働きである」と述べているが、その働きはハイデガーによれば、もはや直観と思考の単なる媒介に尽きるものではなく、両者を基礎づける「構想力の純粋な働き」を意味している（KrV, A78/B103, GA25, 276f.）。ハイデガーはその働きを「時間」の内に見定め、カントが「演繹論」で「三重の綜合」のうちで構想力に認めた「再生」ばかりでなく、直観の「覚知」にも、さらには概念の「再認」にも拡張することにより、「構想力」が「時間」であると主張するに至る。こうしていまや主観の主観性たる「超越論的統覚」の「純粋自己触発」すらも、この「超越論的構想力」としての「時間」へと還元されることになる（GA25, 365f.）。

『批判』の核心部分を解体するこうしたハイデガーの暴力的解釈が、しかしながらアリストテレスばかりでなく、またしてもフッサールによって導かれていた側面も見落としてはならない。カントは「演繹論」第三節で感性と悟性の連関を究明するにあたり、悟性から感性への「下り道」と、それとは反対の現象から統覚への「登り道」の二つを歩んでいるが、第二版の書き換え時に「下り道」を前面に打ち出し、悟性と統覚の優位を明確にした（KrV, A116-129）。これに対してフッサールは一九一三年の『イデーン』で、その書き換えの失敗を指摘していた。『批判』第一版の超越論的演繹論は、もともとすでに現象学的地盤のうえを動いている。しかしカントはこの現象学的地盤を心理学的地盤と誤解し、それゆえ自らあらためてこの現象学的地盤を放棄している」[9]。カントは「登り道」を「心理学的」なものと誤解して「下り道」を選択することによって、「現象学的態度」を貫くことができず、「独断的態度」の犠牲になった。このフッサールの指摘を受けて、ハイデガーは演繹論に後続する図式論についてこう指摘する。「『純粋理性批判』における悟性概念の図式性においては、時間が本来の根本概念を形作っているが、この図式性を意識の根本機能、つまり超越論的統覚と統合するための本来の地盤を見出さなかった」（GA21, 194）。「カントがなおざりにしたのは、この二つの幹〔感性と悟性〕と、それればかりかこの二つの幹を媒介するはずのもの〔超越論的構想力〕が何よりまずそこから生長しうるところの地盤を、現象学的かつカテゴリー的に徹底的に耕すことである〔…〕フッサールがこの課題をその原理的射程と普遍的意義においてはじめて見てとり、『イデーン』において仕上げたのだった」（GA21, 283f.）。ハイデガーはこのように、フッサールの『イデーン』をカント以上に「きわめてラディカル」な書物として受け止め、その超越論的＝現象学的精神を受け継ぎつつ、アリストテレスの「魂」の理論の解釈を背景にカント解釈に臨んでいたわけである。

こうしてハイデガーは最終的に「時間」の理解をめぐって、カントから決定的な離反を遂げる。カントは、超越論的統覚のいわば《眼の前に》時空間の一切を取り集め、対象を自らに《対立》させる《現前性》の時間に定位した。だがハイデガーにとっては、超越論的構想力は《眼の前に》存在しないものをも現前させることのできる、時空間の脱自的運動である。それはすでに『存在と時間』で述べられていたような、現存在にそなわる「時間性」の「超越論的」で「脱自的」な「地平的図式」を指している（SZ, 365f.）。超越論的構想力はそれ自身として、こうした脱自的な時間地平を生成させるものなのである。だが、ここで問いは終わるわけではない。この超越論的時間地平それ自体はどのように生成されてくるのだろうか。果たして有限な現存在にとって、その超越論的地平の彼方はいかなるものとして立ち現れてくるのだろうか。そのとき有限な現存在の存在そのものは、いかなるものとして明らかになるのだろうか。このさらなる超越論的な問いに、ハイデガーはいよいよ『カントと形而上学の問題』において取り組むことになるのである。

注

（1） E. Ficara, *Die Ontologie in der „Kritik der reinen Vernunft“*, Königshausen & Neumann, 2006, S. 15, besser, n. 16.

（2） H. Heimsoeth, “Die metaphysischen Motive in der Ausbildung des kritischen Idealismus”, in: *Kantstudien* 24, 1924, S. 121–159; H. Heimsoeth, “Persönlichkeitsbewusstsein und Ding an sich in der Kantischen Philosophie”, in: Albertus-Universität in Königsberg（hrsg.）, *Immanuel Kant. Festschrift zur zweiten Jahrhundertfeier seines Geburtstages*, 1924, S. 41–80.（ハイムゼート『カント哲学の形成と形而上学的基礎』須田朗・宮武昭訳、未來社、一九八一年所収）

（3） I. Kant, *Gesammelte Schriften（Akademie-Ausgabe）*, Bd. 10, S. 268f.

（4） M. Heidegger/H. Rickert, *Briefe 1912–1933*, Vittorio Klostermann, 2002, S. 62, Nr. 35.

（5） E. Husserl, *Husserliana XIX/2*, S. 704.

（6） Aristoteles, *De anima*, 431a16f.

（7） *A.a.O.*, 427b15f.

（8） *A.a.O.*, 424a1; Aristoteles, *Metaphysica*, 1072b21.

（9） E. Husserl, *Husserliana III/1*, S. 133f.

5 基礎存在論の成立と理念

『存在と時間』Ⅰ

安部　浩

「基礎存在論」は、ハイデガーの前期哲学（より正確に言えば『存在と時間』と『カントと形而上学の問題』によって代表される一九二〇年代後半の思想）における存在論の問題系——「存在《ある》」（ないしは「存在者《あるもの》」）をめぐって相互に輻輳するさまざまな問題が織りなすネットワーク——のなかでも、とりわけ重大な役割を担う要所である。しかもそれだけではない。ハイデガーによれば、この基礎存在論はあくまでもそのような問題系の一環としてのみ理解されるべきなのであって、それだけを単独に（たとえば一個の独立した人間学として）とらえてはならないようなものなのである。したがって基礎存在論の成立について論ずるためには、われわれは「木を見て森を見ず」の過ちを犯すことなく、まずは前述の問題系の全容を大観したうえで（**1**）、その全体像において当の基礎存在論が占めるべき位置を見定める必要がある（**2**）。だがその確認作業を進めていくうちにわれわれは同時にまた、基礎存在論はその名称から受ける印象に反して、デカルトが探求したような「確実にして揺るぎえないもの（certum et inconcussum）」[1]としての「第一の基礎（primum fundamentum）」[2]ではなく、ゆえにその地位もまた決して磐石ではないことに気づかざるをえないであろう。そしてこのことは基礎存在論の理念の動揺を示すものにほかならないのである（**3**）。

1　『存在と時間』における存在論の問題系

『存在と時間』刊行前後の頃のハイデガーは、「存在論」の名の下でいかなる問題系を構想していたのか。先述のとおり、われわれはこの点を概観することから始めたいのであるが、とはいえやはり（『存在と時間』の冒頭を初めて目にする際、われわれの多くが抱くであろう）ある根本的な疑問をやりすごすわけにはいくまい。すなわち哲学にはさまざまな問題があるというのに、そもそも何故にハイデガーは「存在の問い」だけをこれほどまでに重視するのか。別言すれば、（その対象に鑑みるならば）哲学は存在論にほかならないと彼は主張するわけであるが（SZ, 38）、一見したところ偏頗な僻見とおぼしいこうした哲学観は一体全体どのような仕方で正当化されうるのか。

　哲学史の今日の定説に従えば、最初期の（いわゆる「ソクラテス以前」の）一群の哲学者は「自然学者たち《ピュシオロゴイ》」、すなわち「自然《ピュシス》」の究明を通して、世界のありとあらゆるものの総体を問題にしようとした人々であった。このように哲学とは元来、「存在者全体への問い」をもって出発した学問にほかならないと言ってよいであろう。しかしながらその種類の別を問わず、およそ「ある」と言いうるもののすべてを議論の俎上に載せようとする際、われわれは〈存在者の特定の領域に属する限りでの――たとえば人間（或いは哺乳類、生物等々）である限りでの――個々のあるもの〉にかかずらうのではなく、「存在者《あるもの》それ自体」という視点から万物を考察する立場にすでにして立たされていることになる。したがって前述の「存在者全体への問い」に答えるためには、哲学はまずもって「存在者としての存在者への問い」に取り組む必要がある（哲学、より正確には「第一哲学《プローテー・フィロソフィアー》」を規定してアリストテレスが「存在者を存在者として考察する学《エピステーメー・ヘー・テオーレイ・ト・オン・ヘー・オン》」(3)と述べたゆえんもまたここにあると考えられよう）。だがこのように存在者としての存在者を問題にすることはとりもなおさず、存在者をまさにそのようにあるものたらしめている当の「ある」、つまり存在者の存在を問題にすることにほかならない。そしてこうした「存在者の存在」の解明を目指す問いこそが、ハイデガーの言う「存在の問い」なのである（vgl. GA3, 222f.）。

　『存在と時間』においてその冒頭から「存在の問い」が当然のように考察の主題に据えられるのは今述べたとおり、それが哲学の誕生と軌を一にして出来《しゅったい》した、いわば哲学ならではの問いの最たるものであるからではないかと考えられる。しかしながら他方でこの問いはハイデガーの見るところ、プラトンとアリストテレス以後の哲学の歴史においては、おおよそまともな――つまり「実際の研究の主題的な問い」（SZ, 2）としての――扱いを受けることのないままに等閑視されてきたのであった。しかもハイデガーいわく、存在を問うことがこれほど長らく閑事業とみなされ続けてきたことの真因は、皮肉にもほかならぬ古代存在論に端を発する先入見にこそ求められるのである（vgl. SZ, 3）。

　ではその先入見とはどのようなものか。『存在と時間』で例示されているのは次の三つである――「存在」とは⑴最も普遍的にして、⑵定義不可能であり、かつまた⑶自明なる概念である（vgl. SZ, 3f.）。だがハイデガーによれば、これらの先入見は実のところ、存在を問題にすることを無用にするどころか、かえってその必要性を如実に示すものにほかならない。というのも第一の先入見は、われわれに対して――相異なる「類」に属する多種多様なものが、それぞれの範疇の相違にもかかわらず、ひとしなみに〈何らかの仕方においてあるもの〉として一括されうる事態はそもそもいかにして成立しているのかといった――「〈事柄の内実を伴った「範疇」の多様性〉に対する〈存在の統一性〉という〔…〕問題」(SZ, 3)を暗々裏に突きつけているからであり、そして第二の先入見は実質上、「定義」という「存在者の規定様式〔…〕は、〔存在者とは異なる〕存在に適用されえない」(SZ, 4)ことを述べており、したがってそれはつまるところ、「この〈存在と存在者の区別〉〔を行うこと〕の可能性はいかにして根拠づけられうるのか」(GA24, 22)という「存在論的差異の問題」(GA24, 25)を提起しているためである。さらに第三のそれに関してもまた事情は同様である。すなわち〈われわれがあらゆるものについて〈甲は～である〉と述べることが可能であり、しかもわれわれのそうした言を誰もが苦もなく理解できるさまを指す〉先述した〈存在の自明性〉なるものは――「ではあなたが日常茶飯事に口にしている、その「ある」とはどういうことか」とあらためて問われると誰しもが答えに窮するのであってみれば――「われわれがそのつどすでにして或る存在理解のなかで生きていながら、同時にまた存在の意味が闇に包まれている」(SZ, 4)ことを言わんとするものにほかならず、よってこれは、われわれが存在の問いから放免されてよいことをいささかも意味してはいないのである。『存在と時間』の劈頭で「存在への問いを明示的に反復することの必要性」(SZ, 2)をハイデガーが説く理由は今述べたような事情にある。だがここで言われる「反復」とは「かつて現実であったものとしての「過去のもの」をただ単に再来させる」(SZ, 386)ことだけを目指した単純な復古の企てでは決してない。むしろそれは、われわれが自らの模範として仰ぐ「〔以前すでに〕現に存在した(dagewesen)現存在〔すなわち古人〕の諸々の可能性へと立ち返ること」(SZ, 385)であり――「現存在」なる概念については後に詳論する――こうしたわれわれにとっての英雄《ヒーロー》である先人自身はついに果たしえなかったものの、彼において胚胎していたとおぼしき未発のありうべきありようにに対して――それをわれわれが今日われわれなりの仕方で体現すべく――「応答する」(SZ, 386)ことなのである。それゆえハイデガーの言う〈存在の問いの反復〉とは先哲(たとえばアリストテレス)の問うたそれを忠実になぞることなどではない。むしろそれは「存在の問いを仕上げるためのさらに一層根源的な歩み」(GA3, 224)、いうなればアリストテレスの問いを当人よりもさらに〈アリストテレス的〉に踏み込んで自家薬籠中のものにしようとする試みを意味するものにほかならないのである。

　ではハイデガーはこのような反復をいかなる仕方で遂行しようとするのか。ここで留意すべきは、彼が存在の問いの背後に〈問われるべくしていまだ問われないままにとどまっている〉一つの重要な問題がなおも伏在しているさまに着目したことである。それはおよそ次のように略説されうるであろう。存在の問いを立てることにより、存在者《あるもの》をそれとして規定しているところの存在《ある》を詳らかにしようとする際、われわれは当の存在《ある》なるものを（もとより不十分ではあれ、少なくともこうして問いの主題に据えうるくらいには）すでにして理解しているはずである。しかしながらこの時、そのような存在理解をわれわれは一体全体どこから得ているのであろうか。「こうして〈存在者そのものとは何か〉という『第一哲学』の問いは、〈存在そのものとは何か〉というそれ〔つまり存在の問い〕を超えて、さらに一層根源的な問いへ立ち返るように否応なく追い込まれることになる。すなわち、存在というようなものは〔…〕そもそもいずこより把握されうるのか」（GA3, 224）。

　さて『存在と時間』では、「あるものが、それがあるところのものとしてその可能性において〔把握される際〕、そこから把握されうるところの第一次的な企投の〈そこへと向かう先〉（das Woraufhin）」（SZ, 324）、すなわち一般に何か（仮にこれを乙と名づけよう）を理解しようとする場合に、乙をそれに基づいて捉えるべく、そこに「目を向けること（Hinblick）」をわれわれがたえず行っているような〈乙の理解におけるわれわれの目の付けどころ〉のことを「意味（Sinn）」と呼ぶ。するとこの用語法にならえば、前掲の最後の問いにおいて俎上に載せられるに至った〈われわれが存在をそこから、またそれに基づいて理解するところのもの〉とは、「存在の意味」のことにほかならない。

　こうして存在の問いは、ハイデガーによってあらたに「さらに一層根源的な問い」、すなわち〈存在の意味への問い〉として反復されることになる。だがこの時、彼は後者の問いの答えをもすでに予想していた。「そもそも存在というようなものを現存在がそこから非表明的に理解し、解釈しているところのものは、時間なのである」（SZ, 17）。そしてその表題からも明らかであるように、『存在と時間』の狙いは本来、まさにこの主張を立証することにあった。ただしそれはついに果たされず、同書を杜絶させるに至った遠大に過ぎる構想であったため、本章ではもとよりその一斑を窺うことしかできない。そこで以下では、当該構想の千里の道の一歩をハイデガーがいかに印し初めたかということを簡単に確認するにとどめよう。なおその際、せめてハイデガーのいわゆる「現存在」に備わる独自な意義の何たるかが浮き彫りになるように、この概念をその相異なる三側面――(a)現存在の存在論的優位、(b)現存在の存在者的優位、(c)世界内存在――から照射することには意を注ぐつもりである。

(a)　現存在の存在論的優位

存在の意味への問いを立てるにあたって、ハイデガーはおおよそ以下のような主張を行っている――われわれが問うて最終的に知ろうとしている当のもの（「問い質されるもの（das

Erfragte）」）とは存在の意味にほかならないが、そのためにさしあたり問いの対象に据えられるもの（「問われるもの（das Gefragte）」）は存在であり（vgl. SZ, 6）、そしてこの「存在の意味への問いにおいて第一次的に問いかけられるもの（das Befragte）は、現存在という性格を備えた存在者である」（SZ, 41）、と。ここでいささか考察を要すると思われるのは、〈当該の問いを「問いかけられるもの」として最適な存在者は現存在を措いてほかにない〉という右の所説を支える論拠はどのようなものかということである。

　そもそも存在の意味を詳らかにすべく、われわれが「存在を問う」ことは、とりもなおさずわれわれが「存在《ある》を問うてある」こと（別言すれば、われわれが自ら存在することにおいて、まさにその存在するということを問題にすること）なのであってみれば、「この問いを問うということは、何らかの存在者の存在様態そのものとして、当の問うことにおいて問われているものから――つまり存在から――本質上規定されている」（SZ, 7）。するとここに見出されるのは、「問われるもの（存在）が〔…〕問うことへと注目すべき仕方で「遡行的かつ先行的に関係づけられている事態」」（SZ, 8）である。だがこうした特異な事態は、もし存在《ある》を問うてあるわれわれ自身が、たとえ曖昧模糊とした仕方であるにせよ、「存在を理解しているという仕方で存在している」（SZ, 12）――したがってまた自己自身の存在というものを理解し、それをたえずおのが関心の的としている――存在者、つまりハイデガーのいわゆる「現存在」でなければ、およそ成立しえまい。その意味で「現存在〔…〕は存在の問いそのものに対して或る――もしかすると卓越したそれでさえあるような――関わりを備えている」（SZ, 8）。そしてハイデガーによれば、当該の問いを「問いかけられるもの」として特に現存在が選ばれるゆえんは、まさしくここにあるわけである。

　以上、さしあたり現存在を〈存在理解を備えた存在者〉として特徴づけた。これは、他の存在者に対して現存在が有する「存在論的な優位」（SZ, 13）としてハイデガーが指摘するもの、つまり現存在はもとより（存在者《あるもの》ならぬ）存在《ある》を何らかの仕方で把握しており、そのかぎり「それ自身において「存在論的」である」（SZ, 13）ことに相当する（ただし通常はいまだ学的認識の水準には達していないため、この「存在論的」なありようは、厳密に言えば「存在論以前のもの（vorontologisches）」（SZ, 12）であるにすぎない）。

(b)　現存在の存在者的優位

　だが他方で彼は、現存在はさらに「存在者的な優位」（SZ, 13）をも有していると述べ、そしてそれを「この存在者がその存在において実存によって規定されている」（SZ, 13）点に認めている。ではこの存在者的優位とはいったい何を意味するのか。その点を詳らかにすべく、『存在と時間』で挙げられている現存在の二つの性格、⑴「現存在の「本質」〔なるものはそもそもあ

りえないが、強いて言えば、それ〕は彼の実存にある」（SZ, 42）と、
⑵「各自性」（SZ, 42）について検討してみよう。

　後者を取り上げることから始める。各自性とは、現存在、すなわちわれわれ各人がめいめいの仕方で関心をつねに払っているおのれ自身の存在は、それぞれがこの私の実存として、独自にして無二のものであるということである。なるほどこれを〈伝統的な人間観を刷新しようとする新機軸の試み〉と解釈する大方の見方には一理あろう。というのも各自性の所説は、「現存在は〔…〕客体的なものとしての存在者のある類における一例や見本としては決して捉えられるべきではない」（SZ, 42）ことを主張する点で、古来流布している人格の定義、つまり人格とは〈普遍的本性たる理性が具現化されている個別的実例〉にほかならないと説く諸家によるそれ(4)に、やはりまぎれもなく背馳しているからである。しかしながらこの概念の意義は今述べた点に尽きるものではない。すなわち各自性とは同時にまた「そのつど性（Jeweiligkeit）」（GA20, 206）――現存在が「〈そのつどそれであること〉（Jeweilig-es-zu-sein）において存在している存在者」（GA20, 206）であること――を意味しているのである。それゆえこうした〈そのつど性〉としての側面に鑑みて、各自性は『存在と時間』において次のようにも敷衍されている。「現存在は〔…〕そのつどあれやこれやのあり方において、私のものである。〔…〕現存在はそのつど彼の可能性である」（SZ, 42）。このように現存在がおのおの当の現存在たりうるのは、ひとえに彼が時々刻々、おのれ自身のありうべき存在可能性へと自らを企投しつつ、これを選び取っていく限りにおいてなのである（「企投」概念に関しては第7章の詳論を参照）。

　そしてこのことは、前掲の第一の性格（「現存在の「本質」は彼の実存にある」）の眼目でもある。というのもハイデガーは当該の性格をこう説明しているからである。「〔現存在という〕この存在者において取り出されうる諸性格は〔…〕そのつど彼にとって可能的なあり方なのであり、しかもそれのみである。〔…〕したがって現存在という呼称が表現しているのは〔…〕その内実（Was）ではなく、存在である」（SZ, 42）。現存在は、彼自身が不断に選択していく自己の存在（つまり実存）の可能性であるそのつどの一定のあり方を離れ、これとは別に前もって存在しているようなものではなく、かえってまさにこの〈その時々の実存（の仕方）〉としてのみある。その意味では現存在は実のところ、〈その時々に変容する〈存在の仕方〉を超えた同一不変の本質に即してあり続けるような〉「存在者《あるもの》」というよりはむしろ生々流転してやまないそのつどの「存在《あること》」それ自体にほかならないと言わねばなるまい。けだし現存在があくまでも一個の存在者でありながら――「現存在者」ではなく――「現存在《げんにあること》（Dasein）」と（原語ではあえて動詞の不定詞形で）命名されているゆえんである(5)。

(c)　世界内存在

　前段(b)では現存在の特異性をその「存在者的な優位」という観点から明らかにした。次にそれを「世界内存在《せかいのうちにあること》（In-der-Welt-sein）」（これも不定詞！）なる「現存在の根本体制」（SZ, 52）に即して詳らかにしよう。この概念の真意を捉えるうえでまず注意を要するのは、それが「世界と呼ばれる空間的な入れ物〔…〕のなかに「人間の身体」という肉体〔としての〕物体が客体的にあること」（GA20, 212）を意味するものではない点である。それはハイデガーの見るところ、「〔物体がその場を占めうる〕可能的な位置の三次元多様体が〔まず〕さしあたって与えられており、そして〔次に〕それが客体的な物体によって充塡されるというわけでは決してない」（SZ, 103）からである。ハイデガーのいわゆる世界（それがどのようなものであるかについては後述する）は現存在に先立って、これと独立に存在するようなものではない。むしろ「現存在は実存しつつ彼の世界である」（SZ, 364）がゆえに、「もしいかなる現存在も実存しないのであれば、世界もまた「現に」あるのではない」（SZ, 365）ことになるのである。世界内存在とは、このように「彼が現にあること〔すなわち現存在の存在〕とともに、すでにして世界というようなものが彼に発見されている」（SZ, 55）事態がそこにおいて成立している「一個の統一的現象」（SZ, 53）のことなのである。

　だがハイデガーによれば、その緊密な統一性にもかかわらず、世界内存在はこれを三重の観点から分析することが可能である。すなわちそれは第一に「世界の内で」（ないしは「世界」）、第二に「世界内存在というあり方においてある存在者」（世界内存在しているのは「誰か」）、そして第三に「内存在（In-sein）」である（vgl. SZ, 53）。ではこうした世界内存在において、現存在（の存在）と世界の開示という〔今挙げた三つの構成契機では第一と第二に実質上相当する〕先述の両者を統合している媒介者の役割を果たしているものは何か。それは第三の契機、つまり「内存在」であると考えられる。これに関してハイデガーはグリムの語源研究に依りつつ、「内（in）」の原義は「住む、滞在する」にあり、また〔「〔我〕あり（bin）」の古義に遡れば〕「存在（Sein）」は元来「～のもとに住まいする、～と馴れ親しんでいる」の意であると説いている（vgl. SZ, 54）。このような古語の釈義を踏まえるならば、内存在とは〈他の現存在や事物とさまざまな仕方で親密な関わりあいを保ちながら、それらのもとで現存在が安住していること〉であると言えよう。だがそのような安住の実現は、今述べたような他の存在者と現存在との出会いをそもそも可能ならしめる場がまずもって開かれていることを必要とする。現存在に対し、これらの存在者がそこにおいて現れ来たる場――それがハイデガーの考える「世界」にほかならない。よって世界とは〔誤解を恐れずに極言すれば〕そのなかで出現してくる「世界内部的」な存在者との種々のアット・ホームな付き合いのなかで、現存在がこれらに馴染んでいくところの我が家《マイ・ホーム》（前掲引用文に言う「彼の世界」）なのであり、そしてこのような世界の開示と現存在の存在を別々の事柄ではなく、同じ一つの事態たらしめている結節点は、まさに当の現存在の「彼の世界」での安住、つまり内存在にあるのである。

2　基礎存在論の成立と理念

それでは上来述べてきた現存在の特徴づけをもとに、いよいよ基礎存在論の成立について論じよう。まず(a)で明らかにしたように、現存在の特異性の一つは、それが〈存在を理解している存在者〉である点にあった。このことは『存在と時間』の問題設定にとって重要な意味をもつ。というのも最終的に存在の意味を詳らかにすべく、われわれ現存在が存在を問うていくこと（ということはつまり存在論）は、ほかならぬわれわれ自身がすでにして暗々裡にそのうちを動き回っている「存在論以前の存在理解〔…〕を徹底化すること以外の何物でもない」（SZ, 15）からである。こうして同書では、そのような茫漠とした存在理解をして明瞭ならしめるとともに、当の存在理解をそもそも可能にしているものをわれわれ現存在自身のうちに探り、それを剔抉することが課題となる。そしてこの課題に取り組むのが、われわれの存在の根本構造の分析――「現存在の実存論的分析論」（SZ, 13）――なのである。

このようにもっぱら現存在という特定の存在者の存在を主題とする限りでは、現存在分析論はそれ自体、存在者全体の一部分を扱う「領域存在論」の一種にすぎないように思われる（ただし他の存在者に対して先述のような優位を持つ「範例的存在者」（SZ, 7）を対象にしている点で、現存在分析論は、アリストテレスの形而上学であれば神学《テオロギケー》――「諸々の存在者のなかで最も尊いそれに関する」学[6]――に相当するような特別な地位を占める存在論ではあろう）。しかしながら(c)が示す通り、現存在は世界内存在として、他の現存在や事物と種々の仕方で関わりあうのであり、そしてその際おのおのをまさにそのような他の現存在（あるいはこれこれの事物）として適宜それにふさわしい仕方で遇している以上、現存在は（単に自らの存在のみならず）こうした「世界の内部で近づきうる存在者の存在の理解」（SZ, 13）をもすでにして何ほどかは備えているはずである。すると上述のように存在論とは存在理解の徹底化なのであってみれば、現存在以外の他のさまざまな存在者の領域をそれぞれ取り扱う各種の領域存在論の形成とその正当化もまた、今述べたような世界内部的存在者に関する現存在の平均的な存在理解の洗練、およびこうした存在理解の淵源である現存在の存在構造の解明（つまり現存在分析論）を措いてほかにあるまい。この意味において現存在分析論は、それ自体一個の存在論でありながら、同時にまた他の存在論の成立の基盤となるもの、すなわち「他のあらゆる存在論がそこから初めて発源しうるところの基礎存在論」(SZ, 13) なのである。ここにわれわれは基礎存在論の成立とその理念――現存在の存在論(存在理解の機序の実存論的究明)による存在論一般の可能性の基礎づけ(vgl. GA3, 232)――を認めうるであろう。

3　基礎存在論の理念の揺らぎ

しかしながら他方でハイデガー自身が『存在と時間』の巻末において、今述べた基礎存在論の理念に次のような疑問を呈していることは看過されてはならない。「存在論は存在論的に基礎づけられるのか、それともこうした基礎づけのためにすら、存在論はある存在者的な基礎というものを必要とするのか」(SZ, 436)。

この修辞的な問いの言わんとするところはこうである。「存在論は純粋に存在論的な仕方では基礎づけられない。〔存在論を〕存在論自身によって可能ならしめることは、ある存在者(つまり存在者的なもの)へ立ち返るように指示される。それはすなわち現存在である」(GA24, 26)。だが仮にそうであるとすれば、存在論はその存在論的な基礎づけに際して、何故に現存在による存在者的な基礎づけをも要することになるのであろうか。

その理由を窺うに好適であると思われるのは、「存在の問いの存在者的優位」という事柄に関するハイデガーの説明である。「実存論的分析論はそれ自体、結局のところ〔現存在のうちに〕実存的に(すなわち存在者的に)根を下ろしている。哲学的に探求しつつ問うこと自体が、そのつど実存している現存在の存在可能性として摑み取られている場合にのみ、〔…〕十分に〔存在者的に〕基礎づけられた存在論的な問題系全般に着手する可能性がある」(SZ, 13f.)。この言は以下のように敷衍されうるであろう。現存在分析論が一個の存在論である限り、その成立は先述の通り、われわれの存在理解(今の場合は特に自己存在の理解)の徹底化を措いてほかにない。だがこのような徹底された理解というものをわれわれはどこに見出しうるのか。一般にわれわれがそのつど自己自身を「諸々の可能性へと企投することにおいて、存在理解はすでにして先取りされている」(SZ, 147)。すると自己存在に対する如上の透徹した理解もまた、それに対応するわれわれのある存在可能性(あり方)の企投のうちにこそ存在しているはずである。このようなあり方におけるわれわれの存在をハイデガーは「本来的実存」――「〔真の意味で〕自己自身であるような〔…〕彼自らの可能性から〔…〕おのれ自身を理解する」(SZ, 12) ことを目指して、この存在可能性を「摑み取るという仕方において」(ebd.) ある現存在の存在様態――と規定している(これに対して、そのような存在可能性を「逸するという仕方で」(ebd.)、現存在が自らを喪失したままであり続けているありようは「非本来的」と呼ばれる)。すると以上のように理路を辿りくるならば、あくまでも現存在のそのつどのあり方としてのみ可能であるにすぎない本来的実存という「存在者的な基礎」なくしては、現存在分析論は――ということは（この現存在分析論によってさらに「存在論的」に基礎づけられるべき）存在論全般もまた――およそ成立しえないということになろう。

そしてこれはむろん――晩年のハイデガーの回顧談を援用するならば――「基礎存在論における基礎は〔…〕揺るぎうる基礎（fundamentum concussum）である」（GA14, 40）にすぎないことを示している。したがってここに至ってわれわれがいまや目の当たりにしているものは、〈存在論による存在論の基礎づけ〉という先述した基礎存在論の当初の理念が早くも動揺し始めているさまにほかならない。事実『存在と時間』刊行の二年後、ハイデガーはこう述べている。「形而上学は現存在における根本生起である。それは現存在そのものである」（GA9, 122）。すなわち「基礎存在論」という旧来の題目は基本的にはなおもそのまま維持されているものの、今度はあらたに「現存在として必然的に生起する形而上学」（GA3, 231）によって形而上学（つまり存在論）を基礎づけようとする試みに彼は本格的に取り組むことになるのである（ただしこれは比較的短期間で終わった）。だがこのことはなんら怪しむに足ることではあるまい。なぜならばハイデガーにとって、まさしく現存在の存在、すなわち実存こそは「哲学的に問うことがすべて、そこから発源していっては、そこへと打ち返してくる彼処《かしこ》」（SZ, 38, 436）としてたえずあり続けたからである。

注

（1）デカルト『省察』、第二省察（*Œuvres de Descartes* publiées par Ch. Adam et P. Tannery, Tome 7, Paris, 1996, p. 24）。

（2）同書、第一省察（*ibid.*, p. 17）。

（3）アリストテレス『形而上学』第四巻、1003.a20.

（4）その好個の例としてボエティウスによる定義を引証する。「人格とは、理性的な本性を備えた個別的な実体である（Persona est naturae rationabilis individua substantia.）」（*Contra Eutychen et Nestorium*, cap. 3, 74）。

（5）この点に関しては『存在と時間』に対するヨーナスの適評も参照されたい。「すぐさま目に付くのは、名詞の役割を果たす動詞の不定詞形に対する〔ハイデガーの〕偏愛である。〔…〕これらはみな、もの（Sachen）ではなく、〔ものの〕あり方を表している。〔…〕すべてはいわば常時「進行中」なのである」（Hans Jonas, *Philosophie. Rückschau und Vorschau am Ende des Jahrhunderts*, Frankfurt am Main, 1993, S. 16）。

（6）アリストテレス前掲書、第十一巻、1064.b4–5.

6 世界・他者・自己
『存在と時間』II

松本直樹

本章では、前章で示された「世界内存在」の三つの分析観点、すなわち「世界（Welt）」「誰か（Wer ?）」「内存在（In-Sein）」という観点（SZ, 53）から最初の二つをとりあげ、この二つの観点からなされた諸分析を概観しよう。(1)

1 「世界の内に」とは何を意味するか (1)
——手許的存在性の分析

ハイデガーによれば、世界を現象学的に記述するとは、個々の存在者やその総体を、たとえその存在や存在構造に関してであっても考察することではない。というのも、それらは「世界内部の」存在者ではあっても、世界そのものではないからである（SZ, 63f.）。ここに、現存在が種々の存在者に接して生きる「「場」（das, »***worin***«...）」（SZ, 65）としての「世界（Welt）」と、世界内部の存在者の総体としての括弧つきの「「世界」（»Welt«）」という、術語上の重要な区別が生じてくる（SZ, 65）。

もちろん、世界現象に至るために世界内部の存在者から出発すること自体は間違いではない。ただ、従来の考察はなぜか総じて世界現象を見過ごし、飛び越してきたのであって（SZ, 65）、この飛び越しを防ぐ適切な出発点を確保することは必要である。そのための手立てが、事態を現存在の「平均的な日常性」において見る、という方針である（SZ, 66）。この方針のもとに分析の出発点として見出された存在者が、現存在にとってさしあたり最も身近な、身のまわりの「道具（Zeug）」である。

ハイデガーは日常的な世界内存在を、操るとか使うとかいった多様な「配慮的気遣い（Besorgen）」のもとでの存在者との「交渉（Umgang）」として理解する（SZ, 66f.）。道具とは現存在のこのようなあり方の相関者であって、この存在者の存在から出発することで、現存在が日常的に存在者と接する「場」としての「周囲世界」（SZ, 66）の構造が見えてくるのである。

さて、ハイデガーによれば、道具が単独で存在することはありえない。道具は本質的に「……するためのもの（etwas, um zu...）」（SZ, 68）であり、そのことによってつねに、個々の道具の存在に先立つ「道具全体」（SZ, 68）――ペンや机にとっての、部屋という道具立て全体のような――に帰属する。この道具の「……するため」という構造には、「あるものをあるものへと指示する〔差し向ける〕（eine *Verweisung* von etwas auf etwas）」（SZ, 68）という事態が含まれている。道具との交渉はこの「指示」の多様な連関に服するが、その際に働く、たとえば熟練した使用が典型的に示すような独自の眼差し（「視」）を、主題的な把握や理論的な認識のそれとは区別して「配視」（SZ, 69）と呼ぶ。また、この配視をともなう交渉のうちに現れる道具のあり方が「手許的存在性（*Zuhandenheit*）」（SZ, 69）である。

この記述で大きな役割を果たす「指示」という語が、何かが別の何かの現れをともなってのみそれとしてある、という事態をごく一般的・形式的に言い表すものであることに注意しよう。それは道具＝手許にあるものが、その用途を「予想させる」とか、他のさまざまな存在者を、たとえばその道具の使用者である他人たちや、そこから道具の素材が得られる自然を「連想させる」とかいった多様な関係のうちでのみ当の道具であることを意味しており（SZ, 68, 70f.）、そこには、記号が何かを「示す」といった特殊な関係さえ含まれている（SZ, 77）。そのようにして、指示は存在者が互いに複雑に連携しつつ、いつでも何らかの「全体」をなして存在することを可能にしている。

ここで注目すべきは、第一六節の議論である。この節では、道具が何らかの理由（「故障」「不足」「邪魔」……）で用をなさなくなる事態が分析されている。日常性の範囲にあるとはいえ、これは一種の非常事態であって、そこでは、道具は使えないもの、非手許的なもの（Unzuhandenes）として「目立ってくる（auffallen）」（SZ, 73）。それは、道具の用途への指示が妨げられ、そのことによってかえって、たとえば「その場にないものは何のために、何とともに手許にあったのか」（SZ, 75）という多様な指示の連関が際立ってくることを意味している。

道具についてのハイデガーの分析が、この「非常事態」を現象的な地盤として遂行されていることは明らかである。道具が失われることは、多様な指示のなかでもとくに用途への指示が妨げられることと同義であり、しかも、この障害は当の道具一つの不具合では収まらず、必ずある範囲の「道具全体」に及ぶ（ハンマーなしでは釘は役に立たない）。このような事態の観察が、道具は本質的に「……するため」に、しかも特定の「道具全体」に帰属しつつある、という最初の記述を支えているのである。

それればかりではない。右の観察は、逆に非常事態ならぬ常態においては、道具は道具としては身を引いて「目立たなさ」（SZ, 75）のうちにとどまっている、ということを教える。指示の現象が世界現象と何らかの関係をもつとするなら、世界が際立って現れず、道具が目立たないままにとどまることが、道具が道具として正常に機能するための条件なのである（SZ, 75）。世界現象や、その分析の出発点となる手許的存在性が従来の考察においてたえず飛び越されてきたのは、そのためである。

世界は道具が「使える」（手許にある）ことを可能にするが、それは、ときには「使えなくなる」という意味で文字どおり可能な事柄でしかない。むしろ、手許的存在性の理解は、そのように、手許にあることの否定の可能性まで視野に入れてはじめて本来的に成り立つのであって、そのことを世界のあからさまな現前は露わにせずにはいないのである。この観察は、一般化して言うなら、存在と非存在が互いの否定として交錯する場こそが世界という圏域に他ならないことを示す。

さらに、現存在がそのような世界を見ないことは、現存在が根本的にはある不確かさを回避していること、また、そのような態度を正当化するある特定の視野のうちにあることをも示唆する。現存在は、日常的には、世界現象との連絡を断たれた存在者——典型的には、たんなる事物や客観的な自然のような存在者——のあり方を存在一般と同一視している（SZ, 100）。つまり、自らの存在（実存）はもちろん、身近な手許的存在性すら飛び越して、存在をもっぱら「客体的存在性（Vorhandenheit）」と解する偏った存在理解のうちにあるのである。

2　「世界の内に」とは何を意味するか（2）
——適所性連関と有意義性

以上の分析は、さらに「適所性（Bewandtnis）」という術語を用いて、次のように捉えなおされる（SZ, 83f.）。たとえば、あるものがハンマーであるのは、そのものについては打つことのもとにその適所がある（Es hat mit ihm seine Bewandtnis beim Hämmern）、というふうにしてである。この連関はさらに、打つことについては補強することのもとに、補強することについては雨風を防ぐことのもとに……と連なって、最終的には「宿りを得る」という現存在自身のある存在可能性に帰着する。このような、適所性の連鎖の終極に位置する現存在の存在可能性を、要するにそれのため（um... willen）であるという意味で「（究極的な）目的であるもの（Worum-willen）」（SZ, 84）と呼ぶ。

この「適所性」という表現は、多様な指示の現象のなかから、とくに道具の存在の根幹と目される用途への指示を特定するために導入されている。ハイデガーによれば、この適所性の基礎には現存在自身の「適所を得させる（bewenden lassen）」（SZ, 84）というあり方があって、それが存在者をその手許的存在性においてアプリオリに出会わせている（SZ, 85）。もっとも、この bewenden lassen という表現は、日常語としては「現にあるがままにあらしめる（sein lassen）」というほどの意味であって（SZ, 84f.）、そこに、この現存在のアプリオリな「作用」が存在者を恣意的に構成・産出するという含みはない。それはむしろ、存在者を現存在の恣意から解放し（freigeben）、その「あるがまま」の事情（Bewandtnis には「事情」という意味もある）において発見することを意味している（SZ, 85）。bewenden lassen に「あるところで切り上げる、終わりにする」という意味があることにも留意したい。たとえば、ハンマーが打つことのもとで用向きをいったん切り上げるのでなく、さらに補強する、雨風を防ぐ……という指示の連鎖を漫然と遡っていくならば、いずれも宿りを得るためにあるという理由でハンマーと窓の区別がつかなくなってしまう。現存在はただ一つの〈目的であるもの〉のもとで多くのことをしているし、それらのすべてをただ一つの道具でなしうるわけではない。存在者が適所性（限定された目的性）という存在構造をもつことは、存在者が個々に分節され、互いに多様な指示を介して連携しつつ「道具全体」をなして現れることの可能性の制約である。

それゆえ、手許にあるものの存在である適所性を見出すことにとって、適所を得させることがその内を動く「適所全体性」（SZ, 84）といったものがあらかじめ開示されていることは前提である。適所を得させることは、本質的に、この開示された全体性へと存在者を解放する（auf...hin freigeben）——存在者がその全体性の内で動くことを妨げない——という仕方で遂行される（SZ, 85）。この解放先（Woraufhin）の先行的な開示こそがまさに世界の開示、同時に世界内存在としての現存在自身の自己理解でもあるような「世界の理解」なのである（SZ, 85f.）。

もっとも、ここでは、ハイデガーはまだ「内存在」の一様式である「理解」について論じていない。それゆえ、彼はこの現存在の、同時に世界理解でもある自己理解を、暫定的に、現存在がそれ自身を世界へと指示すること（sich an... verweisen）として規定する（SZ, 86）。ハイデガーによれば、現存在は第一の〈目的であるもの〉（存在可能性）から〈……するため〉という構造そのものやその具体化である「それのため（Dazu）」へと、また、これに狙いを定めた適所性の「何のもとに（Wobei）」へから、それとはつねに構造的にセットである「何について（Womit）」へと次々に自らを指示していく（SZ, 86）。「指示」という語が一般的・形式的な用語として導入されたことを想起しよう。道具と同じく、現存在もまた、別の何かの、つまり世界を構成する右に述べたような分節的な「諸関連（Bezüge）」（SZ, 86）の現れとともにのみ、現存在としてあるのである。

もちろん、この指示は道具における指示（適所を得させること）ではない（現存在自身は適所の〈何について〉や〈何のもとに〉にはならない）。ハイデガーは、現存在がそれ自身を……へと指示することを、「……に慣れ親しむ」（SZ, 86）こととして解釈する。この世界への親しみが成り立つためには、世界の諸関連は、現存在がそのうちで、いわばそれらに身を委ねて動くことを自らの存在可能性として「自分自身に理解させる（sich zu verstehen geben）」（理解可能にする）ことができる、というふうになっているのでなくてはならない。この「理解させる」を、ハイデガーは「有意義化する（*be-deuten*）」と術語化する。それゆえ、この分節的な諸関連の連絡からなる世界の構造、「世界の世界性」は「有意義性（*Bedeutsamkeit*）」である（SZ, 87）。世界の諸関連は、〈目的であるもの〉が〈……するため〉を有意義化し、以下、先に示した連鎖をたどって最後に〈何について〉が有意義化されるという仕方で構造化されている（SZ, 87）。実際、たとえば「宿りを得る」ことが「建てるため」とか「ハンマー」とかいったことを一切、有意義化しない（分節的に理解可能にしない）なら、私たちはそもそも「宿りを得る」ことが何をすることなのかを理解できないし、この可能性のもとで存在する（実存する）こともできない。それゆえ、現存在が存在するなら、そこには必ず手許にあるもののある連関も発見されている。このことを、ハイデガーは、現存在が自らを「「世界」へと依存的に差し向けてしまっている（sich auf... angewiesen haben）という意味で「依存性（*Angewiesenheit*）」（SZ, 87）と呼ぶ。このように親しく依存することが、先に触れた世界現象の飛び越しを動機づけていることは言うまでもない。

ハイデガーによれば、この「飛び越し」の典型的な事例はデカルト哲学であって、この哲学に、ハイデガーは自らの世界分析にもとづく独自の空間論をもって対抗する。というのも、デカルトは世界内部の存在者のあり方を、「延長（extensio）」という空間的な（しかも、他の特性がどれほど変化しても恒常的に存続するという意味で、「存在＝不断の客体的存在性（Sein＝ständige Vorhandenheit）」（SZ, 96）という存在理念に際立って忠実な）属性にまで切り詰め、周囲世界の身近な存在者を素通りして世界現象への道を塞いでしまったからである（SZ, 95）。周囲世界の存在者は、各々に固有の「場所（*Platz*）」（SZ, 102）をもち、その場所がそこから配当される特定の「方面（*Gegend*）」（SZ, 103）に属している（たとえば書斎あたりの机の上）。デカルト的な、ただ延長するだけの均質な純粋空間といったものは、この周囲世界的な空間規定が何らかの仕方で解除され、中性化されてはじめて見出されてくる（SZ, 111f.）。この手許にあるものの空間性の基礎には、明らかに世界の有意義性がある。世界内存在そのものが、「存在者を空間的に出会わせる」という固有の意味で空間的なのである（SZ, 104）。

この世界内存在の空間性は、「距離を‐とること（*Ent-fernung*）、布置すること（*Ausrichtung*）」（SZ, 105）という二つのあり方を示す。前者は、私たちが配慮的気遣いにおいて、存在者をある「距離感」のうちに、たとえば「手許に（zur Hand）」（SZ, 102）現前させることであるが、このあり方が「距離（Ferne）をと（りさ）る（Ent-）＝近づける（Näherung）」という奇妙な言葉遊びとともに提示されるのは、そのように距離を置くことが、同時に、対象に適切に関わることでもあるからである（SZ, 105, 106f.）。それに対し、後者は、距離をとることがいつでもある道具全体（適所全体性）を、またその全体が属する特定の方面をあらかじめ見越して遂行されることをいう（SZ, 108）。「距離（Entferntheit）」に必ず「方向（Richtung）」がともなうのは、空間の開示に関わるこのような事情によるのである。

この世界内存在の空間性は、当然ながら、現存在自身の自己理解のあり方にも関わっている。「現存在は自らの「ここ」を周囲世界の〔手許にあるものが具わる〕「そこ」から理解する」（SZ, 107）。現存在がそれ自身を世界の諸関連へと指示することが、まさに距離をとることとして空間的に遂行されるのである。そのように自らを世界へと指示して（差し向けて）いるかぎり、「現存在はその空間性からして、さしあたりここではなくて、そこにいる」（SZ, 107）。そのような「そこ」から「帰来する（zurückkommen）」（SZ, 107）ことで、空間的に「そこ」へと関わる自らの「ここ」が理解されるのである（SZ, 107f.）。

それゆえ、現存在が自らの「位置」や「方向」を定めることの基礎にも、世界内存在というあり方がある。たとえば、たんに右と左を区別する主観的な「感じ」（カント）をもつだけでは、私は周囲世界の空間に正常に接することができない。たとえ街全体の様子は頭に入っていても、目の前の建物を思い出すことができなくては、どこに行くこともできないだろう（SZ, 109）(2)。「私がそのつどすでにある世界の内にあることは、左右の感じに劣らず、定位の可能性にとって構成的である」（SZ, 109）。総じて空間の問題は、デカルトが飛び越した世界現象に立ち返るのでなくては、正しく理解されないのである。

以上、『存在と時間』の世界分析を概観した。それは特異な術語と錯綜した叙述で読者を初手から困惑させるが、その展開を丹念に追うなら、それがこの書の最初の本格的な分析として、あとの議論の多くを準備していることが見えてくる。その点をよく念頭に置いたうえで、次の議論に移ることにしよう。

3　日常的に現存在であるのは「誰か」(1)
——共世界と共存在

「日常性において現存在であるのは誰か」（SZ, 114）——そもそも、このような問いがなぜ問われるのか、まずその点が問題になる。たとえば、先にハイデガー自身が「各自性」という術語のもとに示した、「そのつど私自身が現存在である」「その存在はそのつど私のものである」という事態に言及するだけでは、この問いへの答えにはならないのか（SZ, 42, 114）。

この各自性をうかつに理解するなら、「私」はたちまち、体験の多様を貫いて不断に自己同一を保つ「自我」として、さらには「基体」や「実体」として理解され、実存の探求に暗に客体的存在性という存在理念が持ち込まれてしまう（SZ, 114f.）。それゆえ、この「そのつど私」という言明は、さしあたりどのような存在理念をも含意せず、存在論的には何も述べていない空虚な規定＝「形式的告示（*formale Anzeige*）」（SZ, 116）として理解されるべきである。それは「誰か」という問いへの答えになるどころか、その空虚さでもって特定の存在理念（客体的存在性）の侵入を防ぎ、「そのつど私」であるものが、それゆえにこそときに「私ではない」かもしれない、という事態へと探究の視野を開放するものなのである（SZ, 115, 115f.）[3]。

ところで、このように「私」が問題になる場合、まず自我の意識的な反省作用、その不可疑性や明証性が注目され、自我以外の世界や他我の存在はいったん棚上げにされてしまうことも多い。しかし、その種の発想は明らかに現存在の日常的なあり方からかけ離れている。とりわけ、「私」の話をしているのに、私がそれとの区別において私である「他人たち（Andere）」（SZ, 114）が問題にならないのは奇妙なことではないだろうか。

すでに述べたように、日常的な世界内存在を構成する多様な指示の現象のうちには、はじめから他人たちが、たとえば目の前の道具の使用者として姿を現している（SZ, 117f.）。道具は本質的に「それらが他人たちにとって手許にある世界から出会われる」（SZ, 118）。単独で用をなす道具がありえないように、他人たちにも使われるのでない道具といったものは考えられない。それゆえ、道具の世界はもとから他人たちと分かち合われた「共世界（*Mitwelt*）」（SZ, 118）であり、そのような世界の内にあることは、他人たちにも理解されうる仕方で形成されるのでなくては自らにとっても理解可能でないような「共存在（*Mitsein*）」（SZ, 118）である。少しあとの箇所で、現存在は共存在として「他人たちのために（umwillen Anderer）」（SZ, 123）存在する、と語られるのは、そのためである。

以上の議論は概ね、目の前にいない他人たちが道具を介して「間接的に」出会われる場面から出発している。しかし、彼らが「直接的に」知覚される場合であっても、その「道具を介して」という出会われ方がとくに違ってくるわけではない。私の現存在と同じく、他人たちの現存在――「共現存在（*Mitdasein*）」（SZ, 118）――も世界の内で、その諸関連への指示とともにのみ現れる。私たちはいつでも「仕事中の」（SZ, 120）彼らに出会う、「彼らは彼らが営む何か（das, was sie betreiben）である」（SZ, 126）。彼らがしていること、あるいはそもそも何かをしていること――「配視的・配慮的に気遣う世界内存在という存在の等しさ」（SZ, 118）を具えた「他人たち」であること――は見れば分かることであって[4]、そこに他我の存在に関する認識論的な問題（懐疑や論証）が入り込む余地はない（SZ, 119）。

私自身の現存在についても同じことが言える。私は私の内的な体験や意識作用を反省してようやく私自身、私の現存在を見出すのではない。むしろ、私はそれを「それが営む何かのうちに」（SZ, 119）見出すのである。その意味で、私もまた「私が営む何か」である（先に、現存在は空間的に、それ自身の「ここ」を手許にあるものの「そこ」から理解する、と論じられたことを想起せよ）。この自他にわたる「現存在の身近で基本的な、世界的な出会われ方」（SZ, 119）を見失わないことが大切である。「現存在はさしあたりたいてい、自己を自らの世界から理解している。他人たちの共現存在も、多くは世界内部の手許にあるものの方から出会われてくるのである」（SZ, 120）。

手許にあるものとの関わりが「配慮的気遣い」と名づけられ

たように、共現存在への関わりは「顧慮的気遣い」と称される。原語 Fürsorge は「世話」とか「保護」とかいったことを意味する日常語であるが、無関心なすれ違いといった、対人関係の「欠如的な」（SZ, 121）様態をも広くカバーする存在論的な術語として採用されている。また、欠如的でなく「積極的な」（SZ, 122）、他人たちと能動的に関わる様態においては、顧慮的気遣いは二つの両極端な可能性をもつ。「代行・支配的なそれ（die einspringend-beherrschende）と率先・解放的なそれ（die vorspringend-befreiende）」（SZ, 122）である。

前者は、ものごとを当事者である他人たちの代わりに引き受け、「他人たちからいわば「気苦労（Sorge）」をとりあげる」（SZ, 122）ような態度のことである。そこでは、他人たちはしばしば依存的になり、主体性を失って暗に支配されることになりやすい。それに対し、後者は、他人たちの先に立ち、いわば模範としてふるまうことで、彼らが自ら「気苦労」を負いつつ自由に行為することを促すような態度である。この二種類の態度の違いは、前者がもっぱら「他人が配慮的に気遣う何か（*Was*）」（SZ, 122）の成り行きを気にしているのに対し、後者は「他人の本来的な気遣い（Sorge）――つまり他人の実存」（SZ, 122）のあり方を気にかけている、という点にある。

さて、ハイデガーによれば、以上のように世界から出会われる現存在は、いわば配慮的気遣いを通して、その圏域である周囲世界に融け込み、没入している（in…aufgehen）。この没入は、前節で論じた「依存性」と同じではないが、明らかにこれから機縁と動機を与えられて生じるあり方である。そうして、世界は本質的に共世界であるから、そのような現存在は、同時に、他人たちとの共存在に没入していて「それ自身でない」（SZ, 125）。とはいえ、それはいったいどのような事態なのか。

4　日常的に現存在であるのは「誰か」(2)
――「ひと」と頽落

現存在が「それ自身でない」、つまり非本来的にあるとは、現存在がそのあり方に関して「他人たちの支配のもとにある」（SZ, 126）ことを意味する。私たちはいつでも、同時に共世界でもある周囲世界にあって、ひと（man）がするように新聞を読み、公共施設を利用し、娯楽や芸術を求めたり、大衆から身を引いたりしている（SZ, 126f.）。この説明からも分かるように、ここでハイデガーが言う「他人たち」とは、特定の誰かではなく、誰でもそれを「代理する（vertreten）」（SZ, 126）ことができる匿名の「主体」であって、この「主体」が現存在の日常性を暗黙のうちに支配しているのである。この日常性の「主体」、「日常的に現存在であるのは誰か」という問いへの答えとなる「主体」を、ハイデガーは「ひと（*Man*）」（SZ, 126）と呼ぶ。

現存在が「それ自身である」、つまり本来的にあるためには、他人たちとは異なる特別なふるまいが必要であるというのではない。むしろ、そのように自他の区別を「各人が営む何か」から理解すること自体が「ひと」的なあり方の特質であって、そこから、現存在が他人たちの支配下にあることの顕著な現れであるような、私たちが互いの隔たり（違い）を（埋めたり広げたりして）不断に気にする「疎隔性（*Abständigkeit*）」（SZ, 126）というあり方も生じてくる。そもそも、この種の理解は現存在を全面的に「代理可能（vertretbar）」とみなして、その各自性を曖昧にする（SZ, 239f.）。それは実存の誤解なのである。

それゆえ、他人たちと同じふるまい、同じ存在可能性のもとにあることが、ただちに現存在が「それ自身でない」ことの徴になるわけでもない。そうでなければ、現存在に他人たちとの本来的な協働といったことが成り立つ余地はないことになるが、それは明らかにハイデガーの考えではない（SZ, 122, 297f.）。現存在が「それ自身である」かどうかは、そのつど掌握される〈目的であるもの〉の具体性とは独立に決まると考えられるべきである。そのように、具体的な内容を欠くという意味では空虚で形式的な――「無規定な（unbestimmt）」（vgl. SZ, 298）――「私」の審級があるのでなくては、私はある特定の存在可能性を真に「私の」可能性、私が私であることを可能にする可能性として、つまり（ハイデガー自身の術語で言えば）歴史的な「遺産（Erbe）」として受けとることができないだろう。

「「善きもの」はすべて相続財産であり、その「善い」という性格が「本来的な実存を可能にする」という点にあるならば、決意性〔本来性〕においては、そのつど遺産の伝承ということが生じるはずである」（SZ, 383f.）。私は世界内存在としていつでも具体的な何者かであらざるをえないが、私の私であることを妨げず、むしろ成就する仕方で何者かであるためには、私は何者であるべきなのか、そこに「決断」の事柄がある（SZ, 298）。それ以上は何のためにあるのでもない第一の〈目的であるもの〉が、なお現存在にとっては、自らが「それ自身である」ために、その意味で「それ自身のために（umwillen seiner selbst）」（SZ, 181, et passim）摑みとられるのである。[5]

現存在のうちには、疎隔性の他にも「平均性、平板化、公共性、存在免責、迎合（Durchschnittlichkeit, Einebnung, Öffentlichkeit, Seinsentlastung und Entgegenkommen）」（SZ, 128）といった、各自の存在の重さを放擲して自らを「ひと」へと押しやる諸動向が不断に（ständig）働いている。「ひと」的な「主体」――これをハイデガーは「ひと‐自己（*Man-selbst*）」（SZ, 129）と呼ぶ――が「ある」とはそういうことであって、その種の動向（非本来性の可能性）が「不断にあること（Ständigkeit）」（SZ, 128）が、この「主体」の、基体や実体の持続性とは異なる「実在性」（SZ, 128）をなすのである。しかも、これらの動向のすべてが、実存についての先の誤解を助長することになる。

前節で論じた、代行・支配的な顧慮的気遣いと、率先・解放的なそれとの区別も同じ観点から理解される。前者は「他人が配慮的に気遣う何か（Was）」についてその他人の代わりを務め、後者は他人たちを彼ら自身へと「解放する（freigeben）」（SZ, 122）。後者は本来的な実存において成り立つが（SZ, 298）、非本来的な実存においては、自他いずれの現存在をも、代理可能な「各人が営む何か」として理解することが優勢になる。それは、本来「誰か（Wer）」と問われるべき現存在の存在（実存）と、「何か（Was）」と問われるそれ以外の存在者の存在（広義の客体的存在性）とを混同し（SZ, 45）、この区別に典型的に現れている存在の多義性を忘却することに等しい。

原典とは叙述の順序が異なるが、ここで「ひと」のあり方との関わりが深い「頽落（*Verfallen*）」（SZ, 175）の現象についても見ておこう。(6) ハイデガーは「ひと」の支配が内存在の構造に即して実現されるありさまを「空談、好奇心、曖昧さ（Gerede, Neugier und Zweideutigkeit）」（SZ, 175）として記述し、そこにある根本的な動向を見出そうとする。

「空談」の基礎は内存在の一様式である「語り」（SZ, 160）である。語りは「分節的に理解可能にする働き（die Artikulation der Verständlichkeit）」（SZ, 161）——世界現象における有意義化の働きを想起せよ——であるが、同時に「言語」の基礎でもあって、各人に固有の状況を離れて多くの人々のあいだを流通し、各人が自ら深く接しなくても、ものごと（存在者）にそこそこ対処できてしまう「平均的な理解可能性」（SZ, 168）を蔓延させる。また、「好奇心」は、配慮的気遣いの休止（手持ち無沙汰）に乗じて配視の「視」が帯びる「見ること」への傾きである。配視はもはや各人の存在可能性にもとづく周囲世界の確かな脈絡（有意義性）には拘束されず、むしろ行き当たりばったりに、多くは空談に唆され、目につく先から存在者に惹かれて、際限なく気を散らしていくのである（SZ, 172）。

空談と好奇心は、いずれも「ひと」の支配の具体相として、現存在が存在者に各自の実存の事柄としては関わらない、という傾向を示す。それは存在者との関わりを断つわけではないが、誰もが何でも「ひと」並みに理解するなかで、かえって何が真正な理解において開示され、何がそうでないかを決定しがたい「曖昧さ」を生じさせる（SZ, 173）。このように各自の実存が曖昧になることは、またしても、存在理解における客体的存在性の優位と連動している。たとえば、好奇心はその対象をたんなる「形相（*Aussehen*）」（SZ, 172）において眺めることに終始する。この「見ること」の優位は、伝統的な西洋哲学の基礎として遠くパルメニデスにまで遡る「直観（Anschauung, *noein*）」の優位にさえ通じているのだが（SZ, 171）、そもそも直観とは「客体的にあるものを、その純粋な客体的存在性において端的に認知すること」（SZ, 25）に他ならない。

さて、配慮的気遣いを通して存在者の「もとに（*bei*）」（SZ, 175）没入してあることが、以上のように事実上、「ひとの公共性への自失」（SZ, 175）でもあるなら、この没入は現存在が「それ自身から〔…〕転落し、「世界」へと頽落している」（SZ, 175）という意味をもつことになる。この「自己から世界へ」という逸脱の動向が頽落という現象の核心である。存在者の世界に「没入する」ことと、存在者に各自の実存において「関わらない」こととは矛盾しない。というのも、現存在は、自らを「ひと」任せにすることがそこから正当化されているのと同じ視圏（客体的存在性の優位）から、ある不確かさを回避し、いわば安んじて存在者に没入することを可能にされてもいるのだから。

「ひと」と同じく、頽落もまた、「誘惑（Versuchung）」「鎮静（Beruhigung）」「疎外（Entfremdung）」「自縛（Verfängnis）」「渦流（Wirbel）」といった、現存在を不断に巻き込む諸動向によって自らを実現する（SZ, 178f.）。ハイデガーによれば、これらの動向は現存在の存在に本質的な「被投性の投げと動きの性格」（SZ, 179）に由来するため、現存在は、存在者の「もとに」あって「ひと」へと頽落していく動向を、決して消去することができない（SZ, 179）。それゆえ、頽落を本来的に「克服する」といったことは、むしろそのような動向（頽落の可能性）が不断にあることを積極的に承認してはじめて、その不断さに不断に抵抗する——そのなかで非本来性が「実存的に掘り崩される」（SZ, 308）——という形で実現されることになる。

ハイデガーによれば、本来性においては、「非決意性」も「現存在の不断の可能性（ständige Möglichkeit）として」（SZ, 308）堅持される。規則正しい生活を決意した人が、その決意が本気であればあるほど、乱れた生活に退行する可能性にもつねに気を配らざるをえなくなるように[7]、本来性は非本来性の可能性との不断の葛藤においてのみ成立する。本来的な自己の存在は、客体的存在性としては理解されない（SZ, 130）。それはむしろ、「それ自身である」可能性が本来的に、「それ自身でない」可能性に抗するだけの勢威をもって不断にあること、不断に「それ自身でありうる」ことを意味する（「本来的な「自己でありうること」（eigentliches Selbstseinkönnen）」）。この「ありうる」の不断さが、「従来、主観の持続性と誤認されてきた自己の不断さ（die *Ständigkeit des Selbst*）」（SZ, 322）、「自己の不断の自立性（*Selbst-ständigkeit*）」（SZ, 322）なのである。

注

（1）第三の観点（内存在）については、次章を参照。
（2）ハイデガー自身はカントから別の例を借りて説明している。
（3）「形式的告示」についての詳しい説明は GA60, 55ff., GA61, 32ff., GA29/30, 421ff. などに見出される。
（4）この「見れば分かる」のよい例として GA27, 131f. を参照。
（5）この Worumwillen と Umwillen seiner の関係は、アリストテレスが言う「それ自体で選ばれるものが同時に幸福のために選ばれる」という関係を思い起こさせる。Cf. Aristoteles, *Ethica Nicomachea*, 1097a34–1097b6.
（6）以下の論述は『存在と時間』第五章Aで展開される「内存在」（開示性）の分析を前提している。次章を参照。
（7）このように気遣う人にとって、退行の可能性があることはこのうえなく確実な事柄である。実存に関わる「確実性」とは、要するにこのような事態を意味している（SZ, 258, 308）。

7 内存在・気遣い・真理

『存在と時間』Ⅲ

古荘真敬

世界はそもそも存在しているのかとか、その存在は証明されうるのかなどといった問いは、世界内存在としての現存在が立てる問いとしては［…］無意味である。 (SZ, 202)

『存在と時間』第四三節においてハイデガーは、いわゆる「外界の実在性」をめぐるデカルト的な問題設定を、このようにきっぱり退けている。たしかにデカルトの影響下、しばしば哲学者たちは、自分がいま夢を見ていないとどうして言えるのか、自分の見ているものが単なる夢まぼろしではなく真に実在する世界の風景であることをどうしたら証明できるのか、等々と自問することがある。こうした問いに確かな解答を示せないとしたら、「哲学と人間理性にとってのスキャンダル」であるとさえカントは述べていた[1]。しかし、ハイデガーによれば、本当の意味での「哲学のスキャンダル」は、外界の存在証明の不成功ではなく、むしろ「そうした証明が繰り返し期待され試みられること」(SZ, 205) のうちにこそある。

というのも、哲学しつつある自分を「世界内存在」の基礎事実から遊離した純然たる主観（世界から独立した「無世界的主観」とでも言えるもの）として考察の出発点に据え、外界の存在証明を解くべき重大な問題として意識するとき、哲学者たちはすでに無批判な仕方で、事物の客体的な実在性を存在概念一般の範型として前提してしまっており、また、幾何学・数学の「証明」と同質の「確実性」を、哲学にとっても有効な真理基準として設定してしまっている。そうした予断によって真に現象学的な存在論の展開が阻まれてきたことこそが、ハイデガーに言わせれば、本当の「スキャンダル」なのである。

そのような旧来の態度にかえて、「世界内存在」の日常性から出発する基礎存在論を構想し、哲学の問いを刷新することを狙う『存在と時間』は、その第一篇第五章において、この世界内存在の根幹をなす「内存在」の構造分析にとりかかる。

1　「開示性」としての内存在の諸契機
――「情態性」「理解」「語り」

目ざされているのは「内存在」の現象学的分析であり、世界内存在している私たち自身のあり方の自己分析である。そのため、「内存在」を、単に客体的事物が他の事物や空間の「内側に在ること（Inwendigkeit）」（SZ, 56, 101）と考えるような外面的な見方は退けられ、「内存在」は、むしろ「しかじかに馴染まれたところとしての世界のもとに、私が住んでいること、滞在していること」（SZ, 54）[2] を意味する実存範疇として捉え返されながら、その「住まいかた」の内的構造が分析される。分析を導く光は「内存在」の外部からもたらされる必要はなく、ただ各自の「現（Da）」を存在する私たちが「おのれ自身に即して世界内存在として明るくされており、〔…〕おのれ自身が空け開かれた明るみ（Lichtung）である」（SZ, 133）という根源的事態に定位した分析を遂行すればよいと考えられている。ハイデガーは、この根源的事態を現存在の「開示性（Erschlossenheit）」（SZ, 133）と呼び、その内的諸契機を、世界に住まう現存在自身の視点から分析していくのである。「開示性」を構成するものとして彼が考える「情態性」「理解」「語り」という三つの契機を、以下、順に概観していこう。[3]

(a) 情態性。そして、その一様態としての「恐れ」

「開示性」の第一契機をなすとされるのは「情態性（Befindlichkeit）」である。これは「気分、調子（Stimmung）」と通常呼ばれている現象のことであるが、単に主観的な心的状態として閉じられた内面性や感覚的体験のようなものとして捉えられてはならず、むしろ情動的な状況認知と密接にむすびついた感情現象のことが考えられている。ハイデガーは第二九節において、一般にこうした現象は「或るひとにとってどんな具合であるか（wie einem ist）」をあらわにする開示性であると素描したのち、ここには次の三つの本質的特徴が見出されると分析していく。すなわち、情態性とは、①現存在の「被投性（Geworfenheit）」をあらわにする開示性として、②「世界内存在を全体として開示」しながら、およそ私たちが「何かに向けておのれを指し向けること」をはじめて可能にしているが、そこには、③自分の出会う世界によって触発されること、――あえて強調して翻訳すれば――「他人事でなく触発されうること（Angänglichkeit）」が本質的にともなっている、と。

①の「被投性」とは、私たちがそのつど特定の状況のなかに投げ込まれているということ、究極的には、「自分は存在しており、存在しなければならないということ（»Daß es ist und zu sein hat«）」が、その「由来や行方」や「理由」について不明のまま、純然たる事実として剝き出しになっているということを意味している（SZ, 134f., 276）。私たち各自がこの剝き出しの

事実へと委ねられていることを照らし出しながら、情態性は、②に述べられるように「世界内存在」の全体をあらわにする卓越した開示性であるというのである。こうした叙述は何やら大袈裟すぎて、私たちの日常的な感情生活の機微を捉えそこなっているのではないかと批判する読者もいるかもしれない。だが③の意味をよく考えて吟味すれば、この分析が、それほど大袈裟なものではないことが分かるだろう。

　私たちは、日常出会う周囲世界のあり方をただ無関心に眺め表象しているばかりではない。むしろ、そのつどの問題関心との相関において、自分にとって重要なことと些細なことを区別し、好都合な出来事を歓迎するとともに、さまざまな「不便さや抵抗や脅威」によって他人事でなく動かされ、それらを「身をもって被る（Betroffenwerden）」（SZ, 137）ことから出発して、たえず生きている。シェーラーの言うように[4]、私たちが「世界一般へと関わる第一次的な態度」は、「表象的な知覚（*Wahrnehmen*）という態度」ではなく、むしろ「情動的で価値覚的（*wert*nehmendes）な態度」であると考えられるが、ハイデガーは、そうした「価値覚的態度」の根源性を捉え返して、私たちの「内存在」は「世界内部で出会われるものによって他人事でなく触発されうる（*angegangen* werden kann）」（SZ, 137）よう本質的に規定されている、と述べているのである。出会われる物事が私たち各自を他人事でなく情動的に触発してくるようにさせる態勢こそが、世界という場を開き、世界内部の存在者の発見を根源的に支えているのだという洞察である。ちなみに、この箇所でハイデガーの用いる angehen や betreffen といった動詞は、英語の as far as I'm concerned に相当する慣用表現（was mich angeht や was mich betrifft）において用いられるものである。つまるところ彼は、周囲世界の事情について「そんなことはどうでもいい、私には何の関係もない（Das geht mich nichts an.）」などとは言えない仕方で現存在が世界の内に巻き込まれながら存在しているという基礎事実を記述しようとしているのである。この点については、一九二四年夏学期講義でアリストテレスの「快楽（苦痛）」論が参照されつつ、快や苦をもたらすものが生をつねに何らかの仕方で「他人事でなく触発（angehen）する」という事実こそは、「生のうちで世界が出会われてくる仕方に特徴的な性格」（GA18, 51）であると述べられていたことが参考になるだろう。

　この「他人事でなさ」を基本特徴とするものであるからこそ、先に紹介したハイデガーの素描に言われるように、「情態性は、或るひとにとってどんな具合であるか（wie *einem* ist）をあらわにする」のである。たとえば何かが怖いという恐れの感情は、「誰かにとって」のものであり、余人はさておき、その「誰か」にとっては、それが他人事でなく怖い理由があるのだ。第三〇節は、この恐れという感情を情態性の一例として取り上げ、これを、「恐れの対象（Wovor すなわち当の恐れは何を前にしての恐れであるのかということ）」と「恐れの問題関心（Worum

すなわち当の恐れは何を案じているがゆえの恐れであるのかということ）そして「恐れることそれ自身」という三つの契機からなる現象として構造分析している。「他人事でなさ」がここでも分析の鍵である。第一に、「恐れの対象」とは、何らかの意味で「脅威をもたらすもの」であるわけだが、それを「恐れる」とは、「当の脅威をもたらすものを、それが自分を他人事でなく触発するようにさせること」（SZ, 141）であるとされる。さらに「恐れの問題関心は、現に恐れをおぼえている存在者自身、つまり現存在である。自らの存在のうちで、この自らの存在自身が問題になっているような存在者だけが、恐れをおぼえることができる（Nur Seiendes, dem *es* in seinem Sein *um dieses Sein selbst geht*, kann sich fürchten.）。恐れることは、危険にさらされたこの存在者自身を、それがおのれ自身に委ねられているありさまにおいて開示する」（SZ, 141）と分析されるのである。たとえば暴風雨の到来は、そのために誰かと共にひとつ屋根の下で暮らす自分自身の生活の存続可能性が案じられるようになり、単にマスコミで報道される他人事でなくなってはじめて、真に「恐ろしいもの」として私を触発してくる。この場合、暴風雨が「恐れの対象」であり、「屋根の下での安寧な生活」が「恐れの問題関心」であるわけだが、後者の淵源を遡れば、つまるところ「現存在にとっては、自らの存在のうちで、この自らの存在自身が問題になっている」という事実に帰着するのである。情態性は、現存在が、そのつどの当事者として自らの世界内存在にコミットしてしまっていればこそ生じるものであり、根底には、各々の現存在が、他人事ではありえない自分自身の存在に、これを問題とせざるをえないようつねにすでに委ねられているという基礎事実が潜んでいる。

このように考えれば、情態性は、「現存在をその被投性において開示し」（SZ, 136）、「自分は存在しており、存在しなければならないということ」（SZ, 134, 135）を純然たる事実として剝き出しにするという一見大袈裟な記述の意味もまた納得できるだろう。要するにそこでは、情態性一般の本質である他人事でなさの源泉にある基礎事実が透察されており、どんな情態性のうちにも、この基礎事実の根本経験が潜在しているのだと主張されているのである。「何かに対して感情をいだくことのうちには、つねに同時に、自己を感じることがひそんでいるが、しかも、自己を感じることの内には、自己が自己に対して顕わになるという様態がひそんでいる」（GA24, 187）と、一九二七年夏学期講義では述べられるが、同年に出版された『存在と時間』においても、感情現象の根底に、現存在の自己自身への顕現の出来事を見てとる洞察が示されているのである。[5]

(b) 理解と解釈

「内存在」を構成する第二の契機としては「理解（Verstehen）」という現象が挙げられ、第三一から三二節において、「可能性への企投（Entwurf）」という概念を駆使して分析される。ここでいう「理解」とは、実践から切り離された理論的認識のようなものではなく、世界をいかに理解しているかがそのまま自分の行為となって表現される世界内存在の側面のことが考えられている。行為とは単に身体運動が生じることではなく、しかじかに理解された世界のもとで自分は自分のできることを為しつつあるという自己理解が、そこにはともなっていることだろう。そうした自己理解をもつ行為者が世界の内に在るあり方を、ハイデガーは、「現存在はそのつどすでに、自らを、おのれの可能性へと企投している」といった言い方で記述するのである。

「企投」といっても、何かを企て計画することが考えられているわけではない。計画は、それ自身、為したり為さなかったりしうる行為であるが、「企投」とは、そのような選択余地のある行為ではなく、むしろ、私たちの行為一般が行為であることを可能にしている自己理解と世界理解のありかたを表す。つまりそもそも現存在が、「自分には何ができるか」という可能性に照らして自己を理解する行為的な存在者である以上、現存在は、「いつでもすでに自らを企投してしまっており、存在するかぎりは企投しつつある」(SZ, 145) と言わねばならないのである。

また、しばしばハイデガーが、「可能性」という概念を二重化しながら「理解」の構造を分析していることにも注意しよう。たとえば第三二節冒頭では、「理解しながら自分のさまざまな可能性へと関わっているこの存在は、〔…〕それ自身、ひとつの存在可能である」(SZ, 148) と述べられている。「自分の可能性へと関わる可能性」という「可能性の自乗」とでもいうべき概念によって何が考えられているのかは、「可能性」を「能力」と読みかえると分かりやすい。能力は、発揮されるばかりではなく、発揮可能なものとして保持されてこそ能力である。アリストテレスも述べたように、大工が家を建てる能力は、建築作業を開始したとたんに発生し、作業の間だけ持続して、作業を止めるやいなや消滅するものではない（アリストテレス『形而上学』第九巻第三章を参照）。能力の保持と発揮という概念をぬきにしては、私たちの行為能力の構造を十全に記述することはできまい。「能力」という概念は「自分の能力へと自由に関わる能力」であることを含意している。同様に現存在は、理解しつつ「自分の可能性へと関わる可能性」なのであり、この「理解」には、当座は発揮されずに保持され潜行している様態もある。次の記述を見てみよう。

> 手許にあるものはつねにすでに適所性の全体から理解される。この適所性の全体は、主題的な解釈によって明示的に把捉されている必要はない。そのような解釈をくぐりぬけている場合であっても、それが済めば適所性の全体は、ふたたび漠とした理解のなかへ退いていく。(SZ, 150)

あらかじめ漠として理解されている適所性の全体としての周

囲世界を背景としながら、ある道具を明示的、主題的に取り上げて利用するといった、奥行きのある構造の分析がここに読みとられるだろう。ハイデガーは、このような奥行きを、「すでに理解されている「世界」が解釈される」（SZ, 148）と言い表す。「解釈する（auslegen）」とは、すでに漠然と理解されていたものを明示的に解き分け、表立った理解のうちへと引き入れることである。「理解されているものがそうして表立たされるとき、その明示性の構造をなすのは「として（als）」であり、これが解釈を構成する」（SZ, 149）とハイデガーは述べる。喉の渇きをおぼえた私がコップを手にとり水を飲むとすれば、たしかに私は、そのような必要に迫られるまでは漠然と背景化していた周囲世界全体の理解のうちから、水を飲むためのものとしてのコップを手許に引きよせ、表立った理解のうちで利用するのである。逆に、こうした「として構造」において主題化される世界の「解釈」には、いつでも漠たる背景としての非主題的な「理解」の地平が先行している。ハイデガーは、これを理解の「先行構造（Vor-Struktur）」と呼び、その先行的な理解の可能性は、背景の全体が漠として「先行保持（Vorhabe）」されつつ何らかの「先行視（Vorsicht）」によって方向づけられ、萌芽的な概念によって「先行把握（Vorgriff）」されつつあることによって保たれており、これが、自分が「存在の意味への問い」を問おうとする際に「意味」ということで考えている内実であるとも述べている（SZ, 151）。

(c) 言明。そして語りと言語

私たちがコップをコップとして理解していることは、さしあたり、それを用いて水を飲む行為のうちに十分表現され、別段、言葉にして表明される必要はない。「これはコップです。こうして水を入れて飲むことができます」などと発言しながら行為する必要はないし、そのような発言は普通ではないだろう。では私たちは、自らの世界理解をあえて言葉で説明するとき、いったい何を行っているのであろうか。

第三三節は、「言明（Aussage）」の生成を、話題として言挙げ（Aufzeigung）される存在者を述語的に規定（Prädikation）しながら他者にとっても接近可能にする伝達（Mitteilung）の生成として分析し、それを、先に見た「解釈」の派生的様態として特徴づけている。言明も、「として構造」を解釈と共有するが、解釈が根ざしている周囲世界の生きた文脈からは切り離され、話題の対象を単なる客体的事物として性質記述しうる可能性へと開かれている。この可能性はまた、いわゆる「理論的」な言明の基盤として「学問」の営みを支えるものでもあるのだが（第六九節cにおいて考察される）、この第三三節は、これをとりあえず「解釈的《ヘルメノイティッシュ》な〝として〟」から「言明的《アポファンティッシュ》な〝として〟」への平板化として分析し（SZ, vgl. 158）、そこに、現存在の「空談」を必然化する世界解釈の変様を見てとろうとしている。「世の中には〇〇というものがあって、それを使うと

××ができる」といった語りは、生きられた世界の文脈を共有しない他者たちに対しても広く伝えられ、その伝達のされ方は、しばしば単なる「言い広めや受け売り」となり、「話題となっている存在者への第一次的な存在関連」は消失して、「ひとがそう言うのだから、そのとおりなのだ」という表層的な世界解釈が権威を得ていくことにもなろう（SZ, 168）。

「現-存在と語り　言語」と題された第三四節は、そうした頽落の媒体としての側面ももつ「言語」という現象には、「そもそもどのような存在様式がそなわっているのか」という問題に取り組む箇所である。「言語とは、世界内部的に手許にある道具なのか、現存在という存在様式をもつものなのか、それとも、そのどちらでもないのか」（SZ, 166）と、そこでは問われ、ハイデガーはこれに、「語り（Rede）が外へと言表されたものが言語（Sprache）である」（SZ, 161）という分析によって答えようとしている。「語り」とは、先述の「として構造」を萌芽させている現存在の情態的理解の分節化のことであるが、それは「語り」の内的必然によって外へと言表され、世界内部的存在者としての性格を帯びた話し言葉や書き言葉となって、複数の現存在の間で語り交わされ、聴き合われるようになる。ハイデガーの見るところ、そうした「語り」の自己表出の全体性が「言語」なのである。「語り」というものの本質を、単に発話することばかりでなく、「聴くこと」および「沈黙すること」の可能性とセットになって成立するものと考え、「言語」という現象を、現存在の「世界内共存在」の自己表出として捉える考察を、そこに読みとることができよう。

2　実存の全体的自己開示の経験――「不安」「気遣い」

『存在と時間』第五章の後、第一部第一篇を総括する最後の第六章では、「世界内存在」という構造の「根源的な全体性」（SZ, 180）は、結局いかに規定されるべきであるのかと問い直されることになる。第一部第一篇においてハイデガーは、有意義性としての世界、〈ひと〉としての日常性、他者への顧慮的気遣い、そして情態性、了解・解釈・言明、頽落などについて語ってきたが、これらをただ寄せ集めれば、「世界内存在」という全体が得られるわけではない。これらの諸契機を「存在論的に基づけている」ような「根源的に統一的なひとまとまりの現象」（SZ, 181）に照らして、全体が透察されねばならない。

この課題に応じるハイデガーの結論は、「世界内部で出会われる存在者のもとに存在することとして、おのれに先んじて、すでに（世界の）内に存在してしまっていること（Sich-vorweg-schon-sein-in-(der-Welt-) als Sein-bei (innerweltlich begegnendem Seienden)）」（SZ, 192）という統一的現象こそが、現存在の世界内存在を、ひとまとまりの全体として可能にしているというものであり、彼はこの現象を「気遣い（Sorge）」という名づける。

「気遣い」を表す右の定式は、「として」を挟んで前半（次の①と②）と後半（③）に分かれ、「①おのれに先んじて、②すでに（世界の）内に存在してしまっていること」という全体が、「③世界内部で出会われる存在者のもとに存在することとして」具体化することを表現している。①の「おのれに先んじて」という契機は、前節でみた「企投」を表し、②の「すでに世界の内に存在してしまっている」という契機は、「被投性」を表すものである。つまり、現存在は、自己のあらゆる意図的行為に先んじた可能性の地平をあらかじめ「企投してしまっている」と同時にまた、世界のうちにすでに「投げ込まれた」自らの存在をおのれの問題として気遣いながら実存している、というわけだが、もちろんこの「被投的企投」の全体性は、虚空に漂うものではなく、いつでも特定の周囲世界のもとに他者たちと共に存在し、適所全体性に目配りしつつ手許にあるものを配慮的に気遣い、他者たちを顧慮的に気遣うことにおいて具現するので、①②の全体は「③世界内部で出会われる存在者のもとに存在することとして」現実化すると捉えられている。これは「頽落」の契機を表現するものである。

「世界内存在」という現象の「全体性」を、右のように見てとらせることが、『存在と時間』前半部の結論であるが、興味深いのは、こうした全体性の透察が、「不安（Angst）」という情態性にもとづいて汲みとられていることである。先にも見たように、情態性は、それ自身、「開示性」の諸契機の一つでありながら、「世界内存在をまるごと全体として開示する」（SZ, 137）契機でもあるとハイデガーは主張するが、彼はこの主張を、世界内存在の全体構造を解明するための哲学的方法としても積極的に援用する。具体的には、次のような次第である。

1の(a)の終わりに見たように、そのつど他人事でなく生成する情態性のうちには、その他人事でなさの源泉にある基礎事実の経験が潜んでいる。それはあくまで潜在的な経験であって、さしあたりたいていは顕在化しないが、ある種の根本情態性においては、現存在は、情態的経験一般の根底に潜む、あの「自分は存在しており、存在しなければならない」という基礎事実そのものによって触発されることがあるだろう。ハイデガーは、先に見た「恐れ」とは区別される「不安」のうちに、そうした根本情態性の典型を見てとるのである。

単なる「恐れ」とは異なり、「不安」は、世界のなかで出会われる特定の物事に脅かされることによって生じるものではなく、その「対象（Wovor）」は、そもそも「自分が世界内存在してしまっている」という根源的被投性の事実そのものである。私は圧倒的に受動的な仕方でこの事実に当面しつつ、なおも不断に「おのれに先んじて」、自己の世界内存在の可能性へと委ねられざるをえない。「恐れ」のように、特定の存在可能性がそこなわれることが案じられているのではなく、不安の「問題関心（Worum）」もまた、「自分が世界内存在しうる」という可能性一般である。何かのせいで何かが奪われるかもしれないことが恐れられているわけではないから、世界内部のどのような事情の変更可能性に訴えても不安は払拭されず、世界は、日常的な「有意義性」としての性格を滑落させて、無気味な「無意義性」の場へと変様するだろう。私を脅かすものは、世界内部の「何ものでも無く、何処にもない」（SZ, 186）。現存在は、いわば無と化した世界、つまり「世界の無」（SZ, 276, 343）に直面させられるが、無論、世界が物理的に消失するというわけではなく、むしろあらゆる世界内部の存在者から存在論的に区別される「世界そのもの」（SZ, 187）が根源的に開示されてくるのである。

　こうした寄る辺なさのうちに生成する「開示するはたらきと開示されるものとの実存論的な同一性」（SZ, 188）が、ハイデガーの現存在分析論を導く基礎経験であり、ここにおいて私たちは、「気遣い」としての世界内存在の基本構造を洞察する機縁に恵まれるのだと考えられている。世界のあれこれの具体的な物事のもとに他者たちと共にある日常生活は、そのような寄る辺なき自己開示の経験をごまかし、おのれをおのれ自身から「離反」させる頽落的な「非本来性」として反省されるかもしれないし、あるいは、この寄る辺なさを他でもない自己固有の実存の本質として引き受けたうえで、日常を「本来的」に生きなおすことが決意されるかもしれない。「気遣い」としての世界内存在の全体を、「本来性」と「非本来性」のあいだを往還する運動性において捉え直す視点は、続く第一部第二篇の論述において、さらに深められていく。

3　隠れなさとしての真理と存在

『存在と時間』刊本の半ば近く、第一部第一篇の末尾に置かれた第四三節と第四四節は、特殊な節である。ハイデガーは現存在の存在を先述のような「気遣い」として総括したところで分析の前進を小休止し、ここまでの考察の哲学史的な意味を誇るかのように、「実在性」や「真理」といった西洋哲学史上の根本概念を批判的に吟味しようとするのである。

「外界の実在性」をめぐる第四三節については本章冒頭で触れたので、ここでは「真理」概念をめぐる議論のみを簡単に紹介しよう。吟味されるのは、「真理」とは、「言明」という場所において成立する「知性と事物との一致」のことであるとする伝統的見解である。ハイデガーは、半ば常識化しているこの真理観を、現存在の世界内存在の観点から存在論的に捉え直そうとする。彼の提案は、「真理」という現象を、存在者を「発見」する現存在の働きに還元することによって統一的に分析することである。言明の真理とは、「知性と事物（あるいは主観と客観）」といった二つの存在者のあいだに成立する「一致」や「対応」といった関係のことではなく、むしろ「世界内部の存在者を発見しつつ在ること」という現存在の振る舞い（あるいはそれに相関する世界内部の存在者の被発見性）が自己同一的に現象する事態として捉え直されるべきであると主張されるのである。「発見する」を意味するドイツ語 entdecken は、英語の discover と同様、「覆いをとる」ことを原義とするが、ハイデガーは、「真理」を表すギリシア語「アレーテイア」もまた、「隠れ」や「忘却」を表す「レーテー」を否定の接頭辞「ア」で打ち消す「隠れなさ（Un-verborgenheit）」を原義としたことを示唆して、現存在が世界内部の存在者を発見しつつ在ること（あるいは世界内部の存在者の被発見性）のうちに真理現象の本質を見る自説を、古代哲学の援用によって補強してもいる。そしてこの「発見しつつ在ること」の「実存論的、存在論的な基盤」こそは、「真理の最も根源的な現象」（SZ, 220）であろうと考察を進めるのである。(6)

　その最も根源的な真理現象は、この世界がそもそも開示されてあるということ、そしてこの「世界の開示性」を包括する世界内存在としての「現存在の開示性」のなかに見てとられる。ハイデガーによれば、「世界内部の存在者の被発見性は、世界の開示性のうちに根拠をもっており」、「この現存在の開示性をもって初めて、われわれは真理の最も根源的な現象に到達する」（SZ, 220f.）。その意味において、本質的に「現存在は真理の内に在る」（SZ, 221）のであるが、この「本来的」な事態は、それのみが単独で経験されるわけではなく、本質的に、そこから離反した非本来性からの還帰という道をたどって経験される。そのため、同等の根源性において、「現存在は非真理の内に在る」（SZ, 222）とも言われることになるのである。

　いずれにせよハイデガーの議論の特徴は、「真理」一般を、現存在の存在と相関する現象として考えるところにあると言えよう。物理学の発見する自然法則であれ、矛盾律のような論理学的原理であれ、それらの真理性は、ハイデガーによれば、現存在の開示性という最根源の真理現象に基づけられている。「真理は現存在が在るかぎりにおいて、そのあいだだけ「与えられている」。存在者は、そもそも現存在が在るときだけ発見されており、現存在が在るあいだだけ開示されている」（SZ, 226）。

　これはまた、存在を理解する現存在の存在を問うことを通じて存在一般の意味を問う「基礎存在論」構想の中枢に触れる事柄でもある。「真理は、現存在が在るかぎりにおいて、そのあいだだけ在る」（SZ, 230）ということは、「現存在が在る」ことによって「存在理解が存在者的に可能になっている」かぎりでのみ、「存在は〝与えられる〟」ということを意味している（SZ, 212）。たしかにそれは「存在は存在理解に依存している」（SZ, 212）ということでもあるが、その「存在理解」が、現存在という「存在者」においてのみ事実的に可能になるのであってみれば、「存在」とは異なり「存在者」は、存在理解には依存しないのではないかという逆説的な事態が予感されてくる。『存在と時間』公刊翌年の講義では、「存在理解」というものがそもそも成立するための前提としての「自然の客体的存在（Vorhandensein）」が問題として取り上げられ、いわゆる「メタ存在論」が追究された（GA26, 199）。これについては本書の10章や11章において解説されることになるが、ひとまずそれは、この第四四節の余白に残された問いを新たに仕上げようとする試みであったと言えるだろう。

注

（1）カント『純粋理性批判』序言（Kant, *Kritik der reinen Vernunft*, Vorrede）BXXXIX, Anm.

（2）以下、引用文のなかの傍点強調は、基本的に引用者の古荘によるものである。

（3）『存在と時間』第一篇第五章Bにおいて分析される「頽落」については、前章を参照されたい。

（4）Max Scheler, *Der Formalismus in der Ethik und die materiale Wertethik*, 1954, Francke, S. 212.（『シェーラー著作集2　倫理学における形式主義と実質的価値倫理学』中、吉沢伝三郎・岡田紀子訳、白水社、一九七六年、六九頁）

（5）こうした情態性（情感性）論の可能性をさらに独自に批判的に展開したものとしては、次の研究がある。Michel Henry, *L'Essence de la manifestation*, Presses Universitaires de France, 1963.（M・アンリ『現出の本質』上・下、北村晋・阿部文彦訳、法政大学出版局、二〇〇五年）

（6）こうした議論展開への批判としては、次の研究が繰り返し参照されてきた。Ernst Tugendhat, "Heideggers Idee von Wahrheit", in: *Heidegger. Perspektiven zur Deutung seines Werkes*, hrsg. v. Otto Pöggeler, Kiepenheuer & Witsch, 1969, S. 286–297. および Ernst Tugendhat, *Der Wahrheitsbegriff bei Husserl und Heidegger*, De Gruyter, 1967. これらに発した論争史を回顧した近年の文献としては、次のものなどが有益である。William H. Smith, "Why Tugendhat's Critique of Heidegger's Concept of Truth Remains a Critical Problem", *Inquiry: An Interdisciplinary Journal of Philosophy*, 50: 2, pp. 156–179, 2007.

8 死と良心

『存在と時間』IV

森　一郎

『存在と時間』の既刊（第一）部第二篇の前半では、死と良心についての分析がえんえんと続く。それにしても、なぜ死や良心が存在論の主題となるのか。

第二篇冒頭の第四五節でのハイデガーの説明は、こうである。――現存在分析論が根源性を主張するには、現存在の全体性ならびに本来性を押さえておく必要があるが、第一篇ではどちらも確保できていなかった。日常性から出発した世界内存在の現象学は、現存在の非本来的あり方を解明する段階にとどまっており、本来性には照準を合わせてこなかったからである。のみならず、全体性を捉えるには、「「始め」から「終わり」まで」(SZ, 233) 射程に収めなければならないが、現存在は、おのれの終わりである死に、実存するかぎり、いまだ至っておらず、逆に、死んでしまえば、現存在はもう実存しなくなってしまう。そういう原理的困難ゆえにこそ、終わりとしての死を存在論的に探究すべきなのである。かくして現存在の全体存在の可能性が見出されたあかつきには、今度はそれを本来性において確証することが求められる。その証言として引き合いに出されるのが良心なのだ、と。

死や良心を論ずるに先立って、こんな前口上を述べなければならないこと自体、もどかしく感じられるかもしれない。だが、『存在と時間』を存在論の書と見なすかぎり、死と良心という主題も、限定された観点から扱われていることを忘れるべきではない。死という誰にとっても切実なテーマを、その切実さからは縁遠い観点から、ピンセットで扱うかのように冷やかに分析する傲岸さ。罪と罰、法や責任といった倫理的問題に通ずる良心経験を、対他関係を脱落させて自己への気遣いに一極集中させる不遜さ。そんな特異なアプローチをもし正当化しうるとすれば、それは、死と良心の分析において存在論的な掘り下げが成し遂げられていることを見届けたときにはじめてであろう。これが以下の目標となる。

1　死の各自性

私にとって関心の的である存在は、そのつど私のものである。『存在と時間』の読者は、この「そのつど私のものであること、各自性（Jemeinigkeit）」に付き合わされる。第一篇冒頭で形式的に告示されるこの存在規定は、徐々にあらわとなり、第二篇前半に至るやこれ見よがしに「充実」される。死と良心の分析を辿ることは、各自性を会得する仕方を学ぶことでもある。

死はさしあたり経験不可能なように見える。私が存在するとき死は存在せず、死が存在するや私は存在しなくなる――このエピクロス的命題を、ハイデガーは反転させ、実存のただなかに立ち現れるとおりの死の存在を現象学的に提示せよ、との指令へと変形する。その第一階梯として、他者の死において死はどこまで接近可能か、が吟味される。自分が死ぬのは経験できなくても、他人が死ぬことならわれわれは頻繁に見聞きしているからである。自己の死の代替問題としての、他者の死。

この自己中心的発想からして、他者を軽んずるにも程があるとの舌打ちが聞こえてきそうだが、他者の死をめぐるハイデガーの議論には、いくつもの示唆が含まれている。

まず、一口に他者の死といっても、さまざまな位相がある。人が死んでも、死体はいまだ「客体的に存在（vorhanden）」している。この存在者はしかし、純然たる物体ではなく、命を失った生きていないものであり、生物学的、医学的に有意な対象である。のみならず亡骸《なきがら》は、遺族にとって、葬式をはじめとする「顧慮」の対象であり、「配慮」される道具ではない。客体的に存在するモノの重みゆえに、逆に、遺体が見つからないのは、遺族にとって死を受け入れられないほどの喪失となる。

次に、そのような死者との共存在をつなぐのが、世界である。たしかに死者は、もはや事実的に現存在しない。だが「共存在」とは、同一の世界にともに存在することを意味する。「故人はわれわれの「世界」を去り、あとに残していった。その「世界」のほうから、遺された人びとはなお、故人とともに存在することができる」（SZ, 238. 強調は原文）。故人との共存在は、生者同士の共存在に劣らず、世界に仲立ちされている。実存範疇としての世界だけでなく、形見という意味での物的「世界」、つまり諸々の遺物が、死者と生者をつなぐ絆となることもある。

最後に、他者の死と自己の死には非対称性があり、同列には論じられない。肉親との死別は痛切な経験だが、当人が死んでゆくこととは別の事柄である。「われわれは、他者が死ぬことを真正の意味で経験することはない。せいぜい「居合わせる」のが関の山である」（SZ, 239）。死別したからといって関係が無くなりはしないし、死者との共存在も問題となるが、だからといって、死にゆく人自身の存在可能性としての死ぬことを、ともに経験できるわけではない。他者の死なら経験可能だから、それを自己の死の代わりに主題としよう、という抜け道は、自他の非対称性ゆえに塞がれている。「現存在は他の現存在と任意に代替可能であり、それゆえ自分の現存在においてあくまで経験できないことも、他人の現存在においてなら近づきうるのだ」とする考え方そのものが、批判されねばならない。なるほど特定の仕事やポストに関してなら、代理可能性はあまねく成り立っており、日常的共存在に本質上属しているほどである。だが、現存在がおのれの死を死ぬことに関しては、代理がまったくきかない。「他人が死んでゆくことを、その人から取り去ることは、誰にもできない」(SZ, 240. 強調は原文)。あたかも、死の各自性は人格の尊厳の最後の砦であるかのようである。

この各自性の強調は、「犠牲」を重視する向きには、評判が悪い。他人のために尊い命を捧げる利他的行為が、侮辱されたかのように響くからであろう。だがハイデガーは、犠牲を払ってもムダだと言っているわけではない。人のために身を擲《なげう》つことにも意味はあろうが、それはあくまで「特定の事柄において」でしかないと言っているだけである。死すべき者から死すべき定めを取り去ることは、誰にもできない。このトートロジー的命題は、宗教や政治において煽情的に語られる「犠牲」の言説に流されないためにも、肝に銘ずべきであろう。

死の存在論的究明にとっての最初の要所たる各自性は、こう定式化される。「死を、各々の現存在はそのつどわが身に引き受けなければならない。死は、それが「存在する」かぎり、本質上そのつど私の死である」(SZ, 240)。じつのところ、各自性の理解は、隣人の死に立ち会ったり身代わり行為を評価したりするうえでも欠かせない。各人がおのれの死を死ぬことが問題だからこそ、逝去や犠牲が重大だと受け止められるのだから。

2 終わりへとかかわる存在

さて、各自性によって規定された、実存とその終わりとの一対一の対応関係を、いっそう追跡すべく、終わり、ひいては全体性についての吟味が、第四八節で試みられる。

ハイデガーは、「まだない、未了(Noch-nicht)」という不断の未完結性が現存在に属することは否定しない。だがその未了性格を、満たされるべきものが欠けている「未済(Ausstand)」と解することには異を唱える。なぜなら、実存現象としての死は、借金の未返済分といった意味で「未済」ではありえないからである。残金が回収され完済されても「総計(Summe)」は存在性格を変えないが、現存在の場合、未了が満たされると、一緒に存在するどころか、もはや存在しなくなってしまう。未済や総計は、現存在にふさわしくないカテゴリーなのである。では、終わりによって「全体(Ganzes)」のあり方が規定されているような存在者は、他にはないであろうか。ここでハイデガーが持ち出してくる具体例が、果実の「生成」である。

月が満月でなく欠けているという場合の「未了」は、知覚可能かどうかという認識の問題にすぎない。これに対し、生成しつつ存在する果実が「未熟」であるのは、存在のあり方として

「未了」なのである。ここまでは現存在と似ている。ではその先はどうか。青白かったリンゴが、赤みを帯びて熟し、終わりに達する。成熟でもって、果実はおのずと完成するのである。この場合、終わりとは「完成」であり、その存在は「完全性」を意味する。だが現存在が、果物と同じ意味で完成することはない。現存在の終わりである死は、成熟を意味しないからである。現存在はなるほど「生涯を全《まっと》うする」が、可能性を汲みつくしたわけではなく、むしろ可能性を奪われる。「未完成」の現存在だって終わるし、逆に、死ぬ前に成熟をとうに踏み越えてしまうこともある。「現存在はたいてい未完成のうちに終わるし、もしくは崩壊し憔悴して終わる」(*SZ*, 244)。

このように、「終わることは、おのずと完成することを、必ずしも意味しない」(*SZ*, 244)。むしろ、ついに完成を意味しない終わりであるのが、死なのである。そうした終わりを孕んだ現存在の存在は、完全性という性格をもたない。この主張には、伝統的存在概念を転覆しようとする野心がひそむ。

古来、存在は「終わり(*telos*)」のほうから理解されてきた。その場合の「テロス」には、「目的」とともに「完全性」という含意があった。非の打ちどころのない完璧さを具えているものこそ、真に存在するものだと考えられてきたのである。そのさい、本来的な完全存在者として、神が想定されたのは、言うまでもない。全体としての世界《コスモス》は、完全性を示す——これが、アリストテレスに代表される目的論的世界観の根幹であった。

ハイデガーは、このテロス本位の伝統的存在概念を換骨奪胎する。終わりへの定位自体は手放さず、決して完成することのない終わりに着目し、完全性とは相容れない全体性を提示してみせることによって。「死でもって言われている終わることは、現存在が終わりに達すること(Zu-Ende-sein)を意味するのではなく、この存在者の終わりへとかかわる存在(*Sein zum Ende*)を意味する」(*SZ*, 245. 強調は原文)。これは、古代以来のテロス中心の存在論への大胆な挑戦だったのである。

「終わりへとかかわる存在」は、まだ終わっておらず不断に終わりつつあることがそのつど全体性をなす、という独特のあり方を示す。それが、アリストテレスの「実現態(*energeia*)」とりわけ「終局態(*entelecheia*)」という存在概念に、どこまで匹敵しえているか、は未決定のままとしておこう。ハイデガーが古代存在論との対決を志していることは、「可能態(*dynamis*)」を実現態に従属させた古代人とは反対に、死をもっぱら「可能性」として際立たせていることからも明らかである。アリストテレスでは実現態が可能態に先立つのに対し、ハイデガーにおいては、むしろ可能性が現実性に先立つ。実存範疇としての可能性が、死の相のもとに全貌を現すのである。

なお、その一歩手前の概念整理において、「死へとかかわる存在」を浮き立たせるべく、三様の概念が提案される。生き物が「終焉すること(Verenden)」、人間が「落命すること(Ableben)」、現存在が「死亡すること(Sterben)」である(vgl. SZ,

247）。この存在論的区別は、人称的というよりは現象学的である。死へとかかわる存在の別名である「死亡する」とは、おのれの死を死ぬことであり、死ぬことの相関者としての死が問題となる。可能性としての死が立ち現れてくるのは、ここである。

3　可能性への先駆

ハイデガーはふたたび、「未済」に反面教師的な手がかりを見出す。死は、やがて帳消しにされるはずの客体的存在者の「未済（Ausstand）」を意味するのではなく、現存在にそのつどすでに切迫している。だが、死を「切迫（Bevorstand）」として性格づけるだけでは十分ではない。他にもさまざまなものが切迫しうるからである。現存在自身の存在可能性としての死が、際立った切迫であることが示されるべきである。死は、各自がみずから引き受けねばならない存在可能性である。他者との関係が言うことをきかなくなるこの極端な可能性を、追い越すことは誰もできない。「最も固有で、没交渉的で、追い越しえない可能性」（SZ, 250）——死の実存論的概念はこう素描される。

気遣いの第一契機「おのれに先んじて（Sich-vorweg）」は、そのように切迫する可能性としての死へとかかわる存在において、根源的に具体化される。しかも現存在は、実存するかぎり、死という可能性に投げ入れられている。この「死への被投性」を根源的に明らかにするのが、不安という情態性である。死への不安を、落命への恐れと混同してはならない。さらに現存在は、さしあたりたいてい死から逃避し、最も固有な可能性を隠蔽しており、頽落によって日常的に規定されている。

この日常的な〈死へとかかわる存在〉を掘り下げるべく、日常的な語り、つまり「ひとは結局いつかは死ぬ。だがさしあたって自分自身には関係ない」という他人事的な言い草が、吟味にかけられる。ひとは死ぬものだと言い合いつつ、この私には関係ないと、誰しも内心思っている。「ひと」とは誰でもあって誰でもないから。そのように死を隠蔽すること自体、この可能性が不断に切迫しており、各自にとって関心の的だということを暴露している。頽落的な空談という仕方で死がおのれを告げているのだ。隠蔽現場にこそ紛れもなき証拠がひそむ。

続いて、死の実存論的概念を仕上げるべく、今挙げた空談の後半部分「いつかはそうだが、さしあたりはまだ関係ない」が分析される。そこに問わず語りされているのは、死の確実性である。なるほど、いつやって来るか分からない可能性に、別様であることの不可能性という意味での「必当然的（apodiktisch）」確実性を帰することはできそうにない。だがハイデガーは、ここでいわば開き直り、日常的現存在は死の確実性を、「純粋に理論的な省察において真だと思っているのとは別の仕方で、やはり確実だとさとっている」（SZ, 258）とする。「いつかは」の無規定性も、その隠蔽傾向を逆手にとれば、「あらゆる瞬間に可能」と言い換えられる。こうして、死の完全な実存論的概念が、「最も固有で、没交渉的で、確実で、それでいて無規定的な、追い越しえない、現存在の可能性」（SZ, 258f.）として得られた。

「死は、現存在の終わりとして、おのれの終わりへとかかわるこの存在者の存在のうちで、存在する」（SZ, 259. 強調は原文）。この言明により、死の存在論的分析はひとまず落着する。だが、死の分析の本来の狙いは、現存在の全体性を確保することにあった。現存在にふさわしい終わりによって補完されつつ、現存在の全体存在が、「おのれに先んじて」を内蔵する気遣いと両立しうるものとして、いよいよ姿を現すのでなければならない。だがその前に考慮すべきことがある。これまで特徴づけられた日常的な〈死へとかかわる存在〉は、非本来的なそれであった。本来的な〈死へとかかわる存在〉は、はたして可能か。この実存的可能性の実存論的条件が明らかにされるべきである。

そこで第二篇第一章の最終第五三節で、本来的な〈死へとかかわる存在〉の実存論的「構想・企投（Entwurf）」が目指される。この試みは空想上の無謀な企てではあるまいかと、ハイデガー自身自問しているほどである。現存在はつねにすでに死へとかかわって存在しているが、さしあたりたいていは逃避的な仕方においてである。可能性としての死に、いかにして本来的にかかわるのか。そもそもそんな接近が可能なのか。この疑問に答えるには、まず、本来的な〈死へとかかわる存在〉を実存論的に描き出し、次いで、その実存的可能性を証示してみせる、という二段構えが必要となる。第五三節で取り組まれるのは、その第一段階であり、第二段階は次章へ持ち越される。

死へとかかわる存在の相関者としての死は、可能性としてあらわになった。本来的な〈死へとかかわる存在〉がありうるとすれば、それは可能性としての死をそれとして露呈させるものであろう。可能性を現実化したり、現実性に配慮して待ち受けたりするのは、不適当である。「可能性は弱められず、可能性として理解され、可能性として仕上げられ、〔…〕可能性として持ちこたえられるのでなければならない」（SZ, 261）。可能性をそのように可能性として遇するあり方を、ハイデガーは「可能性への先駆（Vorlaufen in die Möglichkeit）」（SZ, 262）と呼ぶ。先駆という仕方で近づけば近づくほど、それだけ死は現実性からは遠ざかり、可能性として高まる。この本来的な〈終わりへとかかわる存在〉こそ、求められた全体存在にほかならない。

死への先駆は、さしあたり存在論的企投の考案物にすぎないが、具体的肉付けを拒むわけではない。先に得られた死の完全な実存論的概念の諸契機にそくして、それと相関的なあり方の本来形をなす死への先駆が、概念的に彫琢されてゆく。ここでも各自性が本領を発揮する。なかでも注目すべきは、「追い越しえない」可能性という契機に対応する先駆の性格づけであろう。「追い越しえない可能性への先駆は、その手前に横たわるすべての可能性をともに開示するがゆえに、先駆のうちには、全体的現存在を実存的に先取りする可能性が、すなわち全体的な存在可能として実存する可能性が、ひそんでいる」(SZ, 264. 強調は原文)。死にふちどられた可能性を一挙に照らし出すからこそ、先駆は、実存の全体性を確保しうるのである。

それとともに注目すべきは、「確実な」という契機、つまり死の確実性である。この確実性は、必当然性という理論上の最高の確実性に後れをとるものではない。死の確実性は、客体的存在者に関する明証の段階にはそもそも属さず、そのいかなる段階よりも根源的なのである。「というのもそれは、世界内存在を確実だとさとることだからである」(SZ, 265)。死への先駆とは、おのれの存在自身にじかに触れる経験であり、破格の真理現象をなす。先駆は、真理を与えると伝統的に見なされてきた「直観」とは異なりながら、直観の優位を揺さぶり、真理概念自体に風穴を空けるという役目を担わされている。

最後に、最高度に確実でありながら「無規定的」な可能性へとかかわる本来的あり方は、「不安」によって気分的に規定される。「不安において現存在は、おのれの存在の可能的な不可能性という無の前に、情態的におのれを見出す」(SZ, 266)。不安においてはじめて「死への自由」が情熱的に開かれてくる。

本来的な〈死へとかかわる存在〉は、以上のように描き出される。だが、本来性がどこかにごろっと客体的に存在するなどありえない。本来性が非本来性の実存変様であるかぎり、あくまでそれは各自の実存において摑みとられるほかない。実存論的に構想されたものが、絵に描いた餅にとどまるのでないとすれば、現場でじかに取り押さえられるのでなければならない。本来性のそうした実存的証拠をなすのが、良心なのである。

4 気遣いの呼び声としての良心

求められるのは、現存在自身がその実存可能性において証しする本来性である。そのような実存的「証し(Bezeugung)」と見なされるのが、良心という日常的になじみの現象である。良心分析は、次の現象的実情から出発する。「良心は「何ごとか」を了解するようほのめかす。すなわち開示する」(SZ, 269)。良心の開示性は、「語り」の一種として記述される。語りには一般に、⑴語りの糸口たる語りかけられている存在者、⑵語られている内容そのもの、⑶他者への伝達、という契機が属する。良心の呼び声に、⑴語りかけられているのは、現存在自身である。日常的に道具を配慮し他者と共存在している世人《ひと》‐自己が、呼びかけられるのである。では、良心によって呼び伝えられる、⑵語られている内容は、と言えば、「厳密には——何もない(nichts)」(SZ, 273)。呼び声は何の言明も情報も与えず、呼びかけられた自己をもっぱら自己自身へと呼び開くのみである。「良心はひたすら不断に、沈黙という様態において語る」(SZ, 273)。それゆえ、⑶伝達といったことも期待できない。とはいえ、呼び声は曖昧どころか一義的であり、そこに誤りの余地はない。良心とは「全的に知ること(Ge-wissen)」なのだ。

良心を知の極致とする試みとしては、ヘーゲルが有名だが、ハイデガーの良心論は、弁証法的綜合ではなく、現象学的遡行を本領とする。分析は高次の段階へ進むのではなく、原初の根底へと戻ってゆく。良心においては、呼びかけられているのは誰か、だけではなく、呼びかけているのは誰か、が問われる。一見その答えは自明に見える。呼ばれている者も呼ぶ者も現存在自身だと答えればよさそうだから。だが、現存在が自分自身を呼ぶとするだけでは不十分である。たんなる主客関係ではない、呼ぶことと聴くこととの応答関係こそ、問題の中心なのだ。

　良心において誰が呼ぶのか。これを考える手がかりとなるのは、次の現象的実情である。「呼び声は、私からやって来るのだが、それでいて、私に降りかかって来る（Der Ruf kommt *aus* mir und doch *über* mich）」（SZ, 275. 強調は原文）。この über mich kommen を、「私を超えて来る」と訳すのは――そう取っている訳書は少なくないが――不適切である。

　まず、ドイツ語として über jemanden kommen という表現は、感情や事件などが「誰かを襲う」という意味である。また、文脈からしてもここでは、呼び声が現存在ならざる何者か――神とか公共的良心とか――から発せられると解する、ありがちな良心解釈が批判されている。なるほど、呼ぶ者は、呼びかけられる者たる現存在とは一線を画している。そこに何らかの隔たりや差異は見出せるだろう。しかしだからといって、呼び声は私を「超越」しているわけではない。少なくともハイデガーの記述はそうなっていない。良心は、あくまで私自身からやって来るにもかかわらず、私の「意に反して」（SZ, 275）、私自身に向けて、じかに突きつけられる。呼び声に不意に見舞われる内的経験の無媒介性・直接性、ひいては真理性が、über mich kommen という表現には含意されている。

　じっさい、ここで問題となっている現象的実情は、次のように繰り返し言い直される。「呼び声は、私からやって来ては、私に降りかかって来て、私に宛てられる（der Ruf [ergeht] aus mir *über mich kommend an mich*）」（SZ, 275）。「良心の呼び声は、現存在自身からやって来つつ、ひたすらこの存在者に向けられる（der Ruf des Gewissens [richtet sich], aus dem Dasein selbst kommend, *einzig an dieses Seiende*）」（SZ, 287. ともに強調は森）。いずれも、「自己から発しながら、それでいて自己に宛てつけられる」という反転性・再帰性が強調されている。

　「良心は、その根本と本質とにおいて、そのつど私のものである」（SZ, 278）。そういう私にかぎりなく近しいはずのものが、内的なよそよそしさを圧倒的に孕んで、私の内奥に突き刺さってくる。私は、自己同一性の一枚岩であるどころか、おのれの内に無気味なものを宿し、おのがダイモーンの声にふと呼び止められる。だからこそこう語られる――「それが私を呼ぶ」（SZ, 277）と。良心とは、私の存在そのものをなす気遣いの呼び声にほかならない。では、かくも無気味さを湛えた私の存在とは、いかなるものでなければならないか。これが問題である。

5　非力な根拠であること

呼ぶ者と呼びかけられる者がともに現存在自身である良心が、了解するようほのめかすのは、何か。呼びかけの了解とは、何を意味するか。いかなる良心経験も、異口同音にこう述べる。呼び声は現存在を「負い目あり（schuldig）」と見なすと。もちろんそれが答えではありえず、「負い目ある存在（Schuldig-sein）」に関する実存論的分析が、念入りに着手される。現存在の存在である「気遣い」概念が、深化を蒙るのはここである。

ここでもやはり、日常的な語りが分析の出発点とされる。「負い目ある存在」は、まず、①「誰かに借りがある（Schulden haben bei...）」という意味に解される。また、②「何かに責任がある（Schuld haben an...）」という意味もある。①と②が組み合わされた「借りがあることに責任がある」ことにより、③法に違反し、「罰せられるべきものとなる（sich strafbar machen）」場合もある。さらに、そのような「罪」が、④「他者に対して罪を犯す（Schuldigwerden an Anderen）」という性格をもつこともある。ただしこれが生ずるのは、法に違反すること自体によってではなく、他者を害したことの責任が私にあることによってである。この「他者に対して罪を犯す」という、勝れて倫理的意味での「負い目ある存在」の形式的概念は、「他者の現存在における何らかの欠如にとっての根拠であること（Grundsein für einen Mangel im Dasein eines Anderen）」（SZ, 282）である。

しかるにハイデガーは、このように「欠如」という仕方で、つまり倫理的要求の違反として、負い目ある存在を特徴づけても、存在論的には何ら得られるところはない、と断じ、むしろ、負い目ありの理念を形式化すべく、他者との共存在に関する通俗的な負い目の概念は脱落させなければならない、とする。この脱倫理化も、他者との関わりを忽《ゆるが》せにすると多くの論者から不評を買ってきたが、ハイデガーの言い分は、「欠如」という消極的規定によっては、負い目ありに固有な「非（Nicht）」という性格を逸してしまう、という点にある。「欠如（*sterēsis*, privatio）」、つまり、本来あるべきものが欠けている、という「非」の捉え方は、古代存在論以来、支配的であり続けてきたが、それはあくまで「客体的存在者」の存在理解の地平から汲みとられており、現存在の存在そのものにひそむ「非」を実存論的に性格づけるには適していない、と言いたいのである。

負い目ありの形式的に実存論的な理念は、「何らかの非によって規定された存在にとっての根拠であること」、すなわち「非力さの根拠であること（Grundsein einer Nichtigkeit）」と規定される（SZ, 283）。「非力さ」という「非性（Nichtheit）」が、実存範疇として提起されるのである。おのれの存在を決して意のままにできない「非力な根拠（nichtiger Grund）」――底抜けの根拠（Ab-grund）――たることを引き受けて存在せざるをえないこと、ここに「根源的な負い目ある存在（das ursprüngliche

Schuldigsein)」概念が見届けられる。存在するかぎりおのれにおのれをいわれなく委ねられる被投的な根拠であらざるをえず、あれかこれかの可能性を選びとるとき、他の可能性は断念するほかなく、頽落の可能性に晒されることを免れようもない——気遣いの構造全体は、かくも非力さに染め抜かれている。

実存には、各自性とともに、非力さの影が差している。この真実が露呈するに及んで、実存の遂行としての現存在分析論は、底なしの底に達する。各自性と非力さに等根源的に規定された現存在の存在は、第二篇後半で「有限性」において捉え返され、「時間性」という存在意味をおびるに至る。テロスやステレーシスといった伝統的存在規定を括弧に入れ、実存にふさわしい存在カテゴリーを獲得しようとする存在論的企図は、死と良心の分析を経てはじめて遂行されうるものだったのである。

良心分析は、「非力さ」を摑むことで最深の基底に達する。だがそこで終わるのではない。根源的な負い目ある存在を了解することは、邪悪へと呼び開かれることではなく、おのれの負い目ある存在に対して自由であろうと選びとること、すなわち「良心を持とうとすること（Gewissen-haben-wollen）」(SZ, 288) だとされる。次いで、非力な根拠であることを了解させるようほのめかすのが良心だとする実存論的解釈は、通俗的良心解釈に照らしても正当であることが説明される。そのうえで、おのれの負い目ある存在に対して身を開くという際立った開示性が、「決意性（Entschlossenheit）」と名づけられ、そこに「本来的であるがゆえに最も根源的な現存在の真理」が見出される (SZ, 297)。この実存の真理のうちにある現存在は、そのつどの「状況」のただなかで、「決意した現存在として、すでに行為している」(SZ, 300)。先駆が決意性と結びつき「実存的様相化」(SZ, 305) を蒙るとき、「先駆的決意性」という、求められてきた現存在の本来的全体存在が達成される。その議論を追うことはもはやできないが、ここで或る重大な問いが頭をもたげてくることは避けられない。つまり、実存的／実存論的、ひいては存在者的／存在論的の区別は、どこまで有意か。

存在論のゆくえを左右するこの反問は、当の区別が駆使された書物の核心部分でまさに関門となる。本来的な全体存在の実存論的可能性とその実存的証しとが、先駆的決意性として一つに結び合わされるこの要所は、解釈者を悩ませてきた難所でもある。ひとたび実存的／実存論的を区別しておきながら、それを合一させるのは容易でない。本来的／非本来的の区別も、先駆的決意性という関門を経由して、時間性の議論へと運び入れられる。だがこの区別は、時間性さらには存在一般の「時性《テンポラリテート》」解釈の展開にとって足枷《かせ》となりかねない。にもかかわらず、『存在と時間』において先駆的決意性が時間性の無比の意味源泉であったことも、また確かなのである。かくも前途多難な内的葛藤が、先駆的決意性という観念複合《コンプレックス》にはひそんでいたのである。

9 時間性・日常性・歴史性

『存在と時間』V

伊藤　徹

1　現存在の存在の意味としての「時間性」

本章で扱われるのは、主として『存在と時間』第二篇第四章および第五章である。ここで、ハイデガーは、それに先立ち「死への先駆的決意性」というかたちで確保した実存の本来的な様態を基に、現存在の存在の意味としての「時間性」を取り出したうえで、そこからこの著作全体の出発点となった日常性を見直し、さらに日常性の対極として想定された実存の事実的本来的な可能性を現存在の「歴史性」というタイトルのもとで仕上げようと試みる。公刊された『存在と時間』が、「現存在を時間性へ向けて解釈すること」を目標に掲げたものだとすれば、当該の箇所は、この著作全体を貫く思索の歩みが当初から目指していた地点にあたるはずである。しかしながら、この頂上は、晴れやかな眺望を与えてくれるとはいいがたい。むしろハイデガーの歩みは、時間性という現存在の根底の闇のなかを、試行錯誤しつつ彷徨っているかにさえ見える。実際、この頂上の一角に当たる現存在の空間性と時間性をめぐる試みは、晩年の講演「時間と存在」のなかで、ハイデガー自身によって撤回されることとなった（vgl. GA14, 29）。そういう意味でいえば、この書物を一つの体系的著作としてイメージしながら、この箇所まで読み進めてきたとき、人はあたりを包む暗がりに戸惑い、失望すら覚えるかもしれない。けれどもハイデガーの晦渋な思索の跡を辿ることによって私たちは、「時間性」と呼ばれた人間存在の奥底の捉えがたい場所に導かれていくのであって、そのような場所へと誘うあたりが『存在と時間』のこの「頂点」のもつ魅力の一つを形作っている。本章は、彼の歩みをなぞったうえで、個々のステップが引き起こす問題のいくつかに注目することを通して、この場所に自ら踏み入るための道標を、私なりに立ててみたいと思う。

現存在の存在、すなわち「気遣い」の意味だとされる時間性が、当該の箇所でのキーワードであるのは、いうまでもないが、それは、現象としてここに到って初めて姿を現したものではない。「意味」は、ハイデガーに従えば、そこにおいて事柄の理解が可能になる場である。それを踏まえたうえで、気遣いを存在構造として取り出し明らかにさせたのが、不安の分析のなかで露わとなった「無」の現象であったこと（vgl. SZ, 184ff.）を考え合わせれば、「時間性」と名づけられた現存在の存在の意味と無とが、事柄として別なものであるはずがない。同じ事柄は、死への先駆的決意性とともに現象するものとして、当該箇所の直前まで考察の中心となっていたものでもあり、とりわけ「先駆」は、時間性、とくに「将来」の卓抜な現象にほかならない。時間性とは、端的にいえば、現存在の根底に通常隠されたかたちで潜んでいる無の開けのことなのであって、ハイデガーの思索を導く根本的な経験の事柄を名指している。だが、それをことさら「時間性」と規定するのは、ハイデガーが単なる虚無ではなく、「将来」のほか「既在性」および「現在」という三つの「脱自態（Ekstase）」と名づけられる構造からなる統一体として、これを捉えていたからである。脱自態とは、将来の場合でいえば、いつ生ずるかわからないが、確実に起こりうる死という可能性が可能性のままに現れてくるとき、それとともに、いわばその下地として開かれてくる地平である。この開けは、自らが避けがたく背負っている事実性が開かれる場としての既在性の地平と、つながっているだけでなく、現存在が行為しつつ身の回りのものと交渉する限り、そうした交渉が起こる場としての世界が与えられる現在としても開かれる。

過去・現在・将来は、通常の時間表象の構成要素でもあるが、それらが過去から将来に向かう流れをかたちづくる今の連続的継起としてイメージされるのに対して、ハイデガーの時間性は、流れていくことなどないもの、そういう意味では、いわば「同時的」な一つの現象であり、また前者が無限に続くものとして表象されるのと異なり、死という存在不可能性によって区切られた有限な開けでもある。前者は、後者の非本来的な派生態にすぎない。時間を流れ去るものとしてイメージする者の視点が、流れの外に想定されているのに対して、根源的な時間性は、現存在として存在しつつ経験されるものである限り、そうした「外部」を許さない。

もっとも時間性は、決して静的なものではなく、それ自体その「在り方」を変える。もとよりそれは、存在者ではないゆえ、「在り方」という表現は適切ではない。そのためハイデガーは、「時熟」（Zeitigung）という特異な表現によって、時間という場が開かれてくる、その「動性」をいい表す。時熟の動的多様性こそ、ここでのハイデガーの議論を支える主導的概念であり、これを手がかりにして彼は、現存在の在り方、すなわち本来性と非本来性の区別、理解・情態性・頽落といった開示性の構成要素、およびその分節化としての語り、また第一篇の分析での出発点となった道具との交渉の在り方とその変様としての理論的知の発生、世界の超越と空間性、と論じていき、さらに日常的な生の在り方を超えて、現存在の本来的な実存的可能性としての歴史性および歴史学の源泉といった事柄を解釈していくが、それが公刊された『存在と時間』の終結まで続く「時間的解釈」と呼ばれる課題を形づくることになる。(1)

時間性がいかにして時熟するか——この問いが「時間的解釈」を導くわけだが、既述のように、死への先駆的決意性が時間性の現象の基本形を決定する。逆にいえば本来性の現象的内実とは、そこから取り出された時間性の現象の仕方、しかも卓抜な仕方での時熟にある。その卓抜さとは、将来から時熟するという一点に懸っている。そのことは、他の二つの脱自態が本来的時間性に欠けているわけではなく、既在性は将来から発源し、さらに将来と既在性の内に包み込まれていた現在は、あとから、しかも「瞬間」、いってみれば「切れ目」として開かれてくるものと位置づけられる。だが現在は、その後の時間的解釈のなかではむしろ、基本的に非本来性、頽落の時間性の時熟を導く。時熟をめぐるハイデガーの用語化を今一度整理するならば、それぞれの脱自態の本来的／非本来的な時熟の様態は、将来が先駆／予期、既在性が反復／忘却、現在が瞬間／現在化といったかたちにまとめられる。

2　日常性の時間的解釈とその破綻

こうして『存在と時間』は、先駆的決意性をベースにして時間性の現象を取り出したうえで、現存在の日常的なあり方へと目を移し、その開示性を構成する三要素、すなわち理解・情態性・頽落をそれぞれ時間性の時熟の仕方に引き戻して説明しようと試みる。先駆的決意性は、卓抜な開示性であり、それ自体気分づけられた理解であるから、その後の記述は、この理解が示す本来的時熟と対比するかたちで、日常的な理解と情態性の時間性を非本来的な時熟として指し示していくといったスタイルをとる。理解とは、現存在が、その存在の可能性へと自らを投げかける仕方で存在することであるゆえ、将来を第一次的な脱自態とする。ただし本来的な理解が先駆という、いわば純粋な将来から時熟するのに対して、予期とされた非本来的将来は、広い意味での道具との関わり、すなわち現在的に働いている「周囲世界」というう有用性のパースペクティヴとして構造化されている。情態性は現存在がすでに投げ込まれている事実性、すなわち被投性の開示であるゆえ、第一次的には既在性から時熟する。本来的な情態性は、被投性そのもの、有意義性の根本的欠損たる「裸形の事実(nacktes Daß)」の開示としての不安であるが、それに対して、非本来的な情態性の一つとして扱われた「恐れ」は、同様に事実的自己の開示において成り立ってはいるものの、「裸形の事実」たる無は、ここでは脅かしてくるものを規定する意味連関によって閉ざされてしまっている。自己自身の存在の闇から逃げ出してあたふたと手近なものにすがるという恐れの現象を思い浮かべつつ、ハイデガーはこの閉鎖を、非本来的な既在性の様態たる忘却だとする。開示性の第三の構成要素である頽落は、そのまま非本来性と重なる。ハイデガーは好奇心を例に採って、新奇なものを追うゆえ将来に傾くと思われがちなこの現象を、可能なものを待ち受けるのではなく、むしろ現実化したものとしてこれを欲望することとしたうえで、留まることを知らぬ現在化と規定して、その第一次的な時熟の場所を現在に認める。

時間性の時熟としての開示性についての議論は、大略右のようになるが、この解釈が、成功しているかどうかと問われるならば、肯定するに躊躇せざるをえない。もしも現存在の存在構造を時間性の時熟から説明するという方向性が正しかったとしても、ここでなされている解釈は、少なくとも十全に遂行されたものとはいえないからである。そのことは、ハイデガー自身がここでの解釈が限定された範囲のものだと述べていることからして、意識されていたとはいえ、一応は方向性を示した解釈のなかには、不明瞭な点が多分に残っている。

たとえば第六八節d「語りの時間性」の論述などは、短いだけでなく、論旨としても不透明である。ハイデガーはこの時間性が、理解や気分、あるいは頽落の場合のように三つの脱自態の内の一つから第一次的に時熟するわけではないが、現在化が「優勢（bevorzugt）」な構成的機能をもつという。けれども「第一次的」な「時熟」でない「優勢な構成機能」とは何を意味しているのか、はっきりしないし、強調までされた現在化の「優勢」が、実存論的構造としての語りの時間性の時熟において、どのような意義をもつのか、何も展開されていない。[2] 語りが、さしあたり大抵日常的な配慮を導く「言語（Sprache）」として現れるからだ、とハイデガーはいってはいるが、この理由づけは、語りの日常的もしくは非本来的様態の特徴づけを説明するだけならいざ知らず、小節のタイトル通り「語りの時間性」における現在化の「優勢」を示そうとするものとしては、自明だとはいえまい。というのも語りは、本来的・非本来的を問わず、意味作用を伴う限り、すでに理解された意味連関とともにあるわけで、この連関の内に投げ込まれている以上、既在性の脱自態なしには起こりえないのであって、その点を強調すれば既在性が「優勢」だということも不可能ではないからである。あるいはアリストテレスが感情との根深い関係を前提として『弁論術』の考察を行ったことを考えれば——そしてそれは恐れをめぐるハイデガーの議論が示しているように（SZ, 342）、彼にとって熟知のことであったはずだが[3]——、情態性の第一次的な脱自態である既在性が語りにおいて「優勢」だとしたとしても、不思議ではなかろう。また彼は、『存在と時間』第一篇第三四節で初めて実存範疇としての語りを取り出したとき、伝達に先立ちこれを可能にしている共同存在も、語りにとって重要な要素として挙げているが（SZ, 162）、時間的解釈では何も触れられていない。いずれにせよ、『存在と時間』における語りの時間的解釈はきわめて中途半端なものにとどまっている。

道具の配慮から科学的理論的発見への変化の時間的解釈もまた、それなりに紙数が費やされているものの、不分明な歩みだといわざるをえない。というのも、ここで道具との交渉を導く見回しの時間性が「予期し保持しつつ現在化する」というかたちで取り出されたとしても、またそれが適所性の連関全体の先行理解を可能にする地平的統一として指摘されたとしても、「実践の消失」を踏まえさらに理論的態度への変更が起こったとき、時間性の時熟がどのようなかたちで変化していくのか、はっきりしないからである。たとえば道具に属していた「場（Platz）」が「時空における位置」に変わるときの時間性の時熟に関しては、存在者の客観化を可能にする「或る卓抜な現在化」（SZ, 363）が名指されるだけに留まっている。

時間的分析が帯びている暗さは、結局のところ周囲世界の経験をもとに脱自態の地平的性格と結びつけただけに留まった空間性や世界の超越の解釈も含め、単なる考察の未成熟さに還元できるもの、いい換えれば、プランのさらなる続行によっていつかは拭い去られうるものではないように思われる。その暗さは、解釈全体を貫く基本線に沿って現れるからである。そもそも理解は将来から時熟し、情態性は既在性、頽落は現在から時熟するといった図式的な整理自体、具体的な現象の記述としてどこまで保持できるか、かなり怪しい。ハイデガーは、右のように特定の脱自態を理解などの時熟のそれぞれにおいて第一次的なものとして挙げる一方、それ以外の二つの脱自態が、いずれの場合も時間性の統一体を形づくっており、しかも等根源的なものだと、繰り返し語るのだが、脱自態がそれぞれの時熟において帯びる「第一次性」と三者の「等根源性」との関係は、どのように考えればいいのだろうか。たとえば非本来的な情態性の具体例として恐れを取り上げるとき、情態性である限り、既在性から第一次的に時熟するが、そこには脅かすものを予期するというかたちで、将来の脱自態も当然開かれているし、文字通り我を忘れて恐ろしいものに怯えて次から次に存在の可能性の間を逃げ惑う在り方として、捉えられる限り、この可能性を提示している手近な周囲世界を可能にする現在化も働いている。いわく「恐れの時間性は、予期しつつ現在化する忘却である」（SZ, 342）。しかし制作への没頭を念頭に措いて考えられた道具的配慮の場合も、時間性は、「予期しつつ保持する現在化」と規定され、しかも「特殊な忘却」を本質とするといわれる（SZ, 354）。もちろん両者は、実存的な現象として明らかに異なるわけだが、今挙げた時間性の規定において、両者の間にどのような差異を見出しうるというのだろうか。ハイデガーは、第一次的な脱自態が「等根源的な脱自態を変様させる（modifizieren）」（SZ, 340）という。だが、もしもそれぞれの第一次的な脱自態が他の脱自態を変様させるということを主張しようとするならば、前者における予期と後者における予期を区別する差異を示さねばなるまい。しかしながら『存在と時間』の記述にそのような試みを見出すことはできず、恐れの時間性が「予期しつつ現在化する忘却」であるのに対して、日常的理解の時間性は、「忘却しつつ現在化する予期」（SZ, 339）と、語順を入れ替えただけに留まっている。私の見る限り、道具との交渉から理論的認識への変化も含めさまざまな局面で使われている「変様（Modifikation）」というこの言葉は、『存在と時間』における一種のジャルゴンとして、問いをストップさせてしまう場合も少なくないように思える。

時熟における第一次性をめぐる暗さは、時間的解釈の基本志向に潜む問題性を指し示していると私は考える。現存在の存在の意味としての時間性は、気遣いの「実存論的根拠」（SZ, 351）をなすとハイデガーはいう。彼は、「根拠」としての時間性と気遣いとの関係を基本的に「基礎づけ」という言葉で呼んでおり、そこには「基礎存在論」と自己理解していた『存在と時間』の基本志向が表現されている。三つの脱自態からなる時間性の基本的な地平の変様として、現存在の存在の多様な現れ方を解釈しようとする志向、時間性を基盤として存在体制を構成しようとする体系的志向だといってもいい。したがって当該箇所は、冒頭でも示唆したように、基盤を確保したうえで構造の生成を辿るという意味で、まさに体系構築の中核に当たるはずなのだが、むしろここには一つの破綻が現れている。というのも、通常の体系のイメージでいえば、基礎づけるものと基礎づけられるものとは別な事柄として思い描かれるはずなのだが、時間性は現象の経験として、体系的に期待されるこのことを裏切ってしまうからである。ハイデガーは端的に次のようにいっている――「現存在の存在意味は、現存在とは別に浮遊している他者、現存在それ自身の「外部」ではなく、己れを理解する現存在それ自身である」（SZ, 325）。時間性と気遣いとは、別ではないのだ。それゆえ、時熟するという動詞の主語は、時間性だけではない。「理解の時熟」（SZ, 339）もいわれるし、「気分は時熟する」（SZ, 340）ともいわれる。あるいは、いわく「世界は客体的なものでも手許的なものでもなく、時間性において時熟する」（SZ, 365）。根拠と根拠づけられるものは限りなく近づく。ここには「基礎づけ」という発想と相容れないものが現れている。しかも、それは議論の展開にたまたま生じた混乱ではなく、むしろハイデガー自身の思索が不可避的に帯びてしまう問題性、のみならず、彼が生き、そして私たちもその延長線上で生きている時代の精神に宿命的に宿っているものでもある。

基礎づけの通常の概念が基づく根拠と根拠づけられるものとの区別は、両者を見定め関係づけている視線を、この両者から独立した場所に想定するであろう。しかしながらそれは、ハイデガーの根本的な哲学的着想に反する。というのも現存在の自己解釈として行われる現存在分析にとって、私たち自身の存在の根拠を私たち自身から離れて見るそうした想定は、原則的に不可能だからである。何よりも時間性の解釈自体が、時間性の時熟として生起するほかなく、したがって「根拠」とされた時間性の地平の外部には立ちえない。いい換えれば「変様」していく時間性の各様態を、眺め渡し差異化していくような視座は、そもそも与えられないのである。だとすると時間性の「変様」を語る言説は、その根本において虚構性を帯びているといわねばならないのであって、脱自態の第一次性や等根源性をめぐる不明瞭さは、おそらくそのあたりから発生している。それでもなお通常の基礎づけのイメージを保って、時間性を、これ以上遡りえない無前提的な根拠として措定し、そこからのヴァリエーションによって現存在の存在体制を基礎づけようとするならば、むしろそこには支配的な存在論が吟味されないまま侵入してくるにちがいない——時間性を取り出すにあたって、今一度自らの方法論的立場を確認し、またカントの超越論的自我に忍び込む客体的存在性の存在論の摘発を試みたハイデガーならば、そうした試みに対しては、こう批判したはずである。[4]

　ここにあるのは、基礎存在論の見取り図を描きながら、己れの根本的なモチーフがそれを打ち砕いてしまうというアイロニーである。そういう意味で時間性とは、経験の原点を反語的に指す指標だともいえよう。日常性の時間的解釈に踏み込んだ第四章の始まりでハイデガーは、「現象学的眼差し」の重要性を強調しながら、現存在の根源的な全体性が、多様性を排除するどころか促進すると述べたうえで、「存在体制の根源性は究極的な構成要素の単純性・唯一性とは一致しない」(SZ, 334)とわざわざ体系構築にはそぐわない断りを入れている。またこの章の終結に当たる第七一節は、時間性から解釈されるはずであった日常性が依然謎めいたままであることを確認したうえで、「存在の意味一般の根本的な究明」という思索の最終目標の後へと、これを問題として先送りしている(SZ, 372)。このような語り口は、ハイデガー自身の思索の歩みがこの時点で踏み入った己れの経験の言説化をめぐる困難を暗示しているように思われる。実際彼は、『存在と時間』のあと、時間性を「根拠」として存在体制を実存論的に解明するという体系的志向の展開を、少なくとも表立っては放棄することになるのである。

3　歴史性と事実的生への志向

　時間的解釈の体系的志向を崩してしまうものの経験とその哲学的言説化への衝動は、フライブルク大学私講師時代まで遡ることができる。詳細をここで辿ることはできないが、一言でいってしまえば「生き生きとした生の現実へと迫ろうとする衝動」が、彼の哲学的思索の原点にはあって、[5]それは存在の意味への問いよりも、おそらく古い地層をなしている。もちろん『存在と時間』では、存在の問いが看板を飾っているのだが、本章が最後に扱う第二篇第五章、すなわち「時間性と歴史性」と題された章は、前の章で体系志向を揺るがした原点的衝動が、さらに前面に出てきたものだと私は考えている。ここでのハイデガーは分析対象である現存在の事実性の先行的な把握の再確認を目的として「現象学的構成」という方法を掲げ、現存在の存在の意味たる時間性から、その本来的な具体的在り方としての歴史性を「《演繹》」(SZ, 375) するといった姿勢を見せる。だが時間性を取り出すための先駆的決意性の実存論的分析の前提だったはずの実存的可能性を今一度取り出された結果から辿りなおすというのは、明らかに循環した歩みだといわざるを得ない。なぜそうした環行にあえて踏み入らねばならなかったのかと考えてみると(6)、そこには、時間性のかたちで捉えたはずの存在の意味が、脱自態の統一とその変様という形式的な構造、経験的内実から離反したものに留まってしまったという自覚があったからではなかろうか。そういう意味で、第五章は、前章がその体系志向のゆえにもってしまった虚構化に対して、もう一度原点に帰ることによって、その現象的内実を取り戻そうとしたものだったと思われるのである。

この章を結ぶ第七七節は、それ自体ほとんどヴィルヘルム・ディルタイ(一八八三—一九一一年)に宛てられたパウル・ヨルク・フォン・ヴォルテンブルク(一八三五—九二年)の書簡からの引用で成り立っているというだけでなく、章全体の構成からいっても、ただの付論のように見える奇妙なものだが、実はここに、今述べた事情が表出している。ディルタイは、ハインリヒ・リッケルト(一八六三—一九三六年)のもとから出発したハイデガーが師の価値哲学から離れていくときに、歴史的生へのその志向を手がかりにした先駆者の一人だったが、一九二〇年の段階でハイデガーはこの「生の哲学」の代表者に対して批判的姿勢をとるようになっていた。批判の主軸は、ディルタイ自身の「生の連関」が、生を外側から眺めたものでしかないというところにあり、同じ批判が第七七節では、ヨルクの口を借りて語られている。ヨルクによれば、ディルタイは「存在的なもの(Ontisches)と歴史的なものの類的な差異」、すなわち自然と歴史のカテゴリーの区別を徹底しなかったため、生の外部からその形態を審美的に「比較」するような歴史への関わり方に留まってしまった。ヨルクは、ディルタイのそうした傾向を指摘するとともに、それに抗して「生き生きした躍動の根底の内にまで突き入る」(SZ, 403) 思索をこの友人に呼びかけるのだが、それは、ハイデガー自身求めるものでもあったのである。

第五章の中核をなすのは、現存在の歴史性と個別的な事実としてイメージされる歴史的なものとの区別である。「第一次的に歴史的であるのは……現存在である。他方第二次的に歴史的であるのは、内世界的に出会われるものである」(SZ, 381)。「世界歴史的なもの」とも呼ばれる後者は、時間性の具体化としての前者によって歴史的なものとなる。すなわち現存在が実存することによって、可能性の伝承としてそのつど一定の歴史的世界が開かれるのであり、そうして開かれた「世界の歴史の内に引き込まれ」(SZ, 388) ることによって初めて手許的なものや客体的なものは、「世界歴史的なもの」として把握されるようになる。[7] この図式にヨルクやハイデガーから見られたディルタイの歴史への姿勢を当てはめれば、第二次的に歴史的な「世界歴史的なもの」の観照に傾いたもの、本来のその根源である現存在自身の歴史性から離れたものと位置づけられよう。これに対して本来的歴史性は、「遺産の伝承」(SZ, 383f.) とも呼ばれる。「遺産」とは現存在がすでにそこに投げ込まれている実存可能性であり、現存在は、それを状況のなかで己れのものとして引き受ける。伝承されうる実存可能性は、当然のことながら、現存在がすべてそれとして生きることはできないし、場合によっては互いに排他的であることも十分ありうるわけで、ここに選択の必然性がある。それを果たすのは、やはり「死への先駆」である。いわく「死への先駆だけがすべての偶然的で「暫定的」な可能性を追い払う。死に対して自由であることだけが現存在に端的に目的を与える」のであり、そうして己れの有限性の自覚とともに「現存在を運命の単純さ」へともたらす (SZ, 384)。

本来的歴史性をめぐるこのような言説は、『存在と時間』刊行後まもなく始まるナチズムの時代との呼応を示すものとして、フライブルク大学学長就任演説『ドイツ大学の自己主張』とともに、とりわけ一九八〇年代ヴィクトール・ファリアス(一九四〇—)の告発に端を発した批判が好んで向かうところとなった。本来的歴史性が事実的な実存可能性として、いわば「本来の生き方」を指すものだとすると、こうした批判も無理からぬところはある。しかしながら実存の不可能性の可能性でしかない死が、現存在に与えられた可能性としての遺産を輝かしい生き方として規定する価値基準であるはずがない。本来的な理解といえども、ハイデガー自身いっているように、「現存在のそのつど今日的であり「平均的」で公共的である解釈」(SZ, 383) との関係から、自らの可能性を選び取るほかない。むしろ死への先駆は、選ばれた可能性に根拠を与えるどころか、それも含めてすべての可能性が「無根拠」であることを示すのであり、それでもなお選択したという事実によってのみ支えられているのが、ここでいわれる「運命の単純さ」だと私は考える。ただし注意しておかねばならないと思うのは、特定の実存可能性がいずれも無根拠であり、その選択に対する釈明が、根本のところでは不可能だとしても、ほかならぬそれを選び取らねばならないという必然性の意識がここにあるということであり、またそうした意識の存在をそう簡単には批判できないという点である。相互に食い違う可能性を前にして、それぞれの無根拠性、したがってその相対性有限性を理由に、いずれも選び取らないことは、単なる日和見主義でしかないだけでなく、それ自体決して中立な立場などではなく、一つの実存可能性の選択にほかならない。むしろ中立性の装いの陰には、自らがすでに選んでしまっている可能性の無根拠性に関する無自覚が巣食っているのであり、次にはそれが支配的な現存在の被解釈性への罹患を容易にさせるのであって、そこがハイデガーから読みとりうる本来的歴史性との違いになるだろうと思われる。
ハイデガーが死への先駆を手がかりに展開した現存在の存在の意味としての時間性、そしてその具体相としての歴史性をめぐる苦闘は、単に『存在と時間』という書物の、またハイデガーという一人の哲学者の思索の歩みの困難さを物語る一幕に尽きない。ここに描き出された人間存在のありようは、己れの根底をいくら掘り下げても自らの存在の可能性を定めるアンカーを見出せない人間の姿であり、それは近代化の進行とともに二十世紀には広く自覚され始めた人間の自己理解でもあった。この人間像の根底に広がる闇は、ハイデガーがまだ私講師だった頃、当時の彼とは正反対に、「体験」という言葉を口にする人々に対して警戒心を露わにしていたマックス・ウェーバー（一八六四―一九二〇年）のいう「神々の永遠の争い」が争われる場所でもある。あるいは、マールブルクでハイデガーのもとで学んでいた三木清（一八九七―一九四五年）が、日本における『存在と時間』の、とりわけ「歴史性」概念の、もっとも早く、かつもっとも正確な理解者の一人として、一九三二年に公刊した『歴史哲学』において、カール・マルクス（一八一八―八三年）の『ドイツ・イデオロギー』をもってハイデガーにおける行為的実践の欠落に批判的に抵抗しようとしたのも、この場所においてであった。三木が教条主義的なマルキストでなかったことは、彼の人生が示しているところである。人間はその生の遂行において、特定の可能性にすでに身を委ねてしまっているが、それが根拠のないもの、したがって、虚構でしかないこと、そのことを自覚して別な可能性を選択したとしても、これまた別な虚構の捏造でしかなく、さらにこうした事態から逃避すること自体、自己放棄的な虚構に陥るしかないこと――そうした状況は、まちがいなく私たち自身のものでもある。時間性・歴史性をめぐるハイデガーの議論が、今日意味があるとすれば、根拠の喪失を本質にもつ生の場所に、哲学的な表現を与えようと努めた点にある。

注

（1）最終章に当たる第六章「時間性と通俗的時間の根源としての内時間性」は、こうした課題の一端をなすが、本書次章で扱われるため、ここでは省くことにする。
（2）ここでの「言語」は、第一篇の対応箇所と照合すると、道具的なものとしても解されうる、語の全体的なまとまりとしての言語を意味していると思われる。もちろんハイデガーは、コミュニケーションや伝達の道具として理解されるこうした言語観を表層的なものと見なしていて、これを世界内存在としての現存在の開示の構造に引き戻して考えようとしていたわけで、その際、上記「言語」を存在論的に可能にしているのが「語り」と呼ばれるものだとしている（SZ, 160ff.）。
（3）ハイデガーは、抑揚や転調、テンポを例としつつ気分と語りの本質的な結びつきに言及してもいる（SZ, 162）。
（4）とくに第六四節（SZ, 318ff.）を参照されたい。ここでハイデガーは、カントが「超越論的主観」を表象に随伴する「われ思う」という形式的構造と見て実体化しなかったことを、現象に即したものと評価しながら、その存在性格を不問に付したがために、「同一性と恒常性」を語る支配的存在論に屈してしまったと批判している。

(5) このことも含め、かつていささか詳しく論じたことがある。拙稿「ハイデガーと歴史性――初期フライブルク時代から見た『存在と時間』第二編第五章」『歴史の現象学』現象学解釈学研究会編、世界書院、一九九六年を参照されたい。

(6) もちろん第六三節で述べられているように(SZ, 315)、「循環」それ自体、理解の構造に属しているものであるかぎり、否定されるべきではないし、無前提を理想とする循環批判が特定の存在理解をしかも無自覚に前提しているということは、承認できる。しかしあえて循環的議論をやるには、それなりの必然性があると思われる。

(7) ここにはハイデガー自身の出自の一つでもあった西南ドイツ学派の問題構成、すなわち歴史科学もしくは精神科学の基礎づけの発想の残滓もある。だが、この発想が自然科学との対比のなかでの体系化という性格をもつとすれば、時間性による基礎づけとともに、初期フライブルク時代以来の「事実的生への志向」と相容れないものとならざるをえない。

10 「時間と存在」のゆくえ

『存在と時間』VI

仲原　孝

本章の課題は、次の四つである。**1**．『存在と時間』公刊部の最終章である第二篇第六章の概要を祖述すること。**2**．このあとに続くはずであった第三篇「時間と存在」で、ハイデガーが何を論じようとしていたかを再現すること。**3**．彼が「時間と存在」を公刊できなかった（「挫折」した）原因を特定すること。**4**．この挫折を克服するために何が必要かを展望すること[(1)]。

1　『存在と時間』第二篇第六章について

『存在と時間』の最終章は、「時間性と、通俗的時間概念の根源としての時間内部性」と題されている。ここでの課題は、時間を一直線に流れるものとみなす通俗的な時間概念が、いかにして成立するかを明らかにすることにある。すでに第二篇第三章で、本来的時間性と非本来的時間性とのちがいの核心は、時間性が将来から時熟するか、現在から時熟するかのちがいにあると言われていた。しかし、通俗的な時間概念は、非本来的時間性をありのままに自己意識した結果ではない。非本来的時間性は、現存在が出会うすべてのものを「……するため」という視点から開示する。したがって、非本来的時間性の地平のうちで、当の時間そのものが自己意識されたら、この時間もまた「……するための時間」として、つまり「有意義性」という構造をもつものとして開示されることになる。こうして成立するのが「世界時間」であり、その本質性格としてここでは、「日付可能性」「公共性」「伸張性」といった性格があげられている。

さて、日常的な現存在は、世界内部的存在者について明示的な概念を形成する場合には、手許的なものを飛び越して、客体的なものだけに注目する本質的傾向をもつ。それとまったく同じ仕組みで、日常的な現存在は、時間について明示的な概念を形成する場合には、世界時間を飛び越して、時計（広義の、つまり太陽や天体なども含んだ意味での）を使って「数えられた」結果を時間そのものと同一視する。こうして通俗的時間概念は成立するのだとハイデガーは説明するのである。

第六章の最後の第八三節、つまり『存在と時間』公刊部の最後の節は、その直後に続くはずであった第三篇「時間と存在」へのいわば掛け橋をなす部分であるがゆえに、特に注目を要する。ここでハイデガーは、「序論」第七節に登場した一文を一字一句そのまま反復しながら（SZ, 38, 436）、哲学がもともとの出発点へとふたたび打ち返すという一種の往復運動を行う必要性を語っている。『存在と時間』という著作のそもそもの出発点は、プラトンやアリストテレスを息もできなくさせるほどにまで突き動かしながら、それ以後は沈黙してしまった存在の問いを、再び根本的に問い直すことにある（SZ, 2）。この書の公刊部分で遂行された、現存在の存在体制の解明は、あくまで存在の問い一般を仕上げるためにまず最初に経由しなければならない「道」にすぎない。この道の到達点において、存在一般の意味が「時間」として解明されたあとで、この存在一般の理念から光を受けることによって、初めて現存在の存在（実存）も、そしてまた世界内部的存在者の存在も、その最終的な根拠からして解明されうるものとなる。存在から時間への道程は、時間から存在への復路によって補完されて、初めて完成するのである。「存在と時間」という著作が「時間と存在」という逆転した表題をもつ篇へとまさに突入せんとする箇所で、以上のような一八〇度の方向転回について語られているという事実は、すでに『存在と時間』公刊部を書いている時点で、ハイデガーがこうした転回の構想をもっていたことを、明白に立証している。

2　「時間と存在」の構想の再現

『存在と時間』公刊部の原稿は大至急印刷に付され、続けてハイデガーはただちに「時間と存在」の執筆にとりかかる。ところが、公刊部の校正をしていた一九二七年一月初旬、ハイデルベルクのヤスパース邸で校正刷りを手にしながらヤスパースと議論しているあいだに、彼は「時間と存在」の篇が当初の構想のままでは破綻せざるをえないことに気づき（vgl. GA49, 39f.）[2]、すでに相当書き上げていた草稿をすべて焼き捨てたという。この篇で彼が何を論じようとしていたかを直接に伝える資料は、われわれの知るかぎり残されていない。

後年のハイデガーは事あるごとに、彼の思想が理解されるために『存在と時間』の理解が不可欠であることを強調している。[3]しかし、最終的に意図していた存在の問いがまったく未展開なままの『存在と時間』公刊部だけをどれほど理解したとしても、それだけではこの書を正しく理解したことにはならない。この書ばかりでなく、ハイデガーの全生涯にわたる思索を正確に理解するためにも、「時間と存在」の篇の構想を可能なかぎり再現することは必須の課題である。以下、この再現がいかになされるべきかを略述する。

(a) まず、基本的な事実を再確認しよう。存在の問いは、現存在に最初に問いかけることを必要とした。そして現存在の分析論は、現存在の存在として「気遣い」を、さらに気遣いの意味として「時間性（Zeitlichkeit）」を取り出した。『存在と時間』公刊部の歩みは、まさしく存在から時間への歩みであった。

しかし、この歩みはここで最終目標に達したわけではない。ハイデガーはすでにこの書の序論第五節で、存在が時間という地平から規定されていることを、存在の「時的《ときてき》（temporal）」規定性と名づけ、存在の「時性《ときせい》（Temporalität）」が解明されて初めて存在の問いへの「答え」が与えられるのだ、と述べている。しかし、この「時性」の概念について、この書の公刊部では詳しいことは何も論じられていない。

彼がこの概念をいかに規定するつもりであったかは、『存在と時間』公刊直後の一九二七年夏学期の講義『現象学の根本諸問題』が教えてくれる。『存在と時間』では、時間性を構成する「将来」「現在」「既在性」という三契機は、三つの「脱自態（Ekstase）」と呼ばれていた（SZ, 329）。時間性とは、この三つの様態において、現存在が「脱自する」（自己自身の外へと歩み出る）ことを意味している。そして、前記の講義によれば、「時性」とは、この三つの脱自態の「地平的図式」の統一性を意味している（vgl. GA24, 444）[4]。地平的図式とは、脱自が「そこへと向かう先（das Woraufhin）」のことである。誤解を恐れずあえて大胆な表現を用いるなら、時間性とは、現存在に対してある意味で外部的な性格をもつ場所にまで現存在が自己の外へと歩み出る作用を意味しているのであり、そしてこの外部的な開けた場所そのもののことを、ハイデガーは「時性」と呼ぶのである。こうした時性の概念について、「時間と存在」の篇で詳細に論ずる構想があったことは、公刊部の序論で予告されている以上、疑問の余地はない。

(b) しかし、時性の解明だけが「時間と存在」の篇の課題であったとは考えられない。ハイデガーが公刊部の執筆時点ですでに、存在から時間へ、そして時間から存在へ、という往復運動を構想していたことを、われわれは先に確認した。この運動を完遂するためには、この書の歩みは、存在から出発して時性にまで至っただけで終わるわけにはいかない。

彼が「時間と存在」の篇で、時性の解明のあとで何を論ずる構想をもっていたかは、現在の全集版では『論理学の形而上学的原初根拠――ライプニッツから出発して』と題されている一九二八年夏学期の講義で示されている（vgl. GA26, 196–202）[5]。ここでハイデガーは、「基礎存在論」に次の三つの課題が属すると述べている。すなわち、一、「現存在を時間性として解釈すること」。二、「存在問題の時的解明」。三、「転換（der Umschlag）」。このうち、第一が『存在と時間』公刊部にあたり、第二が前述の時性の解明にあたるのは言うまでもない。したがって、「時間と存在」の篇のもうひとつの課題は、「転換」

を遂行することであった、ということになる。ちなみにこの講義では「転換」は「転回（Kehre）」とも言い換えられている。

この転回の具体的内実を、ハイデガーはこの講義ではおおむね次のように説明している。存在の問題は、存在者の総体が存立している場合にのみ見えうるものとなる。ここから、存在論が（いわば一八〇度）方向転換し、存在者全体を主題とする新たな学が成立する必然性が帰結する。この学を、存在論の「転換（メタボレー）」によって成立した学という意味で、「メタ存在論（Metontologie）」とハイデガーは呼ぶ。それは存在者を主題とする学であるがゆえに、また「形而上学的存在者論（metaphysische Ontik）」とも呼ばれている。

要するに、狭義の存在論は、存在者から出発して存在へとむかう学であるのに対し、メタ存在論は逆に、存在から出発して存在者へとむかう学である、と言われているのである。こうして学の進行方向を一八〇度転回し、それによって帰結する存在者論の、少なくとも基本動向を提示することが、「時間と存在」の篇のもうひとつの課題として構想されていたのである。

たしかにここでは、存在者から存在へ、そして存在から存在者へ、という往復運動が語られており、われわれが先に示した、存在から時間へ、そして時間から存在へ、という往復運動とは、異なる事態が語られているように見える。しかしこれは見かけにすぎない。『存在と時間』が存在から出発しているといっても、出発点においては存在は、いまだ明示的・概念的には理解されておらず、ただ問われているにすぎない。この書の分析論の具体的な出発点をなしているのは、こうした非明示的な存在理解の上に成立している存在者の開示性（たとえば、現存在という存在者と道具という存在者との関わり、というような）である。そして、この分析によって最終的に取り出される時性は、すなわち「存在一般の意味」にほかならない。したがって、存在と時間とのあいだの往復運動は、別の観点から見れば、存在者と存在とのあいだの往復運動でもあると言ってよい。

（c）以上で、「時間と存在」の篇が、存在の時性を解明する部分と、転回およびメタ存在論を遂行する部分という、二つの部分から成るはずであったことが明らかになった。続いて、このおのおのの課題の内実を、もう少し具体的に示しておく。

まず「時性」の解明について考える。前述の一九二八年の講義『論理学の形而上学的原初根拠』では、「存在問題の時的解明」は、「存在の問いに内包されている根本諸問題を分析解明すること」と言い換えられている。同じ講義の別の箇所（GA26, 193f.）では、この「根本諸問題」とは次の四つであると言われている。すなわち、「一、存在論的差異、二、存在の根本分節、三、存在の真理的性格、四、存在の領域性と存在の理念の統一性」。これは、一九二七年の『現象学の根本諸問題』講義で扱われている「根本諸問題」と、あげられる順序がちがうだけでまったく同じものである。明らかにハイデガーは、少なくとも一九二八年当時までは、これら四つの根本問題を「時性」の地平から解明することを、「時間と存在」の篇の第一の課題とする構想を維持していたのである。ただし今は、この根本諸問題の一々の内容についてまで説明している余裕はないので、読者諸賢は各自『現象学の根本諸問題』講義を熟読して考究していただきたい。

(d) 次に「メタ存在論」について考えよう。これが、存在の理念から出発して「存在者全体」を主題とする学とされていることは、すでに確認した。しかしじつは、メタ存在論が主題とするのは存在者全体だけではない。前記『論理学』講義では、メタ存在論の圏域には「実存の形而上学の圏域も含まれる（ここで初めて倫理学の問いは立てられうる）」と言われている。メタ存在論は、現存在という特定の存在者を主題とする存在論をも含むのである。つまり、存在者全体のうちの特定の領域を主題とする存在論、いわゆる「領域的存在論」を、ハイデガーはメタ存在論の重要な一部門として構想していたのである。

さて、『存在と時間』では、存在者全体は、現存在と世界内部的存在者という二つの根本領域から成るものとみなされている。現存在を主題とするメタ存在論が成立するなら、世界内部的存在者を主題とするメタ存在論も、まったく同様に成立することになる。『存在と時間』では両領域の区別は、「実存」と「最広義の客体的存在性」との区別とも言い換えられ、そして両者の連関については「存在の問いの解明された地平からして初めて論ずることができる」と言われている（SZ, 45）。明らかにこれは、存在一般（つまり時性）の理念に基づいて前述の二つの根本領域について解明するメタ存在論の構想を暗示した発言である。

かくして「時間と存在」の篇は、時性概念の解明から出発し、存在者の全体および諸領域の存在論的解明へといたる、まさに「時間から存在へ」と歩む篇となるはずだったのである。

3　挫折の原因究明

以上で「時間と存在」の篇の基本的な構成および内容に関する構想が再現されたので、つづいて、ハイデガーがなぜこうした構想を実際に展開できなかったのか、以上の構想の具体的にどこに、この構想を破綻させるような障碍が含まれていたのか、という問題についての解明に進まなければならない。

その際に注意が必要なのは、この障碍は、『存在と時間』の公刊部にある程度の修正を加えれば克服できるような、軽微な障碍ではありえない、ということである。カントの『純粋理性批判』やフッサールの『論理学研究』などの例に見られるように、ハイデガーが高く評価する哲学者のなかにも、主著級の著作を後年になって大幅に改訂した人は少なくない。公刊部を当初のままにしておくかぎり「時間と存在」に困難が生じるとしても、公刊部を大幅に修正すればこうした困難が克服できるのなら、ハイデガーはもちろんそうしていたはずである。彼にそれができなかったという事実は、彼の挫折が、『存在と時間』という書をほかならぬこの書たらしめているもっとも根本的な原理（それを放棄したらもはや根本的に別の著作を書くしかなくなるような原理）に含まれる障碍によって起こったことを立証している。その意味で、この書の挫折の原因を理解することは、この書の根幹をなす思想がどこにあるかを理解することに等しい、きわめて重要な課題である。

(a) 順を追って考えていく。「時間と存在」の篇を構成する諸部分のうち、まず「時性」の解明においてハイデガーが挫折することはありえない。なぜなら、時間性の「地平的図式」の概念は、すでに『存在と時間』公刊部の第六九節cで提示されており、つまり「時性」という言葉こそ明示されていないが、それに関する論及は、すでに公刊部でもなされているからである。時性の概念自体に重大な難点が含まれているなら、公刊部分を執筆している時点でそれに気づかないはずはない。

さらに、世界内部的存在者に関するメタ存在論それ自体において挫折が起こることも、考えられない。なぜなら、世界内部的存在者の存在を開示するのは、結局は現存在なのだから、もしも世界内部的存在者の存在論に何らかの重大な困難が含まれるなら、それは結局は、現存在の存在論に含まれる困難に帰着するからである。

したがって、ハイデガーは現存在のメタ存在論（実存の形而上学）を展開する途上で解決不可能な障碍に直面し、挫折した、という結論が不可避となる。もちろん、現存在の存在論は、すでに『存在と時間』公刊部でも入念に展開されている。公刊部の現存在の存在論と、「時間と存在」の篇での現存在のメタ存在論とのちがいは、最終的には、時間性を原理とするか、時性を原理とするかのちがいに帰着する。したがって、この書の挫折は、公刊部で時間性を原理として遂行していたかぎりは成立するように見えた現存在の存在論が、「時間と存在」の篇に入って時性を原理として遂行しなおそうとするやいなや、遂行不可能であることが判明した、という出来事であったことになる。

(b) それゆえ、挫折の原因を十全に理解するためには、時間性と時性との関係を正確に特定しておく必要がある。われわれはすでに前節の(a)でこう結論した。時間性とは、現存在に対してある意味で外部的な性格をもった場所へと現存在が脱自する作用を意味しており、そしてこの外部的な開けた場所のことを、ハイデガーは「時性」と呼んでいるのだ、と。

この場合の「外部」とは、もちろん空間的な意味での外部を意味しているのではない。後年のハイデガーは講演「真理の本質について」で、「脱存（Ek-sistenz 脱自的存在としての実存）」は同時に「執着（In-sistenz 内向存在）」でもある、という意味のことを述べている（vgl. GA9, 196）。このように言われる場合の外部・内部は、頽落した日常的な理解可能性の圏域に対する外部・内部を意味している。現存在が執着存在するとは、既知の日常的な理解可能性の「内部」に閉じこもり、この範囲で理解できないすべてのものに目を閉ざすことである。これに対して、現存在が脱自存在するとは、このような日常的な理解可能性を破壊するようなものが存立する場所へと目を開くことである。

　こうした脱自が生起する状況のひとつは、ハイデガーが「指示性の障碍（Störung der Verweisung）」と呼んでいる状況である（SZ, §16, 74）。世界内部的存在者の存在を「……するため」へと（つまり「有意義性」へと）企投することが成功しているかぎり――つまり、その存在者は「……するために存在しているのだ」という理解が成り立っているかぎり――、われわれはその存在者の存在を、自分にとっての有用性の範囲内で理解しているにすぎない。ところが、たとえば緊急の用事で何時にどこそこまで行かねばならない状況のもとで、自分の車に乗ろうとした途端、バッテリーがあがっているのに気づいた、というような場合、役立たずとなったこの自動車の存在は、もはや私の意のままにならないものとして、私にとっての有意義性・企投可能性の「外部」に冷ややかに存立しているものとして、開示されてくる。このような場合に現存在は、自分の意のままにならない外部的な存在の成立する場所へと脱自しているのである。

　しかしこのように、企投される個々の存在者の側の不具合によって企投が妨げられている場合には、その存在者を別の存在者と入れ換えることで、企投可能性は容易に回復されうる。自分の車が使えないなら、タクシーを呼ぶなり、鉄道を使うなりすれば、時間内に目的地に着くことはできる。ところが、ハイデガーが「不安」と呼ぶ経験においては、すべての企投可能性が根源的に破綻する。なぜなら不安においては、企投の構造それ自体が企投を拒むものと化すからである。企投とは現存在が将来の地平的図式へと脱自することである。しかるに不安とは、現存在が自己の死の可能性に直面する経験である。不安の内では、現存在の将来は「非存在の可能性」という様態をとって開示されるがゆえに、現存在はいかなる存在者の存在をも、将来の地平的図式へと企投する（将来「……するため」に存在しているものとして理解する）ことができない。しかし、将来の地平的図式がまさしくこのようにすべての企投を撥ねつけ、打ち砕く性格をもつからこそ、不安の内で現存在は、あらゆる存在者が「企投しえないにもかかわらず存在している」という外部的な事実に、逃れようもなく直面させられることになるのである。時性は、非存在の可能性を開示する地平を構成要素にもつことによって、存在の外部性を開示する場所となるのである。

(c) では、以上のような仕組みで成立する時性は、時間性といかなる関係にあるのだろうか。脱自は「指示性の障碍」や「不安」といった特定の現象においてのみ生起するものであり、日常的な現存在においては存在の外部性は閉ざされている。存在の外部性へと脱自する本来的実存と、存在の外部性を閉ざす日常的な非本来的実存との関係を説明する、もっとも単純明快な方法は、次のようなものであろう。すなわち、時性の将来の地平的図式はつねに必ず現存在の非存在の可能性を開示しているが、現存在がこの地平へと明示的に関わるか、それともこの地平に目を閉ざして将来を現在の延長としてしか扱わないかという、現存在の側がとる態度の違いに応じて、本来的実存と、非本来的実存との差異が生じるのだ、と。

しかしハイデガーは、この一見きわめて明快な説明方式をとらない。講義『現象学の根本諸問題』では彼は、脱自態の地平的図式（つまり時性）は、脱自態（つまり時間性）が変様するのに呼応して変様する、と述べている（GA24, 429）。つまり、時性が本来性から非本来性へ、あるいはその逆へと変様することは、時間性が本来性から非本来性へ、あるいはその逆へと変様することと、必ず連動して起こると彼は考えるのである。

彼がこのように考える必然性は、ハイデガーが『存在と時間』の「第二部」で「存在論の歴史の破壊」を計画していたことを想起すれば、容易に理解できる。彼は存在忘却を、個々の現存在が左右しうる範囲を超えた、歴史的必然性をもった出来事と見なしていた。こうした思想を一貫させるためには、存在の開示性と隠蔽性との違いを、個々の現存在の側がとる態度の違いとしてではなく、現存在にとって外部的な時性そのものの本来性（自己開示）と、非本来性（自己隠蔽）との違いとして説明しなければならない。存在忘却を歴史的・必然的な出来事として理解するのは、ハイデガーの生涯を一貫するもっとも根本的な思想であり、この洞察を破壊して存在忘却を個人の怠慢に帰着させてしまうような説明を、彼が採用することはありえない。

(d) しかし、問題はまさしくここで生ずる。すなわち、時性と時間性とがつねに必ず連動して変様するというならば、ではどちらの変様がもう一方の変様を引き起こすのか、ということが当然問題となる。ところが、時性の変様が時間性の変様を引き起こすと考えても、その逆と考えても、いずれの場合にも解決不能な逆理が生ずるのである。

まず前者の選択肢を考えてみる。現存在にとって外部的な時性自体が本来性ないし非本来性へと変様することによって、現存在の時間性も本来性ないし非本来性へと変様すると考えるとしよう。この場合、本来的時間性（本来的実存）が成立するうえで、個々の現存在が遂行する企投は何の役割も果たさないことになる。頽落を克服するために現存在がなしうることはせいぜい、時性そのものが本来性へと変様する時を待ち望むことだけとなる。これが『存在と時間』の思想となりえないことは言うまでもない。この書でハイデガーは、現存在が「先駆的決意性」によって主体的能動的に本来的実存を遂行しうることを強調している。それは当然のことである、なぜなら、もし先駆的決意性の思想を抹消し、現存在には単に存在の開示性ないし隠蔽性を受容する役割しか認めないとしたら、存在問題にとって人間の主体的思考は何の役割も果たさないことになり、つまりこのような哲学は、哲学そのものを廃棄するという一種の自殺行為を行っていることになるからである。

(e) ではそれとは逆に、時間性の方が変様することによって時性もまた変様する、と考えたらどうであろうか。そう考えることは要するに、現存在の理解の変様が存在そのものを変様させる、と考えることである。それは、単に世界を私の表象へと還元する主観主義の形而上学であるがゆえに支持しえないだけではない。そもそもハイデガーが本来性と非本来性とを区別するのは、現存在が既存の理解可能性の内部に閉じこもる態度(非本来的実存)を維持するかぎり、存在の真理の解明は不可能になるからである(本節(b)参照)。にもかかわらず、時性を時間性に依存する一契機に還元してしまうことは、結局は存在を現存在の理解可能性の範囲内に閉じこめてしまうことになり、本来性と非本来性とを区別した当初の意図をみずから廃棄してしまうことになる。もちろんこのような自己矛盾した帰結を、ハイデガーが承認することはありえない。

以上、(c)から(e)で述べられたことを総括しておこう。時間性と時性との関係を説明するためにとりうる選択肢は三つしかないが、そのいずれも解決不能な逆理を帰結する。すなわち、一、時性はつねに同じ様態をとり、時間性だけが本来的か非本来的かに変様する、と考えることは、頽落を個人の怠慢に帰着させることになるがゆえに不可能である。二、時性の変様が時間性の変様を引き起こすと考えることは、人間の主体的思考の余地をふさぐがゆえに不可能である。三、時間性の変様が時性の変様を引き起こすと考えることは、本来性と非本来性との区別自体を廃棄することになるがゆえに不可能である。

現存在の存在論が成功しているように見えるのは、時性という原理を表に出さず、もっぱら時間性だけを原理として遂行されているかぎりで生ずる、見かけにすぎない。ハイデガーが最終的に意図していた時性という原理を明示し、それを時間性と関係づけようとしたとたん、彼は解決不能な問題に直面して挫折したのである。存在の時性を解明するために書かれた『存在と時間』を、時性の概念ぬきで、公刊部だけで理解しようとすることが、どれほどハイデガーの真意を誤解する結果を生むかは、以上の解明から明らかであろう。

4　中期以降への展望

さてしかし、『存在と時間』を完成するためにハイデガーが取りえた三つの道がすべて袋小路であったということは、彼が企図した存在の問い自体が不可能な問いであったことをもちろん意味しない。以上の問題は、じつはこれまで一貫して言及されなかった暗黙の前提から生じているのであり、この前提をくつがえせば、展望はおのずと開かれてくるのである。

その前提とは、時間性および時性の、本来性と非本来性とを、排他的に異なる二つの様態として区別する、という前提である。ハイデガーがこうした前提に基づいて考えていたことは、本来的時間性と非本来的時間性とのちがいを、時間性が将来から時熟するか、現在から時熟するかという排他的な相違として説明していたことに、端的に表れている。本来的時間性は非存在の可能性を開く時間性として、非本来的時間性は非存在の可能性を隠す時間性として、それぞれ理解されているのである。

　これに対し、もしも存在の開示性を、それ自身を隠すという仕方で開くこととして理解しえたならば、前述の問題はすべて解決する。なぜなら、一、存在が一面でそれ自身を隠蔽するものである以上、存在忘却は決して個人の怠慢の帰結としてではなく、一定の必然性をもつ出来事として理解可能となる。二、しかし他面で、存在がそれ自身を隠す謎としてではあれ、あくまでそれ自身を開いている以上、人間の思考がこの開けに主体的・能動的に目を向ける可能性は、つねに開かれている。三、そして、このように存在の謎的性格を承認することは、存在を日常的な理解可能性の圏域の内部に閉じ込めてしまわないことであり、存在の外部性への脱自の可能性を、したがってまた非本来性から本来性への変様の可能性を、承認することである。

　中期以降のハイデガーは、さまざまな文脈でさまざまな思考を展開しているが、それを一貫しているのは、存在の真理を「開け」と「隠れ」との共属において思考する思想である。彼の全生涯にわたる思想の一貫性を理解することは、『存在と時間』の挫折を超克する方途がどこにあるかを見きわめることによって、初めて可能となるのである。

注

(1) 言うまでもないが、非常に限られた紙幅のなかで十全な論証を行うことは不可能であるがゆえに、ここでは多くの場合に論証をはぶいて結論だけを端的に提示するにとどめざるをえなかった。詳細は拙著を参照されたい。仲原孝『ハイデガーの根本洞察』昭和堂、二〇〇八年。

(2) なお、ヤスパースとの対話を一九二六年十二月と言っているのはハイデガーの記憶ちがいである。

(3) Cf. William Richardson, *Heidegger. Through Phenomenology to Thought*, Martinus Nijhoff, The Hague, pp. XVII ff.; SZ, VII.

(4) なお本講義の時性概念にはある種の二義性が見られるのだが、ここではそれに論及する余裕はない。詳細は前記拙著一七六ページ以下を参照。

(5) 以下、本講義からの引用・参照は、特に指摘しないかぎりすべてこの範囲からなので、逐一ページ数を指摘するのは省略する。

間奏1　神は存在論にたずさわるか

『カントと形而上学の問題』をめぐって

安部　浩

一九二九年四月、スイスはダヴォース。当代きっての哲学者がふたり、カント哲学をめぐって丁々発止の討論をくりひろげた。登壇したのはE・カッシーラーとハイデガー。かたや同年秋にハンブルク大学学長に選ばれるほど信望が厚く、ヴァイマール共和国のリベラルな知識人を体現するアカデミズムの貴公子、かたや行事の合間を縫ってはスキーに繰り出し、晩餐会にもスキーウェアのまま直行して悪びれる様子もない学界の異端児。記録によれば、新カント派の驍将にしてカント研究の権威を前に、『存在と時間』の著者はこう言い放った――「神さまには存在論はありません」（GA3, 280）。もしもこの謎めいた発言が同年末に上梓された『カント書』の要諦であるとしたら……。

先の発言に続けて、ハイデガーはそれをこう補足している。「というのも存在論を必要とするのは、〔われわれ〕有限なもののだけなのですから」（GA3, 280）。この言の深意をつまびらかにするためには、まずはわれわれがそもそもいかなる点において有限な存在者であるかが明らかにされる必要があろう。ハイデガーの見立てでは、カントの『純粋理性批判』（以下KrVと略記）こそは、まさにこの点を徹底して追究した労作であった。たとえば同書でカントは、神以外にはなしえない「知的直観」とわれわれの「感性的直観」を峻別する（vgl. KrV, B72）。「神は言われた。「光あれ。」こうして、光があった」（『聖書（新共同訳）』「創世記」一・三）――このように知的直観においては、対象を「見る」ことがとりもなおさず、当該対象の存在を「創始する」ことにほかならないのに対し、感性的直観の場合――そもそも対象の方がわれわれの心《ゲミュート》を触発《アフィツィーレン》してきて（われわれが自分では決して産み出せないものであるため、よそからデータ《与えられるもの》として与えられるのを待つしかない）多種多様な感覚的情報をあらかじめ供給してくれるのでなければ、われわれはおよそそれを「見る」ことなどできないのであってみれば――この種の経験的な直観が可能となるためには、対象はおしなべて当の直観に先立ってすでに存在しているのでなければなるまい。われわれの直観が以上のような意味で有限なそれとして成立せざるをえないことの基礎にある事態――つまりわれわれが「かねてから存在しているもののただなかで〔否応なしに〕実存しつつ、こうした存在者のもとへ引き渡されてしまっている」（GA3, 26）こと――こそが、人間の有限性の第一のしるしである。

とはいえ神ならぬ人間にあっては、直観ばかりが有限であるわけではない。われわれにおいてはその思考能力もまた「自ら直観する悟性」（KrV, B145）ではありえないからである。したがって対象との関係性を保持するためには、（対象がそれ自身を直接的に与えてくるところの）直観に全面的に依拠せざるをえない以上、人間の悟性は直観に「手段として」（KrV, A19/B33）たえず奉仕すべきさだめにある。ではその際、この「有限な」悟性は直観に対していかなる寄与を行うのか。前述のように、われわれの（経験的な）直観にとっては、対象が事前に存在していることが必要である。だがまさにそのように存在する（つまりわれわれに対峙して現象する）ためには、この対象もまたそれ自体――存在者がわれわれに対して立ち現れ《ゲーゲンユーバーシュテーエン》てくることがそこにおいて初めて成立しうるような――〈対象《ゲーゲンシュタント》としての存在様式をそもそも可能ならしめる場〉が前もって開かれていることを要するはずである。ではあらかじめそうした場（「対象性の地平」）を――対象の個々の現出をはなから一挙に乗り越える仕方で――形成し（それゆえこの地平形成作用は「超越」とも呼ばれる）、それにより直観のためのお膳立てを行っているものとは何か。ハイデガーによれば、それが例の有限な悟性にほかならない。つまり今述べた地平形成とは――われわれに向かって現れくるさまざまな現象を一つにまとめる統一性を規則として表象することで「〔これらのもの同士の〕可能的な共属のための統一地平」（GA3, 77）を開くところの――「規則の能力」（KrV, A126）である悟性のなせるわざなのである。

ではかくも「有限な」われわれにとってのみ、存在論が不可欠になる（しかも神の場合はそうではない）のはいったいなぜか。話を目下の議論の文脈に限るならば、人間と神の主な相違点は、超越（つまり対象性の地平の形成）の運動の有無にある。そしてこの地平は、個々のあるものが対象というあり方において現出してくること――ということはつまり対象が対象としてあること――をそのうちではじめて可能ならしめる場であった。してみれば対象の存在を理解し、これを問題にする存在論的な解明というものは、超越の運動を自らの有限性のゆえに行うわれわれ人間のみが（この運動と連動して）不可避的になさざるをえない営為であることになる。そしてこの「人間的な、あまりにも人間的な」営みである存在論は、神にとってはむろんどこまでも無縁な事柄なのである。

だがここで一つの疑問が生ずる。上来論述してきたところでは、人間と存在論を結び合わせる紐帯は、悟性による〈諸現象の統一地平〉の形成作用であるという話になろう。だがカントいわく、あらゆる現象はまずもって時間と空間という直観の形式（ないしは純粋直観）の下で秩序づけられるべきものであった。するとこの直観の形式と悟性の行う地平形成とはいかなる関係にあるのか。ハイデガーならば、この問いに次のように応ずるであろう。諸現象の地平を形成するものは厳密に言えば悟性ではない、むしろそれは「純粋直観と純粋悟性がアプリオリに一つになった全体」（GA3, 77）なのである、と。

　だがこの直観と悟性との合一体とはいったい何であるのか。ハイデガーはこれを（KrV 第一版が論ずる）「超越論的構想力」として理解すべきであると説く。これは『カント書』のなかでも最も重要かつ過激な論点であるが、さらにこの見解からは（構想力の概念が悟性概念に吸収されて消滅してしまう）KrV 第二版に対する大胆な否定的評価も帰結することになる——すなわち超越論的構想力を前にして「カントは後込みしてしまったのである」（GA3, 160）。こうした解釈はしょせん暴論にすぎないのであろうか。それとも「〔テクストの〕文言が述べていることから、それが〔真に〕述べようとしている事柄を奪取するには、いかなる解釈も必然的に暴力を用いざるをえない」（GA3, 202）ことの稀有な一例なのか……。

ダヴォースの公開討論から四年を経た一九三三年、四月。ナチスが第一党となったことに乗じて首相の座についたA・ヒトラーは、全権委任法を成立させて国政を牛耳るに至った。ハンブルク大学にカッシーラーの姿はなかった。ユダヤ人である彼は前月に国外亡命したのである。おりしもフライブルク大学では新学長選出の報に沸き返っていた。新たな政治体制にかなったラディカルな大学改革の意欲に燃えるその学長の名は、マルティン・ハイデガー。彼はこの時、予感していなかったのであろうか。自分が早くも一年後、失意のうちに辞任することを。そしてこの「学長職の失敗」が、かつての「出自による信仰〔であるカトリック〕との対決」と同様、身中の「棘」として自らをたえずさいなむ忌まわしい記憶となることを（一九三五年七月一日付ヤスパース宛書簡を参照）。

第Ⅱ部

中期ハイデガーの思索

一九三〇年代から第二次世界大戦まで

「野の道」の途上にて
ベンチと十字架

11　メタ存在論、不安と退屈、自由

「形而上学」の展開

瀧　将之

『存在と時間』公刊後のハイデガーは、自身の哲学を積極的に「形而上学」として展開する。一九二九年に出版された『形而上学とは何か』『根拠の本質について』『カントと形而上学の問題』（以下、『カント書』）は、「形而上学三部作」と呼ばれる。また、一九二八年夏学期のマールブルク最後の講義のメインタイトルは『論理学の形而上学的原初根拠』であり、一九二九／三〇年冬学期にフライブルクで行われた大部の講義のそれは、『形而上学の根本諸概念』であった。

ハイデガーは、伝統的な形而上学に対して批判的な態度をとる。しかし、そのハイデガーが、この時期に自身の思索を積極的に「形而上学」として展開したのは、存在者とは異なるものとしての存在を問うことを、およそあらゆる存在者を乗り越えて存在そのものを問題にする、という存在論的な独自の枠組みにおいて捉えたからである。ここに、伝統とは異なる装いのもとで「形而上学の問題」が摑みとられることとなった。「メタ存在論」「無」「世界形成」といったテーマがそれである。

本章では、この時期の著作や講義で追究された形而上学の問題について考えてみたい。

1　存在論の存在者的基礎――メタ存在論

ハイデガーの形而上学期の思索は、『存在と時間』末尾の「存在論の存在者的基礎」に端を発する。これは、「存在論は存在論的に基づけられるのか、それとも存在論はそのためにも存在者的基礎を必要とするのか」（SZ, 436）、という問題であった。存在を問うためには、そもそも存在者が存在していなければならないのではないか――これが問題である。ハイデガーにとって、存在論を基づける存在者は、現存在である。したがって、存在論の存在者的基礎とは、存在そのものを問うことのうちで、現存在という存在者の事実的な存在が、その問い自身のうちに

「食い入ってくる」ことを問題にするものである。

存在論を遂行することは、そもそも現存在という存在者がすでに存在しているという事実に基づいてしか可能ではないのではないか――これと同様の問題は、一九二八年の講義『論理学の形而上学的原初根拠』のなかで、次のような仕方で取り上げられている。

> 存在が与えられているのは、現存在が存在を理解しているときだけである。言いかえれば、理解のうちに存在が与えられているという可能性は、現存在の事実的実存を前提としている。そして、現存在の事実的実存は、さらにまた、自然の客体的存在を前提としている。（GA26, 199）

存在論の可能性は、「事実的実存」という現存在の存在の事実性、さらには「自然の客体的存在」へと差し戻される、と言われる。この「自然の客体的存在」の先行性とは、どういったことか。続いてハイデガーはこう述べる。「存在問題が徹底して立てられる、まさにその地平のうちで示されることだが、すべてが明らかとなり存在として理解されうるのは、存在者の可能的全体性がすでに現に存在しているときだけである」（ebd.）。つまり、「自然の客体的存在」とは、現存在もそのうちに含まれる「存在者の全体」が存在者としてすでに事実的に存在しているという、自然の存在の事実性である。存在論の存在者的基礎をめぐる問題は、このように、「自然」と言われる存在者の全体の事実的な存在の問題として把握される。それをハイデガーは、「メタ存在論（Metontologie）」とも呼ぶ。「ここから、全体としての存在者をいまや主題とする、ある独特の問題性の必然性が明らかになる。このように新たな問いを立てることが、存在論それ自身の本質のうちには存しており、存在論の転換、メタボレーから明らかになる。この問題性をメタ存在論と表す」（ebd.）。

存在論の可能性を、現存在の事実性や自然の客体的存在に見てとるというのは、一見「自然主義」のようにも思われるが、ことはそう単純ではない。ハイデガー自身「転換（Umschlag）」と言うように、存在論の存在者的基礎とは、存在それ自身を問う試みの果てに、その問い自身が、そもそも現存在の事実的実存や自然の客体性が前提となっていることを見出す、というのだからである。存在への問いは、その展開のなかで、存在者の全体が存在しているという事実に依拠していることを見出すという、内的な「転回（Kehre）」（GA26, 201）を蒙る。それゆえ、メタ存在論は、「形而上学的な存在者論（Ontik）」（GA26, 201）とも呼ばれる。

2　「全体としての存在者」という問題

存在者の全体の事実的な存在の問題は、『カント書』において、明確に形而上学の問題として定式化される。同書で、形而上学は「存在者としての存在者、また全体における存在者の原則的認識」（GA3, 8）と定義される。この「存在者としての存在者」というハイデガー特有の表現のうちに、「存在者を存在者として規定する、存在者の存在」の響きが聞きとれるなら、「存在者の存在の認識は、どこまで存在者の全体の認識へと必然的に展開するのか、存在者の全体の認識は、なぜ再び存在認識という認識に先鋭化するのか」（ebd.）という問題を指し示すこの形而上学が、存在と存在者の間の転回を主題とするメタ存在論を暗示しているのは明らかだろう。

『カント書』では、存在認識と存在者の全体の認識との連関は、すでにアリストテレスにおいて第一哲学の二重性として現れていた、とされる。ハイデガーによれば、この第一哲学において、不明瞭ながら、「存在者としての存在者《オン・ヘー・オン》への問いは、存在者の全体（神的なもの《テイオン》）への問いとの連関のうちにあった」（GA3, 220）。同書では、この二重性は、「存在者のなかへと被投された一個の存在者として、存在といったものを理解しなければならない」という「人間の最も内的な有限性」（GA3, 246）の問題に収斂していく。「現存在における有限性は、「前提された」無限性がなければ、たんに問題としてだけでも展開されうるのか」（ebd.）。こう問うことでハイデガーは、存在理解を必要とする現存在の有限性を問うには、それに先行する無限性、つまり「神的なもの《テイオン》」たる存在者の全体を前提することがどうしても必要である、と示唆している。

だが、ハイデガーの言う「存在者の全体」とは何を意味するのか。一九二九年の論文『根拠の本質について』で、次のように言われる。「開顕された存在者の全体がその種別的に固有な諸連関と諸圏域と諸層とにおいて明確に把握されなくても、いわんや「もれなく」徹底的に研究されていなくても、その全体性は理解されている」（GA9, 156）。存在者は、そのすべてが学問や調査といった仕方で数え上げ、調べられていなくても、全体性において確かに理解されている、と言うのである。

調査や研究においてでなければ、存在者の全体についての理解はいったいどこで行われるのか。それをハイデガーは、彼の言う「情態性」、つまり気分という現象に求める。同じ年に行われた、フライブルク大学の教授就任講演『形而上学とは何か』では、次のように言われる。「全体としての存在者のまっただ中に情態的にみずからを見出すこと」は、「私たちの現存在においてたえず生起している」のであり、そのことと、「存在者全体それ自体を把握すること」の間には「本質的な区別がある」（GA9, 110）、と。前者、現存在の情態的な理解は、存在者を個々に数えたり調べたりすることではないがゆえに可能である。『存在と時間』で論じられた不安は、「そもそも世界内部的な存在者は「重要」ではない」（SZ, 186）という仕方で、存在者の全体について一気に一定の理解をもつと言える。

現存在が抱く気分や感情は、「同時に自己を感じること」

（GA24, 187）でもある。だからこそ、それらは「情態的にみずからを見出すこと（sichbefinden）」として、情態性（die Befindlichkeit）と術語化される。存在者の全体の把握からは区別される、「全体としての存在者のまっただ中に情態的にみずからを見出す」気分とはいったいどのようなものなのか。それを私たちは、引き続き『形而上学とは何か』に即して見ていくことにする。

3　根本気分の形而上学

(a)「無」としての存在——『形而上学とは何か』の不安論

この講演は、無の問題を手がかりとして、形而上学という学問の可能性を問うことから始まる。通常、学問が研究対象とするのは、「ただ存在者だけであり、――それ以外の何ものでもない（nur das Seiende und sonst – nichts）」（GA, 9)。こうした学問の規定は、そのうちに図らずも無（das Nichts）を抱え込んでいる。学問という営みにおいて、「私たちは、無について何も知ろうと欲しないという仕方で、無について知っている」（GA9, 106）と指摘される。

この無はしかし、たんなる否定辞の働きではない。定義的に言えば、「存在者のすべてを完全に否定すること」（GA9, 109）である。そうであれば、形而上学という学問が無を対象としうるのは、「存在者のすべて」が与えられているときである。

不安のうちで、存在者の全体が重要でなくなるという経験は、同書では、「存在者が全体として滑り落ちていく」（GA9, 112）ことと表現される。存在者としての「私たち自身」も含めた、およそ一切の存在者が滑り落ちていく。私たちは、「支えとなるものは何もない」という経験をする。それをハイデガーは、「不安は無を開顕する（die Angst offenbart das Nichts）」と言い換える。

不安のうちで示される、この無とは何か。「無は、人間的現存在にとって、存在者としての存在者の開顕性を可能にすることである」（GA9 115）、というのが答えである。無とは、存在者が存在者として開顕的になることを可能にするもの、「存在」である。伝統的な形而上学においても、「なぜそもそも存在者が存在するのであって、むしろ無があるのではないのか」（ライプニッツ）というように、存在は無との関連において問われてきた。とはいえ、ハイデガーのそうした言及は、伝統的な形而上学の単なる反復ではない。

ふつうに考えれば、存在を無として捉えるなど、荒唐無稽の極みである。しかし、ハイデガーは存在論的差異との関連において、無を存在として理解する。そのことは、『根拠の本質について』第三版（一九四九年）の序論から分かる。そこでは、「無は存在者ではないということであり、存在者の方から経験された存在である」（GA9, 123）、とされている。ハイデガーにとって、「存在と無が共属するのは、〔…〕存在それ自身が本質において有限的（endlich）であり、無の内へと投げ入れられて保たれている現存在の超越においてのみ、それ自身を開顕するから」（GA9, 120）である。伝統的な形而上学とは異なり、存在問題は、死という〈終わり（*Ende*）へとかかわる存在〉（SZ, 245）である現存在の有限性から捉えられねばならない。

それゆえ、形而上学が無について問おうとするならば、それは、死という終わりへとかかわる現存在に萌す、不安の気分に即して、なのである。この気分は、「そのうちで無が開顕され、またそれにもとづいて無が問われるのでなければならない、そうした現存在の根本的な生起」（GA9, 112）なのである。

先に見たように、不安において、「およそ一切の存在者は重要でない」と感じられる。だが、およそ一切の存在者が重要ではないと感じられるのは、何も不安においてだけではない。そうした気分の一つとして、同書では、退屈についてごく簡単に触れられている。「深い退屈は」、あらゆる存在者を「ある奇妙などうでもよさのなかへと押しやる」のであり、そうして「存在者を全体として開顕する」（GA9, 110）。もちろん、不安と退屈が経験として同じであるとか、存在論的に等価であるとかというわけではない。このことには注意が必要である。とはいえ、退屈も含めた不安以外のさまざまな気分もまた、「私たちを全体としての存在者の前へ導いていく」（GA9, 111）ことは、確かである。[1] 根本気分としての退屈は、一九二九／三〇年冬学期講義の講義録である、『形而上学の根本諸概念』のなかで詳細に論じられる。

(b)「根底において退屈させる空虚」
――『形而上学の根本諸概念』の退屈論

①第一形式の退屈

『形而上学の根本諸概念』では、退屈を分析するにあたり、この気分の現象的な実状が的確に指摘される。それは、「引きとめ（Hingehaltenheit）」と「空虚放置（Leergelassenheit）」である。実際にハイデガーが挙げている三つの退屈の例を参照しながら、確認しよう。

最初に取り上げられるのは、「何かによって退屈させられること」（GA29/30, 138）である。この退屈は、田舎の駅で一日数本しかない電車を逃し、次の電車まで何時間も待つことになって退屈する、という具体例に即して分析される。こんなとき、私たちは辺りをぶらつくなどの暇潰しをする。しかし、暇潰しの合間に時計を見ても、大して時間は経っていない。時間の進みが遅い。私たちは「ぐずつく時間によって引きとめられている」（151）。

退屈なときには、特段やるべきこともなく、時間はなかなか進まない。仕事で忙しいときは、解放されたいなどと思うが、いざ本当に何もしなくてよくなると、途端に落ちつかなくなる。ぐずつく時間を少しでも早く進ませようと、私たちが暇潰しの気晴らしにいそしむのは、何もすることのない空虚な状態から逃れるため、つまり「退屈とともに台頭してくる空虚放置へと落ち込まないため」(152) である。

もちろん、空虚な状態に置かれるといっても、まわりのさまざまな物が消えてなくなるのではない。周囲には、駅、時刻表、街道、並木といった物が確かにある。にもかかわらず空虚な状態にあるのは、さまざまな物が、私たちが期待していること、この場合であれば駅に着いて、しばらくして列車が到着し、目的地へとスムーズに移動する、といったことが提供されないからである。物は、私たちの期待に応えず「言うことを聞かない」(155)。だからこそ、私たちは手持ち無沙汰の奇妙に空虚な状態に置かれる。引きとめや空虚放置と言われる、退屈の現象的な実状は納得がいくものである。

退屈なときに時間の進みが遅くなるのは、この例のように、時間が長いときばかりではない。私たちは、もっと短い時間でも退屈したり、もっと長い時間でも退屈しなかったりする。ドイツ語の「退屈」には、「時間が長くなる」(228f.)、つまり時間の進みが遅くなるという意味があることも指摘される。時間の問題も念頭に置きながら、ハイデガーによる退屈の分析について、さらに見ていこう。

②第二形式の退屈

次にハイデガーは、「……に際して退屈する」(138) という、第二形式の退屈へと論を進めていく。第一形式の退屈よりも、こちらの方がより深い退屈だとされる。

この退屈の例として挙げられるのは、招待されていたパーティに夕方から出かけて行き、そこで時間を過ごすという場面である。「パーティではほぼ慣例通りの食事が出され、食卓を囲んで慣例通りの会話がなされる〔…〕。食事がすめば、一緒にソファに腰掛けて、多分、音楽を聞き、談笑する」(165)。このパーティが、素晴らしいものであるのは間違いない。ところが、である。「帰宅して、夕方に中断しておいた仕事にちょっと目を通し、明日の仕事についておおよその見通しをつけ、目安をつける――するとそのとき気づく、私は、本当は今晩この招待に際してやはり退屈していたのだ、と」(ebd.)。

不思議な退屈である。というのも、「とても楽しかった、にもかかわらず私たちは退屈した」(166)、というのだから。どうしてこんなことになるのか。それは、そこでの「立ち居ふるまいの全体が暇潰しの気晴らし」(170) になっていたから、である。パーティにおいて、「起こっているすべてのことに加わり、一緒にお喋りをする」(177) というのは、「自分を置き去りにして、その場で行われていることにみずからを委ねること」(180) であり、そのとき「私たちの本来の自己は置き去りにされている」(ebd.)。この第二形式の退屈では、空虚がひとりでに形成してくるという仕方で、空虚放置が生じる。パーティのような社交的な場面において、ときに私たちが感じる居心地の悪い感じは、このように自分自身が置き去りにされて空虚になっているから、ではなかろうか。

ここから、この退屈における引きとめも明らかになる。「その場で行われていることのために、一緒にお喋りして過ごす一定の時間をとる」(184)ことで、私たちはその間、自分固有の時間を停止させる。通常、私たちは、パーティでは、その場の雰囲気を壊さないよう、居合わせた人たちと「同じようにする(das Mitmachen)」(183)。第二形式の退屈において問題となるのは、現存在の頽落した共存在(Mitsein)だと考えられる。

私自身の時間が停止させられ、この停止した時間が私を引きとめる。それはしかし、私が他ならぬ私自身として時間的に存在することが、否定的に示されることではないだろうか。もちろん、パーティの席では、その時間がそれ自体として積極的に示されることはない。だが、そうであるならば、自分固有の時間的なあり方は、どんなときに明らかになるのか。それは、最も深い第三形式の退屈においてなのである。

③第三形式の退屈

「何となく退屈だ」、というのが、最も深い退屈とされる第三形式の退屈である。あえて例を挙げれば、「日曜の午後、大都市の通りを歩いて行くときに「何となく退屈だ」」(204)、といったものになる。

こんなとき、私たちには自分自身をも含めて「存在者は〔…〕全体においてどうでもよくなっている」(208)。ここに、第三形式の退屈の空虚放置がある。「何となく退屈だ」という深い退屈のなかで、私たちはもはや何もする気にならない。この退屈のなかでは、ありとあらゆるもの、全体としての存在者が言うことを聞かなくなっているのだから。「第三形式の退屈における空虚放置は、全体において言うことを聞かなくなっている存在者へと、現存在が引き渡されていること」(210)なのである。私たちは、存在者の全体に茫漠と広がる空虚に引きさらわれている。

だが、そうした空虚放置のなかで私たちに告げられていることがある。「何となく退屈だ」という気分においては、すべてがどうでもよく、私たちには何かをするあらゆる可能性が拒絶されている。退屈があまりに深いので、暇潰しをする気にもならない。だが、あらゆる可能性が拒絶されているがゆえに、この退屈のなかで、私のさまざまなふるまいの可能性は、「棚上げにされた」可能性として、拒絶という仕方で告げ知らされていると考えられる。この可能性が、私を引きとめる。これが、第三形式の退屈における引きとめである。

このように、退屈のなかで、ふるまいの可能性が否定的に示されるというのは、いったいいかなる事態であるのか。ここで問題となっている可能性は、具体的に何かをする可能性ではない。そうではなく、「現存在を現存在として根源的に可能にすること」(216)、つまり、私がそもそも現存在として存在するという可能性そのものなのである。それは、時間に即して言えば、私がこの世に生まれ落ち、そして死ぬという、既在と将来にわたる時間、「現存在自身が、全体においてそのつどそれである時間」（221）である。深い退屈のうちで否定的に示される可能性とは、「現存在がみずからを解放することのうちにのみある」、「現存在の自由」（223）だとされる。

同講義では、ここからさらに、そもそも提起されていた、「人間は、自分自身にとって退屈になってしまったのか」（241）という、当時の時代の退屈の気分が論じられる。

この講義当時には、「至るところにさまざまな動揺、危機、破局、窮迫（Not）がある」（243）ことが確認される。しかし、そうした社会的な窮迫に対応してばかりいることで、かえって「現存在という本質的な困却（Bedrängnis）が不在」となっていないか、と問われる。社会的な困窮に対処することこそが、現存在固有のあり方を隠蔽してはいないか、というのである。したがって、ハイデガーは、現存在という本質的な困却の不在こそが、「根底において退屈させる空虚」（ebd.）である、と言うのである。

以上のように、今日の退屈は、現存在であることを隠蔽するものとされる。だが、そうした隠蔽は同時に、現存在の本来性を可能にする瞬間（Augenblick）を、拒絶されたものとして、私たちに告げ知らすことでもある。それゆえ、今日の退屈において求められているのは、「瞬間そのものが現存在の自由の最も内的な必然性として情態的に把握されること」（247）だとされる。退屈の気分は、現存在の自由に関わる。

4　自由と世界形成

(a) 自由の問題と『形而上学の根本諸概念』の動物論

だが、「何となく退屈だ」という気分のうちで、「現存在の自由」が問題になるのはどうしてか。それを明らかにするために、ここではまず、同講義の第二部で行われている、有名な動物論の内容を簡単に見ておこう。

この講義で動物について問われるのは、「(1) 石（物質的な物）は無世界的である」、「(2) 動物は世界に乏しい」、「(3) 人間は世界形成的である」（263）という、世界についての三つのテーゼを比較考察する行程においてである。

世界の根本性格は、まずは「存在者へと近づきうること」（293）とされる。石にはこうした性格がない。それに対して、たとえば蜜を吸うミツバチは、蜜という存在者へ近づきうるのであり、その限りで世界をもつ。とはいえ、ミツバチにとっては、人間のように存在者が存在者として顕わではない。その意味では、ミツバチは世界をもたない。動物は、あくまでかりたてられて衝動的に（triebhaft）ふるまう（benehmen）。動物にとって、存在者は、いわば「朦朧としたとらわれ（Benommenheit）」において開かれている。人間の場合には、存在者は存在者として顕わであり、人間は、みずから存在者にかかわるという仕方で存在する。したがって、世界は、より正確には「存在者としての存在者へ近づきうること」（391）である。存在者に対する人間のかかわり方は、動物のとらわれと区別して、態度をとる（Haltung）ことである。態度をとることは、自己にもとづいてのみ可能である。こうした意味で、人間は世界をもつ。

以上のように、人間は、出会われてくるものにとらわれた動物とは、存在論的に区別される。世界を形成することで、存在者は存在者として顕わとなり、人間は、自己性に基づいて存在者に対して自由に態度をとることができる。世界形成は、現存在の自己や自由に関わる。この自己と自由の問題を、次に『根拠の本質について』に即して検討していこう。

(b) 世界形成としての超越と自由――存在者への転回ふたたび

動物と違い、人間はそもそも自己というあり方をして存在する。このことをハイデガーは、『根拠の本質について』のなかで、「現存在はそれ自身のために実存する（*das Dasein existiert umwillen seiner*）」（GA9, 157）、という命題で表す。それが意味するのは、「現存在は、現存在として自己性によって規定されている」（ebd.）ということである。

これは、しかし、現存在の独我論や利己主義の表明ではない。この命題はむしろ、『存在と時間』第一八節での世界の有意義性における、〈目的であるもの（Worum-willen）〉をあらためて定式化したものである。そこでの議論と同様、「世界は、現存在の〈ために〉のそのつどの全体性として、それ自身によってそれ自身の前にもたらされる」のであり、それは、「現存在の諸可能性を根源的に企投すること」（GA9, 158）だとされる。この「世界企投はつねに、企投される世界を、存在者を越えて超投することである。この先行的な超投が、存在者が存在者として開顕されることを初めて可能にする」（ebd.）。存在者を越えて行われる世界企投とは、「現存在は超越する」ということであり、それはさらに、「現存在はその存在の本質において世界形成的（*weltbildend*）である」と敷衍される。ここで「形成的」というのは、「それ（＝現存在）が世界を生起させ、世界でもって、〔…〕そのつどの現存在自身がそれに属する、明らかとなりうるすべての存在者に対して、先行的な‐像（Vor-bild）として機能する、ある根源的な見え（像（Bild））をみずからに与えるという、幾重もの意味において」（ebd.）言われている。「形成的」のこの説明は、『カント書』での構想力（die Einbildungskraft）の存在論的な解釈と連動していて難解である。とはいえ、世界が、現存在も含めた、およそ可能なあらゆる存在者が存在者として存在するための、先行的な可能性の条件とされていることは読みとれる。

同書でハイデガーは、「世界への乗り越えが自由それ自身である」（GA9, 163）、と言う。現存在が自由に何かを始めるという、「あらゆる自発性の根底にすでに存している自己の自己性は、超越のうちに存する」（164）からである。現存在が自己に基づいて行う行為においては、自由が、行為の「根拠一般の根源」（165）となっている。

こうした、「自由がもつ、根拠への根源的な関係」は、「基づけること」（ebd.）として捉えられ、それは次のような三重性において発現する。すなわち、「〈ために〉の企投」である「創設すること」、企投を行う現存在が、「存在者によって捉えられている」という被投性において、存在者のうちで「地盤を受け取ること」（166）、そして、両者の統一において可能になる、「なぜという問い一般を可能にすること」としての「根拠づけること」（168）である。

この三重性は、次のように解釈できる。すなわち、自己性と結びついた世界を企投することで、現存在は、みずからが存在者として存在していることを見出す。そこから、現存在には、みずからや他の存在者が存在することの根拠について、「なぜ」と問うことが可能になる、と。なぜの問いかけには、しかし、明確な答えは与えられないだろう。およそ存在者は、何ゆえなく存在しているのだから。この三重性が「超越論的拡散」と言い換えられ、この拡散の統一における、「こうした根拠として、自由は、現存在の没-根拠（der *Ab-grund*）である」（GA9, 174）とされるのは、以上のためだと理解できる。

こうしてハイデガーは、みずからの言う自由を、一方でライプニッツの根拠律の根源として提示しつつ、他方では、自由を一種の因果性として捉えたカントに対して、「因果性一般」があくまで「自然の因果性」である以上、「自由と自由であることそれ自身は、その存在様式に関して客体的存在という根本性格のうちへと移動する」（GA31, 191）、と批判する。

とはいえ、こうした伝統的な形而上学の批判は、自由を、それ自身に即して根源的に捉え直す思索から生じている。「なぜ」の問いは、それによって探求される通常の因果や動機の系列をはみ出して、現存在が存在者として存在するという被投的な事実に帰着する。本章の冒頭では、存在問題が自然の事実存在に基づいてしか可能にならないのではないか、とする「形而上学的な存在者論」について述べた。自由の問いもまた、存在者へ向かう。存在問題における存在者への転回は、この後、たとえば『芸術作品の根源』では、作品という存在者の内に「真理がみずからを据える」（GA5, 49）といった仕方で、真理問題として展開されるのである。

注

（1）不安と退屈の違いは、同書では、退屈も含めたさまざまの気分が「私たちを全体としての存在者の前へ導き、私たちに対して、求めている無を隠す」（GA9, 111）、という点に求められる。だがそれは、日常的な現存在が、「もともと何でもなかった」（SZ, 254）として不安の無を隠すのと、基本的には変わらない。これより後、一九三〇年代には、「存在の無化（die Nichtung des Seyns）」（GA65, 483）といった仕方で、無についてあらためて論じられることになる。

12 学長ハイデガーの大学改革構想

『ドイツ大学の自己主張』

轟　孝夫

1 『ドイツ大学の自己主張』の背景

一九三三年一月三〇日にヒトラー内閣が発足した。ナチス政権は三月二三日には全権委任法を成立させ、独裁政治の基盤を固めた。こうしてドイツ社会の各方面で「強制的同質化（Gleichschaltung）」が着々と進められるなか、ハイデガーは四月二一日にフライブルク大学の学長に選出された。前任の学長が就任後わずか数日で辞職したあとを襲ってのことであった。ハイデガーは五月一日にナチスに入党する。そして、五月二七日の学長就任式典で彼が行った演説が『ドイツ大学の自己主張』（以下『自己主張』と略）である。この演説は同年、ブレスラウのコーン社から出版され、翌年には第二版が刊行された。『自己主張』は、今日では『ハイデガー全集』第一六巻に収録されているが、その分量でいうとわずか一〇ページ程度の短いテクストである。

本章では、以下でこの『自己主張』の内容を具体的に分析していく。『自己主張』は、ナチスにより教育界の強制的同質化が推し進められるなか、自身の「存在の問い」に立脚した学問論、またそれに基づいた大学改革の方向性を提示しようとするものである。その意味で、このテクストがハイデガーのナチス文教政策への関わりの実態を示すもっとも基礎的な資料であることはいうまでもない。彼の改革構想は、以下で見るように、一方で大学が民族共同体に根ざしたものであるべきだというナチス運動の要求を積極的に受け止め、高度に専門化した既存の学問の変革を図るとともに、他方でナチズムの人種主義的な民族理念を彼自身の学問概念に基づいた真正な民族理念へと高めていくという二重の姿勢によって特徴づけられるであろう。

2　学問の新たな本質

さて、学長就任演説『ドイツ大学の自己主張』は、すでに述べたように、ハイデガーの学長としての所信を表明するものである。彼は「ドイツ大学の自己主張」を「ドイツ大学の本質への根源的かつ共同的な意志」と規定する（GA16, 108）。そうすると、今度は「ドイツ大学の本質」の内実が明らかにされねばならない。彼によると、ドイツの大学は「われわれにとっては、学問に基づいて、また学問によって、ドイツ民族の運命の指導者かつ守護者を教育し陶冶する高等学府を意味する」（ebd.）。このことからドイツ大学の本質への意志は、まずは「学問への意志」として、また同時に「ドイツ民族の歴史的、精神的課題への意志」として規定される。つまりドイツ大学の本質への意志においては、学問とドイツの運命が同時に規定的なものとならなければならない。ハイデガーによると、このことが達成されるのは、「われわれ――教師と学生――が、一方で学問をそれ自身のもっとも内的な必然性に晒すときであり、また他方で、ドイツの運命をまさにその究極の窮迫において耐え抜くときである」（ebd.）。こうして『自己主張』の議論は、まず「学問の必然性」が何であるかを明らかにし、次いで「ドイツの運命を究極の窮迫において耐え抜く」ことが何を意味するのかを示すという形で展開していくことになる。

ハイデガーはこの「学問の必然性」を以下で規定していく前に、まずそれが何を意味しないかについて語っている。すなわち彼は、単に「新しい学問概念」について語って、「あまりに現代的すぎる学問に対して、その自律性と無前提性を疑ってかかる」だけでは、学問の本質をそのもっとも内的な必然性において経験したとはいえないと指摘する（ebd.）。この「新しい学問概念」は、ナチス学生同盟などによって唱えられていた「政治的学問概念」を指している。これは「価値判断からの自由」という自由主義的な学問理念に反対し、学問が自律的で無前提な営みなどではなく、民族にとって有用なものでなければならないという考え方である（vgl. GA16, 656）。しかし、こうした政治的学問概念も、ハイデガーから見れば、近代的学問の本質を変えるものではなく、自由主義的学問とは単に目的設定が異なるにすぎない。

さて、ここでハイデガーが問うているのは、学問がそもそも存在すべきか否か、また学問が存在すべきであるならば、それはいかなる条件においてなのかということである。彼はこの問いに対して、学問が真に存在しうるのは、「われわれが自分たちの精神的‐歴史的現存在の原初（Anfang）の力のもとに立つときだけである」（GA16, 108）と答えている。そして、その「原初」とは「ギリシア哲学の勃興」である。「哲学において、はじめて全体としての存在者に抗して立ち上がり、存在者をそれがそうであるところの存在者として問い尋ね、把握する」（GA16,

109）。ハイデガーにとって、「原初」とは、まず何よりも「全体としての存在者」に圧倒されつつ、同時にその存在を問うこと、すなわち「存在の問い」の出現として特徴づけられるものであった（vgl. GA35, 49）。そして「あらゆる学問は、哲学のかの原初に結びつけられて」おり、「この原初から、学問はその本質の力を汲み取る」（GA16, 109）。そうだとすれば、結局、学問の本質は「存在の問い」を意味することになる。

ハイデガーはここで、原初における学問、知の本質をより具体的に記述する。彼がその際、参照するのは、アイスキュロスの悲劇『縛られたプロメテウス』のなかで、伝説上、最古の哲学者とされるギリシアの神プロメテウスが語っている「しかし、知は必然よりもはるかに無力である」という言葉である。ハイデガーはまず、この言葉が「事物についてのいかなる知も、あらかじめ運命の圧倒的力に委ねられていて、この圧倒的力の前では無力である」ことを述べていると解釈する。しかし、知は単に無力に甘んじているだけではない。「まさにそれゆえに知は自分に能う限りの反抗を展開せざるをえず、その反抗に対してはじめて存在者の隠蔽性の総力が立ちはだかり、知は実際に無力をさらけ出す。かくしてまさに存在者はその謎めいた揺ぎなさにおいておのれを示し、知におのれの真理を委ね渡す」（ebd.）。以上のことをまとめると、原初の知とは、「運命の圧倒的力に委ねられ」つつ、それをあらわにすること、すなわちおのれの意のままにできない存在者の不変の秩序を明らかにし、そのことにおいて自分の無力を自覚することを意味する。こうしてハイデガーは、ギリシア的学問について次のように総括する。「学問はおのれをつねに隠蔽する全体としての存在者のただなかで、問いつつ耐え抜くことを意味する。このように行為しつつ持ちこたえることは、その際、運命に対するおのれの無力を知っている」（GA16, 110）。

結局、学問がわれわれにとって必然であるということは、「存在の問い」がわれわれにとって必然であることを意味し、したがって、学問の必然性は「存在の問い」の必然性といいかえられる。しかし、今述べられた「原初」は、いずれにせよ二千数百年前のことであり、学問はその後の「進歩」によって大きく変化してしまったのではないか。ハイデガーは『自己主張』で、「後のキリスト教的－神学的世界解釈と近代の数学的－技術的思考は、学問をこうした「原初」から遠ざけてしまった」（ebd.）と述べている。しかしそうだとしても、原初は過去のものとしてすでに克服されてしまったわけではない。むしろ原初は、将来から到来する。「原初は私たちの将来へと侵入してしまっており、原初は私たちに対する、原初の偉大さをふたたび取り戻せという遠くからの指令としてそこに立っている」（ebd.）。そして、「われわれが原初の偉大さを再び取り戻すために、この遠くからの指令に決意して従うときのみ、学問は私たちにとって現存在のもっとも内的な必然性となる」（GA16, 110f.）とハイデガーはいう。

しかし今日ではとにかく、学問をギリシア人と同じような仕方で遂行することは不可能である。全体としての存在者が圧倒的な力として迫り、現存在がそれを運命として耐え抜くといったようなギリシア的な経験は今日ではすでに消滅している。ハイデガーがここでニーチェの「神は死んだ」という言葉を引き合いに出して述べているように、われわれは「存在者のただなかで見捨てられた状態」(GA16, 111) のうちにある。そのとき「ギリシア人が存在者を前に原初的に驚きつつ耐え抜くということは、隠蔽され不確かなもの、すなわち問うに値するものへとまったくむき出しのままで晒されていることへと変化する」(ebd.)。ここで「隠蔽され不確かなもの」、「問うに値するもの」と呼ばれているものは、一九三二年夏学期講義『西洋哲学の原初』では、より明解に「存在」と規定されていた(1)。このことからすると、現代における学問の課題は、存在が隠蔽されており、しかもそれを問うことが不要とされているなかで、あらためて「存在の問い」を問うこととなる。「問うことはこのとき、もはや単に、知としての答えに対する克服可能な前段階ではなく、問うことはそれ自身、知の最高の形態となる。このとき問うことはあらゆる事物の本質的なものの開示という、おのれのもっとも固有な力を発揮する。このとき問うことは、眼差しを不可避のものへと極限にまで単純化することを強いる」(ebd.)。

こうした「問うこと」がより具体的に何を開示するかについては、『自己主張』では次のように述べられている。「このような問いは学問の別個の専門への閉鎖を破壊し、学問を個別化された領野や片隅への際限なく、目的を欠いた分散から連れ戻し、学問を人間的－歴史的現存在のあらゆる世界形成的な力の豊かさと恵みにふたたびじかに晒し出す」(ebd.)。この「世界形成的な力」としてここで具体的に挙げられているのは、「自然、歴史、言語」、「民族、慣習、国家」、「詩作、思索、信仰」、「病、狂気、死」、「法、経済、技術」(ebd.) といったものである。この「世界形成的な力」は、現存在が実存する限り、その世界を構成する要素として現存在を規定するものである。ここで述べられていることを、『存在と時間』などに見られる彼の学問論を念頭に置いて説明すると次のようになる(2)。あらゆる学問はそれぞれ固有の主題をもっている。たとえば自然科学なら自然、歴史学なら歴史、言語学なら言語、医学なら病といったように。この主題事象は学問なしに、また学問的対象化に先だって、すでにそれ自体として存在する。ハイデガーがここで「事物の本質的なもの」として捉えようとしているのは、学問的に対象化される以前のそれら事象のあり方である。

この「世界形成的な力」が、まさに「世界形成的なもの」として、相互に連関しつつ現存在の世界を構成するあり方については、入学式の演説「労働者としてのドイツの学生」(一九三三年一一月二五日) で、より具体的に語られている。「たとえば、自然は民族の空間として、景観や故郷として、地所としてあらわになる」(GA16, 200)。自然は民族の生きる空間、風土である。

こうした自然は、次に見るように技術を規定し、また民族の歴史に独自の形を与えるのである。「自然がより自由に支配すればするほど、真の技術の造形的な力はより堂々と、また抑制的に自然に奉仕するものとなりうる。自然に結びつけられ、それによって担われ、また覆われて、自然によって鼓舞され境界を与えられて、民族の歴史が現実化する。自分の本質に軌道を与え、持続性を確保する戦いにおいて、民族は自己自身を次第に成長していく国家体制のうちで確認する」(GA16, 200f.)。そして、このような民族の現存在を範例的に形態化するのが芸術の意義である。「芸術はただそれが民族の全体的現存在をおのれの本質の型へと取り込むという仕方によってのみ、偉大な様式となる」(GA16, 201)。

今示したように、「世界形成的な力」は相互に連関しつつ「民族の全体的現存在」を構成する。そのようなものとして、個々の「世界形成的な力」の主題化は、そのつど民族の現存在を全体として問題にせざるをえない。このとき学問は、それぞれが関わる事象の主題化を通して、おのずと「民族の世界」に晒し出される。「私たちは全体としての存在者の不確かさのただなかで問いながら、むき出しのままで持ちこたえるという意味での学問の本質を意志するとき、この本質への意志こそ、私たちの民族にもっとも内在的かつ究極的な危険の世界、すなわち民族の真に精神的な世界を創造する」(GA16, 111f.)。ここで目につくのは、ハイデガーの他のテクストではあまり見られない、「精神」という語の積極的な意味での使用である。彼はその「精神」を「存在の本質に対する、根源的に気分づけられた、知的な決意性」と規定する(GA16, 112)。『自己主張』で「存在」という語は、ここではじめて現れているが、精神とはまさにその存在に対して開かれていること、要するに存在理解を指している。

したがって、彼によると「民族の精神的世界」は「民族の大地と血に根ざした能力をもっとも深くから保護する力であり、その力は民族の現存在をもっとも内面から刺激し、もっとも広く揺り動かす力である」(ebd.)。この規定がいわんとするのは、民族の能力は血統や遺伝によって生物学的に決定されるのではなく、むしろ「精神的なもの」、すなわち存在理解に基づいているということである。つまり、学長就任演説における「精神」の強調は、ナチスの人種主義を暗に批判し、民族性の本質を正しく理解させようとする意図をもっている[3]。こうした生物学主義、人種主義に対する批判は、一九三三/三四年冬学期講義『真理の本質について』では、ナチスの御用作家コルベンハイヤーに対する徹底的な論駁という形で、より明確に示されている。ハイデガーは決断、献身、自由、犠牲心といった人間の歴史的存在に属する現象を生物学的機能に還元することを疑問視し、そこでは「献身することや耐え抜くこと、おのれを犠牲にすることにおいて、胃液や生殖体や哺育の機能などとは根本的に異なる存在様式が支配していること」が理解されていないと指摘する（vgl. GA36/37, 210f.）。

さて、以上でとりあえず「学問の本質」が規定された。ここで学問の本質は、各学問の主題となる事象を領域的学問の対象化に先だって経験されているあり方において、すなわち「世界形成的な力」として捉えることとして理解される。それはとりもなおさず、各学問が自身の主題事象の「存在」を問うということを意味する。ハイデガーはこのように学問の本質を規定したのち、大学の教員はこうした学問の本質を意志し、「事物が切迫する近みのうちで」問うときに、指導する力を得ることができると述べている（vgl. GA16, 112）。つまり『自己主張』では、学問の本質への意志は、まずは教員が率先して担うべきものとして位置づけられている。

ところで、「ドイツ大学の本質への意志」は、演説の最初に述べられたことによれば、単に学問の本質を意志するだけでなく、「ドイツの運命をまさにその究極の窮迫において耐え抜くこと」を含んでいた。この「ドイツの運命を耐え抜くこと」は、『自己主張』では、すでに見た「学問の本質」についての議論の次に論じられている。本稿でも節をあらためてその内容を見ていくことにしよう。

3 学生の役割

今も述べたように、学問の本質を意志することがまずは教員に委ねられているのに対して、「ドイツの運命をもちこたえる」という役割は主として学生側に期待されている。「ドイツの運命をその究極の困難において持ちこたえるというドイツ学生団（die deutsche Studentenschaft）の決意性から、大学の本質への意志は発している」（GA16, 112）。それではこの「大学の本質への意志」はどのように成就されるのであろうか。ハイデガーは、ナチス体制下において新たに制定された「学生法（Studentenrecht）」に言及しつつ、次のように述べている。「この意志が真なる意志であるのは、ドイツ学生団が新学生法によって自己の本質の法に服従し、そのことによってこの本質をまずもって確定する限りにおいてである」[4]（GA16, 112f.）。ここで言及されているドイツ学生団は、すでにナチス政権奪取以前からナチス学生同盟の支配のもとに置かれていたが、このドイツ学生団が「新学生法」によってドイツの全大学生を代表する団体として「公認」され、大学の評議会に代表を送る権利が与えられるなど大学自治への参加が認められることになった[5]。

ハイデガーは『自己主張』で、ドイツ学生団の三つの拘束とそれに基づいた三つの奉仕について語っている。彼が最初に挙げているのは「民族共同体への拘束」であるが、これは「民族のあらゆる身分や成員の労苦、希望、能力を、ともに担いまた行動しつつ分かち合うことを義務づける」ものである。この拘束は「労働奉仕（Arbeitsdienst）」によって学生に植えつけられる（GA16, 113）。また二番目の拘束は「他の諸民族のただなかにおける国民の名誉と運命への拘束」であって、「知と能力により裏打ちされ、規律によって引き締められた、献身への徹底した準備態勢を要求する」ものとされている。この拘束は「国防奉仕（Wehrdienst）」として学生に浸透させられる（ebd.）。この労働奉仕と国防奉仕は、ワイマール時代からナチス学生同盟をはじめとする民族主義系学生団体の要求するものであったが、先ほど言及した新学生法によって、大学生の義務として位置づけられた。

さて、ハイデガーは今述べた二つの拘束と並んで、さらにドイツ学生団の第三の拘束として「ドイツ民族の精神的課題への拘束」を挙げている。ここでふたたび、民族が「世界形成的な力」によって構成された「精神的世界」によって基礎づけられていることが確認される。「この民族が自分の運命のもとで活動するのは、民族が自分の歴史を人間的現存在のあらゆる世界形成的な力の圧倒性のあらわさのうちに置き入れ、自分の精神的世界をつねに新たに戦い取ることによってである。このように自分の現存在の究極的な問うに値するものに晒されて、この民族は精神的な民族であることを意志する」（ebd.）。このことから民族は「その指導者と守護者において、もっとも高く広く豊かな知のもっとも厳しい明断さを要求する」（ebd.）。それゆえ大学生は、民族の指導者になるべき存在として、このような知への奉仕を求められる。こうした「知の奉仕」は、単に高級な職業に就くための訓練ではありえない。「政治家や教師、医師や裁判官、牧師や建築士は、民族的－国家的現存在を導き、そうした現存在が人間的存在の世界形成的な力への根本関係を保持するよう見守り、そのうちで現存在を明敏たらしめるがゆえに、こうした職業や職業教育は、知の奉仕に委ねられている」（GA16, 114）。大学に職業教育を期待することは現代でも当たり前のこととなっているが、ハイデガーは職業こそ「民族の精神的世界」を開示する知によって基礎づけられ、それに奉仕すべきだという。つまり「知が職業に奉仕するのではなく、その逆であって、職業が民族の現存在全体に関する民族自身のあの最高の本質的な知を勝ち取り、管理する」（ebd.）。

ハイデガーはこの知をふたたび「存在者の圧倒的力のただなかで、現存在をもっとも激しい危険に晒すこと」と特徴づけている。これは次に述べられているように、「存在」についての知を意味する。「存在一般の問うに値する尊厳（Fragwürdigkeit）は、民族に労働と戦いを強い、職業がそこに属しているおのれの国家へと民族を押しやる」（ebd.）。

ハイデガーは以上の三つの拘束、すなわち「精神的課題のうちでの、国家の運命への、民族による拘束」は、ドイツ的人間にとって等しく根源的であるとし、それゆえこれら三つの拘束に由来する先述の三つの奉仕も等しく必然的であるとする。そしてハイデガーは「共同行為を伴った民族についての知、いざというときの覚悟を伴った国家の運命についての知は、精神的課題についての知とともに、はじめて学問の根源的で完全な本質を生み出す」（ebd.）と述べている。この引用で言及されている「民族についての知」は「民族への拘束」に由来する労働奉仕によって、また「国家の運命についての知」は「国家の運命の拘束」に由来する「国防奉仕」によって培われるものであるとすれば、労働奉仕と国防奉仕は究極的には知への奉仕とともに、学問を民族に根ざしたものにして、学問の本質を完成するものである。まさにこのような学問を、ハイデガーはドイツ大学の本質を「学問に基づいて、また学問によってドイツ民族の運命の指導者と守護者を教育し陶冶する高等学府」として規定するときに念頭に置いている（ebd.）。

4　「学問の本質」に基づいた大学のあるべき姿

　さて、ハイデガーは、今規定したような学問が「ドイツの大学という団体を形成する力」にならなければならないと主張する。彼によるとそのことは、ひとつには教員と学生がこの学問概念によって揺り動かされることを必要とする。また他方では、学問概念が教員と学生が活動する場としての「学部（Fakultät）」と「専門団（Fachschaft）」を規定するものとならなければならない（GA16, 115）。専門団とは専門分野ごとに組織された団体で、学生団の学生は全員、この専門団に所属しなければならなかった。この学部と専門団の刷新について、ハイデガーの述べていることを見ることにしよう。

　まず学部が真に学部であるのは、それが扱う「学問の本質に根ざした、精神的法則設定の能力へと自己展開し、おのれに切迫する現存在の諸力を民族のひとつの精神的世界へと形作っていく」（ebd.）ときだけである。つまりおのれが取り扱う主題事象を、それが民族の精神的世界を形成するという根源的存在において捉えることが、学部で遂行される学問に求められている。なお学部の使命に関する以上の規定に応じて、専門団の課題も「あらかじめこうした精神的な法則設定の領域に身を移し入れて、そのことによって専門の枠を取り払い、皮相な職業訓練という、つまらない偽物を克服する」（ebd.）ことだと規定される。すなわち学生に対しても、学問によって民族の精神的世界に直接おのれを晒し出すことが求められている。

　ここでハイデガーは、ドイツ大学の本質を解明し、展開していくことの困難さについて触れて、それが今学期、来学期には実現できると思ってはならないと釘を刺す。しかし、彼によると、とにかく次の一点だけは明らかである。すなわち、すでに見た学問の本質に即して「ドイツの大学が明確な形態と力を獲得するのは、三つの奉仕——労働奉仕、国防奉仕、そして知の奉仕——が根源的に単一の形成力へと結集するときのみである」（GA16, 115f.）。そして、このことが具体的にどのような事態を意味するかについては、次のように説明される。「教師の本質意志は、学問の本質についての知の単純さと広がりに目覚め、またそうしたものへと強化されねばならない。学生の本質意志は、知の最高の明晰さと規律へとおのれを無理にでも高め、民族とその国家についての共同的な知を、学問の本質のうちに、要求し規定しながら入れ込んでいく必要がある。この二つの意志は相互に闘争するものとならねばならない」(GA16, 116)。まず教員は学生の民族と国家に対する憂慮、また彼らが労働奉仕と国防奉仕を通して獲得した知を受け止め、みずからの知を「民族の精神的世界」の知へと深めていかなければならない。また学生も労働奉仕と国防奉仕によって獲得した知によって教員を刺激しつつ、自分たちもその知を単なるナチスの教義を越えて、民族の精神的課題についての知へと昇華させなければならない。ハイデガーはこのような教師と学生の関係を「闘争」として表現する。

5 『自己主張』の政治的含意

先ほども述べたように、労働奉仕と国防奉仕は、新学生法においてドイツの大学生の義務とされたものである。このドイツ学生団はアーリア人しか入会が許されず、また各大学における焚書の先頭に立つなど、まさに大学におけるナチスの「強制的同質化」の尖兵としての役割を担っていた。ハイデガーは『自己主張』において、一方でこのドイツ学生団の民族的なものへの志向には理解を示し、彼らによる自由主義的な学問に対する批判を大学のなかに取り込み、専門分化した諸学問をふたたび民族の世界に根ざしたものにすることを目指していた。また他方で、彼らを学問によって知的に指導し、人種主義的な民族観から解放することの必要性も認識していた。学生に対するハイデガーのこのような姿勢が、『自己主張』における「精神」や「知の奉仕」の優位の強調に示されている。

もっとも、ハイデガーはナチスの人種主義に対して批判的であったとはいえ、このことは彼がユダヤ人差別から免れていたことを意味するわけではない。彼はそもそも非アーリア人を公職から追放する職業公務員再建法にも、非アーリア人を排除する規定をもつ学生法にも反対していない。このことは、単にハイデガーが同時代の偏見から逃れられなかったことを意味するだけではない。彼にとってユダヤ人問題とは、単なる人種主義的次元の問題ではなく、存在理解、またそれに基づく人間のあり方の問題であった。そのことが明確に表明されているのが、最近刊行され、そこに見られる反ユダヤ主義的言明が侃々諤々の議論を引き起こした「黒ノート」と呼ばれる草稿群である(全集第九四巻〜九六巻)。

たとえば「考察XIV」の一九四一年頃執筆されたメモでは、次のように述べられている。「世界ユダヤ人組織の役割に対する問いは、人種主義の問いではない。人間性の様式に対する形而上学的問いであって、この様式はまったく拘束されることなく、すべての存在者を存在から根こぎにすることを世界史的な「課題」として引き受けるものである」(GA96, 243)。「世界ユダヤ人組織」は、まさにユダヤ人が世界征服を企んでいるという陰謀理論に由来する用語であるが、ハイデガーはその語をある種の人間性のあり方として捉え直し、つまりその語に対して「存在の問い」のレベルでふたたび意味を与え返す。それでは、なぜ「すべての存在者を存在から根こぎにすること」がユダヤ的とされるのであろうか。これはユダヤ教の創造説がキリスト教を通して、存在者が制作されたものであるという「被制作性」としての存在理解を自明化し、そのことによって古代ギリシアの根源的な存在経験（ピュシス）を完全に覆い隠したというハイデガーの「存在史」におけるユダヤ教の評価を背景としている（vgl. GA65, 126f.）。

したがって、ハイデガーがナチスの人種主義を批判していたとしても、それだけで彼が反ユダヤ主義を免れていたといえるわけではない。むしろ彼は、ユダヤ的なものに対する批判は「存在の問い」の水準で遂行されるべきだと主張しており、つまり、彼の反ユダヤ主義は「存在の問い」と切り離せない。「存在の問い」という思索を生み出したハイデガーがたまたま反ユダヤ主義者であった、というのではなく、「存在の問い」がある種のユダヤ的なものへの批判を含意しているのである。そうだとすると、この「存在の問い」をわれわれ自身はどのように受け取るべきであろうか。ハイデガーの「黒ノート」は、われわれにこうした厄介な問いを突きつけているが、彼もこのことを明確に意識して、これを全集版のなかであえて公表したのであろう。こうした彼の立場をどのように受け止めるのかは、読者諸氏に委ねることにしたい。ただハイデガーが「決断」と呼ぶもののうちに、まさにこうした事柄に対する決定が含まれていることは、良し悪しは別として、ハイデガーと取り組むにあたって、今後われわれが避けてとおることはできない事実として認識されなければならない。

注

（1）「人間の実存とともに、存在の問うに値する本質的な威厳が存在する」（GA35, 95）。

（2）ハイデガーの学問論については、『存在と時間』第六九節b、また「学問と省察」（全集第七巻『講演と論文』所収）などを参照されたい。

（3）この点については、ジャック・デリダによる学長就任演説の解釈でも指摘されている（『精神について』港道隆訳、人文書院、一九九〇年、六三頁）。

（4）この新学生法はプロイセンの大学では五月一日に告知式典が行われていたが、フライブルク大学ではその告知は学長就任式典に組み込まれることが、学長名による四月二七日の文書で予告されていた（vgl. GA16, 32）。

（5）田村栄子『若き教養市民層とナチズム』名古屋大学出版会、二〇〇二年、第九章を参照。

13 もっとも無気味なものへの問い

『形而上学入門』と「芸術作品の根源」

小林信之

ハイデガーの思想に伏在しつつ、根底において一貫して思想の運動を衝き動かしてきたものは何だったのだろうか。その問いに少しでも応答するために、ここではとくに「もっとも無気味なもの」という概念に注目したいと思う。

本章の課題は、とりわけハイデガーの『アンティゴネー』解釈において明示的に主題化されたこの概念をひとつのメルクマールとして、一九三〇年代半ばの彼の思索の跡をたどることである。テクストとしては『形而上学入門』(一九三五年夏学期講義)と「芸術作品の根源」(『杣道』所収の講演論文)が主として取りあげられる。

1　中期ハイデガーの哲学的位置づけ

まずこの時期の思想の基本性格を二点のみ確認しておこう。

第一点は、「中期」と呼ばれるこの時期の思想が過渡的だといわれることに関してである。三〇年代半ばのハイデガーは、『存在と時間』(一九二七年)に結実した前期思想と、独自の深化をとげた後期思想の中間段階に位置していたとみなされることが多い。『存在と時間』の、なお「主観主義」の残滓を残した段階から、いっそうラディカルに「存在の歴史」を思惟する立場へと転じる途上にあったというわけである。ハイデガー自身が、『存在と時間』以後の思想的歩みにおけるひとつの道しるべとして『形而上学入門』の名をあげている(1)。さらに本章では、それに加えて、「芸術作品の根源」において示された「作品」概念の決定的な重要性にも触れておきたい。

のちに考察するように『形而上学入門』では、現存在と存在の関係が問われ、しかも現存在に対する存在の優越性が強調されている。そして「現存在の本質は存在の本質から理解されねばならない」とくりかえされるが、この意味でこの講義録は、ひたすら現存在分析のみに終わった『存在と時間』の立場を一歩踏み出したものといえよう。そうした点で『形而上学入門』は、ハイデガーの思惟における「転回」の証しともみなしうる。

しかしながら他方で、この時期のハイデガーは現存在と存在の関係をダイナミックな「闘争」とみており、この点では、存在への静かな応答が現存在にとって本質的だと考える後期思想、たとえば『放下（*Gelassenheit*）』における、現存在と存在の関係性とは対照的である。こうしたことから『形而上学入門』は、現存在の「覚悟した選択」を根底におく『存在と時間』と、（聴従・待つこと・受容を基調とする）後期の諸著作とのあいだの過渡的書物だとされてきたのである。

第二にこのことと連関してハイデガーの「政治的関与」にも触れておかねばならない。一九三五年七月一日付のヤスパース宛書簡で「ここ何ヶ月かでようやく、一九三二／三三年冬学期（講義義務免除の学期）に途絶えた仕事にふたたび取りかかれるようになった」旨の記載があり[2]、この「ふたたび取りかかった」講義が『形而上学入門』であると考えられる。つまりこの時期のハイデガーの講義や著作は、一九三三年から三四年にかけてのフライブルク大学学長時代をへて、現実政治への関与と幻滅を味わった後のものなのである。この意味で『形而上学入門』は一種の政治的刻印を帯びており、ナチス政権とハイデガーの微妙な関係を反映している。

たしかに「ナチズム（Nationalsozialismus）」の語は『形而上学入門』において一箇所出てくるだけ（GA40, 208）[3]であるが、当時の政治へのハイデガーの深い関心を暗示させる箇所は随所に見いだされる。しかもそれは、いわばその当時のナチスが十分革命的ではないとする非難・攻撃であり、「内的」で真の変革のために外的で表面的なそれを批判するという仕方でなされているると解釈できるのである。たとえばナチス政権下における大学制度改革への批判——学問の「浄化」にもかかわらず何も変化していないことの指摘（GA40, 51）——、当時の国語政策が哲学的には大した意味をもたないことへの言及（GA40, 55）、真の教育改革が必要だとする主張（GA40, 57）等々である。こうした記述には、ナチスへの政治的関与とそこからの離脱を経験したのちに到達したハイデガーの境地（現実政治への距離感）を窺うことができよう。そしてここには、哲学と政治のあいだの、単に表層レベルの連関や絡み合いを超えた関係性をみてとることができる。つまりもしもハイデガーの政治思想を主題化して問題にするとすれば、それは単に現実政治に現れたナチズムへの共感と幻滅という次元でなされるべきではなく、むしろいっそうラディカルな次元において、一般的なかたちで哲学と政治との連関を問わねばならないだろうということである。

じっさい学長就任時代の迷いや動揺や挫折を反省したのち、一九三五年のハイデガーは当然ながらいっそう用心深くなっており、『形而上学入門』では、哲学は直接政治に寄与するものではないことが強調されている（GA40, 12）。哲学は現実的な力をおよぼしたり、歴史状況に影響力を発揮したりするのではない。哲学がなしうるのはあくまで、政治の新たな基盤形成と、人間現存在の新たな意味形成に向けて刺激をあたえ、突き動かすことだというのである。こうした思想の延長上においてハイデガーはやがて、テクノロジーや「危険」といった後期思想の諸テーマへと向かっていく。そこでは、アメリカニズムやマルキシズムと並んでナチズムも、テクノロジーのもたらしたデーモン的政治形態のひとつと判定されることになる。

一応以上のような基本性格をふまえると、少なくともこの時期のハイデガーが哲学的・政治的にクリティカルで不安定な状況にあったことがわかる。そして前期思想の学的純化の方向性とも、また後期思想の安定し静けさに満ちた語り口とも異なった独特の緊張感を彼の言葉に感じとることができる。まさにこの時期は、ハイデガーが自ら現実政治に関与し翻弄され迷誤におちいったことで、歴史の根底にある「もっとも無気味なもの」に身を曝した時期だったのではなかろうか。

だとすれば、以上のような中期ハイデガーのテクストを単に過渡的で中途半端な思考の産物とみなすことはできないだろう。むしろ本論ではそれを、今日なお論ずるに価する固有の思想的価値をそなえたものと考えたい。つまりここでは、ハイデガーをめぐって語られ、また彼自身が回顧する物語に従って、いわば表層レベルで三〇年代半ばの思想を評価するのではなく、むしろできるかぎり先入見を排し虚心にテクストに向きあうと同時に、テクストの基底にある無気味なものの正体を見極めたいということである。ソクラテス以前の哲学者、ソフォクレスなどの悲劇作家、ニーチェ、ヘルダーリンといった詩人や思想家たちに対する大胆な解釈を背景に、この時期のハイデガーは、深層において西欧の歴史的現実との緊張関係を保ちながら密度の高い思考を繰り広げ、稀有な哲学テクストの結晶をつくりあげたと考えられる。以下に具体的にそれを吟味していこう。

2　形而上学の問い

そもそも『形而上学入門』ではどのような道がたどられたのだろうか。ハイデガーはこの講義の劈頭で、ライプニッツにはじまる形而上学の根本の問いをかかげる。そもそもなぜ何かが存在していて、むしろ無ではないのか。これがその問いである（第一章）。さまざまに存在している個別的なものを超えて、そもそもそれらが存在していることの根拠に向けて形而上学は問いかける。あるいは、存在しているものそれ自身を全体として丸ごと問いに付しているといってもいいだろう。

ところでこの問いにおいて、「……むしろ無ではないのか」、つまり「一切何も無いのではないのはどうしてか」とことさら付け加えて問われるのはなぜだろうか？　ハイデガーによればそれは、目の前に当たり前にあるものを自明視せず、それが無であり非存在でありうるという可能性を想定したからである。

したがってこの問いは、単に目の前に存在しているものの説明根拠を求めているのではない。諸々の存在するものに埋め尽くされたただなかで、それら存在するものの自明性が失われ、無気味に顔をのぞかせた無に直面して発せられた問いなのである。いわば存在が無から脅かされているという事態のなかで発せられたこの問いは、慣れ親しんだものの領域を離れることを私たちに強いる。つまり諸々の存在するものに囚われた日常的まなざしからすれば、全体としての存在するものそれ自体を問うということは、異常（außer-ordentlich）な問いであるにもかかわらず、私たちは無気味な無の脅威に曝されることで、いわば問わざるをえない窮地に追いこまれる。この意味で「……むしろ無ではないのか」という言葉は、本来の問いへの余計な付加物ではなく、問い自体の本質的な構成分である（GA40, 31）。

このように形而上学の根本の問いは、問う者である私たち現存在の各々に跳ね返って問われる問いであるがゆえに、まさに各自の固有な「決断」を意味する問いでもある。なぜなら無と対峙し、無気味さを見すえながらも、存在するものの方を肯定し、選びとっているということはひとつの「決断」であり、そのような決断の根拠が問われているからである。

したがってハイデガーにとってこの形而上学の問いは、歴史的現実とは無縁な、空虚な問いではなかったことが理解されよう。存在への決断である以上、彼にとってこの問いは、形而上学そのものが帰属している西欧世界の現存在の歴史的運命をどのように位置づけるかという問題と不可分であった。全体としての存在するものそれ自身との関係のなかで、人間的現存在は生起するがゆえに、そうした存在するものを問う形而上学の問いは、歴史的なのである。問いは、問われなかった諸可能性を人間的現存在の将来に開示すると同時に、原初へと結び返し、かくして現在における生起を重く鋭敏なものにする。だから問いは、歴史的な呼びかけであり、生起における決断への呼び出しなのである（GA40, 48）。

さて、このように無の可能性に直面することで呼び覚まされた形而上学の問い、つまり存在するもの一般の根拠に向けられた問いを問うためには、それに先立って、存在するということ自体を主題化し存在概念を限定する必要があるとハイデガーは指摘する。その際ハイデガーが考察の手がかりとするのは、まず存在という言葉であり、その文法と語源である（第二章）。さらに第四章にいたってハイデガーは、存在と対置されてきた四概念、生成・仮象・思考・当為をとりあげる。そのことによってハイデガーは、とりわけピュシスの概念の内に見てとることのできるギリシア的な存在理解の変転を問うわけであるが、ここで重要なのは、そうした存在の問いを一貫する基軸線としての、同一性と差異、共属性と区別という関係である。それはまた同一的・根源的な原初と、そこから派生する分岐との関係ともいいかえることができる。四通りの概念による存在の限定に関する議論は、こうした文脈において見ていく必要があろう。

しかしながらこの関係は、通常理解されるように、プリミティヴな状態において大まかに理解されていた事柄が、その後の文化的進歩と洗練につれてより精密に分節化され差異化されたということではない。むしろハイデガーにとって原初とは特権的な意味を帯びており、具体的には古代ギリシアにおいて芽生えた存在理解を指している。したがって原初からの離脱は、根源的な経験からの逸脱を意味しているわけであるが、他方で同時に重要なのは、差異と区別、ずれや逸脱が、もともとの原初に胚胎していたという点であり、したがってハイデガーの問いにはつねに、なぜ原初から離脱せざるをえなかったかという歴史的運命への問いが含まれているのである。

たとえば、仮象・輝き・現出という三通りの意味をもつ Schein は、隠れから輝き現れ現出するという意味において、原初的なギリシア的存在理解（ピュシス）と共属していたとハイデガーは考える（GA40, 108）。しかしピュシスがひたすら本質的・恒常的な「見相《イデア》」という可能性の内にずれていくにつれて、それに呼応して、覆い隠し見せかける可能性、つまり仮象《ドクサ》の可能性も生まれてくる（GA40, 111f.）。存在と Schein（現出）との根源的な共属性は、存在理解の変転にともなって、存在と仮象という派生的な対立関係へと転じるわけである。

こうした事態は、原初においてヘラクレイトスによって語られた「生成」に関しても同様である。つまり生成は、「つねに他であること」と了解されるようになり、したがって生成の内にあるものは、その時々でさまざまに異なった外観を呈するがゆえに生成とは存在の仮象を意味するにいたるのである。このとき生成と存在の区別が生じる。

以上のように存在概念をめぐって多様な角度から繰り広げられた解釈は、いわば存在の歴史の根底にある無気味さへと一歩一歩近づいていく作業であったとみなすこともできよう。

3　もっとも無気味なもの

ところで、存在に対する限定としてあげられた、生成、仮象、思考、当為のうち、もっとも原初的で基礎的なものは思考（ロゴス）である。それゆえ『形而上学入門』のなかで「存在と思考」を論じた部分はもっとも長く、講義全体の核をなしている。つまり存在と思考との根源的統一性を基盤として、そこから生成、仮象《ドクサ》、（善のイデアに由来する）当為と存在との関係が眺められ、決定的に規定されるといってよいのである（GA40, 203ff.）。いいかえれば、原初においてロゴスであり、さらにはノエイン、テクネーと名ざされた「思考」において問われているのは人間的現存在にほかならず、そのような開示性の場としてのロゴスと、ピュシスとしての存在との根底的な共属性と区別とが問題なのである。

ソフォクレスの『アンティゴネー』に由来する「もっとも無気味なもの」の解釈が登場するのは、まさにこのように両者の関係性を明らかにしようとする場面においてである。つまりこの解釈はいわば、『存在と時間』の現存在分析の一九三〇年代における反復であり、新たに企てられた基礎存在論であるということもできようが、しかしそれが『アンティゴネー』という詩「作品」の解釈によってなされた点が、前期思想からの跳躍という意味で決定的に重要である。

　とはいえまず、詩作品の解釈に先立って、一般にそもそも思考と存在、ロゴスやノエインやテクネーとピュシスとの根源的な共属性とその区別とは、いかなることを意味しているのだろうか。ハイデガーはこの問いに関連して、パルメニデスの有名な命題「思考と存在は同一である」をとりあげる。ただしこの場合、思考とは主観的なものを意味し、存在する一切が観念論的に主観化されると解してはならない。ハイデガーによれば、ここでいう思考すること《ノエイン》とは、聴き知ること、受容すること、聴取を意味しているという。つまりパルメニデスのこの言葉にひそんでいるのは、人間存在の規定なのであるが、ただしそれは、人間の側が存在に介入し関与するということではなく、むしろ逆に、受容的・聴取的に、「（思考としての）人間的現存在のほうが存在に帰属する」ということなのである。したがって人間とは何ものかという問いは、存在と聴取《ノエイン》との本質的・相互的な共属関係によって規定され、答えられねばならない（GA40, 153）。この相互的共属によってはじめて人間は歴史的に生起するのだとハイデガーはいう。

　このように歴史的に生起する人間存在の本質が、パルメニデスの言葉を起点に解釈されたが、しかしこれはなお一般的な指示に留まっている。歴史的な人間存在はつねに、自らの自己性において、具体的に「誰であるか」と問いかけられねばならない。「誰」という歴史的人間存在の一回性と固有性に向けられた問いが初めて、存在という出来事自体への通路を開くことができる。そしてハイデガーによれば、この「誰」という問いを投げかけるものこそ詩作である。ハイデガーがソフォクレスの『アンティゴネー』をとりあげ、その第一スタシモン（合唱歌）を引用して解釈を加えるのも、まさにそのためにほかならない。そして『アンティゴネー』において原初的に語りだされた事柄こそ、同時に、当時ハイデガー自身が歴史的一回性において直面した無気味さの遠い始原であり、だからこそ彼は自ら対決し解釈せざるをえない必然性を感じとったのではなかろうか。

　さしあたりそこでは人間存在が、もっとも無気味なもの（das Unheimlichste）、デイノタトン（*deinotaton*）と呼ばれている。そして大海へと漕ぎだし、大地を鋤き返し、魚や獣を狡知によって捕え、家畜を手なずける人間、言葉と思考を操作し、都市をいとなむ人間が描きだされ、そのような人間の恐ろしさ、無気味さが教訓的に物語られているというように読むことができる。しかしハイデガーは、無気味さを単に人間の所業を形容する語とみなすのではなく、デイノン（無気味なもの）にひそむ本質的な二義性を指摘する。すなわちそれは、第一にピュシス（存在）に対する規定であり、「恐ろしいもの、圧倒的に支配するもの、力の行使と自制をなしうること」を意味している。だが第二にそれは、「力あるもの」としての人間存在を意味するものでもある。人間は、第一の意味におけるピュシスの圧倒的支配に対して、そのただなかにおいて、第二の意味で力をふるう者なのである（GA40, 159）。

もっとも無気味なものとしての人間とは、非家郷的なもの（Unheimisches）の支配のただなかで、力をふるう者として、家郷的なもの、慣れ親しんだものの限界をふみこえる存在である。そのとき私たちは居心地のよさから投げ出される。このように存在の無気味さと、人間の無気味さとが呼応しているということ、このことにハイデガーは着目し、そこに重要な意味を見いだす。圧倒する存在のデイノンの支配するいたるところで、大地や海において、軌道を切り開きつつ、人間は突き進み、侵入し、自分自身もっとも無気味なものとして、家郷から投げ出され、逃げ場を失う。

このことから私たちは、無気味なものという規定が、アレーテイア（隠れなさ）としての真理における否定的契機、すなわち隠蔽性ないし隠れを指示していることに気づく。人間が克服しえず、開示しようとした途端身を退かせていくもの、自らを隠しつつ拒絶する圧倒的な力を秘めたもの、そのような大地の隠蔽性をハイデガーは、存在の生起の根底に見定めている。他方人間はといえば、大地を切り開き、世界の内に家郷を定めようと企てるが、しかし人間自身が現‐存在として、存在の側から規定されている以上、自らの根底にある隠蔽性を免れることはできない。『アンティゴネー』で歌われているとおり人間は、そこから逃げることを許されない拒絶としての死に向きあわざるをえない。人間は存在するかぎり死という隠蔽性の内にある。

何ものかが存在するということへの問いは、人間の現存在という開示された場において、つまり私たちの存在理解において問われねばならないということが、『存在と時間』以来のハイデガーの基準的視点であったといえようが、その際重要なのは、現存在の開示性の基底に、同時に隠蔽性が、そしてその無気味さが支配しているということであった。

ギリシア的にピュシスとして経験された存在（全体としての存在するものそれ自身）と、人間の現存在における世界開示性とのあいだで繰り広げられる闘い、大地と世界、隠蔽性と開示性との相互的対峙そのものが、いわばメタレベルにおいて隠れ《アレー》なさ《ティア》と呼ばれるのである。隠れなさとは、たえず身を退かせる隠蔽性（仮象と拒絶）から、開かれた場を奪取し、確保し、露わにする働きそのものの動性である。それは、私たちの意志的・能動的な働きかけではなく、むしろ存在そのものの動性であり、自らを拒む大地と、そこに自らの場を切り開こうとする世界とがたえずせめぎあう無気味な力の働きあいなのである。

ところで、世界を切り開くべく力をふるう人間の働きと術策はまたテクネーと呼ばれた。ハイデガーはこのテクネーが現代的意味での芸術や技術を意味するのではないことを強調し、むしろそれを「知（Wissen）」と訳す（GA40, 168）。だが、知といってもそれは、いままで知られていなかったものを認識にもたらすといったことではない。テクネーとしての知とは、そのつど眼前にあるものを超えて「見る」こと、そしてその超出によって実現される企投において、存在するものに境界と規定性とをあたえることである。この意味でテクネーとしての知とは、存在するものを作品化する力（Ins-Werk-setzen-können）である。ハイデガーが「芸術作品の根源」において主題化したのは、このような作品化としてのテクネーにほかならない。

力をふるうものとしての人間存在の根本性格をなすテクネーは、自らを隠すピュシスとの相互関係において、つまり両者の相互帰属と闘争とにおいて、自らを打ち立て、作品という場を確保する。そして作品こそが闘いにおけるピュシスの輝き現れを可能にし、そのことで私たちにひとつの存在経験を授ける。

このように古代ギリシアにおいて、根底に無気味な隠蔽性を秘めたピュシスとして経験されていた存在の生起は、しかしながら、本章でもふれたとおり、近世の形而上学の問いにあっては、「なぜ無ではなく何かが存在しているのか」（ライプニッツ）という問いによって定式化される。存在を奪取し露わにする形而上学の思考は、隠蔽性の領土をほとんど無に等しいまでに追いやる。ここで無として、表立って問われることなく、たえず身を隠しつづけるものこそが、じつはもっとも無気味なものとしての存在の隠蔽性の末裔であり、存在忘却の帰結なのである。

だが、二十世紀の『存在と時間』にいたって無気味さとしての隠蔽性は、ふたたび不安の経験として私たちのまえに立ち現れる。不安においては、人間による有意味性のヴェールをひきはがされた、無としての世界が露わとなる。そして『アンティゴネー』を初めとする「作品」への問いのなかで姿を現すにいたった「もっとも無気味なもの」の解釈も、『存在と時間』における不安の分析の延長上にあるといえよう(4)。

このようにハイデガーは、人間と存在の基底にある「無気味なもの」を問う過程で、ソフォクレスの『アンティゴネー』のような詩の言葉と出会ったのであり、また「芸術作品の根源」をめぐる思索やヘルダーリンの詩の解釈も、そのとき始まったのだといえよう。そこでは形而上学とは別の言葉に耳を澄ませ、対話することが求められる。そして同時に、ギリシア的に経験された開示性としてのテクネーが現代においていかに可能であるかが問われる。最後に私たちは、テクネーによってもたらされた作品という意味での芸術作品への問いに触れておきたい。

4　芸術作品への問いと現代

「芸術作品の根源」は、さしあたり『形而上学入門』と同時期の問題圏に属していると考えられるが、しかし『形而上学入門』においてはなお慎重に、留保つきで語られていた事柄が、いっそう大胆に語りだされているように思われる。『アンティゴネー』解釈においてと同様、無気味さを無気味さとして見定め、直接対峙する詩的まなざしが、芸術（Kunst）への問いというかたちで主題化されたからであろう。

存在するもののただなかに軌道を定め、居住空間を切り開き、作品をもたらすテクネーの働きは、人間の所有する能力の発現ではない。人間は、国家、建築、思想、詩など、さまざまに企てられた作品によって、ピュシスの内に侵入し、開かれた場に立つのであり、そのこと自体（決して人間主観の作為に還元されえない）ひとつの歴史的生起である。このようなテクネーのギリシア的・原初的経験の可能性をハイデガーは現代において、謎めいた「芸術」の在りようの内に探求するにいたる。一九三五年以来たびたび講演され、のちに『杣道』に収められた論文「芸術作品の根源」ではまず、有用な道具の製造との対比において、芸術作品の創造の卓抜な可能性が問われる。

身のまわりの生活世界において、私たち人間によって道具的に意味づけられたものにあっては、それらが作られて在るという事実は、それらの存在性格（有用性等々）の内にいわば埋没していて目立ってくることはない。道具がその存在を自己主張せず、スムースに用いられれば用いられるほど、その道具は有用なのである。それに対して作品の場合には、制作されているという事実がことさらに制作された作品の内に移し置かれており、そのように際だって立ち現れた創造の事実を私たちは驚きとともに経験することができる（GA5, 52）。この点にハイデガーは、作品における隠れなさ（アレーテイアとしての真理）の生起を見てとる。すなわち「ここに在る」という単純な事実が、隠れなく露わになっているということ、そうした真理の生起の場こそが作品（エルゴン）なのである。そしてこの作品というひとつの出来事において、すでに見たような世界開示と大地の隠蔽性との闘いが作動している（GA5, 50）。

このとき作品を通じて私たちに示されるのは、開かれた日常世界の慣れ親しんだ親密性の底に、私たちを拒絶し、圧倒的な力をおよぼすもの、無気味で途方もない（un-geheuer）ものが統べているということである。作品が形をなし、ひたすら自立的にたち現れれば現れるほど、そして作品が人間との一切の関係から純粋に解き放たれているようにみえればみえるほど、それだけいっそう端的に「作品が在る」という衝撃が露わとなり、またそれだけいっそう本質的に、無気味で途方もないものが打ち開かれ、これまで馴染み深く思われていたものが打ち棄てられる（GA5, 54）。

慣れ親しんだ私たちの日常にとってこのことは、無気味なものの不意打ちを意味する。作品のうちに輝き現れた衝撃に打たれることで私たちは、作品の生起に聴従すること、そこに現れた隠蔽性を隠蔽性のままに、無気味さを無気味さのままに、見つめつづけること、かくして作品の隠れなさの内に脱自的にそれを放ちいれることを、受け容れるのである。作品とは、輝き現れることがそのまま背後の闇の無気味さと表裏一体であるような開示の場なのである。

「芸術作品の根源」においてハイデガーは、存在するもののただなかに自らを収め入れ、自らを打ち立てることが、真理の本質を成していると指摘する。つまり真理のうちには、それ自身存在するものでありつつ、真理の顕現でもありうるところのもの、すなわち「作品」へと向かう動向（Zug）が存しているというのである（GA5, 50）。

本章冒頭において、『形而上学入門』や「芸術作品の根源」をはじめとする一九三〇年代の思想が、『存在と時間』の立場をつき破って後期思想へと跳躍する過渡的段階にあったことに言及したが、その際決定的な役割を果たしたのがこうした作品概念であったと考えられる。つまり『存在と時間』においては、私たち人間の現存在以外のものは、世界内部で人間の側から意味づけられたもの、たとえば有用な道具の道具性という存在性格を与えられたものにすぎなかったのに対して、「芸術作品の根源」では、隠れなさとしての真理の生起する場所としての作品が、存在する卓越した「物」として主題化されたのである。自らの帰属する世界をとりまとめつつ、その基底を統べる大地の無気味さを開示する作品、たとえば『アンティゴネー』等の詩作品や、ゴッホの靴の絵のような造形作品は、隠れなさとして経験された存在の真理が際立った仕方で生起する「物」であり、それはそのまま後期思想へと連続しているのである。

さて、本章を締めくくるにあたって、ハイデガーの芸術論に対してひとつの問いを投げかけておきたい。ハイデガーは、これまで見たような作品の生起をありありと具体的に記述するために、「芸術作品の根源」のなかで、ギリシア神殿やゴッホの靴の絵をとりあげている。その記述はたしかにギリシア的・原初的テクネーの具体的形象化として、神話的晴朗さに満ちた力強い描写であるといえるかもしれない。しかしながら現代に生きる私たちにとってそうした形象は、なおテクネーの根源的力を喚起しうるものであろうか。いまや私たちは、私たちにとっての「無気味な」現実に、なお目を見開かせてくれるような作品に出会うことができるかどうか、問うてみる必要があるだろう。

ピュシスの制御しえない無気味な力と、人間のテクネーの無気味さをともに露わにする現代の「作品」として、ここで原子力発電所をあげることは唐突だろうか。二〇一一年の福島第一原発の事故のあと、じっさい現代ドイツの芸術家アンゼルム・キーファーは、原発が自分にとっての「パンテオン」だと語り、廃炉になったMülheim-Kärlich原発の建造物を現実に買い取って作品化する構想を発表した（『シュピーゲル』二〇一一年十月三十日号参照）。

この構想は結局実現しえない模様だが、原発施設に向けられたキーファーのアイロニカルなまなざしは、決して奇矯な芸術家の単なる思いつきと考えるべきではなかろう。それはむしろ、現代世界における無気味さそのものの由来と根源に立ち還って問うことを私たちに強いるようなまなざしである。つまり原発の無気味さは、じつはすでに『アンティゴネー』において語りだされたような、初めて火をともした人間の無気味さから一筋に連続している力の帰結ではないのかということである。このことを私たちに静かに問いかけるのが、『アンティゴネー』という詩作品であり、キーファーという芸術家の未完の企てであるということは、ハイデガー以後に思索する者にとってひとつの重要な目くばせではあるまいか。

注

（1）一九五三年に『存在と時間』第七版がマックス・ニーマイヤー書店から出版された際に付された「まえがき」を参照。そこでは、前半のみで途絶えていた『存在と時間』の構想をそのまま継続することが断念されたことが語られていると同時に、「存在への問い」究明のその後の展開に関して『形而上学入門』が指示されている（GA2, VII）。

（2）W・ビーメル、H・ザーナー編『ハイデッガー＝ヤスパース往復書簡 1920–1963』渡邊二郎訳、名古屋大学出版会、一九九四年、二四五頁以下参照。

（3）『形而上学入門』が講義録としては初めて出版されたとき、ナチズムの語が登場する唯一の箇所をめぐって議論がまきおこった。まずその語をふくむ一文を示しておくと、当時流行していた価値哲学を批判する文脈のなかで、つぎのように記されている。「今日とくにナチズムの哲学としてあちこちで提供されているもの、だがこの運動の内的な真理と重大性とは、（つまり惑星としての地球レベルで規定された技術と近代的人間の運動とは）何の関係もないもの、それが「価値」や「全体性」という濁流を漁って、一獲千金をねらっているのである」（GA40, 208）。この文で議論の的となったのは、「内的な真理と重大性」という語で指示されているものが何かという点であった。ハイデガー自身の主張によれば、丸括弧の挿入部分は一九三五年時点の草稿にすでにあったものだとされ、惑星レベルの技術支配の露顕と重大な危険性がそこに含意されているというのであった。しかし丸括弧でくくられた挿入ぬきに、素直に読めば、ナチズムの運動の「内的な真理と重大性」が当時の流行哲学と区別されて肯定されているように読むことができ、そこにハイデガーの、単に表面的なものではない政治的共感がひそんでいると解釈できるのである。『形而上学入門』の該当箇所の草稿自体が失われてしまって断定は不可能であるが、全集版編者のP・イェーガーも述べているように、一九五三年出版時にハイデガーによって付加や修正がなされたことは確かである（GA40, 233f.）。

（4）このようにしてハイデガーは、形而上学が存在忘却（存在の隠蔽）であることを露わにする無の無気味さに直面するとともに、形而上学の立場からはそのこと自体が問題化しえないことを次第に自覚していったと考えられる。やがてハイデガーは『形而上学入門』の立場の限界を語りはじめる。すなわちこの講義の歩みは、存在理解から、つまり人間存在の企投から出発しているがゆえに、いまだ存在経験の受容、聴取にいたらず、立ち往生したままだというのである。この点に関しては一九五三年に『形而上学入門』が出版された際にハイデガーが付した「講義批判」のコメントを参照のこと（GA40, 217ff.）。

14 思索的な詩作を詩作的に思索すること

ヘルダーリン解釈

神尾和寿

1 存在の思索における詩的性格

ハイデガーの思索は、次第に詩的になっていかざるを得なかった。なぜであろうか。

それは、存在者性や最高の存在者ではなく、存在こそが、思索の事柄として思索を促し続けていたからである。問われるべき存在は、あらゆる存在するものから導出される普遍概念でもなく、存在するもの全体を根拠づける最高類でもない。

となると、存在は、何か存在するもののようにそれに関して報告されたり、存在者性のように一般化されたりはしない。人間が、思考して語る主体として客体を思考して語ろうとするかぎり、存在は逃れてしまうばかりである。同時に、そこでは、もっぱら存在するものの整理や操作のためだけに用いられるような語法や論理も、おのずから無効となる。

人間は、対象として間接的に取り扱おうとする態度から脱して、主客関係に先立つ呼応連関にまで立ち戻っていかねばならない。そうして、そのただなかで、思索の事柄である存在からの直接的な呼びかけに対して忠実に応じていくことが肝要となる。存在の思索に特有なこうした困難さゆえに、ハイデガーの思索は、必然的に、詩的性格を帯びているのである。つまり、呼応連関における存在との密な一体感の直接性がそのまま活かされるために、詩的に思索して語る姿勢が、必要とされたのである。

それでは、そうした詩的性格の現れは、具体的には、どのように指摘できるだろうか。大きく、以下の三つの局面を挙げてよいだろう。ちなみに、前二者は、主として、存在の真理の語り方に関わる。一方、後者は、主として、存在の思索のあり方に関わるものである。

さて、一つには、ハイデガー独自の術語である。ただし、そこには、本来、新奇な語を案出する意図はない。むしろ逆に、ときには分節や連結を施しながら、その語の内に潜む原初的な力の出現を促している。ただし、問題は語彙のレベルだけに留まらない。

さらに、二つには、破格の文法から成る叙述である。その種の表現の極限として、たとえば、「物が物化する（Das Ding dingt.）」や「存在が存在する＝それが存在を与える（Es gibt Sein.）」が挙げられよう。こうした表現の根本には、名詞であるはずの「本質（Wesen）」が、動詞として「本質的に現れる（wesen）」の意に転じて働いている。

そして、三つには、詩人との対話を通しての思索の展開である。こうした傾向は、一九三〇年代以降、顕著となっていく。その際、詩人としてはリルケ（一八七五―一九二六年）やトラークル（一八八七―一九一四年）らも含まれるが、格別な対話者として選ばれる詩人は、ヘルダーリン（一七七〇―一八四三年）に他ならない。

ヘルダーリンの詩作品には、若い頃から親しんでいたという（vgl. GA12, 88）。ただし、公の場でのヘルダーリンを主題とした論究となると、一九三四／三五年冬学期講義「ゲルマーニエン／ライン（Germanien/Der Rhein）」を待たねばならない。講義としては、さらに一九四一／四二年冬学期講義の「回想（Andenken）」ならびに一九四二年夏学期講義「イスター（Der Ister）」が続く。また、『ヘルダーリンに寄せて（*Zu Hölderlin*）』と題された全集第七五巻には、ヘルダーリンをめぐる諸々の未発表論文や草稿が収められている。そして、まず何よりも、『ヘルダーリンの詩作の解明（*Erläuterungen zu Hölderlins Dichtung*）』には、一九三六年から六八年にわたる六本の濃密な論考が収められている。[1]

2　ヘルダーリンの卓越性

そもそも、数多の詩人のなかから、なぜにヘルダーリンが選ばれるのだろうか。とりわけヘルダーリンの詩作は、存在の思索に対してどのような仕方で開かれながら存在の思索と共鳴し得るのであろうか。

その事態を明らかにしていくにあたって、ハイデガーが着目するところの、ヘルダーリンの詩作に特有な二つの卓越性が手がかりとなる。そして、その卓越性をめぐる検討は、思索と詩作との対話の意義を確かめていくことにもつながる。

『道標（*Wegmarken*）』所収の「「形而上学とは何か」への後書き（Nachwort zu: »Was ist Metaphysik?«）」（一九四三年）では、「思索者は存在を言う。詩人は聖なるもの（das Heilige）を名づける（nennen）」（GA9, 312）と、述べられている。その実情は次節で見ていくことになるが、これは、ヘルダーリンを念頭に置いての発言であると言ってよい。[2] つまり、「聖なるものを名づける」典型的な詩人であるがゆえに、ヘルダーリンは、存在を思索するハイデガーの対話者に成るべくして成ったのである。

このとき、もちろん、「存在」と「聖なるもの」とは別種の事柄ではない。しかしながら、単純に同一の事柄であるとも言いがたい。両者は、「言う」ならびに「名づける」という各々の応答の仕方の差異も含めて、交叉しつつ重なっている事柄である。そして、そうした連関への洞察自体も、ヘルダーリン解釈の仕事の内に含まれている。

また、『ヘルダーリンの詩作の解明』所収の「ヘルダーリンと詩作の本質（Hölderlin und das Wesen der Dichtung）」（一九三六年）では、他ならぬヘルダーリンこそが対話者として選ばれている理由として、「それは、ヘルダーリンの詩作が、詩作の本質を独自に詩作するという詩人の使命を負っているからである。ヘルダーリンは、われわれにとって、卓越した意味で、**詩人の詩人**である」（GA4, 34）[3]と、述べられている。ここに、存在を思索するにあたって欠かせない、いわば〈思索の本質を思索する〉ハイデガーの姿勢が、対照的に思い起こされてこよう（vgl. GA39, 30）。前節で確認したように、存在という事柄の特有性ゆえに、存在への問いの内には、そのことにふさわしく思索して語るあり方の模索がはらまれているのである。

先に挙げた特有な卓越性も併せて総合的に事態を見れば、次のとおりになる。典型的な詩人として「聖なるものを名づける」ヘルダーリンは、さらに、「詩人の詩人」としてそうした「詩作の本質」の意義までも思索しつつ詩作していくことで、詩人の使命をわがものとする。こうした使命に相似するがごとく、思索者ハイデガーは、「存在を言わ」んとして、思索の本質を詩作的に思索しながら自問を重ねる。ここに、思索と詩作との対話が育つ下地がある。

ただし、この対話を限定する姿勢として、次の二点にも注意をしておきたい。一つには、概念による把握に陥らずに詩作に対して忠実に自ら開かれようと励みながらも、あくまで思索の側から対話が始まる、という点である。二つには、それが「歴史的（geschichtlich）」な対話である、という点である。

「歴史的」とは、「史学的（historisch）」ではない、ということでもある。たしかに、ハイデガーのヘルダーリン解釈に見られる無理や強引さは、ヘルダーリン研究者からしばしば指摘されるところである。しかし、まず優先されるべき積極的な意義は、その対話が存在の思索の歴史にのっとった出来事であるという事実に見出されよう。すなわち、その対話は、存在の「歴史的運命（Geschick）」にふさわしく応答して詩作しつつ思索する原初的な言葉のなかで生じているのである。

3　「聖なるもの」を「名づける」ということ

ハイデガーは、ヘルダーリンの立脚地を、古き神々の「逃亡（Flucht）」と来たるべき神々の「到来（Ankunft）」との「間（Zwischen）」に見定めている。つまり、もはやない、いまだない、といった、「既在性（Gewesenheit）」と「将来（Zukunft）」からの二重の〈ない〉が交差するこの時のただなかに、ヘルダーリンは耐えながら立っているのである。その意味で、たしかに、ヘルダーリンは、「乏しい時代」の詩人と呼ばれるにふさわしい（vgl. GA4, 47）。

そして、ヘルダーリンの場合、こうした状況を自覚的に「窮迫（Not）」として受け止め返すことが、ただちに詩作の活動となる。「名づけ」られるべきものが「名づけ」られていない、という詩作の本質の「窮迫」の極まりをもって、そこから、果たされていない詩人の使命が真に切実なるものとして転じて現れてくるのである。ただし、それは、逃亡した古き神々をいたずらに憧憬してその復活を願うものではない。

「既在性」へも「将来」へも〈ない〉というあり方に応じて思いを馳せつつ、いわば神の場を今、ここに耕しながら、「到来」を準備する。かくして、悲歌「帰郷／近親者たちへ（Heimkunft/An die Verwandten）」に見られる詩句「われわれは　しばしば沈黙しないわけにはいかない、聖なる名称が欠けているのだ」の「欠如（Fehlen）」は、むしろ必然的に詩作が開始する原動力として積極的に働いていると、ハイデガーは指摘している（vgl. GA4, 27f.）。すなわち、歴史的に課せられている「沈黙」への沈潜を経て、初めて詠われるべきことが決せられるのである。

さて、そこで「名づけら」れるべき「聖なるもの」は、神という尺度の内に収まらない事柄である。逆に、神々を超えている豊かな「聖なるもの」という事柄に触れてこそ、神々は神々であることを自覚し得て、神々である。つまり、「聖なるもの」にて、神々は神々となると言える（vgl. GA4, 123）。このような連関をふまえて、一九三四／三五年冬学期講義では、「詩人は、詩作のなかで言われるべき存在《あり》（Seyn）を、つまり、まず神々の存在《あり》を予示している」（GA39, 192）、また、「詩人は、存在《あり》の創建者（Stifter）である」（GA39, 214）と、ハイデガーは捉えている。神が神であるためには、「聖なるものを名づける」詩人が必要とされているのである。

このように、思索する詩作における「聖なるもの」は、詩作する思索との対話を通して、存在として映し出される。それは、翻って、神々の存在を創建する詩人自身の存在でもあり、この連関にのっとって、総じて存在するものの存在である。

そして、そのようにして存在の真理のひとつの決定的な現れである「聖なるもの」の源は、プラトン以来の形而上学に先立つギリシアに求められる。たとえば、『ヘルダーリンの詩作の解明』所収の「「あたかも祭りの日に……」（»Wie wenn am Feiertage...«）」（一九三九年）では、そうした「聖なるもの」に通じている「自然（*physis*）」が語られている（vgl. GA4, 56ff.）。また、一九四二年夏学期講義では、ヘルダーリンが翻訳を試みたソフォクレス（前四九六頃―四〇六年）作『アンティゴネー（*Antigone*）』に見られる「炉（*hestia*）」が、存在するものの真の家郷である存在として論究されている（vgl. GA53, 130ff.）。

さて、それでは「名づける」ということであるが、「「名づける」」とは、その名づけられるものを詩的な語のなかでその本質へと呼ぶことであり、この本質を詩的な語として基礎づけることである」（GA53, 24）と、ハイデガーは一九四二年夏学期講義で述べている。

ただし、それは、主体たる詩人が主導的に客体たる「聖なるもの」を取り扱う行為ではない。むしろ、詩作は、受動的にして自発的な態度をもってなされる。二重の〈ない〉という仕方で神々から受ける「合図（Wink）」に対して、詩人自らが発する忠実な応答が、神々の「到来」を準備するために「聖なるものを名づける」という活動として結実する。

この「合図」は、さらに、讃歌「回想」を主題とした一九四一／四二年冬学期講義（vgl. GA52, 70）や『ヘルダーリンの詩作の解明』所収の「「回想」（»Andenken«）」（一九四三年）（vgl. GA4, 105）では、「言伝て（Gruß）」の贈答のなかで大きく展開されている。

根本において、二重の〈ない〉という状況から、「聖なるもの」が「言伝て」を送る。そこで、「聖なるものを名づける」という仕方で、詩人は、その送られた「言伝て」を受け止め返す。こうした応答にのっとって、神々も人間たちも「言伝て」されたものとなり、両者は、各々「言伝て」されたものとして「言伝て」を交わし合う。このような広がりをはらむ「聖なるもの」が詩人によって「名づけら」れる、そこでこそ、神々は人間たちに相対しつつ神々となり、人間たちもまた相互的に同様の仕方で人間たちとなるのである。

4　「半神」としての詩人

ヘルダーリンの詩作品では、「言伝て」を受け止め返す詩人の姿が、しばしば「半神（Halbgott）」として詠われている。「聖なるものを名づける」という典型的な詩人の仕事を全うするにあたって、必然的な自己理解が詩的になされていると言えよう。また、それが、詩人の使命を思索を通して自覚しつつ詩作する「詩人の詩人」として、ハイデガーがヘルダーリンにこそ注目する理由でもある。

詩人は、神々以下にして、「死すべき者たち（die Sterblichen）」である人間たち以上である者として、両者の「間」に位置するがゆえに、「半神」と呼ばれるにふさわしい（vgl. GA39, 165ff.）。言い換えれば、詩人は、神々に対しても人間たち（「民衆（Volk）」）に対しても、一線を画していると同時に、通じてもいる。そして、「名づける」という仕方で「聖なるもの」に応答しながら、神々と人間たちとの正しい出会いの場を準備する。真の出会いとは、神々も人間たちも、互いに異なるものとして相対しながら、各々が固有なそれ自身となることである。

このような出会いを、ハイデガーは、ヘルダーリンの多くの詩作品に見られる詩語である「祝祭（Fest）」や「婚礼（Brautfest）」や「祭りの日々（Feiertage）」から読みとっている。

たとえば、一九四一／四二年冬学期講義では、「ところで、「祝祭」とは、ヘルダーリンにとって本質的に、「人間たちと神々と」が祝う婚礼なのである」（GA52, 69）、また、「「祝祭」とは、人間たちと神々とが各々の本質根底から互いに迎え合って――出会うことである」（GA52, 77）、また、「性起の出来事（Ereignis）が、祝祭の祝祭たることである。〔…〕祝祭を根拠づける祝祭たることが、聖なるものである」（GA52, 77）と、述べられている。そして、こうした「祝祭」の訪れの準備に努める期間が、「祭りの日々」とされる。

また、『ヘルダーリンの詩作の解明』所収の、讃歌「ギリシア（Griechenland）」第三稿[4]を主題とした「ヘルダーリンの大地と天空（Hölderlins Erde und Himmel）」（一九五九年）では、さらに、人間たちの家郷たる「大地（Erde）」と神々の家郷たる「天空（Himmel）」という要素も組み込まれて、「祝祭」がよりダイナミックに語られている。すなわち、「婚礼（Hochzeit）は、大地と天空、人間と神々の親密さ（Innigkeit）の全体である。それは、無‐限なる関わり合いの祝祭であり祭りである」（GA4, 173）、また、「鳴り響いているのは、天空、大地、人間、神という四つの声である。これら四つの声のなかに、歴史的運命は、全体の無限なる関わり合いを集める。〔…〕この四者は、無‐限に相互に支え合い、無‐限なる関わり合いからして、それらであるところのものであり、この全体自身である」（GA4, 170）と、述べられている。ちなみに、時期的に当然のことなのであるが、この講演では、「四方界（Geviert）」という術語が明確に用いられている。さらに、その「四方界」が自ら退き隠れることで偽装されている配置態として、「総‐かり立て体制（Ge-stell）」も論究されている（vgl. GA4, 153, 176ff.）。

主題とする詩作品や解釈の時期によって表現やニュアンスに多少の相違はあれど、いずれにしても、「人間たち」と「神々」の両者が、さらに「大地」と「天空」も重ねての四者がそこで「親密さ」をもって交わり関わり合うところの、その無限なる「中央（Mitte）」こそが、「聖なるもの」である。

ただし、その「親密さ」は、互いに異なるもの同士として各々が独自のものである、という仕方によるものである。そして、もちろん、「聖なるもの」は、自動的に出現するわけではない。あくまで、「祝祭」を準備する詩人によって「名づけられる他にない。このようにして、ましてや「乏しき時代」であるからこそ、神々と人間たちとの間で両者を指し示す詩人という「徴（Zeichen）」が、請われているのである（vgl. GA4, 97）。

5　河の「流れ」を詠うこと

ヘルダーリン解釈では、詩人の位置や活動が、「間」をもってよく特徴づけられている。

神々がもはやない、いまだない、といった二重の〈ない〉の「間」のただなかで、神々と人間たちとの「間」にいる詩人は働く。さらに、「根源（Ursprung）」や「家郷（Heimat）」という観点からも、その喪失と保持との「間」である途上にあり、また、「固有なるもの（das Eigene）」と「異郷なるもの（das Fremde）」との「間」を旅する者でもある。もちろん、これらの「間」は別個のものではなく、すべてが互いに連関し合っている。

ヘルダーリンは、こうした詩人の詩作の営みを、総合的に河の「流れ（Strom）」に託して詠っている。そこで、その種の代表的な詩作品としては、讃歌「ライン」と讃歌「イスター」が挙げられる。ギリシアが思い抱かれる東方の水源から勢いよく去り行くライン河に対して、その水源との別離を躊躇するがごとき水路を辿るドナウ河の上流、すなわちイスター河ではあるが、「両者は、それらの本質の相違と連関性とにおいて詩作されている。ゆえに、イスター讃歌のなかでライン河が名指されるのは、偶然ではない」（GA53, 174）と、ハイデガーは解釈している。ライン河は「根源」を決して忘れることなく流れ、イスター河は「根源」に遡るかのように流れる。いずれにせよ、「流れ」には、先述のさまざまな「間」であるがゆえに生じる「対向性（Widerwendigkeit）」が秘められている。

讃歌「ゲルマーニエン」とともに「ライン」を主題とした一九三四／三五年冬学期講義では、「根源」から「発源する（entspringen）」という事態をめぐって、神々と人間たちと、その両者の「間」である詩人の各自のあり方が論究されている。神々は、「根源」の「運命」を「聞き届ける」という仕方で、「発源する」ままに「根源」に任せる。一方、人間たちは、「根源」の「運命」を「聞き逃す」という仕方で、「根源」を忘れて、もっぱら「発源したもの（das Entsprungene）」にのみ固執する（vgl. GA39, 200）。

そして、「純粋に発源したもの（das Reinentsprungene）」と称される詩人は、「根源の全体の本質は、それが発源するということにおいて縛《いまし》められている根源である」（GA39, 202）という、すなわち、「全体の流れの水路自身が、根源に属する」（GA39, 202）という「根源」の「運命」を「耐えつつ聴い」て、その「運命」を語にもたらす。つまり、「根源」から発源してしまっている、という歴然たる「運命」を自覚的に担い続けることで、詩人は「根源」への近さに回帰してそこに留まろうとするのである。さらに、人間たちのもとに届けられるそうした詩作が彼らに正しく受け取られることによって、民衆は、思索と詩作のドイツ「民族（Volk）」となり得る。

「イスター」を主題とした一九四二年夏学期講義では、アンティゴネーの解釈――存在としての「炉」への帰属をもって家郷で休らうようになるがゆえに、存在するものの内部ではもっとも家郷で休らいでいない者である（vgl. GA53, 129, 133）――を経由して、イスター河の「流れ」が、「家郷」をめぐるものとして論究される。真に家郷で休らうようになるには、異郷へと旅立って、「異郷なるもの」から「固有なるもの」を学んで我がものとして自覚しなければならない（vgl. GA53, 156）。

ハイデガーは、ヘルダーリンの書簡(5)から、ギリシア人にとって「固有なるもの」は「天の火」であり、ドイツ人にとって「固有なるもの」は「叙述の明晰さ」であると、読みとっている（vgl. GA53, 168f.）。「天の火」は、詩作されるべく、水源から流出する。一方、ドイツの詩人ヘルダーリンは、「異郷なるもの」である「天の火」を、すなわち、西洋の歴史の「原初（Anfang）」である存在の真理としての「聖なるもの」を、詩作されるべき事柄とすることで、真に詩人となる（vgl. GA53, 172f.）。それはまた、存在を「創建する」詩人として、存在するものが存在する地上で、「根源」からの「遠さ」が「遠さ」とされることでその本性からして「根源」に近しくありながら、休らうようになるということでもある。

「イスター」で詠われている逆流するかのような河の「流れ」に、ハイデガーは、このような詩人の精神を重ね合わせているのである。

6　ヘルダーリン解釈から読みとれること

ヘルダーリン解釈は、存在という事柄に誘われて、思索的な詩作を詩作的に思索し直す営みであると言える。そして、その解釈からは、ハイデガーの後期思想をめぐって、具体的にはとりわけ「性起の出来事」や「四方界」の思想をめぐって、その形成の過程を見たり、その理解の手がかりを得たりすることができる。

ヘルダーリンを主題とした初めての論究が一九三四／三五年冬学期講義であることに、注目してよい。すなわち、いわゆる「転回（Kehre）」期を迎えんとする時期である。「性起から〔性起について〕（Vom Ereignis）」との副題を持つ覚え書き『哲学への寄与論稿（*Beiträge zur Philosophie*）』であるが、この覚え書きを構成するさまざまな重要なモチーフが、ヘルダーリン解釈から読みとれる。

とくに、「最後の神（der letzte Gott）」をめぐっては、多くの示唆が得られることだろう。

神学での思考法に基づいて人間に対して因果関係に立つキリスト教的な神は、たしかに否定されている。イエス・キリストも、結局のところ、逃亡した神々の内の一つに数えられる。かつてそれらのあらゆる神々がそこから出現し、今やそこへと逃亡してしまっているところの〈そこ〉が、ヘルダーリン解釈のなかで、「聖なるもの」かつ〈存在の真理の現れ〉として確かめられながら、将来に向けて展望されていると言えよう。この〈かつ〉が、思索と詩作との対話を通して鍛えられる。そして、「最後の神」とは、〈そこ〉に或る特別な仕方で決定的に関わるものであるに違いない。

また、「四方界」に関しては、「祝祭」の解釈が豊かである一九四一／四二年冬学期講義や『ヘルダーリンの詩作の解明』所収の「「回想」」や「ヘルダーリンの大地と天空」などから、とりわけ得るものが多い。前二者からは、その思想が熟していく過程を、また、後者からは、その思想の錬成を知ることになる。

ただし、思想理解のために利用しようと、ヘルダーリン解釈からもっぱら役に立つ諸概念を獲得しようとするのでは、思索と詩作との対話という開かれた冒険の意義を損ないかねない。その意味では、ヘルダーリン解釈の試みは、「存在を言う」という元来の思索の使命に繰り返し帰されて問われるべきであろう。

ところで、ヘルダーリン解釈に対しては、圧倒されながらも、その一方で、われわれにとって何らかの異質感が残ってしまうということはないだろうか。すなわち、それは、日本語での思索に伝統的に根ざしつつハイデガーのテクストに関わるわれわれにとっての、異質感であろう。

ハイデガーにおいて起こった思索と詩作との対話は、たしかに西洋における存在の「歴史的運命」としての出来事である。そして、だからこそ、その「根源」を思いながらの西洋への自問は、西洋の枠内に収められて閉ざされたりはしない。それは、真に西洋自身から発せられているという点で、おのずから開かれた問いになっている。ハイデガー研究が、単なるその復唱に留まらず、われわれ自身の主体的な思索ともなり得るためには、われわれが抱かざるを得ない異質感こそが貴重であろう[6]。そうした問題意識は、ハイデガーの思索を棄却するどころか、むしろ逆に、ハイデガー自身とともに「存在を言う」思索の言葉のあり方の根本によりラディカルに迫ることになる。その際、たとえば、『言葉への途上（*Unterwegs zur Sprache*）』所収の「言葉についての対話――日本人と問う人との間での（Aus einem Gespräch von der Sprache – Zwischen einem Japaner und einem Fragenden）」[7]（一九五四年）は、ひとつの大きな示唆を与えてくれよう。

注

（1）初版（一九四四年）では、「「帰郷／近親者たちへ」（»Heimkunft/An die Verwandten«）」（一九四三年）と「ヘルダーリンと詩作の本質」の二本の論考だけが収められていた。第二版（一九五一年）で、「「あたかも祭りの日に……」」と「「回想」」が増補され、さらに、第四版（一九七一年）で、「ヘルダーリンの大地と天空」と「詩（das Gedicht）」（一九六八年）が増補された。

（2）ちなみに、引用箇所の次の段落では、ヘルダーリンの讃歌「パトモス（Patmos）」から詩句が引かれている。また、あくまで付帯的な事実にすぎないが、第一節で述べたように、前々年と前年の講義では連続してヘルダーリンの詩作の究明が試みられており、前年に催された講演「「帰郷／近親者たちへ」」が同年に公刊されていることも、報告できる。

（3） 引用文中のゴシック体での強調箇所は、原著では、字間を空けて強調されている。

（4） ただし、ハイデガーが解釈するにあたって、肝心な詩句が第二稿から挿入されている。

（5） 一八〇一年十二月四日の、友人カシミール・ウールリヒ・ベーレンドルフ宛ての手紙。手塚富雄編『ヘルダーリン全集4 論文／書簡』志波一富訳、河出書房新社、一九八三年、四六三頁以下。

（6） 本稿の課題を超える話題ともなるので、大きな方向性だけを示しておきたい。
　たとえば、〈存在は無として本質的に現れる〉とは、ハイデガーが繰り返し指示するところである。すなわち、存在するものではなく〈無〉でありながらも、無とただちに同一の事柄ではなく、あくまで〈無として〉でもある。ここに、われわれは、親和的な対話の可能性とともに、対決の必要性も見出すのではないだろうか。

（7） 入手しやすい本テクストの邦訳書として、ハイデガー『言葉についての対話』高田珠樹訳、平凡社ライブラリー、二〇〇〇年、がある。

15 ニーチェとユンガー

ニヒリズムと形而上学の超克をめぐって

山本與志隆

1 形而上学とニヒリズム

一九三〇年代から四〇年代にかけて、ハイデガーはニーチェの読解に精力的に取り組んだ。そして、その過程でなされた講義内容は一九六一年に著書『ニーチェI・II』として公刊される。その意味で、この時期以降のハイデガーの思惟の展開にとって、ニーチェが重要な参照軸であったことは言を俟たない。

ハイデガーがニーチェとの対決の内に求めたものは、ニヒリズム（およびその根源としての形而上学）の超克であった。その過程でハイデガーは、ニーチェの思想を独自の視点で捉え直す、E・ユンガー[1]に触れることとなる。ハイデガー自らが語るように[2]、自身がその後展開する技術論の根本語をなす「総かり立て体制（Gestell）」は、ユンガーの「総動員（die Totale Mobilmachung）」から示唆を得たものであった。そして、明確にニーチェの思想を継承、展開しようとするユンガーと、ニーチェとの批判的対決に臨むハイデガーとの間には、きわめて深い思惟の交錯を認めることができる。つまり、ニーチェの思想を軸としてハイデガーとユンガーが、互いの思惟を照らし合うという可能性が存すると考えられる。

本章ではこうした経緯を踏まえたうえで、ニーチェとハイデガー、そしてユンガーの思惟の連関を垣間見ておきたい。その際、中心的な主題をなすのは、まさにニーチェがその思惟の根本に据えたニヒリズムと、その根源としての形而上学の根本動向、さらにそれを超克する道をめぐるおのおのの思惟のなかでの、「力への意志」と「等しきものの永遠回帰」の位置づけである。また、ニヒリズムの「終わり（Ende）」の把握の仕方の相違が両者の思惟のあり方を際立たせることになる。

2 ニーチェと形而上学の超克

「ヨーロッパで最初のニヒリスト」として、ニーチェは、今後二〇〇年のヨーロッパの歴史を語ると告げていた。つまりニーチェの見立てによれば、十九世紀末から現代の二十一世紀にわたる長い期間がニヒリズムの歴史に丸々収まることになる。

しかし、このニヒリズムは、西洋の歴史のなかで十九世紀になって唐突に出現したわけではない。それまでのヨーロッパの思惟の伝統、すなわち古代ギリシアに始まる「形而上学」としての「哲学」の歴史的経緯のなかで、そしてキリスト教の信仰を通じて、一貫して準備されてきた事柄が、十九世紀以降の「神の死」とともに表立ってきたということである。そこにおいては「目的」・「統一」・「存在」が欠けていると言われていた(3)。これは、ニーチェが生きていた当時の人々が直面した価値喪失の状況を言い表したものであろう。

さらにニーチェは、こうした状況下で「永遠回帰」の思想を語ることによって、われわれ自身の生の無価値性、無意味性を自覚せしめる。こうした自己の生に対する絶対的否定性を契機とする、意味や価値の「無」の経験としてニヒリズムは現象してくると考えられる。この点に関して、ハイデガーも「等しきものの永遠回帰」というニーチェの教説を、「プラトン的‐キリスト教的な思考方法と、近代におけるその影響と退化とに対する苛烈な対決から生まれてきたもの」（GA44, 4）と把握している。そしてこの思考方法は、同時に西洋的思惟一般とその歴史の根本特徴と、ニーチェによって見なされている、と言う（ebd.）。

したがって「ニヒリズムの超克」のためには、その根源となる形而上学に対する根本的な態度変更が求められる。こうした要求に対して、ニーチェ自身は「力への意志」の思惟をもって、形而上学そのものの転倒を目指すこととなる。

しかし、ニーチェによるこのような形而上学の超克の途は、「転倒されたプラトニズム」であると、ハイデガーは規定する。その上で、この転倒をもってニーチェ自身がどのようなことを思惟していたかを問いながら、次のように言う。

> この転倒の必然性、つまりそれがニヒリズム（の根本からの）超克の課題によって要求されたものであることをニーチェが把握すればするほど、このこと〔プラトニズムの転倒のもたらす意味〕の明白さは増してくる。（GA43, 250）

通常の哲学史的な理解に従えば、プラトンにとっては超感性的なものが「真なる世界」であり、「規範を与えるもの」として「上位」に置かれるのに対して、感性的なものは「見せかけの世界」として「下位」に置かれるとされる。したがって、形式的にはニーチェによる「転倒」によって、超感性的なものと感性的なものとの位置が逆転され、「感性的なもの、見せかけの世界が上位に、そして超感性的なもの、真の世界が下位に来ることになる」（ebd.）。しかし、この転倒によって生じた感性的なものの「上位」にあることが、「感性的なものが真なるものであり、本来的なものである」ということを意味するだけと理解されるなら、「上位」と「下位」に位置するものが異なるだけで、「上位と下位の空虚な定立」は残る。そしてハイデガーによれば、「この上位と下位とが残る限り、まさにプラトニズムの本質的なるものが残る」(ebd.)ということになる。したがって、ニーチェによるこの「転倒」によっては、ニヒリズムの超克としてそれが果たすべきこと、すなわちプラトニズムの超克、形而上学の超克は決して成就されない、とハイデガーは評価する。

このように、ニーチェの試みを否定的に評価するハイデガーも、「形而上学」の超克を企図していた。ニーチェの「転倒」の試みを受けて、ハイデガーは次のように言う。すなわち、「上位」としての「真なるものにして希求されるべきもの」という設定そのものが排除され、「理想(das Ideal)」としての真なる世界そのものが除去されて、「真なる世界」と「見せかけの世界」がともに崩壊するときに、初めてプラトニズムは超克され、哲学的思惟一般がプラトニズムから転回脱出するような形で転倒されるのである(GA43, 251)。

ここでハイデガーが、「真なるものにして希求されるべきもの」という設定の排除ということで思惟しているのは、もはや「理想」としての「真なるもの」を希求しようとする「力への意志」が捨て去られたあり方として、後に「放下した平静さ(Gelassenheit)」と語り出される事柄である。この放下した平静さへと思惟が移行するとき、「真なるもの」を希求する意志によって動かされてきた形而上学そのものが「終わり」に至ることになる。プラトニズムの歴史についてのニーチェによる描写を顧みた後、「超人の対蹠者は末人である。私は前者と共に後者をも創造した」というニーチェの言葉を引用して、ハイデガーは「これはすなわち、終わりとは新しい原初(Anfang)があってはじめて終わりとして可視的になる、ということを言おうとしている」(GA43, 259)と解釈している。「原初」という語によって、ここで語られることが、同時期に書かれた『哲学への寄与論稿』での、これまでの「形而上学」の「(第一の)原初」に対する、「別なる原初(der andere Anfang)」と同じ思惟の圏域に属することが示唆されている。実際、『ニーチェI』で、「転倒したプラトニズム」に触れられる箇所では、「ニーチェの形而上学的思惟」はその「原初」に還帰することによって、円環は閉じるが、そこで働くのは、すでに固定した「原初」である限り、それ自身の硬直に絡め取られて、もはや主導的問いを問うどのような可能性ももたないとされて、「形而上学は、すなわち〔存在者とは何であるかという〕主導的問いを取り上げることは終わりを迎えた」と言われている(GA6-1, 421)。そして、それに続けて、次のように言われる。

西洋の形而上学におけるニーチェの根本の立場はその終わ

り（Ende）であるので、ニーチェの根本の立場は別なる原初にとって（für den anderen Anfang）、その最も固有の根源性において始まるものとしての第一の原初に対して、その別なる原初が問いつつ対立する場合にのみ、対向的立場となりうるのである。（GA6–1, 422）

またさらに、『ニーチェⅡ』の第四部冒頭において「等しきものの永遠回帰と力への意志との連関を規定する」ための手順として、「1．等しきものの永遠回帰の思想は、力への意志の根本思想を形而上学史的に先行して、すなわち力への意志の根本思想の完成にいたるまで思惟する。2．両方の思想は形而上学的、近代的、終末史的（endgeschichtlich）に同じことを思惟している。……」と言われているが、この「終末史的」の部分に、全集版においては『杣道』への指示が書き込まれている。この指示によって参照されるのは「アナクシマンドロスの箴言」であるが、そこでは「終末論」についての、ハイデガー自身の解釈が与えられる。[4]

ここで語られる「夕べの－国（Abend-land）」の「最も初期のもの」が、「西洋の思惟のなかで最も古い」（GA5, 321）アナクシマンドロスの思惟であるのに対して、「最も後のもの」は言うまでもなく、ニーチェの思惟である。したがって、問題とされているのは、存在者の生成と存在の必然に関するアナクシマンドロスの箴言によって「夕べの－国」、すなわち西洋の最初期の存在の思惟が開かれ、それが「最極端のもの」、「最も後のもの」として「終末」に位置するニーチェの思惟、さらには現代におけるわれわれの思惟をも規定している、という「存在の終末論」である。しかも、このことが「等しきものの永遠回帰」の連関の内で語られている。つまり、最初期のアナクシマンドロスによって開かれた思惟は、それをプラトニズムとして把握したうえで、転倒させようとする、最後のものとしてのニーチェの思惟をも規定し、等しきものとして回帰してくる。その意味でニーチェは「最後の形而上学者」（GA6–1, 431, 570, GA6–2, 67）であると言われるのである。この最初期の思惟が上述の「第一の原初」であるとすれば、ニーチェの思想は、その終わりにありながら、それを完成させるものとして転倒された仕方で「第一の原初」と「力への意志」の思想的連関を回帰させると、把握されていることになる。これこそが「等しきものの永遠回帰」と「力への意志」の思想的連関を通してハイデガーが語ろうとした「存在の歴史（Seinsgeschichte）」にほかならない。そしてそこで規定されているのは、「現前性と恒常性」という理念の下に「生成に対して存在の性格を刻印すること」（GA5, 332）である。

ニーチェがここで考える「存在」とは「等しきものの永遠回帰」である。永遠回帰とは、その内で力への意志自身が自らを意志し、おのれ独自の現前を生成の存在として確かなものにする、恒常化のあり方である。形而上学の完成という最も極端なものの内で、存在者の存在が言葉になるのである。

（GA5, 333）

このように、存在を現前性と恒常性として把捉する、古代ギリシアにおける西洋の形而上学の「第一の原初」に対して、「別なる原初」を対置して、上述の放下した平静さに通じる境域を「待つ」のは、まさにハイデガー自身の思惟である。こうしてこの時期のハイデガーは、ニーチェの思想を自らの思惟を形成するうえでの対決の軸とし、それに基づいてニヒリズムと形而上学の「終わり」を思惟していたことが理解される。

それでは、同様にニーチェの思想を引き受けつつ、一九三〇年代当時の人々のあり方を「労働者」という「形態（Gestalt）」において捉えようとしたユンガーに対して、ハイデガーはどのように立場を取るのであろうか。

3　ユンガーとニヒリズムの地平

一九五〇年に出版されたハイデガーの六〇歳記念論文集にユンガーが寄稿した「線を越えて（Über die Linie）[5]」の冒頭は、自らを「ヨーロッパの最初の、完全なるニヒリスト」とする『力への意志』の引用で始められている。ユンガーは、ニーチェがこの思想を持ってから六〇年以上もの歳月を数えたにもかかわらず、そのニヒリズムの思想を「われわれの運命と関わっている言葉として、今なお刺激的に、われわれに向かって働きかけてくる」（ÜL, 245）とする。その六〇数年の間に、ニーチェのこの言葉が実質的な内容を獲得して、まさに「生きられた生と、行為と苦痛がそれを満たし」、ニーチェの「精神的冒険」が「現実の世界において実証され、反復されたのだ」と記述している（ebd.）。このときのユンガーにとっては、ニヒリズムは「何人もその影響力から逃れることのできない根底的な力」を有する「大きな運命」（ÜL, 250）として理解されていた。

さらに、ニーチェの所見を引用して「ニヒリズムは至高の諸価値の喪失の表現である」（ÜL, 251）と規定するように、ユンガーはニーチェの思想圏域において、そのニヒリズムの見立てに基づいて、自らの思想を形成していた。ユンガーが生きる「今」においては、ニーチェによって提示されたニヒリズムのあり方が、現に「生きられた生と、行為と苦痛」として生起していることを把握するための前提となっていたのである。

実際のところ、このときから約二〇年遡った一九三二年に、すでにユンガーは『労働者』[6]のなかで、「技術（Technik）とは、その内で労働者の形態が世界を動員するあり方である」（Arbeiter, 160）としたうえで、「技術の本質がニヒリズム的であるように思われるのは、その襲撃が諸関係の総体に及ぶからであり、またいかなる価値もそれに抵抗することができないからである」（Arbeiter, 172）としていた。そして、自らの生きる時代を一世代前の父たちの時代と比較して、父たちには「客観的な学問とそれ自身のために存立する芸術という理想（die Ideale）に没頭する時間」があったのに対して、自らは「いかなる人的、そして物的な現象に対しても、あらためてその必要性を問う残酷な問いを差し向ける」「総動員」の時代であると規定する（Arbeiter, 212）。すなわち、一九三〇年代当時のユンガーにとって、自らの時代は、学問的な、あるいは芸術的な「理想」を追究するという「価値」を喪失し、人間存在も物的存在も「全体として総動員」される状況として捉えられていた。ここにニーチェのニヒリズムの思想の影を読みとることは難しいことではない。

このように、「至高の諸価値」の価値喪失の時代を生きる可能性について思惟していたユンガーは、その一方で「線を越えて」では、ニーチェの言う「超人」として生きる可能性を視野に収めつつ、自らの立場をニーチェの思想に表現された「楽観主義」と重ね合わせる。そして、「ニヒリズムは終わり（Ende）としては見られていない」と言い、むしろ「ニヒリズムをも包括する精神的な出来事の、一つの段階と考えられている」（ÜL, 245）として、ニヒリズムの境界を越えた先の段階を思惟している。

このようにニヒリズムを「終わり」と見ることなく、「歴史的経過」のなかでその先の可能性を望見せしめるような「精神的な出来事」の一段階として捉える視点をユンガーは持っている。そして「線を越えて」というタイトルには、ユンガーのこのような意図が込められていると考えられる。つまり、ユンガーはニヒリズムを「終わり」とは見ず、そこを「越えて」さらに先に歩みを進めることができる「一段階」として捉えているのである。その意味で、「線」を越えてもなお同一の平面上にあることから、ユンガーはニヒリズムを導いた「形而上学」と同じ地平の内を動いていたと言われるのであろう。そして、この点がハイデガーの思惟する、ニヒリズムの「終わり」との相違であると言うことができる。

また、このように楽観主義的な面を持ちながらも、当時のユンガーにとっての関心はやはり、ニヒリズムの超克と、ニヒリズムのもとで「労働者」[7]としてある人々の「治療」であった。そしてそのための方途として、ニーチェの超人あるいは力への意志の思想が選ばれた。したがって、ここでユンガーがニヒリズムの超克を企図して採る途は、ニーチェに即したものであるという点でも、「形而上学」の内に留まるということになる。そして次節で見るように、その点が「存在の問いへ」のなかでハイデガーが批判する点でもあった[8]。

4　ニヒリズムの先にあるもの

上述のように、ユンガーにとっては、ニヒリズムは超克されるべき一段階であった。ユンガーによれば、ニヒリズムは、

「懐疑から悲観主義へ、悲観主義から価値も神も喪失した空間での行動へ、そして新たな充足へ」（ÜL, 252）という三つの段階を経て進行する。ニヒリズムの過程は、このような段階を経て、最終的に「新たな充足」へと至ると考えられている。ニヒリズムがこの三つの段階を経て「新たな充足」という到達点を達成しうるためには、その前段階の「病状」を的確に把握し、「診断」結果を明確化することが求められる。そうして初めて、新たな価値創造という「充足」が実現されうると考えられる。そこでユンガーは、日常性におけるわれわれのあり方、とりわけ「労働者」の「形態」としてのあり方を、周到にニヒリズム的な事象として取り上げ、解釈し、その本質を明らかにしようとした。さしあたりこれが、ユンガーがニヒリズムの向かう先に見た道程である。

　しかし一方で、われわれは同時にハイデガーがユンガーの「線を越えて」に対してなした応答をも知っている。たとえば、ハイデガーは「ニヒリズムの完了（Vollendung）」について、それは「ニヒリズムの終わり（Ende）」ではなく、むしろ「ニヒリズムの完了とともに初めて、ニヒリズムの最終局面が始まる」（GA9, 393）と言うことで、ユンガーの思惟との相違を明らかにする。ハイデガーによれば、ニヒリズムの「地帯（Zone）」はもはや「正常状態」となって固定化し、われわれを「徹底的に支配する」ので、その「領域」はきわめて幅広い。そのために、そこでニヒリズムの「完了」が「終わり」になる「零－線」は、「終わり」においてもなお見ることができない（ebd.）、ということになる。

　ここで問題にされているのは、ニヒリズムの「線の横断」を予め輪郭づける「思惟の根本構図」を語る「言葉」である（GA9, 405）。ハイデガーは、ニーチェやユンガーの語る「力への意志」や「形態」、「諸価値」といった「形而上学の言葉」は、「危機的な分界線」を越えてその彼方へと「救出される」べきものではなく、むしろその「形而上学の言葉と形而上学それ自身」が、「線を越える移行」すなわち「ニヒリズムの超克」を妨げるものではないか、と問う（ebd.）。

　つまり、ハイデガーによれば、ニヒリズムは完了に至っていわゆる「正常状態」となって、決して終わりに至らず、われわれはそのニヒリズムの幅広い領域を耐え抜かねばならないということになる。ハイデガーのこの見方はユンガーの楽観主義に比して、きわめて悲観的である。もちろんその前提となるのは、ユンガーの考えるような意味でニヒリズムが「完了」へ至ったとしても、それは、あくまで形而上学の地平の枠内にとどまりつづけるという、ハイデガーの思惟である。[9] 逆に言えば、形而上学の思惟様式から脱することができない限りはわれわれはどこまでもニヒリズムの内に留まらざるをえない。そうであればこそ、形而上学とは別なる思惟の原初が、ハイデガーによって求められたのであった。

　同様に「存在の問い」の連関においては、「存在の本質への問いは、もしその問いが形而上学の言葉を放棄しないならば、死滅する。なぜならば、形而上学的な表象は、存在の本質への問いを思惟することを妨げるからである」（ebd.）とも言われている。これは、ハイデガーの「「存在」とは何かそれ自身だけであるものであろうか、そしてその上に時折それ自身をまた人間に差し向ける（zuwenden）ものであろうか」（GA9, 407）という問いとともに、従来の形而上学的な思惟、とりわけ「主観－客観－関係」（GA9, 408）に定位した思惟のあり方を越えた、別なる思惟のあり方として、存在の出来事としての性起からの語りかけを待つことを示唆するものである。[10]

それに対してユンガーは、「線を越えて」において、ニヒリズムの超克の途を芸術の内に見ようとする。「時代は芸術作品において、形式を獲得することの内に反映される。ここにおいて時代は救われる」[11]と言うユンガーは、「芸術家」とともに「思索者（Denker）」を、「無の限界の内でなされる、同様の冒険の内に立っている」ものとして捉え、思索者は「ヘルダーリンが危険と共に見ている、救うもの」（ÜL, 281）を見ると言う。

ここには明確にハイデガーの思惟への接近が見てとられる。ここでヘルダーリンの名が挙げられるのは、もちろんハイデガーの『ブレーメン講演』を意識してのことであろう。そうした状況を踏まえたうえでもなお、ユンガーがニヒリズムの超克の途を（詩作品を含めた）芸術作品の内に見出していたということは、銘記しておくべきことであろう。そしてその上で、ハイデガー自身が芸術作品をめぐる思惟の内で究明しようとしていたこととの異同を明らかにすることが必要になるであろう。というのは、これまでわれわれは、ニヒリズム（あるいは形而上学）の「終わり」ということに関して、ユンガーとハイデガーの間に互いに相違する思惟を確認してきたからである。ユンガー自身が芸術家と並ぶ思索者の「思惟」に「世界の平衡」の回復を期している一方で（ÜL, 282）、ハイデガーはユンガーの思惟が未だ形而上学の内にあることを明確に批判していた。その意味で、ユンガーにとっての思惟と、それを批判するハイデガーの思惟の関係についても今後検討しなければならないであろう。しかし、さしあたり上の芸術をめぐる問いに光を投げかけると思われるのは、『ニーチェ I』において、ハイデガーがニーチェのテクストから取り出した「芸術に関する五つの命題」の第四命題である。「芸術はニヒリズムに対する卓抜な対抗運動である」（GA6-1, 71）というこの命題は、他の命題の連関も含めてさらに検討を要するが、やはりユンガーがニーチェの思想圏域の内で思惟していることを示唆するには十分であろう。

以上、ニーチェ、ユンガーの思想を辿ることで、ハイデガーが放下した平静さ、存在の歴史、別なる原初ということで思惟していたことを照らし出してきた。そこからは、ハイデガーの思惟との連関において、さらなる課題が見出されることとなった。これらの点については、さらなる究明を要することを確認して結びとしたい。

注

（1）E・ユンガー（一八九五―一九九七年）は、二十世紀ドイツの作家・批評家で、ハイデガーとも個人的に親交があった（本章3、および注2参照）。本章と関連するユンガーの著作は、『追悼の政治　忘れえぬ人々／総動員／平和』（月曜社、二〇〇五年）と『労働者　支配と形態』（月曜社、二〇一三年）が、いずれも川合全弘訳で出版されている。また、後出の「線を越えて」は雑誌『情況』（一九七〇年一二月号）に沢村雅精訳で掲載されている。

（2）もともと一九五五年に、ユンガーの六〇歳記念論文集に「「線」について（*Über »Die Linie«*）」という題で寄稿され、後に『道標』に収録される際に改題された「存在の問いへ（*Zur Seinsfrage*）」のなかで、ハイデガーは次のように述べている。「『技術への問い』は、『労働者』の内におけるさまざまな記述に、長く続く支援を負うている」（GA9, 391）。

（3）Vgl. F. Nietzsche, *Nietzsche Werke, Kritische Gesamtausgabe*, Band VIII 2, *Nachgelassene Fragmente, Herbst 1887 bis März 1888*, Walter de Gruyter（1970）, S. 288ff.（邦訳『ニーチェ全集』第十巻（第Ⅱ期）、白水社、一九八五年、三五三頁以下参照。）

（4）「アナクシマンドロスの箴言を規定している古代というものは、夕べの－国（Abend-land）の草創期の初期に属している。しかし初期のものが後のものの一切を、それどころか最も初期のものが最も後のものを今もなお、しかも最も広汎に追い越している、としたらどうであろうか。そのときには歴史的運命（Geschick）の初期のいつかということが、別離（die Letze, *eschaton*）への、すなわち存在のこれまで隠蔽されてきた歴史的運命の別離（Abschied）への、いつかとして到来することになる。〔…〕このような別離の内への結集は存在者の存在のこれまでの最極端のもの（das Äußerste, *eschaton*）の結集（*logos*）として、存在の終末論（die Eschatologie des Seins）である。存在そのものは、歴史的運命的なものとしてそれ自身において終末論的である」（GA5, 327）。

（5）E. Jünger, "Über die Linie", in *Anteile: Martin Heidegger zum 60. Geburtstag*, Vittorio Klostermann（1950）. 以下「線を越えて」からの引用は、ÜL の略記号に、*Anteile* のページ数を併記して示す。

（6）E. Jünger, "Der Arbeiter", in *Ernst Jünger Sämtliche Werke*, Band 8, Klett-Cotta（1981）. 以下『労働者』からの引用は、Arbeiter の略記号に、『E・ユンガー全集』第八巻のページ数を併記して示す。

（7）ユンガー自身による『労働者』との連関についての言及は、「線を越えて」のなかでは二五一ページ以下に見られる。また、一九五一年一月四日付のハイデガーへの書簡のなかでは、「労働者〔＝『労働者』〕は超個人的／必然的なるものを扱っておりますが、それに対して、線〔＝「線を越えて」〕の方は個々人の振る舞いを示唆し、そしてそれに呼応する自由の新しいあり方を示唆しております」と述べている。Vgl. *Ernst Jünger-Martin Heidegger Briefe 1949–1975*（hrsg. von Günter Figal）, Klett-Cotta/Vittorio Klostermann（2008）, S. 21.（以下、J.-H. Briefe と略記する。）

（8）Vgl. GA90, 29f. ここでハイデガーは、ユンガー自身がニーチェ的な形而上学の内部での根本定立とともに引き受けなければならない真理概念が考え抜かれていないこと、また意志の概念がどこにおいても明確にされていないことを批判している。

(9) ハイデガーのユンガーに対する評価は二義的であるが、その二義性はこの点に由来する。注2および8参照。

(10) 「存在」の「差し向け(Zuwendung)」については、ユンガーへの書簡のなかでも次のように述べられている。「形而上学的な中心命題を私は〔「線を越えて」の〕二七一ページ下に見出します。すなわち「線が通過されるその瞬間に、存在のある新たな差し向けがもたらされる……」と。われわれは存在の本質に呼応するために、同時に次のように言わなければならないのではないでしょうか、すなわち存在がその差し向けとともにもち来たらす瞬間において、初めて線は通過される、そしてその差し向けは予め人間存在を覚醒させつつ、出来事として性起する語りかけであると」(J.H. Briefe, S. 18)。

(11) 続けてユンガーは次のように言う。「今やなるほど、機械は決して芸術作品になることはできないが、しかしおそらく、全体的な機械世界を動かしている形而上学的な動力が、芸術作品の内に最高の意味を得て、そのことで全体的な機械世界に安らぎを導き入れる、ということはありうる。これは重大な相違である。安らぎは形態の内にも住まう、また労働者の形態の内にも住まうのである」(ebd.)。このように、ユンガーの思想は一九三〇年代以来、『労働者』の形態というあり方への関心において変わることがなかったと見ることができる。

16 現代の窮迫から第一の原初へ

『哲学への寄与論稿』I

秋富克哉

1 『哲学への寄与論稿』というテクスト

本書（以下『寄与論稿』と略記）は、ハイデガーが一九三六年から三八年にかけて書き記した、長さも体裁も多様な二八一篇の覚え書きから成る膨大な断章群である。テクストの存在はハイデガーの生前から研究者間で知られ、タイプ原稿のコピーも一部で出回っていたが、ハイデガー自身によって生前の公刊を差し控えられていたため、死後、生誕百周年の一九八九年に、全集第六五巻として初めて公刊された。

執筆がなされたのは、今なお喧《かまびす》しく取り沙汰される政治的スキャンダル、すなわち一九三三年ナチス政権下でのフライブルク大学学長就任と、翌年任期を約一年残しての辞任、その一連の動きの余韻がなおくすぶっていた時期である。ナチスの権力が国内外で広がるなか、ハイデガーはますます孤独を深めたに違いない。ただしその孤独は、大学行政の失敗と、それに対する侮蔑や非難によるだけではなかった。この時期、『存在と時間』の未完部分に向けて続けられる模索は、方法論的挫折への不安に曝される一方で「転回（Kehre）」の予感に移って行った。そのようななか、時代の現実をも思索に取り込もうとする思索者の孤独が、ナチスに対する批判を含め、大胆な着想や難解な言葉遣いに表されていく。文法的破格、造語、省略、反復、表現上の不整合は、思索の事柄を何とか言葉にもたらそうとする緊張と葛藤を映しており、テクスト冒頭の言葉を使えば、それは敢行されうる「ひとつの試み」（GA65, 3）であった。

全集版の責任編者で本巻の担当者でもあるフォン・ヘルマンが『寄与論稿』(1)を『存在と時間』以後の「第二の主著」と呼んだことから、この語が一人歩きした観があるが、発表を意図していない断章群は、通常の哲学書の意味で主著と呼ばれうるものではなく、そこに完成した思想の姿を見出すことは困難である。ただしその内実は、『存在と時間』の時期には見られない新たな着想、一九四〇年代以降の思索の展開を特徴づける数々の主要モチーフ、そして本書のみに登場する独自な術語に溢れている。たとえば、上記の「転回」以外に、主題の「性起の出来事（Ereignis）」、存在《ある》（Sein）との併用ながら圧倒的に多用される「存在《あり》（Seyn）[2]」、さまざまな連関に対して用いられる「間（Zwischen）」、きわめて問題的な「最後の神（der letzte Gott）」、そして三〇年代以降の歴史理解を特徴づける「存在の歴史（Seinsgeschichte）」、「第一の原初と別の原初」、「移行（Übergang）」等々、数え上げるときりがない。したがって、本書に『存在と時間』に匹敵する重要性が帰せられても、まったく不思議はない。問題はむしろ、『存在と時間』との思想的連関をどのように受け止めるかであるが、その内実に入る前に、本書のテクストとしての構成と性格を見ていくことにしよう。

テクストは八つの章から成る。このうちⅡからⅦまで、つまり「響き（der Anklang）」「投げ送り（das Zuspiel）」「跳躍（der Sprung）」「創基／根拠づけ（die Gründung）」「将来する者たち（die Zukünftigen）」「最後の神」という表題の六つの章が、思索の骨格を形作る「接合肢（Fügung）」と呼ばれ、これら六つの接合肢から成る全体が、「体系」と区別されて「接合組成（Gefüge）」と名づけられる。本書で「接合」とは、fuge（接）の語を含む一連の術語群を形成しており、六つの接合肢相互の関係、各々の接合肢および全体の接合組成と思索との連関が、建築構造の「組接ぎ」のイメージで捉えられ、テクストの独自な構造を形作っている。ただし、「従来の様式の「作品」であろうとするいかなる誤った要求からも遠ざけておく」（GA65, 3）、あるいは「体系の時代は過ぎ去った」（GA65, 5）という言葉が示すように、その全体は静的な構造体ではなく、どこまでも開かれた「思想の‐歩み」（GA65, 3）にほかならない。

さらに、上記六つの章の前には「Ⅰ．先見（Vorblick）」、後には「Ⅷ．存在《あり》」が置かれている。「先見」は、文字通り六つの接合肢の記述に先立って全体を見ることを意味し、本書の主題と構想、思索の性格等が網羅されている。他方、Ⅷの表題「存在《あり》」は、従来の形而上学が思惟してきた「存在」、つまりハイデガーからすれば「存在者の存在」としての「存在者性（Seiendheit）」から区別される「存在そのもの」を表すものである。それは後述のように、歴史の別の原初と結びついている。ある箇所では、「（存在《ある》（Sein）と存在《あり》（Seyn）は同一であるが、しかも根底から異なっている）」（GA65, 171）と記されている。ただし、本書で両者は明確に使い分けられているわけではない。編者によるとⅧの「存在《あり》」は、ハイデガーの清書原稿では二番目に置かれていた。しかし、実弟フリッツ・ハイデガーがそれをもとに作成したタイプ原稿の当該箇所に、ハイデガー自ら本章がふさわしい場所に置かれていない旨記入していたため、編者の判断で最後に置かれた（vgl. GA65, 514）[3]。

次に表題であるが、「先見」には、一八一篇には数え入れられない前置きが置かれ、「公開の題名＝哲学への寄与論稿と、本質的な表題＝性起の出来事から〔性起の出来事について〕（von）」という見出しが付けられている。Beitrag は「寄与」や「寄稿」を意味し、Beiträge zu… とは一般に「……論文集」であるから、公開の題名はごくありきたりの「哲学論文集」である。本書は長らく国内では『哲学への寄与』と呼ばれてきたため、日本語版全集では寄与の語を残して「寄与論稿」と訳されたが[4]、いずれにせよ公開の表題としては特別な意味を持たない。しかし、本質的な表題は、どの公刊著作よりも本書で主題的に語られる「性起の出来事」を含んでいる。本書では、この語も上記の「接合」同様、eigen-, eignen- を軸に一連の語群を形成し、その全体によって「性起の出来事」の独自な動性を表している。しかも、通常は再帰代名詞を伴って自動詞的に用いられる ereignen を、他の目的語をとって他動詞的にも用いるため、その動性はきわめて多様になる。その内実は後で検討するが、もう一つ注意すべきは、前置詞の von である。それは、性起の出来事「について」説明すると言うのではない。性起の出来事が起こるとき、それに呼応する仕方でその動きのただなか「から」思索が働き出すのであり、そのことを自覚した思索が出来事そのものを語るということこそ、本質的な表題の意味である。それでは、当の「性起の出来事」とは何を言うのであるか。

2 「存在と時間」から「性起の出来事」へ

「I．先見」に、「「存在と時間」から「性起の出来事」へ」という表題の覚え書きがある。そこでは、『存在と時間』において「存在の意味」への問いとして始まった思索が一つの道であること、その道の上ではつねに同じ問いが諸々の立場から問われること、「諸々の変更」は存在の本質そのものに求められる契機であることが語り出されている。存在の思索とは、この道を拓きつつ進むことに他ならず、その向かい行くのが「存在《あり》の本質の現れ（Wesung）」としての「性起の出来事」である。

「性起の出来事」という語は、ハイデガーがほぼこの時期から集中的に取り組む詩人ヘルダーリンの作品「ムネーモシュネー」の一節、「時は長い。しかし真なることは出来事として起こる（…es ereignet sich aber das Wahre.）」から取ってこられた。ヘルダーリンがこの一節をどのような意味で詠ったにせよ、ハイデガーはここから自らの思索の根本モチーフを取り出した。すでに『存在と時間』において決定的な主題となった「時間」。しかも、真なることが起こる時となると、『存在と時間』執筆以前からハイデガーが関心を寄せていたカイロスの響きが感じられる[5]。しかし長い時とは、また真なることとは何であり、それが起こるとは何を言うのか。Ⅷで「ヘルダーリンの言葉を聞く耳を創造する必然性」（GA65, 422）を語るように、『寄与論稿』の試みは、この一節を聞き取ることから始まったと言っても過言ではない。そして、ヘルダーリンが詩作した「真なること」を、ハイデガーは存在《あり》の思索の立場から、「存在の真理」

あるいは「真理の本質」として受け取り直した。「真理」を、そのギリシア語表現である「アレーテイア」のうちに響いていている経験に遡って理解しようとする姿勢は本書でも一貫しているが、第一次的な真理は、もはや『存在と時間』のように現存在の開示性ではなく、存在の本質の動向に見出される。「レーテー（隠蔽）」の覆いが剝ぎ取られて（「ア」）露わになること、つまり隠れなさ、非覆蔵性としての真理は、存在の本質の現れを成すものであり、そのような覆蔵性を含みながら存在の立ち現れる具体的な場が「歴史」となる。先の「「存在と時間」から「性起の出来事」へ」の表題が示すように、本書の立場を考察するには、たえず『存在と時間』からの変更が問題になるが、『存在と時間』の主要モチーフでありながら『寄与論稿』において内実の大きく変わるものの一つが、「歴史」であった。

『存在と時間』にとって歴史は、形而上学を、存在の問いを忘却した歴史として捉えるところに登場する。それは、存在こそが形而上学の主要関心事であるにもかかわらず、形而上学がこの事柄にふさわしい問いを立てることができず、そのために、現存在の存在理解を規定している時間との内的連関を取り出せないまま伝承されたことを意味した。したがって、その忘却の歴史から問いを取り戻して新たに立てる試みは、存在と時間の内的な連関を「時性《テンポラリテート》」として捉え、その観点からカント、デカルト、アリストテレスそれぞれの哲学を、忘却された時性《テンポラリテート》に向けて解体するものとなった。それは、具体的な哲学の教説を対象とする「歴史学的」課題であり、その歴史学的あり方を可能にする根拠として、現存在の歴史性が分析されたのである。歴史性は、『存在と時間』の分析が示すように、世界内存在としての現存在の周囲世界の歴史まで広がり、したがって「世界＝歴史」についての独自な考察もなされる。しかし、その歴史は現存在の存在構造に含まれるものであっても、直ちに世界的現実ではなく、その歴史と形而上学の歴史は主題として分けられたままであった。何よりも、これら歴史の二つの主題化の間に位置づけられる第一部第三篇の時性《テンポラリテート》が仕上げられなかったため、両者は相互に連関づけられずに終わった。

それに対して『寄与論稿』には、「存在の歴史」の視点が現れる。古代ギリシアで「存在」が問われたことのうちに第一の原初を見出し、そこから始まる歴史を形而上学の歴史として受け止めるとき、その歴史は、存在と人間との関わりから規定されるものであるがゆえに、形而上学の歴史を含んで西洋の歴史全体を表すものとなる。しかも、『寄与論稿』では、「第一の原初をより根源的に取り戻すという仕方でそれと対決すること」(GA65, 58)が、第一の原初とは異なる「別の原初」を準備することに繋がっていく。ハイデガー自身は第一の原初以来存在と人間との間で生起してきた歴史のなかに立ちながら、歴史の転換とも言うべき性起の出来事を見据えて、別の原初への移行の途上にある。すなわち、現実の歴史においてはまだ到来していない別の原初を、思索によって創基するのである。しかし、何故別の原初が問われなければならないのか。ある箇所でハイデガーは何故そもそも原初なのかと自問して、「ひとえに最大の出来事（Geschehen）、すなわち最も親密な性起（Ereignis）だけが、なおもわれわれを単なる事件や工作機構（Machenschaft）の操業への埋没から救うことができるから」（GA65, 57）と自答している。工作機構については次節で触れるが、ここには、第一の原初の歴史に対するハイデガーのよほど切羽詰まった洞察が現れている。この連関で注目しておくべきは、歴史が性起の出来事と結びつけて受け取られるとき、「最後の神」という契機が現れることである。「最後の神」については後続の第18章の論述を参照されたいが、少なくとも存在の思索は、六つの接合肢から成る接合組成のうちに「神」なるものを含めざるを得なかった。ちょうど形而上学が、キリスト教にとって決定的な、歴史のうちへの神の到来という出来事を受け止めつつ「存在‐神‐論」になったのに呼応するように、別の原初に向かう思索も、存在の真理の現れとともに神ないし神々の逃亡か到来かの「決定（Entscheidung）」を、歴史に関わる出来事として問う。大雑把に言うなら、「性起（の出来事）」とは、存在と人間と神との動的な歴史的関わりを名指すものであり、その内実に向かう思索が、「移行的思索」、「原初的思索」、「存在歴史的思索」などの名前で言い表されるのである。

『存在と時間』との対比においてもう一つ指摘しておきたいのは、存在の思索が、つねに存在によって気分的に調えられている（gestimmt）ということである。問うこと自体が気分（Stimmung）と不可分であるというモチーフは、『存在と時間』における「情態性」論以来一貫している。情態性はすぐ直後に気分の語で呼ばれるようになり、根本情態性ないし根本気分としての「不安」、その後一九二九／三〇年の講義で取り上げられる「退屈」が当時の思索を特徴づけていたが、どちらかと言うとなお個人的・実存的傾向の強かったのに対して、本書ではより時代的性格を強め、第一の原初で哲学の始まりを規定した「驚嘆（Erstaunen）」との対比のもと、別の原初における根本気分として「驚愕（Erschrecken）」、「慎ましさ（Verhaltenheit）」、「畏れ（Scheu）」、「予感（Ahnung）」、「予‐知（Er-ahnen）」が挙げられる。名称の多様さは根本気分の単純性を否認するものではなく、むしろその単純性の捉え難さを示す。肝心なのは、これらがすべて次節で述べる「存在に立ち去られてあること（Seinsverlassenheit）」の窮迫（Not）と結びついていることである。古代ギリシアにおいて第一の原初となったのが、「あるものがある」ことに対する驚嘆（タウマゼイン）であり、それが「何故《なにゆえ》に存在するものがあって、むしろ何もないのではないのか」という形而上学的問いになったとすれば、別の原初における根本気分は、その「ある」が、つまり存在が存在するものから抜け去っていること、存在するものがますます在り損ない（unseiend）になるなかで存在が自らを覆蔵するものとして、つまり拒絶として現れること、このことによって規定される。

この根本気分のなかで「最も遠いもの」に近づきかつそれを近さのうちに保つことが、最後の神の「通り過ぎ（Vorbeigang）」と関係づけられていることにも注目すべきであろう。人間には、歴史のなかで根本気分に規定されつつ、自らを覆蔵する存在を存在するもののうちへ再び創基することが課せられている。「全体としての存在者《あるもの》（das Seiende im Ganzen）の存在《あり》のために」「探求する者、創基する者、見張る者」になること、それが「気遣い（Sorge）」であり、「存在《あり》の現れの場」としての「現‐存在」である（vgl. GA65, 16）。このようにして、『存在と時間』の基本術語が「存在の真理」への問いの立場から受け止め直されるなかで、『寄与論稿』の記述が試みられてゆく。

3　「響き」

六つの接合肢は、第一の原初から別の原初への移行の歴史が作り出す「活動時空」と見なされる。その発端である「響き」とは、「存在者が存在に立ち去られてあることのなかでの、拒絶としての存在《あり》の響き」（GA65, 108）を言う。ハイデガーによれば、第一の原初において存在への問いは、存在に対する驚きから発せられた。その際、存在は存在者とは区別されて、しかし存在者と離れてではなく、存在者があるという仕方で、存在者に即して現れる。しかも存在は、存在者を存在させつつ、それ自体は存在者から退く。この経験のなかから、やがて形而上学が存在者の存在を存在者の根拠や原因として問う立場として成立するとき、存在そのものは覆蔵されたままとなる。「存在に立ち去られてあること」とは、そのような歴史の展開の果てに、存在者がますます一般的となって、ついには存在の自明化のもと、存在への問いも完全に欠如してしまうことである。

ハイデガーは、時代的状況を踏まえ、「存在に立ち去られてあること」を隠蔽する三つに「算定（Berechnung）」、「迅速性（Schnelligkeit）」、「大衆的なものの出現（Aufbruch des Massenhaften）」を挙げる。すべてが算定可能なものとして操縦と計画のもとにもたらされ、技術的な速度が機械的に増大して振舞いの基準となるとき、量的な数字のみが物を言い、人は万人に通路づけられる共通のものだけを求めるようになる。

このような洞察は、本書で際立ってくる技術理解と結びつく。それを表すのが、既述の「工作機構（Machenschaft）」である。工作機構は、戦後現代技術の本質として「総かり立て体制（Gestell）」と呼ばれるようになる事態の先行概念である。このドイツ語は、ふつう策謀を意味するが、ここでは文字通り「作ることと作られたものの支配」（GA65, 131）を指す。ただしそれは、古代ギリシア以来の存在者の存在（存在者性）の現れ方を規定するものとして提示されている。たとえば、自然《ピュシス》が「自らを‐自らによって‐作ること」として受け取られるとき、すでに工作機構は、本質を覆われたまま存在理解を統べている。あるいはユダヤ‐キリスト教の創造思想においてすべての存在者が絶対的な「創造主」による「被造物」と捉えられるときも、それは、存在についての事柄が、存在者レヴェルでの「作る－作られる」の関係に移されたことを意味する。神が「自己原因」と規定されるとき、それは「作ること」の関係が原因－結果－関係にスライドしたにすぎず、創造の観念が取り除かれても、その関係は存在者に対する人間の思考の枠組みとなって残る。そして現代に至って、存在者は人間によって作られるもの、ないし作られうるものとしてのみ出会われる。

　存在するもののあり方が「工作機構」と規定されるとき、工作機構に呼応する人間のあり方が「体験（Erlebnis）」である。すべてを作られうるものと捉える態度は、人間の体験可能性を基準にすることに等しい。「工作機構と体験」は、古代ギリシア以来の形而上学からハイデガーが取り出す「存在と思惟」という枠組みの現代的派生態であり、存在者が存在に立ち去られてあることを究極まで硬直させたものとなる。そして、その硬直化のもとで進行している事態を、ハイデガーが近代的な「学（Wissenschaft）」に洞察していることは十分注意されてよい。

　ハイデガーは、「Ⅱ．響き」の終わりに、〔科〕学についての断章をまとめている。「学」は、本質的な知である「哲学」に対置される。哲学が『存在と時間』における「存在の意味（Sinn）」の語を響かせつつ、「〔意味〕省察（Besinnung）」と規定されるのに対し、「知ること（Wissen）」の根底に「作ること（Machen）」の支配が及ぶとき、知は意味省察の性格を失って「学（知の機構）Wissenschaft」となる。〔科〕学にとって、存在者は実証的に扱われるように与えられるものであり、学は「ひとつの説明境域に属する諸々の正しいものの調整」（GA65, 149）になる。存在者の一定の境域を説明連関に向けて調整することが学の「精密さ」となり、そのために個別化と専門化が必然的となる。精密さは「方法」において遂行され、それが「成果」を確保する。方法の精密さを導くのは「量的な測定と計算」（GA65, 150）であるから、ここに量は範疇として質の相関項であることをやめ、量的なもの自体が質に転換することになる。

　そして量的測定の精密さを保証するのが、「実験」である。実験の優位は、自然の数学的な企投によって対象性の確保が定着したことと現実の現実性が本質性から個別性に変転したことで確定的となり、近代の自然科学の本質を規定する。しかし、この動きの根底に、存在に立ち去られてあることがあるかぎり、知の支配は、自然科学だけでは終わらない。「すべての学の工作機構的－技術的な本質がますます固定化していくとともに、自然科学と精神科学の対象面と方法面での区別がますます減退していく。前者は、機械技術や諸操業の構成分となり、後者は、巨大な範囲をもつ包括的な新聞学問（Zeitungswissenschaft）へ広がっていく」（GA65, 155）。精神科学を代表する歴史学でも、主要な作業は、新しい資料を発見し整理して説明を与えることである。歴史は、「説明不可能性という唯一性」（GA65, 154）に置き戻されるどころか、歴史学が厳密な科学であろうとして報道形式的になるとき、かえって「歴史からの回避」（GA65, 152）が起こる。自然が機械へ、歴史が新聞（報道）へという大胆な断定は、自然と歴史という、対照的特性によって十九世紀以降の学を規定してきた両領域がともに存在の真理から切り離され、各々の固有性が忘れられたまま「工作機構と体験」の支配に取り込まれる事態を示している。学の変貌に応じて、「「学問の研究と教示の場」としての「大学」」も、「純粋でますます「現実に接近した」操業施設」（GA65, 155）に成り下がる。

学の現実に対するこのような考察のなかで、学が「民族への奉仕」（GA65, 148）と結びつけられることに言及されるのは、ナチスの学術政策に対する批判を示しており、学の民族的な組織化が「「アメリカ的な」組織化」（GA65, 149）に等しいと指摘されるのは、やがて戦後世界を規定していくことになるアメリカ化を予告さえしているであろう。しかし、ハイデガーが求めているのは、個別的な現象の列挙であるよりもむしろ、それらの背後で進行している事態の究明であった。それは、存在が自ら現れることを拒みながら、しかしそのような拒絶こそが、現れを本質とする存在の、非本質という仕方での現れであることであった。「拒絶としての響き」が他ならぬ学に即して語られること、それは、本質を隠蔽されて対極に至った存在の真理であっても、その音なき響きをかろうじて聞き得るのは、もともと存在に通じた知であることを示している。学に対する考察をハイデガーが「学への省察（Besinnung）」と名づけたことは、「意味（Sinn）」への問いを維持しつつ、存在の真理に向かう知のあり方を模索していることを語っているのである。

4　「投げ送り」

第一の原初の歴史的帰結が上記のように捉えられるとき、そこから思索は、その歴史を規定する第一の原初に向かう。したがって「投げ送り」は、「響き」と密接に連関しながら、原初的思索を構成している。「投げ送り」とは、第一の原初と別の原初との間でなされる相互の投げ合いであり、「移行の最初の架橋」（GA65, 169）と言われる。別の原初における存在の真理の考察は「Ⅳ．跳躍」以降に展開されるから、その前に、第一の原初の歴史への投げ送りが問題になる。

あらためて確認するなら、第一の原初の核心は、存在の現れが驚きのうちで受け止められた出来事である。それはやがて「存在者《あるもの》とは何であるか」という問いになった。ハイデガーはこの問いを「主導的問い（Leitfrage）」と名づけ、それによって形而上学が存在者を存在者として、その存在（存在者性）に向けて問うてきたと見なす。存在が存在者のほうからその根拠に向けて思惟されるとき、存在は存在者を存在者として存在させつつ、それ自体は背後に退く。形而上学の歴史を成り立たせながら自らを覆蔵するという仕方での存在の現れ、そこに存在の真理がある。この存在の真理そのものに向かうのが「根本の問い（Grundfrage）」である。したがって、二つの原初の間の投げ送りは、主導的問いと根本の問いの間の事柄となる。

ところで、形而上学の歴史との対決という主題に向かう時、すぐに思い起こされるのは、『存在と時間』第二編で目論まれていた「存在論の歴史の解体」であろう。先述のように、そこでは、存在一般が時間の地平から理解されることが「時性《テンポラリテート》」と名づけられ、カント、デカルト、アリストテレス三者の思想の吟味を通してその正当性を示すことがめざされた。

それに対して投げ送りは、「存在の歴史」の視点から、形而上学の歴史を存在の真理の動性において捉え、存在の意味の企投の地平とされていた時間を、自らを覆蔵しつつ現れる真理として受け取り直す。したがって『寄与論稿』は、「存在の意味への問い」から「存在の真理への問い」への移行を示している。

ハイデガーによれば、もともとは存在の輝き現れを意味していたイデア（見相）が、見ることに対する現前性として「一般的なもの」になって以来、思惟は表象定立という根本性格をもつことになる。そのようにして形而上学は存在者の存在（存在者性）を現前性と存立性から、つまり現在から汲み取ってくる。一つの覚え書きの表題「存立的現前性に向けての存在者性の企投」（GA65, 191）が示すように、存立的現前性における現在が、存在者が存在者としてそこへ向けて企投される開性（Offenheit）になる。しかし開性の本質、つまり現在として現れる時間の本質は、自らを覆蔵するものの空け開け（Lichtung）としては問われないままになった。したがって、『存在と時間』において存在の企投の地平として捉えられた時間は、今やそれ自体が覆蔵的な空け開けとしての真理の動性において、形而上学の存在理解を規定するものと見なされる。そして、時間の時熟（Zeitigung）が、真理の本質の現れとの連関で、空間の空開（Räumung）と結びつけて捉えられることも、本書の新しい方向性である（次章も参照のこと）。現前性のうちに働いていた存在者性の同一性は、近代以降「自我」が担うこととなり、つまり自らを知る知の自己同一性に移り、それはドイツ観念論における絶対知の同一性で絶頂を迎えた。観念論の崩壊後に現れたニーチェは、存在を生成として捉えることでプラトニズムを逆倒しようと試みたが、感性的なものと超感性的なものとの逆転をめざす姿勢は、両者の区別に依拠するかぎり形而上学の枠組みのうちに停滞したままであり、かえってこの枠組みを完成させることになった。

以上、ハイデガーによって挙げられている個々の哲学者の考察に入ることなく第一の原初の歴史に対する基本的立場を概観したが、その枠組みとなる「存在者性と思惟」は、「Ⅱ．響き」の終わりで「学」のうちに見出された「工作機構と体験」の地盤に他ならず、その意味で「響き」と「投げ送り」は相俟って、形而上学として展開した歴史を、第一の原初から現代的帰結まで語り出しているのである。

5　「長い時」

先に「性起の出来事」がヘルダーリンに由来することに触れた際、「長い時」をどのように捉えるかが問題であると述べた。その長さは、決して量的に測定されうるものではない。そこに第一の原初以来の形而上学の歴史の長さが見てとられるとしても、二千年以上だから長いと言うのでもない。問題になっているのが性起の出来事を待つ時間であるかぎり、換言すれば、性起が存在の出来事であるとともに最後の神の到来に関わるものであるかぎり、そのような質的な長さは、本書より数年前の講義で主題化された根本気分としての「退屈（Langeweile〔長い時の間〕）」とも重なり合うと思われる。

ただし、本論第三節の最後に触れたように、工作機構の支配する世界が量的な算定化によって規定され、時間も空間も数量的なものに成り下がっているとき、歴史の質的な転換ともなる出来事の到来は最も覆蔵されたものになるであろう。存在の企投の地平である時間が覆蔵性と結びつくことこそが、覆蔵の空け開けという真理理解となって、『存在と時間』以後の思想の展開となったことは、右に確認した。そして覆蔵された存在が、第一の原初の歴史の果てに拒絶として響いていることを、ハイデガーは思索の出発点にした。そこに別の原初との投げ合いが始まること、しかもそれが根本気分という仕方で思索全体を包むことも考察した通りである。

他方で、その過程で言及された学や知の動向は、今や第一の原初という西洋的由来を忘れさせるほどに全世界的になっている。ハイデガーはすでに一九三〇年代後半にその射程を洞察し、自らは第一の原初の歴史の延長線上に立ちながら、その由来に遡ることで、超克の可能性を別の原初に求めようとした。

それに対して、その立場を受け止めるわれわれが、学や知をめぐって、ハイデガーの洞察をさらに強固拡大したような状況に取り巻かれているのを見るとき、ハイデガーとは別の意味でわれわれ自身の「原初」をなおも見出しうるかどうか、そのような問いに向き合うことが課せられているように思われる。それは、全世界的に時空が短縮化されているなか、質的に長い時を待つ可能性を探ることと別ではない。

注

（1） Friedrich-Wilhelm von Herrmann, *Wege ins Ereignis: Zu Heideggers „Beiträgen zur Philosophie“*, Klostermann, Frankfurt am Main, 1994. S6, 56.

（2） ハイデガーは、形而上学が「存在の問い」のもと、「存在者の存在」つまり「存在者性」を問うてきたと見なし、形而上学によっては問い出されてこなかった「存在そのもの」を徹底して問おうと試みた。そしていくつかの箇所でこの存在そのものをSeynと表記するが、その最も顕著なのが本書『哲学への寄与論稿』に他ならない。この表記は、直接には、本書の背後に存するヘルダーリンの使用に依拠するものと見なされ、彼と同時代のドイツ観念論の思想家たちも用いている。本書の際立った特徴は、存在者性としての存在と存在そのものとの区別が、第一の原初と別の原初という存在の歴史のレベルで語り出されていることである。

　ただし、存在そのものと言っても、それは、「存在者が存在する」（それは「何故の問い」で定式化されるように、「無（があるの）ではない」と一つに成り立つ）という事態において現れるものであるがゆえに、この事態における存在者と存在との区別自体がたえずハイデガーに思索の緊張を強いることとなり、そのことと一つに、存在者性としての存在と存在そのものの区別もまた、それをどのように語り出すかを含めて慎重を要する事柄となった。もっとも、本文後述のように、本書でもすべての箇所でSeynの表記が用いられているわけではなく、Seinとの区別も一貫しているわけではない。

　ところで、これまでこのSeynの訳語としては、通常のSeinの訳語である「有」や「存在」に接頭語を加えて「妙有」や「元存在」としたり、あるいは形容句を付けて「奥深い存在」としたりする工夫がなされてきた。しかし、ハイデガー自身が明確な規定を与えていない以上、どのような言葉を付けるとしても解釈の域を出ない。他方、そのことを踏まえ、むしろドイツ語の小文字一つの違いに対してできるだけ解釈の余地を残すため、「有」とされたこともある。

　もとより、Seinに対して「有」と「存在」という二つの訳語があること自体、後年のハイデガーが関心を寄せた日本語の独自性を示すものである。本読本では「存在」に統一したが、SeinとSeynに明確な区別がなされる場合、一つの試みとして、「存在《ある》」と「存在《あり》」という表記を用いた。ハイデガーの試みに日本語の側から呼応するという趣旨である。ただし、語形としては以前の時代に遡るものの、ハイデガーのSeynが「存在そのもの」を別の原初の将来と結びつけるものであり、決して語形としての過去と結びつくものでないように、「あり」という古語も、あくまでハイデガーの試みを「置き移す」ものでしかない。

　およそ以上の趣旨であるが、すべての箇所にルビを施すのは、読者に読みづらさを強いることになる。そこで、読み易さを第一に、「存在《あり》」という表記を多用することは控え、原語挿入で対処するなどしたが、本章以下三章の『寄与論稿』の引用と記述に関するかぎり、ルビや原語挿入のない「存在」もほぼ原則としてSeynと受け止めていただいて差し支えない。また、『寄与論稿』以外にこの表記が用いられるのは、ヘルダーリン講義やブレーメン講演など限られているが、これらに関係する章（14、20、24、25章、および特別寄稿）では、さほど頻出はしないため、そのつどSeynに対しては「存在《あり》」という表記を用いた。

（3）「第二章としての「存在《あり》」は、適切に組み入れられていない。全体をもう一度把捉する試みとして、それはこの位置には適さない」というハイデガーのメモ書きが紹介されている。

（4）本書のドイツ語表題と日本語訳については、日本語版全集の訳者後記を参照。大橋良介・秋富克哉・ハルトムート・ブフナー訳『哲学への寄与論稿（性起から〔性起について〕）』創文社、二〇〇五年、五九九ページ以下。

（5）一九二〇／二一年冬学期講義『宗教現象学入門』で、パウロの『テサロニケの信者への第一の手紙』の解釈を行っている。Vgl. GA60, 102.

17 跳躍と根拠づけ

『哲学への寄与論稿』Ⅱ

山本英輔

1　対立的なものの交錯

ハイデガーの哲学は、「近さと遠さ」、「非覆蔵性と覆蔵」、「存在と無」、「企投と被投性」、「根拠と深淵」、「救いと危険」といった対立的なものの交錯を思索することに特色がある。しかし、このパラドキシカルな事態を論理学的に問題化し、その問題を解決することがテーマとなるわけではない。対立や矛盾を事柄の本質として積極的に捉えるものと言えば、伝統的には「弁証法」が考えられるが、ハイデガーは、「止揚」やそれによる「合理化」を避けるためか、弁証法についてはきわめて否定的な態度をとる。

『哲学への寄与論稿』（以下『寄与論稿』と略記）の「Ⅳ．跳躍」と「Ⅴ．根拠づけ」では、この対立的なものの交錯が最も強く出てくる。この二つの接合肢は、『寄与論稿』の思索の核心的部分でもある。存在にますます立ち去られているような歴史的現状を受け止め（「響き」）、そのような現状へと至らしめた形而上学の原初と対決して（「投げ送り」）、いよいよ形而上学が塞ぎ続けてきた存在の真理を追究し、大胆に語りだそうとする思索が「跳躍」と「根拠づけ」である。「跳躍」と「根拠づけ」は、事柄の上で切り離し難く、密接に連動している。それゆえ、語られる内容も重なっている。加えて、事柄が核心的であるからであろうが、『寄与論稿』のなかでもこの上なく難解である。

本章では、「Ⅳ．跳躍」と「Ⅴ．根拠づけ」で思索されている内容を可能なかぎり明らかにしつつ、ハイデガー哲学の特色であるところの「対立的なものの交錯」がどのような事態として理解されうるか、またそのような対立と交錯を見てとる思考がどのような性格のものなのかを考えてみたい。

2　跳躍

存在者ならざる存在を思索するためには、存在者につねに目を向けている私たちの態度を大きく変更しなければならない。「Ⅳ．跳躍」の最初の断章には、「すべての馴染みのものを追い越し背後に追いやる」（GA65, 227）という文言がある。すると跳躍とは、何か超感性的世界へと超越することのような印象を受けるかもしれないが、そうではない。跳躍は、抽象的な存在者性とは異なる根源的な存在、すなわち「存在《あり》（Seyn）」の内への跳躍であって、存在の本質的な働き（Wesung）に迫ろうとすることである。あえて言えば、「在る」というこの〝リアル〟な事態に身を開いていこうとすることなのである。

存在者につねに目を向けている私たちの態度には、存在者を対象化しそれを表象するという思考習慣が近代以降根強く潜んでいて、そうした思考習慣から脱却することが必要となる。ハイデガーはしばしば、存在の内に入ってそこに切実に立ち続けることを「内立性（Inständigkeit）」という言葉で表現し、これを多用している。[1] この語がギリシア語「ノエイン（思考）」と対立させられているところ（GA65, 265）などを見ると、形而上学的思考とは異なる「思索」を言わんとしていることが分かる。

「在る」という事態を真の謎として問うためには、問う者が存在に襲われ捉えられていなければならない。『存在と時間』において、「この存在者〔現存在〕にはおのれの存在においてこの存在自身へとかかわりゆくことが問題である」という表現がリフレインされた。「……にかかわりゆくことが問題である（es geht um）」のは、『存在と時間』では現存在自らの存在であるが、『寄与論稿』においては、存在《あり》（Seyn）自身というふうに当てはめることができよう。[2] 存在を問うことが、自らそれに巻き込まれているところの存在を問うのであってみれば、それは他人事ではなく、我が事として問題なのである。

このような人間と存在との関係は、存在者と存在者との関係とは異なった独特なものである。この関係は「転回（Kehre）」と呼ばれる。「転回」は『寄与論稿』においても多義的であるが、「現存在と存在との転回的な連関」（GA65, 315）、あるいは「転回における存在と現存在との最も親密な連関」（GA65, 361）、また、存在の呼びかけとそれに聞き従う者との間で起こる「対向‐転回（Wider-kehre）」（GA65, 407）といわれるように、存在と人間との連関が「転回」の基本的な意味である。この連関はまた「対向振動」とも呼ばれ、これこそが性起としての存在の内実なのである。

> 存在《あり》は、それが本質的に働くためには人間を必要とする。そして人間は、現‐存在としての自らの終局の使命を遂行するために、存在に帰属する。〔…〕必要とすることと帰属することとのこの対向振動が、性起としての存在をなす。

（GA65, 251）

存在と人間の呼応関係は主観‐客観関係ではない。しかし、そのように誤解されてしまう可能性はつねにある。そこで、それを避けるためにも、「現‐存在（Da-sein）」という概念の理解が肝要となる。

Da-seinという表現にはハイフンが入れられている。『存在と時間』では、Daseinとハイフンなしに使われることが圧倒的に多く、そこでは人間の存在、あるいは人間という存在者と理解してさしつかえなかった。だが『寄与論稿』では、「人間」と「現‐存在」が区別されて用いられることが多い。ハイデガーによれば、「現」とは「全体としての存在者そのものの開け」（GA65, 296）のことである。この「現」は、しかし、物理的空間のように、最初から人間と無関係にあるのではない。むしろ、人間が現であることによってのみ可能なのである。現‐存在とは「現を「存在する（ist）」（言わば能動的‐他動詞的に）ことによって、この際立った存在に応じて、そしてこの存在それ自身として、ある比類なき存在者であるような存在の仕方」（ebd.）のことである。現‐存在は対象として表象されるのではなく、Da-seinとして遂行され、持ちこたえられるものである（GA65, 309）。このような現‐存在は、存在と人間の連関そのものであるとともに、「人間を根底から‐根拠づけると同時に突出させるもの」（GA65, 301）、「将来の人間存在の根拠」（GA65, 300）となる。存在を思索することは、「「理性的動物」（animal rationale）から現‐存在への人間の本質変化」（GA65, 3）を遂げようとすることなのである。さらに、現が全体としての存在者そのものの開けである以上、現‐存在には、全体としての存在者への連関が「決定的」（GA65, 299）であり、存在者を欠いた抽象的な場所に人間が関わるということではないのである。

跳躍とは、このような主観‐客観関係とは異なる、存在と人間との呼応関係そのものへと、思索する者が入っていく試み、すなわち企投である。

> 〔跳躍は〕存在《あり》の真理の企投を遂行することである。その遂行は開けた場への進入という意味であり、しかもそれは、企投を投げる者が投げられた者として自らを経験する仕方、すなわち、存在によって性‐起させられるという仕方でなされる。企投による開明がそうしたものであるのは、それが被投性の経験として、したがって存在への帰属性の経験として生起するときにのみである。
>
> （GA65, 239）

存在の内へと跳躍するという企投は、投げる者がその存在へと帰属しているという被投性を開示することになる。跳躍としての企投が、『存在と時間』におけるように通常の道具の使用の際に働く企投（理解）ではなく、際立った究極の企投であるからこそ、被投性との反転、「転回」が成り立つのだと言えよう。ここにおいて、形而上学の歴史に一貫してある、存在に対する思考の支配が否定される。存在の思索は存在に促されてはじめて成り立つ。『寄与論稿』の副題 »Vom Ereignis« が「性起から」とも訳されるのはそのためである。

だが跳躍によって生じるのは被投性の経験だけではない。跳躍は「裂け目（Zerklüftung）の深淵を跳び出させる（erspringen）」（GA65, 9）といわれるように、存在の相貌がここで発現する。Sprung というドイツ語には「ひび・亀裂」という意味がある。跳躍という思索の運動にともなって、「在る」という事態に成り立つ差異——対立的な差異——が発現すると考えるのである。この「裂け目」は、存在者の「様相」ではないとされながら、それと類比的に存在の対立的な諸相を表現するものと解される。ただし、この「裂け目」論は十分なかたちで展開されてはいない(3)。それでもここで注目されるべきものとして、「存在と無」ならびに「死へとかかわる存在」（あるいは「死へとかかわる存在《あり》（Seyn）」）についての考察が挙げられる。

「無」という言葉は独特の喚起力をもつものであるが、「無」は決して存在の問いの「答え」のようなものではなく、思索を進めていくためのものである。ハイデガーは「無」の概念を問題にしているのではない。無は「自らを退去させるもの」、「拒むもの」（GA65, 246）という存在の本質性格を言い当てるものである。「存在は非的性格のものとして本質的に働く」（GA65, 267）。存在が存在者のようなものとしては姿を現さず、どこまでも自らを退去させる。それゆえ無は、「存在の深‐淵性を指示する力」（GA65, 245）をもつ言葉なのである。そしてその無の「最も深い本質への指示」（GA65, 325）が「死」であると語られる。

もちろん、この「死」なるものを他人事のように客観的に表象したり説明したりする場合には、このような指示は指示として効力をもつことはないであろう。『存在と時間』の死の議論が示したように、ほかならぬ私がこの死へと差し向けられていると経験するそのさなかに、死が異様で見通し難い深淵としてその口を開けてくるのだと言えよう。それは、「私」の存在のみならず、およそ物が、世界が、在るということ、そのことが謎めいた事態になることへと連動する。死は「存在の問いを初めてその根拠へともたらす」（GA65, 286）のである。ここでは存在と人間との転回的関わりが、「死」を通して成り立っているかのようである。「死の異常さと唯一性において、すべての存在者における最も異常なものが、つまり異他的なものとして本質的に働く存在自身が、開示される」（GA65, 283）。したがって「死への先駆」とは、「通俗的な意味での無への意志」（GA65, 325）ではなく、「死を現存在のうちに引き込む」（GA65, 285）ことであり、これによって深淵的根拠としての現という場が開かれる。こうしていまや死は、きわめて逆説的に、「存在の最高の証し」（GA65, 230）、「最高にして究極の証し」（GA65, 284）

となるのである。

3　根拠づけ

根拠づけは、存在の真理を根拠づけることである。思索の営みとしては、それは存在の真理という根拠を究明すること（Ergründung）であるが、そのためには、根拠自体が根拠として本質的に働いていていなければならず、根拠の究明はそのような根拠自体の働きに規定され、呼応する仕方でなされるものと考えられている（GA65, 307）。根拠づけは、この言葉から連想されるように、知の普遍性を保証するための確固たる原理を見出そうとすることのように思われるかもしれない。しかし以下に見るように、ハイデガーはここで、揺るぎない根拠ではなく、どこまでも根拠が抜け落ちる深淵を見てとるのである。その意味で、従来のオーソドックスな哲学とは異なる根拠づけが志向されているのである。

(a) 真理論

ところで「真理」と言えば、ハイデガーは、『存在と時間』以来独特の真理論というべき思索を展開していた。それは、何と言っても、ギリシア語の「アレーテイア」に立ち戻り、その原義を「非覆蔵性」とし、そこから存在者の被発見性や現存在の開示性を考えていくことに特徴があった。ところがこの『寄与論稿』では、アレーテイアに対して存在史的な批判的考察を行うのである。「アー・レーテイアは、非覆蔵性、非覆蔵的なものそれ自身を意味する。すでにここに示されているのは、覆蔵自身が取り除くべきものとして、また取り除かれ（α-）ねばならないものとしてのみ経験されるということである」（GA65, 350）。だがそうなると「問いかけは、覆蔵とその根拠には向かわない」（ebd.）。ハイデガーは、このようなアレーテイアの経験ではない仕方で真理を捉えようとするのである。彼は、アレーテイアがプラトン以来「光」という主導的な表象のもとで捉えられた結果、覆蔵性が経験されないまま推移してきたと見て（GA65, 339f.）、彼自身は覆蔵の経験こそなされねばならないと考える。

このようなスタンスは、明らかに『存在と時間』とは大きく違ってきている。『存在と時間』において真理は、「存在者からつねに戦いとられなければならない」（SZ, 222）ものであり、「存在者が覆蔵性から引き離される」（ebd.）ことが求められ、そのような一つの「収奪」（ebd.）という性格のものとされていた。なるほど『存在と時間』でも真理と非真理の絡み合いが考えられるにしても、しかし基本的には、覆蔵された在り方を離れ、開かれ、明るくされることに力点が置かれていた。これに対して、『寄与論稿』では覆蔵はどこまでも取り除きがたく潜みつづけることが強調されるのである。

存在が自らを覆蔵する。このことが「存在の本質性格」

(GA65, 330) とされる。「現の空け開け (Lichtung) のなかで存在が自らを覆蔵すること。自らを覆蔵することにおいて、存在は本質的に働くのである。性起は、何か存在者、現前者のように、白日の下に開かれて横たわっているのではない」(GA65, 342. 傍点引用者)。このような覆蔵は非真理というべきものであるが、認識の誤りという意味での「虚偽」ではないことは断るまでもないであろう。

　存在はどこまでも存在者から自らを覆蔵する。この覆蔵こそが、本来、存在者と存在との差異を成り立たせるものなのである。「存在論的差異」というのは、存在者どうしの違いのことではない。この特有の差異は、両者が一体でありながら一方の存在が他方の存在者の根底に隠れることで成り立つ。けれども「存在論的差異」というと、この概念が先行し、概念的理解だけで処理されかねない。ハイデガーは『寄与論稿』のなかで、存在と存在者が単に表象のレベルで区別され、存在が存在者の可能性の条件(存在者性)のようなものとして理解される危険性を察知し、「存在論的差異」という表現の使用に留保を与えている(GA65, 250, 273)。

　繰り返し述べるが、『寄与論稿』では存在が自らを覆蔵することが強調され、徹底的に追求される。ここでは、単純に覆蔵から非覆蔵への移行が目指されているのではない。「覆蔵の空け開けは、覆蔵されたものを止揚することや覆蔵されたものを非覆蔵的なものへと解放し、変えることを意味するのではなく、まさに、覆蔵(ためらいつつの拒絶)にとっての深淵的根拠の根拠づけを意味する」(GA65, 352)。根拠づけは存在の覆蔵を覆蔵としてあぶり出そうとすることである。それゆえ、覆蔵された状態に完全に埋没することではない。何らかの仕方で覆蔵が気づかれ経験されるのでなければならない。そうでなければ、そもそもそのようなことは語れないであろうし、語ったところで空虚な言明にとどまるであろう。覆蔵が覆蔵として経験されるのは、「空け開け」においてである。ハイデガーは『寄与論稿』においては、「自己覆蔵のための空け開け (Lichtung für das Sichverbergen)」という言い回しを多用し、これを真理の本質として規定する。「空け開け」については、「最も深い空け開け」(GA65, 342) であるとか、「最も充実し最も豊かな空け開け」(GA65, 390) という言い方がなされたりする。『寄与論稿』執筆時に行われた講義『哲学の根本的問い』(一九三七/三八年冬学期講義)の補遺には、自らを覆蔵することは「空け開けのなかにたえず入りこんで本質的に働く」(GA45, 211) とある。覆蔵が成り立つために空け開けが必要とされると考えられるのであるが、しかしそうなると、何か「空け開け」に二種類のものがあるようにもみえる。つまり、一方で存在者が顕わとなる「空け開け」と、他方で自己覆蔵のための「最も深い空け開け」の二種類である。だがそのようなことになっているのであろうか。

　これについては、やはり二つの別箇の「空け開け」があるのではないと解釈すべきであろう。『寄与論稿』の思索に近い『芸術作品の根源』を見てみれば、「存在者がその内へ入って立っているところの空け開けは、それ自身において同時に覆蔵である」（GA5, 40）とハイデガーは述べている。「空け開け」自体が覆蔵であり、覆蔵することは空け開くということで成り立つ。この一体性を「自己覆蔵のための空け開け」という言い回しで語ろうとするのであろう（端的に「空け開けつつの覆蔵」という言い方も頻出する）。次の文章がその一体性を決定的に述べている。

> 真理というのは、単に空け開けであるというのでは決してなく、覆蔵として、空け開けとともに根源的に親密に本質的に働くのである。空け開けと覆蔵の両者は二つのものではなく、一なるものの、真理それ自身の、本質的な働きなのである。（GA65, 349）

それゆえ、「自己覆蔵」を受け取る容器のように「空け開け」が別のものとしてあるのではない。対立的なものが一体となっている。あるいは、対立するようになるところに一つをみる。存在者が顕わになっているところに、顕わにならない存在を見てとる。この同じところに、空け開けと覆蔵を同時に見、かつ語る。これが「存在の真理」なるものの核心というべきものである。

(b) 時空論

存在の真理は「根源的な意味における根拠」（GA65, 307）であるとされるが、この根拠の性格に関しても同様の逆説的な一体性が語られる。この根拠は、根拠として決して現れず自らを隠す深淵である。自らを隠す深淵であるからこそ、本当の意味での根拠となる。「根拠が現れないこととしての深-淵は、深淵的な根拠にほかならない（Der *Ab*-grund ist Ab-*grund*）」（GA65, 379）と。両者は対立的なものであるから、たがいに対立するものとしての相手を必要とする。必ず相手なしには存立しえない。そこで両者の成り立ちは「抗争」というダイナミズムにおいて生起するのである。『寄与論稿』では、この真理の運動がさらに「時-空」として語りだされることになる。

「時-空」は「真理の本質的な働きの本質展開」（GA65, 386）といわれるが、『存在と時間』で予定されていた「時性《テンポラリテート》」の議論に相当するというような示唆もある（GA65, 18）。だが『寄与論稿』では、存在の《時性的な《テンポラール》》解釈は存在の対象化を回避するために差し控え、存在の真理を《時性的な》解釈から独立して《見えるように》させることが必要だと言っている（GA65, 451）。そしてここでは、何と言っても、「時間」だけでなく「空間」が新たな重要な意義を帯びている。

ハイデガーは、空け開きつつ覆蔵するという、開示と覆蔵の交錯の働きに、時-空の生起を捉えようとする。この生起は、

「時間は空間を開く（einräumen)」、「空間は時間を開く（einzeitigen)」（GA65, 386）というように、あるいはもっと端的に、「時熟する空開―空開する時熟」（GA65, 261）というように、「十字交差」（GA65, 192）をするものと考えられている。時間と空間は、どちらかに優位があるのではなく、同等な資格において、たがいに相克し合いながら一体となって生起する。後期の公刊された著作でみられる「活動－時－空（Zeit-Spiel-Raum)」という概念が『寄与論稿』でも用いられるが、このSpielというのは、十字交差するところの、相克と一体化の生起を表していると理解することができよう。

だがこのような「時－空」論はあまりに思弁的なもののように思われる。いったいこれは何のことなのだろうか。ハイデガーは、時－空を「決定の瞬間の場」（GA65, 382）と規定している。全体を通して解釈してみれば、彼は、第一の原初の歴史（形而上学の歴史）から別の原初の歴史への移行、その新たな始まりとしての瞬間の場、「存在の歴史のどこ（Wo）といつ（Wann)」（GA65, 375）を、「時－空」という概念で思索しようとしていると解することができる。「空け開け」と「覆蔵」、この一体的なものを、存在の生起の実相と理解するがゆえに、この対立的なものの交錯が、歴史の転回を成り立たせる道理と考えられるのである。「II. 響き」において、存在に立ち去られてあることとは、「自らを覆蔵すること」（GA65, 111）だとされていた。「V. 根拠づけ」では、この立ち去りこそ「瞬間」であり、「想起しつつ待望する」という仕方で「決定の領域」が根拠づけられると語られる（GA65, 384）。存在に立ち去られるという窮迫の高まりが私たちを歴史の分かれ目としての決定に向かわせる。まさに危機のなかに救いを見出す道理が「時－空」なのである。

(c) 存在者論

「V. 根拠づけ」では、「時－空」の思索（なかでも二四二番）が言わばクライマックスのように展開されるのだが、その後で「e. 蔵することとしての真理の本質的な働き」というタイトルでまとめられた断章群が置かれている。分量的には多くはないが、ハイデガーの哲学全体を理解するうえでもきわめて重要である。

「蔵する」と訳したBergenというドイツ語は、「救う」、「安全にする」、「隠す」という意味である。ハイデガーは「存在者の内に真理を蔵すること」というふうにこの語を使う。真理の本質とは先に見たように自己覆蔵のことである。それゆえ「蔵する」とは、この自己覆蔵を匿うという仕方で大切に守るということになる。「この自己覆蔵を取り除くのではなくむしろ保管するために、この〔自己覆蔵という〕生起を蔵することが必要なのである」（GA65, 390f.）。Bergenという語は、いうまでもなくVerbergenの語幹をなしている。Bergenは、存在者の蔭に自らを覆蔵する（verbergen）存在を、覆蔵するままに看取して保持し続けることである。そして、「性起の真理、すなわちまさしく真理それ自身は、芸術、思索、詩作、行為としての蔵することにおいてのみ本質的に働く」（GA65, 256）といわれるように、蔵することが「芸術」、「思索」、「詩作」、「行為」という具体的な人間の営為としてなされるものだとハイデガーは考えている。さらに、「配慮的に気遣う（Besorgen）という、蔵することとの最も身近なあり方から、真理を蔵することを、空間と時間に対応しつつ、近づけること」（GA65, 392）という文言も注目される。つまり、『存在と時間』では非本来的なものとしてしか語られなかった配慮的気遣いの本来性が「蔵すること」として考えられていると言ってもよいのである。

　ハイデガーは、「芸術」や「思索」などの人間的営みの大いなる意味を「蔵すること」に込めている。「創造――ここでは比較的広い意味で考えられている――は真理を存在者の内で蔵することを意味する」（GA65, 24）。この創造は、通常理解されるような「制作」ではなく、「存在者がありありと存在する（seiender）ようになること」（GA65, 246）である。sein の現在分詞を比較級にした seiender という語は、存在者が一層ありありと存在することと理解できる。存在者がありありと存在することのうちに、自らを覆蔵する存在が本質的に働いている。こうして、「存在者を救うこと」（GA65, 100）、「存在の真理に基づいて存在者を回復させること（Wiederbringung）」（GA65, 11）をハイデガーはねらっているのである。

　したがってここでの思索は、存在者を消去した「世界」（無世界）に行くわけではない。むしろ逆に、再び存在者へと立ち戻ることが考えられている（GA65, 452f.）。「物」（存在者）が「対象」となり、さらに「用象」となり、単なる消費財のようにしか扱われない事態を転じ、自らを覆蔵する「存在の真理」が働くことによって「物」がありありと存在するようになること、思い切った言い方をすれば、「物」が本来有すべき尊厳を求めるのである。ということは、そうした存在者への関わりが変様し、再び存在者の尊厳を取り戻すような《世界》の新たな開始がここで希求されている(4)。そうであれば、「根拠づけ」には、始まりを新たに開き、そのような《世界》を「創基する」（Gründung）というニュアンスが響いてくるであろう。

4　知と信

　以上のように、「Ⅳ. 跳躍」と「Ⅴ. 根拠づけ」では対立的なものの交錯が幾重ものかたちで語られる。ハイデガーは交錯・抗争を解消したり止揚したりするのではなく、どこまでも交錯・抗争するままに捉えていこうとする。近代の思考にとって、これは落ち着かない事態ではあろう。

　近代の思考は、何と言っても、物を自我の前に立て（vor-stellen）、対象化する。対象化するとともに、それを意のままにコントロールし、役立てようとする。対象化されないものは、思考にとっては不合理で無意義なものでしかなく、極端になれば気づかれることとさえない。空け開けと覆蔵、根拠と深淵、そして存在者と存在、この対立的二重性に向かい続けるためには、そのような思考（計算的思考）とは別の思考の態度がなくてはならない。

「跳躍」のところで「内立性」について触れたが、『寄与論稿』の「根拠づけ」では、この思索の営みについて、さらに踏み込んで、大胆にも、「信（Glauben）」として語る場面がある。（「信と知」はキリスト教が哲学を受容して以来、対立するものなのか、どちらかに優位があるのかという西洋哲学の根本テーマであるのだが、ここでは「信」も「知」も独自の捉え直しがされて結びつけられる。）ハイデガーは、「真とみなす（das Für-Wahr-halten）」という「信」の意味を、「真理の本質に自らを保持すること（das Sichhalten im Wesen der Wahrheit）」と読み換えて、これこそ「本質的な知」であるという（GA65, 368ff.）。これは決して「盲信」のようなことでもなければ、ニヒリスティックな懐疑主義でもない。どこまでも「在る」という現実にひそむ対立的二重性の間に身を置き、その間を揺れ動きながら、その対立の反転を持続的に捉えていこうとする態度である。この態度が「根源的な問うということそのもの」（GA65, 369）なのである。ハイデガーは原初的思索の根本気分として「慎ましさ（Verhaltenheit）」というものを重視するのだが、それはこうした思索の態度と対応したものであると言えるだろう。

注

（1） Inständigkeit および、それに近い意味の Inständlichkeit については、渡邊二郎『ハイデッガー「第二の主著」『哲学への寄与試論集』研究覚え書き——その言語的表現の基本的理解のために』理想社、二〇〇八年、一五五—一七二頁を参照。

（2） 『寄与論稿』では「気遣い」は「存在《あり》のため」の気遣いだと語られる（GA65, 16）。

（3） しかしこの問題関心の強さと構想は、二〇一二年に『ハイデガー研究』第二八巻に掲載された遺稿からうかがえる。Heidegger, "*Zerklüftung des Seins*", in: *Heidegger Studies*, Vol. 28, Duncker & Humblot, 2012. なおこの遺稿は、翌年刊行された『ハイデガー全集』第七三巻の二にも収められている。*Zum Ereignis-Denken*, GA73-2.

（4） ハイデガーの後期思想では、このような《世界》は「四方界（Geviert）」という形象で表現されることになるが、その原形図が『寄与論稿』のなかにある（GA65, 310）。

18　将来する者たちと最後の神

『哲学への寄与論稿』Ⅲ

関口　浩

1　中心となるテーマ

『哲学への寄与論稿』の最終部、「Ⅵ．将‐来する者たち（Die Zu-künftigen）」と「Ⅶ．最後の神（Der letzte Gott）」においては、もはやいかなる哲学についても触れられない。プラトン、アリストテレス、デカルト、カント等々といった、これまでの章においてしばしば挙げられた哲学者の名前さえ、たった一つも記されていない。ロゴス、イデアといったギリシア哲学の用語も、一つも記されない。存在（Seyn）のうちへと「跳躍」して、存在の真理の「根拠づけ」をめざして問い進んで来た思索は、ここにいたってもはや哲学史的考察を行うことはない。思索は過去の哲学を解釈しつつ、批判しつつ前進するのではなく、もっぱら将来に向かって、それを準備しようとするのである。

「Ⅶ．最後の神」の第二五六節に次のような一節がある。

「存在の中央における神と人間との衝突（Zusammenstoß）を、本質的な仕方で準備すること」（GA65, 416）。

ここで主題となるのは、来るべき時代における、存在の〈中央〉という領域での、人間と神との関係のあり方である。われわれにとって馴染みのある言葉をもって言うならば、宗教性の次元の事柄が論究されるのである。

2　詩人ヘルダーリンとの関係

この二つの章で問題となるのは、いまだ到来していない時代において、将来する者たちと最後の神との間に生じる出来事である。しかし、「将来」といい、「最後」という、来るべき時代、すなわち古代ギリシアにおける〈第一の原初〉に対する意味での〈別の原初〉を、ハイデガーはどのようにして洞察しえたのだろうか。ハイデガーにとって、別の原初への眼差しを開いたのは、詩人ヘルダーリンであった。別の原初への考察は、ヘルダーリンの詩作を解釈することを導きとしているのである。「Ⅵ．将－来する者たち」の最終節には次のように記されている。

「ヘルダーリン、将来する者たちに属す、遙か遠くからやって来る詩人、したがって最も将来的な詩人。ヘルダーリンは、最も遙か遠くからやって来て、この遙かな遠さのなかで最大のもの〔第一の原初〕を測り抜き、それを〔別の原初へと〕変容させるのだから、最も将来的な者である」(GA65, 401)。

一般的な文学史研究からすれば、ヘルダーリンは十八世紀から十九世紀にかけて活躍した近代ドイツの詩人、つまり過去の文学者ということになるだろう。だが、ハイデガーは、そのような詩人を「最も将来的な詩人」であるとみなすのである。ヘルダーリンは、現代人にとって、その真価を汲み尽くすことが課せられているような詩人なのであり、いまやようやく到来しつつある詩人だからである。つまり、ここで問題となっている時代は、計算的に算出される未来ではない。尺度でもって計測される時間における未来ではないのである。

実際、「将－来する者たち」と「最後の神」の両章においては、ヘルダーリンの影響が顕著である。たとえば、将来する者たちについて言われる「没落」[1]、最後の神について言われる「合図（Wink）」、「通り過ぎ（Vorbeigang）」[2]のような語は、いずれもヘルダーリン解釈に由来する。たとえば、ハイデガーはヘルダーリンを取り上げた一九三四／三五年の講義のなかで「合図」について次のように述べている。

「われわれはすでに、詩作（Dichtung）をその語幹の根本意味に依拠して指示的開示（das weisende Offenbarmachen）という仕方で言うことと規定した。これは、ヘルダーリンが古代の知恵を知ることによって理解するにいたった神々の言葉の性格に呼応している。ヘルダーリンは詩「ルソー」のなかでこう言っている。

……そして合図は、昔から神々の言葉である」(GA39, 31f.)。

右の引用で、ヘルダーリンが知っていたという古代の知恵は、ヘラクレイトスの思索のことなのであるが、同じ講義に「合図」という語を含むヘラクレイトス断片九三について触れた次のような箇所がある。

「「その神託所がデルポイにある主なる神（アポロン）は、言いもせず隠しもせず、合図する」。根源的な意味で言うこととは、ただ直接的に開示するのでもなければ、ただまったく隠蔽してしまうのでもない。そのような言うことは、同時に両方なのであり、そのような一つのものとして、合図することなのである。合図することにおいては、言われたことは言われざることを、また言われざることは言われたことを、そして言われるべきことを指し示す。すなわち、抗争するものは調和を指し示し――調和とはじつは抗争にほかならないのだが――、調和は抗争を指し示す――抗争のなかで鳴り響いているのはただ調和のみなのだが――」(GA39, 127f.)。

このように、合図という語はヘルダーリンの詩作に由来する。そして、右に見るように、ヘルダーリンの古代への回想が導きとなってギリシア人の神《かみ》経験についての洞察も開かれたのである。

ここにおいて、存在そのものを問う思索自体が詩人の詩作と密接に関連するにいたり、詩人的なものになってゆく。この点についてハイデガーは次のように述べている。

「存在（Seyn）の探求者は、その探求者的な力がこのうえなく固有に過剰となったときには、存在を〈創設する〉詩人である」（GA65, 11）。

存在を問う者は、存在を創設する詩人にならなければならないというのである。現に、ハイデガー自身の思索もまた詩人的な性格をいよいよ強めてゆくこととなる。

3　人間と神との「間」

先に引用したような神と人間との衝突は、人間が直接に神を求めることによって生じるわけではない。また、神が直接に人間に関わることによって生じるのでもない。神でさえ、人間と直接に関わることはできないのである。神と人間とが衝突するには、まず両者の関係が成立するための〈間（Zwischen）〉が開かれなければならない。そこは、両者の〈中央（Mitte）〉とも言われ、また〈現-存在〉であるとも言われる。

「現-存在。これは〈中央〉という仕方で開かれ、かつそのようにして覆蔵する〈間〉であり、神々の到来（Ankunft）と逃亡（Flucht）と、現-存在に根を下ろす人間との、〈間〉である」（GA65, 31）。

この〈間〉は、もとより二つの事物があって、そのことによって生じる空間といったようなものではない。神と人間との〈間〉は、いかなる意味においても事物的なものの領域ではない。それは事物の領域における三次元空間のようにスタティックに空いているわけではないのである。ここでは、そもそも二つの何かがあって、その後に〈間〉ができるというのではない。むしろ、〈間〉があって、はじめて二つのものもありうるのである。それはいかなる存在者でもない存在そのものの領域なのであり、つまりは性起の領域なのである。

この性起としての〈間〉は、拒絶という動性としてそれ自体を贈与する。

「拒絶は贈与の最高の高貴さであり、それ自体を覆蔵することの根本動向である。それ自体を覆蔵することの開示性（Offenbarkeit）は、存在の真理の根源的な本質を形成する」（GA65, 406）。

そのようにして〈間〉は、それ自体を覆蔵すればするほど、人間と神との関係性を成立せしめ、両者をいよいよそれぞれの固有性へと導くのである。

しかし、そのような意味での性起としての〈間〉の領域は、それ自体だけで開いているのではない。それが開かれるためには、人間が必要とされる。性起は「現存在を必要とせざるをえない」のであり、「現存在を必須のものとしながら現存在を呼びかけ（Zuruf）のうちに置く」（GA65, 407）のである。性起の領域は、人間がその性起の「呼びかけ」に応じてそれに「聴き従い属する」という仕方で関わることなしに空け開かれることはない。とはいえ、性起なしにそれ自体として人間があるわけでもない。この両者は、どちらかが原因で、どちらかが結果であるというような関係にあるのではない。ハイデガーはそのような関係性を「転回」と名づけている。転回は、「呼びかけ（聴き従う者への）と聴従（呼びかけられた者の）との間で本質的に現れる」（GA65, 407）のである。

4　将来する者たち

そのように性起と転回的に関わる人間こそが、「最後の神」と衝突するにいたる「将来する者たち」である。彼らは、かの〈間〉において最後の神と関わるのであるが、しかしその関わりは信仰的なものではありえない。将来する者たちは最後の神を信仰するのではない。

　一九二七年に口述された講演「現象学と神学」のなかでハイデガーは、実証的学としての神学の実証性を特徴づけるにさいして、信仰について次のように述べている。「信仰とは人間的現存在の実存のしかたの一つであり、それは現存在から、しかも現存在によって自発的に時熟させられるのではなく、この実存のしかたのうちで、この実存のしかたとともに啓示されるものから、つまり信仰されるものから時熟させられるのである」（GA9, 52）。ここに述べられている「信仰されるもの」とは、要するに十字架にかけられたキリストのことである。それに捉えられることによって生じてくるのが信仰という人間のあり方である。つまり、信仰とは、それがどれほど偉大なものであるにせよ、たんなる存在者との関わりにおいて生じてくる実存なのである。信仰者はただ存在者の領域にのみ留まるのであって、存在そのものに向けて開かれることは、その本質上、ありえないのである。(3)

　これに対して将来する者たちは、問いつつ探し求める者として、まず第一に存在の近さへ到ろうとする。

「探し求めることとは、第一にそして本来的には、真理がそのうちでみずからを開くか、あるいは拒むような領域へ前‐進することである。探し求めることは、それ自体において将来的であり、存在の近さ‐へ‐到ることである。探し求めることは、探し求める者を、はじめてその者自身へもたらし、言い換えると、存在者の空け開けと覆蔵とがそのうちで生起する現‐存在の自己性へもたらすのである」（GA65, 398）。

　存在の近さの場所に到ることによって自分自身への〈間〉の領域も開けて来るのであり、そのことによって人間の自己性も成立するにいたるのである。そのような人間がいよいよ問いつつ探求しつつ、存在との聴従的帰属性（Zugehörigkeit）を基づける。そのさい、人間は存在の呼びかけによってその気分を規定され、慎ましい者となる。

存在の近さは、慎ましさ（Verhaltenheit）という根本気分の遊動する場所である。だが、根本気分は人間の内面に生じるいわゆる気分とは異なる。むしろ人間がそれの支配領域に達するのであり、将来する者たちはこのような慎ましさの気分の場所においてである。

この慎ましさの気分もまた講演「形而上学とは何か」における〈不安〉と同様に、存在する事象にもっぱらかかわる労働というあり方、すなわちわれわれの日常的なあり方を中止するものである。慎ましさの気分にあるとき、人間はそのような意味でいわば手足を引っ込めたようにあらざるをえない。そのようにして人間は、日常的な意味では、何もなさず、何も語ろうとはしなくなるのである。

この根本気分において、将来する者たちは最後の神の通り過ぎの「静けさ」へ向けてみずからの気分を調える。彼らはこの根本気分において創造しつつ、「この静けさの見張り役（Wächter）となる」（GA65, 17）。

そのような将来する者たちが準備されなければならないのである。ハイデガーは、将来する者たちを準備する者として、「退路を行く者たち（die Rückwegige）」という人間たちのことを考える。

「最後の神の将来する者たちは、自分たちが経験した〈存在に立ち去られてあること〉からの退路を見出し、測り通し、建設する者、そういう者たちによってのみ準備され、かつはじめて準備される。この退路を行く者たちの犠牲なくしては、最後の神の合図の可能性の暁光にすらいたらない。この退路を‐行く者たちは、将来する者たちの真の先‐駆者たちである」（GA65, 410f.）。

存在に立ち去られた時代にあってそこからの退路を求めつつ、将来する者たちに先立って彼らを準備することを使命とする者たち、この者たちにハイデガー自身もまた数え入れられるであろう。この退路を行く者たちの犠牲によって最後の神の合図の可能性もまた準備されるのである。

さて、それでは、最後の神とはどのような神であるのか。

5　最後の神

この神は、通常考えられるようないかなる神でもない。天地の創造主でも世界根拠でもない。いわゆる信仰の神でも、キリスト教神学の神でもなく、また哲学者の神でもない。それは、この章の冒頭に「既在の神々に対して、とりわけキリスト教の神に対して、まったく別の神」（GA65, 403）と述べられているように、いかなる過去の神でもないのである。

だが、最後の神の「最後」とはどのような意味で言われているのだろうか。それは、史学的に見られた終わり、神性の途絶ということを意味するのではない。

「もしわれわれがここで計算的に思索し、この「最後のもの」をたんに途絶えることとか終わりと見なし、最高のものについての極限にして最短の決定とみなさないなら、そのときはもちろん、「最後のもの」についてのすべての知は不可能である」(GA65, 407)。

最後のものにおいては、それまでの歴史を保存しつつも、それを終末へもたらすものが生起しているのである。それこそが〈別の原初〉である。最後の神とは〈別の原初〉における神である。そのような神として「最後の神」は「最終的に神々についての決定を神々のもとに、かつ神々の間にもたらし、そのようにして神の本質の唯一性の本質を最高のものへと高める」(GA65, 406) のである。

別の原初において神としてその本領を発揮する神は、人間のもとを「通り過ぎる」ものである。それは恒常的に、永遠に存在し続けるものではなく、原初的な瞬間にのみ、人間のもとを通り過ぎる。その瞬間が過ぎれば、神もまた不在のものとなるのである。

最後の神はまた「合図する」ものでもある。既述のように、合図するとは、たんに明確に語り示すことでもたんに沈黙することでもない。それは、示すことであると同時に隠すことでもあるような語りである。将来する者たちはそのような語りに応答して、彼らもまた合図という仕方で神の語りを作品のうちに匿うのである。

最後の神はそのような人間を必要とする。この神は全能のものではないからである。神といえどもすべてを成しうるわけではない。

「存在の真理〔…〕は、おそらくは神々でさえどうにもできないものであり、むしろそれは神々すらそれの権限に服するような運命的支配という深淵的なものにのみ属する」(GA65, 7)。神は存在との関連なくしては神たりえないのだが、神は神のみでは存在への関連を築けない。性起としての〈間〉の領域にまず達しうるのは、性起に聴従的に帰属する人間のほうなのである。それゆえ、神は神となるために人間を必要とするのであり、そのような意味で神は人間を待っている。

「神が存在 (Seyn) の真理の根拠づけを待ち、それとともに現-存在のうちへと人間が跳び込むことを待っているということ、そのことを知る者はいかに少ないことか。その代わりに、あたかも人間が神を待たなければならないかのように見え、また神を待とうとしているかのように見える。そしておそらくこのことが、最も深い〈神無きあり方〉の最も罠にかかりやすい形式であり、存在の〈現に-中間に到来すること (Da-zwischen-kunft)〉の固有化作用を受-苦することへの無力という、麻痺状態であるだろう」(GA65, 417)。

とはいえ、人間の努力のようなものが神を神とする、と考えられてはならないだろう。「現-存在のうちへと人間が跳び込む」ことのうちには、人間のそうした主観主義的意欲を徹底的に放棄することも含まれているのである。

6　人間と神との衝突

存在の中央という〈間〉の領域が基づけられるなら、人間と神とが衝突する関係が成立しうることになる。だが、この関係性は、神のほうが人間に対して圧倒的に優越しており、人間は神に対してまったく無力である、というようなものではない。ハイデガーは次のように述べている。

「〔人間による〕存在へのあの聴従的帰属性と、〔神が〕このように存在を必須のものとすること、この二つのことがはじめてそれ自体を覆蔵する存在をあの転回的な中央（jene kehrige Mitte）として露呈させる。この中央において、〔人間による、存在への〕聴従的帰属性は〔神が存在を〕必須のものとすることを凌駕し（übertreffen）、そのように必須のものとすることは〔人間による、存在への〕聴従的帰属性を越えて聳える（überragen）。それが性-起としての存在である。性-起は、このそれ自体の転回的な過剰（das kehrige Übermaß）から起こるのであり、そのようにしてそれは神と人間との間の、神の通り過ぎと人間の歴史との間の、戦いの根源となる」（GA65, 413）。

人間と神とは、たがいに凌駕しあうという、一見、闘争的と思われる関係にある。両者の関係が「出会い」などとは言われず、「衝突」と言われる所以はこの点にある。が、しかしそれは決してどちらかが勝利をおさめ、どちらかを絶滅するというような関係ではない。

「性起は、人間を神に委ね送ることによって、神を人間に委ね渡す。このように、委ね渡しつつ委ね送ることが性起である」（GA65, 26）。

人間と神とは相互に自己自身を委ねるのであり、そのことによってのみ両者はともに存立することができるようになる。どちらか一方のみでは、その本来のあり方は成り立たないのである。

さて、最後の神はこれまでのいかなる神とも相違するものであるから、人間と神との関係性も前代未聞のものということになるだろう。ハイデガーはそうした関係性を「衝突」と特徴づけていたが、この特徴づけのために彼が参照していたと思われるのは、第一の原初、すなわち古代ギリシアにおける神《かみ》経験であったろうと思われる。たとえば、「ソクラテスにまさる知者はいない」というアポロンの神託に対し、これを疑問として、自分自身より優れた知者を求めた哲学者は、ほかならぬ神に反論することによって、神を凌駕しようとした人間とみなすこともできよう。ギリシア悲劇の主人公もまたその例としてあげることができるだろう。オイディプス王もまたたんに神の下す運命に翻弄されるだけではなく、みずからの知において自身の恐るべき運命の真実をくまなく見きわめ、そしてみずから没落するときでさえ、誇り高くあった。さらに、ホメロスの英雄叙事詩についても同様のことが言える。カリュプソの誘惑を退けて死すべき者であることを選んだオデュッセウスは、その有限性にもかかわらず、むしろその有限性においてこそ、不死なる神にまさろうとした者であるとも考えられる。このように、ハイデガーは、古代ギリシアにおける神々と人間との原初的関係性から別の原初における両者の関係性を思索していったものと思われるのである。もちろん、この場合も、ヒントを与えたのは詩人ヘルダーリンであったろう。

7 存在者の回復

西洋文明は、古代以来、とりわけ近代以来、工作機構の支配によって、物が物とならず、世界が世界とならないという運命のもとにあった。存在へと跳躍し、存在の真理を根拠づける思索は、最後の神と衝突するにいたって、そのようにその本質を喪失している存在者を回復することをこころみる。

「最後の神の現れを準備することは、存在（Seyn）の真理の極限的な敢行である。この真理の力によってのみ、存在者を回復させることが、人間に成就するのである」（GA65, 411）。

将来の人間たちは、最後の神と衝突する瞬間に〈悲劇的に〉没落する。彼らが没落することによって、全体としての存在者は大地と世界との戦いというあり方において回復されるのである。この点についてハイデガーは次のように記している。

「時として、深淵を基づけるあの者たち〔将来する者たち〕は、守護されたもの〔存在〕の炎のなかで焼き尽くされなければならない。それは人間にとって現-存在が可能となり、そのようにして存在者のただなかでの存立が救済されるためであり、存在者それ自体が大地と世界との戦いの開けのなかで回復を経験するためである。

その結果として、存在者は、存在の真理を根拠づける者たちの没落を通してその存立のうちへと突き入れられる」（GA65, 7）。

将来する者たちによって現-存在としての〈間〉が空け開かれるとき、相互に対立する諸力が、とりわけ大地と世界とが、最大の力をもって戦い合うことになる。将来する者たちは、この戦いの中央において諸力に牽引されて、あたかもディオニュソス・ザグレウスのように引き裂かれるのである。

このようにして大地と世界とが回復されるとともに、最後の神を見出すことによって、人間たちはその共同性をも回復する。すなわち、民族が民族としてその本来性を回復するにいたるのである。

「ある民族が民族であるのは、民族の神を見出すことのうちで、みずからの歴史を割り当てられて受け取るときだけである。その民族の神は、民族に自分自身を越えて彼方へと向かうように強い、そのことによって民族を存在者のうちへと置き移す。その場合にだけ、民族は自分自身の周囲を旋回して、みずからの存立の諸制約にすぎないものをみずからの無制約的なものへと偶像化する危険から免れる」(GA65, 398)。

将来する者たちが、彼らの民族のために存在を探し求め、いまだ民族的でない「民族」に一見すると反対するかのように関わる。すなわち、「みずからの存立の諸制約にすぎないものをみずからの無制約的なものへと偶像化」しているようなあり方を批判する。そのことによって、その民族はみずからの真の神を見出し、既在的なものを越えて、別の原初へと赴くようにうながされる。そのようにして、大地の上に共同的に居住することが可能となってくるのである。

このようにして、いつの日にか到来するであろう、将来する者たちと最後の神との衝突のときに、ついに大地と世界、そして民族が、その本質を回復する。

『哲学への寄与論稿』における思索の道は、まずは存在へと、根源への方向を目指すが、ここにいたって存在者へと向かい、その回復を語る。思索の道程はそのように転回し、反転したところで終わるのである。

注

(1)「没落」という語は、ヘルダーリンの論文「滅びのなかの生成 (Das Werden im Vergehen)」に由来すると思われる。下記参照。GA39, 122f.

(2)「通り過ぎ」という語は、ヘルダーリンの詩「宥和する者よ」についての解釈に由来するものと思われる。下記参照。GA39, 111.

(3) ただし、『哲学への寄与論稿』二三七節「信仰と真理」においてハイデガーは、「信仰」を「真と認めること」として、真理との関連から捉え直し、根源的に問うことは、真理それ自体を根底から真摯に受け止めることとして、一種の信仰である、と述べている (GA65, 369)。この場合、信仰する者は存在にみずからを開いていることになる。だが、これはハイデガーによる信仰概念の変更と見なすべきだろう。信仰とはいっても十字架上のキリストという存在者にもとづく実存ではない。

19　真理概念の変容

「真理の本質について」「プラトンの真理論」「世界像の時代」

相楽　勉

真理のことをギリシア語で「アレーテイア *alētheia*」と言う。ハイデガーはこの語に「隠れなさ（Unverborgenheit）」という意味を読みこむ。この洞察は、今日のわれわれにとって、どのような意義を持ち、いかなる見通しを開きうるのか。これを本章では考えたい。手がかりは一九三〇年代の彼の思索が凝縮された感のある三本の論文である。(1)

世にはさまざまな「真理」があり、真理同士の衝突がある。どれが究極の真理かを決定できる立場はどこにもないように思われる。すべてが相対的でしかない状況に困惑を感じつつ、それでもなお今日のわれわれが真理をいかに求めるべきかを考えるとき、ハイデガーの「隠れなさ」という真理理解は、何を示唆してくれるのだろうか。

真理とは何か、と問う前に、それがそもそも問題になるのはなぜか、と問うてみよう。それは、差し迫った危機感、「窮迫（Not）」があるからだ、とハイデガーなら答えるだろう。それがもはや窮迫を感じることさえないという究極の危機であったとしても。

この窮迫は、「存在忘却」と語られることもあれば、「存在に立ち去られていること」と語られることもある。この危機的状況によってハイデガーが強いられたのは、それを歴史的始まりに結びつけて考え、西洋哲学の始まりにおける「隠れなさ」に気づくことであった。存在忘却は、この始まり（第一の原初）に胚胎した真理概念の変容にかかわりがあり、だからこそ、この変容の真相に立ち戻ることが、新たな始まりへの道を意味したのである。

本章で取り上げる第一の論文「真理の本質について」は、「一致」という通常の真理観から出発して、「隠れなさ」としての真理の本質を論じる。第二の論文「プラトンの真理論」は、隠れなさとして経験された真理が、「正しさ」に定位する真理観に取って代わられる場面を、プラトンの『国家』に登場する

「洞窟の比喩」にかんする独自の解釈を通じて明らかにする。第三の論文「世界像の時代」は、近代科学の批判的分析を通して、「近代（Neuzeit）」を、正しさとしての真理の支配が極点に達した時代として捉える。

以下では、まず、「真理の本質について」の前半において、隠れなさとしての真理の本質が、「自由」と言われる経緯をたどり（**1**）、次いで、「プラトンの真理論」における「洞窟の比喩」解釈が、この問題をどう描いているかを明らかにする（**2**）。その上で、「世界像の時代」における近代論を、「真理の本質の決定」という観点から読む（**3**）。最後に、隠れなさの「隠れ」の持つ意義を、「真理の本質について」の後半の読解を通じて明らかにしたい（**4**）。

1　真理の本質は自由である
――「真理の本質について」前半

論文「真理の本質について」の冒頭において、ハイデガーはまず「真」ということの通常の概念の検討から始める。「真の喜び」とか「真の金」と言う際の「真」とは、問題になっているもの（喜び、金）と予め考えられた本来そうであるべきことが「一致」する、すなわち「合う（stimmen）」ということだ（GA9, 179）。そしてこの一致が言明されるなら、その言明と言明される事柄の「一致」でもある。真と認められた金に対して「これは金である」という言明が一致するのである。いずれにせよ、この「一致の二重の性格づけ」が「伝承されてきた真理の本質限定を前面に押し出す」（GA9, 180）と言われる。つまり、「真理トハ、物ト知性トノ同等化デアル（veritas est adaequatio rei et intellectus）」という中世以来の真理観に帰着する。この真理観は本来、被造物が神の知性に一致し、人間の知性が被造物に一致するというキリスト教の神学的信仰に根差すのだが、この創造的秩序が後に「世界秩序」と表象され、「創造」の代わりに「世界理性」が登場するならば、「物と知性との同等化」という真理概念は信仰と無関係に理解可能なものとなるとハイデガーは言う。だがここで「同等化」と言われた「一致」がそもそもなぜ可能なのか、いかにして成り立つのかをハイデガーはあらためて問い返すのである（GA9, 183）。

「一致の内的可能性」（なぜ一致を認めうるのか）を、ハイデガーは「五マルク貨幣」を例に挙げて論じる。机上の二枚の五マルク貨幣を見比べる場合、一致とは二つの物の外見上の一致である。それに対し、「この貨幣は丸い」と言う場合は、言明と物（貨幣）の一致が問題になる。つまりこの場合一致とは、貨幣に関する言明が当のものを「ある‐通り（so-wie）」に表象する（vorstellen）」という「一致」なのである。ハイデガーはこの vorstellen（表象する）をあえて vor-stellen（前に‐立てること）とハイフンを入れて表記し直し、その意味を、「物を対象（Gegenstand）として自分の向かい側に立たせること

（Entgegenstehenlassen）」と説明する。だから、「ある－通り」と言っても、ただ「あるがまま」ということではない。たとえばこの物が「ある－通り」の五マルク貨幣と認定される場合、それが可能なのはそれを貨幣たらしめる経済的機構という眼に見えない「開けた場（ein Offenes）」を承認しその内に立つからである。[2] 物を表象しつつ言明するとは、一つの「開けた場の内に立つ」という「かかわりの遂行」であり、それは「態度を取ること、態度決定（ein Verhalten）」において可能となる。ハイデガーは、そのような「態度決定」において見いだされるものこそが、西欧的思索の早期以来まさに「存在するもの（das Seiende）」と呼ばれてきたと述べる（GA9, 184）。

　真理とは言明と対象との一致であり、それは言明が表象された対象に向かう「正しさ（Richtigkeit）」と理解されてきたが、実はその正しさは「存在者にかかわる開けた場の内に立つ（offenständig）」という「態度決定」に依拠している。あるいはこの「態度決定」においてのみ、何が正しいかの判断が可能になる。だからこの「開けた場の内に立つ」という意味での「自由」（原語 Freiheit も「解き放たれた状態」を意味）こそ、「正しさ」としての真理を真理たらしめる「本質」なのだとハイデガーは言う（GA9, 186）。

　この「真理の本質」としての「自由」は、選択の恣意性ではなく、「開けた場」に立つ「態度決定」のことだが、それはその「開けた場」を引き受けることでもある。ハイデガーは「自由とは、存在者が存在することを許容すること（Seinlassen des Seienden）」だと言い、さらにこの「許容する」とは「存在者へと自らを放ち入れること（Sicheinlassen auf das Seiende）」（188）であり、そこで「存在者がそのものとして隠れから引き出されるという事態」に「自らを晒す（sich-aussetzend）」（189）ことなのだとも言う。そして、ここで経験される事態を「隠れなさ（Unverborgenheit）」と呼ぶのである。すなわち、「態度決定」によって隠れていた場が開かれるのであり、それこそがギリシア人が「アレーテイア」という語、すなわちレーテー（隠れ）の否定形に込めた真意だと言うのである。「正しさ」として理解されてきた真理を可能にするその「本質」は、「態度決定」によって生じる「隠れなさ」という出来事だと言うのは、まさにハイデガー自身の態度決定でもある。

　ただし、この「隠れなさ」という真理の本質理解の内には、「隠れ」という事態に関する一層深い洞察が潜んでおり、それこそが「隠れなさとしての真理」に立ち戻るという新たな歴史的「決定」の核心なのだが、この事柄にまで問い進むための準備として、まず「プラトンの真理論」におけるハイデガーの洞窟の比喩解釈を見てみよう。

2　「隠れなさ」と「正しさ」——「プラトンの真理論」

一言でいうなら、ハイデガーはプラトンの「洞窟の比喩」のうちに真理の本質理解の変容、すなわち「隠れなさ」よりも「正しさ」に眼を奪われてしまうことへの移行をみいだそうとしている。だがそれはプラトン哲学をただ否定的に捉えるということではない。むしろ、この「移行」を真理概念の二義性が繰り返し生じる場と捉えるのである。プラトンの言う「教育（パイデイア *paideia*）」と真理との本質的な関連にとりわけ着目するのもそのためだろう。「魂全体の転向」を本質とする「教育」とは、ハイデガーによれば「人間にとってこれまで明白だったものとその仕方が別様になる」（GA9, 218）ことを通してなされるが、それはそのつど「隠れなきもの」が変わっていく経験と考えられる。洞窟の比喩が語るのは〈隠れなさ＝アレーテイア〉という真理の本質経験でもあるというのである。

　ハイデガーはこの「隠れなさ」の観点から「洞窟の比喩」の示す四つの段階を、次のように解釈し直す。まず、洞窟の中に閉じ込められ縛られている囚人たちが壁に映る影だけを見ている最初の段階においては、彼らは「影以外の何物をも隠れなきものとみなさない」（GA9, 219）。つまり彼らはそもそも影以外のものを知らないので、彼らにとってそれは影ではなく「隠れなき」現実である。一人の囚人が洞窟の中で縛めを解かれる第二段階は、灯りに照らされた実物を、すなわち「一層隠れなきもの」を見る可能性を手に入れるにもかかわらず、それまで見慣れた「影」の方を「一層隠れなきもの」とみなしてしまう境遇を示している。拘束を解かれただけでは「真なるもの」を見極める自由を持てないのだ（GA9, 221）。そして真理を見る自由は、囚人が洞窟の外の「自由な開け（das Freie）」に連れ出され、苦痛に耐えて外界を見る第三段階として描かれる。そこを支配するのは洞窟内を照らした灯りではなく、屋外の「明るさ（Helle）」であり、光源たる太陽である。この段階で経験されうるものは、第二段階と比べてさらに「一層隠れなきもの」であり、ハイデガーによれば「最も隠れなきもの」（GA9, 221）とさえ言い得る。

　この「一層隠れなきもの」へ向かい「自由」を獲得する経験こそが、プラトンによればまさしく「魂全体の転向」としての教育の課題なのである。ハイデガーは「本当に自由にする（Befreiung）」とは「最も隠れなきもの」にたえず立ち向かい続けることだと言う（GA9, 222）。なぜなら「教育は、それ自身のなかに、無教養への本質的な反転を含んでいる」（ebd.）からである。そしてこのことから洞窟内に帰還した囚人と他の囚人たちとの闘争という最後の第四段階が理解されると言うのである。洞窟内の囚人たちの持つ真理、すなわち自分たちの見ているものがそのまま真だという確信の圧倒的な力によって殺害される危険を冒してまでも「最も隠れなきもの」に向かって「隠れ」を克服しようとすることが、ギリシア語「アレーテイア」の「欠如を表すアルファ」に込められた古代ギリシア人の真理観なのだとハイデガーは言う。

　さてしかしながら、この論文の基本的主張は、「隠れなさ」

というギリシア的真理経験に方向づけられたこの比喩が同時にそれとはまったく異なる真理観、すなわち「正しさ」を真理の本質と考える真理観にも道を開いたというものである。なぜそうなるのか。

洞窟の闇から太陽の光の下へ脱出する「自由」を示唆するこの比喩の「説得力」は、洞窟の暗闇よりも「灯り」「明るさ」「太陽」といった光の隠喩に依拠しており、「隠れなさ」は輝きうるものとしての「イデア」を通して見えるようになると理解されうる。さらに、諸々のイデアの権能は「太陽」という像によって示される「善のイデア」に帰着する。「善のイデア」は、「何かに役立つ（zu etwas taugen）ようにするもの」という「善（ト・アガトン *to agathon*）」の原義通り、諸々のイデアを各々の物の現出に役立つようにするかぎり確かに「最高のイデア」だろう。だが「最高」である限り人間の目指すべき「すべての正しさと美しさの原因」ということにもなり、それが「善」を「人倫上の善」や「価値」とする後世の理解の発端となる、とハイデガーは言う。

ハイデガーはプラトンが「アレーテイア」の伝統的な語義を十分理解していたことを認める。それでも同時に、プラトンの「洞窟の比喩」は「隠れなさ」に対し「イデア」に向かう「正しさ」が支配的になるという教説を内容として含んでいる、と言う（GA9, 230）。そして「それ以後」真理の本質は「隠れなさという根本動向を放棄する」（ebd.）、つまりイデアを「正しく」見ること、そしてイデアと一致することとしての「正しさ（Richtigkeit）」を真理の本質とみなす歴史が始まったと言う。

このような洞察からハイデガーの「存在史」構想が始まったのかもしれない。前節でみた中世以来の「一致」真理観もまた、この二義性の産物と考えられるからである。「真理の本質を言明し表象することの正しさとして刻印したことが、西洋的思考全体に対して基準を与えるものとなる」（GA9, 232）という洞察に基づいて、ハイデガーはそれ以後の哲学の内に「存在の歴史」を問う。そして、特にその結末としての「近代」の「根本動向（Grundzug）」を分析するに至る。

そこで次に、「近代」という時代への問いが「真理の本質」への問いといかに密接に結びついているのかを、「世界像の時代」の読解を通じて考えよう。

3　世界像の影への気づき——「世界像の時代」

「世界像の時代」を読む際、最も留意すべきは冒頭の一文である。そこで「形而上学においては、存在者の本質への省察（Besinnung）と、真理の本質に関する決定（Entscheidung）が遂行される。形而上学がある時代を基礎づける」と言われているのである（GA5, 75）。

ここでいう「形而上学」とは、これまでの各々の時代の諸現象を根本において支配しているものを問い、まさにその時代の真理基準となった思索、たとえばプラトンやカントのそれを指しているのだろう。そうであるなら、この発言は同時にハイデガー自身がここで行う思索もそういう「形而上学」にかかわるのだという宣言とも解しうる。とすると、「真理の本質に関する決定の遂行」の方も問題になる。ハイデガーはここで近代の諸現象を分析することを通じて近代を支配している真理の本質決定を確認しようとするのだが、そのこと自体は近代とは別の真理の本質の決定にかかわることになろう。このことを念頭に置きながら、「世界像の時代」を読んでみよう。

論文の前半は「近代の本質的諸現象」のうち「近代科学」の本質を省察し、後半では、その省察に基づいて、近代科学の「形而上学的根拠」であるような「真理の本質」を解明している。

ハイデガーは近代科学の本質を「研究（Forschung）」と捉える。「研究」には問いただすというニュアンスがあり、その本質要素をハイデガーは三つ取り出す（GA5, 77）。まず、研究においては対象領域に関し「見通しをつけること（Vorgehen）」、「下図（Entwurf）を描くこと」によって対象領域を確定し研究に「厳密さ（Strenge）」をもたらす。たとえば「数学的物理学」においては、「数的なもの」が研究されるべき自然の「下図」になる（GA5, 78）。二番目は「下図」に応じて見出される対象領域を、「規則」や「法則」を介して確証する「手続き（Verfahren）」である（GA5, 80）。それは自然科学なら「実験（Experiment）」を介した「説明（Erklärung）」であり、精神科学なら「資料批判（Quellenkritik）」を介した「史学的説明」である。ハイデガーはここで、根本に「法則」を前提する「実験」が、変化の観察であるアリストテレス的「経験（エムペイリア *empeiria*）」とはまったく異なるものであることを強調している。「研究」は厳密であるために、対象領域を限定し必然的に「専門化」するのであり、そこに「事業」という研究の第三の性格が見てとられると言う。

ハイデガーは専門化する研究がたえず「成果」を積み上げ、それによって次の「見通し」をつけ、「手続き」を踏んで進むたえざる活動性と組織化の営みを「事業（Betrieb）」と捉える。Betrieb は企業や会社のことでもあるが、ここでは「駆り立てる（treiben）」という含意が生かされているようだ。学の事業化によって、「学者」はいなくなり、「研究者」という新たな「人間類型」が誕生すること、「研究者」は「蔵書（Bibliothek）」を必要とせず、「調査」や「情報収集」のために「たえず多忙である」こと、「大学」の現実性が「諸学を根源的に合一する精神的力」にではなく、「諸学の特殊化傾向」と「事業の特殊な統一性」を可能にする「一個の設備（ein Einrichtung）」にあること（GA5, 85）、これらの分析はまさに今日の学的実情をも言い当てているように思われる。

さて、「学が研究になる」という近代科学の諸性格の洞察を通じて、近代という時代の「形而上学的根拠」を考えるとどうなるのか。ハイデガーはそれを、「存在者」が表象され計算される「対象」になること、さらにその前提として、「真理」が「表象作用の確実性」へと変貌することに見てとる。

「人間の自己自身への解放」による「中世的諸束縛からの解放」というような「近代」に関する一般的理解は、ハイデガーによれば「前景」にすぎない。むしろ「人間が主観（Subjekt）になることによって人間の本質が変わる」ことが決定的だと言う（GA5, 88）。それは「全体としての存在者の把握の変転」をも意味する。つまり「主観」に対して「世界」が「像（Bild）」になるのである。この「像」は「模像（Abbild）」の意味ではない。ハイデガーは「事情がわかる（im Bilde sein）」という言い回しにおけるBildの意味に注意を促す。Im Bilde sein（イム・ビルデ・ザイン）とは、単に思い浮かべるのではなく、思い浮かべられたものの細部が不明でも「体系的全体（System）」としてわれわれの前に立っているということを意味し、同時にわれわれがそれに向かい、それを自らの前に立てようとする（＝表象する）ということも意味すると言う。つまり「世界像」とは「世界についての像」なのではなく、むしろ「像として把握された世界」なのである。ハイデガーによれば、このような「世界」理解は、「存在者」が「被造物」と理解された中世にも、「ギリシア的思索」にも存在しなかったのであり、ただプラトンの「形相 *eidos*」（＝イデア）のみが「世界が像になることの、長いこと隠れたままで、間接的に支配した前提」だったのである（GA5, 91）。

以上のように、「近代」の「根本動向」は、「全体としての存在者」を「像としての世界」として表象することにあり、その背景には「主観」における表象の確実性が「真理の本質」であるという「決定」があり、それはデカルトに帰せられている（GA5, 87, 98）。近代において「主観」は世界の「表象者＝代表者（Repräsentant）」となるのである（GA5, 91）。

だが、問題はその先にある。その「主観」とはいったい何者なのか。「自我」なのか、「共同体の一員としての人格」なのか、「国家と国民」あるいは「民族」としての人間なのか。それらの問いは「人間学（人類学）」の課題となり、「全体としての存在者に対する人間の根本的態度」は「世界観」として規定される（GA5, 93）。そして「世界を像として征服しよう」とする限り、各々異なる「世界観同士の対決」が生じてくる。「研究」としての科学も「世界観」を確保するための一つの方途となる（GA5, 94）。しかしながら、近代科学における「下図に基づく厳密さ」を確保した「手続き」による「事業」の展開に際して予想も算定もできないものがつきまとい、世界観同士の闘いの行く末も不明のままなのである。

ハイデガーは「世界像」の企投のうちに含まれる算定不可能な事柄の一例として「巨大なもの（das Riesenhafte）」を挙げる。「原子物理学の数値」「航空機による遠大な距離の除去」などそこで挙げられる例は今では古めかしいが、それらの「巨大さ、途方もなさ（Das Riesige）」が「それによって量的なものが独特の質になり、同時にある卓越した種類の重大なものとなる所のもの」（GA5, 95）と言われるのは理解できよう。つまり「巨大さ」とは、それによってわれわれにとってまったく新たな歴史的現実が開かれてくるような出来事のことだろう。このまさに「算定できない」想定外の出来事は、「一切の事物の周りに投げかけられる見えない影」（ebd.）であるが、それは「今日の者たちには知ることが拒まれている、影とは別の何か」を指し示すとハイデガーは言う。それを知りうるのは「真の省察の力」だけなのである。

　この「影」が示唆するものを洞察することが、「隠れなさ」における「隠れ」にかかわることではなかろうか。そのつどの真理基準を決定するのは、まさに「態度決定」という「自由」の行使であった。そのなかに、「隠れなさ」という出来事に含まれる「影」への通路も潜んでいるのではなかろうか。

4　真理の内なる未だ経験されていない境域への態度決定――「真理の本質について」後半

　ここで再び論文「真理の本質について」に立ち戻り、五節目から読んでみよう。「隠れなさ」としての真理の本質は、「存在者が存在することを許容する」自由と言われていた。それは存在者を表象し操作することではなく、「全体としての存在者が隠れから脱する事態に入っていく」（GA9, 192）という「態度決定」なのである。この第五節で新たに語られるのは、先述の「自由」が「あらゆる態度決定を、全体としての存在者に気分づけ調律してしまっている（abgestimmt haben）」ということである。つまり、「全体としての存在者」に対する「態度決定」とは、算定するとか概念的に認識する関係ではないのである。自分がその開けた場の内に「居る」のは、気分（Stimmung）においてまさにその開けた場と「合う stimmen」ということなのであり、その際存在者にかんして直観される「全体として（im Ganzen）」は算定できないものとして現れるのだとハイデガーは言う。この「態度決定」を支配する気分は、単に曖昧で恣意的な妄想であるのではなく、むしろ前節で言われたような、量的な算定を超える「質的転換」や「歴史的転換」のような、われわれの経験上の根本的出来事に関係しているのである。

　この経験の省察において重要なのは、この「気分づけるもの（das Stimmende）」を、「全体としての存在者の隠れ」（GA9, 193）として経験することであるとハイデガーは言う。「隠れなさ」を真理とするなら、「隠れ」は「非真理」、正確には「真理の本質に最も固有で本来的な非‐真理」である。つまりは「隠れなさ」には本質的に「隠れ」が属すということであり、それどころかこの「隠れ」は「隠れなさ」にとって積極的な意義を持つ。「隠れ」は匿われた「秘密（Geheimnis）」として人間の現‐存在を徹底的に支配している」（GA9, 194）からである。

「全体としての存在者」にかかわることはこの「秘密」にかかわることになる。それはいかなることなのか。

「全体としての存在者が隠れから脱する事態」への参入とは、ある一つの「真理の本質の決定」でもある。たとえば、近代の決定とは「表象」の確実性を真理とすることであった。その際この「隠れなさ」の内で「隠れ」に留まるものを気分的に察知する。それは「隠れ」から脱しきらない不完全なものなのではなく、むしろそのつどの「隠れから脱する事態」の本質、ハイデガーに従えば「すでに潜んでいた本質（vor-wesendes Wesen）」（GA9, 194）なのである。「主観」による世界像の企投において算定できない「途方もなさ」のような「影」も、普通の真理理解からすれば単なる非本質だが、実はむしろ真理の内なる先行的な「本質」という意味での「秘密」であり「非‐本質」である。この「非‐本質」の「非」は「未だ経験されていない存在の真理の境域を指示している」（ebd.）とハイデガーは言う。

たいていの場合、人間はこの隠れの境域に向かい合うことなく、むしろ「隠れ」を忘却する。「人間は最初にして最後の事が問題である場合でさえ、慣れてなじんでいるもの、世間で支配的なものに身を任せ」（GA9, 195）、「隠れたものの隠れ」を気づかわないからである。それにもかかわらず、忘却された「秘密」は「除去されずに、忘却されたものの見かけ上の消失に独特の現在（Gegenwart）を貸与する」（ebd.）とハイデガーは言う。つまり、「秘密」が隠れたかたちで「ある」がゆえに、その忘却によって「人間が自分の「世界」を最新の需要や意図に基づいて補完したり、「世界」を自分の企図や計画によって充たす」（ebd.）ことになる。それを通じて人間は自分の「尺度（Maße）」を設定し、それに固執して、自分自身を見誤ることさえ可能になる。そういう人間が「秘密」をまったく素通りすることが「迷い（Irre）」だと言うのである（GA9, 196）。

なぜハイデガーは「迷い」について、また「秘密」の支配について語るのか。それはわれわれが「真理の本質を問う」のがどういう事態かを指し示すためであろう。ハイデガーによれば、「迷いは歴史的人間がそのうちに引きこまれている現‐存在（Da-sein）の内的体制に属している」（ebd.）。すなわち、われわれは確かに「迷う」から「問う」のである。「迷う」限りにおいて、自分の立てた「尺度」の設定自体を問い返すことになる。そして、「真理の本質」にまで「問い」を進めることは、「迷いの圧迫」と「秘密の支配」が極点に達した「窮迫（Not）」から生じる。ハイデガーは言う、「現存在は窮迫への向き直り（Wendung）」（GA9, 198）であり、そこで「問いの必然性（Notwendigkeit）が隠れから引き出される」（ebd.）と。

結局のところ、この論文で示唆されたのは、「存在者に開かれている」態度決定の「自由」が「迷いの内なる秘密の支配に由来する」（ebd.）ということである。「隠れなさ」への参入は、「隠れなさ」が含み持っている「隠れ」との間で「迷う」ことの自覚であり引き受けでもある。このことに気づきつつ態度を決することが、ハイデガーにとっての「哲学」なのである。

ハイデガーは「哲学の思索」が「全体としての存在者の隠れを拒まない、柔和な平静さ（Gelassenheit der Milde）」と同時に、「隠れの毀損されない本質」を「概念把握の開けとそれに固有の真理へと強いる」ような「厳格であることの決意性（Ent-schlossenheit der Strenge）」という両面を兼ね備えたものであると語る（GA9, 199）。「柔和な平静さ」とは、迷いを自覚しつつ「気分」の内側から「隠れ」に向き合う思索の構えであり、「厳格であることの決意性」とは、ここでのカント引用に従うなら、自らの問いの内に見出される「法則」のみに依拠する決断であり、さらには、その「法則」を法則たらしめる「真理の本質」の原初を言葉にもたらそうという決断であろう。

ハイデガーの「隠れなさとしての真理」への問いは、科学ではない哲学の必要性と、そういう哲学とはどういうものであるべきかをわれわれに考えさせる。「世界像の時代」で分析されたように、量的なものの算定によって把握できない「影」への対処は、別の算定方法を開発してそれを減少させることだけではないはずだ。「影」の出現の背景にある「隠れ」に近づくための、算定とは別の道、すなわち別の「知」と「真理」を求めることが必要だ。「詩」や芸術表現はまさにそういう「真理」にかかわるのかもしれないが、言葉における探求としての哲学にもまだ隠れた可能性があるはずだ。ハイデガーのテクストはそうわれわれに問いかけてくる。

注

（1）「真理の本質について」と「プラトンの真理論」は、今日では全集版第九巻『道標（*Wegmarken*）』に収載されているが、巻末の「指示」によれば「真理の本質について」は一九三〇年に行われた同名の講演が原型で、単行本としては一九四三年に公刊されている。「プラトンの真理論」は一九三一／三二年の講義に基づき一九四〇年に書かれたとある。「世界像の時代」は、今日では全集版第五巻『杣道（*Holzwege*）』に収載されているが、一九三八年の講演に基づく旨が後記に記されている。ことに「真理の本質について」に関しては、一九三〇年の原テクストが発見されておらず、特に後半の部分がいつ書かれたのかは不明である。ここでは執筆年代問題については言及しない。

（2）この「開けた場」は「すべてが白日の下にある」という意味ではなく、むしろ「空虚」に近い。『哲学への寄与論稿』においては、「開けが開かれていること」が「自らを隠すことの空け開け（Lichtung）」、「壺の中の空洞のようなもの」とも言われていた（GA65, 339）。『寄与論稿』における「根拠づけ」の思索が、ここでの真理の本質省察の背景にある。

20　別の原初への道
『原初について』『野の道での会話』

松本啓二朗

本章では、おもに『原初について』と『野の道での会話』という二つのテクストを取り上げて、中期ハイデガーから後期ハイデガーへと移っていく時期の思索の変容について論じる。

1　『原初について』――「第一の原初」から「別の原初」へ

全集第七〇巻として二〇〇五年に刊行された『原初について』（一九四一年）は、『哲学への寄与論稿』に始まる存在史的思索を継承するものである。本節ではそこで展開されている思索の概略を示し、その問題点を指摘してみたい。ハイデガーの問題とする「原初（Anfang）」とは、『哲学への寄与論稿』においてもすでに問題にされていた西洋形而上学の「原初」であろ。それはどのような性格をもつものとしてとらえられるのだろうか。

一般にanfangenという語は、たとえば、世界の必然的な原因の有無を問題にする『純粋理性批判』の第四アンチノミーのなかでも言及されているように、次のような二重の意味をもっている。すなわち、一方では、時間的な系列の最初におかれたものからその系列の進行が展開するという意味（「始まる」という意味）と、他方では、それが原因となってなんらかの状態の系列を結果として生じさせるという意味（「始める」という意味）である。[1]それゆえ、名詞としてのAnfangは、前者の意味では、「端緒」、「出発点」、後者の意味では、「根拠」、「原因」とも言えるものである。ハイデガーもまた、「原初」とはさしあたり「端緒」のようなものを意味していると言う（vgl. GA70, 9–10）。一般に発展的な歴史観によれば、進行、進化の「端緒」にあるものは、未発達な原始的なものとしてとらえられるけれども、ハイデガーの言う「原初」とは、決してそのようなものではない。「原初の本質は進行（Fortgang）から規定されるのではなく、進行は原初の一つの可能性である」（GA70,

12)。つまり、「進行」の「端緒」にあるということは、「原初」にとっての本質的な条件ではないのである。しかしまた「原初」は、Anfang のもう一方の意味、つまり、「根拠」、「原因」のようなものでもない。「原初は、自分自身とは異なる何か他のものの原初ではない」(GA70, 18)。しかしそうだからといって、「原初」は、自分自身の原因となって自分自身を生み出すような「自分自身の原初でもない」(GA70, 18)。このように「原初」が「根拠」と区別されるのは、「根拠」があくまでも根拠づけるものと根拠づけられるものという存在者間の関係を前提しているのに対して、「原初」は存在者的な次元ではなく、形而上学の歴史を決定づける「存在《あり》(Seyn)」の次元でとらえられるものだからである。

形而上学の「原初」については、「はじめに立ち上がり(aufgehen)進行していく原初」と言われ、それが「アルケー」という語で言い換えられている(GA70, 19)。そしてその「アルケー」は、「原初からの進行という方向において本質的に現れる」ものと言われている(GA70, 21)。「アルケー」は、歴史的に進行しながら、存在者の全体を全体的に支配するものである。アルケーのもとになっている動詞アルケインは「端緒に立って全体を支配する」という意味である(vgl. GA6-1, 28, 405)。

だが、このような形而上学の「原初」は、ハイデガーによれば、存在者の存在者性を問題にしてきた「第一の原初(der erste Anfang)」である。ここでハイデガーはさらに、「原初」を「より原初的に(anfänglicher)」問題にしようとし、そのために「原初」を、その動的なはたらきを強調して、「始まり(Anfängnis)」という語でとらえ直す。そしてそのような「始まり」を思索するということ、それは「性起の出来事(Ereignis)」を思索するということである(vgl. GA70, 9)。しかしながら、「性起の出来事」には「脱性起(Enteignis)」が属している。存在における性起と脱性起という二つの事態、そのことをここでハイデガーは、「別離(Abschied)」という語で表現している。それゆえ、「原初の始まりは別離である」と言われ、それがさらに、「始まりは没落(Untergang)という性起の出来事である」と言い換えられている(GA70, 24)。「原初」は、「始まりつつ、それ自身において没落していく原初」(GA70, 19)と言われることになるのである。

そのような「別離への没落」としてとらえられる「始まりゆく原初」は、形而上学を支配してきた「第一の原初」に対して、「別の原初(der andere Anfang)」と呼ばれるものである。そして「第一の原初」から「別の原初」への思索は、「移行(Übergang)」を担う「移行的な思索」と呼ばれている。ハイデガーは『原初について』のなかで、「第一の原初」から「別の原初」へと移行する「存在の歴史」を、一種のプロセスとして図式的に説明している(vgl. GA70, 53–54, 63, 98–99, 102–103)。そこでは、「第一の原初」の「立ち上がり」から、それにもとづく形而上学の「進行」、そしてその「没落」、最後に「別の原初」への

「移行」ということが、「存在の歴史」の梗概として描かれているのである。

さて、『原初について』の概略は以上のようなものであるのだが、「第一の原初」から「別の原初」への「移行」を目指す存在史的思索に問題はないのだろうか。ここで注目してみたいのは、「原初」について「唯一的（einzig）」あるいは「唯一性」ということが言われている点である。『原初について』では、次のようなことが言われている（vgl. GA70, 12）。すなわち、「第一の原初」と「別の原初」は、ともに存在の真理という性起の出来事に従って予感された「原初」である——それぞれが「原初の予感」、「原初の始まりの予感」という違いはあるにせよ——。それゆえ、「第一の原初」、「別の原初」と言っても、一番、二番と数えられるようなものではなく、「原初」は「唯一的」なものである、と。だが、これはどういうことだろうか。先述のように、『原初について』のなかでは、「第一の原初」の出現から「別の原初」への「移行」の道程が、定まったプロセスとして図式的に示されている。それならば、「原初」が「唯一的」なものと言われても、二つの「原初」があるかのように考えられるのではないだろうか。「第一の原初」が西洋の形而上学を形成してきたものであるのに対して、「別の原初」はそれとは異なる別の思索の始まりになるものだと考えられるのではないだろうか。そしてその二つの「原初」は、一方から他方への「移行」という仕方で、連続した歴史のなかでとらえられるもののようにも思われる。「第一の原初」と「別の原初」とは、はたしてこのように理解されるものなのだろうか。

2　『野の道での会話』——思索・人間・物への問い

全集第七七巻として一九九五年に刊行された『野の道での会話』には、「アンキバシエー——研究者と学者と賢者による野の道での鼎談」（以下では「野の道での鼎談」と略記）、「塔に登る戸口にて、教師が塔守に出会う」（以下では「教師と塔守」と略記）、「ロシアの戦争捕虜収容所で交わされた年少者と年長者の夕べの会話」（以下では「夕べの会話」と略記）という三つの会話が収められており、それらはいずれも一九四四年から四五年にかけて書かれたものである。「野の道での鼎談」では、物理学の研究をしている「研究者」と歴史学の研究をしている「学者」、そして哲学に従事しながらもふだんから「野の道」を散策している「賢者」の三人が、いっしょに歩みを進めながら会話している。(2)「教師と塔守」では、友人関係にある「教師」と「塔守」の二人が、「野の道」まで「客人」を迎えにいく途上で会話している。「夕べの会話」では、ロシアの戦争捕虜収容所に収容されている「年少者」と「年長者」という二人のドイツ人が会話している。この三つの会話は、舞台設定も登場人物もそれぞれ違う独立のものであるが、会話の内容は密接に関連しており、前節で考察した中期の存在史的思索を受けて、

「別の原初」における思索のあり方を模索したものとなっている。本節では、その重要な論点をかいつまんで見ていこう。

　まず問題になっているのは、技術についてである。技術は通常、理論的な自然科学を実践的に応用したものと考えられているが、ハイデガーによれば、むしろ理論的な自然科学自身が技術の本質から生じてきているものである。そしてハイデガーは、その技術の本質を、自然の対象化ということに見ている。技術的な思考は自然を自らに送って（zu-stellen）、表象定立し（vor-stellen）、そのようにして自然は人間に対してうち立てられた（her-gestellt）ものになり、計算可能、利用可能なものになる。「すべてのものの対象化という根本動向が、技術の本質なのである」（GA77, 12）。このような対象化のはたらきによって作られた「技術的‐科学的世界」は、「形而上学的な世界表象を一貫して仕上げたもの」（GA77, 194）とみなされるものであるが、ハイデガーは、自然を対象化することもまた、自然の開示の一つの仕方、真理の生起の一つの仕方だと考える（vgl. GA77, 12）。だが、アレーテイア（隠れなさ）としての真理には本質的に「隠れ」が属している。それゆえ、一見したところ、技術は自然を開拓し、人間の明るい文明世界を切り開くもののようにも思われるが、そこには本質的に人間存在の「殲滅（Vernichtung）」、大地の「荒廃（Verwüstung）」という事態がある、とハイデガーは見る。けれども、ここでの「殲滅」「荒廃」とは、個々の人間の命が奪われることや国が焦土と化すという意味での「破壊」のことを言っているわけではない。「殲滅」「荒廃」とは、人間存在そのもの、あるいは自然や大地のあり方そのものに関わっているような、「地球を包み込んでいる出来事（Vorgang）」（GA77, 18）、「あらかじめ広範につかみ込んでいる性起の出来事（Ereignis）」（GA77, 211）である。科学技術によって開かれた、近現代の輝かしい文明世界もまた、「殲滅」「荒廃」によって支配されているのである（vgl. GA77, 211, 216）。

　このような技術的な思考に対して、三つの会話では、それぞれの仕方で、それとは異なる思索の本質が問題にされている。まずハイデガーは、思索を人間の合理的な精神活動、とりわけ表象定立作用の一種とするような理解の仕方を退ける。表象定立作用としての思索は、対象を人間の前に置き、人間に送ることとして、「欲すること（Wollen）」と同一のものであるとされる（vgl. GA77, 53–54）。それに対してハイデガーは、思索はむしろ「欲しないこと（Nicht-Wollen）」であるとし、そうした態度を「放下した平静さ（Gelassenheit）」と呼んでいる。「放下した平静さ」は、人間の意志によってもたらされるものではなく、それがありうるのは、「欲することではないものに関わり合うこと、そのことが、われわれの本質的な現れにとって許されている場合」（GA77, 108）だとされる。「放下した平静さ」という言葉自身はエックハルトに由来するものだが、ここで問題になっているのは、エックハルトのように我欲を捨てて神の意志を尊重するというようなことではなく、むしろ、神的なものの自身もそこにおいて現れるような「開け」の場である。

以上のような思索の理解は、人間の本質の変容をも迫るものである。人間の本質は、伝統的には「理性的動物」として把握されるが、「野の道での鼎談」で「学者」は、人間とは「地平的な存在」（GA77, 83）だと言う。「地平」とは人間のまわりに開かれている視界のことであり、そのような視界にもとづいて、さまざまなものがそれぞれの「見え方」をもって現れてくる。それは、人間がパースペクティヴをもっているということでもある。そして、「考える生き物としての人間の本質」もまた、この「地平的な性格によって特徴づけられている」（GA77, 93）。だが、このことは、人間の視界が限界をもち、制約を受けているということだけを意味するのではない。「地平」は、「われわれ人間だけでなく、対応するもろもろの対象をも超えていく」（GA77, 87）のであり、それゆえに、「超越論的なものと地平的なものとは切り離せない」（GA77, 101）。つまり、「地平」があってこそ、もろもろの対象がわれわれの前に立ち現れてくるのであり、その意味で、「地平」は超越論的なもの、すなわち、もろもろの対象が現れてくる条件をなしているのである。「考える生き物」の「思考」は、「超越論的 - 地平的な表象定立作用という形態」（GA77, 111）においてとらえられるものなのである。

だが、「賢者」はさらに「地平」について、「地平的なものは、われわれを取り巻いている開けの、われわれの方に向けられた側面でしかない」（GA77, 112）と言う。つまり、人間を取り巻いている超越論的な「地平」の根底には、その地平自身が開かれているということ、すなわち「開け」という事態がある。その「開け」は、「その魅力によって、そこに属するすべてのものがみな安らぐところへと帰還する、地域（Gegend）のようなもの」（GA77, 112）と言われ、それはまた「会域（Gegnet）」（GA77, 114）という名で呼ばれている。「会域」とは、さまざまなものを取り集めつつ出会わせ（gegnen）滞在させる「開け」であり、開かれたものとしての「地平」をそのものとして保っているようなものである。けれども、そのような「会域」は、「超越論的 - 地平的」な思考にとっては隠されたままである。「会域」に関わりうるのは、ただ「放下した平静さ」という態度においてのみである。「人間は放下した平静さ自身によって会域に放たれているのである」（GA77, 122）。

さらに、そのような「会域」の「開け」においては、「考える生き物」という本質規定に代わって、「死すべき者」という「古い規定」が登場する。人間が「死すべき者」としてとらえられるのは、明らかに、「不死なる者」としての神々や神的なものとの対比においてであるが、ハイデガーは、「死すべき者」という規定では、不死の者に対する関係ではなく、むしろ死そのものとの関係が示されているとする。すなわち、その規定は「死ぬことができる存在」ということを意味しているのである（vgl. GA77, 224）。

このような思索や人間の本質の考察に加えて、それぞれの会話ではさらに、「物」の本質、「物」のあり方が問題にされている。「野の道での鼎談」では、後に「物」講演（一九四九年）で問題にされる「水差し」が、同様の仕方で論じられている。すなわち、「水差し」を「表象定立すること」や「製作すること（Herstellen）」から把握することは、「地平的存在」としての人間存在からの理解であり、「水差し」という物を物としてとらえることではない。そうではなく、「会域が物を物へともたらす」（GA77, 140）のである。「水差し」にワインが注がれる場合、そのワインは大地と天空の恵みのなかに滞在しており、大地と天空の広がりには人間もまた滞在している（vgl. GA77, 134-136）。このように、「物が物としてあるのは、明らかに、会域の出会わせるはたらきによってなのである」（GA77, 138）。このような「物」のあり方は、「教師と塔守」では「塔」について言われている。塔は人間によって上り下りされるものであるが、その上りと下りということは、塔自身によって取り集められることによって生じ、そこには「目立たないもの」が現れる（vgl. GA77, 173）。そこで現れているのは、「塔が天空に向かってそびえ立ち、大地へと埋め込まれている」（GA77, 178）という日常的な事柄である。「塔は立っているままに立っているのである」（GA77, 180）。

このような「物」のあり方はまた、「近さ」という現象をも示している。この事態を端的に示しているのが、「野の道での鼎談」の表題に付けられた「アンキバシエー」という言葉である。この言葉はヘラクレイトスの一二二番の断片とされているものであるが、文字通りに訳すならば「近くに行く」ということを意味している。だが、ハイデガーは、近さのうちで本質的に現れているのは、人間が近づいていくものではなく、「近さ」そのものだと考える。それゆえ、「アンキバシエー」とは、「近さのうちへと歩み入ること」だと言われる（vgl. GA77, 155）。それはすなわち、「会域」という「開け」のうちに人間が滞在することである。

以上のように、『野の道での会話』では、後期の思索のエッセンスが随所にちりばめられている。すなわち、後の技術論につながる技術の本質への問い、そして、後の「物」講演などで取り上げられる「四方界（Geviert）」の世界――「会域」がその前形態であることは明らかだろう――など、主要なテーマが登場しているのである。

3　別の原初への道――形而上学の耐え抜き

さて、以上のように、『原初について』を代表として、三〇年代から続く存在史的思索、そして『野の道での会話』をもとにして、その後の「別の原初」の可能性を模索する思索を見てきたわけだが、この時期にどのような思索の変容があったと言えるのだろうか。ここでは、後期ハイデガーにおいて顕著になる思索の特徴を二つ挙げてみたい。

一つは、歴史学的（historisch）な見方のより徹底した排除ということである。ハイデガーが、前期思想以来、出来事として生起する「歴史（Geschichte）」と、出来事を記述し物語る「歴史学（Historie）」とを峻別し、歴史学的理解を否定的にとらえていたことはよく知られている。その理由としては、記述し物語るものとしてのヒストーリエには、本質的に、人間の主観によって客観的な出来事を確かめ説明するという主観主義的な傾向があるからだと思われる。だが、ハイデガーの生涯の思索全体を考えてみれば、ヒストーリエの扱いについては、その態度が揺らいでいたように思われる。

まず、『存在と時間』では、歴史的な事象が現存在の歴史性によって根拠づけられ、歴史学者の歴史学的態度自身も現存在の歴史性によって根拠づけられた。その意味では、歴史的な事柄がすべて現存在の生起にもとづいて考察されていると言えるのだが、『存在と時間』の目標である「存在論の歴史の解体」を企てるさいには、それ自身が「哲学の歴史の歴史学的な解体」（SZ, 392）にならざるをえない。すなわち、存在論の歴史を解体するために、その解体を遂行する者自身の本来的な歴史性にもとづいた「本来的な歴史学」（SZ, 397）が求められたのである。こうして前期においては、歴史を物語るヒストーリッシュな態度が、存在論の歴史の解体という要の部分で要請されていたのである。

中期の思索においても、歴史全体を物語るという傾向が強く見られる。このことは、第一節で見た『原初について』の記述においても明らかだろう。すなわち、最初に現れた「第一の原初」にもとづく形而上学の歴史が進行し、それが技術の本質とも相まって完成へと至り、そこから「別の原初」への「移行」が起きるという、大きな歴史物語のようなものが語られていると考えられるのである。

しかし、四〇年代半ば以降の後期の思索においては、この傾向が弱まり、背後に退いていると言える。「野の道での鼎談」で「賢者」は、「歴史的なものは会域のうちで安らいでいます」（GA77, 142）と言って、歴史的なものの一切が「会域」から与えられるということを強調している。そして、「教師と塔守」で「塔守」は言う。「歴史の本質は、われわれに滞在を命じているものから規定されています。その滞在へとうまく赴くことができるなら、歴史から解放されうるかもしれません」。これに対して「教師」は、「同時にそこは、歴史学がまだものすごい進歩を遂げていないところです」と答えている（GA77, 184）。ここで言われている歴史学の進歩とは、歴史学が「技術的な世界」に組み入れられたことによって生じたものである。つまり、歴史的なものはヒストーリエとしての歴史によってあらわされるのではなく、先の表現で言えば「会域」においてはじめて与えられるということである。同様の趣旨で、「夕べの会話」の「年少者」も言う。「歴史学的な評価の仕方はすでに、人間がその本質において荒廃し、つまり今のわれわれにとっては、存在から見捨てられていることの結果なのかもしれません」(GA77, 214)。

　このように『野の道での会話』では、物語る歴史としての歴史学、ヒストーリエの立場が徹底的に退けられているが、ヒストーリエを批判する視点は、なにも四〇年代半ばになってからはじめて示されたものではない。それは中期の思索においても言われていたことである。『原初について』でも、「ヒストーリエ」と「歴史」が対比されて、次のように言われている。「「ヒストーリエ」とは人間の態度や姿勢であり」、「「ヒストーリッシュなもの」とは〔人間によって〕確認定立(feststellen)されたもの、確認定立可能なもの、解明されたものである」。それに対して、「歴史とは、存在《あり》の本質的な現れであり、性起の出来事である」(GA70, 180, vgl. 184, vgl. GA65, 493–494)。したがって、第一節の終わりに提示した疑問、すなわち、二つの「原初」があるのではないかという疑問は、ハイデガー理解としては、根本的な誤解にもとづいたものである。「原初」の「唯一性」とは、あくまでも「性起の出来事」について言われていることだと理解すべきなのである。ただ、そのような誤解を引き起こすような傾向が、中期の存在史的思索にあったことも確かだろう。第一節で見たように、「第一の原初」と「別の原初」が並べられ、「第一の原初」の「進行」、「没落」から「別の原初」への「移行」が定まったプロセスとして図式的に示されているということは、ハイデガー自身がなんらかの大きな歴史物語を語っていることの証拠としても考えられるのである。

　ここで、同じく歴史の問題を自身の哲学の主題としたヘーゲルを引き合いに出すならば、ヘーゲルは、「理性が世界を支配し、したがって、世界史もまた理性的に進行する」[3]という発想にもとづいて世界の歴史を語り、「ヒストーリッシュなものを忠実に把握」[4]しようとした。だが、ハイデガーからすれば、そのような哲学のあり方は、西洋の主観性の形而上学の極まりとみなされるものである。ハイデガーは言う。「ヒストーリエは、すべての現実的なものを完全に支配できるという錯覚を広める」(GA65, 493)。そのような「ヒストーリエ」とは、「まったくもって形而上学の一つの帰結」である(GA65, 494)。「存在史的思索を「明らか」にするためにヘーゲルに助けを求めるのは、水から火を得ようとすることである」(GA70, 193)。大きな歴史物語としてのヒストーリエを拒絶するということは、ヘーゲル的な歴史哲学を拒絶することでもあると考えられるだろう。

　さて、後期において顕著になる思索の特徴のもう一つは、思索を「道」としてとらえることである。「野の道での鼎談」と「教師と塔守」の舞台になっているのは、ハイデガーの故郷メスキルヒにある「野の道」である。その道は、「思索する者の歩みにとって身近にある」(GA13, 87)道であり、「信頼のおける」(GA77, 177)道である。その道を登場人物たちは、行きつ戻りつし、ときには同じところにとどまりながら、ときには迷いながら歩みを進め、同様の仕方で思索を進めている。

このような思索のあり方に、後期の思索の特徴を見てとることができるだろう。ハイデガーは死の数日前に自身の全集の扉に、「もろもろの道であって、作品ではない」（GA1, IV）と書き、自身の思索が存在の問いの「途上にあること」、全集が示すのはこのことであることを切に望んでいた（vgl. GA1, 437）。ハイデガーにとって「道」とは、「たんなる道ではなく、運動である」（GA77, 118）。「野の道を歩むということは、必ずしもその道を通るということではなく」、「道がわれわれを動かしている」（GA77, 202）。すなわち、思索の「道」とは、思索の歩みを進めていくことによってはじめて開かれるような道であり、われわれの思索の歩みとともに動いていくような道である。それゆえ、道を開くためには、まず自らが思索の歩みを試みなければならない。このような思索の道という性格は、中期においてもすでに言われていたことであるが（vgl. GA65, 83）、『野の道での会話』以降の思索でとくに強調されている事柄であるだろう。

以上のように、物語るものとしての歴史の立場が徹底的に退けられ、思索の道としての性格が強調されるならば、もはや形而上学とは別の思索への「移行」ということは単純には言えなくなってしまうことになるだろう。「塔守」は、自らが追求する思索へ「移行する必要はない」（GA77, 175）と言い、さらには、「原初というもの」に至ることはできないとも言う（GA77, 177）。そして次のようにも言う。「形而上学に対するいかなる反対運動も、また、形而上学からのたんなる離反も、依然として形而上学的な考えにとらわれているのです」（GA77, 187）。われわれの思索にできることは、形而上学を「超克すること（Überwindung）」ではなく、それを「耐え抜くこと（Verwindung）」でしかないということである。このことは、「第一の原初」から「別の原初」への道が、一つにつながった道ではないということを示しているだろう。試みられる思索の道はさまざまなかたちで複数あり、そこを行きつ戻りつし、同じところにとどまったり迷ったりすること、それが後期ハイデガーの行っていた思索の実践なのである。そのように考えるならば、『野の道での会話』で話題にされた、技術についての考察、思索・人間・物の本質についての考察もまた、思索の道を歩む一つの試みであったと言える。形而上学とは異なる「別の原初」への道は、進行の過程が図式的に示されるようなものではなく、「原初」の「始まり」としての思索を自らが歩みゆくことによってこそ開かれてくるものだと言えるのである。

最後に、後期ハイデガー全体の特徴を示すわけではないが、中期から後期へのこの時期に、思索が「会話」というかたちで書かれたことに言及しておきたい。それが哲学的思索の役割を示唆しているように思われるからである。すでに見たように、「野の道での鼎談」の登場人物は、自然科学者としての「研究者」と精神科学者としての「学者」、それに哲学に従事している「賢者」の三人である。会話のなかで「賢者」は、問いと答えについて、「重要なのは聞くこと」であり、「すべての問い」は「聞くことの一種」であると言っている（GA77, 25）。そして「賢者（Weise）」とは、「知者」のことではなく、「人間にどこから合図が来ているのかを指し示す（weisen）ことのできる者」のことを意味しているとされる（GA77, 84–85）。すなわち、ここでの哲学的思索者の役割は、科学者たちを指導していくということではなく、会話を通してお互いの問いと答えの言葉を聞くことによって、ただ「合図」に従って歩むべき道を「指し示す」ことにあるとされているのである。

だが、そのような会話の相手は、同時代の科学者たちだけであるのか、そして「合図」とはいかなることなのか。このことは、「賢者」が会話のなかで要求している「待つこと」に着目することによって答えられるだろう。「待つこと」は、表象定立されたものに関わる「期待すること」とは違い（vgl. GA77, 115）、必ずしも未来のことに関わるわけではない。「夕べの会話」で「年少者」は言う。「追思すること（Andenken）として の待つことが謎めいているのは、それが未来のものにも過去のものにも、そして明らかに、すでに現前しているものにも向けられていないからです」。それに対して「年長者」は、「待つことは、時間のなおも隠された次元に、どう言うべきかわからないが、達している、あるいは、延び出ています」と答えている（GA77, 218）。さらに、「待つこと」とは、「会域への関係」であり、「会域の開けへと関わり合うこと」であると言われている（GA77, 121）。すなわち、形而上学の「原初」を追想し思索する「追思すること」（vgl. GA6–2, 439–440）としてもとらえられる「待つこと」とは、何かを期待することではなく、そうかといって、消極的に何もしない諦めのようなものでもなく、「会域」という思索の本質の場に立ち返ることを意味している。そしてそのさいの会話には、「追思すること」と言われていることから、科学者たちとの会話だけでなく、形而上学の「原初」に関わる古典を解釈することによる会話を考え合わせてもよいだろう。同時代の知者たちや古典との会話を通して、思索の本質の場に立ち返り、迷いながらも歩むべき道を指し示すこと、これが『野の道での会話』以降のハイデガーが自覚していた哲学的思索の役割だと考えられるのである。

注

（1） Vgl. Immanuel Kant, *Kritik der reinen Vernunft*, A 452/B 480–A 455/B 483.

（2） この会話の終わりの約三分の一は、ハイデガーの生前に「放下した平静さの論究のために——思索についての野の道での会話から」と題して、ほぼ同様のかたちで『放下した平静さ』（一九五九年）に収められて公表された（全集第一三巻に所収）。

（3） Georg Wilhelm Friedrich Hegel, *Vorlesungen über die Philosophie der Geschichte*, Werke 12, Frankfurt am Main: Suhrkamp Verlag, 1970, S. 20.

（4） *A.a.O.*, S. 23.

間奏2　迷いのなかを進む六本の道

『杣道』をめぐって

秋富克哉

『杣道《そまみち》（*Holzwege*）』は、一九三五／三六年から四六年まで十年余りの間に発表された六篇の論考（うち第一、二、四、五篇は講演を元にしたもの）、すなわち「芸術作品の根源」、「世界像の時代」、「ヘーゲルの経験概念」、「ニーチェの言葉〈神は死んだ〉」、「詩人は何のために」、「アナクシマンドロスの箴言」を収めて、一九五〇年に単行本として出版された。全集全体のモットーに「もろもろの道であって、作品ではない」という言葉を掲げ、著作や論考の表題に「道」の語を多用したハイデガーの作品群のなかでも代表的なものである。ハイデガーの思索の道にとってこの十年が持つ意味を受け止めるとき、その理由は自ずと明らかになろう。まずはそのことから見ていきたい。

一九三四年三月、前年に就いたフライブルク大学学長職を早期退任して、再び教壇に戻ることになったハイデガーが、失意と孤独のなか、党の厳しい監視を受けながら講義で取り組んだのが、ヘルダーリンであり、ニーチェであり、そして原初の思想家たち、具体的にはアナクシマンドロス、ヘラクレイトス、パルメニデスであった。ヘルダーリンの詩作のうちに神々の逃亡による世界の夜の経験を聞き取り、ニーチェのニヒリズムと対決しながら、ドイツ民族の使命と運命を、さらに夕べの国・西洋（Abendland）の終焉と将来を思索する努力は、同時に、原初の思想家たちの言葉を掘り起こすことで、西洋の原初に向かっていく。その背景には、ドイツ民族こそがギリシア民族から知の伝統を受け継いだとするハイデガー自身の確信と自覚があった。

一九三五年に初めて講演の行われた「芸術作品の根源」は翌三六年に繰り返され、同年ローマでは「ヘルダーリンと詩作の本質」の講演がなされる。その後も、講義や演習の傍ら、各地で講演がなされていくが、特筆すべきは、三六年から三八年にかけて、死後『哲学への寄与論稿（性起から〔性起について〕）』として公刊される膨大な覚え書きが記されたことである。ハイデガーの思索を晩年まで導くヘルダーリンの詩句から取り出された「性起の出来事（Ereignis）」の思想は、この時期に始まる新しい思索の歩みを表している。その歩みは、ハイデガーの術語を使えば、「存在の意味への問い」から「存在の真理への問い」へ、「存在論の歴史の破壊」から「存在歴史的思索」へと定式化されるが、古代ギリシアに始まる形而上学の歴史を第一の原初と受け止め、その歴史の終焉とともに到来する別の原初を問う試みは、自らの巻き込まれた政治的現実を含め世界歴史の巨大な力との対決が思索の事柄になったことを示している。しかも、一九三九年に始まった第二次世界大戦の戦局が厳しさを増していくなか、四四年冬学期の講義はついに途中で中断、ハイデガーは翌四五年の敗戦後の秋以降占領軍司令部によって教職活動を禁じられたため、戦後はまたまったく異なる状況のもと、孤独な思索の道を進んでいかなければならなかった。

『杣道』所収の諸論考が書かれたのは、およそこのような時期であった。最後を飾る「アナクシマンドロスの箴言」と同じく四六年に仕上げられた重要論考「ヒューマニズムについての書簡」の欄外注に、「ここで言われたことは、〔…〕存在の真理を単純に言う試みの「瞬間」において、一九三六年に始められた道の歩みに基づいている」（GA9, 313. Anm.）と記されていること、さらに後に『講演と論文』に収められた論考「形而上学の超克（Überwindung）」が「形而上学の耐え抜き（Verwindung）のために一九三六年から四六年の間に書き記されたもの」（GA9, 289）とされていることなどから、『杣道』の十年が一つの思索的連関のもとに捉えられていることがわかる。それでは、その連関とはどのようなものであるか。この問いに対しては、ハイデガーが『杣道』について記した短い二つの文章を掲げることで、彼自身に答えてもらうことにしよう。

一つは、『杣道』の扉に記された標語である。

杣（Holz）とは、森に対する古い呼称である。杣には多くの道があり、たいていは草木に覆われ、行き止まりのところで突如終わってしまう。それらは杣道と呼ばれている。どの道も別々に延びているが、同じ森のなかである。しばしば、ある道が別の道と同じように見えることがある。しかしそのように見えるだけである。

杣人と森番は、道に精通している。彼らは、杣道を歩むことがどういうことであるかを知っている。（GA5）

そしてもう一つは、単行本の公刊に一年先立つ一九四九年、「杣道」という表題のもとファクシミリで公にされ、同年『世界』誌に掲載されたものである。

来るべき人間に、西洋形而上学の本質と歴史との対決が迫っている。この省察のなかで初めて、全地球規模で規定されている人間の現存在への移行が遂行可能となり、この世界歴史的な現存在が基づけられたものとして到達可能となる。

杣道は、そのような省察の試みである。外面的に受け取るなら、それらは相互に何の関係もない諸々の対象についての講演集として与えられている。

事柄から思惟されるなら、すべては、覆蔵されてはいるが厳密に構築された和合のうちに立っている。

どの道も、他の道が歩まれていなければ、進むことはできない。すべての道は、その統一性において、著者が『存在と時間』以来その時まで試みた一筋の思索の道を示している。

道は、迷いのなかを進む。
しかし、道は決して迷わない。　（GA13, 91）

二つの文章を併せ読むとき、ハイデガーが「杣道」という表題に込めた思いの重さがあらためて感じられてくる。「杣道を歩む（auf einem Holzweg sein）」という言い回しは、auf dem Holzweg sein（迷っている）の意味を響かせており、「迷い（Irre）」は真理の本質契機である。そして迷いながら進む六つの道、六篇の論稿は、一見成立順に並んでいるだけのようだが、二つずつが内的連関において、ハイデガーの新たな道を示している。すなわち、最初の二篇は、第一の原初における「制作《ポイエーシス》」の知テクネーの二義性、つまり芸術と技術が、対極的な相を帯びるに至った事態を考察する。この両主題は、一九四九年のブレーメン講演以降さらに掘り下げられ、晩年に至るハイデガーの思索空間を作り上げていく。

続く二篇は、ドイツ観念論の体系哲学の頂点に立つ思想家と伝統的な形而上学の解体に向かう「力への意志」の思想家という、まったく対照的なスタイルの両者を俎上に載せるものである。それぞれ独自な意味で「神の死」を語った両者は、さらに「ロゴスヲ持ツ生キモノ」という人間の本質規定に即せば、一方はロゴス的理性を、他方はロゴス以前の生を極限まで徹底させることで、結果的にいずれも形而上学を完成させることになった。

最後の二篇は、ヘルダーリンを背景にリルケの詩作と、原初の思想家アナクシマンドロスの箴言を扱う。いずれも、伝統的形而上学のロゴスとは異なる言語形態で語られた事柄をもとに、別の原初への可能性を問う試みである。前者の冒頭では、ヘルダーリンの語から神々の逃亡後の世界の夜が語り出され、後者では、夕べの国・西洋と東洋を超えて到来する、より原初的な歴史への眼差しが示される。

以上のようであるとすれば、各々の組み合わせは、芸術と技術に規定される現在、西洋形而上学の完成としての過去、将来する別の原初という、三つの歴史的時間によって、この時期以降後期に向かう思索の時空を作り上げているのである。

第Ⅲ部　後期ハイデガーの思索

第二次世界大戦後から最晩年まで

ハイデガー夫妻の墓
彫りつけられた星は何を意味しているのか

21 西洋哲学の原初

「アナクシマンドロスの箴言」を中心に

陶久明日香

1 「始められた」思索者たち

ハイデガーは一九三〇年前後以来、「原初／始まり（Anfang）」についての思索を試みてきた。その際彼が西洋哲学の「原初的な思索者（die anfänglichen Denker）」とよぶのは、アナクシマンドロス、パルメニデス、ヘラクレイトスの三名に限られる。その理由は彼らが、万物の根源にして原初であるアルケーについて思索する口火を切ったから——ではない。むしろ三名の特徴として強調されているのは、彼らが「原初（An-fang：襲い-捉えること）によって始められた者たち（An-gefangenen：襲われ-捉えられた者たち）である」（GA54, 11）ということである。こうした解釈の根拠として、ハイデガーは彼らの「箴言（Spruch）」を重要視する。それは処世訓でも、たんなる命題でもない。彼によれば箴言とはむしろ、存在するものの根源、原初である存在それ自身の「言い示し（Sage）」（GA71, 60）である。また三名による思索とはこうした存在による「口述（Diktat）を語ること」（vgl. GA5, 328）であり、これもまた箴言と称される。

「アナクシマンドロスの箴言（Der Spruch des Anaximander）」[1]ならびに、「ロゴス」、「モイラ」、「アレーテイア」といった一連の論稿[2]は、こうした原初的な思索者の「箴言」の解釈を通じて現代の人間が実際に哲学の原初の言い示しとしての「箴言」へと遡行する試みとして解釈できる。以下ではこれらのテクストのうち、「原初／始まり」についてのハイデガーの思索の総決算の一つともいえる「アナクシマンドロスの箴言」を主軸に据える仕方で、この遡行の方法（**2**）と概観を提示しながら原初という事象に迫ることにする（**3**、**4**）。そしてさらには、箴言を現代においてハイデガーが解釈する根本的意図についても論じてみたい（**5**）。

2　解釈・翻訳・移行、あるいはその準備

古代ギリシアの思索者たちが残した箴言をドイツ人であるハイデガーが現代において解釈するということは、古典ギリシア語を現代ドイツ語に翻訳する作業と不可分である。この際、「翻訳すること（übersetzen）」とはギリシア語で語られたことをドイツ語の内へと「置き移す（hinübersetzen）」ことであるが、彼はこうした置き移しとしての解釈にはつねに先入見がつきまとうということを示す。そしてそうした先入見を取り除きながら、置き移しを行うのに先立ち、訳される当の事象そのものへと「移行すること（über|setzen）」を試みようとする（vgl. GA5, 329）。その際彼が重要視するのは、ギリシア語のオン（英語のbe動詞に相当するエイナイの分詞中性単数：存在している、存在するもの）またその複数形のオンタ（存在するものども）という語の解釈である。なぜなら存在という事象はあらゆる領域を包括するからである。存在にかかわるこうしたいわば「根本語」の意味が明瞭にならない限り、他のどんなギリシア語の解釈も的外れなものになる恐れがある。こうした懸念のもと、「アナクシマンドロスの箴言」では、具体的な翻訳作業に先立ち、「根本語」が示す内実の限定が徹底的に行われる。

まず考慮に入れられるのは、当該の箴言においてオンタに関連して述べられているゲネシスとプトラという語である。それぞれ「生成」、「消滅」と従来は訳されているが、ハイデガーはそれらをたんなる発展という意味での生成、またその反対現象の発育不良や萎縮とは解さない。通常この箴言はこの箇所を論拠として自然物を扱ったものと解されるが、「ギリシア的に考えられている通りに理解する」（GA5, 341）のであれば、問題となっているのはピュシスと名付けられた動的な現象のことであると彼は主張する。それは「隠れなさ（Unverborgenheit）」のうちへと出てくること、そして再びそこから離れゆき、隠されたもののうちへと去りゆくことであるという。このように隠れと現れの動性を考慮したうえでオンタは解されねばならないということが強調されている。

さらに彼はオンタの根源的な語形である「エオンタ」まで遡り、その意味を詩人ホメロスの語法に即して検討する。そこでは上述のピュシスの動性が時間の観点から考察される。「隠れなさ」の内にあるものは今この圏域の明るみのうちに有るという意味で現在的に現前しているが、過去や将来のものは今この圏外にあるという意味で現前を欠いたものとして隠れの契機を含んでいる。しかしそれらは、いずれ隠れなさのうちに現れてくるもの（将来のもの）、もしくはそこから出て行ったもの（過去のもの）という意味において、隠れなさのうちで現在的に現前するものと決して分離してはいない。エオンタとはつまり、二重の隠れとつながりつつ隠れなさのうちへと現前するものを指す語であるということがここで明らかになる。いまやオン、オンタ、エイナイもこのエオンタの意味に基づいて解され

ねばならない。こうした入念な予備考察を経てようやく、箴言の個々の語を新たに解釈し直す用意が整うことになる。

3　二重の襞――「現前するもの」の「現前する」こと

箴言はハイデガーの判断により最終的には以下の箇所だけが具体的に解釈される。「⑦カタ・ト・クレオーン。③ディドナイ　⑥ガル　①アウタ　④ディケーン　⑤カイ・ティシン・アレーロイス　②テース・アディキアス」（GA5, 353）。

通常よくなされるこの箇所の翻訳として、ハイデガーは以下のものを挙げている。「……⑦必然性にしたがって。⑥というのも、①それらは（sie）②自分たちの不正のために、④罰金（Strafe）⑤と償い（Buße）を互いに③支払うから」（ebd.）。

解釈は筆者がつけた番号順に行われるのだが、最終的にハイデガーが辿りついた訳は次のようになる：「⑦用い（Brauch）に沿って。⑥というのも、①それらは（sie）②適切でないことの（克服において）④きわめて適切なこと⑤としたがってまた斟酌を互いに③帰属させるから」（GA5, 372）。

通常の訳もハイデガーの訳も（筆者によって日本語に訳されているのでなおさら）分かりにくいものであるが、両者がまったく別物ということだけはさしあたり明らかだろう。なぜこのような違った解釈になるのか。それは彼が二文目の主語にあたる①アウタ（オンタの内容を受けている強意代名詞。[3] 以下、「アウタ＝オンタ」と表記）の「存在するものども」という意味から曖昧さを取り払い、訳文の外見の上では「それら」となっているためまったく通常の訳と変わりないが、先述の準備考察を通じて隠れとつながりつつ現前するものを指すものとしてこの語を厳密に解釈し直したからに他ならない。いまや箴言のなかのすべての他のギリシア語の内実がこの根本語との連関において考え直されることになるのである。

また根本語としてのオン、オンタはエイナイの分詞であるため、「存在する（sein）」、「存在している（seiend）」という動詞的性質をもつ一方、「存在するもの（Seiendes）」という名詞的性質も備えている二義的な語である。ハイデガーはこうした分詞による表現の内に、「存在する」と「存在するもの」とが区別されつつも一体化している様を看取しており、それを「二重の襞（Zwiefalt）」とよぶ（vgl. GA5, 344, GA7, 245）。またこの分詞が示す内実は、「存在するものの存在すること（Sein *des* Seienden）」、「現前するものの現前すること（Anwesen *des* Anwesenden）」という仕方で、名詞を属格にして動詞につなぐ仕方でも表現されうる。解釈は二文目（「ディドナイ」以下）より始められるが、主語の①アウタの内容はエイナイの分詞であるオンタと同一である。ゆえにこの文で問題になっているのは、「現前するもの」の「現前する」仕方であるということになる。そのため、この箴言が自然物を道徳的、法律的概念（不正、償いなど）を用いて描写しているものであるとする従来の解釈などとはまったく異なった訳がつけられるのである。

ⓐ 現前するものの根本動向としての「接合から外れること」

まずハイデガーが問題にするのは、アナクシマンドロスが現前するものを経験した際、何をそれらの根本動向とみなしたのかということである。彼はこの根本動向として②テース・アディキアスという語（アディキアの属格）を解釈する。通常の訳では「自分たちの不正（Ungerechtigkeit）のために」とされており、それはア－ディキアという語を、「ディケー（Recht：正しさ）」という語に否定の接頭辞「ア」がついたものとして捉えることに由来する。ハイデガーはこの「不正」であることの内実を上記の厳密な意味でのアウタ＝オンタに即して捉え直そうとしており、正しいことが起こらない様をまず「何かが混乱している（etwas ist aus den Fugen：何かが接合から外れている）」（GA5, 354）という日常的なドイツ語で表現しなおす。そしてさらにそれを字義どおり、何かが「接合なしで（ohne Fuge）」（ebd.）有る、という意味で解釈していく。

隠れなさの内で現在的にあるアウタ＝オンタは、必ず隠れから現れまた再び隠れの内へと去りゆくものであり、それゆえつねに二重の隠れの間でこの隠れにつながりつつ生起している。他方、正しいことが生じないこととしての混乱を意味する「接合なしで」という事態は、隠れなさの内で現前するものがずっと現れの内で滞在しようと固執することによって起こるとハイデガーは解釈する。なぜならそれにより、隠れから隠れなさの内へと現れてまたそこから再び隠れへと立ち去るという動性は硬化せざるをえず、隠れなさと二重の隠れとの接合はいわば切断されて混乱を引き起こすからである。本来隠れからの対抗運動において「本質的に現れること（Wesen）」として生起する「現前すること（Anwesen）」は、隠れから分離するなり、たんなる「持続すること（Andauern）」（GA5, 356）と化す。

ⓑ 根本動向の克服としての「接合」の「容認」

こうした根本動向との連関においてハイデガーは③ディドナイと④ディケーンを解釈する。通常の訳ではこの箇所は③「支払う（zahlen）」④「罰金（Strafe）」とされているが、「不正」の語義から曖昧さが払拭され、隠れなさに固執することとしての「接合なしで」という意味に限定された以上、「罰金」も「支払う」もいまや不適切な訳でしかない。

③ディドナイを直訳すれば「与えること」となり、また④ディケーン（ディケーの対格）はこれまでの考察に即して考えるのであればア－ディキアの否定の接頭辞（ア）が取れたものなので「接合から外れていないことを」という意味になるであろう。接合から外れたアウタ＝オンタが「接合から外れていないことを」「与える」ということとはどういうことなのか。ハイデガーは「与えること」を、たんに手放すという意味においてではなく、固有なものを帰属させるという意味での「容認す

ること」（ebd.）として考える。そして「接合（Fuge）」と「適切なこと（Fug）」の語彙上の連関に言及しながら、箴言が伝えているのは、「接合なしで（ohne Fuge）」という「適切で－ないこと（Un-fug）[4]」を克服し、たんなる持続へと陥らないよう、現前的なものが隠れとの接合という「適切なことを、現前することとしてのおのれの本質的な現れに帰属させること」（GA5, 357）であるということを示している。言い換えればそれは、隠れとの接合を忘れて現れのみに固執せず、隠れから出て来てふたたび隠れの内へと去りゆくという動性を、隠れなさの内で滞在しながら「耐え抜く（bestehen）」（ebd.）ということであるという。

（c）現前するものどうしの関係

ハイデガーは次に⑤カイ・ティシン・アレーロイスの箇所の解釈へと進む。通常「償い（Buße）を」と訳される⑤ティシン（ティシスの対格）の内実はその動詞形の意味である「尊重すること（achten）」にまで遡って考えられ（vgl. GA5, 358）、やはりアウタ＝オンタの「接合なしで」の状態に即して検討される。そこで見えてくるのは、現前するものが自分だけ隠れなさの内で恒常的に持続しようとし、このこととの連関において他の現前するもののことも気にかけなくなる状態である。この互いに「斟酌（Ruch）」を欠いた状態の内にハイデガーは、尊重することとしてのティシスの欠如を看取する。接合なしの適切でない状態を克服するために現前するものは適切なことを、つまり隠れとの接合を自身の現前に帰属させるが、これと連関して同時に生起するのは、現前するものどうしが我意に固執することをやめて斟酌し合い、ティシスを帰属させるようになるということである。

以上が二文目の解釈の概要であるが、「現前するもの」の「現前する」ことの内実は、さしあたり以下のように要約できるであろう。つまり、隠れなさの内へと「現前するもの」は、その圏域に固執して隠れとの適切な接合から外れるという適切でない根本動向をもつ。隠れへの対抗運動において「本質的に現れる（Wesen）」という意味でそれが「現前する（Anwesen）」ためには、隠れとの適切な接合を自身に固有なものとして容認しなければならず、そうすることは現前するものどうしが互いに現前することを斟酌することにもまた通じるのだ、と。

4　二重の襞の展開としての原初

こうした二重の襞、つまり「現前するもの」の「現前する」仕方について述べている二文目は、前文の内容を敷衍する機能をもつ⑥「ガル（というのも）」という語を介して一文目⑦カタ・ト・クレオーンに続いている。こうした箴言の形式を根拠としてハイデガーは、一文目が示しているのは「現前するもの」の「現前する」ことにおいて「本質的に現れているもの

(das Wesende)」(GA5, 366) であるという見当をつける。それは両者をつなぐ属格の冠詞「の (des)」の内実である。二文目ではすでに「現前するもの」と「現前する」という二項があたかも独立してあるかのように、いいかえれば二重の襞として両者がすでに開かれてきたものとして解釈が進められてきた。だが分詞の用法が示すように本来両者は一体のものであり、二襞が開かれるためにはそれを「展開するもの (das Entfaltende)」(vgl. GA7, 245) があると想定されうる。Anwesen *des* Anwesenden と翻訳する場合、それはかろうじて二項をつなぐ属格の冠詞として示され得るが、事象としてどのように本質的に現れているのか。ハイデガーはこうした展開についてなんらかの示唆が得られるという想定のもと、一文目を解釈していく。

⑦カタ・ト・クレオーンは通常、「必然性にしたがって」と訳されるが、「〜にしたがって (nach)」と解されるカタをハイデガーは、「〜に沿って (entlang)」と解釈し直す。ここで彼が看取しているのは、下位のもののあり方は上位のものからの落差に沿って規定されるということである (vgl. GA5, 363)。そしてクレオーンに関してもやはり「必然性」という訳はしりぞけられ、その動詞形の意味「必要なものを供給する」、「使用する」の参照を通じてケール (手) との事象的連関が指示され、そこから「手渡す」といったまったくちがった意味が引き出される。ここで一文目を「手渡すことに」「沿って」という訳すことが可能となるが、これはいったい何を意味しているのか。

これに関しては次のような奇妙なことが述べられる。つまり「手渡すことが現前するものに現前することを手交し、そのようにして、現前するものを現前するものとしてまさに手中で保持する、つまり現前することの内で守る」(GA5, 366) のだと。現前するものにそれが現前することを手渡す当の主語は何らかの実体ではなくあくまでも「手渡すこと」の生起であるとされている。そしてこの生起においてまさに現前するものが現前するようになり、そのようなものとして保護されるという。つまり二重の襞を展開するものというのは、両者の差異項から独立した第三者なのではなく、両方の差異項がその内で共属しつつも区別されながらはじめて生成してくるという生起そのもの、区別化のはたらきそのものを指しているといえよう。ただしこの展開の動性は、開かれた差異項としての「現前するもの」と「現前する」を初めて可能にするので両者とは位相を異にするといえる。それゆえ現前するものとしてのオンタは上位にあるいわば何が現前するのかを決める隠れなさを付与する尺度としてのクレオーンに沿って現前するということになる。

こうしたクレオーンをハイデガーは「存在それ自身が本質的に現れるその仕方」(GA5, 368) であるとも表現し、これこそが原初であることを示唆している。原初としての「存在それ自身」とは存在するものから分離した何らかの実体なのではなく、自身が本質的に現れることにおいて諸々の現前するものをまさしく現前させかつその内で保護するものであるといえる。こうした存在自身のあり方を考慮しつつ、クレオーンの訳語としては、何かを手渡しつつ手中で守るという意味を元来もつと彼が解釈する「用い（Brauch）」という語が選ばれる。また「用い」による「手渡し」の具体的内実は、二文目の内容を考慮するのであれば、現前するものに「〔隠れとの〕接合の分け前を分け与えること」（ebd.）に他ならない。これは隠れと隠れなさとを一つのものとしてとり集めることを意味する。

だがこのように己の接合の適切な割り当て分を手渡されるや否や、現前するものはその間に固執して隠れとの接合から外れて混乱してしまうという適切でないことへ向かう危険にたえずさらされることになる（vgl. ebd.）。現前するものがこうした根本動向をもつということの解釈から箴言の翻訳は始まっていた。この動向自体、接合を原初によって割り当てられることによって初めて可能になる、ということがここでようやく明らかになるのである。かくして当該の箴言が一通り翻訳され、ここですでに読者もハイデガーと共に、原初という事象へと移行しているということになる。

アナクシマンドロスにおいてはクレオーンという語で現れたこの二重の襞の展開としての原初をハイデガーは、パルメニデスの箴言の内にも見出している。箴言の断片八には「実際、存在するもののほかには他の何も存在しないし、他の何も存在しないであろう。というのも実は、モイラがそれを、全体であり不動であることにむすびつけているからである」（GA7, 237）と通常訳される有名な箇所がある。ここで「存在するもの」と訳されている原語はオンの根源的な形エオンを指しているので、ハイデガーは分詞であることを根拠にやはりそれを「現前するもの」と「現前する」の二重の襞であると解釈する。またそれを全体であり不動であることにむすびつけているものが運命の女神モイラと称されているがゆえに、このモイラを「授けつつ配分し、そのようにして二重の襞を展開する振り分け（Zuteilung）」（GA7, 256）のはたらきと解釈しなおす。それは「何かを出現させる」という意味において、「パスケイン（呼び出すこと）」と事象的連関をもつものと見なされ、この名詞形「パシス」がハイデガーによっては「言い示し（Sage）」（GA7, 249）と訳される。

また彼はヘラクレイトスのいう「ロゴス」の内にこのパシスとの連関を見出す。この際ハイデガーは、通常ヘラクレイトスの断片に即しては「理性」、「世界法則」などと訳されるロゴスをその動詞形レゲインのほうから考え、「置くこと（legen）」、さらには「一つにまとめること（zusammenlegen）」という意味から解釈する。それに基づき、この語のうちに、隠れと現れとを接合させることによりまさに隠れなさの内にあるものをそれとして前に横たわらせるというはたらきを看取している。

他方、こうした原初の「言い示し」、「口述」としての「パシス」、「ロゴス」を、人間の側が語ること、このことこそが原初的な思索であったのだが、それは「二重の襞に対応する」(GA7, 258) こととして捉えられている。なぜなら人間も一つの「現前するもの」として、パシス、ロゴスとしての二重の襞の展開においてまさに「現前するもの」として「現前する」ことができるのであるから、人間の思索自体、本来は原初から独立してそれだけでは生起し得ないためである。

5　西洋の歴史的運命を担う「翻訳」

原初的な思索者たちは、ハイデガーの解釈では、原初による展開の生起をクレオーン、モイラ、またロゴスなどといったさまざまな語にもたらした。そしてそれらは現前するものがそれに「沿って」現前する尺度的なもの、隠れとの接合を振り分けつつ現前するものをそれとして規定するところのもの、また人間がそれに対応すべきところのものとして捉えられている。このように原初が彼らによっては人間を含めたあらゆる現前するものを凌駕するものとして経験されているということ、まさにこのことこそ、彼らが原初によってその「言い示し」を語らせ始められたことの現れに他ならない。存在による「言い示し」を語らせられるとは、三人の思索者たちが原初という事象によって圧倒されてその優位性を認めざるを得なかったという事態を意味している。ではこうした原初をめぐる事態を箴言の解釈を通じて遡及的に示すことで、ハイデガーは何を根本的に目論んでいるのであろうか。

冒頭で述べたとおり、「原初／始まり」についての思索をハイデガーはすでに一九三〇年代より取り組んでいた。「アナクシマンドロスの箴言」をはじめとする当該の諸テクストが四〇年代前半の講義の草稿などを基として単行本用にあらためて彫琢されて刊行されるのは五〇年代である。この間には、ナチス政権成立、ハイデガーのフライブルク大学学長就任ならびにその挫折、第二次世界大戦、ドイツの敗戦という出来事が続いた。こうした時代背景のもとハイデガーの思索において浮上したのは、彼自身をも含めたドイツの迷走、世界全体の大混乱という事態との関係で原初という事象を考えるという問題意識であったように思われる。すでに先のアナクシマンドロス解釈に即して明らかになったように、西洋最古の原初的な思索者が経験した原初としての存在それ自身とは、存在するものから分離した何らかの実体なのではなく、自身が本質的に現れることにおいて諸々の現前するものをまさしく現前させかつその内で保護するものであった。こうした現象を指してハイデガーは「存在は、存在するものの内へと自らを開蔵することによって自らを退ける」。このようにして存在は、存在するものを明るくしながら、迷い(Irre)でもって混乱させる」(GA5, 337) と述べる。二重の襞の展開としての原初は、「現前するもの」と「現前する」を差異化させる動性そのものであるがゆえにそれ自身は目立つことはなく、むしろ現前することからは身を退ける。箴言の解釈でハイデガーはこうした動性の自己隠蔽を、オン、オンタ（エオン、エオンタ）といった分詞の用法にこだわり、また名詞と動詞とをつなぐ属格の冠詞を指示することで示そうとした。またこうした自己隠蔽を「自制」ならびに、通常は、判断や態度表明を差し控えるという意味で用いられる「エポケー」（ebd.）という語でも表している。隠れとの接合を振り分ける当の、元来は尺度付与的なものが態度表明しないのであれば、現前するものには「接合なし」の混乱状態を克服し、隠れから出て来てふたたび隠れの内へと去りゆくという動性を耐え抜く所以も分からなくなるといえよう。だが彼いわく、こうした存在のエポケーに基づく迷いこそ、西洋における各々のエポック（時期）を形成するものであり、こうした退去の契機がなければ歴史もないという（vgl. GA5, 337f.）。

この点に関しては、たとえば一九三二年夏学期講義（GA35）におけるアナクシマンドロスの箴言の解釈とは違いが見られる。そこには存在そのものの自己隠蔽に関しての目立った言及はまだなく、二重の襞の展開という発想もない。原初としての存在は、諸々の存在するものにその固有性を授けるような、「権能を与える力（die ermöchtigende Macht）」（GA35, 30f.）と解され、クレオーンという語に関しても、通常の訳である「必然性」の意味を保持し、「強制（Zwang, Nötigung）」と訳される。また「適切でないこと（Un-fug）」も、個々の存在するものが「隠れ」との接合から外れることではなく、権能を与える力から外れてそれぞれの輪郭の内へと収まる様に関して語られ、こうした力のところへと還ることが「適切なこと（Fug）」という語の内実として捉えられている。

権能を与えつつ強制する原初から、接合を配分しつつも自己隠蔽してエポケーする原初へ——こうした解釈の変転のうちに、ハイデガーにおける「原初／始まり」の思索の深まりを看取することができる。原初が自制している限り、それに襲われて「始められる」知が再び生起する保証はどこにもない。しかしそれにもかかわらず彼は、原初的な思索者たちが箴言を通じて示したような、原初によって襲われて始められる知を「本質的な知」と称し、己の現れに固執して隠れとの接合から外れて他の現前するものの本質的な現れを斟酌せず蹂躙する現代的な知に対置する（vgl. GA54, 4f.）。とはいえそれは再び古代へ還れという単純な話ではない。なぜならまた仮にそのような原初によって再び「始められる」ことができるとしても、ただ無造作に圧倒されてその優位性を認めるだけではまた迷いに陥ることが必須であるからだ。つまり原初がつねに自らを退ける動性である以上、人間が迷いから完全に解放されることはないのである。

では何が求められているのか。ハイデガーの見解では、ギリシア語の分詞によって示唆されている原初の自己隠蔽という事象は、原初的な思索者たちによって経験されているとはいえ、事象そのものとしては思索されぬかれておらず、それゆえ尺度的なものとして堅持されることなく忘却された。ゆえに西洋の「歴史的運命（Geschick）」は「エオンという語の翻訳にかかっている」（GA5, 345）ということが述べられる。先述のように箴言を翻訳することとは、ギリシア語をたんにドイツ語に置き移すのではなく、語られている当の事象へと移行することであった。こうした翻訳の遂行を通じて、これまでことさらには思索されることがなかったこの自己隠蔽する原初そのものへと移行し、この自制をまさにそれ自身として、あらためて尺度的なものとして堅持することがもしできるのであれば、接合から外れた混乱状態を克服する可能性、つまり隠れとの接合を「容認」する可能性が出てくる。原初的な思索者たちの箴言をめぐる当該の諸テクストは、その原初から決して離れられない西洋の有限性をあらわにする一方、再び「始められ」、この原初を別の仕方で堅持することへの微かな希望を示すものである。

注

（1）『杣道（*Holzwege*）』所収（一九五〇年初版刊行。全集版では一九七七年刊行の第五巻）。『杣道』では、このテクストは一九四六年に書かれた或る論稿から取り出されたものと記されている。しかし二〇一〇年に同名の講義原稿が全集版第七八巻として刊行された際、その成立年に関して異説が唱えられている。第七八巻の編者シュスラーによれば、当該の講義原稿はおそらく戦時中、一九四二年の夏から秋に書かれたが読まれずに終わったものであり、『杣道』所収のテクストはこの原稿の本質的な考えをすべて含んでいるという。またアナクシマンドロスの箴言についての解釈は、一九三二年夏学期講義（GA35）、一九四一年夏学期講義（GA51）においても見られる。

（2）『講演と論文（*Vorträge und Aufsätze*）』所収（一九五四年初版刊行。全集版では二〇〇〇年刊行の第七巻）。ヘラクレイトスの箴言を扱った「ロゴス」と「アレーテイア」は、一九四三／四四年夏学期講義（GA55）に基づいており、パルメニデスの解釈である「モイラ」は一九四二／四三年冬学期講義（GA54）と関係している。

（3）一文目の削除された部分に入っている「ウーシ」（オンタの与格）という語を指している。

（4）ハイデガーにおいては否定的に捉えられるこの「接合から外れること」、「接合なし」、「適切でないこと」を、デリダはむしろ他者の到来、正義のいわば可能性の条件となるようなものとしてみなしている（ジャック・デリダ『マルクスの亡霊たち』増田一夫訳、藤原書店、二〇〇七年）。また現代フランス哲学においてハイデガーのこのテクストへの注目度は高く、他にもたとえば次の論稿において取り扱われている。ジャック・デリダ「差延」「ウーシアとグランメー」、『哲学の余白（上）』所収、高橋允昭・藤本一勇訳、法政大学出版局、二〇〇七年、ディディエ・フランク『ハイデガーとキリスト教——黙せる対決』中敬夫訳、萌書房、二〇〇七年。

22 近代ヨーロッパの終焉

「ニーチェの言葉〈神は死んだ〉」「詩人は何のために」

小野　真

1　ニーチェのニヒリズムからの思索
――ユンガーとの対峙

第一次世界大戦終結直後の一九一九年、ハイデガーはフライブルク大学で私講師として講義を始め、『存在と時間』への歩みに乗り出した。その二十年後の一九三九年、ナチスのポーランド侵攻から始まった第二次世界大戦は、瞬く間にヨーロッパ全土を戦火に巻き込んでいく。ハイデガーの思索の道は、近代ヨーロッパ世界の崩壊過程とともに歩まれた。

一九五〇年に公刊された論文集『杣道（*Holzwege*）』は、こうした戦争の時代をくぐり抜けたハイデガーの思索の結晶ともいえる戦後の代表作の一つである。本論では、そのなかでも時代意識のとくに濃厚なニーチェ論とリルケ論を取り上げ、そこに潜む「近代ヨーロッパの終焉」というテーマを考えてみたい。まずはその準備として、一九三〇年代初頭以来、ハイデガーにとって重要だった、もう一人の思想家に一瞥を与えることにしよう。同じく戦争の時代を体験したドイツの作家、エルンスト・ユンガー（一八九五―一九九八年）である。やや回り道かもしれないが、ハイデガーが「近代ヨーロッパの終焉」をどのように思索したかということは、本章で扱う『杣道』の二論文に加えて、ハイデガーとユンガーの対決を探索することによってより明瞭になるであろう。

ユンガーは、第一次世界大戦固有の特徴を、本来の戦闘員だけではなく、一般人までもが、個人的自由を喪失した「兵士（Soldat）」への徴発の対象となったこととして捉え、『総動員（*Die totale Mobilmachung*）』（一九三〇年）においてこの新しいタイプの「兵士」としての人間の様態を「労働者（Arbeiter）」という概念で表現した。『労働者』（一九三二年）においては、この概念は、近代ヨーロッパ世界の崩壊過程のなかから歴史に登場した「地球の新しい力」（DA, 10）(1)によって「空間と時間と人間それぞれに刻まれる印」である「形態（Gestalt）」として捉えられる。科学技術による信仰の否定、戦争による無差別な破壊、無政府状態による大衆の出現、いずれも近代ヨーロッパのニヒリズムの帰結を特徴づける現象として挙げられるが、これらは「労働者の形態」の発現と考えられる（vgl. DA, 163, 170）。ユンガーは、フリードリヒ・ニーチェにならって、これらの事象を「新しい種類にして特殊なる力への意志（Wille zur Macht）」（DA, 76）とも表現しており、これまでは間接的になされてきた「力への意志」の増大が、あらわに自己目的化され、あらゆる営為が徹底してこの目的のために統制されるようになっていることを指摘した。

ハイデガーも、ニーチェを介して、ユンガーとともに第一次世界大戦後の近代ヨーロッパの歴史的運命を見ていた。ハイデガーは一九三六／三七年冬学期講義の『芸術としての力への意志』を皮切りに一九四〇／四一年冬学期に予定されていた『ニーチェの形而上学』まで、五回分のニーチェ講義においてニーチェのニヒリズム思想と対決し、その成果を『杣道』に収録された論攷「ニーチェの言葉〈神は死んだ〉」（一九四三年。以下「ニーチェ論文」）に結実させる。そのハイデガーにとって、ニヒリズムのシグナルの淵源を労働者の「形態」において認めたユンガーもまた、ニーチェからその帰結を導いたのだと思われた。[2] ハイデガーによる『労働者』との対決はすでに一九三二年頃から始められており（vgl. GA16, 375）、一九三九年から四〇年にかけて「大学教員たちの小さなサークル内で」（GA9, 390）この書が取り上げられた。その間に書かれた『省察』（一九三八／三九年）では、「唯一の、近代の完了（Vollendung）に向かって進んでいる、考察に値する、最終的な西洋の形而上学の——ニーチェの形而上学の——展開態（Ausfaltung）」（GA66, 27）としてシュペングラーの歴史形而上学とともに、ユンガーの『労働者』の形而上学が挙げられている。ユンガーは「労働者の形態」を「存在」としても捉えているが（vgl. DA, 82, 94）、ハイデガーは、この頃の『労働者』への評価をまとめて、一九三四年から四〇年の間に次のような断片を残している。「ユンガーの本は、それがあらゆる「ニーチェ文献」がなしえなかったこと、すなわち、存在者と「ある」といえるものの経験を、力への意志としてのニーチェ的な存在者の企投の光のうちで伝達するということを成し遂げているがゆえに、重みをもっている」（GA90, 27）。この意味において、ユンガーはニーチェの「展開態」として捉えられているのであろう。

しかし、同時に「ニーチェの形而上学的根本的立場に依拠するがゆえのエルンスト・ユンガーの眩惑と本質的限界」（GA90, 13）が語られ、同じ断片で決然と次のようにいわれる。「もっとも、そうであっても、ニーチェの形而上学は決して思索的には概念把握されて（denkerisch begriffen）いない。そこへの道も全然指示されていない。その反対である。真正の意味において問うに値するものではなく、この形而上学が明白に現れてきており、一見したところ過剰になっている」(GA90, 27)。

後にハイデガーはユンガーと交友を持つようになり、ユンガーの還暦記念論集『線を越えて』に寄稿している。この論文は「存在の問いへ」(一九五五年)と改題され『道標』に収録されている。この論文のなかで、ある「覚え書き」に記された『労働者』評が披瀝されているが(vgl. GA9, 390)、上記の一九三〇年代の断片とほぼ内容が一致しており、これを元にして語られていると思われる。ハイデガーの『労働者』評は、この頃からほぼ固まっていたのであろう。これは、ハイデガーの後半生の思索を規定した枠組み、一九三六/三八年に仕上げられた「性起の出来事の本質構造(Wesensbau des Ereignisses)」(GA14, 52)がそのまま維持されていたことを示唆している。そして本論で扱う『杣道』の二論文もこの「性起の出来事の本質構造」(以下「性起の出来事」は略して「性起」と表記する)に基づく「存在史的思索」の枠組みを背景としている。

2　「性起の本質構造」とヘルダーリン——原初性の思索

「性起の本質構造」の様相の一つは、同じ断片に記載されているユンガーへの反論(Widerspruch)の根拠から伺うことができる。「ユンガーへの反‐論は、ニーチェの形而上学への反論としてのみありえるのであり、この反論は近代形而上学に対しての反論でなければならない。この反‐論は、形而上学そのものへの、すなわち全体としての西洋哲学への反論としてのみ可能である。この反‐論は、第一の原初を同時にその真理のうちへと解放する別の原初の本質においてある」(GA90, 27)。

このハイデガーの記述から、ユンガーが依拠する「ニーチェの形而上学」より、より深い次元から「全体としての西洋哲学」を捉えようとするハイデガー固有の歴史的自覚が読みとれる。「性起の本質構造」を準備した『哲学への寄与論稿』(一九三六/三八年)では次のように言われる。「別の原初への移行(Übergang)は、この歴史的規定の知を準備しなければならない。ここに第一の原初とその歴史との対決が帰属している」(GA65, 196)。ハイデガーは、「第一の原初から別の原初への移行」という歴史的次元において見出された西洋哲学への視点から、ニーチェと共にユンガーを評価している。しかし、ハイデガーの経験した歴史は生じた出来事を時系列的に確認するものではない。第一の原初と別の原初は、二つの異なった原初ではなく、「同なるもの(das Selbe)」であり(vgl. GA71, 28)、一つの特殊な時‐空間において現成する。『性起』(一九四一/四二年)によれば、「第一の原初ないし原初性そのもの(Anfängnis Selbst)は、別の原初において初めて経験へもたらされる。この経験は、原初が語へもたらされている箴言(アナクシマンドロス、ヘラクレイトス、パルメニデス)を注視することによって叙述されうる」(GA71, 27)。「別の原初」による「原初性そのもの」の経験によって、ソクラテス以前の思索者の箴言において「第一の原初」が注視される。第一の原初の歴史はアナクシマンドロスから、「第一の原初の最初の終わり」である「プラトン－アリストテレス哲学」を経て、ニーチェで終結する（vgl. GA65, 175, 195, 211, 232）。この第一の原初の歴史が「形而上学の歴史」とされ、「ニーチェの思索を、存在の歴史から西洋形而上学の完了として把握すること」（GA5, 376）が課題となり、『杣道』の「ニーチェ論文」に結実する。

ハイデガーに「原初性そのもの」をもたらしたもの、それは「別の原初の詩人」（GA70, 160）、フリードリヒ・ヘルダーリンである。ハイデガーはその決定的な経験を草稿『性起』において次のように言う。「形而上学による最後の誤解を投げ捨てる瞬間、すなわち存在それ自身とその真－理が最初に極度に問いに値するものになる瞬間において（真理講演一九二九／三〇年）、他の詩人同様に以前からさしあってはすでに知られていたが、ヘルダーリンの語が歴史的運命（Geschick）となった」（GA71, 89）。一九三〇年から、ハイデガーは「真理の本質について」という同一のテーマでプラトンの真理概念の問い直しを内実とした講演を数か所で行う。おそらく、一九二九年から準備されていたこの一連の「真理講演」の途上で、ヘルダーリンが決定的なものとなったのであろう。これら講演で語られた原初的な真理概念は「この詩作の、まだ経験されたことのない真理（聖性（Heiligkeit））の領域へと注意深く聞く」（ebd.）ことによってなされ得た。

ただ、ここで「真理」と「聖性」が等置されているのはどういうことであろうか。オットー・ペゲラーは次のように告げる。「ハイデガー自身の報告によれば、『存在と時間』の出版直後の二、三年ほどの間に、神が「死んだ」という根本経験にハイデガーは襲われた」[3]。そしてペゲラーはこの「神の死」の経験を、一九二九年の秋であるとする[4]。しかも、一九二九／三〇年冬学期講義にはニーチェへの強い共感がにじんでいる（vgl. GA29/30, 106ff. 531ff.）。ニーチェとともになされたハイデガーの「神の死」の経験は、ヘルダーリンの語が決定的になった経験と時期がほぼ一致している。もし別の原初によって初めて第一の原初が経験にもたらされるのならば、ハイデガーはまさにヘルダーリンの「原初性」からニーチェを再発見したことになる。それゆえ、ハイデガーの「神の死」の経験は、ニーチェとの対決が端緒であろうが、単なるニーチェへの依拠や共鳴ではない。それはつねに、全体としての存在者への直中へと、その現存在を晒しだした詩人の根本気分との共振の内から語られる[5]。

一九三四／三五年冬学期講義『ヘルダーリンの讃歌『ゲルマーニエン』と『ライン』』では次のように言われている。「この後の言葉〔『ゲルマーニエン』の一三行目以降〕は最高の決断、すなわち古き神々に見捨てられたこと（Verlassenheit）をわが身に引き受けることの決断である。かくしてここで、聖なる悲しみの根本気分は、その最も親密な優越へと高まる」（GA39, 97）。しかし、見捨てられた神々の痕跡の感受は同時に、神的なものの来着を待望できるという「喜び」も惹起する。詩人の根本気分は「対立する気分が共に含まれている」(GA39, 148)。『哲学への寄与論稿』ではこの事柄が「存在に見捨てられてあること(Seinsverlassenheit)」として存在論的に明確に規定されている。「存在が存在者を見捨てることとは、存在が存在者の開示性の内で、自分を隠すこと(sich verbergen)を意味する。つまり、存在は、それ自身本質的に自分の身を引きつつ(sichentziehend)隠すこととして規定される」(GA65, 111)。

神々に見捨てられた「聖なる悲しみの根本気分」に共振することによって、ハイデガーは、アナクシマンドロス等の箴言やプラトンの真理(アレーテイア)概念を問い直した(vgl. GA71, 27)。そこで、「存在に見捨てられてあること」――存在が、存在者に開けを与えて自分の痕跡を示すという仕方で、自分自身を隠す――という「存在の真理」の二重的動態を見出したハイデガーは、ヘルダーリンとともに思索の立場から存在の真理の深奥における「聖性」を待ち望んだのではないだろうか。『杣道』のニーチェ論もリルケ論も、このようなハイデガー固有の「神の死」の経験から初めて統一的に理解されるのである。

3 「ニーチェの言葉〈神は死んだ〉」
――主観的主体性への増長

さて、二論文の具体的な探索にあたって、本論が注目する箇所の拠り所となるハイデガーの断片を紹介しておこう。第二次世界大戦後の一九五四年にもハイデガーはユンガーに関する手記を残している。おそらく、翌年に刊行されたユンガーの還暦記念論集『線を越えて』に寄稿するために、彼の著作と今一度取り組んだ際のものであろう。そのなかにはハイデガーの自著を指示している断片がいくつかあるが、「存在と人間」と題され、主に『杣道』の、唯一ページ数まで書き込んだ特異な断片がある。

存在者としての存在者(存在者性(Seiendheit)の真理)
『杣道』　二二九
　本質関係　＝　二三三
　　人間の本質　二三四／五
　　　二八八(リルケ)参照
人間と神―二三五
そしてより高次の(höhere)歴史―ツァラトゥストラ　二三一及び次頁
主観的主体性のうちへの人間の増長(Aufstand in die Subjektivität)
二四二
『杣道』三四三
アナクシマンドロス　『杣道』三四三　参照
『形而上学とは何か』「序論」十頁／十一頁上段　参照

(GA90, 292)

ハイデガーにとっては、ニヒリズムの運動は二つの大戦を経て、いまやより明白に全地球的規模で、すべてを食い尽くし歯止めがきかなくなっている。それどころか、ニヒリズムはこのうえなく多種多様な隠蔽された諸形態において、人類の「正常な状態（Normalzustand）」（『力への意志』第二三番）になっている（vgl. GA9, 392f.）。この認識を踏まえて、近代ヨーロッパの終焉としてのニヒリズムという観点から再びユンガーの著作に向き合ったとき、彼は、自分の著作『杣道』を、とりわけ右に挙げられている初版本のページ数と呼応する二つの論文、「ニーチェの言葉〈神は死んだ〉」と「詩人は何のために」（一九四六年）を、実際に読み返し、注視すべきポイントを抜きだしたのではないだろうか。

　このユンガー断片では、ばらばらで前後したページ数が挙げられているが、それらはニーチェ論文に関しては『杣道』の二二九—二三五ページ（全集版ではおよそ二四七—二五五ページ）に繋ぎ合わせることができ、二三五ページの最後に出てくる「主観的主体性のうちへの人間の増長」を補足するものとして二四二ページがあげられている。また、この繋ぎ合わされた部分には、この論文の成立直前の一九四一／四二年冬学期のために準備された最後のニーチェ講義『ニーチェの形而上学』(6)が挙げる「ニーチェの形而上学の五つの根本語」（GA50, 11）すべてが言及され、それぞれの本質的規定が叙述されつつそれらの内的統一が示唆されている。以下において、このユンガー断片を導きとして、二論文の内容に立ち入ってみよう。

　ニーチェの『悦ばしき知識』第一二五節でランタンをもった狂人が市場で声を発する。「神はどこへいったのだ！　私はそれをお前たちに言おう。われわれが神を殺したのだ、お前たちと私とが！」。さらに同節で、神を殺すことによって人間は「より高次の歴史（höhere Geschichte）」に属することになったといわれる。ハイデガーは、この断片にも挙げられている「より高次の歴史」に関連して、次のように彼のニーチェ理解の骨格を披瀝する。

　「この「神は死んだ」という意識とともに、従来の最高諸価値の根本的な価値転換の意識が始まる。人間自身はこの意識に従ってより高次の別の歴史へ移行するが、その歴史がより高次であるというのは、その歴史においては、あらゆる価値措定の原理、つまり力への意志が、現実的なものの現実性として、あらゆる存在者の存在として、固有に経験され、そして引き受けられるからである。近代的な人間の型の本質は自己意識にあるのだが、この自己意識は、上記のことによって最後の歩みを実行する。この自己意識は、無条件な力への意志の執行者として、自分自身を意欲する。尺度を与える諸価値の没落は終わる。「最高諸価値の価値を喪失する」というニヒリズムは克服されている。その固有の人間存在を力への意志として意欲し、この人間存在を力への意志によって全体として規定された現実性において経験する人間の型（Menschentum）は、従来の人間を越え出るような人間の本質形態によって規定される」（GA5, 250f.）。

この在来の人間を超えでる人間の本質形態が「超人（Übermensch）」であり、ニーチェにとっては「近代的な人間の型として自らの時代の本質完了に踏み込み始めている人間の本質」（GA5, 251）を指している。そしてそれは「ツァラトゥストラという形態において」（GA5, 252）考えられている。また、神の死によって移行される「高次の歴史」とは異なった歴史、すなわち「原初性」に基づく「存在の歴史」からすれば、力への意志は、「存在者としての存在者の存在」（GA50, 6, vgl. GA5, 274）の一様態であり「存在者性（存在者としての存在者であるところのもの）」（GA50, 4）の性格を持つ。ユンガー断片の冒頭にある「存在者としての存在者」は力への意志そのものを指示しているのであろう。力への意志は、ある視点によって価値を措定し、その価値の増大の無条件な執行者として自分自身を意欲する自己意識に基づく。その自己意識においては、事物も力への意志もそれ自身に対して「直前に－立てつつこちらに向けて立てる（das vor-stellende Herstellen）という方式（Art）」（GA5, 239）において現れる。力への意志はそのような方式として「全体としての存在者の存在」（GA5, 247）であり、「存在者の本質（essentia）」（GA5, 252, vgl. GA50, 6）である。[7]

さて、ニーチェは、ニヒリズムを「価値定立の歴史として形而上学的に経験している」（GA5, 248）。その際、力への意志は「新しい価値定立の起源ないしは尺度」（GA5, 250）であるがゆえに、ニーチェにとっては、力への意志の教説が「ニヒリズムの克服」（ebd.）である。しかしハイデガーは、ヘルダーリンとともに経験した「存在に見捨てられてあること」の気分のなかから次のように言う。「存在の歴史的運命から思索されるならば、ニヒリズムのニヒルとは、存在とはなんら関わりない、ということを意味する」（GA5, 264）。「存在それ自身は、その真理のうちへと身を引いている。存在それ自身はこの真理のうちへと身を蔵し（bergen）、そのような身を伏すことによって、自分自身を隠す（sich verbergen）」（GA5, 265）。それゆえ、西洋の形而上学においては「われわれはどこにもそのような存在それ自身の経験を見出せない」（GA5, 263）。

力への意志は、必然的に、主観に、主観自身の力の増大を永続的に強いることによって「主観的主体性（Subjektivität）のうちへの増長」を強いる（vgl. GA5, 256, 262）。主観－客観関係をことさら意識する自己知は「基体的主体性（Subjektität）」とされ（vgl. GA5, 132f.）、「近代の始まり」としてのあらゆる存在者の根底にある基体（ヒュポケイメノン）概念の成立を指示している。デカルトの ego のような、意志を本質とする確実な主観が優位を持つと、基体的主体性は主観そのものの確実性を意欲する主観的主体性となり、その「形而上学的最終形態」である力への意志にまで展開する（vgl. GA6.2, 411）。

「人間の主観的主体性のうちへの増長は存在者を対象（Gegenstand）にする」（GA5, 262）。このような「対象」における「真理」が、「公正さ（Gerechtigkeit）」である。「まず支配者がいて、しかる後にこの者が「公正」を決める」という「公正さ」は、「力への意志という仕方である存在者の真理」（GA5, 247）であり、第一の原初において聴き取れる原初的な真理（アレーテイア）が、存在に見捨てられたことによって忘却されきった終局態である。「力への意志の形而上学の価値思考は、そもそも存在それ自身を立ち現れに至るようにさせないために、つまりその本質がみなぎらせた状態に至るようにさせないために、極端な意味で殺戮的である」（GA5, 263）。したがって、ハイデガーにとってはニーチェこそが「ニヒリズムの完了（Vollendung）」であり、「その本質において形而上学はニヒリズムである」（GA5, 265）ゆえに、ニーチェは「形而上学の最終時期（die letzte Epoche）」（GA5, 253）である。

3　「詩人は何のために」
――リルケの「天使」とツァラトゥストラ

さて、ユンガー断片はニーチェ論文中への指示の途中で「二八八（リルケ）」という記載も含んでいる。また、別の断片には「「形態」――ツァラトゥストラ――天使（Engel）『杣道』参照」（GA90, 293）との指示がある。リルケの指示とともにある初版本二八八ページは、まさに「詩人は何のために」のなかで、リルケの「ドゥイノの悲歌」に登場する「天使」と「ツァラトゥストラ」の関連が言及されている箇所である（vgl. GA5, 312）。

ハイデガーは、詩人ライナー・マリア・リルケ（一八七五―一九二六年）への重要な言及をいくつか残している（vgl. GA24, 247）。『道標』所収の論文「現象学と神学」の「付録に寄せて」（一九六九年初出）においてもリルケの『オルフェウスに寄せるソネット』の「歌は実存在（Dasein）である」という句が引かれて、「詩作しつつ思索することと言うことが何によって規定されているか」が「詩人的な（dichterisch）仕方で言われている」（vgl. GA9, 78）と指摘している。上記の断片の最後の二つの指示は共に『杣道』収録の論文「アナクシマンドロスの箴言」の最後のページを示すが、リルケの「詩作しつつ思索すること」は、このページの最終段落にある言葉、「そうならば、思索は、存在の謎を詩作しなければならない」（GA5, 373）と呼応する。また「詩人的な」は、ヘルダーリンの詩の語から着想を得たキーワードの一つである（vgl. GA4, 42ff., GA7, 189ff.）。ハイデガーは、リルケに共鳴しつつも「第一の原初から別の原初への移行」の枠組みからリルケを注視していることを示唆している。それゆえ、「乏しい時代（die dürftige Zeit）にリルケが詩人であるか、詩人であるとすればどの程度なのか」（GA5, 275）を問うことが、リルケ論文の目的となる。

この論文はリルケの「即興詩」に関わるいくつかのリルケの「根本語」、すなわち「開け（das Offene）」、「連繫（Bezug）」、「別れ（Abschied）」、「自然（Natur）」（vgl. GA5, 312）等の解釈を導線として進む。しかし、論文タイトルはヘルダーリンの「パンと葡萄酒」の一節「乏しい時代において詩人は何のために」に由来し、論文の冒頭でまずヘルダーリン論が展開されることから、ヘルダーリンがリルケ論の尺度となる。

この時代は、「神性の光輝」が消え失せ、神性がきわめて乏しくなっているがゆえにもはや神の欠落を欠落としてすら気づけない。「詩人の本質」とは、このような神の欠落を経験することすらできないこと、「乏しいものそのもの」(GA5, 270) を詠うと同時に「逃げ去った神々の痕跡」(vgl. GA5, 271) である「聖なるものを言う」(GA5, 272) ことである。ハイデガーによれば、リルケは、後期の『オルフェウスに寄せるソネット』へ至る途上で、この時代において「乏しいもの」をより一層判明に経験していたとする。この詩の語は「聖なるものの痕跡をまだ保っている」(vgl. GA5, 274)。「即興詩」も、「健やかならざるもの (Unheile)」を、「聖なるものの痕跡」である「健やかなるもの (Heile)」に転ずることを詠う (vgl. GA5, 316)。

ただ、リルケの詩の根本語である「自然」や「開け」の解釈を通じて[8]、「リルケの詩には、緩和されたニーチェの形而上学の影が差し続けている」(GA5, 286) と指摘される。しかし、ハイデガーは、リルケの詩作が「存在の歴史のなかでは、序列と立場の上でヘルダーリンに後れをと」っており、リルケの悲歌やソネットがまだ「形而上学的な構制と統一」を持っていることを認めつつも、形而上学の本質についてのまだ十分な認識と言葉を持っていないことを理由に、リルケの詩作の境域を考えることは困難なままである (vgl. GA5, 276) と留保する。

この留保をあらためて具体的に示しつつ、上記の断片の「リルケ」を指示する箇所は次のようにいう。「どの程度、リルケの天使の本質が、内容的にはきわめて相違するにもかかわらずニーチェのツァラトゥストラの形態と形而上学的に同じ (das Selbe) であるかは、基体的主体性 (Subjektität) の本質の根源的な展開からのみ示され得る」(GA5. 312f.)。リルケは、形而上学的な「基体的主体性の圏域の内部にありつつも」(GA5, 307)、意志という本質に定立された「救いなき」人間を、世界という存在者としての「健やかな全体」のなかへと転換させようとしている (vgl. GA5, 307, 318f.)。この世界の統一として「天使」が現れる。「天使」とともにある「健やかなもの」が寿がれて、初めて「聖なるもの」は現れることができる。「救いなきものを救いなきものとして経験」(GA5, 319) して、そのなかから「天使」を詠うリルケはヘルダーリンへの途上にあることを示している。「健やかなものは、合図を送りつつ聖なるものを呼ぶ。聖なるものは神的なものを繋ぐ。神的なものは神を近づける」(GA5, 319)。

ツァラトゥストラとしての超人を考えるニーチェもまた、力への意志という近代の基体的主体性の究極態を、自覚しつつ引き受けることにより「救いなきものを救いなきものとして経験」している。それゆえ、すでにツァラトゥストラの思想は、

「存在論的には存在者を存在者として思索しており、それゆえ形而上学の本質に接合しつつも、形而上学の内部ではこの本質を経験できない思索から湧き出ている」(GA5, 252)。ニーチェは「形而上学の完了」だといわれる。しかし、「もしある思想が形而上学を完了へ導くというなら、その思索は、明確であるが同時に混乱しつつも、例外的な意味で、思索されたことのないことへと示している」(GA7, 122)。ハイデガーは、自分同様、共に若き日にヘルダーリンに魅せられたリルケとニーチェ[9]において、神に見捨てられつつも神を待ち望む「聖なる悲しみの根本気分」の共振を見出したのではないだろうか。

5　近代ヨーロッパの終焉

ユンガーは、ハイデガー還暦記念論集に寄せた「線を越えて」において、「ヘルダーリンの語が真実ならば、救うものは、力ずくでも(gewaltig)生い立つはずである」[10]と述べ、あえてヘルダーリンのみに希望を託さない姿勢を示す。むしろ、「総動員」が地球規模に完了して、民族や国家の境界拡大が止む地点において初めて「確固とした、事実に即した目標」が現れることを「最初の希望の見込み(Hoffnungsblick)」とする[11]。ユンガーは、「労働者の形態」に促された、目標へ到達する「意志」をあくまで担い切ろうとする。それゆえ、ハイデガーは、「『労働者』とは、ニーチェが「超人」と名付けた人間の形態への、醒めた(nüchtern)名称である」(GA90, 257)と理解する。醒めたユンガーは、「聖なる悲しみの根本気分」には共振しない。しかし、「形態」を「形態」として経験したユンガーの思索もまた「思索されたことのないことへと示」す。「線が越えられる瞬間、存在からの新しい施し(Zuwendung)がもたらされる」[12]と。この一文について、ハイデガーは一九五〇年一二月一八日のユンガー宛書簡で応える。「存在の本質に呼応するためには、われわれはこう言わねばならないのではないでしょうか。すなわち、線は、存在が施しとともにもたらす瞬間のうちで、はじめて越え得るものであり、その施しとは、先立っては、人間本質による目覚めつつ性起する呼び求めである、と。無の近くで起こる線の横断は、単なる人間の前進ではありません。それは同時に、救うものによる、運び渡し(*Überholen*)であり、救うものが渡り来ることで、横断するべき線がはじめて固有に明るめられるのです[13]」。救うものとしての存在と目覚めた人間との協働[14]、すなわち「性起」が線の設定に先行する。

ヘルダーリンへの気分的共振によって人間が目覚めない限り、越えるべき線は見えることはなく、「存在に見捨てられてあることの根源的な帰結」としての「総動員」(vgl. GA65, 143)が進行することによって、むしろ線そのものがあることすら忘却させられるのではないか。このような疑念からハイデガーはユンガーに次のように言う。「ニヒリズムの完了(Vollendung)はそれだけではまだニヒリズムの終焉(Ende)ではないのです。

ニヒリズムの完了とともに初めて、ニヒリズムの最終局面が始まります。その最終局面の地帯は、おそらく、その局面が正常状態とその状態の固定によって徹底して支配されているがゆえに異常に幅広くなるでしょう。そのために、零‐線、つまりそこで完了が終焉となる零‐線は、終焉においてもまだまったく見え得ないのです」（GA9, 393）。ハイデガーにとって「近代ヨーロッパの終焉」はその完了を忘却させる様態で、今も持続しているのである。

注

（1）本書引用のユンガーの『労働者』は Ernst Jünger, *Der Arbeiter, Herrschaft und Gestalt*, Klett Cotta, 2014（1. Aufl. 1932）から。引用箇所は（略号 DA：ページ数）で本文中に示す。最新の翻訳としては『労働者　支配と形態』川合全弘訳、月曜社、二〇一三年。本論もこの訳業に多くを負っている。

（2）Vgl. Otto Pöggeler, *Heidegger in seiner Zeit*, Wilhelm Fink Verlag, 1999, S. 109.

（3）Otto Pöggeler, *Philosophie und Politik bei Heidegger*, Alber, 2 Aufl. 1974, S. 106.

（4）Otto Pöggeler, "Von Nietzsche zu Hitler ?", in: *Annährung an Martin Heidegger*, hrsg. von Hermann Schäfer, Campus 1996, S. 95.

（5）ニーチェの言葉「神は死んだ」がヘルダーリンとの関連で思索されていることを示す断片「神は死んだ」（GA75, 353ff.）がある。

（6）「力への意志」、「ニヒリズム」、「等しきものの永遠回帰」、「超人」、「公正さ」の五つの語である。

（7）それに呼応して、力への意志が無制限に自分を意欲する有り様、すなわち existentia が「等しきものの永遠回帰」であるとされる（vgl. GA5, 252, GA50, 6）。

（8）ハイデガーのリルケ解釈の手引きとしては、加藤泰義『リルケとハイデガー』芸立出版、一九八〇年。

（9）リルケがヘルダーリンのピンダロス翻訳と後期讃歌集に決定的な衝撃を受けたことについては vgl. GA12, 172。また、「ニーチェは若い時にヘルダーリンに、とりわけ「エムペドクレス」と「ヒュペーリオン」に魅入られた」（Karl Jaspers, *Nietzsche*, Walter de Gruyter, 4. unveränderte Aufl., 1981（1. Aufl. 1935）, S. 36）。

（10）Ernst Jünger, „Über die Linie": in *Ernst Jünger – Martin Heidegger Briefwechsel*, Klett Cotta, Stuttgart, 2008, S. 122.

（11）Ebd. S. 129.

（12）Ebd. S. 134.

（13）*Ernst Jünger – Martin Heidegger Briefwechsel*, S. 18.

（14）断片「存在と人間」は最後に「『形而上学とは何か』への序論」を指示している。この箇所では、存在がその固有の真理から人間の本質への関係を性起させ、人間を存在への聴従にもたらすことが語られる（vgl. GA9, 369）。この事柄を、ハイデガー自身が後年に「自分の根本思想」（vgl. GA16, 703f.）と述べている。

23 思索という行為

『「ヒューマニズム」について』『何が思索を命ずるか』

菊地惠善

1　小さな大作『「ヒューマニズム」について』

第二次世界大戦の終結間もない一九四七年に公刊された著作『「ヒューマニズム」について』は、初版本でわずか七〇頁足らずの小品であるが、その内容の重要性において、主著の『存在と時間』に匹敵する大作である。この著作でハイデガーは、「存在」を探究するという主著の課題を引き継ぎながらも、その「存在」を、探究の目的に想定されるような、最終的には人間的な理解に収まるべきものとしてではなく、人間に対して自らを開き示し、自分の呼び求めに応じるように人間に働きかけてくるものとして語っている。

人間の立場から「存在」を探究するのではなく、「存在」から人間を捉え直そうとするハイデガーの思索は、自然も社会も人間も、すべてを人間の立場から理解しようとする、近世以来の人間中心主義的な考え方に対立するものであり、さらには、およそ何であれ、すべてを人間的な理解にもたらそうとする認識の活動が哲学であるとすれば、そのような哲学を根本から覆そうとするものである。このような広大な射程と根本的な変革を孕んだ思索が、この小さな著作のなかで、密度の高い文章で綴られている。この小著に込められた大きな思索を知るには、読者は、便利だが邪魔でもある親切な解説などに頼らずに、まず何よりも直接本文を熟読玩味すべきである。

この小さな大作がどうして「ヒューマニズム」をテーマにして書かれたのか。それは、後で触れるように、フランス人研究者の質問がきっかけになっている。しかし、「ヒューマニズム」をテーマにしてハイデガーがこの渾身の力作を書いたのは、ハイデガー自身の内に積極的な動機があったものと考えられる。

一つは、二十世紀に起きた二度の世界大戦という歴史的な事件である。大規模な破壊と殺戮を結果した世界大戦は、それが人間の起こした事件である以上、そのような過酷で悲惨な現実を生み出した人間そのものへの問いを戦後の人々に突きつけたはずである。とりわけ戦争当事国のドイツで戦争を直接体験した哲学者ハイデガーにとっては、この歴史的な現実を踏まえて人間の存在について考え直すことは避けて通れなかったはずである。

もう一つは、実存哲学や実存主義と呼ばれる二十世紀の新しい哲学の潮流にハイデガーの哲学も数え入れられてしまって、自分の哲学が誤解されて流通するという現実に直面したことが上げられる。大戦中の一九四三年にハイデガー哲学を自らの哲学の有力な源泉とする大著『存在と無』を出したフランスのサルトルは、その直後の一九四五年に有名な著作『実存主義とは何か』を発表した。そこでサルトルは、人間においては「実存が本質に先立つ」という考えに基づいて、自らの立場である実存主義が原理的に人間の自由を承認するヒューマニズムであると声高らかに主張し、終戦後の西欧社会に反響を巻き起こした。同じ実存の概念を用いて哲学をしている者として、その実存からヒューマニズムを導くサルトルの立場との異同を明らかにする必要をハイデガーが強く感じたのは疑いえない。

2　思索という行為

『「ヒューマニズム」について』はもともと、フランス人の哲学研究者ジャン・ボーフレ（一九〇七—八二年）から手紙の形で寄せられた質問に対して、ハイデガーが同じく手紙の形で答えた回答である。ボーフレの質問状には三つの質問が含まれていた。第一の質問は、「どのようにして〈ヒューマニズム〉という語にある意味を与え返すべきか」であり、第二の質問は、倫理学が可能であるとすれば、「存在論と可能な倫理学との関係」はどのような関係にあるのかであり、第三の質問は、「哲学を単なる冒険的な企てにすることなく、しかしながら、どのような探究にも含まれている冒険の要素をどのようにして救い出すべきか」であった。

「ヒューマニズム」のあるべき意味を問うボーフレの第一の質問に対するハイデガーの回答は、要約すれば、人間の本質と価値はそれ自身のなかにはない、人間の本質と価値は人間以外のもの、すなわち、ハイデガーの考える「存在」との関係の内にある、というものである。人間を世界の中心に置き、その存在や本質を世界全体の認識や世界への向けての行動の基準とする考え方が「ヒューマニズム」であるとすれば、ハイデガーは、「ヒューマニズム」が何であるか「について（über）」回答するに当たって、従来の「ヒューマニズム」「を越えて（über）」考えるべきことを説いたのである。ハイデガーはこの著作のなかで終始一貫して、人間を「存在」との関係から捉えている。

ハイデガーは、人間とは何であるかが端的に述べられるのだろうと期待する読者の意に反して、いきなり人間を「存在」との関係から捉える。「人間は、存在によって語りかけられ要求されることによってのみ、自らの本質の内で生き生きとあり続ける」(Abs.13, GA9, 323)[1]。人間は自分自身の内にその本質を持つのではなく、この「存在」へと自ら進んで関係することにその本質があるとされる。「存在へと身を開き－そこへと出で立つあり方こそは、その内に人間の本質が、自らの規定の由来を守り抜いているゆえんのものである」(Abs.13, GA9, 324)。したがって、人間は自分だけで自立しているわけではないので、自分と世界の主人ではありえないことになる。「こうした存在するところのものを、私たちは存在者と呼んでいる。けれども、存在はまさに「存在者」ではない形で「存在する」のである」(Abs. 30, GA9, 334)。「人間は、存在者の主人ではない。人間は存在の牧人である」(Abs. 42, GA9, 342)。

　この「存在の牧人」という表現は、戦後の復興は何らかの人間の態度変更によって可能だろうと楽観的に考えていた西欧人に冷水を浴びせる大胆さと、常識への安住に警鐘を鳴らす厳粛さを印象づけたに違いない。人間を世界の中心に置く通常のヒューマニズムは、ハイデガーによって全面的に転倒される。「〈ヒューマニズム〉とは、今や、私たちがその語を堅持しようと決意する場合、次のことを意味する。すなわち、人間の本質は、存在の真理にとって本質的であり、しかもその際に、それに従えば、単に人間である限りの人間などは、まさに大切な眼目を成さないということである」(Abs. 49, GA9, 345)。

　人間を「存在」との関係から考えるハイデガーは、返す刀で、従来の人間が当然のこととして受け継いで行ってきた考え方を厳しく批判する。「存在の真理を問うことをせずに、しかし存在者の解釈はこれを予め前提してかかっているような、人間の本質の規定は、その点を自覚していようがいまいが、どれもみな形而上学的である」(Abs. 10, GA9, 321)。「存在忘却の結果、存在の真理は思索されないままになっている。存在忘却は、人間がつねにただ存在者に対してのみ考察を加え、働きかけを行うことの内に間接的に表れている」(Abs. 37, GA9, 339)。「存在」に眼を向けず、「存在者」だけを相手にする思考と態度は、ハイデガーによって「存在を忘却」した「形而上学」と呼ばれる。そして、ハイデガーは、「存在」の思索は、そうした形而上学でしかなかった従来の哲学とは根本的に違ったものになると予言する。「来たるべき思索は、もはや哲学ではない。なぜなら、来るべき思索は、哲学がそれである形而上学よりも一層根源的に思索するからである」(Abs. 103, GA9, 364)[2]。人間ばかりか長い歴史を持つ哲学までも根本から転換しようとするハイデガーのこの著作は、このように文字通り革命の書なのである。

　従来の哲学を「存在者」を対象にする形而上学だとするハイデガーからすれば、人間における本質と実存との関係から人間の自由を導き出すサルトルも、依然として形而上学的思考の域を出ないものとして厳しく批判される。本質は実存に先立つという伝統的な考えを逆転させて「実存は本質に先立つ」とサルトルは述べたわけだが、ハイデガーによれば、「一つの形而上学的命題を逆転させたとしても、その逆転は、やはり一つの形而上学的命題に留まっている」（Abs. 18, GA9, 328）にすぎないのである。

人間が「存在」との関係において考えられるべきであるとすれば、ボーフレの第二の質問が問題にした「倫理学」も、一存在者としての人間の行為の法則や構造を探究したり、人間的な価値の本質や秩序を考察したりする学問に留まることはできなくなる。ハイデガーはこの著作の劈頭で、行為をも「存在」の観点から捉え直して、「存在の思索」が一つのすぐれた行為であると述べている。

「あらゆるものに先立って「存在している」ものは、存在である。思索は、その存在の人間の本質に対する関わりを実らせ達成する」（Abs. 1, GA9, 313）。「思索において存在が言葉になってくる。言葉は存在の家である。言葉による住まいのうちに人間は住む」（ebd.）。存在を思索し、それを言葉に言い表す思索は、人間に、人間が本来住むべき場所を確保するのであるから、あれこれの存在者に関わる通常の行為よりも、はるかにすぐれて行為と呼ばれるに値するということになる。「思索は、自らが思索することによって行為しているのである」（ebd.）。

思索が一つの行為であるという主張は、意外に聞こえる。なぜなら、現代人は行為を一定の意図や目的を持った行動として、そして一定の結果を伴うものとして理解するのが普通だからである。実際に現代社会は、政治や経済や教育、技術や情報や交通など、あらゆる活動領域で、そうした人間の意図や目的に基づく操作と管理と支配の論理が浸透している。しかし、その反面、そのような行為に日夜奔走する当の人間そのものがどこにその本来の居場所を持つのかという問いは、忘れ去られたままである。人間の居場所が問われるとすれば、それは皮肉にも人間の行為や実践が難局に直面し破綻した時である。二〇一一年に起きた東日本大震災の後、日本では、人間の在り方や生き方を考え直す機運が高まっているが、これこそハイデガーが示唆した方向、つまり、存在者ではなく存在への関係を思い起こす思索の方向に共鳴するものである。あれこれの目的に従属した行為よりも、自分の居場所を思い起こす思索の方が人間にとってはるかに重要な行為であろう。ハイデガーは、存在の思索が行為であることを強調することによって、思索と人間の尊厳を守ろうとしたのである。

このようなハイデガーの行為は決して容易なものではない。ハイデガーにとってあるべき哲学の使命とは、「存在の真理」を問い、「存在」をその忘却から救い見守ることであるが、それは、すべてを「存在者」に立脚して考える従来の「哲学」、すなわち「形而上学」とは截然と区別されるべき思索である。しかし、もし二千年を越えて連綿と継承され展開されてきた西洋哲学がすべて「形而上学的」であったのだとすれば、その軌道の転換は、それが根本的なものであるだけに容易に成し遂げがたい、危険な賭けになるものと予想される。「存在の思索」

という「行為」は、ボーフレの第三の質問が期待する意味での単なる冒険的性格の回復であるどころか、「存在者」とは異なる「存在」を思索し、それを言葉にもたらす試みとして「絶えざる危険」(Abs. 100. スイス版)に晒されている、冒険そのものだということになるだろう。

3　いわゆる「転回」問題

この著作は「ヒューマニズム」への根本的な批判として画期的な意義を持っているが、同時にまた、ハイデガー哲学の内部においても、前期を代表する主著である『存在と時間』(一九二七年)の基本的な構想を根底から覆す「転回(Kehre)」を宣言したものとして特別に重要な位置を占めている。

『存在と時間』の課題は「存在一般の意味の解明」であるが、その方法は、「存在」についての「了解」を持っている「現存在」を手懸りにして、まずは「現存在の存在の意味」を「時間性」として取り出し、そこから「存在一般の意味」をこの延長線上において、時間的な地平、すなわち「時性《テンポラリテート》」から解明しようとするものであった。「存在一般の意味」は「存在了解」を持つ「現存在」を通路にして探究されるべきものと考えられた。したがって、そこでは、「現存在が存在している限りにおいてのみ、存在は与えられている(es gibt)」(SZ, 212)と書かれている。

ところが、この『「ヒューマニズム」について』では、課題と方法、目的と手段との順序が逆転されて、同じ内容が反対の視点から読み換えられる。すなわち、「存在の開けた明るみが、自らを呼び求め促して生起する限りにおいてのみ、存在というものは人間に自らを委託する」(Abs. 33, GA9, 336)とされ、現存在が存在するから「存在が与えられる」のではなく、より積極的に、「与える働きをするそれ(es)は、存在そのものである」(Abs. 29, GA9, 334)と断言される。現存在から存在へ向かう道が、存在から現存在に向かう道へと、考察の方向が逆転される。

それに応じて、『存在と時間』で使われた術語も意味を変えられるが、その顕著な例が「実存」である。「実存」は『存在と時間』では、「現存在」という存在者の「存在」を意味し、その存在とは「おのれの存在においてこの存在自身へと関わりゆく」(SZ, 42)ことであった。しかし、今やここでは、「存在」が自らを投げ与える「開けた明るみ」の内に「出で-立つ」在り方とされ、そうした在り方が現存在の本質であるとしても、その本質を現存在に送り届けるのも「存在」だとされる(Abs. 35, GA9, 337)。

「存在」は『存在と時間』においては、「現存在」の「存在了解」を手懸りにしてその「意味」を解明されるべきものとして考えられていたが、今や「存在」は自らを送り届ける働きとされ、現存在はこの「存在」の「開かれた明るみ」の内へ「出で

－立つ」ことで、この「存在の真理」を見守るべきだとされる。ここでは確かに「存在」に関して、「存在の意味」の探究から「存在の真理」への応答へと、哲学的思索の「転回」が明確に宣言されている。

ハイデガー哲学における「転回」の問題は、かつて研究者の間で喧《かまび》しく話題になったものであり、このような視線の方向転換による思想内容の変化を跡付ける研究が一時期たくさん試みられた。しかし、何よりもまずハイデガー自身の説明に耳を傾けるべきであろう。周知のように、『存在と時間』という著作は第一部の第二篇まで書かれたところで中断され、それに続く第三篇「時間と存在」、及び最初の構想全体の後半部を構成する第二部はついに書かれないまま執筆は断念されてしまった。ハイデガーの説明によれば、「問題の第三篇が差し控えられたのは、思索がこの転回を十分に言い述べようとしてもうまく行かず、また、形而上学の言葉の助けによっては切り抜けられなかったからであった」(Abs. 17, GA9, 328)。この本人の言葉に従えば、『存在と時間』を書き進める思索のなかで「転回」が生じ、その新たな思索は『存在と時間』の続きという形では書き進められなくなったということになる。では、この「転回」は、哲学の課題設定や探究方法などに関する根本的な転換なのか。これについてハイデガーは、「この転回は『存在と時間』の立場の変更ではない」(ebd.) と明言している。

4 『何が思索を命ずるか』

本章が扱うもう一つの著作『何が思索を命ずるか』は、この表題の下に連続して行われた二つの講義、すなわち、一九五一／五二年の冬学期講義（第一部）と一九五二年の夏学期講義（第二部）の講義録をまとめたものである。

この講義録は、執筆された時期が『「ヒューマニズム」について』と近いだけに当然、その内容はこれと密接な関係にある。それを二つの点にまとめて示しておこう。

一つは、表題である。原題は»Was heißt Denken?«であるが、これは普通一般には、「思考するとはどういう意味か」という意味である。ところが、ドイツ語の動詞›heißen‹には他動詞として「命じる」という意味もある。ハイデガーがここで、単に「思考とは何か」という問いだけではなく、それ以上に「何が思考を命じるか」という問いを読者に投げかけているのは明らかである。というのも、『「ヒューマニズム」について』は終始一貫して、「存在」が人間に向かっておのれを開き示し、呼びかけてき、人間はその呼びかけに応えて、その開かれた明るみのなかに出で立つことがその本質であるとされ、人間の「思索」とは、この「存在」との関わりを実らせ達成することだとされていたからである。そこで、この講義でも、同じ思考といっても人間の思考能力や構造、あるいはその法則や論理が問題にされるのではなく、人間に思考＝思索を命じるのが何かが問われるものと予想される。実際ハイデガーは、開講するが早いか「思考するとはどういう意味か」という日常的な疑問から出発しながら、すぐさま「何が思索を命ずるか」という本質的な疑問へと考察を進めている。

もう一つは、この講義で扱われる研究対象が、第一の講義が現代の哲学者ニーチェ（一八四四―一九〇〇年）、第二の講義が古代ギリシアの哲学者パルメニデスを取り上げていて、言わば哲学史的な考察になっていることである。ハイデガーは、なぜこの講義のなかでパルメニデスやニーチェといった過去の哲学者を研究の対象に取り上げたのだろうか。

ハイデガー自身の「存在」についての哲学的思索が、いわゆる哲学史的研究にその舞台を移したのは、人間の「存在」への関わり如何が決定的に重要な論点になっていたからである。というのは、人間の本質を「存在」の呼びかけに応えることだとするハイデガーによれば、その「存在」ではなく、「存在者」に定位して、「存在者」の「存在」という形で「存在」を理解し探究してきた従来の西洋の哲学は、「存在の真理」を考えない「形而上学」であるとして否定的に評価され、それが事とする思考は「存在者をその存在において、眼前に見据えつつ表象する」（Abs. 12, GA9, 322）ことだと特徴づけられる。これに対して、「存在の真理」を考える本来の思考＝思索は、「存在」の呼びかけを「言葉」へともたらすことであるとされるが（Abs. 94, GA9, 362）、「存在は思索に対して自らをすでにそこへと送り届けている（zugeschickt）」ので、「存在は思索の運命（Geschick des Denkens）というありさまで存在している」のであるから、この「運命はそれ自身歴史的（geschichtlich）であり」、「運命の歴史（Geschichte）」は「もろもろの思索者の発語のなかで言葉となってきていた」（Abs. 99, GA9, 363）とハイデガーは考える。つまり、「存在」は「自らを送り届ける」が、それに応えるのが「思索の運命」であるから、そうした思索の言葉は「運命の歴史」として、さまざまな思索者の言葉として残され伝えられているとハイデガーは考える。

すると、西洋の哲学の歴史はハイデガーにとって、「存在の真理」を基準にして、それを誤解し看過し忘却した「形而上学」であるか、それとは反対に、「存在」の呼びかけに応えて、それに聴従する「存在の思索」であるか、過去の哲学が厳密に解読され、慎重に評価されるべきであるとともに、ハイデガーの立てたその基準そのものが妥当であるかどうかがそれによって証明される実験場となる。この講義でニーチェとパルメニデスが検討の対象として選ばれたのは、ニーチェがハイデガーに最も近い時代における形而上学的な思考の代表例と見なされたからであり、パルメニデスがプラトン以前の、形而上学的な思考の路線にまだ舵を切るに至っていない、それとは別な思考、すなわち存在の思索の萌芽を秘めているものと期待されたからである。

5　西洋哲学、その最後から発端へ

(a) 第一部ニーチェ講義

「存在」ではなく「存在者」に定位し、そして「存在の思索」ではなく「存在者の表象」を事とする「形而上学」は、ハイデガーの哲学史的探索によればプラトンと共に始まり、ニーチェにおいて完成する。そのニーチェについては、一九六一年になってようやく浩瀚な二巻本となって公刊された『ニーチェ』の内容となる読解が、一九三六年から四六年にかけて講義や草稿という形で集中的に試みられている。『何が思索を命ずるか』の第一部を成すニーチェ講義は、このようなそれまでのニーチェとの対決に直接繋がるものである。

さて、この第一部ニーチェ講義でハイデガーは、ニーチェの哲学が存在者を「表象する」形而上学的思考に依拠していること（六）[3]、存在を存在者全体として問う限りにおいて存在者の存在を問題にし、それを「意志」に見出す近世西洋哲学の基本路線を継承していること（九）、そしてさらに、時間を「あった」ものとして、すなわち「過ぎ去る」ことから理解するニーチェの時間理解が、アリストテレス以来の形而上学的な時間理解を踏襲していること（九）、これらを説得力豊かに導出している。

ハイデガーの解釈を要約すれば、おおよそ次の通りである。ニーチェは、人間が従来の本質のままで「地球全体の支配」を引き受けられるかどうかを最初に問題にした人である（六）。従来人間の本質とされてきたのは、理性であり、理性とは存在者を自分の前に立てて捉える表象作用のことである。だが、この本質を全面的に発揮していない人間は、乗り越えられなければならない「最後の人間」である。自らの本質を十分に発揮して、自分を確固としたものとして確立し、大地と人間を支配する主人となるべく従来の人間を超え出て行く人間が「超人」である。では、なぜ人間は従来の本質を完全に発揮できないのか。それは、人間の表象作用には、それを全面的に発揮するのを妨げる根本的な障害があるからである。それはすなわち、「あった」という在り方を本質とする時間であり、表象が時間を支配できないことである。そこで、「最後の人間」には時間に対する「復讐の精神」が致命的な癌細胞のように巣食っていることになる（九）。だから、ニーチェ＝ツァラトゥストラには、人間をこの復讐から救済することが最重要の課題になる。「復讐からの救済」のための治療法としてツァラトゥストラが提示するのが、「等しいものの永遠回帰」の思想である。過ぎ去る時間に抗して、等しいものが永遠に回帰してもそのつどそれを意欲することができれば、人間は時間への敵意から自由になることができるのである（十）。だが、ニーチェが考えた従来の人間から超人への移行は、従来の表象的認識や形而上学的思考の克服ではなく、その意図とは反対に、時間的な生成を永遠の存在へ止揚しようとする形而上学的な「意志」の徹底化であり、完成になってしまっている（十）。

このようにして、ニーチェ哲学の基本用語やテクストが、ハイデガーの設定する「存在の真理」あるいは「存在の思索」の観点から、ニーチェだけを読んでいたのでは到底予想もできないようなまったく別の問題地平へと召喚され解釈される。その解釈は時に、ニーチェ哲学の外部の視点からする、かなり強引な暴力的な解釈のようにも思われるが、その課題設定の広大さと、テクスト解釈の綿密さによって、比類のない説得力を持った独創的な解釈になっている。(4)

(b) 第二部パルメニデス講義

第二部では、西洋哲学の歴史の初期を代表する哲学者パルメニデスが取り上げられる。一般的な哲学史によれば、紀元前五世紀に活躍したエレア派の始祖パルメニデスは、「ある（存在）」を「あらぬ（非存在）」から峻別すべきこと、そして実際両者が峻別されるならば、「ある」は、両者を関係付けることから生じる生成消滅や運動の概念とは関係を持ちえず、したがって不生不滅で不動であるべきこと、さらには、生成消滅や運動の概念に基づいて理解されている日常的な感覚世界が、この原則に従えば、人間の常識に反してむしろ虚妄と見なされるべきこと、これらのことを「ピュシスについて」と題した詩のなかで説いたとされる。

このパルメニデスのテクストのうち、ハイデガーが主題的に取り上げるのは、断片六である（五）。「クレー・ト・レゲイン・テ・ノエイン・テオン・エンメナイ」。これは通常、次のように翻訳される、「あるものがある（エオン・エンメナイ）と、言うこと（レゲイン）、そして考えること（ノエイン）が、必要である（クレー）」。これに対して、この断片の逐語的な解釈を試みたハイデガーは、次のように翻訳する。「そのように前に横たわらしめることと、注目の内に取り入れることを、それは用いる、あるもの　ある」（十一）。

通常の解釈に従えば、パルメニデスは、「ある」の不変不動な同一性を主張し、ただそれだけを言表と思考の対象にすべきだと、常識的な人間一般に向かって説いたとされる。したがって、断片六は、私たち人間が本来守るべき思考の原則を提示しているとされる。これに対して、ハイデガーの逐語的な解釈では、言表や理性は私たち人間のすることではあっても、それぞれの根本的な行為である「前に横たわらしめること」も「注目の内に取り入れること」も、決して私たち人間が意のままにできることではなく、「それが用いる」、すなわち、「エオン・エンメナイ」が「その本質に放ち入れ、放ち入れられたものを保有すること」になる。つまり、言表や聴取は、私たち人間が行うことではあっても、人間がそのようなことをするのを「用いる」のは「エオン・エンメナイ」だということになる。

それからもう一つ、ハイデガーが指摘するのは、この「エオン・エンメナイ」は、「あるもの」だけが「ある」、「ある」と言えるのは「あるもの」だけだと通常理解されているのに対して、「あるもの」が「ある」という、「あるもの」と「ある（こと）」の「二重襞（Zwiefalt）」がそこでは捉えられているということである。では、「エオン・エンメナイ」において、「あるものがあること」、すなわち、存在者の存在が見てとられているのか、それとも、存在者の存在において、自らを現すところの存在そのものの働きが見てとられているのか、この微妙であるが決定的な差異は、この講義のなかでは「二重襞」と名付けられて、未決定のまま残されている。

本講義録は、「人間の思考とは何であるか」を問うことから始まり、「人間に思考を命ずるもの」へと視線の転換を図ろうとする、西洋哲学の歴史の全体を根本から問い直すハイデガーの野心的な企てである。しかもそれは、歴史を外側から俯瞰して解釈する自由な批判ではなく、あくまで哲学者のテクストの解釈として遂行される丹念で厳密な作業である。ニーチェが果たして形而上学と呼ばれる思考方式の完成であるか、パルメニデスにおいて思考は、今とは違って、それを命ずるものへの応答と捉えられていたか、ハイデガーの解釈と真剣に取り組もうとする読者は、自らもまた思考の自明性に安住していられなくなるだろう。歴史を知ることは、現在の起源を知ることであると当時に、現在では見失われた別の可能性を知ることでもある。思考が人間の行う計算的思考に一元化されつつある現代において、本書の示唆するものは限りなく大きく、そして深い。

注

（1）『「ヒューマニズム」について』からの引用に関しては、検索の便を考えて、渡邊二郎訳『「ヒューマニズム」について』（ちくま学芸文庫、一九九七年）の方針に従い、スイス版のテクストに付けた段落番号を最初に示す。訳文も概ねこれに従う。

（2）ハイデガーは一九四九年の単行版初版に、形而上学を批判し、それとは別の思索を探るこの著作がしかし、「依然として形而上学の言葉のなかで語っている」と書き込んでいる。

（3）この数字「六」は講義の回数、「第六時間目」の意である。以下同様。

（4）ハイデガーのニーチェ解釈は、それが包括的なものであるだけに、部分々々を問題にしても反論の効果は少ない。ハイデガーのニーチェ解釈、ひいてはハイデガーの独自な哲学史解釈の妥当性を論じるためには、ハイデガーの問題設定を離れたニーチェ哲学の自立的な解釈を試みる必要がある。筆者自身の試みについては、次の拙著を参照されたい。『始めから考える——ハイデッガーとニーチェ』（九州大学出版会、二〇一四年）。

24 現代技術の本質

『ブレーメン講演』『技術と転回』『放下』

　私たちの生活は現代の技術、テクノロジーなしには成り立たない。いま私がいるこの部屋も自然科学とほとんど一体になった技術が生み出したものであり、照明や暖房もパソコンも本も技術の所産である。テクノロジーは人類の繁栄に寄与している。その一方で、現代技術は自然と調和した生活を脅かし、それどころか、核兵器や化学兵器の使用、原発事故などにみられるように人間の生命そのものを危うくしている。

　それでは、存在することという事象を問い続けたハイデガーは、現代の技術について何を考え、何を語っただろうか。彼は、あれこれの技術とその危険についてではなく、現代技術の本質について思考し、それを「総かり立て体制」という根本動向に見て、「極度の危険」と呼んだ。この章では、第二次世界大戦末から約十年間に執筆された『ブレーメン講演』『技術と転回』『放下』を中心にその様子を概観したい。[1]

後藤嘉也

1　現代技術の本質——総かり立て体制

　技術は、目的のための手段で人間の行いだと捉えられるのが通例である。原子力発電所は、人間という主体が、発電という目的を達成する手段や道具として自ら計画して建設し稼働させる。ハイデガーはこれを「技術の道具的で人間学的な規定」(GA7, 8)と呼ぶ。この規定はたしかに正しいが、その本質を見ていない。技術の本質は技術的なものとはまったく違う。技術が「持続する」のを「叶えるもの」(32)、技術を技術たらしめるものが技術の本質である。この本質を考えなくてはならない。

　そこで彼は、早くも一九二四／二五年冬学期講義『ソピステス』でそうしたように、古代ギリシアにおけるポイエーシス(制作)とピュシス(自然)にさかのぼる。技術(Technik テクノロジー)の語源はギリシア語のテクネーである。制作することそれ自身ではなく、「ポイエーシスを導く精通」(GA19,

22)、知がテクネーである。ポイエーシスは、一般的な制作の意味でも詩作ないし芸術の意味でも、制作物をこちらに、人間の前にもたらし作り出すこと（Her-vor-bringen）である。つぼみのように自ら開き、立ち現れること（von-sich-her-Aufgehen）としてのピュシスは、最高の意味でのポイエーシス、自らを前にもたらすことである。前にもたらすとは、隠れから隠れなさへもたらすことである。隠されたものが隠されていないものになること、顕現することがギリシア人の真理（アレーテイア）であった。したがって、技術《テクネー》は顕現させる一つの様式であり、「技術が本質的に現れるのは、顕現と隠れなさが、つまりアレーテイア、真理が生起する領域においてである」（GA7, 14f.）。

技術という知は顕現させることを本質とするというこの規定は、ハイデガーによって現代技術の本質にもあてはめられ、その本質は総かり立て体制（Ge-stell、Ge-Stell、Gestell）に見出される。Ge-stell という名詞のうち stellen は立てるという語義の動詞で、ge は集合名詞を作る接頭辞である。種々の立てる働きの総体である総かり立て体制は、「顕現するものを徴用物資として用立てるように人間を集め挑発し要求する呼びかけ」（20）を意味する。これはどういうことだろうか。

E・ユンガーによれば、第一次世界大戦は技術の力で全国民を総動員する総力戦であり、そこでは「その国家がどの程度総動員の能力を有しているか」が決定的であった。しかも総動員という「謎に満ち強制的に要求する呼びかけ」は戦後の平和な秩序をも構成している。[2] こうした考えはハイデガーに深い影響を及ぼした。ハイデガーは総かり立て体制に応召（Gestellung 物資調達）という戦時用語を重ねている。存在者は、近代では認識し表象する（vor-stellen 前に立てる）主体に対して立つ対象（Gegen-stand）として顕現したが、現代では調達し用立てる（bestellen）働きによって立つ徴用物資（Bestand 用象、在庫、資源）として顕現する。総力戦では兵器や食糧、資金、メディア、兵員、技術者などあらゆる物資、在庫を調達し補給することが鍵を握り、存在者は徴用物資として用立てられる。

第二次大戦中の日本では、梵鐘や銅像に至るまで軍需物資として供出することを強いられた。それと同じく、隠れているないし隠れていない存在者を在庫や資源として表象し、追い回し（nachstellen）、用立て、確保し（sicherstellen）、制作して（herstellen）立てよと徴発し挑発する呼びかけに、人間が戦時も平時も応召し、言い応じる仕組み、それが総かり立て体制である。[3] ある地域は鉱石を発掘するよう挑発され、土地は鉱床として顕現する。「土地は鉱石へと、鉱石はたとえばウランへと、ウランは原子エネルギーへと立てられ調達され、原子エネルギーは破壊か平和利用へと解放されることができる」（16）。そこに戦争と平和の差異はない。

徴用物資として用立てられる存在者は人間自身でもある。人間は銃後の守りも含めてこの徴用に応じる。軍需産業だけでなく平和産業も、軍人だけでなく会社員やその家族も、就職活動に追い立てられる若者も、それらからこぼれ落ちた人々もこのシステムに組み込まれている。人的資源の効率的活用、人材発掘、人材派遣といった呼びかけは世にあふれている。二度の世界戦争のときには国家を挙げての総動員体制が必要とされた。すでに当時から、まして第二次大戦後には、総かり立て体制は国家の枠を超えた地球という惑星レベルでのグローバルな動きである。

こうして、総かり立て体制のもとでは、自然は用立てる働きのなかであらかじめ徴用物資として確保されている。確保し用立てるのに使われるのが科学であり技術である。科学を応用したのがテクノロジーだという通念は、技術の本質に目を注ぐことによって転倒されなくてはならない。「現代技術は応用自然科学ではなく、むしろ近代自然科学が技術の本質の応用である」（GA79, 43）。これは技術が科学に先行したという歴史学的認識ではない。技術の本質である総かり立て体制が近代の自然科学と技術を、「科学技術（wissenschaftliche Technik）」(4)を要求したという見方である。

2　危険と転回――存在することの歴史的運命

総かり立て体制という現代技術の本質はハイデガーによれば「極度の危険」（GA7, 29）である。それは各種のテクノロジーが人類かその一部を滅ぼしかねないからではない。なるほど技術はさまざまな危険を内包している。核戦争や化学兵器使用、原発事故の危機が切迫し、地球環境破壊は深刻化の一途をたどっている。だが危険は技術ではなく技術の本質にある。「水爆が爆発しないで、地上での人間の生命が維持されるときにこそ、原子力時代とともに世界の変容が浮かび上がる」（GA16, 525. 強調はハイデガー）。技術の生み出す危険を防ぐ可能性は多少ともあろうが、ハイデガーの考える深刻な危険はそれではなく、総かり立て体制のなかでは存在者が徴用物資としてしか存在しないことにある。

この体制は、存在者、現前するもの(5)を用立てるという仕方で顕現させるだけで、これ以外の顕現様式を、とりわけ、「現前するものがポイエーシスという意味で現出し、こちら、前へと現れるようにするあの顕現を」（GA7, 28）隠している。顕現すること自身が立ち現れないことこそが危険である。さらに踏み込むなら、「危険は、総かり立て体制によって立て塞がれることによって隠される」（GA79, 57）。技術のはらむ危険は隠蔽されながらもかろうじて見えているが、顕現が隠されるという技術の本質の危険それ自身は覆いかくされている。自然は自ら立ち現れる自然ではなく、人間に調達されるべき資源であり、人間は世界の覇権を狙う。「人間はいま、地球とその大気圏との全体に襲いかかり、自然の隠された君臨をいろんな力となって強奪し、歴史の進行を地球統治の計画と秩序に服させようとしている」（GA5, 372）。人類は第二次大戦後、宇宙征服――自負の巨大さに比べてその範囲はひどく狭いが――にまで乗り出してきた。しかしその実、総かり立て体制のもとで力への意志に突き動かされているだけで、より大きい力という目標、いや「無目標」(GA87, 196) しかない。

ところで、存在者のありようの顕現が古代ギリシアではポイエーシスというかたちをとり、現代では総かり立て体制であるのは、「存在の歴史的運命 (Seinsgeschick)」(GA79, 69) である。存在することという事象自身が自らを人間に対して総かり立て体制として送り遣わす (schicken)。存在者を人間が徴用物資として用立てるように挑発し、この呼びかけに人間が言い応じ応召するという事態は、存在すること自身によって人間に送り遣わされている現代の歴史的運命である。

存在の歴史的運命について二点、留意したい。第一に、この言葉は、死んだ神の後継者が存在で、神の摂理の焼き直しが歴史的運命だという印象を与える。動詞には主語・動作主がつきものだから、主人が使者を派遣するように、存在という主体が送り遣わすという運動を行っていると受け取りたくなる。これはハイデガー解釈がときに陥った誤りである。存在することを存在者と混同してはならない。存在するという出来事が歴史のそれぞれの時期で異なる仕方で人間に与えられるという根本動向が存在の歴史的運命である。ハイデガーの思索は存在することの呼びかけに応答しようとする。存在することと思索することとのこのかかわりを、存在という新しい神がハイデガーに憑依する大事件としてありがたがり、お筆先の解読にいそしむのは、呪物崇拝《フェティシズム》だろう。そうではなく、テクノロジーの時代にあって、人間もそれ以外の存在者も徴用物資・資源として立ち現れることを要求され、存在することはそれ以外では現前しないという逆らいがたい趨勢が、存在の歴史的運命である。(6)

第二に、歴史的運命は逃れられない必然ではないし、かといって主体的決断の擬人化でもない。もしも、人間が存在という気まぐれな神の操るマリオネットだとすれば、人間自らは何もできず、哲学もその神の一挙手一投足に随伴する現象にすぎないだろう。(7) 反対に、技術の本質が人間の知性と意志の所産だとすれば、総かり立て体制は人類が拒絶さえすれば何らかのユートピアに差し替えられるだろう。だがどちらも、存在することと人間との応答関係を見逃している。

さて、極度の危険は両義性をおびている。「しかし、危険のあるところ、救うものも育つ」というヘルダーリンの詩句を引用してハイデガーが言うには、総かり立て体制という歴史的運命は危険であると同時に救うものでもある。なぜなら、それは、人間に用立てさせて顕現を隠して真理の本質へのかかわりを危険にさらす一方で、真理の本質をまもるように人間を用いもするからである。この両義性は歴史的運命の転換の可能性を含む。危険から救うものへのこの転換は、「存在が忘れられている状態から存在《あり》(Seyn) の本質をまもることへの転回」(GA79, 71) である。極度の危険と同じく転回もまた存在の歴史的運命である。

3　放下した平静さと四方界としての世界
——物は物となるか

それでは、転回はどのようにして生じるのか。テクノロジーの時代に人間はどう振る舞えるのか。

ハイデガーは、現代技術を忌み嫌い前近代の復元を願ったかにも見える。古きよき田園風景は彼の思索の背景をなす。たとえば、一九三三年のラジオ講演では、自分の山小屋での思索やその一帯の農民との暮らしと、都会からこの土地を訪れるレジャー客の滞在とを描き分けた。『存在と時間』の本来的実存と非本来的実存を反復し、戦後の技術論における自然と徴用物資の対照を先取りする気配がある。「技術についての問い」では、現代技術における顕現がエネルギーを供給、貯蔵せよという強引な要求を自然に対して立て挑発するモデルとして、ライン川とその水力発電所が挙げられるのに対して、昔ながらの風車は風まかせで回るしかなく、「気流のエネルギーを開発して貯蔵することはない」（GA7, 15）。これは、昔はよかったという繰り言にも、技術的世界からの避難勧告にも聞こえよう。実際、晩年のハイデガーは原発増設差し止め運動に関与した。

だが、現代文明を敵視しテクノロジーを悪魔祓いするのが彼の真意ではない。「「技術によって自然の魂が奪われた」という言いぐさはむだ話である」（GA76, 302）。自然の魂を取り戻す試みは、明日からの活力を蓄えるためのリゾート観光と何ほどの差があるだろう。どちらも、総かり立て体制内部の動きである。そもそも、この仕組みが歴史的運命である以上、反逆や逃亡は功を奏さない。そこでハイデガーは、「技術を呪いもせず歓呼して迎えもせず、本質において引き受ける、つまり、存在することの歴史に帰属する」（303f.）という道を取る。これは、世界文明を否定せずに、距離をとって「世界文明から退く思索」である。[8] 技術を呪詛も讃美もしないでその本質を引き受けるこの態度は「放下《ほうげ》した平静さ（Gelassenheit）」[9]と呼ばれる。

放下した平静さは、より多くの力を得ようとする力への意志を、すなわち、存在者を支配しようとする意志を捨てる放下であり、同時に、テクノロジーから一歩後戻りする冷静さである。私たちは、技術的対象を利用せざるをえないかぎりでは「イエス」と、しかしそれらに囚われて自分たちの本質をそこねるのを拒むかぎりでは「ノー」と答える。技術的世界に対する然りにして否であるこの姿勢が、「もろもろの物に対する放下した平静さ」（GA16, 527）である。

そのうえ、ハイデガーによれば、「無気味なまでに強まる原子力技術の支配」が明らかに迫っているのに、技術的世界の意味は隠されている。この隠された秘密に対する開性と放下した平静さとが一体になるとき、「私たちがまったく別な仕方で世界の内に滞留する可能性」（528）が与えられる。それのみならず、「開性と平静さは私たちに新しい根拠と地盤を約束しており、私たちは、技術的世界のただなかにあって、しかもこの世界によって危険にさらされることなく、その上に立ち存続することができる」(ebd.)。これは、郷里で語られた講演「放下」の一節である。専門家ではない聴衆に配慮したためか、生地の気安さからか、重大な危険について楽観的にも見える。存在の本質をまもることへの転回は約束されていると述べたに等しい。

だがこの言明は、人間が心がけを改めて技術的世界から距離を置きさえすれば、やがて歴史的運命が転換して救うものが来臨する、という事件の予言ではないだろう。そもそも放下は、主体性や意志の領域に属さない以上、人間が自分から目覚めさせられる代物ではなく、「能動と受動の外部」に位置する。「意欲から放下した平静さへの移行は〔…〕最も困難なこと」(GA13, 41)である。存在することの主人ではない人間には技術を克服することなどできない(GA79, 69)。最も極端な危険と同じく、救うものも歴史的運命として届けられる。

それでは、平静さによって物や世界とのかかわりはどうなるだろうか。ハイデガーは存在者から区別された存在すること、あるいは性起《しょうき》の出来事をめぐって思索するが、これは存在者に対する無関心を意味しない。存在者が存在から見捨てられている(GA6-2, 320)なかにあって、「存在者をあるがままに存在させること」(GA66, 103)、これが存在の思索の要諦である。Gelassenheit は、技術的対象を絶対化しないことを通して、物を存在させること(Sein-lassen)である。

たしかに、『ブレーメン講演』の表題「存在するものへの観入(Einblick in das was ist)」のなかの「was ist(存在するもの、何が存在するか)」はふつうに読めば存在ではなく存在者を指すはずなのに、「本来存在するものは、そしてすなわち、とくに存在する(Ist)のうちに住み本質的に現れるものは存在《あり》だけである」(GA79, 74)。思索すべき事象は存在者ではなく存在することないし存在の真理であり、存在するものへの観入とは「まもられていない存在のなかへ閃く存在《あり》の真理の雷光」(75)である。

しかし右でみたとおり、存在することの歴史的運命は、近代では存在者を対象として人間に表象させ、現代では徴用物資として用立てるよう人間を挑発している(古代においては、テクネーは靴や詩のような作品を存在させ顕現させるポイエーシスを導く知であったが)。この挑発に応じて、存在が隠されて、存在者があるがままの存在者として存在せず、物が物として立ち現れない事態が「危険」と呼ばれる。科学の知は、「原爆が炸裂するずっと前からすでに物としての物を絶滅させていた」(GA7, 172)。転回とは物が本質的に現れて物となるという出来事でもある。この出来事は、「四方界を集め、出来事として性起させ、しばし宿らせること」(176)、あるいは、「天空と大地、死すべき者たちと神的なものたちという四方界が鏡映する遊戯として、世界が世界となること」(GA79, 74)と描写されている。

ハイデガーは、ワインや水などを入れる柄付き壺という物を例にとってこの出来事を解き明かす（GA79, 10ff., GA7, 169ff.）。私たちは柄付き壺から水を注ぎ贈り与える。壺から贈られる水には源泉がしばし宿り、源泉の水には天空と大地の婚礼がしばし宿る。天空は太陽や月の運行、星のきらめき、一年の時節、昼の光と薄明り、夜の明暗、天候の恵みと嵐、雲の流れと空の深い青さである。大地は建てて支え、養い実らせるもの、はぐくむ水、岩石、動植物である。天から地上に降り注ぐ雨が水となる。ワインは、空からの陽光と土の養分や水分とが一緒に育てたぶどうの実から授けられる。水やワインは死すべき人間たちに贈られてしばしその喉をうるおし、交際を陽気にする。神事に用いられ、不死の神々に、神性を合図する使者である神的なものたちに捧げられる。死すべき者たちは神的なものたちにワインや水を壺から供える。こうして、壺という物が物となるとき、天空と大地、死すべき者たちと神的なものたちは、しばしのあいだ四つにして一つのものとして集められ鏡映し合う。これは、世界が四つのものの統一した四方界として世界となるという出来事の性起である。柄付き壺以外に挙げられている物はベンチや小橋、木、山、馬、鏡、絵、十字架などである。

ところが、あらゆる存在者が宇宙空間にいたるまで徴用物資として用立てられる時代に、物が物となり世界が世界となるという出来事は性起していない。既在したがもはや存在しない神的なものとして、「ギリシア世界やユダヤの預言やイエスの説教における神的なもの」（GA7, 185）が列記される。ハイデガーにとって、神と神的なものはもはや現前せず、むしろ来るべきものである。人間にできるのは、「世界の可能な到着」（186）を思索し、「ある神が現れ出るのを、あるいはその神が没落して現前しないのを、思索し詩作するなかで準備すること」（GA16, 671）だけである。放下した冷静さはこの準備と一体だろう。技術的世界に対する冷静さが神的なものの到来と四方界の到着を生み出すわけではない。その出来事が生じるのを、あるいは生じないのを用意するにとどまる。(10)

4　死すべき者たち——絶滅収容所と食糧産業

総かり立て体制において存在することの真理が忘れられ、物がまもられていないとすれば、したがってまた神ないし神々が不在だとすれば、神的なものたちの対偶ともいうべき死すべき者たちも現前していないだろう。

死ぬとは、『存在と時間』によれば生命活動の停止という事態ではなく、自らに固有の死へとかかわって存在すること（Sein zum Tode）であった。それから二十年余りの歳月を経て、『ブレーメン講演』などで、死は技術的世界のただなかで語り直される。人間が死すべき者たちと名づけられるのは死を死ぬことができるからである。「死ぬとは死を死として能くする〔存在できる〕ということである」（GA79, 17）。死という無をみつめることによって、人間は、存在することという隠され忘れられた出来事を思考する。「死すべき者たちは、存在としての存在に対する本質的に現れるかかわりを存在する」(18)。これが、死へとかかわる存在の変奏である。

　ところで、『存在と時間』で、哲学の伝統における存在の忘却が、死へとかかわる存在の覆いかくしと重ね合わせられていたように、総かり立て体制における存在の隠れという危険は、人間が死すべき者たちではあらぬという事実と結びつく。「身の毛のよだつ無数の死んでいない死の大量の窮迫はどこにでもある――それにもかかわらず死の本質は人間に立て塞がれている。人間はまだ死すべき者ではない」(56)。人間は存在としての存在にかかわることができず、死ぬことができない。存在が忘れられている状態から存在の本質をまもることへの転回が生起せず、救うものが育っていない以上、人間は死すべき者ではない。物が物とならず世界が世界とならないことは、人間が死すべき者であらぬことと表裏をなす。

　無数の死んでいない死という現象は次のように言い換えられている。「何十万という人々が大量に死ぬ。〔…〕彼らは死ぬのだろうか。〔いや〕彼らは死体を製造するための徴用物資の構成部分になる。彼らは死ぬのだろうか。〔いや〕彼らは絶滅収容所でひそかに抹殺される」(ebd.)。日に一万人が殺される絶滅収容所では、囚人は自分の死を存在すること、死ぬことができない。ＳＳ（ナチ親衛隊）の管理した収容所の特徴は「拷問と殺人の完全な機械化」にあり、この機械化システムは死体製造工場の生産能力を高めた。このシステムは「生きた屍」を作り出し、被収容者の「死そのものを名のないものにし、〔…〕各人の手から自らに固有の死を叩き落とした」[11]。強制収容所のなかでは、人間は死すべき者であるどころか動物に近づく。入れ墨された囚人番号があるばかりで、固有名をもたない。

　なるほど、人間が自らに固有の死を死んでいないのは、大衆社会においてすでにそうだろう。日常的な自己を存在しているのは特定の誰彼でも、何人かでも、すべての人間の総計でもなく、無名で中性の〈ひと〉である。「死はたしかに来るが、まだすぐ来るわけではない」(SZ, 258)と〈ひと〉は教える。〈ひと〉は死の可能性、死ぬことを現存在から奪い取る。死は三人称の死として統計処理され、私たちは大規模災害の死者数を比較し、年間自殺者数を嘆く。そこに一人一人の死はない。

　アドルノによると、「国家社会主義者が幾百万もの人間にしたのは、生きた人々を死人として検査〔選別〕し、それから死を大量生産し低価格化することであった。これを前触れにして、〔現今の〕連中は死体を笑いのネタにする着想を得られる」。現代では個人の死の尊厳という観念は消滅し、文化産業が制作する死体は喜劇の小道具になる。近年、日本のＴＶで殺人ドラマが放映されない日はない。個人が「自らに固有の存在を欠いている」[12]のと死のこの大量消費とは連動している。その最もおぞましい場所が絶滅収容所であった。

　とはいえ、ナチスの大量殺戮を日常性における死とただちには同一視できない。死の可能性を立て塞ぎ、ひと－自己を存在しているのは、ほかならぬ現存在自身である。存在の忘却が歴史的運命であるとしても、忘れていることを忘れ、死から目を背けていることから目を背けていることに気づく余地は残されている。ところが、強制収容所では自らに固有の死はもぎ取られている。この空間の中核をなすのは、心身を消耗しつくして回教徒（Muselman）という侮蔑的な普通名詞で呼ばれる無数の被収容者たちである。彼らは、「名もなく、非人間のかたまりで、〔…〕本当に苦しむには心がからっぽすぎ」、生者とも死者とも呼べない。もう労働力、徴用物資たりえなくなったためにガス室行きが間近だというのに、「死を理解するにはあまりにも疲れきっていて、死を目の前にしても恐れることがない」[13]。アウシュヴィッツを生き延びたレーヴィが「これが人間であるか」と問うた回教徒たち、この生ける屍たちは、総かり立て体制のなかで人的資源となった人間のなれの果て、過労死寸前の労働者の予兆かもしれない。とはいえ、現代技術の本質の支配下にあって自他の死から目をそらす人々、市場競争の勝者や敗者と、彼らをどこまで一緒にしてよいだろうか。

戦争と平和の差異を貫く同一性の洞察は論難の的となった次の言葉に連なる。「農耕はいまでは機械化された食糧産業になった。本質がガス室や絶滅収容所における死体製造と同じもの、諸国の食糧封鎖と同じもの、水爆製造と同じものである」（GA79, 27. 強調は引用者）。たしかに、機械化された食糧産業は、天空の下大地の上で神的なものたちとともに生きる死すべき農民の生活を根底から変えただろう。また、ＳＳも、囚人も、環境破壊に加担し原発の電力を享受する私たちも、被曝しながら原発事故処理に従事する作業員も、同じく徴用物資として用立てられた存在者、補充のきく消耗品として存在し、自らの死を死ぬことができない。だが、食糧産業は人間の生命を奪ったわけではなく、むしろ飢えから救った。そのかぎりでは収容所の死体製造や食糧封鎖とは正反対である。戦争と平和、死体製造工場と食糧産業の同一性と差異とを覆いかくすのは、存在者を当の存在者として存在させないこと、存在忘却である。

＊

現代技術の本質は、また科学と技術――科学技術――の本質は、存在者を徴用物資として顕現させ用立てる働きの総体、つまり総かり立て体制にある。この根本動向は、国家総動員体制で遂行される世界戦争だけでなく、核兵器の拡散、宇宙開発競争、グローバルビジネス、食糧産業、中小企業、学校社会等々、この惑星のいたるところに浸透しているだろう。自然も人間も、より多くの力を獲得しようとする企てにとっての徴用物資としてのみ存在価値を認められる。ここでは存在は価値とほぼ同義である。利益を上げるのに貢献する社員は高く評価され、その反対の社員は存在を認められない。大企業に収益をもたらした絶滅収容所でも、労働力でありうるかどうかが生死の選別基準であった。絶滅収容所という奇怪に合理的なシステムは効率よく死体や生ける屍を製造し、貴金属や毛髪を価値ある存在者、徴用物資として用立てた。現代技術の本質は戦争か平和か、全体主義か否かを問わず、存在者を徴用物資として存在させ、人間の前に立てる。

存在のこの歴史的運命は、存在者をありのままに顕現させず、ありのままでは存在させないかぎり危険である。四方界としての世界は世界とならず、物は物とならない。宇宙も陸海も徴用物資として存在し、神的なものたちは早くから姿を消し、死すべき者たちはもはや、そしてまだ存在しない。

技術的世界から一歩退く放下した平静さによって、この歴史的運命が転回し救うものが育つのを準備できるかどうかは、いや、テクノロジーの危険を人類が制御できるかさえ不明である。総かり立て体制の強い要求に、死すべき者であるはずの人間たちはどう応じるだろうか。

注

(1)『ブレーメン講演』と呼ばれる一九四九年の連続講演「存在するものへの観入」は、「物」「総かり立て体制」「危険」「転回」の四部から構成される（邦訳は『ハイデッガー全集』第七九巻、森一郎訳、創文社所収）。『ブレーメン講演』とりわけ「総かり立て体制」をもとに五三年に行われた講演「技術についての問い」、および、『ブレーメン講演』の「転回」を収録したのが『技術と転回』（一九六二年）である（邦訳『技術論』小島威彦／L・アルムブルスター訳、理想社）。「技術についての問い」（邦訳は『技術への問い』関口浩訳、平凡社ライブラリー所収）と「物」とは、『講演と論文』（一九五四年）にも収録されている（『ハイデガー全集』第七巻）。『放下』（一九五九年）には、五五年の講演「放下」（『全集』第一六巻所収）、および、四四・四五年に書きとめられた対話篇から採られた「放下の論究のために」（『全集』第一三巻所収）が収められている（邦訳『放下』辻村公一訳、理想社）。

(2) E. Jünger, Die totale Mobilmachung, in: ders., *Blätter und Steine*, Hanseatische Verlagsanstalt, 2. Aufl., 1941, S. 139, S. 134f.（ユンガー『追悼の政治』所収、川合全広編訳、月曜社、二〇〇五年）。ユンガーは当初技術ないし総動員を国家の水準で捉えていたが、「惑星のレベルでの妥当性への要求」を認識するに至る（P・トラヴニー「惑星と技術」木村史人・庄司綾訳、山本英輔他編『科学と技術への問い——ハイデッガー研究会第三論集』所収、理想社、二〇一二年、九九頁）。なお、ハイデガーの技術論を国家社会主義との対決として解明したのはS. Vietta, *Heideggers Kritik am Nationalsozialismus und an der Technik*, Niemeyer, 1989（ヴィエッタ『ハイデガー：ナチズム／技術』谷崎秋彦訳、文化書房博文社）である。

(3) Ge-stell は、このように種々の仕方で存在者を Bestand として立てる（stellen）働きの総体、集合態、仕組みであり、また日常語では「骨組み」といった意味であるため、「集立」「立て組み」「組み立て」など苦心の訳語が案出されてきた。

(4) M. Heidegger, *Denkerfahrungen*, Klostermann, 1983, S. 135.「技術と自然科学は本質が同一である」(A. Luckner, *Heidegger und das Denken der Technik*, transcript, 2008, S. 102)。

(5) 現前する（Anwesen）とは狭義では現在することだが、広義では現在しなくとも存在することであり、私の眼前には現れていないものも現前する。本文の用法は後者である。

(6) ユンガーは総動員について、国家や人間という主体によって「遂行されるというより、むしろおのずから生じる」（E. Jünger, *a.a.O.*, S. 134）と述べた。ハイデガーの歴史的運命も同様に解釈すべきだろう。

(7) 技術のありようが人間と社会のそれを決定するという「技術決定論」をハイデガーに見出す研究者（フィーンバーグ他）もいるが、ハイデガー自身によれば、「今日の人間は機械と装置の奴隷になった」と考えるのは「皮相」である（GA10, 31）。

(8) M. Heidegger, *Denkerfahrungen*, S. 146. 一歩退くこの思索はギリシアの始まりに戻ることでもある。テクネーやポイエーシスの解釈自身が世界文明からの後ずさりである。

(9) Gelassenheit というドイツ語は日常語としては冷静沈着なさまを表す。目下の場合は、技術に熱狂せずルサンティマンの虜にもならない冷静さという意味合いである。この語はエックハルトなどの中世キリスト教神秘思想家が好んだが、ハイデガーは、神の意志のために我意を捨てるというエックハルトの意味で用いるわけではない（GA13, 42）。しかし、キリスト教の文脈から離れるとはいえ、技術の本質から一歩下がるうえで、被造物に執着する我意の脱却というエックハルトの姿勢にならっているのはたしかである。ちなみに、放下という日本語は投げ捨てることを指し、禅宗では身心にまつわる一切の執着を捨てることを意味する。ここにも我意の没却という特徴がある。

(10) 道具の制作とならぶもう一つのポイエーシスである芸術が、現代の技術とは違って、「物を〔…〕それが物であることのうちにやすらわせ、〔…〕存在者をひたすらありのままのものであらしめること（sein zu lassen）」（GA5, 16）という可能性について、ハイデガーの思考は揺れている。Vgl. O. Pöggeler, Wächst der Rettende auch?, in: *Kunst und Technik*, hrsg. v. W. Biemel, Fr.-W. v. Herrmann, Klostermann, 1989, S. 3ff.

(11) H. Arendt, *Elemente und Ursprünge totaler Herrschaft*, Piper, 14. Aufl., 2011, S. 933f., S. 930.（アーレント『全体主義の起原3』大久保和郎・大島かおり訳、みすず書房）シベリア強制収容所からの生還者はこう書き残した。「ジェノサイドのおそろしさは、一時に大量の人間が殺戮されることにあるのではない。そのなかに、ひとりひとりの死がないということが、私にはおそろしいのだ。〔…〕人は死において、ひとりひとりその名を呼ばれなければならないものなのだ」（石原吉郎『望郷と海』筑摩書房、一九八一年、五頁）。石原が傍点で強調したのは、「死は各自性〔…〕によって構成される」（SZ, 240）という事実である。

(12) Th. W. Adorno, *Minima Moralia*, Suhrkamp, 1989, S. 313, S. 311.（アドルノ『ミニマ・モラリア』三光長治訳、法政大学出版局）

(13) P・レーヴィ『アウシュヴィッツは終わらない』竹山博英訳、朝日新聞出版、二〇一一年、一〇七頁。レーヴィによれば、「顔のない彼らが私の記憶に満ちあふれている」（同）。これは、隣人である他者の顔が私に対して無言で身代わりを命じるにもかかわらず、「他者は〔…〕隣人の顔を失う」という現象である（E. Levinas, *Autrement qu'être ou au-delà de l'essence*, Kluwer, 1988, p. 211. レヴィナス『存在の彼方へ』合田正人訳、講談社学術文庫）。

25 世界に住むということ

「物」「建てる、住む、考える」「詩人的に人間は住む」

稲田知己

1 テクスト理解のために

本章であつかうテクストについて、書誌的な説明を最初にしておこう。ハイデガーは「有るといえるものへの観入」と題された連続講演を一九四九年にブレーメンでおこない、それぞれの講演題目は「物」「総かり立て体制」「危機」「転回」だった。講演「物（Das Ding）」は、若干の増補をともないながら、一九五〇年にミュンヘンでも再演された。「建てる、住む、考える（Bauen Wohnen Denken）」は一九五一年八月にダルムシュタットで、「詩人的に人間は住む（...dichterisch wohnet der Mensch...）」は一九五一年一〇月にビューラーヘーエで講演された。これら三つの講演は何度かくりかえされたのち、一九五四年にネスケ社の『講演と論文』に収録され、現在この書はクロスターマン社の『ハイデガー全集』第七巻として上梓されている。なおブレーメン連続講演の全体は、こんにちでは『ハイデガー全集』第七九巻において読むことができる。

「物」「建てる、住む、考える」「詩人的に人間は住む」は、執筆年代がほぼ同じことからわかるように、内容的に緊密に連関しており、後期ハイデガーの思想的精髄を示す。それを理解するための前提となるのが、詩人ヘルダーリンである。そもそも「詩人的に人間は住む」という表題も彼に由来する。彼はハイデガーにとって「〈ドイツ人の詩人〉として〈詩人の詩人〉」（GA39, 214）であり、「ヘルダーリンの詩作はわれわれにとってひとつの運命である」（GA4, 195）。彼はドイツの命運を賭すべき詩人とみなされた。

このようなハイデガーの決断がなされた時期はずいぶん早く、みずからの回想では、「存在《あり》（Seyn）それ自身とその真‐理とが究極的な問いにあたいするものにはじめてなった瞬間（「真理講演」一九二九／三〇年）、ヘルダーリンの語が〔…〕歴史的運命（Geschick）となった」（GA71, 89）。〈存在の意味への問い〉から〈存在の真理への問い〉へとハイデガーの思索が変貌した「瞬間」、またそれはのちの政治参加にとっても、『存在と時間』（一九二七年）の超越論的立場から『哲学への寄与論稿』（一九三六―三八年）の存在歴史的立場への変貌にとっても決定的な転機だったにちがいないが、そのときすでにヘルダーリンは宿命的に選び取られていた。

一般には〈住む〉とか〈住まい〉といえば、職場の公共圏からへだてられ家族と安らぐことができるような、〈家〉という内密な私的空間を思い浮かべる人が多いだろう。そこで夫婦が語らったり、自室に引きこもって小説を読んだり音楽を聴いたりする。レヴィナスは「女性が〔…〕家の内面性および住むことの条件である」[1]とのべ、バシュラールは「家はわれわれに安らかに夢みさせてくれる」[2]という。だがしかし、ハイデガーにとっては、決してそうではなかった。

ハイデガーが〈住む〉について考えるさいに参看したのは、彼自身の指示によれば（GA75, 385f.）[3]、以下のヘルダーリンの詩句だった。すなわち、「詩人的に人間はこの大地のうえに住む」（「うるわしき青空に」）、「根源の近くに住むものは、その場所を去りがたい」（「さすらい」）、「最愛の者たちは、遠くへだてられた山々のうえに、〔だが〕近くに住む」（「パトモス」）、「美しく彼〔イスター＝ドナウ川〕は住む」（「イスター」）、「さらにもっと高く、光のかなたに、浄福そのものの神が住む」「彼〔神〕はひとり静かに住む」（「帰郷」）、「葉を落としたマストのしたで、何年も、孤独に住む」（「回想」）。これらを一読するだけで、ハイデガーが日常的な安逸のうちに〈住む〉を考えようとしているのではない、ということは明らかだ。むしろ詩人の境涯にそくして、実存ないし存在の本来性が問題となっている。本章で論究するテクスト群を見ていくにあたって、まずはこの点をおさえておこう。

2　物／世界、あるいは別の原初

講演「物」における最も重要な論点のひとつは、後期ハイデガーの世界概念が提示されていることである。「大地と天空、神的な者たちと死すべき者たちは、おのずから相互に向きあって一になりつつ、一なる四方界（Geviert）という一重襞（Einfalt）にもとづいて共属しあう」（GA7, 180, vgl. GA79, 18）のであって、「われわれは、大地と天空、神的な者たちと死すべき者たちの一重襞を出来事として性起させる反照‐遊戯を、世界と名づける」（GA7, 181）。つまり、後期ハイデガーの世界概念とは〈四方界〉であり、この〈四方界〉は大地・天空・神的な者たち・死すべき者たちの四者からなり、これらの一なる全体が新たに〈世界〉と規定されるにいたった。

四方界の構成契機にさらに立ち入るなら、「大地とは、水源と岩石、植物と動物をいだきながら、建てつつ担うもの、養いつつ実らせるものである」（GA7, 179）。「天空とは、太陽の運行、月の推移、星々の輝き、一年の時節、昼の陽光と薄明、夜の暗やみと明るさ、天候の恩恵と不順、雲の去来、エーテルの紺碧の深みである」（GA7, 179f.）。また「神的な者たちとは、神性の合図する使者である」（GA7, 180）が、「死すべき者たちとは、人間たちのことである。人間が死すべき者たちと呼ばれるのは、人間だけが死ぬことができるからである」（GA7, 180）。以上の四者のいずれもほかの三者なしには考えることができない。四者のそれぞれが自分固有のものを護りながら、同時にほかの三者を自分のうちに反映させ、しかも自由に戯れている。四方界とは、このように四者がたがいに相即相入し相依相属した一なる世界である。このことが、前段引用で、「二重襞を出来事として生起させる反照－遊戯」と表現されていたのだった。

　このような世界を現象的に見えうるようにするため、ハイデガーはいくつかの具体的な物について記述している。講演「物」では「瓶」が、「建てる、住む、考える」では「橋」があげられている。瓶というものは、たとえばワインを入れるものである。ワインは畑地（テロワール）と天候（ヴィンテージ）との賜物であり、瓶から注がれたワインは人々が祝宴をあげるため、あるいは御神酒として神に捧げられるためにある。「注がれたものという贈りものには、大地と天空、神的な者たちと死すべき者たちがともにしばし宿る（weilen）」（GA7, 175）。また、橋は流れと陸地とを相互の近さのうちに現出させ、人々を別の岸辺へと渡す橋は神的なものの象徴であろう。「橋はそれなりの仕方で、大地と天空、神的な者たちと死すべき者たちを、みずからのもとに取り集める（versammeln）」（GA7, 155）。そして「もろもろの物は、そのような仕方でもろもろの場所（Ort）であるのだが、そのつどはじめて諸空間を許す」（GA7, 156）。先行的な絶対空間のなかに物があらかじめ位置づけられているのではない、むしろ物がそのつど場所としてさまざまな空間を開いてゆく。

　場所としての〈物〉は四方界をしばし宿らせ、四方界を取り集める。「物は四方界をしばし滞在させる（verweilen）。物は世界を物とする（dingen）」（GA7, 182）。また逆に、「物となるものは、世界の反照－遊戯の円舞から出来事として性起する」（GA7, 183）。世界がほんとうに世界となるとき、物ははじめて物である。物がほんとうに物となるとき、世界ははじめて世界である。世界と物、物と世界、このような連関のどちらか一方の極が重要というのではない。むしろ両者の〈差異〉が生成する〈あいだ〉が肝要なのだ。[4] じっさい、ブレーメン講演版「物」には、「物と世界のもとでは分かち－あい（Unter-Schied）へと指示すること」（GA79, 22）という注記がある。別のテクストによれば、「世界と物との親密性は、あいだ（Zwischen）という分かち（Schied）において本質的に現れる、分かち－あいにおいて本質的に現れる」（GA12, 22）。この「分かち－あい」をさらにいいかえると、「世界と物との担い分け（Austrag）」（GA12, 25）、「存在者と存在との二重襞（Zwiefalt）」（GA8, 247）

となろう。これらが後期ハイデガーの「差異」概念であり、われわれはここに、前期ハイデガーの「存在論的差異」の最終的に深化した姿を看取することができる。

現在の文献状況からすれば、従来の『講演と論文』所収の「物」論文は、「物」「総かり立て体制」「危機」「転回」というブレーメン講演の全体から解釈される必要がある。すると、全集版ではじめて公刊された「危機」講演に、こうある。「ところで世界とは、天空と大地、死すべき者たちと神的な者たちからなる四方界の、いまだ隠された反照‐遊戯である」（GA79, 46, 47）。くりかえし「いまだ隠された」とのべられていることに留意されねばならない。物を対象として科学的に認識したり、物を用象として技術的に徴用したりする現代においては、「世界は世界しない。物／世界は出来事として性起しない。性起の出来事はみずからを拒否している。分かち‐あいは忘却されたままである」（GA79, 23）。現代は非世界の支配する危機的時代である。すべては均質空間にすべられており、世界／物という〈分かち‐あい〉〈担い分け〉〈二重襞〉はそこにはない。このとき瓶や橋はたんなる容器や交通手段にすぎない。ハイデガーはこの非世界から世界への〈転回〉を、四方界としての世界が現出する〈性起の出来事〉を思索しようとしたのであって、四方界は存在歴史的に解釈されねばならない。

結論を端的に定式化するなら、四方界とは別の原初である。前期ハイデガーの時間性を想起するなら、歴史を根拠づけるのは、あくまで将来の契機である。中期以降のハイデガーは新たな時代の始まりについて一貫して問いつづけたけれども、テクスト「物」の特色は、彼の全著作のなかで最も積極的かつ凝縮的に、〈別の原初〉における〈世界〉について描ききっているところにあるだろう。

3　建てる、住む、考える——詩作と思索

一九五一年、まだ第二次世界大戦の傷跡も生々しいダルムシュタットで、ドイツ工作連盟主催のシンポジウム「人間と空間」が開催された。そこにハイデガーとオルテガが招かれ、錚々たるプロの建築家をまえに講演をおこなった。「建てる、住む、考える」は、そのときのものである。

そこに列席した建築家たちには「《バウハウス・スタイルと伝統建築とのあいだの》緊迫状況[5]」がいまだくすぶっていた。だから、ハイデガー講演後の討論のさなかに、守旧派のパウル・ボーナッツがモダニズム建築家ハンス・シャロウンの図案を「分裂思考（Zerdenken）の一事例[6]」として名指しでこきおろす一幕もあった。こんな場でハイデガーは「シュヴァルツヴァルトの農家」（GA7, 162）について語ったのだから、時代錯誤の伝統主義者とうけとられかねなかった。ところがそうではなかった、という事実がある。彼の講演はシャロウンを感激させたのである。シャロウンの代表作として、ア・パースペク

ティブな空間構成による「ベルリン・フィルハーモニー・コンサート・ホール」、また、ヴィム・ヴェンダース監督の『ベルリン・天使の詩』のロケ地になった「ベルリン国立図書館」は、よく知られていよう。のちに二人はギリシア旅行をともにするほどの親しい友人となった[7]。

だが聴衆の多くはハイデガーの哲学的言辞に困惑したかもしれない。たとえば、当時の喫緊の課題に「住宅難（Wohnungsnot）」（GA7, 147, 163, 191）があったわけだが、「この窮迫（Not）を人々は、住宅を供給することによって、住宅建設を促進することによって、土木建築業全体を計画すること（Planung）によって、取り除こうとこころみる」（GA7, 163）。当然だろう。しかし住宅の欠乏が真の問題ではないとハイデガーはいう。「本来的な住宅難〔住まいの窮迫〕は、二度の世界大戦やその破壊などよりもさらに古く、地球上の人口の増大や産業‐労働者の境遇などよりもさらに古い。住むことの本来的な窮迫は、死すべき者たちが住むことの本質をくりかえしまずは求め、彼らが住むことをまずは学ばなければならない、ということのうちにある」（GA7, 163）。こうした提言が哲学者の韜晦でないとすれば、〈住む〉とは、どういうことか？

後期ハイデガーは「人間の実存」（GA7, 192）を〈住む〉ことから考えようとする。「住むとは、死すべき者たちがそのように存在している存在の、まさにその根本動向である」（GA7, 163）。いいかえるなら「住むとは、死すべき者たちが大地のうえに存在するその仕方である」（GA7, 150）。ところが事柄をいっそう子細に観察するなら、「「大地のうえに」ということは、「天空のしたに」ということをすでに意味している。この両者は、「神的な者たちのまえにとどまること」をともに指示し、「人間たちの相互共同性のうちへと帰属して」いることを含意する」（GA7, 151）。ここで言及されているのは、すでに前節から明らかなように、四方界である。「死すべき者たちは、その者たちが住むことによって、四方界のうちに存在する」（GA7, 152）。

このような〈住む〉ことのうちに〈建てる〉ことは根ざしていなければならない。「家は住むことによってはじめて家となる」（GA13, 138, GA16, 537）のであり、「われわれが住むことをなしあたうばあいにのみ、われわれは建てることができる」（GA7, 162）。だが逆にいえば、われわれが〈建てる〉ばあいにのみ、ほんとうに〈住む〉といえるのであって、「建てることは本来そもそも住むことである」（GA7, 150）。というのは「建てることの本質は、住まわせること（Wohnenlassen）だ」（GA7, 162）からである。約言すれば、住むことと建てることとは交互循環的にかかわりあっている。

さて、いよいよ決定的に重要な関連を指摘しておこう。〈建てる〉ことが〈住まわせる〉ことであるかぎり、根本的には建てることは詩作である。というのも、テクスト「詩人的に人間は住む」のなかで、こうのべられているから。すなわち「詩作すること（Dichten）は、人間が住むことを何よりもまずその本質のうちへと放ち入れる。詩作することは、根源的な〈住まわせること〉である」（GA7, 206）。したがって「詩作することは、住まわせることとして、建てることである」（GA7, 193）。ここまでたどってきて、講演「建てる、住む、考える」が成立しえた問題圏域が、はじめて判然となる。ほかでもない、〈詩作と思索〉である。

ヘルダーリンとつねに対話したハイデガーであれば、〈詩作と思索〉はいつか逢着する根本問題だったが、彼がこの問題に集中的に取り組んだのは一九四〇年代になってからだった。「哲学入門――思索と詩作」と題された一九四四／四五年冬学期講義（GA50）もあるけれども、とりわけ「四方界」（GA71, 51）や「総かり立て体制」（GA71, 52f.）といった術語が登場する『性起の出来事』（一九四一／四二年）において、この問題は詳論されていた。たとえば、ヘルダーリンの詩作とハイデガーの存在歴史的思索とは「火」と「水」にたとえられ（GA71, 322）、両者がするどく対比されている。本節にとって看過できないものだけを引用するなら、「詩人（Dichter）は、聖なるものを言うことによって、とどまるもののとどまることを、存在者という家郷的なもののうちに住むことを、創建する（stiften）」（GA71, 329）。しかし他方で「思索家（Denker）は〔…〕存在《あり》という深淵を根拠づける」（GA71, 329）のであって、「思索することは、非家郷的に存在すること（Unheimischsein）のうちに家郷的となること（Heimischwerden）である」（GA71, 330）。いいかえれば、存在者や物といった「とどまるものを創建することとしての詩作すること」（GA71, 239）にたいして、「存在《あり》の歴史にそくした思索は、没‐創建すること（Ent-stiften）なのである」（GA71, 239）。

われわれは詩作と思索、詩人と思索家との関係を、こう解釈することができるだろう。両者いずれも、世界／物、存在／存在者といった、〈分かち‐あい〉のうちで活動している、と。このような〈あいだ〉という境域のうちにあくまでとどまりながら、それでも詩作と思索は以下のような対向的で相補的な動きを示す。すなわち詩作は、世界から物へと、存在から存在者へと向かい、家郷的なとどまるものを創建しようとする。それゆえ詩作としての「建てることもつまりは、四方界から、ひとつの物のうちへと、こちらへともたらす」（GA7, 161）。ところが他方で思索は、物から世界へと、存在者から存在へと向かい、非家郷的な存在ないしは深淵的な存在を根拠づけようとするのであり、このことが「没‐創建する」と呼ばれた。詩「パトモス」のなかで「最愛の者たちは、遠く隔てられた山々のうえに、〔だが〕近くに住む」と詠われていたように、詩人と思索家は深い谷間にのぞんで遠く対峙しながら、それにもかかわらず相手に呼びかけ応答しあうように運命づけられているのだ。

以上、講演「建てる、住む、考える」は、著者の発想のうちにまで踏み込むなら、〈詩作と思索〉のパラフレーズにほかならなかった。詩作と思索を結ぶ根源的な「と」こそ「住む」である。ハイデガーは居ならぶ建築家たちに、現代の建築は詩作たりうるか、大地と天空、神々と人々を住まわせる〈詩作〉たりうるか、こう問わずにはいられなかったのではないだろうか。

4　詩人的に人間は住んでいるか

詩句「詩人的に人間は住む」は、ヘルダーリンの最後期、詩人の精神が薄明につつまれていたころに由来する。ハイデガーはこの詩に長いあいだ親炙しており、一九三四／三五年冬学期講義で九九行にわたる全詩を引用し（GA39, 37ff.）、「ヘルダーリンと詩作の本質」（一九三六年）では詩人の五大主導語のうちのひとつとして掲げ（GA4, 33）、そして満を持した本格的な解釈が本テクスト「詩人的に人間は住む」である。いまやヘルダーリンは現代思想でしばしば参照される大詩人となっているけれども、あの当時、評価対象にさえならない彼の晩年の詩句にこれほどまでにハイデガーが傾倒したのは、やはり異例のことといえるだろう。

ハイデガーはこの詩をヘリングラート版全集第六巻から引いた。前後の詩行を逐語訳すると、「功業は多いが、しかしそれでも詩人的に住む／人間はこの大地のうえで」となる。じつは、この作品が問題なのである。これはもともと、狂気の詩人と交流していたヴァイプリンガーの小説中に散文のかたちで採録されていたものである。この典拠がヘルダーリンなのはまちがいないとしても、どこまで正確か、引用者の補足がないか、およそひとつの作品かどうかさえ、はっきりしない。だからこの作品は、のちのシュトゥットガルト大版では、「疑わしいもの」に分類された。さらに困ったことには、シュトゥットガルト大版以降の全集では、「しかしそれでも詩人的に」のあとにコンマが置かれた。(8) これでは意味のつながりが変わってしまう。シュトゥットガルト大版の出版は一九五一年だから、遅くとも五四年の『講演と論文』公刊までにはハイデガーもわかっていたはずだ。しかしテクスト「詩人的に人間は住む」に変更はなかった。ハイデガーはなぜそこまでヘリングラート版にこだわったのか？

日常的にわれわれがあくせく散文的に生活しており、まったく詩人のように住んでいないことは、ハイデガーも承知していた。彼自身、つぎのようなパロディをつくっている。「功業もなく、非詩人的に（undichterisch）／こんにち人間は住む、／星々から疎遠となりつつ、／大地を荒廃させつつ」（GA81, 328）。われわれの住生活は、利益や効率の計算によって、合理化といった技術的な計画によって追い立てられている。いわば、「すべて技術という非詩人的なもの」（GA76, 313）のなかに囲い込まれている。しかしそうであるにもかかわらず、人間社会からすっかり見捨てられた薄幸の詩人が、消尽した精神の極北で、「しかしそれでも詩人的に人間は住む」と告げたのだった。

これが意味するのは、ハイデガーによれば、こういうことだ。すなわち、「住むことが本質において詩人的であるがゆえにのみ、なんらかの住むことが非詩人的でありうる」（GA7, 206）ということ。いいかえるなら、「詩作の反本質は計画することである。〔しかしそれでも〕詩人的に人間は住む――。人間がただかろうじて計画するときでさえもなお、すなわちそのとき人間は非詩人的に「住む」、ということはつまり、非本質において詩人的に「住む」」（GA71, 321）。じっさい人間が非詩人的に住んでいるとしても、それは「非本質において」人間が詩人的に住んでいるということであり、ようするに人間が詩人的に住むということが根本になければならない[9]。あのヘルダーリンの言葉が現代でも響きつづけるということは、「「非詩人的」なもののうちに「詩人的」なものは消失しない」（GA13, 218）という証左であり、詩人と対話するハイデガーの哲学的営為とはそれゆえ、「非詩人的なもののうちに詩人的なものを思索すること」（GA13, 220）にほかならなかった。

この詩人的なものの本質をなすのが詩作であるが、「詩作するとは、測るということである」（GA7, 200）。詩人は大地と天空のあいだを測り、天空のうちに神の神性を読み解く。詩人とは、ヘルダーリン自身の表現では、「天空の建築術」（GA7, 206）に通じた者である。この意味で「詩作することは、住むことの広闊を本来的に測り尽くすこととして、原初的な建てることである」（GA7, 206）。このようにして建てられるのが四方界であり、われわれの本来的な住み処すなわちエートス[10]である。ハイデガーはここに倫理のよりどころを見ようとした。「大地を救済することにおいて、天空を受け取ることにおいて、神的な者たちを期待することにおいて、死すべき者たちを送りとどけることにおいて、住むことは、四方界を四重に思いやること（Schonen）として、出来事として性起する。思いやるとは、四方界をその本質のうちに保護することを意味する」（GA7, 153）。四方界においては、星々と疎遠になることもなく、大地が荒廃することもなく、四者はそれぞれみずからの本質において保護される。「住むことの根本動向はこうした思いやることである」（GA7, 151）。これまであまり評価されていないけれども、後期ハイデガーは思いやりの倫理を説いた。この意義を解明し、さらに思索することは、後代のわれわれにゆだねられているというべきだろう[11]。

テクスト「詩人的に人間は住む」を出版してしばらくして、ハイデガーはミュンヘンで運命的ともいえる邂逅を経験した。その相手の女性は、一九一六年にヴェルダンで戦死した文献学者ノルベルト・フォン・ヘリングラートの元婚約者だった。後期ヘルダーリンの詩業を公刊したヘリングラートの業績（全集第四巻）は、「ひとりの未知の詩人の発見[12]」に比せられる精神史上の大事件であり、ハイデガー枕頭の書ともなり、彼の葬式のさいに朗読されたヘルダーリンの詩句もこれによった。

そもそもハイデガーがヘリングラートを知ったのは、リッケルトの一九一三／一四年冬学期講義のさい、聴講者からその名前を聞き覚えたことによる。ヘリングラートが亡くなる前年の講演によれば、ドイツ人を「ゲーテの民族」になぞらえるような常識的な見解に抗して、「私はわれわれを「ヘルダーリンの民族」と名づける。なぜなら、民族最内奥の灼熱の核は〔…〕ある秘められたドイツにおいてのみあらわになるということが、ドイツ的な本質のうちに最も深くひそんでいるから[13]」とされた。ヘリングラートの師ゲオルゲは「秘められたドイツ」に祖国の救済を幻視したのだが、「ヘルダーリンはみずからの民族のうちで人知れず隠れたままで踏みこたえている[14]」。深く秘められたヘルダーリンに故国の将来を託そうとする、このような精神的系譜にハイデガーもつらなる[15]。彼はヘリングラートのかつての婚約者に宛てた一九七五年七月一二日付書簡で、みずからの半生をこう回想している。「ノルベルトのヘルダーリンへと向かう私の道は長い道のりでした。私の妻はこの道の同伴者でした。この道がちょうどその目的地に到着したといえるのは、一九五九年六月初旬の日々に私たちがあなたと出会ったことによるのです[16]」。

注

（1） Emmanuel Lévinas, *Totalité et infini*, Kluwer Academic, 2008 (Original edition: Martinus Nijhoff, 1971), p. 166. もちろん、これは苛烈なハイデガー批判の書。

（2） Gaston Bachelard, *La poétique de l'espace*, Presses Universitaires de France, 1957, p. 26. この文脈で、サルトルの「意識的形而上学」が批判されている。

（3） 同箇所で、とりわけハイデガーが参照をもとめているのが、『存在と時間』における、〈内‐存在〉の語源的考察から「住む」を取り出すくだり（GA2, 75）である。この点に着目し、〈住む〉という根本視座からハイデガーの思索の全行程に徹底的な解釈をほどこしたのが、川原栄峰『ハイデガーの思惟』（理想社、一九八一年）である。

（4） 超越論的思索様式が放棄されて以降、すでに『哲学への寄与論稿』において、「性起の出来事は、存在と存在者のための時空間的な等時性である」（GA65, 13）とのべられていた。この存在と存在者との等時的な〈あいだ〉ないし〈差異〉が、さらに、〈分かちあい〉〈担い分け〉〈二重襞〉という術語で一貫して思索されていく。

（5） Werner Durth, Paul Sigel, *Baukultur / Spiegel gesellschaftlichen Wandels*, jovis Verlag, 2., aktualisierte und ergänzte Auflage, 2010, S. 477.

（6） *Mensch und Raum / Das Darmstädter Gespräch 1951*, Bauwelt Fundamente 94, Vieweg, 1991, S. 110. ただしシャロウンは、合理的な機能主義（バウハウス・スタイル）だけで特徴づけられるモダニズム建築家ではない。彼は、ブルーノ・タウトを中心とした表現主義グループ「ガラスの鎖」に所属していたし、フーゴー・ヘーリングの有機的建築思考からも大きな影響を受けている。

（7） ハイデガーとシャロウンはベルリンで知り合いとなり、一九五九年四月五日にハイデガーがシュトゥットガルトのシャロウンを訪問したり、一九六七年四月のアテネ旅行〔ハイデガー講演目的」をいっしょに楽しんだりした。Vgl. *«Mein liebes Seelchen !» Briefe Martin Heideggers an seine Frau Elfride 1915–1970*, herausgegeben, ausgewählt und kommentiert von G. Heidegger, Deutsche Verlag-Anstalt, 2005, S. 332, 365.　なお、拙稿「住むことを学ぶ――ハイデッガー居住論とモダニズム建築」、日独文化研究所年報『文明と哲学』第五号、二〇一三年、二一六―二三五頁、参照。

（8）　この詩のテクスト上の問題点については、以下の文献を参照されたい。Peter Trawny, "Einleitung", in: *„Voll Verdienst, doch dichterisch wohnet/ Der Mensch auf dieser Erde" Heidegger und Hölderlin*, Martin-Heidegger-Gesellschaft, Schriftenreihe, Bd. 6, Vittorio Klostermann, 2000, S. 7, Anm 1.

Hölderlin, *Sämtliche Werke*, Große Stuttgarter Ausgabe, hrsg. von Friedrich Beißner, Bd. 2–1, Stuttgart, 1951, S. 372.　Hölderlin, Große Stuttgarter Ausgabe, Bd. 2–2, Stuttgart, 1951, S. 991f.

（9）　「ありきたりのひとつの条件などといったものではまったくなく、詩作的なものは人間にとって根本的な条件である」。Cf. Dominique Pierson, "Sur l'habitation poétique de l'homme", in: *Heidegger Studies*, vol. 6, Duncker & Humblot, 1990, p. 107.

（10）　「詩作はその本質において、人間たちの住み処すなわち彼らのエートスを、根源的にしつらえる」。Cf. William McNeill, *The Time of Life : Heidegger and Ēthos*, State University of New York Press, 2006, p. 143.

（11）　本章のハイデガー解釈にかんする詳細は、拙著『存在の問いと有限性――ハイデッガー哲学のトポロギー的究明』（晃洋書房、二〇〇六年）の三一四―三七九頁を参照されたい。そこでは、後期ハイデガーの説く「根源的倫理学」と環境倫理学との比較も試みられている。

（12）　Hans-Georg Gadamer, "Hölderlin und George", in: *Gesammelte Werke*, Bd. 9, J. C. B. Mohr, 1993, S. 229.

（13）　Norbert von Hellingrath, *Hölderlin – Vermächtnis*, 2. Auflage, F. Bruckmann, 1944, S. 120.

（14）　Norbert von Hellingrath, *Hölderlin – Vermächtnis*, S. 139.

（15）　Vgl. Peter Trawny, *Heidegger und Hölderlin oder Der Europäische Morgen*, Königshausen & Neumann, 2004, S. 68–77.　なお、「秘められたドイツ」について、ハイデガーは一九三四年八月の講演のなかで言及している（GA16, 290）。

（16）　Martin Heidegger/ Imma von Bodmershof, *Briefwechsel 1959–1976*, herausgegeben von Bruno Pieger, Klett-Cotta, 2000, S. 133.

当人が回顧するように、ヘリングラートのヘルダーリンへと向かうハイデガーの道は、長い道のりだった。その道は、たしかに『存在と時間』以前から発し、同書成立史上の最古層、すなわち第二篇第五章「時間性と歴史性」へと続いていた。ヘリングラートはハイデガーより一歳年上で、第一次世界大戦に従軍した同じ「世代」に属している。ヘルダーリンという「遺産」を「民族」に伝えるために「死」を賭したヘリングラート、このヘリングラートをハイデガーは「自分の英雄」として選んだのだ。このような実存的-本来的-共同存在的な立脚点から、『存在と時間』はひとまず書き始められた。

26 差異と没根拠
「同一性の命題」と『根拠の命題』

井上克人

1 パルメニデスの箴言

ハイデガーは、『存在と時間』を初めとして、その後さまざまな著書、論文で、パルメニデスの「思索と存在は同一である」という箴言について深い思索を試みている。[1] 彼はこれを「西洋哲学の基礎」(SZ, 171) もしくは「西洋哲学を導く主導命題」(GA40, 154) と見なし、これこそは「哲学の歴史全体の進行を形成する根本動向」(GA5, 475) であり、哲学の歴史という枠を脱して広く「西洋精神の根本的立ち位置 (Grundstellung des Geistes des Abendlandes)」(GA40, 125) を示すものとして捉えている。

ところでハイデガーによれば、形而上学はアリストテレスにおける第一哲学の規定、すなわち「存在者を存在者として観想する或る学[2]」から出立する。形而上学は「存在者を存在するものとして」、すなわち「それの存在に着目して」思索するのであり、「存在」は存在者の側から存在者に帰属せしめられて、「存在者の存在 (Sein *des* Seienden)」、すなわち「存在者であること・存在者性 (Seiendheit, *ousia*)」として見られている。つまり形而上学は、存在者をそれの普遍性と全体性に関して思索し、存在者の「根拠 (*logos*, Grund)」としての存在に着目して根拠づけるのであり、つまるところ形而上学は存在者性を最も完全に実現している「自己原因」たる〈神〉において「根拠づける」ことになる。かくして形而上学は「存在論 (Ontologie)」にして同時に「神論 (Theologie)」、すなわち「存在–神–論 (Onto-Theologie, Onto-Theo-Logik)」という「本質体制」を取るのである。[3]

このような形而上学の本質規定の理解から、われわれはパルメニデスの箴言に関して次の諸点を指摘することができよう。第一に、存在が存在するものの根拠として形而上学のなかに取り込まれたことによって、「思索」は根拠づけを本質とする表象的思考になる。第二に、「存在《エイナイ》」も、存在としての存在ではなく、存在するものの存在、つまり存在するものの根拠をいう。しかしこうした存在論、すなわち形而上学は、ハイデガーによれば、存在者とは区別されるべき存在それ自身の覆蔵と忘却、一語で言うならば「存在忘却」の上に成り立っているのである。

ところで、『存在と時間』の「序論」第二章・第六節は「存在論の歴史の解体という課題」（SZ, 19）と題されているのだが、この節には『存在と時間』の第二部として予定されておりながら第一部第二篇「時間と存在」とともに未発表のままに取り残されてしまった「時性《テンポラリテート》という問題点を手引きとする存在論の歴史の現象学的解体の概要」（SZ, 39）と題される部門の梗概が述べられている。それは本章の表題となっている「存在の問いを徹底的に仕上げることにおける二重の課題」のうち、その後半部分、つまり未発表の課題をわれわれに理解させるばかりではなく、総じて『存在と時間』が立脚している立ち位置を翻すとともに存在の思索が始まることを示唆するものである。それはハイデガーの思索の道の発端を指し示すとともに、その後の彼の思索の展開を先取りしている点で、この第六節はとりわけ重要な意義を持つように思う。

ここでハイデガーはパルメニデスの箴言を取り上げ、そのうちに潜む形而上学的「存在」理解を解体することによって、箴言が本来もっていた意味を深く探り当てようと試みている。彼は次のように語る。

> レゲイン〔話すこと〕それ自身、もしくはノエイン〔思索すること〕――それは、或る客体的に存在するものをそれの純粋な客体性において端的に観取することであり、すでにパルメニデスが存在の解釈の手引きとして受け取っていたことであるが――それは、或るものを純粋に〈現在化する〉という時性《テンポラール》的な構造を持っている。したがって現在化することのうちで、かつ現在化することへ向けてそれ自身を示す存在者、しかも本来的に存在するものとして理解される存在者、それはその解釈を現‐在へと顧みることのうちで保持している。すなわち、それは現前性（ウーシア）として概念的に把握されているのである。（SZ, 25f.）

この引用文で留意すべき点は、第一に、ここで述べられている「思索すること」が、客体的に存在するものに関わることではあっても、「純粋な」客体性とか、「端的に」看取するという表現で示唆されていることから分かるように、決してそれは形而上学的思惟すなわち根拠づけによる表象的思考をいうのではなく、そこに「或るものを純粋に〈現在化させる〉」という時性《テンポラール》的な構造が看取されている、ということである。そして第二に、「存在すること」は「現前することの内でかつ現前することへ向けてそれ自身を示す本来的に存在するもの」もしくは「存在性」とされていることである。この「それ自身を示す本来的に存在するもの《ト・オントース・オン》」もしくは「存在（現前）性《ウーシア》」は、ここではもはや形而上学の伝統において規定されている「実体《スプスタンチア》」もしくは根拠という規定は解体されているのであって、「存在論的‐時性的」に「現‐在」(Gegen-wart) としての「現前性」(Anwesenheit) が看取されている (vgl. SZ, 25)。第三に、このように「思索」と「存在」それぞれのうちに、〈現在化させること〉と〈現前性〉という時的性格がともに看取されることによって、「思索と存在は同一である」という箴言は、思索と存在とが〈時〉において一つに繋がっていることを示していよう。かくして、「西洋精神の根本的立ち位置」を示すパルメニデス命題、すなわち思索と存在の同一性に依拠する形而上学のうちに、それを成立させるより一層本源的な境域として〈存在〉と〈時〉が開示され、これがハイデガー自身の思索の境域となった、とわれわれは理解することができる。

このように、初期ハイデガーでは、存在の働きを〈時〉として捉えることによって、従来の実体論的形而上学から脱却しようと試みたのだが、この〈時〉は、後になると「存在の真理」として、さらに後述する「性起の出来事」として捉え直され、しかもそれは存在と存在者との不即不離、つまり「二者が一体であることに基づく二重襞」(die Zwiefalt beider aus ihrer Einfalt)」(GA12, 116)、あるいは、存在そのものの「開蔵しつつ‐覆蔵する担い分け (der entbergend-bergende Austrag)」(GA11, 71) として説き明かされてくる。以下ではそれを見ていきたい。

2　形而上学の根底にある「同一性の命題」をめぐって

——性起の出来事について

ハイデガーは、一九五七年六月、フライブルク大学五百年祭の折の講演「同一性の命題」のなかで、大略次のようなことを述べている。論理的思惟の最高原則である同一性の命題はA＝Aという同語反復《タウトロギー》で言い表されるが、ここには、「いかなるAもそれ自身でそれ自らと同じものである (Mit ihm selbst ist jedes A selber dasselbe)」(GA11, 34) というように、「と (mit)」が強調されることによって、Aがそれ自身にいったん距離をおき、再びそれ自身に関係していくといったように、それ自身への関係づけとして、差異化的統一の運動が働いている。ところがハイデガーはさらにその「AはAである」という表現のうちに語り出されている〈ある〉に着目し、それ自らがそれ自らと同じであるということのなかに、存在者がその存在において現れているという事態を読みとることによって、同一性の命題を存在者の存在に帰着させている。つまり同一性命題の同語反復的言表のうちに含まれている差異化的統一は、存在者がそれ自らをその〈存在〉ということにおいて現前せしめているということに起因するのであって、「同一性の語りかけは存在者の存在から語っている」(GA11, 36) というわけである。ではその存在と同一性との関係はどのように考えられるのであろうか。

彼はそこで、先述の「思索と存在とは同一である」というパルメニデスの箴言を取りあげ、それを原文通りの語順で次のように翻訳する。

同じものが、すなわち観取（思索）であるとともに、また存在である。（Das Selbe nämlich ist Vernehmen（Denken）sowohl als auch Sein.）

彼はこう訳すことによって、思索と存在とがともに〈同じもの〉のうちに共属し合っていることを示唆する。ハイデガーは〈同じもの〉を「相依相属性（Zusammen*gehören*）」（GA11, 38）として捉え、しかもこの語の «-gehören» の部分を強調することによって、存在と思索という別個のものが、事後的に連結されるというよりもむしろ初めから〈同じもの〉のうちにひとつに合一されていることを指摘する（vgl. GA11, 38ff.）。ところで彼は思索を対象定立的な表象的思考様式としてではなく、観取《フェアネーメン》・受容として解し、存在に委ねられ《ユーバーアイグネット》ながら存在の呼びかけに応答するところに思索の本質を見る。他方、存在は思索する人間を必要とし、それに語りかけるという仕方で、いつも人間に関わってくる（an-gehen）という意味で、「現－前（An-wesen）」として解される。このように存在と思索とは〈同じもの〉のうちに互いに委ね合い、相互に属し合っているわけである（GA11, 39f.）。ハイデガーはこの両者がひとつに共属し合っているところの「同じもの」を「性－起の出来事（Er-eignis）」（GA11, 45）と名づける。それは、存在と思索する人間とが相依相属し合うことのなかに、人間が存在に自らを委ね任せ、存在が人間に委ね与えられているといった、「委ね任せること《フェアアイグネン》」と「委ね与えること《ツーアイグネン》」による相互の委託的固有化《アイグネン》から考えられていて、したがってこの「性起の出来事」こそ、存在と人間（思索）をそれぞれに委ね合わせながらひとつに合一させつつ、それぞれに固有の「本質的に現れること（Wesen）」[4]を授け渡している当のものであり、ひいてはあの同語反復における同一性がそこから由来してくる境域だということになるのである。以上が「同一性の命題」の梗概である。[5]

かくして、初期ハイデガーにおいて、パルメニデス命題、すなわち思索と存在の同一性の底に〈時〉が読みとられたが、ここではそれが「性起の出来事」として捉え直されていることに留意したい。

3　差異としての存在――担い分け

ところが、存在と思索とを融即させつつそれぞれにその固有性を授け与えている「同じもの」すなわち「性起の出来事」において、「現前性」たる「存在」は、自ら「差異」として発現してくるのである（vgl. GA11, 68ff.）。一九五七年の二月トートナウベルクで行われた講演「形而上学の存在－神－論的体制」

のなかで、ハイデガーは大略次のように述べている。存在は、存在者の存在でありながら、どこまでも存在者とは区別され、存在者との差異が着目されたうえでの存在なのである。「存在するもの」は「存在するもの」である以上、存在と存在するものとは元来同一であるはずだが、「存在」は「存在者の存在」として「存在者」を存在せしめ、その「存在者」のうちに身を蔵しながら、同時に「存在」それ自身は〈存在者ではない〉という仕方で「存在者」から退去し、自己自身を透明化してしまうのである。

「存在者の存在」というのは要するに「存在者として存在する」という場合の「存在」にほかならない。だがその「存在する」という自動詞は、じつは他動詞的な意味合いを持っているのであって、「(存在者を)存在せしめること」として理解されるべきなのである。だとすれば、「存在」は「存在者」を「存在するもの」たらしめるべく出立し、「存在するもの」へと移行してゆくのだと考えられよう。しかし、だからと言って、「存在」はもともとあった場所を離れ去って、それとはまったく独立した別の「存在者」へと移っていくというように表象されてはならない。「存在」がまだ移行して来ない前に、その移行先である「存在者」がすでに存在しているということは考えられず、「存在者」は「存在」によって存在せしめられてこそ「存在するもの」でありうるからである。「存在するものが存在する」という単純な事柄のなかの「存在」の動きに眼をこらしてみると、「存在」はその隠れた状態から覆いを取り払いつつ「存在するところのもの」へと自らを展開させて「転移(Überkommnis)」(GA11, 71)を完遂させるが、他方、「存在するところの存在者」に着眼すれば、それは「存在」のそうした転移によって初めておのずから立ち現れて来たもの、覆いを破って開き現れてきたもの、すなわち「存在するもの」として現れ来るに至る。この「(現れ)来るに至ること《アンコンメン》」、つまり「到来《アンクンフト》」(GA11, 71)とは、「存在」そのものが、「存在者」として「不覆蔵的に来着するもの」のなかに自らを覆蔵することであり、したがって「隠し保たれつつ(geborgen)現存すること」、一言でいえば「存在者として存在すること」にほかならない(vgl. GA11, 71)。このようにして、「存在」は「開蔵してゆく転移」(GA11, 71)として、そして「存在するところのもの」そのものは「自らを隠し保つ到来」、つまり転移してきた「存在」が自らをそのなかに隠し保ちつつ不-覆蔵的に開蔵してきたものとして、「存在」と「存在者」とが互いに相即し、不即不離の関係を保ちながら、そこにひとつの「間」(GA11, 71)を形成する。それは差異が差異として動く活動空間であり、そうした場面の上で「存在」と「存在者」の差異運動は、〈存在するところの存在者として存在すること〉という同じひとつの事態に収束する。こうした差異化的自己同一、いわゆる「区-別(Unter-schied)」を、ハイデガーは「開蔵しつつ-覆蔵する担い分け(die entbergend-bergende Austrag)」とも呼んでいる（GA11, 71）。

4　「根拠の命題」をめぐって――ライプニッツとカント

「担い分け」において、存在は〈差異〉として存在者に対してどこまでも超越的である。では、超越的である存在は、存在それ自身から、どのような仕方で存在者を根拠づけているのだろうか。存在が存在者を存在者として存在せしめている以上、存在は何らかの仕方で根拠といったような性格をもっている。しかしそれはもはや形而上学ならざる根拠でなければならない。ではそれはどういう〈根拠〉なのか。以下では、一九五五／五六年冬学期に行われた講義『根拠の命題』を手がかりにして「根拠」の問題を考えていきたい。

根拠の命題は、「いかなるものも根拠なしには存在しない（Nichts ist ohne Grund）」という定式で理解されている。この自明的な命題を最上級の根本命題として表明したのはライプニッツであった。しかしこの命題は、そもそも哲学的思惟が事象を〈根拠づける〉営為である以上、これまで西洋形而上学の根幹に根づいていた根本命題にほかならず、あえてそれを表明するまでもなく自明的な命題であり、われわれの思惟を目立たない仕方で統制し導いてきた根本原理であった。ところが、それがようやくライプニッツによって「ことさらに《アイゲンス》」語り出されたのである。ハイデガーは、そこに着目し、これまでは根拠の命題が「休眠期」であったと指摘する（GA10, 5, 80）。つまり根拠の命題は近世になって初めて目覚めたのである。ところが、ハイデガーは、ライプニッツ自身が根拠の命題を「（こちらへ）返し与えられるべき充分なる根拠の原理（*principium reddendae rationis sufficientis*）」[6]として捉えていたことに注目する。われわれの認識作用は、諸々の対象を前に立て、表象する（vorstellen）ということである。表象作用は、ラテン語では re-praesentatio（現前し－返すこと）であり、出会うものを表象する我に向けて返し戻すという仕方で、我に対して現前させるのである。したがって〈返し与えられるべき根拠の原理〉に即して言えば、表象作用は、出会うものの根拠をも、その表象作用自身に向けて返し与える《レッデレ》のであり、認識する我に根拠は「立て－渡される（zu-gestellt）」のである。このことを〈根拠の原理〉は要求する。その要求に従って、認識は「現前しているもの」を、おのずから現前するがままにしておかず、「表象する我」を中心としてそれに関係づけるという仕方で「ことさらに」前に立てる＝再現前《レプラエセンタチオ》するのである。ライプニッツにとって根拠の命題は、こうした意味における「立て渡されるべき根拠の根本命題」なのである（GA10, 34f.）。

近世というエポックにおいては、この〈返し与えられるべし《レッデンドゥム》〉という呼びかけが人間のすべての表象作用を貫いて力を振るっている。近代的思惟はカントによって独自の高みに達した。彼によれば、根拠はただ純粋理性に属する理性的根拠としてのみある（vgl. GA10, 112）。彼が「可能性のアプリオリな諸制約」というときの「アプリオリ」――すなわち「いっそう先」という言い回しは、アリストテレスが「自然本性上いっそう先」と名づけていたもの、つまり存在の自己開蔵の、後世において台頭してきた余韻である。ところがカントが「可能性のアプリオリな諸制約」という語で考えているのは、アリストテレスのいわゆる「われわれにとっていっそう明白なるもの」、つまり存在それ自身ではなく存在者の可能性の諸制約ということであり、それは存在者が存在者としてその全体においてわれわれにとって規定されているところの存在者である。ここで「われわれ」とは、理性的なる生き物《アニマル・ラチオナーレ》としてのわれわれを指している。「可能性のアプリオリな諸制約」という方式の背後には、充分なる根拠《ラチオ・スフィキエンス》の立て渡しということが覆蔵されており、その根拠《ラチオ》は理性《ラチオ》として純粋理性にほかならない（vgl. GA10, 108）。かくして、表象作用は根拠律《プリンキピウム・ラチオーニス》によって支配されるとき、理性的《ラチオナール》であり、理性《フェアヌンフト》によって司られることになる。

さらにハイデガーは、ライプニッツが「返し与えられるべき充分なる根拠の原理」を「偉大にして最高貴なる大原理」（principium magnum, grande et nobilissimum）として捉えていたことに着目し、それを大きな勢力をもった強力で卓越した原理として解明し、その「返し与えられるべし」という要求が、現代の科学技術の時代に生きるわれわれに向かって、より一層強力な勢力をもって、しかも無気味な仕方で呼びかけていることを指摘する。それは一言でいえば、今日「原子力エネルギー」という名の下で理解されている歴史的状況である。そこでわれわれが出合うのは、近世において見出された「対－象（Gegen-stand 対して立つもの）」ではもはやなく、それを通り越して「不対－象（das Gegen-standlose）」（GA10, 51）となり、すべてが計量的・計算的思考によって仕立てられる「用象（Bestand 徴用物資）」[7]（GA10, 44）となってしまう。それは、地球上における人間の歴史的現存在が、いまや諸々の自然エネルギーとその開発や利用の仕方とによって規定されている、ということを意味する。ハイデガーによれば、こうした無気味な勢力――「総かり立て体制（Gestell）」――に貫かれた「テクノロジー」の時代こそが現代の形而上学にほかならない。

二〇一一年の三月十一日、未曾有の大惨事が東日本の東北地方を襲った。マグニチュード九を記録する大地震、そして多くの死者・被災者を出した大津波、さらには、一九八六年に世界を震撼させたあのチェルノブイリ原発事故と同レベルの福島原発事故である。広島、長崎、チェルノブイリの黙示録的体験から結局、何も実践的に学べなかった日本人の〈つけ〉が一度に押し寄せてきたような気がしないでもない。こうした歴史的状況に置かれたわれわれは、いかにして無気味な勢力をもった根拠律の挑発的支配から脱却できるのだろうか。われわれは、現代の形而上学を超克すべき大きな課題の前に立たされている。

5 〈根拠〉と〈没根拠〉

ところで、ハイデガーは根拠の命題を別な音調性によって聴き取ろうとする。根拠の命題は一般的には「いかなるものも根拠なしには存在しない（Nichts ist *ohne* Grund）」と読むが、彼はこの命題を「いかなるものも根拠なしには存在しない（Nichts *ist* ohne *Grund*）」というように、「根拠」と「存在」がともに強調された仕方で聴き取ろうとする。さらに彼は、「根拠の命題は根拠の本質について何も陳述していない」（GA10, 60）こと、しかもこの命題の主語が「根拠」ではなく「いかなるものも」つまり「いかなる存在者も」であることを指摘して、「根拠の命題は〔…〕存在者がそのつど存在者である限りにおいて、存在者についての陳述である」（GA10, 66. 傍点はハイデガーによる、以下同様）と強調する。つまり、「根拠の命題は存在者の存在について語っている」のであり、「根拠の命題は存在の言である」（GA10, 73）と語る。ではこの命題は何を語っているのか。「存在には根拠という如きものが属している。存在は根拠という性格で存在しており、根拠的な仕方で存在する」（GA10, 73）。「存在は根拠的な仕方で存在する」とは、存在者は形而上学的な意味で根拠をもっているということではない。それは、「存在はそれ自身において、基づけつつ存在することとして、本質的に現れる」（GA10, 73）ということである。「いかなるものも根拠なしには存在しない」という新しい音調性は、根拠の命題を存在の命題として露呈する。今や、根拠という如きものが存在の本質に属している。存在と根拠とは相依相属する。根拠と存在とは同じものである。存在そのものが根拠としてある以上、その存在を根拠づけるべきさらにもう一つの根拠はもはやありえない。そうした意味で、存在は「没根拠（Ab-Grund）である。存在が存在として「それ自身において基づけつつ存在している」という点において、存在それ自身は「無根拠」に留まっている。

ハイデガーは「根拠」と「没根拠」の相違について、アンゲルス・シレジウスの詩「バラはなぜという理由なしに存在する。それは咲くがゆえに咲く」を援用して説明する。彼は言う、「バラはなぜという理由なしに存在する。しかし根拠なしにではない」（GA10, 84）と。「なぜ」とは、ものを対象化してことさらにその根拠を問い求めることである。しかしバラが存在し、ただそこにひっそりと咲いているということ、そのことに、なぜそれが咲くのかとことさらに表象する必要はない。とはいえ、バラは咲くがゆえに咲くのであって、バラは根拠なしに咲くのではない。「咲くがゆえに咲く」の〈ゆえに〉は、確かに根拠を示しているからである。しかし、バラは、咲くことの理由を、いわば〈自己原因《カウサ・スイ》〉として、単純にそのこと自身の内に基づけている。ただバラがそこにひっそりと咲いている、ということに、もはやいかなる根拠もない（没根拠）。バラはただ咲くということに没頭し切って咲き現れているのであり、おのずから純粋に輝き現れているのである。これこそ古代ギリシアの思想家たちが捉えていた〈ピュシス〉にほかならなかったのである。つまり古代ギリシア人にとって〈ピュシス〉とは「それ自ら現れ出るもの」であって、それは、あらゆる存在者の根源として、存在者の出現において、輝いているのである。それが後にNatur（自然）と翻訳されたことによって元来の意味が毀損されてしまった（vgl. GA10, 85）。ここに根拠の命題は「没根拠」の命題、存在そのものの命題としてそっと鳴り始める。

しかし、この鳴り初めの響きは、近世の〈返し与えられるべし〉という呼びかけによってかき消されていく。根拠の命題＝存在の命題は、近世というエポックのなかで、それまでの休眠状態から覚醒するどころか、一層深い昏睡状態へ、つまり存在としての存在の一層決定的な退去のうちに後退してしまったのである（vgl. GA10, 83）。そして原子力時代の到来となる。しかしながら、ハイデガーによれば、この響きの消失は、存在の歴史的運命と連関しており、こうした存在そのものの退去の真只中で、われわれは、形而上学の第一の原初（いわゆる根拠）とは区別される「別の原初」（没根拠）を、もはや形而上学的ではない思索を通して求めていかなければならない。

根拠の命題《ザッツ》は、存在としての存在すなわち「没根拠」としての存在のうちへの一つの跳躍《ザッツ》である。跳躍によって思索は、本来すでに存在するもの、既在的なるものへ想いを回《めぐら》すという意味で、「回想」となる。この既在的なるものは、本来「その本質を現じているもの（das, was west）」であって、「留在している（währen）もの」の「取り集め」なのである（vgl. GA10, 89）。「存在と根拠――同一（Sein und Grund : das Selbe）」、「存在――没根拠（Sein : der Ab-Grund）」、このように表記された取り集めを、われわれはハイデガーとともに思索していかなければならない（vgl. GA10, 77）。

注

（1）ハイデガーの著作のうち、パルメニデス命題に関する思索が行われた箇所は、以下の通り。
Sein und Zeit（1927）. SZ, 25f.
Einführung in die Metaphysik（1935）. GA40, 144–155.
Die Zeit des Weltbildes（1938）, GA5, 90f.
Was heißt Denken ?（1954）, GA8, 244-247.
"Moira（Parmenides, Fragment VIII, 34-41）"（1954）, In; *Vorträge und Aufsätze*, GA7, 237-261.
Der Satz vom Grund（1955）, GA10, 108f.
"Der Satz der Identität"（1957）, In: *Identität und Differenz*, GA11, 36.
Kants These über das Sein（1961）, GA5, 477f.

（2）アリストテレス『形而上学』第四巻、1003.a21.

（3）以上の内容については、以下のものを参照。
"Die seinsgeschichtliche Bestimmung des Nihilismus"（1944/46）, In: *Nietzsche*, zweiter Band, GA6-2, 312-315.
"Einleitung zu: „Was ist Metaphysik ?""（1949）, In: *Wegmarken*, GA9, 378-380.

"Die onto-theo-logische Verfassung der Metaphysik" (1956/57), In: *Identität und Differenz*, GA11, 53-79. "Kants These über das Sein" (1961), In: *Wegmarken*, GA9, 449f.

（4） この時期のハイデガーは、Wesen の語を基本的に動詞の不定詞形として使用していることも銘記されたい。

（5） この講演の後半は、主として「技術」の本質をなす「総かり立て体制（Gestell）」について深い論究がなされているが、これについては本稿第4節でも多少触れるので、ここでは省略する。

（6） ライプニッツは後期の一論文 "Specimen inventorum", Philos. Schriften ed. Gerhardt VII, 309 の内で次のように書いている。'duo sunt prima principia omnium ratiocinationum, Principium nempe contradictionis...et principium reddendae rationis' 〈すべての論証作用の第一の原理は二つある、すなわち矛盾の原理と……返し与えられるべき根拠の原理である〉。Vgl, a. a.O., S. 34.

（7） Bestand というドイツ語は、日常的には「在庫」を意味する。

27 世界を開示する言葉
『言葉への途上』

橋本武志

1 『言葉への途上』という書名の意味

言葉が存在との連関において、主題的に考察されるようになるのは一九三〇年代後半以降である。[1]『芸術作品の根源』では、言葉による名ざしが初めて存在者を開示すると言われ（vgl. GA5, 61）、また「ヘルダーリンと詩作の本質」（『ヘルダーリンの詩作の解明』）では、「言葉あるところにのみ世界がある」（GA4, 38）と述べられて、言葉こそが世界と歴史を在らしめ、存在を打ち建てる、とされる。

その後、いわゆる『ヒューマニズム書簡』では「存在は、自らを明るくさせつつ、言葉に至る。存在はつねに言葉への途上にある。この到来してくるものを、脱‐存しつつの思索のほうでは自らの言うことにおいて言葉へともたらす。言葉はこうしてそれ自体存在の明るみのうちへと引き上げられる」（GA9, 361f.）と言われ、存在が言葉に至ることを通じて、言葉もまた顕現するという、両者の密接な連関が説かれるようになる。この間に言葉からは、人間が操作するという特性は徐々に剝奪されてゆき「人間が語るのではなく、言葉が語る」という思想にハイデガーは至りつく。

こうした概観からすらも明らかなように、時を経るにつれてハイデガーの言語観は、われわれの言語理解から、いや、それどころか哲学一般の言語理解——情報としての言語（C・フライヘル・フォン・ヴァイツゼッカー）、表現としての言語（ヴィルヘルム・ディルタイ）、世界観としての言語（ヴィルヘルム・フォン・フンボルト）など——からも隔絶した独自の領域に入ってゆく。その頂点をなすのが、一九五〇年から五九年にかけてなされた講演と論稿とをまとめた『言葉への途上』という書物である。この書名は、先の引用文中にあるように、存在が言葉へ至る途上にある、ということを意味するが、これは同時に人間全体が言葉への途上にあり、いまだ言葉そのものを十分省察することを為しえていない、ということをも意味している。

したがって、この書は、現実の言葉をありのままに考察するというよりも、来たるべき、そして本来あるべき言葉の姿を省察して読者をこの言葉の経験へと誘い、もって本来の言葉への移行を促すという特色を有している。

以下では、ハイデガーの省察と現実の言葉との接点をできるだけ探りつつ、主として言語論としてのその意義を際立たせる仕方で本書の思想的趣旨を紹介し、末尾で言葉と存在との連関が最終的にどのように究明されているかを述べることにする。

2 『言葉への途上』の課題

音声言語は話す（sprechen）と同時に即座に消え去る。ところが、何か本質的なことを言う（sagen）言葉は、音としては消え去るが、同時にどこかに留まり続ける。何度も読み返される書物や手紙、胸中から消え去らない言葉、そうした留まる言葉を経験したことのない者はいないことだろう。

生の根源に触れるようなこうした本質的な言葉――単なる意思伝達の手段や情報として消費される言語の対極にある言葉――これがいかにして、またどのようなところから成り立ちうるのか、ハイデガーはこのように問う。われわれはさまざまな言語で何かを話し、聞き、書く。その際、言葉を通じてそれらは言葉にもたらされるが、言葉そのものは言葉にもたらされない（GA12, 151）。そもそも言葉は、自らは表に出ず自制する――いや、それどころかその本質が把握されることを拒絶しさえする（GA12, 175）――ことによって、言語活動を可能にしている。感情を、事態を、事実を言葉にすることはできる。音楽を言葉にすることさえ困難とはいえ不可能ではない。だが、言葉の外に出ることのできないわれわれが、言葉それ自体を言葉にするということは、あたかも自らそこに立っているがために見えない立脚地を掘り崩すような営みである。しかもその際ハイデガーは、活動・能力・表現といった言葉以外の要素からではなく、言葉そのものから言葉を経験し、「言葉を、言葉として、言葉にもたらす」（GA12, 230）という課題を、自らに課す。この課題は他の学の概念を借用できないため、ハイデガー自身くりかえし述べているように、学術論文の体裁を採用しえず（GA12, 141）、ある場合にはトラークルの詩の解釈の体裁をとり（「言葉」「詩における言葉」）、あるいはゲオルゲの詩に仮託され（「言葉の本質」、「語」）、はたまた日本人との対話篇の形態を採用し（「言葉についての対話」）、ひいてはフンボルトの言語哲学を手がかりとする（「言葉への道」）など、多様な実験が本書では繰り広げられている。

先に述べた生の根源に触れるような言葉のうちには、いわば存在そのものが何らかの仕方で蔵されているがゆえに、言葉は生や歴史の根源とも触れ合う。こうして言葉は、あるいは人の胸中に留まり続け（GA12, 239）、またあるいは――一九四三／

四四年の講義『ヘラクレイトス』において、プラトン、アリストテレス以前の時代には、アレーテイア、ロゴスなどの「語、とりわけ根本語がその根源力を繰り広げていた」(GA55, 361)と言われているように——根本語となって歴史を統べる。

3　名ざし、呼び出す言葉

とはいえ、そうした語は、すでに在る事象をあとから見えさせ、開示するのではない。たとえば、言葉を「表現」と捉える場合、意識内部に現に在る何事かが外部に表出されるという見方が暗に前提されている。だが、話しているうちに言わんとする事柄が自分自身にとってもようやく明瞭なかたちをとって現れてくる、という卑近な経験からも分るとおり、何かを「言う」ことのうちで初めて、事柄そのものが生成しつつ見えてくる、すなわち在るといえるものとなる。このように「言う」とは、単なる「指し示し、意味する」営みではなく、何かを名ざし、呼び、こちらへと召喚することによって「在らしめる(sein lassen)」一種の命令である。まずはハイデガーは、言葉(Sprache)あるいは語(Wort)をこのように捉える。なお、付言しておくと、言語の持つ名ざしの機能を重視することから必然的に帰結することだが、ハイデガーの場合、言葉と語はしばしば同義に用いられる。人間を通じて現出した言葉、ことに詩や作品などの根本語へと結実した限りでの言葉は「語」と称され(vgl. GA12, 249)、いまだ語になっていないものは「言葉」と称されることが多い。

さて、この言語観に対しては、「物が先に在り、後になって初めてこれに名がつけられるのではないか」という反論が当然わき起こってこよう。この反論に対し、ハイデガーは(当時開発されたソ連の人工衛星)スプートニクを例にとって次のように述べる。「技術的に可能な限り速度を上昇させるという意味での急ぎ〔…〕がかりに人間に語りかけることをせず、その命令のうちへと人間を用立て(bestellen)なかったとすれば、また、そうした急ぎへと向わせるこの命令が人間を挑発し、召集し(gestellt)なかったとすれば、さらにまた、こうした立てること(das Stellen)に属する語が語られなかったとすれば、スプートニクもまた、在りはしないだろう」(GA12, 155)。「急げ」という命令を発するのは、個々人ではない。また人間の集合体としての世でもない。「急ぐ」ということへ向けて、人間をも事物をも挑発し、用立てる「総かり立て体制(Gestell)」である。このように、物を在らしめることも、人間が名ざし、呼ぶ営みも、実際には人間を超えたより大きく広遠なところからの語りかけに服して初めて可能となる。このようにハイデガーは、人間的次元を遥かに超えた言葉を念頭に置いている。

だが、言葉の本質を人間から離れた領域において見るこうした言語観には、即座には首肯しかねるある種の神秘主義的要素が感得されるのではないだろうか。これは一概には否定できない。現にそうした批判もなされている(2)。だが、あえてハイデガーの側に立って反論を企て、事柄そのものを考えてみるならば、ことはそう簡単ではない。たとえば、プラトンの対話篇のように、誰かと何か大事な事柄をめぐって対話しているとき、まず事柄そのものが言葉によって呼び出されている。そして、対話の進行は、相手の言うこと、自分の言うことが機縁となってはいても、この当の事柄そのものに先導され、事柄そのものの道筋と命に服している。対話それ自体、言葉のうちでしか行われえず、言葉が名ざす事柄からの指示に服しているのである。とはいえここには一種の循環がある。日本人との対話篇「言葉についての対話」では、言葉についての対話は言葉からの語りかけを受けて為されねばならないが、そのためにはまず当の語りかけを聴き取っていなければ対話を開始することもできないという、この循環関係が主題の一つとなっている。

このように、語は物を召喚する。とはいえそれは、一方に語があり、他方に物があり、前者が後者を呼ぶといったことではない、とハイデガーは述べ、以下のように続ける。「語はそれ自体、そのつど自らのうちに物を、それが物で「ある（ist）」ように引き留める関わり合い（Verhältnis）である」（GA12, 159）。

ここで言われる「関わり合い」というタームは、関わって留め、保ち（halten）、自らを抑制する（verhalten）という多重な意味を担っている(3)。語は単なる記号ではない。記号は、それ自体が目立つことによって他のものを指し示すが、語は、自らが目立つことなく抑制し身を隠すことによって、物を自らのうちに保持し、物を在らしめ、在ると言い得るものとして開示し、言葉にもたらす。

この言語観は、難解とはいえ理解不能ではない。ひるがえって日本の伝統に目を向けると、たとえば芭蕉の俳論に「物の見へたる光、いまだ心にきへざる中にいひとむべし(4)」という有名な警句がある。これを、物が物としてその存在を露わに示す瞬間を言い留めてその在りのままに句のうちに保つ、と解釈し得るなら、両者相通じる事柄が述べられていることになるだろう。

こうした語によってはじめて、物も世界も、人間もまた、その本来の居どころに滞在することができる。実際、ハイデガーが、「神的な者たち」と対比させつつ、人間をあえて「死すべき者たち」と名づけるのも、こうした語の模索のひとつであって、この語によって、ハイデガーの考える本来の居場所に人間を在らしめるためである。

こうして「死すべき者たちが再び言葉のなかに住みつくことを学べるよう、言葉の本質的な現れを呼び起こす」（GA12, 34）必要が説かれる。現在の人間は、言葉に取り巻かれ、言葉なしには考えることさえできないにもかかわらず、逆説的なことに、言葉という居場所を喪失している。これがハイデガーの見立てである。それゆえに「われわれがもともとすでに滞在しているところへ」（GA12, 179）戻りゆくという思索の営みが為されねばならない、ということになる。

4　言葉固有の近づけ――呼び寄せと呼び放ち

何を名ざし、呼ぼうとも、呼ばれた物を物理的に近づけることは言葉にはできない。遠さを遠さとして保ちつつも、しかしやはり近づけている。[5]だが、ここに言葉の不可思議がある。自明の事柄として捨て置かれるのが通例の、単純であるがゆえに繊細かつ豊饒なこうした点に、いつものようにハイデガーは着目する。そもそも、語が物を「在らしめる（sein lassen）」という表現は、物を強制的に存在させるのではなく、その在るがままにしておく、の意である。名ざして呼ぶことは近くに呼び寄せる（herrufen）と同時に、その遠さへ向けて呼び放つ（hin-rufen）ことにより、在るものをその在りのままに「在ると言い得るもの」となす。

『言葉への途上』の劈頭に置かれた論考「言葉」は、ゲオルク・トラークルの詩「冬の夕べ」を手がかりに、言葉が有するこうした「近づけと遠ざけ」という特性を、物と世界との関わりにおいて考察している。ここでは詩句解釈の詳細な追跡は避け、言葉がいかに「物」と「世界」すなわち四方界を呼び寄せるかに照準を絞って、ハイデガーの所論をまず叙述することからはじめよう。

この詩ではまず、降雪、晩鐘の響きが名ざされ、呼ばれる。これらの物はこちらへと近づくように呼び寄せられてはいるが、同時にそれは遠くへ、つまり、呼ばれた物がいまだなお現前せざるものとして滞在しているかなたへと、呼び放たれている。それゆえ、語が呼ぶことによって現れる物は「非現前のうちへと蔵された現前」（GA12, 19）という仕方で到来する。降雪、晩鐘の音色はなるほど物理的にはそこにない。だが、かなたに蔵されるという仕方で現前している。かなたとは、さしあたり、後に述べる四方界としての世界を指す。この世界が生起することこそが、存在が出来事として性起することに他ならない。[6]それゆえ、ここで言われる世界は存在と重なりあい、物もまた、存在者と呼ばれるものと重なりあう。

その際、物はそれが人間と関わりを持つように呼ばれる。雪がちらつき、晩鐘が遠く響き渡ること、これらの物の名ざしは、晩鐘を遠くに聴きつつ、たそがれの小道を歩む旅人、すなわち「死すべき者たち」と関わらせるように呼ぶ。また、雪は、彼らを暮れかかる天へとつなぎとめ、晩鐘の響きは、死すべき者たちの行く末とともに、死を能くしえない「神的なる者」を暗示する。旅人が見やる家やその窓から見える、食物ならぶ食卓は、死すべき者たちを大地につなぎとめる。こうして物が呼ばれると同時に、その呼ばれた物は、「死すべき者たちと神的なる者たち、大地と天空」という四者を取り集める。このように取り集めることによって、物は物となると同時に、物がその内で滞在すべき世界すなわち四方界の襞を開く（ent-falten）。「物となりつつ、物は世界の身振りをする」（GA12, 19）という一文が、この一連の事態を指して言われる。ついで、大地の恵みによって人の喉を潤す果実を宿し、天に向かって神々しく黄金色に輝く「恩寵の樹」が名ざされる。こうして四方界が呼び寄せられると同時に、これが物へ赴くように呼び放たれる。世界を呼ぶことは、世界を物に委ねるとともに、物を世界の輝きへと蔵する。この事態は「世界は物に、自らの本質を惜しみなく与える」（GA12, 21）と表現されている。

このように、呼ぶという仕方で語は、物を物となるようにし、世界を世界となるようにして、物を近くへ呼ぶことによって、物がそこから現れている遥かさ、すなわち世界をも顕現させる。

この論考では、先に述べた「語が関わり合いそのものである」という事態が、まずは物と世界との、言い換えれば存在者と存在との関係として具現化して示されているわけである。

この箇所は、次のようなアナロジーによって考えれば分かりやすいだろう。あらゆる芸術は、文学も絵画も音楽も、その主題を持っている。それは何かを呼びだし、文字やキャンバス、あるいは楽譜に定着させている。だが、明示されているにせよ、暗示されるだけにせよ、そこにはつねに背景がある。主題を浮き立たせるには背景が不可欠である。そして多くの場合、主題と背景はまったく切り離されているわけではない。むしろ主題は、背景世界との連関を想起させ、これとの関わりを暗示することによって初めて、その実在性を獲得する。逆にまた、ふだんは目にも留められずやり過ごされている背景世界がそれとしてあらためて際立つのも、主題がその中心に置かれていればこそである。こうした事柄は、つとに『芸術作品の根源』において、ゴッホ描くところの農婦の靴を例に述べられ、さらに『講演と論文』では、物による世界の取り集めとして描出されている。ヘラクレイトス解釈を経由して、ロゴスすなわち言葉は「取り集め」と解釈し直され、本書では、言葉による物と世界の呼び寄せと呼び放ち、という仕方で把握されるに至っている。

だが、ハイデガーは、呼び出して見えさせ開示するという、あくまでも人間が為す営みの次元にとどまることなく、言葉それ自体が本質的に現れる機序をさらに探ってゆくのである。

5　区-別の出来事としての性起と静けさの鳴り響き

さすらう旅人が黄金の樹を庭に持つ家に入ろうとすると「痛みが敷居を石と化した」というトラークルの詩句における、「痛み」という語を、ハイデガーは、物と世界との「区-別（Unter-Schied）」を意味する、と解する。

ここで言われる区-別とは、ハイデガーによれば、表象を通じて事後的に二つの対象のあいだに立てられる区分でも、世界と物とのあいだに存し、表象によって確認される関連でも、事後的に際立たせられる関係でもなく、そこから区別することそのことが生じる場である。以下、若干詳細に、ハイデガーの論述の順序通りに叙述する。

物を世界へと、世界を物へと来るように呼ぶ、この二つの名ざしは、区別されてはいるが、分離されているわけではない。かといって単に相互に接合されているだけでもない。世界と物は、横並びに並存しているのではなく、相互に透入し合っている。両者はある中心を通る。この中心において、両者は一つとなる。このように一つのものとして、両者は親密（innig）である。この中心は「親密さ（Innigkeit）」である。二つのものの中心は「あいだ（Zwischen）」であり、世界と物の親密さは「あいだ分け（Schied des Zwischen）」において、すなわち区－別において、本質的に現れる。この区－別は唯一的なものであって、「世界と物とが、そこを目指し、それを通り抜けて、互いに向かって親密となる、この中心を自らから隔てて保っている」（GA12, 22）。そして遂にはこう言われる。「物と世界を呼ぶかの名ざしにおいて、本来名ざされているもの、それはすなわち、区－別である」（GA12, 23）。

前節で述べた「非現前のうちへと蔵された現前」という独特の在りようを可能にする、言葉固有の近づけを成り立たせているのは、こうした区－別すなわち「あいだ」の名ざしにほかならない。

物と世界とが、たがいの遠さ、遥かさを喪失して溶け込み、無差別な同一となるか、あるいは近さを失って完全に切り離されるか、という両極は、実際には同じ一つの事柄、すなわち「近さ」の本質の忘却に起因する、とハイデガーは見る。そしてこれは、煎じつめれば「あいだ」の喪失にほかならない。情報伝達の手段としてのみ捉えられた場合、言葉もまた「あいだ」の名ざしを閑却し、時間的・空間的な隔たりを除去することのみにたずさわることとなる。その結果あらゆる物は、あるいは「等しく－あてはまるどうでもよい（gleich-gültig）」（GA12, 201）ものとなり果てて世界に溶け込むか、あるいはたとえば認識対象に切り詰められて世界から切り離されるか――いずれにせよ物としての独立自尊と品位を奪われる。一方では融合、他方では切断という両極端のいずれかに偏することは、物が物となり、世界が世界となることを妨げる。

これに対して、ハイデガーの思惟する本来の言葉を通じて、両者は、あいだによって隔てられて遠さを保持しながらも、しかし切り離されず、親密となる。というよりも、ある一定の隔たりがなければ、それは親密とは言えず、単なる融合である。こうして、この区－別こそが、物を真に物とし、世界を真に世界として在らしめる。語を言うことは、単に物を、そして単に世界を名ざして、これを呼び寄せ、呼び放つのではなく、実は、物と世界との区－別、すなわち両者のあいだを召喚し、これが生起するよう命じて、物と世界の近さと遠さの均衡を保つ。そうして、物は物として自存しつつも、世界の安らいのうちに蔵される。物は世界の恩恵のうちで安んじ、世界の方は、物において充足する。このように、安らいのうちへと蔵することは、すなわち「静める（stillen）」ことに他ならない。

ここからハイデガーは、あたかも詩の押韻のごとく、ドイツ語固有の音の響きを連携させながら――むろん、これは毀誉褒貶喧しい「言葉遊び」のひとつでもあるのだが――静かな（still）、響く（läuten）といった、トラークルの詩のなかに出てくる語彙を用いつつ「言葉は静けさの鳴り響きとして語る（*Die Sprache spricht als das Geläut der Stille.*）」（GA12, 27）という規定へと到達する。ここからハイデガーの叙述は、次第に人間の言葉から離れ、表象的理解を拒む領域へと入り込んでゆく。

「区‐別の命令が世界と物とを、それらの親密さという一重（Einfalt）へと呼ぶことにおいて、言葉が語る」（GA12, 27）。

こうした区‐別は人間が為したり、起こしたりしうるものではなく、むしろ区‐別が命ずるものである。しかも、区‐別という出来事の性起の鳴り響きこそが、言葉そのものである、とハイデガーは言う。

「区‐別という出来事が性起することにおいて、言葉――静けさの鳴り響き――が在る。言葉は、世界と物に対し、出来事として性起する区‐別として、本質的に現れる」（GA12, 27）。

この文言は、いったいどのような事態を言おうとしているのであろうか。静けさの鳴り響きとは、また区別の出来事としての性起とは、いかなる事柄を指し示しているのだろうか。前者の問いについて、かりに比喩を用いて説明することが許されるなら、以下のようになるだろう。たとえば、楽曲には必ずパウゼがある。音と音とのあいだの休止がなければ、楽曲は成立しない。実際に鳴り響いている音を支え、意味あらしめているのは、じつは無音のパウゼである。そもそも、楽曲が鳴り始めるには、パウゼ以前に、まず沈黙が支配していなければならない。しかも、――この例を続けるならば――最初の一音を待つ固唾を呑むような聴衆の静まりは単なる無音ではなく、一種の凝集のゆえに漲る充溢する静けさとも言うべきものである。実際ハイデガーもまた、静けさとは単なる無音や動きのなさを言うのではなく、いかなる動きよりも動きに充ちたものである旨述べている（GA12, 26）。こうした意味での静けさこそが、もはや人間が起こすことではない「区‐別の出来事としての性起」と考えられているのである。静けさはどこか遠くにあるわけではなく、つねにわれわれを取り巻いている。そしてそれは、ときに意外な仕方で現れる。

ハイデガーは、言葉が言葉として語にもたらされるのは、奇妙にもわれわれが文字通り筆舌に尽くし難い出来事に遭遇して言語に絶したとき、つまりそれを言うべき語が見当たらないときであり、このときに言葉の何たるかをわれわれはつかの間かすめるように経験する、と述べている（GA12, 151）。「静けさの鳴り響き」が不完全であるにせよ、われわれに経験されるのはこうしたときである。同じことは『哲学への寄与論稿』に続いてハイデガーが綴った草稿が収められた、全集第七一巻『性起の出来事』で、より詳しく述べられている。

「なるほど、ときにわれわれは、驚きのあまり、喜びのあまり、恐れのあまり、喜悦のあまり、「言葉を失う」というこのことに遭遇する。だがわれわれは、この言葉の喪失を、その性起的（ereignishaft）な本質において感じ取ることはない。言葉の欠在、つまり諸々の語および語の欠在と見えるものは、原初的にして本質的に思索された場合、まさしく存在《あり》（Seyn）が調律する声としての語の純粋な性起なのであって、この声はわれわれを存在の明るみのうちへと自性として取得し、そうしてわれわれは一瞬存在者それ自体を、つまり、存在者が在るというこのことを経験するのである」（GA71, 172）。

言語に絶して人間が沈黙せざるを得ないとき、通常は言葉に窮したと見なされるのみである。だがハイデガーは、何気なくやり過ごされるそうした沈黙のうちにこそ、実は存在それ自体の律動、鳴り響きが生じていると考える。ひとことで言えば、存在それ自体のこの律動こそが、静けさの鳴り響きである。

さて、では「区‐別が出来事として性起する」とはいったいどのような事柄を指しているのか、これを考える段に移ろう。

6 区‐別と存在論的差異

ハイデガーによれば、存在者の存在を問うのではなく、あくまでも存在そのものを問おうとしても、やはり存在者の側から存在を捉えてしまうという、抜きがたい傾向から逃れることはできない。その結果、存在は対象化されて存在者性にとどまるか、あるいは一般概念や類概念といった空疎な余剰と見られるかのいずれかとならざるを得ない。これは、存在が忘却されているとも言えるが、裏を返せば、存在と存在者との差異を差異として思惟することの閑却とも言いうる。ハイデガー自身、『存在と時間』では、存在論的差異としての区別づけも同様に対象化して把握されていたと述懐している（GA71, 131）。

本書で言われている「区‐別」とは、この存在論的差異が考え直されたものである。言い換えると、存在者の存在といわれる場合の、「の」が把握し直された結実である。一九五七年の「形而上学の存在‐神‐論的体制」（『同一性と差異』）では、差異を始点として存在と存在者とが見られるべきであり、両者は、差異から現れてくる、と述べられている。

「開蔵しつつの来襲（Überkommnis）という意味での存在と、自らを匿いながらの到来（Ankunft）という意味での存在者そのものは、このように区別されたものとして、同一のものから、区‐別から、本質的に現れる。区‐別がはじめて、そこで来襲と到来とが互いに向けて保たれ、互いから離れ‐互いに向けて担われているところのあいだを与え、これを隔てつつ保つ。存在と存在者との差異は来襲と到来の区‐別として、両者を開蔵しつつ‐匿いつつ担い分けることである」（GA11, 71）。

存在は存在者へと移り行き、存在者を開蔵し、これへと来襲しつつ自らを示す。存在者は、存在の明るみのうちへと自らを匿いつつ到来する。存在の顕現のこうした機序は、先に第4節で述べた「世界（存在）は物（存在者）に自らの本質を惜しみなく与え」、また、「物（存在者）が世界（存在）の身振りをする」という表現で言われていたことと同じ事柄を意味する。

存在それ自体の顕現の機序そのものを成立させているのが、「区‐別の出来事としての性起」なのである。

本書、とりわけ「言葉についての対話」では、区‐別は「二重襞（Zwiefalt）」とも言い換えられている。存在そのものは、形而上学全体においてそう把握されているように、存在者の存在ではなく、「存在が本質的に現れること、もっと厳密に言えば、存在と存在者との二重襞が本質的に現れること」（GA12, 112）とされ、次のように言われる。「存在そのもの――これすなわち、現前しているものの現前を言うのですが、ということはつまり、現前しているものと現前することという両者が一重であることによる二重襞（die Zwiefalt beider aus ihrer Einfalt）のことを言うのです」（GA12, 116）。

この「両者が一重であることによる二重襞」が「区‐別の出来事としての性起」と同じであることは縷言を要すまい。「痛み」「区‐別」「親密さ」「差異」「二重襞」など、さまざまな術語で述べられている事柄は、その力点の置き方や見られ方は異なってはいても、同じひとつのことを言おうとしているのである。

このように、区‐別が出来事として性起することによってはじめて、言葉は「静けさ」という一重から鳴り響く。存在そのものの鳴り響きとして見られた、この最内奥の言葉をハイデガーはもはや「言葉」という語で言い表すことを避けて「言い示し（die Sage）」（GA12, 137, 242）と称する。最も身近で、同時に最も遠いこの示し（Zeige）を人間が聴き取ることがこれに応じることであり、この応答がすなわち、存在そのもの、言葉そのものが人を通じて人語として現出することにほかならない。「言葉が語る」とはこうした事柄をいう。

「言葉を、言葉として、言葉にもたらす」という本書の課題は、「言葉（言葉の本質的な現れ）を、言葉（言い示し）として、言葉（音声となった語）にもたらす」（GA12, 250）という仕方で解きほぐされる。言葉と存在は、根底では同じく性起の出来事でありながら、言葉は――日本語の「ことの・は」とまったく同じではないが、別様ではない仕方で――人の言葉として現れる。本章冒頭で『ヒューマニズム書簡』から引用したように「言葉はこうしてそれ自体存在の明るみのうちへと引き上げられる」（GA9, 361f.）のである。実際、この事態は、ヘルダーリンの詩句「花のような言葉（Worte, wie Blümen）」（GA12, 194ff.）を手がかりとしつつ、日本語の「こと・ば」という語に触発されて、「こと」すなわち「生み出す慈しみの、明るくする告げ知らせの性起の出来事」から口の花びらが生い立つことに擬せられている（GA12, 136）。

言葉が本質的に現れるためには人間を必要とし、人間のほうでもまた、言葉の現出のうちでのみ本来の居場所を見出すことができる。だが、人間はいまだその途上にある。これが、ハイデガーの省察が行き着いた、言葉の極北の姿である。

注

（1）『存在と時間』では言葉と存在の問いとの連関は明瞭とは言い難い。その理由は「言葉と存在への省察が、私の思索の道をはやくから定めていたので、その究明はできるかぎり背景に留められていました」（GA12, 88）と述懐されている。

（2）たとえば、ハーバーマスは、『ポスト形而上学の思想』のなかで、次のように述べている。「後期ハイデガーは、言語がもつ意味創造的な潜勢力を絶対的なものの地位にまで引き上げている」（Jürgen Habermas, *Nachmetaphysisches Denken*, Frankfurt am Main, Suhrkamp, 1997, S. 50）。

（3）『同一性と差異』では、言葉は「すべてを抑え留める（alles verhaltend）律動」（GA11, 47）と述べられ、この「抑え留める」という語に、「自らを抑制し、下-支えし、こらえる）」という欄外注記が付されている。

（4）服部土芳『赤雙紙』、木藤才藏・井本農一校注『連歌論集・俳論集』（日本古典文学大系第六六巻）岩波書店、一九六一年、四〇一ページ。

（5）この事柄は『ヘルダーリンの詩作の解明』で、詳細に述べられている。「示すことは、示されたものを近みにもたらすが、やはりそれを遠くに保つ。示すことは示されたもののみに近づく。この近づけが保たれる遠さがより本質的であればあるほど、示すことは示されるものにいっそう近づく」（GA4, 147）。

（6）『ブレーメン講演』では以下のように述べられる。「存在は、その本質的に現れることを、世界が世界することにもとづいて自らのものとしなければならない。〔…〕世界が初めてことさらに出来事として性起するときに、存在は、そしてそれと同時に無もまた、世界することのうちへと消え去る」（GA79, 49）。

（7）この語はヘルダーリンの詩句に由来する。「相対立している物を分け隔て、もって同時につなぎ合わせるものを、ヘルダーリンは「親密さ」と名づける」（GA4, 36）。

28　精神医学との対話

『ツォリコーン・ゼミナール』

梶谷真司

1　異なる知性の出会い

『ツォリコーン・ゼミナール（*Zollikoner Seminare*）』（以下『ゼミナール』と略記。引用・参照は *ZS* と頁数で表記）は、精神医学者メダルト・ボス（一九〇三―九〇年）とハイデガーとのあいだで行われた研究会、対話、書簡の記録である。[1] 研究会は一九五九年から六九年の一〇年間、学期ごとに一～三回ほど開催された。対話のほうは一九六一年から七二年まで、書簡は一九四七年から七一年までのものが収められている。ハイデガーの没年が一九七六年であるから、二人の関係は、戦後間もない時期からハイデガーの晩年まで続いたことになる。[2] では、もともと生きている世界が異なっていたこの二人は、どのようにして出会ったのだろうか。

「序言」によると、ボスは戦時中、軍医としてスイス軍の山岳隊に配属されたものの、彼の部隊には壮健な兵士が多く、ほとんど仕事がなかった。そのせいで彼は退屈に襲われ、時間について考えるようになり、たまたま『存在と時間』に関する記事に行き当たる。さっそく読み始めるが、そのあまりの理解しがたさ、自分が親しんできた科学的思考との違いから、彼は読むのを断念する。しかしその後、何度も手にとっては挫折し、挫折してはまた挑戦するということを繰り返した。

そして戦後、ボスはハイデガーに個人的にコンタクトを取ろうとする。ところが周知のとおり、当時のハイデガーは、ナチス問題が原因で悪評に満ちていた。それでもボスは、『存在と時間』から感じたハイデガーの天才を信じ、自ら情報を集め、ハイデガーが政治的には過ちを犯したかもしれないが、人間的には信じるに値する人物だと判断し、一九四七年の夏に手紙を出す（vgl. *ZS*, VIIIf.）。孤立した当時のハイデガーは、ボスの真摯な態度に強く心を動かされたのだろう。すぐに返事を出し、何通かのやりとりを経て、一九四九年の夏、ついにボスはハイデガーをトートナウベルクに訪ね、対面を果たす。

二人の交流はこうして始まったのだが、ボスにとって哲学との関わりは、このような個人的経緯だけではなく、専門的な必然性もあった。師のオイゲン・ブロイラーから、科学では本来の人間的本質には近づけないと教えられ、哲学的省察の必要性を感じていたのである（vgl. ZS, 364）。

もっとも精神医学とハイデガーのあいだには、それ以前からすでに関係があった。ルードヴィヒ・ビンスワンガー（一八八一―一九六六年）は、ハイデガーの現存在分析をいち早く精神医学に取り入れており、その系譜はボス以降も、ブランケンブルクや日本の木村敏にまで及んでおり、一つの重要な潮流をなしたと言える。[3] 他方ハイデガー自身も、精神医学との関係を待望していたようである。ボスによれば、ハイデガーは自分の思想がたんなる書斎での研究にとどまらず、医学のような領域で受容され、もっと多くの人たちの役に立つと考えていたという（vgl. ZS, X）。

このようにハイデガーとボス、および精神医学は、出会うべくして出会ったと言えるが、二人の交流は、今日しばしば期待されるような、異なる分野の研究者のあいだの学際的研究ではなく、相互に学び合うという関係でもない。むしろ、ハイデガーがボスをはじめとする精神医学者や科学者を自らの問いのなかに引きずり込み、哲学的反省を迫るという、かなり一方的なものに見える。ゼミナールや対話の内容の大半は、ハイデガーの思想が記されていて、ゼミの参加者とのやりとりも、基本的には、ハイデガーが相手を自分の考えのほうへ引っ張っていく形で進められている。そのため、慣れないことに適応しようと努力していたのは、全体的には医学者、科学者のほうで、彼らは少なくとも当初、かなり大変な思いをし、不満も抱いていたようである（vgl. ZS, XII）。

では、ハイデガーのほうが、ただ自説を展開して、それを相手が学べばいいと考えていたかというと、そうではない。彼は当時の精神医学や科学を相当勉強してゼミに臨んでいたらしい。また準備にせよ、原稿の推敲にせよ、ハイデガー自身大変な精力を傾け、異分野の人たちと非常に根気強く対話を続けたようである。ハイデガーにとっても、ボスとの交流は、それだけ重要な場であったのだろう（vgl. ZS, XI f.）。

『ゼミナール』がそのような場から成立したということは、この書を読むにあたって重要な点である。この観点から本書の特徴を以下に述べておこう。

二人の交流が続いたのは、いわゆるハイデガーの中後期にあたるが、その思想については、おそらく他のテクストで述べられている以上のことはあまり出ていない。むしろゼミや対話の性格上、叙述が体系的でもなく徹底してもいない。その意味で言えば、このテクストの価値はそれほど大きくないかもしれない。それでも内容的に際立っているのは、第一に、精神医学を含む自然科学への批判である。もちろんこれは他の著作にも見られるが、このゼミナールでは、自然科学者を相手に語っているので、より具体的で分かりやすい記述になっている。第二に、第一点と関連するが、心身問題、とりわけ身体に関する議論である。これはおそらく、精神医学者との対話だからこそ焦点が当てられたと考えられる。第三に、ゼミナールの基本テクストが『存在と時間』であったようで（vgl. *ZS*, 326）、中後期以降あまり語られなくなった現存在分析や現象学との関連で論じられていることが多い。しかもそこで前期の立場は決して否定されておらず、むしろその重要さが繰り返し力説される。その点で、この書はいわゆる前期思想からの連続性を見るうえで重要な文献となっている。

以下、これら三つの点を中心に、『ゼミナール』について述べておこう。すなわち、一つ目は、自然科学批判、次に身体論、そして最後に現象学と精神医学の関係である。

2　自然科学への批判

『ゼミナール』は、医学という自然科学の分野の専門家との対話であり、科学への哲学的反省が重要な主題の一つになっている。自然科学に対する批判というのは、同時代の哲学者の多くが行っているが、ハイデガーの特徴は、科学の根底にある存在論的前提にさかのぼって、その知のあり方、現実への影響を問題にしている点である。こうした科学に対する「存在論的批判」は『存在と時間』でも言及され、その後『物への問い』（一九三五／三六年の講義）のなかでも詳しく論じられているが、基本的なスタンスはそれほど変わっていない。以下、その内容を具体的に見ていくことにしよう。

自然科学は、客観性と普遍性によって特徴づけられ、それはしばしば、歴史的・文化的な条件によって左右されないように考えられがちである。たしかに普遍的・客観的というのは、そういう意味でもあるのだが、ハイデガーによれば、それはむしろ特殊な存在論的前提に基づいてのみ可能である。その前提とは、存在するものを測定可能性という存在性格において規定しているということである。さらにこれは、測定によって得た数値を物事の予測のための計算に活用するという目的と連関しており、科学の合法則性もそこに根拠づけられている。そしてその根底には、「支配」という根本的な動機があるとされる（vgl. *ZS*, 30–33, 135, 184）。

ただしこの測定可能性という存在性格は、いかなる動機に基づいていたとしても、人間の意図によって一方的に成立するわけではない。それは物の存在性格と、人間の物に対する関わり方（測定）という二重の規定を担っている。すなわち、測定可能性は事物の延長性に基づいていて、この延長性が測定されるのだが、測定可能性自身は、事物に対して「測定する」という仕方で関わる人間の可能性である（vgl. *ZS*, 128）。そしてこの「測定」という行為は、人間にとっての対象性（Gegenständlichkeit）において、言い換えれば、主観に対する客観として表象されるときにのみ可能になる（vgl. ZS, 125, 165）。

しかし人間はそれ以前に根本において、すでに存在者と出会っている。この「存在」という世界の開示性のなかにいる。このような世界内存在において「測定」というのは、一方では、物への特殊な、きわめて限定された関わり方である。しかし、他方でそれは、数学や数量的な把握をただ事実の観察や自然現象に応用することではなく、根底において、あらゆるものの存在性格を全体として規定する現存在の存在様式なのである。

これは『存在と時間』や『物への問い』で「数学的企投（mathematischer Entwurf）」と呼ばれていた（vgl. SZ, 362, GA41, 92–95）。「企投」とは、もちろん、「被投性」と「語り」と並んで現存在の存在を構成する三つの契機の一つであり、数学的企投はその特殊な二次的な形態と言えるだろう。つまり、現存在においては、まず存在一般に関するより根本的な規定がなされており、そのうえで存在者全体を測定可能性において限定する規定がなされる。そしてさらに、そうした数量的に規定されたものが、その確実性と客観性によって真に存在するものとされ、それ以外のものは考慮されなくなるのだ（vgl. ZS, 30f., 138）。

さて、こうした測定可能性には、さらに前提となっていることがある。それは空間と時間の均質性である（vgl. ZS, 267）。すなわち、科学において空間は、三次元の同質の点や容積から成り、位置や場所や方向によって質的な違いはない。時間もまた、無数の「今」という時間点の連続として捉えられ、現在・過去・未来の違いですら、本質的な差異ではない。このような均質性が基礎にあってはじめて、「いつでもどこでも」妥当する言表も理論も可能になる。

他方、たとえば古代ギリシアでは、あらゆるものがその本性に応じてそれ自身の場所をもっていた。重いものは下、軽いものは上、という具合に（vgl. ZS, 40）。日常生活においても、私たちは家のなかはくつろぐところ、外は働くところ、体の前はよく見える、進む方向、後ろはよく見えず、去っていくところであり、町のなかでも、場所によって良し悪し、自分と関係があるところ、ないところなど、さまざまな質的な違いをもっている。

時間も、ハイデガーが言うように、「今」と言っても、それは「今すぐ」と「たった今」を含んだ広がりをもっているし（vgl. ZS, 43）、昼は活動する時間、夜は休む時間、春夏秋冬、どの時期、時間も、何かをするための時間として質的に異なっている。測定された時間でさえ、速いとか遅いとか、短いとか長いといった質をもっている（vgl. ZS, 62）。

このように空間も時間も、人間の行為や出来事との関連で個々に特有の意味づけをもっており（vgl. ZS, 58, 77）、これが空間や時間の構造に質的な多様性を与えている。周知のとおりこの構造は、『存在と時間』で言う「有意義性（Bedeutsamkeit）」としての世界の構造でもある。したがって自然科学の存在論的前提は、根本的な存在規定を測定可能性へと限定していること、質的な多様性を量的な均質性へと平板化していることにある。それは、現実の特定の限られた一側面にすぎず、精神それ自身も「算出可能性の操作者」（vgl. *ZS*, 139）にまで貶められ、私たちの生は矮小化されることになる。では、人間と世界のより十全な捉え方は、どのようにして可能なのか。

これこそハイデガーが『存在と時間』の現存在分析で試みたことであり、『ゼミナール』でハイデガーと精神医学者が共有する主要な課題の一つでもある。そのことを次に身体の問題との連関で見ていこう。

3　身体的存在への洞察

医療においては、それが一般の医学であれ、精神医学であれ、心と体の両方が問題になる。またその中間領域の心身的な現象もある。ではいったい、心と体はどのように関わるのか。そもそも心とは何か。体とは何か。

こうした問題をハイデガーは直接、体系的に論じたことはない。『存在と時間』でも、身体についてはあまり述べられていない。それが『ゼミナール』では、医学者との対話ということもあり、多くの箇所で身体について語られている。とはいえ、そこから何が読みとれるのかというと、それほど簡単ではない。

他の思想家とも、それまでのハイデガーとも異なるのは、ここで「身体的に存在する」とでも訳すべきか（あるいは文字どおり「身体する」）（Leiben）」という独自の概念を提示している点である（vgl. *ZS*, 113, 118, 131, 140f.）。だが、この言葉が何を意味するのか、また全体としてハイデガーが身体についてどのようなことを考えているのか、具体的には分かりにくく、少なくとも身体論として積極的にまとまった形で取り出せるものはないと言っていい。それでも、右の科学への批判との連関で見れば、「身体」をどのように語るべきでないかについてのハイデガーの考えは分かる。そこで重要なのが、身体の問題は「方法」の問題だという指摘である（vgl. *ZS*, 121f.）。すなわち、彼によれば、身体という存在者に私たちがどのように関わるのかが、この存在者のあり方を規定しているのである。では、身体への適切で固有な通路はいかなるものだとハイデガーは考えるのか。

まず出発点として、前節で述べた自然科学的視点から考えてみよう。『ゼミナール』でハイデガーは、R・ヘグリンの言葉「心の現象は重さや長さを測ることができず、ただ直観的に感じとることしかできない。他方、身体的なものはすべて何らかの方法で数量によって把握できる」を引いている（vgl. *ZS*, 101）。ここでは心と体は、接近方法の違い、すなわち、測定できるかどうかで捉えられている。これは一見もっともらしい考えのように見える。だがハイデガーによれば、身体を測定可能なものとして数量化して捉えれば、身体は物体の一種、身体そのものとは別のものと見なされ、その固有性を把握することにはならない。したがってハイデガーにとって、何かある一定の構造や大きさをもった物体、主観に対する客観として対象化しうるものは、身体ではないのである。身体そのものの絶対的な主体性、そのつどの動的なあり方、それがLeiben（身体的に存在する）として動詞的に捉えられる身体だと言えよう。

　こうした物体との対比は、このテクストの他の箇所にも見出せる。たとえば、身体の境界については、物体としては皮膚のところで終わるが、身体的存在の境界は、存在者のただなかで「脱自的に滞在（ekstatischer Aufenthalt）」する「存在の地平」であり、「滞在」の範囲によってたえず変わる、という（vgl. ZS, 113）。この存在の地平とは、要するに世界内存在の世界だと考えられるが、「たえず変わる」と言っていることを考えると、おそらくそのつど具体的に存在者と関わる様態での世界ということであろう。とはいえ、ハイデガーの言う「世界」は、これまた存在者の集合、物質的な意味での世界ではなく、存在理解において開かれる有意義性の地平である。では、このような世界と身体との関係はどのように解すべきか。

　ハイデガーによれば、実存は身体的であるが、それに先立って「世界への関わり（Weltbezug）」として規定しておかねばならない（vgl. ZS, 258）。つまり世界との関わりの方が先行する。別の個所でも、身体的存在（Leiben）は存在理解としての世界内存在に属しており、存在理解が後から身体的存在に付け加わるのではない、と述べている（vgl. ZS, 272f.）。このようにハイデガーは、存在理解における世界の開示性、存在の明るみのうちにいることと身体とを、決して「等根源的」とは考えない。あくまで身体は二次的である。だとすると、ここで身体は、存在や空間との関わりにおいて飛び越えられてしまっているのではないか。そうした世界との関わりに、身体はどう関与しているのか。

　また、ハイデガーは、「身体はそのつど私の身体である（Der Leib ist je mein Leib）」（vgl. ZS, 113）と述べ、身体の「各自性（Jemeinigkeit）」を指摘する。だから、物を見るときでも、そこに私の身体は関わってはいるが、身体が見ているのではなく、私が見ているのであり、私の目が見ている、身体は見てはいないが、そこに居合せている（dabei sein）とされる（vgl. ZS, 114）。このような意味で、身体は「私が存在すること」と不可分なのである。これは重要な指摘であるが、それだけでは身体の固有性はクローズアップされているとは言えない。さらに「私であること」と身体がどのように関連しているのかを問うべきだろう。

　その点では、他の現象学者のほうがより身体に迫っていたと言える。フッサールは身体をパースペクティヴ性から論じ、サルトルは存在の偶然性の源泉と位置づけ、メルロ＝ポンティは世界への根源的な構えの次元として知覚との関連で論じた。さらにシュミッツは、「身体的感知（leibliches Spüren）」という独特の経験領域から身体性を分析した。

それに対してハイデガーは、『ゼミナール』のなかでも、結局、身体そのものについてまとまった思想は語っていない。むしろ彼は、身体について存在や空間や私（各自的な現存在）との関わりを慎重に記述することに徹し、そこから考えようとしている。それはある意味、彼の言う現象学的な身体へのアプローチなのだろう。彼によれば、身体の現象学では、ただ「記述」あるのみで、あらゆる「説明」、すなわち何か別のものから導き出すようなことはしてはならない。それでは事象に即すことにならないからである（vgl. *ZS*, 202）。そしてこの言葉どおり、彼は「別のもの」、とりわけ自然科学的な見方や、そこに由来する物体性を厳しく排除し、身体に迫ろうとした。

けれども彼の取った道は、身体そのものに通じていたのだろうか。存在にせよ空間にせよ、それをより根本的なものとしてそこから語るのは、身体を通り越して、その下に埋もれさせてしまうのではないだろうか。次の章では、この方法論自体に迫ってみよう。

4　現象学と精神医学

『存在と時間』でハイデガーは現象学について、ギリシア語の語源にまでさかのぼり、詳しく説明し、定義していた。それによれば、現象学とは、「自らを示すものを、それが自らをそれ自身のほうから示すとおりに見せること」（*SZ*, 34）である。そして格別な意味での現象、現象学がことさらに必要になる現れについて、「さしあたってたいていは自らをまさに示さないもの、さしあたってたいてい自らを示すものに対して隠されているが、同時にそこに本質的に属し、その意味と根拠をなすもの」（*SZ*, 35）と述べている。ハイデガーによれば、そのような際立った現象とは、「存在者」ではなく、存在者の「存在」である。そうした自らを示す存在者にそくして、自ら隠れる存在に接近するために、存在を理解し問うことのできる人間、現存在の存在をまずは分析する――それが『存在と時間』の現存在分析であった。そしてハイデガーは、「存在論は現象学としてのみ可能である」（*SZ*, 35）とし、まずは人間の存在様式を現象学的に探求したのである。

『ゼミナール』における現象学的考察は、討論や対話という形式もあって、『存在と時間』ほど体系的でも詳細でもないが、根本においてはそれほど大きく変化したわけではない。一般に現象学は「事象そのものへ！」という標語で表されるが、それは、先の科学批判で述べたように、事象そのものとは別のところから「説明」したり、そこに還元したりせず、できるだけそのままで捉えるということである。

そこでたとえば、フロイトのように、人間の諸現象を欲動から説明する試みは、もともと力学の発想であり、自然科学的な因果性を心的なものへ置き移し、心的「装置」という考え方を使って機械論的に捉えようとする試みである、と批判される（vgl. ZS, 24, 217）。また先述の科学批判で述べたように、そもそも対象性から規定すること自体が、特殊な存在論的前提に立っている。だからハイデガーは人間を対象化して捉えることは、人間を人間として語るのにはふさわしくないと考える（vgl. ZS, 217）。同じことは、今日興隆している脳科学についても言えるだろう。

かくしてハイデガーは『ゼミナール』でも、対象化や「あらゆる概念や体験に先立っているもの」（ZS, 172）に迫ろうとするのだが、それをするのがまさしく現象学だとされ、その限りで現象学はその他さまざまな学派の一つではないと言われる（vgl. ebd.）。そしてそこで日常性に定位するのも、『存在と時間』と同様である（vgl. ZS, 20）。実際『ゼミナール』のなかでも、空間や時間、頭のなかで何かを思い浮かべる、記憶といったことについて、ハイデガーはごくありふれた日常の場面を描写しつつ考察している。その内容は、『存在と時間』と同様の部分もあれば、異なる部分もあるが、特徴的なのは、いずれもやはり「存在への問い」とのつながりで、もしくはそこへ向かうべく論じられることである。おそらくハイデガーにとっては、『存在と時間』以降も、引き続き「存在論は現象学としてのみ可能」なのだろう。

しかし逆に、現象学のほうは、『ゼミナール』でそうであるように、たとえば、身体について論じるときでも、つねに存在への問いと関連づけられていなければならないのだろうか。『存在と時間』を含め、ハイデガーの著作においては、「存在への問い」という彼自身のテーマに従って論じていればいいのだが、精神医学者との対話では、そういうわけにはいかないだろう。彼らの関心は、精神とは何か、身体とは何か、人間とは何か、病とは何か、といったさまざまな人間学的な——ハイデガーがつねに批判的に距離を取ろうとする——問題である。

これらをすべて、自然科学が行うように、数量化して捉えるのは、限定が強すぎるし、対象性、物体性という特定の枠組みに押し込めることになる。しかし、存在への問いと結びつけて捉えるのは、逆に限定がなさすぎる（もしくは、別の形での限定が強すぎる）だろう。結局、いずれも問題となっている当のものをその固有性において捉えられないのではないか。そこで日常性というのは、いわばその中間にあると言えるかもしれない。では何に関してであれ、日常的なほうがより固有なあり方だと言えるのだろうか。もしそうだとすれば、それは、日常的なあり方が概念的・理論的な把握に先立ち、その根底にあるとされるからであろう。だが日常性は、そのように単純に規定できるだろうか。日常的なものは、概念や理論による影響を受けていない「ありのまま」なのだろうか。

上述したように、科学的対象の存在性格である測定可能性は、事物の延長性に基づく一方で、測定という存在者への関わり方によっても規定される。この二重性は、当然日常的な様態にもあてはまる。すなわち、日常性においても、物事をどう捉えるか、それがその当のものにとって固有なのかどうかも、物事に対する私たちの関わり、態度の取り方によることになる。すると、物事をその固有性において存在させる関わり方とはどのようなものかが問題になる。けれども、たとえば、数量化する、測定するというのは、何も科学的な態度によってはじめて成立するわけではなく、数えたり測ったりという、ごく日常的な行為でもある。このように私たちの日常には、それ自身は科学的ではないが、科学の基礎になる態度が含まれている。また逆に、科学的なものの見方が日常性の一部となっている場合もある。たとえば、私たちは、自分の体について語るとき、解剖学的な概念を用い、また、病気について、ウィルスや感染など、医学用語で語る。

もちろんハイデガーに言わせれば、これらは科学による支配の結果であり、存在論的な反省によって、そうした概念規定以前の経験や現れに立ち戻らなければならないのだろう。けれども、その境界は明確ではない。それに科学以外の学問や知識による影響はどう考えるのか。さらに文化的、歴史的な条件づけについてはどうなのか……これらすべてに、概念的なレベルと先概念的なレベルがあり、両者を区別するのは、容易なことではない。また一般的には、日常的な見方こそ、偏見や無反省な前提が多く潜んでいると言われることも多い。

このように日常性は、決して単純ではなく、一貫した存在規定をもっているわけでもなく、きわめてさまざまな側面、レベルをもっており、それ自身が多元的・多層的な構造を備えている。少なくとも、日常的なものの見方が「事象それ自身」に近いとは、一概に言えないだろう。こうした物事に対する私たちの関わり方の多様性を考えると、「事象自身に」ふさわしいアプローチ、その固有性の把握がどのように可能になるのかは、個々の事象にそくして考えていかなければならない。したがって精神医学の内部においても、存在への問いと結びつけるのではなく、病気や病人に対して、その固有性を損なわない適切な捉え方があるはずだろう。たとえば、閉所恐怖症は、存在への問い以前に、まずは空間経験や身体経験の観点から捉えるほうが妥当であろう。同様のことは、あらゆる学問分野にも実践領域にも当てはまる。そもそも、つねにこうすればいいという決まった枠組みがないこと、たえず既成の枠組みをたえず吟味し、事象にふさわしい捉え方をするのが現象学である。それでもなお、「存在への問い」に取り組む意義はどこにあるのか。

ハイデガーは次のように言う——「存在を見てとるためには、自らの聞きとる心構えだけが必要なのです。このように聞きとる態度を自ら取ることは、人間の卓越した行動です。それは実存の変容を意味します。それは科学を放棄することではなく、その逆です。思慮深く自覚的な科学への関わりを達成し、その限界を真に考え抜くことなのです」（*ZS*, 21）。存在への問いは、私たちの実存の転換につながる。それは同時に、科学をただ信じて従うのでも、むやみに疑って拒否するのでもなく、より適切で「自由な態度」（ZS, 24）をとることを可能にする。そこにおいて現象学は、たんなる哲学の一学派でも方法でもなく、この実存変容のための思索の態度そのものとなるのである。身体も病も、目の前の事物も、そこで新たな姿を現す。それはどんなものであれ、最終的な正解にはなりえない。そこにはその時々で正しく、ふさわしい捉え方がある——おそらくハイデガーにとって、存在への問いは、そうした自由さ、柔軟さへの導きの糸だったのであり、それでどのようなものを見出すかは、私たちに託されているのではないか。

注

（1）原著は Martin Heidegger, *Zollikoner Seminare. Protokolle – Gespräche – Briefe*, hrsg. v. Medard Boss, Frankfurt a/M: Vittorio Klostermann 1987. 邦訳は『ツォリコーン・ゼミナール』木村敏・村本詔司共訳、みすず書房、一九九一年。

（2）一九七一年にはボスが中心となって、「現存在的人間学のための学会（Gesellschaft für daseinsanalytische Anthropologie）」と、「心理療法と心身医学のための現存在分析研究所（das Daseinsanalytische Institut für Psychotherapie und Psychosomatik）」が設立され、現在に至っている。

（3）ただし、ビンスワンガーは、世界内存在を主観－客観図式のなかで理解し、本来存在論的であるはずのこの構造を個々人や病態によって異なる存在者的なものと誤解したとして、ハイデガーやボスから批判されている（vgl. ZS, 150, 236–242）。また、現象学やハイデガーの精神医学における受容については、木村敏がさまざまな観点から詳細に論じている。『木村敏著作集』第七巻、二〇〇一年、弘文堂、「ハイデッガーと精神医学——分裂病問題を軸として」（一九七九年）、「精神医学における現象学の意味」（一九八五年）、第八巻、二〇〇一年、「直観的現象学と差異の問題——現象学的精神医学の立場から」（一九八六年）を参照。

29 存在の出来事としての性起

「時間と存在」

嶺　秀樹

1 『存在と時間』から「時間と存在」へ

ハイデガー最晩年の一九六九年に公刊された論集『思索の事柄へ』には、「時間と存在」（一九六二年）と「哲学の終焉と思索の課題」（一九六四年）という二つの講演のほかに、「時間と存在」のためのゼミナール記録や「現象学に入っていった私の道」と題された小文が収録されている。これらは生前に公刊されたものとしては、内容的に最も年代の遅いものに属し、ハイデガーの晩年の思索のまとめの意味をもつ。とりわけ講演「時間と存在」は、彼の思索全体のなかでもきわめて重要な位置を占めている。このことは、この講演が主著『存在と時間』がそこで途絶した第一部第三篇「時間と存在」と同じ標題をもつことからも、容易に理解されよう。彼はこの講演において、「存在」と「時間」の固有なあり方の解明を通して、終生の課題であった「存在の真理」、すなわち「存在の隠れなさ」（非覆蔵性）の経験を直截に語り出している。その意味で、講演「時間と存在」の言説は、『哲学への寄与論稿』以来の「性起の出来事（Ereignis）に属しつつ性起の出来事について語る」さまざまな試みのなかでも、最も注目すべきものと言ってよい。

この講演が行われた当初、ひとは中断された『存在と時間』の思索がここでようやく成就されると期待したかもしれない。しかし、その内容はまったく異なるものであった。そもそも文体がかなり異なる。講演という性格にもよるが、『存在と時間』におけるような厳密な概念構制は姿を消す。文章は平明でも、語り口は謎めいている。講演を一度聴いただけでは、『存在と時間』とこの講演とのつながりはほとんど見えてこなかったであろう。しかし、『存在と時間』において書かれなかった「時間と存在」を三十数年後にふたたび主題として取り上げたことは偶然ではなく、そこに何か重要な意味が隠されているに違いない。事実、この講演のテクストを何度も読みこむと、主著

『存在と時間』と講演「時間と存在」が深淵を隔てて互いに呼び交わしていることが見えてくる。この講演は主著『存在と時間』なしにはありえなかったし、主著はこの講演によって新たな理解の可能性を与えられるのである。講演「時間と存在」の歩みは、ハイデガーがゼミナールで指摘しているように、密かな仕方で『存在と時間』から後期の思索への運動と変転の道筋をなぞっており、『存在と時間』の思索の挫折とその後の転回の意味を示すものとなっている。

この講演の特別の意味を示唆するもう一つの事実がある。それは、ハイデガー自身がこの講演のためにゼミナールを行ったことである。彼は大学を退官した後も、時折、弟子たちや友人たちのためにゼミナールを開催していた。たとえば、「時間と存在」と関連の深いゼミナールとしては、一九六六年から七三年まで四回にわたってボーフレや詩人ルネ・シャールなどフランスの友人たちと行った『四つのゼミナール』がある。その際取り上げられたテーマはヘラクレイトス、ヘーゲル、カント、フッサールなどであり、自らのテクストを扱うことはほとんどなかった（もっとも第三のゼミナールで「時間と存在」に言及するなど、全編にわたって「性起の出来事からの思索」が話題になっている）。唯一といってよい例外が講演「時間と存在」のためのゼミナールなのである。『思索の事柄へ』においてゼミナール記録を公表したことからも、この講演の重要性が理解されるだろう。

それにしてもハイデガーはどうして講演「時間と存在」のためのゼミナールを行ったのだろうか。それはおそらくこの講演のもつ独特の難しさに由来する。ハイデガーによると、この講演の唯一の意図は、「哲学が衰退し消滅する現代という時代において思索はなおどのような課題を背負っているか」（GA14, 34）を問うことにあり、「存在それ自身を性起の出来事として眼差しのもとへもたらすこと」（GA14, 26）に存する。こうした「性起の出来事」という事態は、まさに形而上学の表象的思惟によっては届かない事柄であり、学説や教説という形では決して語りえないものである。経験するしかないことについてどのように語ればよいのか。表象することが不可能な思索の事柄をどのようにすれば言語化できるのか。

『存在と時間』では、ハイデガーは人間的現存在の固有なあり方を示す実存範疇や新語を編み出して、日常言語では語りえない存在経験を語り出そうとした。しかし、『存在と時間』が本来問おうとしていた形而上学の「存在忘却」や「存在の隠れなさ」の経験は、形而上学の言葉では表現できず、存在の意味の理解を可能にする超越論的地平を現存在の時間性に求める試みは、挫折を余儀なくされたのである。その後の彼の思索の努力は、「存在者から存在を根拠づけることを顧みないで存在を思索すること」、すなわち形而上学的思惟から離れて存在を思索する試みに結集される。講演「時間と存在」はそうした試みの集約であり、思考の抜きがたい表象化への傾向に抗して思索する実践の果実であった。

この講演では新たな概念構制や新語はほとんど登場しない。レトリックを駆使し、文体にさまざまな工夫を凝らしているとはいえ、語り口はきわめて単純であり、透明でさえある。ドイツ語の力を存分に発揮せしめ、詩のように思索を進めるハイデガーの手腕は、驚嘆に値する（それゆえ日本語訳でこの講演を理解することは不可能に近い）。聴衆はハイデガーの言葉を聴き、言葉が露わにする事柄の歩みに随行することによって、思索の事柄が主語と述語という形をもつ「陳述命題」では本来言い表すことのできないことを学び、人間存在と世界との新たな関わりの次元に導かれるのである。

講演「時間と存在」は、詩のように言葉の歩みに聴き従うことが要求される。それゆえ講演の内容を（しかも日本語で！）要約することはきわめて困難であり、ほとんど意味がない。ハイデガーがこの講演の冒頭で聴衆に、一連の陳述命題に耳を傾けるのではなく、「示すこと（Zeigen）」の歩みに従え、という指示を与えるゆえんでもある。とはいえ、少なくともハイデガーのいう「示すこと」の歩みに従うための手がかりは必要であるし、いくつかの理解のポイントを指摘することができる。「〈時間と存在〉のためのゼミナール」や『四つのゼミナール』の記録を手引きとしつつ、講演の核心部に分け入ってみよう。

2 なぜ「存在と時間」なのか？

——存在と時間の独自な結びつき

最初のポイントは、存在と時間の独自な結びつきである。ハイデガー自身、時間と存在が共に名づけられる機縁となった形而上学の歴史を振り返ることからこの講演を開始している。彼は、『存在と時間』の思索の端緒をあらためて取り上げることで、この講演と『存在と時間』を結びつけ、自らの存在の思索の根本に帰ることを告知しているのである。

さてハイデガーによると、「存在（Sein）」は、ヨーロッパ的思惟の早い時期から今日にいたるまで「現前すること（Anwesen）」と同じことを意味している。現前には「現在（Gegenwart）」の意味が含まれている。現在は「過去（Vergangenheit）」や「将来（Zukunft）」とともに「時間」を構成しているから、「存在は現前性として時間によって規定されている」(GA14, 6) ことになる。たしかに形而上学の歴史を繙いてさまざまな哲学者の基本概念を考えてみると、プラトンのイデアであれ、アリストテレスのエネルゲイアであれ、またカントの対象の対象性であれ、ニーチェの力への意志であれ、存在が永遠性や恒常性として時間によって規定されていることがよくわかる。また、時間の方から考えてみても、存在と時間の関わりあいは否定しようがない。時間の中にあるもの、この世界の出来事は、すべて時とともに移ろいゆく。時間はたえず過ぎ去っていくけれども、しかし、時間はそのものとしては留まり消滅しない。時間そのものが消滅してしまえば、過ぎ去るということもないからである。その意味で時間は現前している。存在が時間によって規定されているだけではなく、時間も存在によって規定されているのである。

一方で存在のなかから時間のようなものが語り出され、他方で絶えず過ぎ去る時間の内にも一つの存在が語り出しているとすれば、存在と時間のこうした関係をどのように考えればよいのだろうか。ハイデガーはおよそ次のように述べる。「存在者は存在するが、存在そのものは存在者ではなく、その意味で存在しない。存在者は時間のなかに存在するものであるが、時間は存在者ではなく、時間のなかにはない」、と。存在と時間のこうした連関を踏まえると、「何ゆえにいかなる仕方でどこから存在の内で時間のようなものが語っているのか」をあらためて問うてみなければならなくなる。

このあたりの事情がまさしくハイデガーの思索の困難を指し示すものであることは、あらためて述べるまでもないだろう。西洋の形而上学者たちが存在と時間の固有の意味と互いの連関をことさら考えなかったこと、いわゆる「形而上学の存在忘却」の歴史の上に立って、彼は存在と時間の本質的連関を探ってきたのであるが、考えれば考えるほど事柄は紛糾しており、迷宮のなかを彷徨せざるをえなくなったのである。ともあれ、存在と時間の関係が存在者どうしの関係ではないとすれば、「存在と時間がある一つの事態（Sachverhalt）を名づけており、その事態から初めて存在も時間も与えられているのではないか」（GA14, 8）という思いが浮かび上がってくる。存在と時間の固有な連関に対するこの問いこそ、「存在と時間」の思索を根本から導いていた問題であったことを確認して、先に進むことにしよう。

3　それが存在を与える

これまで見てきたことは、「存在が存在する（Sein ist）」とはいえず、また「時間が存在する（Zeit ist）」ともいえないことであった。そうだとすれば、存在と時間についてどのように語ればよいのだろうか。講演の次のポイントは、ここでハイデガーが注目するドイツ語の es gibt という表現である。存在や時間に対して「存在する（ist）」と言えないとしても、「存在がある（es gibt Sein）」とか「時間がある（es gibt Zeit）」といえるのではないか。ちなみに、ドイツ語の es gibt は、英語の there is と同じように、「……がある」を意味する言い回しである。es はもともと「それ」を意味する人称代名詞であり、gibt は「与える」を意味する動詞 geben の三人称単数形であるが、es gibt の es は、es regnet（雨が降る）のように、非人称の主語とみなされる。日常で es gibt... と語るときには、「それ」という意味はほとんど意識されない。日本語に訳す場合も「それ」をあえて訳さない。一般に、ヨーロッパ語の非人称表現は、主体が見えない状況や状態を表すのに適した表現である。しかし他方、ニーチェが判断における無意識的過程について述べるように、[1]判断における述語づけの機能には、主語概念を述語動詞の働きを担う「主体」として実体化する無意識的傾向が含まれている。それゆえに非人称の es といえども、es gibt と語ることによって、es に対応する何か主体的存在者を想定せざるをえなくなる。ハイデガーはこうした文法的機制を逆手にとって、es gibt Sein（存在がある）、es gibt Zeit（時間がある）という表現を、「それが存在を与える」、「それが時間を与える」とあえて読ませ、そして、「それが与える存在とは何か」、「それが与える時間とは何か」という問いを立てることによって、聴衆を存在と時間の固有な連関に導こうとするのである。それはまさに、es gibt Sein（存在がある）、es gibt Zeit（時間がある）という事態において、無意識にとどまり思考の外に排除されているところのものを露わにするためであり、「存在と時間（Sein und Zeit）」を一つにとりまとめ、そこから存在と時間が分節されてくるところの「と（und）」を、指し示すためであった。es gibt という言語的表現を通して、存在と時間のどのような連関を浮かび上がらせようとしているのか、しばらくハイデガーの指示に従ってみよう。

まず「それが存在を与える」について。存在は、通常、存在するもの、現前しているものについて言われることである。しかし「存在が存在する」のではなく、「それが存在を与える」のであれば、与えられる「存在」や「現前」の内に、「存在せしめる（Seinlassen）」働き、「現前せしめる（Anwesenlassen）」働きを読みとらなければならないだろう。たとえば、ある物があるということは、その物がそのものとして（たとえば花や壺として）露わになっていることである。物がそのように露わになるためには、覆蔵され隠されていたところから覆いを取られて明るみの場所へもたらされなければならないだろう。このように、存在するものを存在せしめ、現前へともたらすことは、覆いを取って明るみにもたらすことであり、存在するものを「開蔵する（Entbergen）」ことである。

いまやハイデガーは、「存在者を現前せしめる」におけるこの「……せしめる（lassen）」働きに焦点を当て、それを「与えること（Geben）」と読み換える。[2]存在するものが存在するということは、われわれの表象作用によって成立する出来事ではない。「存在」は、むしろ「それが与える（es gibt）」ことによってわれわれに与えられた「賜《たまもの》（Gabe）」である。これが、ハイデガーが「存在は存在するのではない。存在は、現前を開蔵することとしての〈それ〉が与える」（GA14, 10）と語る意味である。

しかし、「存在」を「それ」が与える賜として見るとしても、存在を与える「それ」をどのように考えればよいのだろうか。「それ」を何か存在者として、たとえば神のような存在者として考えれば、ふたたび表象的思惟の罠にはまることになるだろう。そもそもわれわれは「存在」を開蔵の賜であるとは見ていない。哲学の歴史を眺めてみても、「存在」は存在者の原因にして根拠となるものを問うことから探求されてきた。現前としての「存在」は、ギリシア以来の形而上学のなかでさまざまな仕方で特徴づけられ、たとえば一切を取り集める「ロゴス」として、「イデア」や「ウーシア」として、「モナド」、「対象性」として、「理性の意志」や「力への意志」として解釈されてきた。しかしこうした「存在」の変遷をたどってみても、存在の歴史は「存在はいかにして生起するのか」という観点からのみ規定されており、「それが与える」ことそのものは、問われないままにとどまったのである。そこには特有の困難が待ち構えている。

ハイデガーの思索の道にある決定的な転換点が存在するとすれば、まさにこの点に関してである。形而上学の歴史において、存在はさまざまな仕方で解釈されてきたが、この存在そのものは問われることがなかったという事態、すなわち、この講演のなかでの言い方を使えば、「それが与える」ことがそのものとして問われず、存在を賜として「与えること」そのものが覆い隠されてきたことを、いまやハイデガーは形而上学の怠慢ではなく、「与えること」そのものに潜む固有の事態なのではないかと考えようとするのである。それが、ハイデガーのいわゆる「存在史的思索」であった。

形而上学における存在の歴史は、存在を「与え（geben）」、「送り遣わす（schicken）」ことの歴史である。しかし、そのさい、この「与えること」は、「ただ賜を与えはするが自ら自身を引きとどめ、退去する」（GA14, 12）。「与えること」や「送り遣わすこと」は、存在するものをそれとして現前せしめるが、それ自身はこの働きを通して隠されたままにとどまるのである。「それが与える」ことは、同時に「〈それ〉がそれ自身を隠す仕方」であり、存在の歴史は、「賜を与えるが、それ自身は自らを引きとどめ保持している」ことの歴史なのである。存在するものを露わにするが「それ」自身は退去するという「存在」の一見奇妙な事態を、ハイデガーは「存在の歴史的運命（Seinsgeschick）」と呼んでいる。

ハイデガーの思索の途上で突き当たった「存在の退去」の問題は、『存在と時間』においては形而上学の存在忘却の事柄として考えられていた。存在の隠れの趨勢は、存在論の歴史の解体の問題として、現存在の本来性を実現すればその覆いを取ることができるかのように論じられていた。こうした方途が不可能であることの自覚とともに、「存在と時間」の問題設定は、「存在の歴史的運命」のなかで考え直される。存在史的思索では、存在忘却は決して哲学者の怠慢や失策ではなく、存在そのものの開蔵の働きに潜む「存在の退去」として考えられるようになるのである。

ハイデガーは講演「時間と存在」において、以上のような思索の転回をいわば反復し、存在の退去を「それが与える」ことの内に見てとるべき「与えること」それ自身の根本動向として示そうとしている。そこから、形而上学の歴史のなかでさまざまな仕方で呈示されてきた存在の根本語についての新たな見方が登場する。形而上学の根本概念は、それ自身を覆蔵しつつ送り遣わすという意味での「与える」ことの内で、「それ」が語りかける「呼びかけに応答したもの」として捉えられるようになる。

「存在」と「時間」を一緒に主題として立てるという課題も、いまや「それが存在を与える」や「それが時間を与える」という事態のなかで見てとられる「それ」の独自な性格として示されることになる。つまり、「それ」が与える「存在」に潜む開蔵と退去の連関、すなわち存在の歴史的運命における「存在を与えつつ自ら自身を留保する」という事態に、時間を与える「それ」を重ね合わせることによって、時間の本来的なあり方とともに、存在と時間の固有な連関、すなわち存在と時間を与える「それ」のより深い次元を浮かび上がらせようとするのである。「それ自身を与えつつ自ら自身を隠す」事態とはいったいどのような事態なのか。「それ」が時間の固有性と重ね合わされると、いったい何が見えてくるのか。賜として認められた「存在」との連関で露わにされる本来的時間のありさまとはどのようなものか。それが講演の第三のポイントである。

4　本来的時間の構造

講演「時間と存在」は、本来的時間の構造を『存在と時間』におけるように現存在の時間性から考えようとはしない。とはいえ、人間存在が消え去ってしまうわけではない。存在と時間を一緒に主題として立てることの内に含まれていたこと、すなわち、「存在について言われたことへの眼差しをもって時間の独自な性格に立ち入って究明せよという指示」（GA14, 14）に従っていくことで、人間と存在の関係が新たに考え直される。問題は、ここでも時間を表象するというわれわれの傾向に抗して、すなわち、「今（Jetzt）」の継起として時間を表象する通常の時間理解に抗して、時間の本来の固有なあり方をどのようにすれば明らかにできるかである。

ハイデガーによると、「現前性」としての「現在」は、たとえば「多数の賓客の出席のもとで」（in der Anwesenheit zahlreicher Gäste）という言い方に見られるように、「今」という意味での「現在」とは直接関係がない。現前するということは、われわれに関わってくるということであり、「現在」とはわれわれに向かって留まるということである。こうした意味での「現前性」は、単に現に存在し、存続しているものに限られるわけではなく、現前しないもの、不在のものにも当てはまる。たとえばすでに過ぎ去ったものであっても、もはやないものとしてわれわれに関わり、その意味で既在として現前している。

また将にこれから来たるものも、未だないものとしてわれわれに関わり、将来として現前しているのである。不在のものも不在という仕方で現前している。不在も現前と同様にわれわれに関わってくる。現前と不在のこうした重層的な連関に着目すると、「それが時間を与える」ことにおける「与えること」は、現前を「届けること（reichen）」として露わになってくる。

現前を届けることとは、「現在の内にも既在の内にも将来の内にも働いている」ところの時間の固有なあり方である。これをどのようにさらに規定すればよいのだろうか。もはや現在でないこと、すなわち既在は、将来の可能性として将来に届けられる。未だなお現在ではないこととしての到来は、もはや現在でないもの、既在のものをもたらす。既在と将来との働き合いは、現在を届ける。しかし、既在と将来と現在の相互関係のみにとどまっていれば、われわれはまだ本来の時間のあり方に事柄として的中したとはまだいえないであろう。というのも、既在と将来と現在の相互の働き合いの場所、それらが共属しているところの「開け」がまだ見てとられていないからである。本来的時間性は『存在と時間』においては、「将来的に自己自身へと帰来しつつ、自己を現在化しながら状況のもとにもたらす」（GA2, 431）ものとして、現存在の先駆的決意性を軸にして将来から時熟するものと考えられていたが、現存在の「現」という「開示性」は十分に開いたものにはならなかった。この「開け」の場所が見てとられないかぎり、既在、将来、現在の三次元的統一がどこから規定されているかがまだ見えてこない。とはいえ、この統一するものを「それが与える」という言い回しが暗示しているような何らかの威力として表象してしまえば、もとの形而上学的思惟に逆戻りする。そうした後退を押しとどめる視点を保持することが必要である。「関わってくる」あり方、「届けて現前へともたらす」あり方から離れないことは、どのようにして可能か。それはあくまで、既在、将来、現在の働き合いそのものに留まることでしかない。

ハイデガーがこうした働き合いそのものをことさらに取り出し、それを時間の三つの次元に対して第四の次元と名づけるのも、「それが時間を与える」ところの「それ」を表象したり実体化したりせずに、「与えること」としての「届けること」に思いを留めるためであっただろう。通常は意識されない「それ」をあえて語り出し、「それ」を表象することを禁じるのは、欠如にものいわせ、表象的思惟に抗して語るハイデガー一流のレトリックである。それは、既在の「もはやない」のなかに「拒絶（Verweigerung）」を読みとり、将来の「未だない」のなかに「留保（Vorenthalt）」を見てとることと別のことではない。まさに現前のなかに不在を見てとり、拒絶や留保のなかに存在の退去を目撃する視線こそ、存在論的差異の出来事としての「存在の歴史的運命」を洞察せしめたものであり、物がすべて有用性という観点から見られ、物としての固有性を奪われた現代にあって、思索の課題を定めようとするハイデガーの後期

の思索を特徴づけるものである。(3)

物の喪失や人の不在を通して物や人の近さ、親しみや慈しみが経験されるように、既在のものが現在することを拒絶されている経験を通して、既在の場が開かれる。未だなきものの現在が留保されている経験を通して、到来するものを準備する場が用意される。ハイデガーは、空け開きつつ覆蔵するという仕方で「届けること」に本来的時間の構造を読みとり、将来と既在と現在とが互いに届け合い、届け合うという仕方で開く現前の場を「時‐空（Zeit-Raum）」と名づけたのである。将来と既在と現在とを相互に引き離し遠ざけつつ相互に関わらせるこうした「届けること」の特性は、「近づける近さ」と呼ばれているが、ハイデガーの原初的思索の着眼点をよく示す事柄として強調してしすぎることはない。

以上のように、現前性が、「人間にたえず関わり、人間に到達し、人間に届けられるという仕方で滞留すること」（GA14, 17）であり、「将来と既在と現在とが互いにそれ自身を届け合い」つつ「時‐空」の場所を開くことが、本来的時間の構造であるとすれば、時間を与える「それ」は、現在と不在の届け合いの働きそのものとして、空け開けの場所の動性そのものを示すものであることになろう。存在の歴史的運命の場所、それがいまや「空け開きつつ覆蔵する届けること」の「開け」として示されたのである。

5　性起の出来事からの思索

人間は、「現前性から関わって来られる者」であり、現前という賜を「受け取る者」である。「現前性の関わってくることのまったただなかで、どこまでも立ち続ける者」としての人間、こうした人間のあり方こそ、ハイデガーがかつて「脱‐存（Ek-sistenz）」と呼んだ「存在と人間の固有の関わり合い」であった。講演「時間と存在」では、この関わり合いが「時間と存在」の「と」を通して受け取り直され、存在と時間の共属性からあらためて問い直される。「それが存在を与える」ことが「存在が歴史的運命を送り遣わす」ことの内に見てとられ、「それが時間を与える」ことが「時間を開けの場として届ける」ことの内に見てとられるのならば、こうした「存在と時間」をともに与え、名づける「と」はいったいどのように考えればよいのか。ハイデガーはいまや「時間と存在をそれらの固有性の内へ定めているもの」（GA14, 24）を「性起の出来事」と名づける。彼は「性起の出来事」という言葉によってどのような事態を示そうとしているのだろうか。

「性起の出来事」は『哲学への寄与論稿』では、「人間が存在に聴き従いつつ自らを存在に帰属せしめる」という契機と「本質的に現れるためには、存在は人間を必要とする」という契機が相依相属の関係にあり、対向振動する関係にあることを示す言葉であった。(4) 人間とは「存在の守り手」であり、人間は存在の開けの場であることによってのみ本来の人間となる、という思想がそこにあった。「存在と人間の連係」という「性起の出来事」のこうした事態は、講演「時間と存在」では、存在と時間を与え相互に帰属せしめる働きとして端的に語り出される。存在は性起の出来事において送り遣わされ、時間は性起の出来事において届けられる。「現前せしめること」としての存在も、また「空け開けの場を届けること」としての時間も、性起の出来事（固有の本性が生起すること）の賜なのである。

ハイデガーは「存在の歴史的運命を遣わす」ことの内に Zueignen というあり方を、そして「時間を時－空の場として届ける」ことの内に Übereignen というあり方を見た。ドイツ語の辞書を引くと、Zueignen は「誰かに何かを献げゆだねる」という意味をもち、Übereignen には「何かを所有物として与える」という意味がある。ハイデガーは、「自分の」とか「固有の」を意味する eigen を含むこれら二つの言葉のなかに、存在と時間とをそれぞれの固有の本性の内へともたらすとともに共属へと定める働きを読みとり、存在と時間を与える「それ」を「性起の出来事（*Ereignis*）」と名づけたのである。「性起の出来事」は存在と時間を「共属の内で保有し保持しているもの」であり、「存在と時間」の「と」である。ちなみに、「性起の出来事」が開く「時－空」の場所は、講演「物」において語られる「四方界」と別のものではない。「四方界」とは、「大地と天空、神的なものと死すべきもの」が相互に向かって合一する世界であり、物を物としてその固有性のうちで現成せしめる場であった。

存在の歴史的運命における退去。現前を届けることにおける拒絶と留保。これらの欠如の内にハイデガーは、「性起の出来事自身がそれ自身を抜け去らしめる」という固有の性格を見てとった。彼は「性起の出来事」の脱性起というあり方に、「性起の出来事」の自己放棄という否定的事態を見るのではなく、むしろ、「無制限な開蔵から脱し去る」ことによってかえって「その自性たる所有」を保存する働きを見ようとしたのである。「性起の出来事」を思索の事柄とすることは、現前としての存在が人間に関わってくることを認め、引き受けることである。かつてハイデガーは『哲学への寄与論稿』のなかで、「存在」の声を聴き取り、自己を存在現成の場として「存在」に帰属せしめることについて語っていた。「存在の守り手」としての現存在をこのように創基することは、講演「時間と存在」で語られる「空け開きつつ覆蔵する時－空」の場に立ち続けることにほかならない。

「性起の出来事」についての思索は、『哲学への寄与論稿』以来、長年にわたってハイデガーの内で熟成してきたものであった。講演「時間と存在」は、「性起の出来事から性起の出来事について思索する試み」の到達点を示すものである。「性起の出来事に属しつつ性起の出来事を語る」ハイデガーのこうした試みには、最後に沈黙しか残されていないのかもしれない。ひとは存在の歴史的運命について語るハイデガーの言説を「無規定でとらえどころがない」と批判し、存在の声に耳を傾けるばかりで日常の行為的実践に関心のない「静寂主義」であると罵る[5]。しかし、アレーテイア（隠れなさ）という古代ギリシア人による真理の命名の内に隠されている「太古のこと」に向かって、「同じことから同じことを語る」透徹したハイデガーの思索は、計算的思考のみを唯一有効なものとみなし、事柄を操作し制御し支配することに奔走する近代的人間に対する頂門の一針となるべきものであり、存在の謎に向かって問うことの真摯さをわれわれに教える貴重な証言となっているのではなかろうか。

注

（1） F. Nietzsche, *Kritische Studienausgabe*, Bd. 12, 2 [84].

（2） 『四つのゼミナール』でもハイデガーは次のように指摘している。「存在 Sein の最も深い意味は〈……せしめること〉Lassen であり、講演『時間と存在』はこの Lassen を「より根源的に〈与えること〉Geben として思索する試み」であったと。GA15, 363 以下参照。

（3） ハイデガーは、「総かり立て体制（Gestell）」という「存在の隠れ」が「性起の出来事」の準備になっていることを『四つのゼミナール』のなかで指摘している。「総かり立て体制（立てることのすべての仕方を集めつつ統一したもの）は、形而上学の完成であり実現であると同時に、性起の出来事を開蔵しつつ準備することでもある」（GA15, 366）。

（4） GA65, 251 参照。

（5） たとえばハーバーマスの批判がよく知られている。『近代の哲学的ディスクルス』（三島憲一・木前利秋・轡田収・大貫敦子訳、岩波書店）二四五頁以下参照。

特別寄稿

ハイデガーと「世界ユダヤ人組織」

「黒ノート」をめぐって

ペーター・トラヴニー
陶久明日香／安部　浩　訳

二〇一四年三月にハイデガーの『考察（*Überlegungen*）II—XV』が〔全集第九四、九五、九六巻として〕刊行された。この一連の「考察」は彼自身が「黒ノート」とよんでいたものである。第二次世界大戦中の一九三〇年代末頃、ハイデガーの「存在の歴史的思索」が反ユダヤ主義的な思想を許容するものであったことが、この刊行後すぐに明らかになった(1)。

だからこの時期のハイデガーの存在の歴史的思索と反ユダヤ主義との間に何らかの連関、つながりがあるのかどうかを問わねばならない。このつながりは存在する。ハイデガーにおいては「存在の歴史に基づくある種の反ユダヤ主義（ein seinsgeschichtlicher Antisemitismus）」が見出される。この「存在の歴史に基づく反ユダヤ主義」という名称でもって何が意図されているのかを理解するためにわれわれは、ユダヤ人組織（Judentum）についての彼の特定の主張がはらむ、「存在の歴史」の構想と関係する性格を明らかにせねばならない。そうするために、われわれには次の二つのことが必須となる。1．一九三〇—四〇年代におけるハイデガーの「存在の歴史的思索」の本質的な特徴がどのようなものであるかを知っておくこと。2．「世界ユダヤ人組織（Weltjudentum）」についてのハイデガーの諸々の発言が、こうした「存在の歴史的思索」の特徴と連関しているのかどうかを問うこと、つまり「世界ユダヤ人組織」についての彼の発言が、「存在の歴史的思索」のほうからはじめて理解可能になるものであるのかどうかを明らかにすること。

とはいえ、そもそもこのように二通りの仕方で問うことが可能になるためには、われわれは「ユダヤ人組織」ないし「世界ユダヤ人組織」についてのハイデガーの発言に含まれている、最も重要な点に精通している必要がある。そのためハイデガーの発言から三つほど引用し、これらを手がかりに、その核心をなす言表をあらわにしていくことにしたい。

引用①

「だがユダヤ人組織が一時的に勢力を増していることは、西洋（Abendland）の形而上学が、とりわけそれが近代において展開してくるなかで、これまでは空虚なものとみなされていた合理性や計算能力に対し、それらが蔓延していくための助走の場を提供したことに起因する。こうした合理性や計算能力はこのように形而上学を通じて、「精神」の内に何らかの居場所を手に入れたわけであるが、とはいえこれらは、隠された諸々の決定領域をそのつど自らの手でつかむことができないのである。」（GA96, 46）

引用②

「帝国主義諸国の「利権」（つまり何らかの法律ないし掟に基づいた権限）の分配という意味でのイギリスとの協調という考えもまた、アメリカニズムとボルシェヴィズムの内部で、ということはつまり同時にまた世界ユダヤ人組織の内部でイギリスがいま終焉に至らしめつつある歴史的な出来事の本質に契合するものではない。世界ユダヤ人組織の役割を問うことは人種的観点からの問いなどではない。それは、まったく何物にも制約されずにあらゆる存在者を存在から根こぎにすることを世界史的な「課題」として引き受けうるような人間存在（Menschentümlichkeit）の種類を形而上学〔との連関〕に鑑みて問うことなのである。」（GA96, 243）

引用③

「世界ユダヤ人組織は、ドイツから立ち退かされた国外亡命者たちが彼らを指嗾していながら、いたるところでとらえどころがなく、またその勢力の展開にもかかわらず、いずこにおいても戦闘行為に関与せずともすむのである。これに対して〔ノ対抗するにあたって〕、われわれ〔ドイツ人〕には、自民族の最上の人々の最上の血を犠牲にすることしか残されていない。」（GA96, 262）

1　引用①について

この覚え書きは、その所説を構成している次の三要素に還元される。(a) ユダヤ人組織が「一時的に勢力を増す」につれて、その姿がわれわれの視界に入ってくる。(b) こうしたユダヤ人組織の勢力増大は、近代形而上学と連関している。(c) 近代形而上学にとっては「空虚な合理性や計算能力」が特徴的であり、そしてこのことが理由となって、ユダヤ人組織がその「勢力を増していること」は、彼らの「ことさらに計算高い才覚」（GA96, 56）と連関することになる。

まずは(a)について検討しよう。近代史の性格に関するハイデガーの本質的な言明のひとつは、近代史はその進行に伴い、ますます「力への意志」の歴史として具体化してきたということである。デカルトのいう「エゴ・コギトー・メ・コギターレ

〔「私は思惟する」と私は思惟する〕」である近代的主観は、最終的には徹頭徹尾、それ自身にとって可能な諸々の意志のパースペクティヴの視角、つまり力を諸々の仕方で展開しうる視角のなかでしかおのれを企投しない。それに加えて、こうした近代的主観は自らいろいろと着想する際に、技術に服従している。この技術のことをハイデガーは三〇年代に、エルンスト・ユンガーの「総動員（totale Mobilmachung）[2]」という概念にならって、「工作機構（Machenschaft）」とよんでいる。「工作機構」の内では、存在者はすべて、「作為（Machen）」（もしくは「生産（Produktion）」といってよいのかもしれないが）というパースペクティヴにおいて現れる。こうした「工作機構」をハイデガーはかつて「黒ノート」において次のように描写した。

　工作機構の力——神を喪失していることさえも無に帰せしめること、〔現存在としての〕人間を〔理性的動物としての〕動物へと人間化すること（Vermenschung）、大地を利用しつくすこと、世界を算盤勘定に入れること（Verrechnung）——は最終的な状態に移行してしまった。〔今や〕民族、国家、文化の相違といったものは、かろうじて表層にあらわれているにすぎない。いかなる措置を講じようが、工作機構を抑制し、阻止することは不可能である。（GA96, 52f.）

〔ここで述べられている〕〈神―人間―大地―世界〉は、〔後年の〕「四方界」の先行形態であるが、これらは一切合切「工作機構の力」によって占拠されている。すべてはこの「工作機構の力」の内に統合されており、しかもその統合を阻みうるものは何もないとハイデガーは考えている。それから、『考察』の最後の手記のいくつか（一九四一年）には——ここにだけというわけではないが——世界大戦の勃発と「工作機構の力」とは何らかの仕方でつながっているという考えが登場する。国家社会主義（ナチス）・ボルシェヴィズム（共産主義）・アメリカニズムといった全体主義的・技術的なシステム同士が法外な対決を行うこととの内で一つの歴史が終わるということは偶然などではないのである。この点については後でさらに論ずることにしよう。

　しかしながら「工作機構の力」が〔自己展開していってついには〕「決定的なもの」となる展開の過程は、(b)で言われた）近代形而上学の〔「近代」という〕歴史的時期（der geschichtliche Zeitraum）を占めている。近代形而上学はデカルトの思惟に始まり、ニーチェの思惟に終わる（つまり終結する）。こうした考えは「存在の歴史的思索」の物語ならではのものである。近代では、存在は主観（したがって自我性）の意志としておのれを開蔵するのであり、この意志はヘーゲルにおける「意志への意志」を経て、ニーチェにおける「力への意志」へと高まっていく。

　歴史のこうした運動は一つの「歴史的運命」である。つまり、こうした運動が起こるのは人間の影響によるのではなく、近代的な存在ならびにその理解〔のされ方〕の内にひそむ〔それらの〕展開の推進力のせいであるとされる。こうした考えの一例を示しているのは、一九五一年に行われたチューリッヒでのゼミナールである。そこではハイデガーは次のように述べている。すなわち、「原子爆弾はとっくの昔に爆発して」いる、「つまり人間が存在に対して蜂起し、存在を自らのほうから立て、自らの表象の対象にしたその瞬間に爆発したのだ」と。そして「これはデカルト以来」のことであると彼は付け加えている（vgl. GA15, 433）。

〔ハイデガーによれば〕近代的な思惟にとっては（c）で述べた「空虚な合理性や計算能力」というものが特有である。これによってハイデガーが言わんとしているのは、先述した「大地を利用しつくすこと、世界を算盤勘定に入れること」を目指して、近代の科学では数学が技術のために道具として利用されるという出来事である。実際デカルトは人間、つまり近代的主観を「自然の主人にして所有者」（『方法序説』）とよんでいる。ハイデガーのこうした近代科学観には、〔哲学からの〕科学の分離独立とその歴史に関して、そしてまたヘーゲル以後の哲学がこのような歴史にどのように問題をはらんだ仕方で関係しているのかということについても多くのことが語られていると言えよう。

だがそれよりも重要なのは、ハイデガーがこうした近代の技術ならびに科学の〔言うなれば「工作機構」の〕歴史の内へとユダヤ人組織を組み込んでいるということ、このことを看取することである。彼はユダヤ人組織に「ことさらに計算高い才覚」があることを認めている。ここでわれわれは厳密にならなくてはならない。なぜならハイデガーもそうしたからである。つまり、三〇年代半ばに書かれたきわめて重要なテクストである『哲学への寄与論稿』では、次のような考えが述べられている。「実験的な研究は北欧・ゲルマン風であり、それに対して合理的なそれは異国風であるなどと言うのは愚の骨頂である！　仮にそうであるなら、われわれはすでにニュートンとライプニッツを「ユダヤ人」に数え入れる決意をしていなければなるまい」（GA65, 163）。

この記述に従うなら、ハイデガーは「ドイツ的（ないしはアーリア的）な物理学」と「ユダヤ的な物理学」とが区別されるということを確信してはいなかったことになる。彼がこうした区別を認めなかったのは、近代科学の企投においてはこのように両者を区分することは不可能であることを知っていたからである。しかしだからといって、『寄与論稿』で述べられるこうした考えは、「ユダヤ人なるものはその「ことさらに計算高い才覚」から定義される」というハイデガーの見立てと矛盾するわけではない。「計算的思考はみなユダヤ的である」という言表と「ユダヤ的思考はみな計算的である」という言表がここでは問題となるが、両者の意味は同じではない。最初の言表は偽である。というのも近代の科学はユダヤ人によって基礎づけられたわけではないから。〔だが〕二つ目の言表に関しては、ハイデガーがこれを妥当なものとみなしたことは明らかである。

これらすべての「考察」を勘案すると、次のような結論に達する。つまりそれは、〈このように「計算的思考」をユダヤ人組織に帰属させる見立てによってこそ、ハイデガーがユダヤ人組織を「工作機構の力」の一契機にすることが可能になる〉ということである。国家社会主義者のように、通常〔近代の技術の〕代表的な事例である〔とみなされる〕他の諸々のものと並んで、ユダヤ人組織は〔ハイデガーによれば〕近代の技術を代表するものの一つなのである。もしユダヤ人組織を歴史的に組み入れるこのような構想（Konstrukt）全体を「存在の歴史」的な構想と呼び、そして計算を〔ユダヤ人組織に〕帰属させる〔ハイデガーによる〕見立てを反ユダヤ主義のステレオタイプへ分類することが可能なのであるとすれば、ここでわれわれは「存在の歴史に基づく反ユダヤ主義」というものと関わり合わなければならないことになるわけである。

2　引用②について

二つ目の覚え書きは次の二つの言表に分けることができるとはいえ、両者は根本において互いに結びつきがたいものである。(a)「協調」によっては変えることができないような或る役割を「イギリス」がそこで演じなければならないような何らかの「歴史的な出来事」がある。(b)「世界ユダヤ人組織の役割」には、「イギリス」の「役割」、およびそれと同時にまた——この点が重要であるが——「アメリカニズム」と「ボルシェヴィズム」が関係している。そしてこの世界ユダヤ人組織の役割は「人種的観点から」根拠づけられるものではなく、「まったく何物にも制約されずにあらゆる存在者をその存在から根こぎにすることを世界史的な「課題」として引き受け」うるような「人間存在の種類を形而上学〔との連関〕に鑑みて問うこと」から生じている。

前半の所説(a)に関しては、われわれは——みたところ——長々と検討しなくとも済みそうである。ハイデガーは——ニーチェと似ているのであるが——イギリス哲学を軽蔑していたのみならず、そもそも「イギリス的精神」を軽蔑していた。彼にとってイギリス精神なるものは、経済に定位した単なる帝国的プラグマティズムなのである。（三〇年代末のハイデガーの思索をヒトラーの演説と一度比較考量してみることはひょっとしたら可能なのかもしれない。たとえば一九三九年十一月八日のヒトラーの演説を考察してみると、この演説の内にもこうしたイギリスへの侮蔑と反ユダヤ主義的なあてこすりの独特な仕方での混淆が認められるのである。そもそも私には、ヒトラーの人格というものが、ハイデガーがなぜ第三帝国に忠誠を尽くしていたかということを理解するための手がかりになると思われる。）

これよりも重要なのは後半の所説(b)である。ハイデガーはまず、「世界ユダヤ人組織」に対する理解は必ずしも「人種的観点から」動機づけられなくともよいことを主張している。さしあたりこの点についてはこれ以上踏み込まないでおこう。〔なぜなら〕ハイデガーにおける人種主義的な考え方がどういうものであるかについては、もう一度あらたに問うてみる必要があると私には思われる〔からである〕。〔注1に挙げた〕拙著ではこうした問題を考えてみたのであるが、目下のねらいである立論の都合上、ここではそれを取り上げることはしない。〔ともあれハイデガーによれば〕「世界ユダヤ人組織」という一種の「形而上学」がある。〔彼によれば〕「世界ユダヤ人組織」とは、「あらゆる存在者を存在から根こぎにすること」を「何物にも制約されずに」推し進めている一個の「人間存在」を表現するものなのである。

先に引用した一節において、「世界ユダヤ人組織」は中心的役割を担っている。それを部分的にもう一度引用してみたい。「帝国主義諸国の「利権」（つまり何らかの法律ないし掟に基づいた権限）の分配という意味でのイギリスとの協調という考えもまた、アメリカニズムとボルシェヴィズムの内部で（ということはつまり同時にまた世界ユダヤ人組織の内部で）イギリスがいま終焉に至らしめつつある歴史的な出来事の本質に契合するものではない」。問題となるのは、「イギリス」―「アメリカニズム」―「ボルシェヴィズム」―「ということはつまり同時にまた世界ユダヤ人組織も」という一連の表現である。ここで「ということはつまり」とは何を意図して言われているのであろうか。イギリス、アメリカニズム、ボルシェヴィズムは「世界ユダヤ人組織」の類似物であるのみならず、それと同じものであるのか。いやもしかすると「世界ユダヤ人組織」はそれどころか、ボルシェヴィズムやアメリカニズムやイギリスの根拠（ないしは根源）でさえあるのであろうか。

一九四四―四五年の手記ではこう述べられている。「いかなる反対者（Anti-）もそうであるように、反キリスト者は、自らがそれに対して反対しているところのもの――したがって〔今の場合は〕「キリスト」――と同じ本質根拠に由来する。キリストはユダヤ人であること（Judenschaft）に由来している。〔だが〕この〈ユダヤ人であること〉は、キリスト教的な西洋（すなわち形而上学）の時期においては、破壊の原理である。破壊的なものは、形而上学の完成（つまりヘーゲルの形而上学）のマルクスによる逆転の内にひそんでいる。精神および文化は、「生」――すなわち経済、すなわち組織――すなわち生物学的なもの――すなわち「民族」――の上部構造になる[3]」。この引用の後半部のみに限って論じることにする。ユダヤ人であるマルクスはヘーゲルの形而上学を反転させる。それによって精神は「経済」と「組織」の付帯現象になる。ハイデガーがこのことを破壊と見なしているということは別としても、「ユダヤ人であること」ないしは「世界ユダヤ人組織」がどの程度までボルシェヴィズムやアメリカニズムやイギリスの源泉であるのか、しかもそのうえさらに、ハイデガーが言及している国家社会主義（ナチス）のいわゆる「生物学的なもの」にも鑑みるならば、この「ユダヤ人であること」（「世界ユダヤ人組織」）がどれほどまでにそれらの源泉であるのかということがいまや明らかにされうるのである。*

* ハイデガーはこの覚え書きのおよそ一年後に、「『ヒューマニズム』について」でマルクスを引合いに出しているが、それは〔次のようなものであり、前掲の覚え書きとは〕まるで違うように聞こえる。「マルクスは疎外を経験することにより、歴史の或る一つの本質的な次元の内へまで到達しているがゆえに、マルクス主義的歴史観は、その他の歴史学を凌駕しているのである」（GA9, 340）。——ハイデガーはマルクスについての見解を一年の間で変えたのか。それともジャン・ボーフレのことを考えて自己検閲を行ったのか。

「ユダヤ人であること」は「破壊の原理」である〔とハイデガーは言う〕。どの程度そうなのであろうか。ユダヤ人が「何物にも制約されていないこと」は、「存在者をその存在から根こぎにすること」の推進と連関している。「世界ユダヤ人組織」に特有の「何物にも制約されていないこと」とは、別の箇所で述べられているように、「世界を喪失していること」（GA95, 97）の、もしくはこれは私の解釈であるが、「故郷を喪失していること」の一つのありようなのである。〔ここで〕問題となるのは、ユダヤ人のディアスポラ、ヘブライ語ではガルート（galut）、すなわち民族の離散である。紀元前五九七年にユダ王国がバビロニアによって征服されて以来、ユダヤ民族はそのような離散を甘受しなければならなかった。こうした意味では、ディアスポラはシオニズムの条件である。また十九世紀末にフランスで起きたドレフュス事件がきっかけとなって、『シオン賢者の議定書』（以下『議定書』と略記）ならびにテオドーア・ヘルツルの『ユダヤ人国家』〔という、かたや反ユダヤ主義、かたやシオニズムの聖典〕が書かれたということは注目すべきことである。〔ただし〕以上はほんのついでに付言してみたまでのことである。

さて〔ハイデガーに従えば〕、このように「何物にも制約されていない」からこそ、「世界ユダヤ人組織」は「あらゆる存在者を存在から根こぎにする」ことを推進することができるようである。こうした考えを「存在の歴史」の観点から解釈するためには、ハイデガーが「存在の歴史」に基づいて、故郷ならびに「故郷を喪失していること」をいかに理解しているのかということを簡単に見ておかなければならないように思われる。

四〇年代初めには、故郷について次のようなことが一度言われている。「故郷とは、住むことを準備する場所（Ortschaft）へと大地が出来事として性起すること（Er-eignung）である。住むことは存在《あり》の到来を見守り（wahren）、そしてこの到来を見守ること〔である真理〕（Wahr-heit）から初めて、神々と人間はたがいの出会いの領域を受け取ることになる」（GA73-1, 755）。

同じテクストで述べられている、故郷についてのさらなる規定をもう一つ付け加えさせていただきたい。「故郷とは存在《あり》の真理の歴史的な場所であり、それは大地によって呼ばれ、受け取られ、大地の内に根付かせられ、その中へ匿われている」（ebd.）。このように理解された「故郷」の内実は、国家に結びつけられている何らかの具体的な共同体、つまり通常理解されている意味での「民族」にはもはや関係づけられていない。この箇所で述べられている故郷とは、〔あくまでも〕「存在《あり》の真理の歴史的場所」としての「性起の出来事（Ereignis）」のほうから考えられているものなのである。

だがこのような「故郷」には必ず「大地」が属している。大地は「存在《あり》の真理の歴史的場所」を「呼びよせ」て「受け取る」。「場所」は大地の内に「根付かせられ、また匿われている」。いいかえれば、他の箇所でハイデガーが「世界と大地の間の抗争の親密さ（Innigkeit）」（GA94, 274）と呼んでいるものが〔ここで〕問題になっているのである。〔一方で〕世界としての故郷は、大地の中で、また大地の上に「根付かせられ」、かつ「匿われている」のであり、〔他方で〕大地は自らを開いて開蔵するきっかけを世界から与えられる。しかるに故郷（世界と大地は、もし両者がこのような抗争を通じて生起するのであれば、〔それによってまた〕その時々の「歴史」を打ち開いているのである。

とはいえ「何物にも制約されていない」ような「世界ユダヤ人組織」に関して考えてみた場合、今述べた事柄は次のことを意味する。つまりそれは、「存在者を存在から根こぎにすること」が存在の歴史という観点から考えられた「故郷を喪失していること」を推進するということ、これである。〔ハイデガーの見るところ〕大地を欠いたディアスポラの状態にある「世界ユダヤ人組織」は故郷を不可能ならしめる営為にいそしんでいる。〔そもそも〕「世界ユダヤ人組織」は世界と大地との抗争の歴史的生起から締め出されているのであるからして、〔むろん〕彼らは故郷の成立を妨害するこうした営為にいそしむことにもなるわけである。そうならずに済むためには、彼らはいったいどうすればよいというのであろう。

だが「あらゆる存在者を存在から根こぎにすること」、つまり存在者を存在からいわば分離させることを推進するためには、何らかの特定の能力が必要とされる。この能力とは何か。われわれはもうそれを知っている。すなわちここで問題となっているのは、技術と数学を〈諸文化ないし諸民族の間で歴史的に生い育ってきた差異のいずれをも取り除いてしまうための普遍的な道具〉として把握しているような「ことさらに計算高い才覚」なのである。（だがその場合、「世界ユダヤ人組織」は〔他の民族の独自性を破壊することと〕同じくらいに、「世界ユダヤ人組織」としての彼ら自身のアイデンティティを根絶することにも従事しているということにならないであろうか。それとも「世界ユダヤ人組織」というのは何らかの全世界的な「世人」のようなものなのか。だがそれならば、この「世人」は何ゆえに「世界ユダヤ人組織」とよばれることになるのであろうか)。

ここでも私は、〔ハイデガーのこのような考えを〕「存在の歴史に基づく反ユダヤ主義」と呼ぶことが正当であるのかということを問題にしてみたい。ハイデガーはユダヤ人に特有の「世界を喪失していること」を前提にして話を進めているが、それは彼らの「ことさらに計算高い才覚」と連関しているという。こうした「世界を喪失していること」は、それが「存在者を存在から根こぎにすること」を推進する限り、住むことを準備する場所へと大地が出来事として生起することとしての〈「存在の歴史」の観点から考えられた「故郷」〉と衝突することになる。〔ハイデガーにおいては〕このようにして〈「世界を喪失していること」をユダヤ人に〉帰属させる見立てが、あくまでも「存在の歴史」の次元で行われていることは明白である。このような見立てに認められる反ユダヤ的な性格とは何かを規定するに際して、私は、少なからぬハイデガー的な性格とは何かを規定するに際して、私は、少なからぬハイデガー支持者によって提出されてきた(そしてひょっとするとこれからも依然として提出されるかもしれない)一つの反論を手短に取り上げることにしたい。

「世界を喪失していること」ならびに「計算にたけていること」をユダヤ人組織に帰属させるような〔ハイデガーによる〕見立ては反ユダヤ的であるという見解に対する反論として、次のようなことが言われる。ハイデガーは「人種的な観点から」ではなく、「形而上学〔との連関〕に鑑みて」見立てを行うことが重要であると強調しているようである、と。それどころかこの反論をつきつめるならば、ハイデガーが言わんとするのは「ユダヤ人組織の源泉は「工作機構」である」ということなのである、という主張がなされるかもしれない。つまりは国家社会主義者と同様に、ユダヤ人もまた「工作機構の力」の現れである〔という主張である〕。実際ハイデガーは、このように考えていたように思われる。〔なるほど〕国家社会主義(ナチス)が現に台頭していた日常において、こうした「工作機構の力」を具体的に証示することは、彼にとっておそらく容易ではなかったであろう。〔だが〕そうであるとすれば、彼がたとえば計算にたけていることを〔あくまでも形而上学との連関に鑑みながら〕ユダヤ人に帰属させたところで、その見立てはいまだ証示されないままにとどまることになる。〔すると〕このような見立ては根も葉もない憶測なのであり、したがってそれは反ユダヤ主義的なステレオタイプに由来しているのである。そしてわれわれがそれを「反ユダヤ主義」とよぶのは、こうしたステレオタイプからは、ユダヤ人にとっては望ましくない帰結がこれまで多々生じてきたし、また——反ユダヤ主義はもちろん今なお存在しているのであってみれば——現に生じているからなのである。

3　引用③について

この文には三つの主語がある。つまり(a)世界ユダヤ人組織、

(b)立ち退かされた国外亡命者たち、(c)われわれ自身、すなわち「自民族の最上の人々の最上の血を犠牲にする」われわれ、この三つである。「世界ユダヤ人組織」が「工作機構の力」において何らかの役割を演じている〔とハイデガーが暗示している〕ということをわれわれはすでに聞き知っている。この覚え書きの背景として第二次世界大戦は決定的なものである。「国外亡命者たち」が世界ユダヤ人組織を指嗾しているとハイデガーはいう。彼が誰のことを考えているのかに関しては何とも言いようがない。ユダヤ人亡命者のことか。はたまたBBCの助けをかりてロンドンから国家社会主義（ナチス）に反対する演説を放送したトーマス・マンのような人物のことなのか。こうした人々であれば、「われわれ」とまったく同様に、誰のことであるのかは特定可能なように思われる。〔だが〕「世界ユダヤ人組織」に関しては「いたるところでとらえどころがない」と述べられているのである。

　ユダヤ人組織が「いたるところで」存在しているとはいえ、この「いたるところで」ということにおいてまさにおのが姿を隠し、「とらえどころがない（unfaßbar）」ものでありつづけているのは、彼らが「世界を喪失していること」によると思われる。だが「とらえること（Fassen）」という語の意味がすでに、この箇所での問題を指示している。〔ハイデガーいわく〕「いたるところでとらえどころがない」者たちである「世界ユダヤ人組織」は強力である。なぜなら彼らは「いたるところでとらえどころがない」からである。しかもこのユダヤ人組織は、彼らが「いずこにおいても戦闘行為に関与する」必要がないことにより、まさにそのことにより格別に強力なのである。だがどうすればこのようなことが可能なのか。

　ここで、すでに言及した『議定書』のことを想い起こそう。ヴォルフガング・ベンツはその著書『反ユダヤ主義とは何か』において、「世界ユダヤ人組織」という概念がそもそも〔『議定書』のなかでまことしやかに語られている〕「ユダヤ人による世界陰謀」についての架空の作り話と関係していることをつとに指摘している。[4] このような意味で、『議定書』は「絶対的な参照点としての性格」を備えた「揺籃期本〔つまり信頼すべき古写本〕のようなテクスト」[5] なのである。この『議定書』は、現代の反ユダヤ主義の〔骨格を形作っている〕原案である——この原案の唯一の出典というわけではないにせよ。

　それゆえ、こうした『議定書』による悪意ある作り話は、世界支配を目指すユダヤ人組織について語るものであり、それが説くところでは、彼らは戦争までもがこの野望を遂げるための機会であると心得ているという。〔たとえば〕「さまざまな戦争と全面的な世界大戦を通して、非ユダヤ人からの抵抗を押さえつけること」という表題がつけられた一節では、以下のようなことが述べられている。「非ユダヤ国家がわれわれ〔ユダヤ人〕に歯向かおうとするならば、われわれはすぐさま、この国と一戦を交えるようにその近隣諸国をけしかけることができる。だがもしこうした近隣諸国が当該国と一緒になってわれわれに対抗しようとする場合には、世界大戦を勃発させねばなるまい」(6)。ハイデガーが『議定書』を実際に読んでいたということを証明することはできない。〔だが少なくとも〕彼がこの『議定書』について知っていたということは、カール・ヤスパースが報告している。それによれば、ヤスパースと「〔『議定書』における〕シオン賢者の悪意に満ちたたわごと」について話をした際、ハイデガーは「そうは言ってもユダヤ人による国際的結社は現に存在するのです」と主張したことが一度あるそうである(7)。

とはいえ『議定書』の作り話の罠にひっかかるのに、ハイデガーがそれを読んでいる必要もまったくなかった。この作り話は国家社会主義（ナチス）によるプロパガンダを構成するものであったからである。ハンナ・アーレントはこの関連で、一九三六年に出版されたアレクサンダー・シュタインの『シオン賢者の弟子アドルフ・ヒトラー』(8)という本を指示している。いずれにせよ、一九三九年一月三十日に行われたヒトラーの演説でも、このような反ユダヤ主義をほのめかすようなことが言われている。「かりに欧州内外の国際金融ユダヤ人組織が、諸民族をもういちど世界大戦のうちへと陥れることに成功しようものなら、その結果として生じるのは、地球全体のボルシェヴィズム（共産主義）化やユダヤ人組織の勝利などではなく、〔むしろ〕欧州におけるユダヤ人種の絶滅であろう」(9)。この演説をわれわれは、一九三九年九月にポーランドへ進駐することにより始まった「〔ナチスの〕秘密国家警察ならびに秘密情報機関の出動隊」による〔ユダヤ人〕殲滅作戦を最初に予告したものとして考察することが可能である。

ハイデガーは〔かねてより〕ヒトラーの演説には注目していたために、「国際金融ユダヤ人組織」に関するこの〔ヒトラーの〕発言を知るに至ったのであろう。この発言の精神（ないしは内容空疎なイデオロギー）は『議定書』に基づいて語り出されている。こうした事情をふまえると、ハイデガーがそのなかで（そしてそれに基づいて）「いたるところでとらえどころがない」者たちである「世界ユダヤ人組織」について発言している背景がより明確になる。〔ハイデガーの憶測によれば〕「世界ユダヤ人組織」は国際的に活動する勢力になっている。この勢力は特定の姿（イギリス、アメリカ、ソ連）を〔隠れ蓑として〕用いうるため、それそのものとして現れる必要はない。また同時にハイデガーが彼らの内に、ドイツ民族の敵を見出していることは明らかである。なぜならそうでなければ、「これに対して〔／対抗するにあたって〕、われわれ〔ドイツ人〕には、自民族の最上の人々の最上の血を犠牲にすることしか残されていない」というように、何らかの敵対者を彼がでっちあげていることの理由が説明できないからである。

ヨーロッパにおける戦争によるさまざまな対決の絶頂で闘いあっている諸勢力というものは、結局のところみんな一緒に「世界ユダヤ人組織」に侵されている〔とハイデガーは考えている〕。

マルクス的な考えを経由することにおいて、あらゆるイデオロギーは――アメリカニズムもまた――「破壊の原理」によって支配されるというのである。もっとも、さまざまな破壊的現象が起こった第二次世界大戦を形而上学の完成として理解することにより、ハイデガーは、こうした戦争のおぞましい戦闘における形而上学の完成を「世界ユダヤ人組織」の自己破壊として解釈している。*

* ハイデガーが『議定書』を読んでいたことが立証されないがゆえに、私が『議定書』を引合いに出すことを批判するひとたちもいることであろう。そのようなひとたちには一つ注意しておきたいことがある。彼が『議定書』を〔実際に〕読んだか否かということが重要であるとは私は思わない。ヒトラーの『わが闘争』を実際に読んだこともある者だけが、この本から影響を受けたということには決してならないからである。この本を読まずとも国家社会主義者であることは、まったくもって可能であった。だがもしあくまでも厳密に文献学的に考えたいのであれば、私は、ハイデガーがヒトラーの演説を知っていたのみならず、明らかに『わが闘争』も読んでいたことを指摘することができる。しかも『議定書』がこの本に影響を及ぼしたということや、ヒトラーが『議定書』をはっきりと賞賛していたことは歴史学的に証明されている。とはいえヒトラーが『議定書』を読んでいたことが――たとえば下線や欄外注記がほどこされた状態で保存されている〔ヒトラー所蔵の〕手沢本〔が証拠として提出される〕という形をとって――実際に証明されることも可能かどうかは、もちろん私にはわからない。

4 結論

〔これまでの議論により〕ハイデガーが一九四五年以降、再びとることになる考えが、おぼろげながら浮かび上がってくる。〔その考えとは〕「世界ユダヤ人組織」がドイツ人の敵となり、そしてドイツ人は――まず軍事的に、その後は文化的に――しまいには彼らに屈服せざるをえなかった〔というものである〕。ここにわれわれは「存在の歴史に基づく反ユダヤ主義」の最終形態を見出すことになる。それは、ハイデガーが一九三二年から四五年まで追究してきた哲学的企図の全体と結びついているのである。

一九四七―四八年に書かれた或る覚え書きでは、〔ナチス政権が誕生した〕「一九三三年」と〔ドイツが降伏した〕「一九四五年」という日付を強調したがる歴史学上の慣行に対して、ハイデガーは批判的になりはじめている。こうした日付の強調を彼は科学における「計算的思考」のあらわれとみなしている。それから彼は次のように付け加えている。「近代のヨーロッパ世界はこのような仕方でドイツのことを計算に入れる」やり方をとっている「とはいえ、そのように計算し、歴史をたんに歴史学的にのみとらえることは、もしかするとそもそも間違っているのかもしれない」、と。それなのにドイツ人は「相変わらず、何が起こっているのか、そしてこのように計算することが〔所期の目的を遂げて、当初の〕目算にけりをつけるところには（am Ende der Rechnung）いまだ至っていない」ということには気づいていない。〔すなわちハイデガーいわく、ユダヤ人組織の目算からすれば〕「ドイツ人を精神的に、かつ歴史的に抹殺する」という「課題」が「なおも」残されているのである。[10] 何らかの「復讐の古い精神」が「地球のまわり」をかけめぐっているが、「こうした復讐の精神‐史（Geistes-Geschichte）」が「書き記されることは決してない」であろう。〔というのは〕「復讐それ自身がそれを阻む〔ためである〕。〔しかも〕そのような〔書かれざる〕精神‐史は「公にイメージされるようになることすらない」。なぜなら〔ハイデガーの見るところ〕「公共性」というものは「それそのものがすでにして復讐」であるからである。

　この「復讐の精神」という表現は、ニーチェのことをほのめかして言われている。ニーチェによれば、「ユダヤ人たち」はこの復讐の精神に従いながら「最も精神的な復讐行為を通して」、「高貴な者たち」が優勢であることに対する「腹癒せ」を行った。[11] たしかに「計算すること」とか「目算にけりをつけるところ」をめぐる〔ハイデガーの〕発言は、〔私が上来試みてきた〕ある特殊な解釈を施すことによってのみ、ユダヤ人組織に関する発言として理解されうるものであるし、そのことは私自身も承知している。だがこうした解釈は——とりわけここで呈示することを試みた文脈においては——可能なのではないかと愚考する次第である。

「ドイツ人を精神的に、かつ歴史的に抹殺する」という〔ハイデガーの〕発言は、（古代）ギリシア人との関係においてドイツ人の特別な役割をよりどころとしてきた「存在の歴史の思索」の終焉をはっきりと示すものである。ハイデガーはこのことを意識していた。「ドイツ人だけが存在を根源的にあらたに詩作し、かつ語ることができる」（GA94, 27）というような一文を草することは、一九四五年までは可能であったし、またそのように考えることもできた。ともかくハイデガーは、〔筆禍のせいで〕どこへ行っても孤立するような目にも遭わずに、この一文を記すことができたわけである。〔しかしながら〕一九四五年以降は、それはもはやできなくなる。そして〈ドイツ人には「存在の歴史」において全うすべき「任務」がある〉と考えることは、そうこうしているうちに不可能になってしまったのである。

　〔ナチスによる〕ヨーロッパ・ユダヤ人の絶滅計画について、ハイデガーが明晰かつ冷静に論じている文書は、存在していない。個人所蔵の文書でもそのようなものはない。彼はむしろ〔胸中秘かに〕このユダヤ人絶滅計画を〔ユダヤ人組織による〕「ドイツ人の精神的かつ歴史的な抹殺」と相殺していたのである。彼は〔ユダヤ人の〕「復讐」の動機を言い当てることができなかったし、またそうしようとも思わなかった。本小論で論じてきた「存在の歴史に基づく反ユダヤ主義」をめぐる数節を通して、〔こうした彼の〕沈黙はその響きをいっそう増すに至った。

それは聞き捨てならない沈黙であり、これからもなおわれわれの耳朶に長らく留まり続けることであろう。

注

（1）その全貌に関しては以下の拙著を参照のこと。Peter Trawny, *Heidegger und der Mythos der jüdischen Weltverschwörung*, Frankfurt am Main, 2/2014.

（2）Vgl. Ernst Jünger, Die totale Mobilmachung, in: *Krieg und Krieger*, Berlin, 1930, S. 9–30.〔エルンスト・ユンガー「総動員」『追悼の政治』（川合全弘編訳）所収、月曜社、二〇〇五年、三五—七九頁〕

（3）Martin Heidegger, Anmerkungen I, in: *Anmerkungen I–V*（GA 97）. 二〇一四年末に刊行予定。

（4）Vgl. Wolfgang Benz, *Was ist Antisemitismus?*, München, 2/2005, S. 174.〔ヴォルフガング・ベンツ『反ユダヤ主義とは何か——偏見と差別のしぶとさについて』斉藤寿雄訳、現代書館、二〇一三年、二〇五頁〕

（5）*Ebd.*, S. 192.〔同書、二二六頁〕

（6）*Die Protokolle der Weisen von Zion. Die Grundlage des modernen Antisemitismus – eine Fälschung. Text und Kommentar*, Göttingen, 1998, S. 53.

（7）Vgl. Karl Jaspers, *Philosophische Autobiographie*（Erweiterte Neuausgabe）, München, 1977, S. 101.

（8）Alexander Stein, *Adolf Hitler „Schüler der Weisen von Zion,"* Karlsbad, 1936.

（9）Max Domarus, *Hitler Reden und Proklamationen 1932–1945*, Bd. II: *Untergang. Erster Halbband 1939–1940*, München, 1965, S. 1328.

（10）M. Heidegger, Anmerkungen V, 21, in: *Anmerkungen I–V*（GA 97）.

（11）Friedrich Nietzsche: *Zur Genealogie der Moral. Ein Streitschrift*. KSA 5., New York, Berlin und München 1980, S. 267.〔ニーチェ『道徳の系譜』木場深定訳、岩波文庫、二〇一〇年、四〇頁〕

❖ 訳者付記

「ハイデガー問題」が、現在（二〇一四年夏）もなおドイツを中心に燎原の火のごとく欧州を席巻している。この問題の渦中にある当事者の一人、ペーター・トラヴニー氏に緊急の寄稿をお願いしたのも、まさにそのような現況に鑑みてのことである。そこでこの「ハイデガー問題」の経緯について略説することから始めよう。

そもそも当該問題に火がついたのは、昨年（二〇一三年）末、フランスはパリにおいてであった。ハイデガー全集の一環として刊行すべく、彼が遺した一連の手記である『考察』（ただしこれは、他の名称の手記ともども「黒ノート」と総称される）の編集にトラヴニー氏はかねてより従事していた。その過程で同氏は「反ユダヤ主義的」ではないかと疑われる記述を「黒ノート」に発見したため、同学のよしみから公刊に先立ち、関係箇所を抜粋してパリのハイデガー研究者たちに送った。するとこの「問題発言」の過激さに狼狽し、それらが公にされてハイデガーの栄誉が失墜することを危惧した彼らは、「黒ノート」の刊行を急遽差し止めるべく、トラヴニー氏をはじめ、出版社やハイデガーの遺族に対して——結局は失敗に終わったとはいえ——翻意を強硬に迫ってきた（『フランクフルター・アルゲマイネ』紙、二〇一三年十二月十三日号を参照）。爾来この問題はドイツにも飛び火し、彼の地の各種マスコミでは、「ハイデガーは反ユダヤ主義者か否か」をめぐって今春の「黒ノート」公刊以前からすでに甲論乙駁が頻繁に繰り広げられ、今日に至るというわけである。

次に「黒ノート」という総称と当該手記の刊行状況について一言する。まずこの総称の発案者は誰かといえば、それは他ならぬハイデガー自身である。だがトラヴニー氏の編集後記によれば、この奇妙な命名は、一連の断想が（蠟引き布製の）黒表紙の冊子に記されていったことにちなんでいるにすぎない（vgl. GA94, 534）。つまりそれは、清沢洌の『暗黒日記』とは異なり、ナチス政権下の閉塞した時代状況を暗示するものではないし、松本清張の『黒革の手帖』よろしく、人目をはばかる極秘事項の記載を匂わせているわけでもない。したがってこの思わせぶりな総称に拘泥することは禁物である。

一九三〇年代初頭から七〇年代初めまで書き継がれたこの長大な連作の原本は現在、そのほとんどがマールバッハのドイツ文学館に収められている。ただし一九三〇年執筆と推定される「考察一」は、行方不明のため欠落しており

(vgl. GA94, 531)、また最近ようやく個人蔵であることが判明した新発見の手記（一九四五・四六年執筆）もまた、それが同館に委託されるかどうかはなおも協議中であるゆえ、（本年初めの時点では）同じく未収蔵である（『ツァイト』誌、二〇一四年一月二十二日号を参照）。それらを除く同館所蔵分の「黒ノート」は総計三四冊（「黒ノート」の一部であることが確証されていない手記も合わせれば、最大三六冊）であり、これらすべては、ハイデガー全集では第九四巻から第一〇二巻にかけて収録される手筈になっている。著者自身の生前の意向により、当初「黒ノート」は全冊、全集の最終配本として上梓されることになっていたが、その後予定が早まり、まずこのうちの一四冊（「考察二」から「考察一五」まで）が今春刊行された。残りの二〇（ないしは二二）冊もこの数年内に順次公刊される予定である(vgl. GA94, 531)。

以上の事情からも明らかな通り、「黒ノート」の全容が解明されるには、どうしても今後の研究を俟たねばならない。そして同様のことは、先述の「ハイデガー問題」に関しても当てはまる。というのは、今春上梓された十四冊（全集第九四・九五・九六巻）のうち、「反ユダヤ主義的」であると思しきくだりはたかだか数頁分であり、この三巻（合計一二〇〇頁強）においてすら大海の一粟でしかないためである。こうして肯定と否定の別を問わず、「ハイデガーは反ユダヤ主義者か否か」という問いに現時点で答えることは時期尚早であり、いきおい暫定的な試みにとどまらざるをえない。

その意味では、ここに掲載したトラヴニー氏の論考もまたひとつの試論である。読者各位には旗幟鮮明な氏の所説に啓発されつつも、これを御自分の思索の糧とされんことを。そこで最後に、本論考のテーゼのうち、立ち入って考察するに値すると思われるものを二つ取り上げ、御参考に供すべく、それらに卑見を付することとしたい。

第一のテーゼは、「〈『シオン賢者の議定書』―ヒトラー（ナチス）―ハイデガー〉という反ユダヤ主義の系譜が存在する」という主張である。だがこれには、次のような反問も可能であろう。たしかにハイデガーは、ナチスと彼自身の立場が、その根本的な相違にもかかわらず、ともに、世界ユダヤ人組織の動きに敢然と対抗すべき「ドイツ人の本質と使命に関して決断すること〔…〕を強く希求している」(GA95, 18) 点で軌を一にすると考えていたふしがある。しかしながら他方で彼は、ナチスの生物学（ないしは人種）的観点からの反ユダヤ主義に反旗を翻している (vgl. GA94, 157, 189)。ナチスに対してハイデガーが示すこの一筋縄ではいかない姿勢は、上述の単線的な系譜からはたして説明できるのであろうか。むしろ、この系譜に沿ってナチスが『議定書』から継承したのは、まさにハイデガーが反対してやまない人種主義的な反ユダヤ主義なのではあるまいか。

第二テーゼは、「ハイデガーの立場は〈存在の歴史に基づく反ユダヤ主義〉である」というものである。これによれば、「世界ユダヤ人組織」が名指しているのは特定の血縁集団ではなく、あくまでも工作機構（としての存在の歴史的運命）に応じて計算的思考に明け暮れる人間存在の様態である。だからこそハイデガーは、アメリカの資本主義とソ連の共産主義をひとしなみに世界ユダヤ人組織と規定してみせる（vgl. GA96, 243）。だが同じ論法は、国家社会主義にも適用されうるはずである。するとここからは当然、「ナチスは世界ユダヤ人組織である」という驚くべき主張が帰結するのではないか。ではその時、ナチスによる反ユダヤ主義のプロパガンダとはいったい何を意味することになるのか……。

「プロパガンダとは、おのれに自信のない誹謗中傷の裏面である」（GA94, 508）。こう書き記したハイデガーは、けだし如上の事態に気づいていた。英米のユダヤ系国際金融資本の打算と謀略を封じるべく、（それ自体が計算的思考の極みに他ならない）全体主義的総力戦体制の必要性を叫ぶヒトラー。その獅子吼からは何かしら同族嫌悪のひびきが聴き取られないであろうか。世界ユダヤ人組織がドイツ人にとって外敵（連合国）であるのみならず、獅子身中の虫（ナチス）でもあること。ナチスに対するハイデガーの――「敵対的共闘」とでも呼ぶべき――上述の両義的な態度こそは、彼がこうした内憂外患の状況に苦しんでいたことを如実に表しているのではなかろうか。

（安部　浩）

続・ハイデガー読本

秋富克哉・安部浩・古荘真敬・森一郎 編 …………………… 近　刊

デカルト読本

湯川佳一郎・小林道夫 編 …………………… 3300円

ヒューム読本

中才敏郎 編 …………………… 3300円

カント読本

浜田義文 編 …………………… 3300円

ヘーゲル読本

加藤尚武 編 …………………… 3300円

続・ヘーゲル読本

加藤尚武・座小田豊 編訳 …………………… 2800円

シェリング読本

西川富雄 監修　高山守 編 …………………… 3000円

ショーペンハウアー読本

齋藤智志・高橋陽一郎・板橋勇仁 編 …………………… 3500円

ベルクソン読本

久米博・中田光雄・安孫子信 編 …………………… 3300円

ウィトゲンシュタイン読本

飯田隆 編 …………………… 3300円

ライプニッツ読本

酒井潔・佐々木能章・長綱啓典 編 …………………… 3400円

サルトル読本

澤田直 編 …………………… 3600円

＊

表示価格は税別です

ハイデガー読本

2014年11月28日　初版第1刷発行
2016年 3月31日　　　第3刷発行

編　者　秋富克哉／安部浩／古荘真敬／森一郎
発行所　一般財団法人 法政大学出版局
〒102-0071 東京都千代田区富士見 2-17-1
電話 03 (5214) 5540　振替 00160-6-95814
組版：HUP　印刷：平文社　製本：根本製本
装丁：中野仁人

ISBN978-4-588-15070-8

■ 編者紹介（五十音順）

秋富克哉（あきとみ・かつや） 1962年生。京都工芸繊維大学教授。著書：『芸術と技術　ハイデッガーの問い』（創文社），共編著：『ハイデッガー『存在と時間』の現在』（南窓社）。

安部　浩（あべ・ひろし） 1971年生。京都大学教授。著書：『「現」／そのロゴスとエートス』（晃洋書房），共著：*Environmental Philosophy in Asian Traditions of Thought* (SUNY Press).

古荘真敬（ふるしょう・まさたか） 1968年生。東京大学准教授。著書：『ハイデガーの言語哲学』（岩波書店），論文：「呼びかけられる私，呼びかける私」（『自己（哲学への誘い　第V巻）』東信堂）。

森　一郎（もり・いちろう） 1962年生。東北大学教授。著書：『死と誕生——ハイデガー・九鬼周造・アーレント』『死を超えるもの—— 3・11以後の哲学の可能性』（以上，東京大学出版会）。

■ 著者紹介（掲載順）

村井則夫（むらい・のりお） 1962年生。明星大学教授。著書：『ニーチェ——仮象の文献学』（知泉書館），『ニーチェ——ツァラトゥストラの謎』（中公新書）。

池田　喬（いけだ・たかし） 1977年生。明治大学専任講師。著書：『ハイデガー　存在と行為——『存在と時間』の解釈と展開』，共訳書：ハイデッガー『現象学の根本問題』（以上，創文社）。

森　秀樹（もり・ひでき） 1963年生。兵庫教育大学教授。論文：「「共存」の存在論」（『哲学』第43号），「新カント派の挫折の意味」（『アルケー』第9号）。

齋藤元紀（さいとう・もとき） 1968年生。高千穂大学教授。著書：『存在の解釈学——ハイデガー『存在と時間』の構造･転回･反復』，共訳書：ロックモア『カントの航跡のなかで』（以上，法政大学出版局）。

松本直樹（まつもと・なおき） 1966年生。同志社女子大学非常勤講師。論文：「死はいつかの出来事であるか」（『宗教哲学研究』第24号），共訳書：グレーシュ『『存在と時間』講義』（法政大学出版局）。

伊藤　徹（いとう・とおる） 1957年生。京都工芸繊維大学教授。著書：『作ることの哲学』（世界思想社），監訳書：ペゲラー『ハイデガーと解釈学的哲学』（法政大学出版局）。

仲原　孝（なかはら・たかし） 1959年生。大阪市立大学教授。著書：『ハイデガーの根本洞察』（昭和堂），共訳書：ハイデッガー『カントの純粋理性批判の現象学的解釈』（創文社）。

関口　浩（せきぐち・ひろし） 1958年生。早稲田大学非常勤講師。共著：『ハイデガー『哲学への寄与』解読』，訳書：ハイデッガー『技術への問い』（以上，平凡社）。

瀧　将之（たき・まさゆき） 1977年生。東京女子大学非常勤講師。共著：『ハイデガーの技術論』（理想社），論文：「無から存在へ」（『現象学年報』第27号）。

轟　孝夫（とどろき・たかお） 1968年生。防衛大学校教授。著書：『存在と共同』（法政大学出版局），論文：„Staat und Technik bei Heidegger und in der Kyôto-Schule“ (*Heidegger-Jahrbuch 7*).

小林信之（こばやし・のぶゆき） 1957年生。早稲田大学教授。著書：*Heidegger und die Kunst : im Zusammenhang mit dem Ästhetikverständnis in der japanischen Kultur* (Edition Chōra).

神尾和寿（かみお・かずとし） 1958年生。流通科学大学教授。論文：「詩と宗教」（『宗教の根源性と現代　第1巻』晃洋書房），共訳書：ハイデッガー『ニーチェの形而上学』（創文社）。

山本與志隆（やまもと・よしたか） 1963年生。愛媛大学教授。論文：「ハイデガーにおける解釈学的現象学から詩的な思惟への移行」（『哲学』第44号）。

山本英輔（やまもと・えいすけ） 1966年生。金沢大学教授。著書：『ハイデガー『哲学への寄与』研究』（法政大学出版局），共編著：『科学と技術への問い――ハイデッガー研究会第三論集』（理想社）。

相楽　勉（さがら・つとむ） 1958年生。東洋大学教授。共著：『ハイデガー『哲学への寄与』解読』（平凡社），論文：「「行為の哲学」の可能性」（*Heidegger-Forum*, vol. 3）。

松本啓二朗（まつもと・けいじろう） 1968年生。大阪教育大学准教授。共編著：『哲学するのになぜ哲学史を学ぶのか』（京都大学学術出版会），共著：『科学と技術への問い』（理想社）。

陶久明日香（すえひさ・あすか） 1973年生。学習院大学ほか非常勤講師。著書：*Die Grundstimmung Japans* (Peter Lang)，論文：「ハイデッガーにおける気分論の形成」（『現象学年報』第29号）。

小野　真（おの・まこと） 1965年生。相愛大学准教授。著書：『ハイデッガー研究――死と言葉の思索』（京都大学学術出版会），論文：「西谷啓治のアリストテレス解釈」（『理想』689号）。

菊地惠善（きくち・えいよし） 1953年生。九州大学教授。著書：『始めから考える』（九州大学出版会），共訳書：ハイデッガー『西洋的思考におけるニーチェの形而上学的な根本の立場』（創文社）。

後藤嘉也（ごとう・よしや） 1953年生。北海道教育大学教授。著書：『ハイデガーにおける循環と転回』（東北大学出版会），『哲学書概説シリーズ　ハイデガー『存在と時間』』（晃洋書房）。

稲田知己（いなだ・ともみ） 1958年生。国立高専機構津山高専教授。著書：『存在の問いと有限性――ハイデッガー哲学のトポロギー的究明』（晃洋書房）。

井上克人（いのうえ・かつひと） 1949年生。関西大学教授。著書：『露現と覆蔵』『西田幾多郎と明治の精神』（以上，関西大学出版部），監訳書：ヘルト『地中海哲学紀行』（晃洋書房）。

橋本武志（はしもと・たけし） 1965年生。仁愛大学准教授。共著：『ハイデガー『存在と時間』を学ぶ人のために』（世界思想社），論文：「イデオロギー批判の技術哲学」（『近世哲学研究』第11号）。

梶谷真司（かじたに・しんじ） 1966年生。東京大学准教授。著書：『シュミッツ現象学の根本問題』（京都大学学術出版会），共編訳書：ベーメ『雰囲気の美学』（晃洋書房）。

嶺　秀樹（みね・ひでき） 1950年生。関西学院大学教授。著書：『存在と無のはざまで』『ハイデッガーと日本の哲学』『西田哲学と田辺哲学の対決』（以上，ミネルヴァ書房）。

ペーター・トラヴニー（Peter Trawny）1964年生。ヴッパータール大学教授。著書：*Heidegger und der Mythos der jüdischen Weltverschwörung* (Vittorio Klostermann)，*Medium und Revolution* (Matthes und Seitz).

［付録作成］（五十音順）

赤塚弘之（あかつか・ひろゆき） 1981年生。東北大学大学院博士課程。論文：「1925年におけるハイデガーの歴史に関する考察とディルタイの受容の問題」（『上智哲学誌』第20号）。

阿部将伸（あべ・まさのぶ） 1979年生。佛教大学ほか非常勤講師。共著：『哲学をはじめよう』（ナカニシヤ出版），論文：「日常用語としてのウーシアーの意味射程」（『現象学年報』第29号）。

伊藤良司（いとう・りょうじ） 1979年生。慶應義塾志木高等学校教諭。論文：「ハイデガーと「身体性」」（『現象学年報』第26号）。

魚谷雅広（うおたに・まさひろ） 1976年生。淑徳大学・高崎経済大学ほか非常勤講師。共著：『変容する社会と人間』（北樹出版），論文：「自立性と二義性」（『倫理学年報』第57集）。

君嶋泰明（きみじま・やすあき） 1982年生。京都産業大学非常勤講師。論文：「ハイデガーのデカルト解釈について」（『哲学論叢』第41号）。

木村史人（きむら・ふみと） 1979年生。福州大学外国語学院特任助教授。論文：「ハイデガーにおける「責めある存在」の倫理的意義――ヨナスの責任論を通じて」（『倫理学年報』第63集）。

景山洋平（かげやま・ようへい） 1982年生。日本学術振興会特別研究員ＰＤ。論文：「後期ハイデガーにおける自然の有限性とその人間的反復の問題」（『現象学年報』第28号）。

串田純一（くしだ・じゅんいち） 1978年生。早稲田大学ほか非常勤講師。訳書：クリッチリー／シュールマン『ハイデガー『存在と時間』を読む』（近刊，法政大学出版局）。

信太光郎（しだ・みつお） 1969年生。東北学院大学准教授。著書：『死すべきものの自由――ハイデガーの生命の思考』（東北大学出版会）。共訳書：フィンク『存在と人間』（法政大学出版局）。

田鍋良臣（たなべ・よしおみ） 1980年生。京都大学非常勤講師。著書：『始源の思索――ハイデッガーと形而上学の問題』（京都大学学術出版会）。

津田良生（つだ・よしお） 1981年生。上智大学大学院博士課程。論文：「初期ハイデガーにおける現象学の本質規定」（『現象学年報』第27号）。

譽田大介（ほんだ・だいすけ） 1970年生。神奈川県立衛生看護専門学校講師。論文：「「存在論」における「芸術」をめぐって」（『フランス哲学・思想研究』第13号）。

丸山英幸（まるやま・ひでゆき） 1978年生。大阪工業大学非常勤講師。論文：「詩作と歴史に共通する本質原則とは何か？」（『人間存在論』第16号）。

三谷竜彦（みたに・たつひこ） 1973年生。岐阜大学・南山大学ほか非常勤講師。共著：『科学と技術への問い――ハイデッガー研究会第三論集』（理想社）。

若見理江（わかみ・りえ） 1975年生。京都造形芸術大学非常勤講師。論文：「ハイデガーの本来性概念再考」（『文明と哲学』第5号）。

鷲原知宏（わしはら・ともひろ） 1970年生。関西大学非常勤講師。共著：『ハイデガー『存在と時間』を学ぶ人のために』（世界思想社），『科学と技術への問い』（理想社）。

渡辺和典（わたなべ・かずのり） 1975年生。学習院大学ほか非常勤講師。著書：『最初期ハイデッガーの意味論――発生・形成・展開』（晃洋書房），共著：『科学と技術への問い』（理想社）。

［索引作成］

上田圭委子（うえだ・けいこ） 1966年生。首都大学東京博士後期課程修了。論文：「初期フライブルク期のハイデガーにおけるパウロ書簡の現象学的解釈」（『実存思想論集』第28号）。

金成祐人（かんなり・ゆうと） 1983年生。慶應義塾大学非常勤講師。論文：「ハイデガーにおける世界と気分」（『現象学年報』第28号）。

人名・著作名索引

以下の索引は本文のみを対象とし，付録「ハイデガー全集の全貌」の頁は除いた。ハイデガーは人名としては拾わなかったが，著作名を一覧で示した。そのうち，ハイデガー全集に収録されているテクストについては，その巻数を括弧内に示した。

ア行

アイスキュロス　Aischylos　127
『縛られたプロメテウス』　127
アウグスティヌス　Aurelius Augustinus　8, 16, 30
アドルノ　Theodor W. Adorno　259, 262
『ミニマ・モラリア』　262
アナクシマンドロス　Anaximander　159, 164, 216-18, 221-30（第 21 章）, 233-35, 238
アリストテレス　Aristoteles　iv, 6-12, 15, 22-24, 27-36（第 3 章）, 37-38, 42, 44-46, 48-49, 54, 56, 67, 70, 72, 82, 92, 101, 117, 169, 174, 187, 201, 234, 249, 273, 279, 281, 285, 306
『形而上学』　12, 23, 29, 33-34, 56, 72, 281
『自然学』　23, 29, 34
『ニコマコス倫理学』　22-23, 28-29, 32-33, 36
『弁論術』　32-33, 92
『霊魂論』　33, 44
アーレント　Hannah Arendt　17, 25, 262, 325
『全体主義の起原』　262
アレクサンデル　Alexander Halensis　13, 16
アンセルムス　Anselmus Cantuariensis　8
アンリ　Michel Henry　78
『現出の本質』　78
イエス（キリスト）　Jesus　21, 153, 190, 195, 258, 320
ヴァイツゼッカー　Carl Friedrich Freiherr von Weizsäcker　283
ヴァイプリンガー　Wilhelm Waiblinger　269
ウィトゲンシュタイン　Ludwig Wittgenstein　20
ヴィンデルバント　Wilhelm Windelband　9, 11, 26
ウェーバー　Max Weber　98
ヴェンダース　Wim Wenders　267
ヴント　Max Wundt　39
エックハルト　Meister Eckhart　209, 262
エピクロス　Epikur　80
オット　Hugo Ott　5-6
『マルティン・ハイデガー　伝記への途上で』　5
オルテガ　José Ortega y Gasset　266

カ行

カッシーラー　Ernst Cassirer　110, 112
ガダマー　Hans-Georg Gadamer　17, 27, 36, 272
カント　Immanuel Kant　iii-iv, 9-10, 13, 37-46（第 4 章）, 62, 67-68, 78, 95, 98, 104, 110, 112, 124, 169, 174, 187, 201, 205, 215, 278-79, 305-06
『純粋理性批判』（『批判』，KrV）　10, 13, 37-42, 45, 78, 104, 110-12, 206
『書簡』　37
キーファー　Anselm Kiefer　144-45
木村敏　295, 303
キルケゴール　Søren Kierkegaard　9
九鬼周造　iii
熊野純彦　vi
グラープマン　Martin Grabmann　12, 16
グレート　Joseph Gredt　9
『アリストテレス＝トマス哲学綱要』　9
グレーバー　Conrad Gröber　4
ゲオルゲ　Stefan George　271, 284
ゴッホ　Vincent van Gogh　144, 288
コルベンハイヤー　Erwin Guido Kolbenheyer　129

サ行

サルトル　Jean-Paul Sartre　243-44, 271, 299
『実存主義とは何か』　243
『存在と無』　243
サントルール　Charles Sentroul　10
『カントとアリストテレス』　10
『シオン賢者の議定書』（『議定書』）　321, 324-26, 330
シェーラー　Max Scheler　70, 78
『倫理学における形式主義と実質的価値倫理学』　78

シャール　René Char　305
シャロウン　Hans Scharoun　266, 271
シュタイン　Alexander Stein　325, 328
『シオン賢者の弟子アドルフ・ヒトラー』　325
シュナイダー　Artur Schneider　5
シュペングラー　Oswald Spengler　232
シュミッツ　Hermann Schmitz　299
シュレーゲル　Friedrich von Schlegel　9
「生の哲学」　9
シレジウス　Angelus Silesius　280
スコトゥス　Johannes Duns Scotus　8, 11-12
『聖書』　21, 110
「創世記」　110
ソフォクレス　Sophokles　137, 139-40, 142, 149
『アンティゴネー』　135, 139-42, 144-45, 149

タ 行

高田珠樹　vi, 155
田辺元　iii, 7-8, 17
「現象学に於ける新しき転向」　7
「哲学と詩と宗教」　8
ディルタイ　Wilhelm Dilthey　7, 18, 23, 25-26, 96-97, 283
「世界観の諸類型と，形而上学的諸体系におけるそれらの類型の形成」　18
デカルト　René Descartes　43, 47, 56, 61-62, 68, 169, 174, 187, 202, 237, 316-18
『省察』　56
『方法序説』　318
デリダ　Jacques Derrida　134, 230
『精神について』　134
『哲学の余白』　230
『マルクスの亡霊たち』　230
ドストエフスキー　Fjodor Dostojewski　9
トマス（エルフルトの）　Thomas de Erfordia　11-12
トマス・アクィナス　Thomas Aquinas　5, 8-9, 12
『真理論』　12
トラークル　Georg Trakl　147, 284, 287-88, 290
「冬の夕べ」　287

ナ 行

ニーチェ　Friedrich Nietzsche　vi-vii, 35, 128, 137, 156-65（第 15 章）, 174, 216, 231-41（第 22 章）, 248-51, 306, 308, 314, 317, 319, 327-28
『善悪の彼岸』　vii
『力への意志』　160, 236
『道徳の系譜』　328
『悦ばしき知識』　236
ニュートン　Isaac Newton　318
ノヴァーリス　Novalis　9

ハ 行

ハイデガー，フリードリヒ　Friedrich Heidegger　4
ハイデガー，フリッツ　Fritz Heidegger　167
ハイデガー，マルティン　Martin Heidegger
「あたかも祭りの日に……」（GA4）　149, 154
「アナクシマンドロスの箴言」（GA5）　159, 216-17, 221-30（第 21 章）
『アリストテレスの現象学的解釈――解釈学的状況の告示』（『ナトルプ報告』）（GA62）　22-24, 27-36（第 3 章）
『アリストテレスの現象学的解釈――現象学的研究入門』（GA61）　16, 20
「有るといえるものへの観入（存在するものへの観入）」（GA79）　257, 261, 263
「アレーテイア」（GA7）　221, 230
「アンキバシエー――研究者と学者と賢者による野の道での鼎談」（「野の道での鼎談」）（GA77）　208, 210-14
「回想」（GA4）　150, 154
『カントと形而上学の問題』（『カント書』）（GA3）　37, 46-47, 110, 112, 115-17, 123
『カントの純粋理性批判の現象学的解釈』（『カント解釈』講義）（GA25）　38, 41
「危機（危険）」（GA79）　261, 263, 266
「帰郷／近親者たちへ」（GA4）　154
『技術と転回』　252, 261
「技術についての問い（技術への問い）」（GA7）　164, 256, 261
『形而上学とは何か』（GA9）　115, 117-18, 191
「『形而上学とは何か』への後書き」（GA9）　147
「『形而上学とは何か』への序論」（GA9）　235, 241
『形而上学入門』（GA40）　135-37, 139, 142, 144-45
『形而上学の根本諸概念』（GA29/30）　25, 115, 119, 122
「形而上学の存在－神－論的体制」（GA11）　276, 291
「形而上学の超克」（GA7）　217
「芸術作品の根源」（GA5）　124, 135, 142-44, 183, 216, 283, 288
『芸術としての力への意志』（GA43）　232

「現象学と神学」(GA9)　190, 238
『現象学と超越論的価値哲学』(GA56/57)　26
「現象学に入っていった私の道」(GA14)　304
『現象学の根本諸問題』(GA24)　26, 102-04, 107
『現象学の根本問題』(GA58)　19
『原初について』(GA70)　206-08, 211-13
「語」(GA12)　284
『考察』(「黒ノート」)(GA94, 95, 96)　v-vi, 133-34, 315, 317, 329-30
『講演と論文』(GA7)　v, 134, 217, 230, 261, 263, 266, 269, 288
「言葉」(GA12)　284, 287
「言葉についての対話――日本人と問う人との間での」(GA12)　154-55, 284, 286, 292
「言葉の本質」(GA12)　284
『言葉への途上』(GA12)　154, 283-84, 287
「言葉への道」(GA12)　284
『根拠の命題』(GA10)　278
『根拠の本質について』(GA9)　115, 117-18, 123
「詩」(GA4)　154
『時間概念の歴史への序説』(GA20)　37, 42
「時間と存在」(GA14)　v, 89, 304-14 (第 29 章)
『思索の事柄へ』(GA14)　304-05
「詩人は何のために」(GA5)　216, 236, 238-39
「詩人的に人間は住む」(GA7)　263-64, 267, 269-70
「詩における言葉」(GA12)　284
『宗教現象学入門』(GA60)　21, 176
『性起の出来事』(GA71)　233-34, 268, 290
『初期論文集』(GA1)　7-8
『心理主義における判断論』(GA1)　5, 7, 11, 14
「真理の本質について」(GA9)　105, 196-97, 203, 205
『真理の本質について』(GA37/38)　129
『西洋哲学の原初』(GA35)　128
「世界像の時代」(GA5)　197, 200-01, 205, 216
『省察』(GA66)　232
「総かり立て体制」(GA79)　261, 263, 266
『ソピステス』(GA19)　252
『杣道』(GA5)　v, 135, 143, 159, 205, 216-18, 230-36, 238
『存在と時間』(GA2, SZ)　iv-vi, 3-109 (第 I 部), 115, 117, 123, 128, 134-36, 140-42, 144-45, 166-72, 174-75, 178-81, 183, 185, 212, 218, 231, 234, 242, 246-47, 256, 258-59, 264, 271-74, 291, 293-94, 296-98, 300-01, 304-06, 309-11
「存在の問いへ」(GA9)　161, 164, 233
『存在論と論理学に関するアリストテレス精選諸論文の現象学的解釈』(GA62)　23
『存在論 (事実性の解釈学)』(GA63)　18, 24
「建てる，住む，考える」(GA7)　263, 265-66, 268
『ツォリコーン・ゼミナール』(『ゼミナール』) 294-303 (第 28 章)
『哲学入門――思索と詩作』(GA50)　268
『哲学の根本的問い』(GA45)　182
「哲学の終焉と思索の課題」(GA14)　304
『哲学の理念と世界観問題』(GA56/57)　18
『哲学への寄与論稿(性起から〔性起について〕)』(GA65)　v, 153, 158, 166-95 (第 16・17・18 章), 205-06, 216, 233, 235, 264, 271, 290, 304, 312-13, 318
「転回」(GA79)　261, 263, 266
『ドイツ大学の自己主張』(『自己主張』)(GA16) 97, 125-34 (第 12 章)
『同一性と差異』(GA11)　291, 293
「塔に登る戸口にて，教師が塔守に出会う」(「教師と塔守」)(GA77)　208, 211-13
『ドゥンス・スコトゥスの範疇論と意義論』(GA1)　5, 7-8, 11, 15
『何が思索を命ずるか』(GA8)　247, 249
『ニーチェ I』(GA6–1)　156, 158, 163, 249
『ニーチェ II』(GA6–2)　156, 159, 249
『ニーチェの形而上学』(GA50)　232, 236
「ニーチェの言葉〈神は死んだ〉」(「ニーチェ論文」)(GA5)　216, 231-32, 234-36, 238
『野の道での会話』(GA77)　206, 208, 211, 213-15
『ハイデガー＝ヤスパース往復書簡 1920–1963』112, 136, 145
『「ヒューマニズム」について』(『ヒューマニズム書簡』)(GA9)　v, 217, 242-43, 246-47, 251, 283, 292, 321
「プラトンの真理論」(GA9)　196-98, 205
『ブレーメン講演』(GA79)　v, 163, 176, 218, 252, 257-58, 261, 265-66, 293
「ヘーゲルの経験概念」(GA5)　216
『ヘラクレイトス』(GA55)　285
「ヘルダーリンと詩作の本質」(GA4)　148, 154, 216, 269, 283
『ヘルダーリンに寄せて』(GA75)　147
『ヘルダーリンの讃歌「イスター」』(GA53) 147, 152
『ヘルダーリンの讃歌「回想」』(GA52)　147
『ヘルダーリンの讃歌「ゲルマーニエン」と「ライン」』(GA39)　147, 152, 234

『ヘルダーリンの詩作の解明』(GA4)　147-51, 154, 283, 293
「ヘルダーリンの大地と天空」(GA4)　151, 154
「放下」(GA16)　257, 261
『放下した平静さ（放下)』　35, 136, 215, 252, 261
「放下した平静さの論究のために——思索についての野の道での会話から」(GA13)　215, 261
『道標』(GA9)　147, 164, 205, 233, 238
「モイラ」(GA7)　221, 230
「物」(GA7, GA79)　211, 261, 263-66, 313
『物への問い』(GA41)　296-97
「ユンガー宛書簡」　240
『四つのゼミナール』(GA15)　305-06, 314
「労働者としてのドイツの学生」(GA16)　128
「ロゴス」(GA7)　221, 230
「ロシアの戦争捕虜収容所で交わされた年少者と年長者の夕べの会話」(「夕べの会話」)(GA77)　208, 212, 215
『論理学』(GA21)　38
『論理学の形而上学的原初根拠——ライプニッツから出発して』(GA26)　102-04, 115-16
ハイデガー，ヨハンナ　Johanna Heidegger　4
ハイムゼート　Heinz Heimsoeth　39-41, 46
パウロ　Paulo　21-22, 176
『テサロニケの信者への第一の手紙』　176
ハーバーマス　Jürgen Habermas　293, 314
『近代の哲学的ディスクルス』　314
『ポスト形而上学の思想』　293
ハルトマン　Nicolai Hartmann　39-40
パルメニデス　Parmenides　35, 66, 140, 216, 221, 227, 230, 233, 248, 250-51, 273-76, 281
「ピュシスについて」　250
ピウス十世　Pius X　9
『ラメンタビリ』　9
ヒトラー　Adolf Hitler　112, 125, 319, 325-26, 330-31
『わが闘争』　326
ビンスワンガー　Ludwig Binswanger　295, 303
ファリアス　Víctor Farías　97
フィヒテ　Johann Gottlieb Fichte　39
フィリップ　Philippus Cancellarius　12
フッサール　Edmund Husserl　4-7, 9, 11, 13-15, 17-18, 24-25, 37-38, 42-46, 104, 299, 305
『イデーン』　45
『論理学研究』　4, 42, 104
ブライク　Carl Braig　9
『存在について——存在論概論』　9
プラトン　Platon　48, 101, 149, 157, 181, 187, 196, 198-202, 234-35, 248-49, 285-86, 306
『国家』　196
ブランケンブルク　Wolfgang Blankenburg　295
ブレンターノ　Franz Brentano　4-5
『アリストテレスにおける存在者の多様な意義について』　4
フロイト　Sigmund Freud　300
ブロイラー　Eugen Bleuler　295
フンボルト　Wilhelm von Humboldt　283-84
ヘグリン　Robert Hegglin　298
ヘーゲル　Georg Wilhelm Friedrich Hegel　iii, 86, 213, 215, 305, 317-18, 320
ペゲラー　Otto Pöggeler　78, 234, 241, 262
ペトリ，エルフリーデ　Elfride Petri　5
ヘラクレイトス　Heraklit　139, 188, 211, 216, 221, 227, 230, 233, 288, 305
ヘルツル　Theodor Herzl　321
『ユダヤ人国家』　321
ヘルダーリン　Friedrich Hölderlin　137, 142, 146-55（第14章), 163, 168, 175-76, 187-89, 194-95, 216, 218, 233-35, 237-41, 255, 263-64, 268-72, 283, 292-93
「イスター」　152-53, 264
「うるわしき青空に」　264
「エムペドクレス」　241
「回想」　150, 264
「帰郷」　264
「帰郷／近親者たちへ」　149
「ギリシア」　151
「ゲルマーニエン」　152, 234
「さすらい」　264
「パトモス」　154, 264, 268
「パンと葡萄酒」　239
「ヒュペーリオン」　241
「ムネーモシュネー」　168
「ライン」　152
「ルソー」　188
ヘリングラート　Norbert von Hellingrath　269-72
ヘルマン　Friedrich-Wilhelm von Herrmann　16, 166, 175, 262
ベンツ　Wolfgang Benz　324, 328
『反ユダヤ主義とは何か』　324, 328
ボエティウス　Boethius　56
ボエティウス（ダキアの)　Boethius de Dacia　11

ボス　Medard Boss　294-95, 303
ボナヴェントゥラ　Bonaventura　9
ボーナッツ　Paul Bonatz　266
ボーフレ　Jean Beaufret　243, 245-46, 305, 321
ホメロス　Homer　194, 222

マ 行

マルクス　Karl Marx　98, 320-21, 326
　『ドイツ・イデオロギー』　98
マルティヌス（ダキアの）　Martinus de Dacia　11
マン　Thomas Mann　324
三木清　iii, 98
　『歴史哲学』　98
メルロ＝ポンティ　Maurice Merleau-Ponty　299

ヤ 行

ヤスパース　Karl Jaspers　101, 109, 112, 136, 241, 325, 328
ユンガー　Ernst Jünger　156-65（第 14 章）, 231-41（第 22 章）, 253, 261-62, 317, 328
　「線を越えて」　160-65, 240
　『線を越えて』　233, 235
　『総動員』　164, 231, 328
　『労働者』　160, 164, 231-33, 241
ヨーナス　Hans Jonas　56
ヨルク　Paul Graf Yorck von Wartenburg　96-97

ラ 行

ライプニッツ　Gottfried Wilhelm Leibniz　118, 124, 137, 142, 278-79, 282, 318
ラスク　Emil Lask　9-11, 15
　『哲学の論理学』　9
リッケルト　Heinrich Rickert　5, 9-11, 18, 26, 37, 46, 96, 270
リープマン　Otto Liebmann　9
　『カントとその亜流』　9
リルケ　Rainer Maria Rilke　147, 218, 231, 235, 238-41（第 22 章）
　『オルフェウスに寄せるソネット』　238-39
　「即興詩」　238-39
　「ドゥイノの悲歌」　238
レオ十三世　Leo XIII　9
　『エテルニ・パトリス』　9
レーヴィ　Primo Levi　260, 262
レーヴィット　Karl Löwith　17
レヴィナス　Emmanuel Lévinas　262, 264, 271
　『存在の彼方へ』　262

（作成：金成祐人）

事項索引（標準訳語一覧）

日本語の標準的な訳語を五十音順に並べ，原語を付記した。スラッシュで併記されている語句は，複数の訳語または原語がありうることを意味する。

あ 行

合図　Wink　150, 188, 215, 239, 258, 265
間　Zwischen　150-52, 189, 277
証し　Bezeugung/Zeugnis　85, 88, 180
明るさ　Helle　199-200, 265
明るみ／空け開け　Lichtung　68, 174-75, 182-84, 186, 190, 205, 222, 246-47, 283, 291-92, 299, 308, 312-13
集める　sammeln　151, 227, 309
　取り集め　Versammlung　210-11, 281, 287-88, 265, 309
アプリオリ　a priori　10, 13, 40, 42-43, 59, 112, 278-79
アメリカニズム　Amerikanismus　137, 316-17, 319-20, 326
アレーテイア　*alētheia*　77, 141, 143, 169, 181, 196, 198-200, 209, 221, 230, 235, 238, 253, 285, 314
　→「真理」「隠れなさ／非覆蔵性」も見よ
アンキバシエー　*Anchibasiē*　208, 211
言い示し　Sage　221, 227-28, 292
異郷なるもの　das Fremde　152-53
意志　Wille　8, 33, 126, 129, 133, 141, 156-62, 165, 180, 209-10, 218, 232, 236, 241, 249, 255-57, 262, 306, 309, 316-17
　力への意志（ニーチェ）　Wille zur Macht　156-62, 218, 232, 236-39, 241, 255-56, 306, 309, 316-17
　欲しないこと　Nicht-Wollen　209
意識　Bewußtsein　13-15, 43, 45, 63, 100, 236-37
　純粋意識（フッサール）　das reine Bewußtsein　43
痛み　Schmerz　288, 292
一重襞　Einfalt　264-65, 275
イデア　*idea*　139, 174, 187, 200, 202, 306, 309
意味　Sinn　8, 10-15, 20, 30, 35, 38, 42-44, 49-50, 57, 59, 73, 76-77, 82, 88-92, 94, 96, 98, 101-03, 117, 137, 143, 148, 157, 165, 168, 172-74, 178, 180, 182-83, 185-86, 188, 206, 209, 217, 243, 246-47, 256, 283, 290, 293, 303, 305, 314, 331
　関連意味　Bezugssinn　20
　時熟意味　Zeitigungssinn　21-22
　遂行意味　Vollzugssinn　20-21
　生の意味　Sinn des Lebens　20-22, 24
　存在の意味　Sinn von Sein　15, 50-51, 54, 95-96, 98, 168, 172, 174, 217, 246-47, 305
　内実意味　Gehaltssinn　20-21
　（意味）省察　→「省察」を見よ
ウーシア　*ousia*　29, 274-75, 309
運動（性）　Bewegung（Bewegtheit）　13, 29-30, 34-35, 45, 72, 76, 101-03, 111, 135, 145, 163, 180, 183, 214, 224-225, 235, 250, 255-56, 275, 277, 305, 317
　生の運動（性）　30, 35
運命　Schicksal　36, 97, 126-32, 152, 160, 192, 194, 216, 227, 248, 263, 268, 270
エオンタ／オンタ　→「存在者」を見よ
エネルゲイア／現実態　*energeia*　34, 82, 306
エートス　*ēthos*　270, 272
エピステーメー／学問的知識　*epistēmē*　22, 28, 48
負い目　Schuld　87-88
応答（する）　Entsprechen/entsprechen　49, 86, 135-36, 148, 150, 162, 192, 247, 251, 255, 268, 276, 310
送り遣わす　schicken　255, 309-10, 312
　歴史的運命／共同運命　→「歴史」を見よ
恐れ　Furcht　69-71, 75-76, 83, 91-94, 260, 291
畏れ　Scheu　170
終わり／終焉　Ende　60, 79, 81-82, 84, 119, 156, 159-63, 192, 216-17, 231, 234, 236, 240-41, 304, 316, 320, 327
　終わりへとかかわる存在　→「存在」を見よ

か 行

会域　Gegnet　210-12, 215
開性　Offenheit　174, 256
　開け／開けた場　ein Offenes/das Offene　90,

102, 105, 109, 190, 194, 198, 203, 205, 210-11, 215, 235, 238-39, 311-13
開示性　Erschlossenheit　29, 31, 35, 67, 69-70, 75, 77, 85, 88, 90-92, 103, 107, 109, 139, 141-42, 169, 181, 189, 235, 297, 299, 311
開蔵　Entbergen　228, 275, 277, 279, 291, 308-10, 313-14, 317, 322
解釈学　Hermeneutik　17-18, 22, 24-25, 27, 30-32, 34, 99
　解釈学的状況　hermeneutische Situation　24
　事実性の解釈学　Hermeneutik der Faktizität　17-18, 22, 24-25, 31-32, 34
開蔵　Entbergen　228, 275, 277, 279, 291, 308-10, 313-14, 317, 322　→「蔵する」「隠れなさ／非覆蔵性」を見よ
カイロス　*kairos*　22, 32, 168
科学／学問／学　Wissenschaft　8, 10, 23, 39, 41, 93, 99, 128, 172, 197, 201-03, 209, 214, 252, 254, 257, 260, 266, 294-398, 300-02, 318, 326
　科学技術／テクノロジー　Wissenschaft und Technik/Technologie　137, 209, 232, 252, 254-56, 260-61, 279　→「技術」「テクネー」も見よ
家郷／故郷　Heimat　141, 150-53, 268, 321-23
各自性　Jemeinigkeit　52, 65, 67, 80-81, 84, 88, 262, 299
確実性　Gewißheit　68, 83, 85, 202, 204, 237
隠れ／覆蔵性／隠蔽性　Verborgenheit　77, 109, 139, 141, 151, 169, 175, 181-82, 197-99, 202-05, 209, 222-25, 227-30, 253, 259, 277, 300, 309, 314　→「蔵する」も見よ
隠れなさ／非覆蔵性　Unverborgenheit　76-77, 141, 143-44, 169, 177, 181, 196-200, 203-05, 209, 222, 224-27, 253, 305, 314　→「真理」「アレーテイア」も見よ
仮象　Schein　138-39, 141
語り　Rede　66, 69, 73-74, 83, 85, 87, 90, 92, 98, 297
価値　Wert　14, 18, 24, 26, 70, 96-97, 126, 137, 145, 157, 160-62, 200, 236-38, 243, 245, 260-62, 295
活動時空　→「時間」を見よ
カテゴリー／範疇　Kategorie　8-13, 15-16, 22-25, 30, 40, 42-45, 49, 69, 81-82, 88, 96, 172, 305
　カテゴリー的直観／範疇的直観　kategoriale Anschauung　9, 15, 42-44
　根本カテゴリー　Grundkategorie　22-24
神　Gott　82, 86, 110-11, 127-28, 149, 153, 157, 162, 170, 172, 187-89, 191-95, 197, 209, 216, 218, 227, 231-32, 234-37, 239-41, 255, 258, 262, 264, 270, 273, 308, 317
　神々　Götter　98, 148-51, 153, 170, 188-89, 191-92, 194, 210, 216, 218, 234-35, 239, 258, 269, 321
　神的な　göttlich　117, 210, 239
　神的な者たち　die Göttlichen　257-58, 260-61, 264-67, 286-87, 313
　神の死　Tod Gottes　157, 218, 234-35, 237
　最後の神　der letzte Gott　153, 167, 170-71, 175, 187-88, 190-93, 195
　半神　Halbgott　150
　→「神学／神論」も見よ
可能性　Möglichkeit　12-13, 19, 25, 40, 44, 49-50, 52, 55, 59-62, 64-67, 71-76, 79-85, 88-91, 93, 96-98, 100, 105-09, 116, 118, 121-23, 137-40, 155-56, 158, 161, 172, 175-76, 179, 182, 191, 197, 199, 205-06, 211, 218, 230, 251, 254-56, 259-60, 262, 278-79, 296-98, 301, 305, 311　→「デュナミス」も見よ
還元　Reduktion　14, 28, 31
感性／アイステーシス　Sinnlichkeit/*aisthēsis*　41-45, 157
　感性的直観　→「直観」を見よ
聴くこと　Hören　74, 86
　聴従，聴従的帰属（性）　gehören, Zugehörigkeit　136, 143, 190-93, 241, 248
危険／危機　Gefahr　122, 129, 131, 137, 145, 162-63, 177, 184, 195-96, 246, 252, 254-55, 257, 259, 261, 263, 266
既在（性）　Gewesenheit　90-93, 102, 149, 310-12
技術　Technik　11, 22, 127-29, 141, 145, 156, 160, 171-72, 209, 211-12, 214, 218, 232, 245, 252-54, 256-58, 262, 269, 279, 282, 285, 317-19, 322　→「科学技術／テクノロジー」「テクネー」も見よ
偽装／立て塞ぎ　→「立てること」を見よ
基礎存在論　→「存在論」を見よ
基体／ヒュポケイメノン　subjectum/*hypokeimenon*　14, 62, 65, 237
　基体的主体性　Subjektität　237, 239
気遣い　Sorge　20-21, 23, 29, 31, 64, 74-76, 79, 83-90, 94, 102, 171, 186
　配慮的気遣い　Besorgen　57, 61, 63-64, 66, 185
　顧慮的気遣い　Fürsorge　64-65, 74
企投　Entwurf　32, 50, 52, 7172, 75, 84, 106-07, 123-24, 142, 145, 172, 174-75, 177, 179, 232, 297, 317-18
　被投性　Geworfenheit　67, 69, 71, 75, 83, 91, 124, 177, 179, 180, 297
気分／（気分的）調え　Stimmung　33, 69, 85, 91-92, 94, 98, 117-19, 121-22, 124, 129, 170, 191, 203-

05, 235, 237, 240
根本気分　Grundstimmung　118-19, 170-71, 175, 186, 191, 234-35, 240
客体的なもの／客体的存在者　Vorhandenes　52, 83, 85, 87, 94, 96, 100
客体的存在　Vorhandensein　78, 116, 124
客体的存在性　Vorhandenheit　59, 61, 62, 66-67, 95, 104
客観化　Objektivierung　19, 21, 93
窮迫　Not　122, 126, 130, 149, 170, 184, 196, 204, 259, 267
教育／パイデイア　Erziehung/*paideia*　4, 126, 131-32, 136, 199, 245
驚愕　Erschrecken　170
驚嘆　Erstaunen　170
驚き　*taumazein*/bewundern/staunen　35, 128, 143, 171, 173, 291
強制　Zwang/Nötigung　229, 253
共属する／相依相属する　zusammengehören　118, 276, 280
共属性／相依相属　Zusammengehören　138-40, 265, 276, 312
共存在　→「存在」を見よ
キリスト教　Christentum　5, 8, 16, 22, 27, 127, 134, 153, 157, 170-71, 186, 191, 197, 262, 320
原始キリスト教　Urchristentum　8, 16, 21
近代　Neuzeit　8, 98, 126-127, 145, 157, 159, 172, 174, 178, 185, 188, 194, 197, 200-02, 204, 231-33, 236-37, 239-41, 253-54, 257, 278, 314, 316-19
緊迫感／困却　Bedrängnis　21-22, 122
空間　Raum　15, 33, 43, 45, 53, 61-63, 69, 105, 112, 128, 143, 162, 174-75, 179, 183-85, 189, 218, 231, 233, 258, 260, 264-67, 271, 277, 289, 297, 300-02
空間性　Räumlichkeit　61-62, 89, 91, 93
空虚（な）　leer　62, 65, 119-22, 158, 205
区－別　→「差異」を見よ
計算　rechnen　172, 186, 188, 192, 202, 209, 251, 269, 279, 296, 314, 316, 318-19, 322-23, 326-27, 331
形式的告示　formale Anzeige　22, 24-26, 62, 67
形而上学　Metaphysik　30, 38-41, 54, 56, 103-05, 108, 115-19, 124, 133, 137-38, 142, 145, 147, 149, 156-63, 165, 167, 169-75, 177-78, 180, 184, 200-01, 206-09, 212-15, 217-18, 232-34, 236-40, 244-45, 247-49, 251, 273-76, 278-81, 291-92, 305-07, 309-11, 314, 316-17, 319-20, 323, 326
芸術　Kunst　19, 64, 129, 141-45, 161, 163, 165, 185, 205, 218, 253, 262, 288
形相／エイドス　Aussehen/*eidos*　28, 66, 202
形態（ユンガー）　Gestalt　160, 162, 165, 232, 236-40
決意性　Entschlosseneheit　32-35, 65, 88, 129-30, 205
先駆的決意性　vorlaufende Entschlosseneheit　88-91, 96, 107, 311
欠如／ステレーシス　Magel/Fehlen/*sterēsis*/privatio　29, 35, 64, 87-88, 149, 199, 225, 311, 313
決定／決断　Entscheidung　32, 65, 91, 129, 134, 138, 170, 179, 184, 192, 196-98, 200-05, 207, 234, 255, 262-63, 316-17, 330
言語／言葉　Sprache　3, 11-13, 20-21, 24, 61, 66, 73-74, 92, 94, 98, 105, 126-28, 138, 142, 148, 154, 158, 160, 162-63, 166-68, 176, 178, 180-81, 187-88, 205, 209, 211, 215-16, 234, 238-39, 245-48, 251, 255, 260, 270, 283-93, 298, 300, 305-06, 308, 312-13
語　Wort　8, 22, 24, 30, 58, 60, 98, 129, 134, 136, 140, 145-47, 150-52, 156, 158, 166-68, 170, 172, 176, 178, 184, 188-89, 195, 198, 206-07, 216, 218, 222-25, 227-30, 233-34, 246, 238-41, 243-44, 263, 269, 276, 279, 282, 284-85, 287, 289-93, 310, 324
現在　Gegenwart　24, 31, 90-93, 100, 102, 107, 109, 138, 174, 204, 218, 222, 251, 262, 286, 297, 306, 310-12
現在化　Gegenwärtigen　91-94, 274-75
現存在／現－存在　Dasein/Da-sein　16, 18, 22, 23, 25, 31-32, 34, 38, 41, 46, 49-57, 59-60, 62-77, 79-92, 94-98, 100-08, 115-17, 119, 121-24, 126-29, 131-32, 135-41, 144, 169, 178, 180-81, 190, 204, 212, 218, 234, 246, 259-60, 279, 295, 297, 300, 303, 305, 309-11, 313, 317
共現存在　Mitdasein　63-64
原初／始まり　Anfang　86, 126-28, 138-40, 143-44, 147-48, 153, 158-59, 170, 174-75, 177, 184-86, 188, 194, 196, 205-08, 214-18, 221, 225-30, 233-34, 237-38, 262, 270, 291, 312
第一の原初　der erste Anfang　159-60, 167, 169-71, 174-76, 184, 187-88, 193, 196, 206-08, 212, 213-14, 217-18, 233-34, 238, 281
別の原初／別なる原初　der andere Anfang　160, 163, 167, 169-71, 175-76, 184, 187-88, 194-95, 206-09, 211, 213-14, 217-18, 283-34, 264, 266, 281
現象　Phänomen　18, 21-23, 45, 53, 57-59, 61-63, 66, 69, 71, 74-77, 81, 85, 86, 90-94, 96, 99, 106, 111-12, 117, 119-20, 129, 157, 161, 173, 200-01, 211-12, 228, 232, 255, 259, 262, 265, 297-98, 300, 320, 326
現象学　Phänomenologie　7, 9, 13-15, 21, 25, 28, 37, 39, 42-43, 45, 57, 68-69, 79-80, 83, 86, 95-96, 296, 300-04

現象学的還元　phänomenologische Reduktion 16
現象学的破壊（解体）　phänomenologische Destruktion　26, 274
原子（力）エネルギー　Atomenergie　253, 279
原子力時代　Atomzeitalter　254, 281
原子力発電所（原発）　Atomkraftwerk　144, 252, 254, 256, 279
現前　Anwesen　35, 45, 59, 61, 159, 215, 222-29, 254, 262, 274, 278, 287, 289, 292, 306-08, 311-13
現前性　Anwesenheit　28, 45, 159, 160, 174, 274-76, 306, 310, 312
現前性　Präsenz　31
語　→「言語／言葉」を見よ
公共性　Öffentlichkeit　65-66, 100, 327
工作機構　Machenschaft　170-75, 194, 317-19, 324, 331
交渉　Umgang　25, 28-29, 32, 35, 41, 57-58, 90, 93-94
抗争　Streit　183, 185, 188, 322
構想力　Einbildungskraft　44-45, 112, 122
超越論的構想力　transzendentale Einbildungskraft　45-46, 112
国家　Staat　128-29, 131-33, 143, 202, 240, 253-54, 260-62, 317, 322, 324
国家社会主義　→「ナチス」を見よ
固有なるもの　das Eigene　152-53
根拠　Grund　47, 77, 87-88, 94-95, 97-98, 101, 124, 137-38, 169, 171, 173, 179-83, 186, 191, 201, 206-07, 221, 256, 273, 274-75, 278-81, 300, 309, 320
根拠づけ／創基　Gründung　49, 124, 146, 151, 167, 177, 179, 181-82, 184-85, 187, 192, 194, 205, 207, 212, 266, 268, 273-74, 278, 297, 305, 319
根拠律／根拠の命題　Satz vom Grund　124, 279
没根拠／深淵　Abgrund　177, 180-83, 192, 194, 268, 280-81, 305
根源　Ursprung　19-21, 23, 26, 28, 30, 32-33, 35, 42, 49-50, 69-70, 74-77, 83, 85, 87-88, 90, 93, 97-98, 100, 106, 121, 123-24, 126, 129, 131-32, 134, 138-40, 144, 152-54, 156-57, 169, 178, 183, 186, 189, 193, 195, 201, 221-22, 227, 239-40, 268-269, 272, 281, 284-85, 299, 314, 320, 327
根源学　Ursprungswissenschaft　18-21
根源性　Ursprünglichkeit　70, 77, 79, 93, 95, 159
根本学　Urwissenschaft　18-19, 25, 40
根本気分　→「気分」を見よ

さ 行

差異　Differenz　86, 93, 95-96, 107, 138-39, 180, 182, 226, 228, 251, 260, 265-66, 271, 275-78, 291-92, 322
存在論的差異　ontologische Differenz　43, 49, 103, 118, 182, 266, 291, 311
区－別／分かち－あい　Unter-schied/Unter-Schied　265-66, 268, 271, 277, 288-92
作品　Werk　25, 124, 135, 142-45, 147, 150-52, 163, 165, 167-68, 192, 214, 216, 257, 269, 285
死／死ぬ　Tod/sterben　22, 25, 33, 79-85, 88-91, 98, 106, 119, 121, 128, 141, 163, 180, 194, 210, 255, 257-62, 265, 270, 272, 279, 287, 313
死すべき者たち　die Sterblichen　150, 257-59, 261, 264-67, 270, 286, 287
死へとかかわる存在　→「存在」を見よ
死への先駆　Vorlaufen in den Tod　84-85, 89-91, 97-98, 180
時間　Zeit　21-22, 29, 33, 37-38, 42-45, 50, 89-98, 100-105, 112, 119-22, 161, 168-69, 174-75, 183-85, 188, 206, 215, 218, 222, 231, 246, 247, 249, 289, 294, 297, 301, 304-13
時間性　Zeitlichkeit　20, 22-23, 29, 31, 34, 37-38, 44, 46, 88-96, 98, 100, 102, 105-09, 246, 266, 272, 305, 310-11
時熟　Zeitigung　21-22, 90-94, 100, 109, 174, 184, 190, 311
活動時空　Zeit-spiel-raum　171
時性《テンポラリテート》／時性《ときせい》　Temporalität　31, 88, 102-09, 169, 182-83 246, 271, 273-75
時空　Zeit-Raum　45, 93, 175, 183, 218, 271
自己　Selbst　13, 20-21, 24, 26, 35, 40-41, 43, 45, 51-52, 55, 60, 62-63, 65-67, 69, 71-72, 74-77, 79-80, 85-86, 91, 94, 98, 100, 102, 107-08, 117, 120, 123-24, 130, 132, 143, 150, 157, 172, 174, 182-84, 193, 202, 229
自己性　Selbstheit　, 232, 236, 259-60
ひと－自己　→「ひと」を見よ
志向性　Intentionalität　14-15, 21, 42
詩作　Dichten/Dichtung　128, 140, 144-45, 147-54, 163, 168, 185, 188-89, 216, 218, 234, 238-39, 253, 258, 263, 266-70, 272, 327
思索／思考　Denken　6-11, 13-16, 19, 27, 34-37, 39, 41-44, 89-90, 94-96, 98, 101, 108-09, 111, 115, 124, 127-28, 134-35, 137-40, 142, 145-50, 152-54, 157, 166-70, 172-73, 175-81, 183-89, 192, 194-96, 198, 200-02, 205-18, 221-22, 228-35, 237-38, 240-52, 255-59, 262, 264, 266, 268-71, 273-76, 279, 281, 283, 286, 291, 293-94, 303-09, 311-15, 317-19, 326-27, 330-31
思索者　Denker　147, 163, 215, 221-22, 228-30, 233, 248

追思すること／回想　Andenken　147, 150, 154, 189, 215, 263-64, 271
指示　Verweisung　58-60, 62-63, 106, 140-41, 155, 159, 180, 188, 204-05, 226, 229, 235, 237-39, 241, 264-65, 267, 286, 306, 308, 310
事実性　Faktizität　22-25, 30, 33, 90-91, 95, 116
事実性の解釈学　→「解釈学」を見よ
事実的生　→「生」を見よ
事実的生経験　faktische Lebenserfahrung　20-22
「事象そのものへ」 "Zu den Sachen selbst!"　16, 222, 300
詩人　Dichter　137, 147-53, 168, 187-89, 194, 222, 234-36, 238-39, 263-64, 267-70, 305
詩人の詩人　Dichter des Dichters　148, 150, 263
静けさ　Stille　191, 288, 290-92
自然　Natur　14, 34-35, 40, 58-59, 77-78, 96, 116, 124, 128-29, 149, 172-73, 201, 209, 222-23, 239, 242, 252, 260, 279, 281, 318
自然科学　Naturwissenschaft　10, 23, 29-41, 99, 128, 172, 201, 209, 252, 254, 261, 295-97, 299, 301
ピュシス　*physis*　29, 34-36, 48, 134, 138-44, 171, 222, 250, 252-53, 281
実存　Existenz　10, 16, 21, 51-53, 55-56, 59, 61-62, 64-67, 74-76, 79-81, 83-85, 88-89, 91, 93, 96-97, 101, 104-08, 111, 116, 123, 128, 134, 170, 190, 195, 238, 243-44, 246, 256, 264, 267, 272, 299, 302-03
実存範疇　Existenzial　16, 69, 80, 82, 87, 92, 305
実存論的　existenzial　16, 22, 54-55, 76-77, 83-85, 87-88, 92, 94-96
脱－存　Ek-sistenz　105, 283, 312
実在性　Realität　65, 68, 76, 288
実体　Substanz　23, 29, 40-41, 56, 62, 65, 99, 226, 228, 275, 308, 311
四方界　Geviert　151, 153-54, 186, 211, 256-58, 261, 264-68, 270, 287-88, 313, 317
自由　Freiheit　8, 24, 41, 64, 72, 85, 89, 97, 122-24, 126, 129, 133, 164, 197-200, 203-04, 231, 243-44, 249, 251, 265, 303
瞬間　Augenblick　22, 83, 91, 122, 165, 184, 192, 194, 217, 234, 240, 263-64, 286, 318
主観／主体　Subjekt　14-15, 24, 43-45, 62, 65, 67-69, 76, 98, 107-09, 135, 141, 143, 146, 150, 154, 193, 202, 204, 212-13, 235-37, 239, 252-53, 255, 257, 262, 297, 299, 303, 308, 317-18
主観－客観関係　Subjekt-Objekt-Beziehung　163, 179, 237
循環　Zirkel　13, 96, 99, 267, 286
純粋意識　→「意識」を見よ
性起の出来事／性起　Ereignis　18, 151, 153, 163, 165, 167-70, 175, 178, 180, 182, 185, 189-90, 192-93, 207-09, 213, 216-17, 233-34, 240-41, 257-58, 264-66, 270-71, 275-76, 287-88, 290-93, 304-05, 312-14, 321-22
出来事として性起させる　ereignen　264
脱性起　Enteignis　313
状況　Situation　8-9, 18, 20-22, 24, 27-32, 35, 66, 69, 88, 97-98, 106, 136-37, 149-50, 157, 161, 163, 171, 175, 196, 217, 266, 279, 308, 311, 329, 331
情態性　Befindlichkeit　30, 32-33, 69-71, 74-75, 78, 83, 90-93, 117-18, 170
将来　Zukunft　40, 90-93, 100, 102, 106-07, 109, 121, 127, 138, 149, 153, 176, 179, 187, 188, 190, 194, 216, 218, 222, 266, 271, 306, 311-12
将来する者たち　die Zukünftigen　167, 187-88, 190-92, 194-95
初期フライブルク期　frühe Freiburger Zeit　6, 17-18, 22, 24-25
深淵　→「根拠」を見よ
人格（性）　persona/Person　40-41, 52, 56, 81, 202, 319
神学／神論　Theologie　4-6, 127, 153, 190-91, 197, 273
新カント派　Neukantianismus　8-11, 13, 15, 18, 26, 37-38, 110
箴言　Spruch　9, 159, 164, 216-18, 221-23, 225, 227-30, 233, 235, 238
身体　Leib　53, 72, 296, 298-303
身体的存在／身体的に存在する　Leiben　298-99
神的な　→「神」を見よ
親密さ　Innigkeit　151, 289-90, 292-93, 322
真理　Wahrheit　13, 15, 28, 68, 76-77, 85-86, 88, 103, 105, 108-09, 124, 127, 141, 143-46, 149, 153, 165, 168-169, 171, 173-75, 177, 179, 181-87, 189-90, 192, 194-205, 208-09, 217-18, 233-35, 237-38, 241, 244-45, 248, 250, 253, 255, 257-58, 263　→「アレーテイア」「隠れなさ／非覆蔵性」も見よ
非真理　Unwahrheit　77, 181-82, 203
スコラ学　Scholastik　8-16
後期スコラ学　Spätscholastik　11, 13, 15
住む　Wohnen　53, 245, 263-71
住まわせること　Wohnenlassen　267, 268
生　Leben　9-10, 16, 18-25, 27-28, 30, 33, 35, 70, 91, 95-96, 98, 157, 160, 218, 284, 298, 320
生の哲学　Lebensphilosophie　7, 9, 19, 20, 24, 96
事実的生　faktisches Leben　20-22, 24, 34-35, 95, 99

生起　Geschehen　28-31, 34-35, 56, 94, 106, 117, 119, 123, 138, 140-44, 160, 169, 179, 183, 184, 190, 192, 209, 212, 224-26, 228-29, 246, 253, 259, 265, 287, 289, 309, 313, 322-23
省察　Besinnung　56, 83, 134, 172-73, 200-01, 203, 205, 217-18, 284, 293, 295
制作／ポイエーシス　Herstellen/*poiēsis*　22, 30, 34, 93, 134, 143, 185, 211, 218, 252-55, 257, 259, 262
精神　Geist　23, 45, 94, 126, 129, 131-33, 153, 160-61, 201, 209, 249, 269-71, 273, 275, 298, 301, 316, 319-20, 325, 327
　精神医学　Psychiatrie　294-96, 298, 300-03
　精神科学　Geisteswissenschaft　10, 23, 99, 172, 201, 214
生成　Werden　44, 46, 73, 75, 81, 94, 138, 139, 159, 174, 195, 222, 226, 249-50, 265, 285
聖性　Heiligkeit　234, 235
聖なるもの　das Heilige　147-51, 153, 239, 268
西南ドイツ学派　Südwestdeutsche Schule　9, 37, 99
世界　Welt　6, 10, 18-21, 23, 25, 26, 29-30, 32, 35, 41, 48, 53-54, 57-64, 66, 68-70, 72-77, 80, 90-91, 93-94, 96-97, 100-01, 104-06, 108, 117, 122-24, 127, 129, 131-34, 138, 141-44, 157-58, 160, 163, 165, 169, 173, 175, 178, 180, 185-86, 191, 194-95, 197, 200-02, 204-06, 209, 211-13, 216-18, 227-28, 231, 239, 243, 244, 250, 254, 256-62, 264-66, 268, 279, 283, 286-90, 292-94, 297-99, 303, 306, 313, 317-18, 322-24, 326
　世界化する　welten　18-19
　世界観　Weltanschauung　18-19, 82, 202, 283
　世界形成的　weltbildend　128-31
　世界性　Weltlichkeit　61
　世界内存在　In-der-Welt-sein　25, 28, 31, 35, 41, 50, 53-54, 57, 60-63, 65, 69-72, 74-77, 79, 85, 98, 169, 297, 299, 303
　世界の無　das Nichts der Welt　76
　周囲世界　Umwelt　19, 21, 29, 35, 57, 61-62, 64, 66, 70, 72-73, 75, 91, 93, 169
　共世界　Mitwelt　62-64
世界ユダヤ人組織　Weltjudentum　315-16, 319-26, 330-31
……せしめること　Lassen　277, 313-14
接合　Fuge　13, 167-68, 224-25, 227-30, 240, 289
　接合肢　Fugung　167, 170-71, 177
　接合組成　Gefüge　167, 170
先駆　Vorlaufen　83-85, 88, 90-91, 97-98, 180
　先駆的決意性　→「決意性」を見よ
　死への先駆　→「死」を見よ
先行構造　Vor-Struktur　73
全体主義　Totalitarismus　261, 317, 331
選択／プロアイレシス　Wahl/*proairesis*　32-33, 52, 72, 97-98, 136, 198
像　Bild　123, 197, 200, 202
相依相属性　Zusammengehören　276
総かり立て体制　→「立てること」を見よ
創建／創設　Stiftung　149
　創建／創設する　stiften　124, 149, 153, 189, 268
　没－創建すること　Ent-stiften　268
蔵する　bergen　184-85, 288, 290　→「開蔵」「隠れ／覆蔵性／隠蔽性」「隠れなさ／非覆蔵性」も見よ
総動員（ユンガー）　totale Mobilmachung　156, 161, 240, 253-54, 261-62, 317
疎外　Entfremdung　30, 67, 121
ソフィア／知恵　*sophia*　28-30, 33
それ　es　18, 147, 246, 307-12
存在／存在《ある》　Sein　12, 15, 43, 47, 52, 77, 102-04, 106-09, 116-18, 135, 137-42, 146, 148, 153-55, 159-60, 162-63, 165, 167, 169, 173, 176, 223, 226, 228, 241-48, 250-51, 259, 273-78, 280, 281, 293, 300, 302, 305-14, 317
　存在《あり》　Seyn　149, 167-68, 170-71, 173, 176, 178-80, 182-84, 192-93, 195, 235, 257, 263, 271, 291-92, 321-22
　存在の真理　Wahrheit des Seins　88, 103, 108-09, 144, 146, 149, 153, 170, 174, 177, 179, 181, 183, 185, 187, 189, 192, 194, 204, 217, 235, 244-45, 247-48, 250, 263, 275, 304
　存在の問い／存在への問い　Seinsfrage　4, 9, 11, 42, 48-51, 55, 95, 101-04, 108, 116, 125, 127-28, 134-35, 138, 145, 148, 162, 169, 171, 175, 180, 214, 274, 293, 301-03
　存在史／存在の歴史／存在歴史　Seinsgeschichte　134-35, 139, 159, 163, 167, 169-70, 174, 176, 181, 184, 200, 206-08, 211, 213, 217, 233-34, 237, 239, 255, 264, 266, 268, 281, 309-15, 317, 319, 321-23, 326-27, 331
　存在に立ち去られてあること／存在に見捨てられてあること　Seinsverlassenheit　170-72, 184, 191, 235, 237, 240
　存在忘却　Seinsvergessenheit　28, 107, 109, 142, 145, 196, 244, 260, 274, 305, 307, 309
　存在理解　Seinsverstehen, Seinsverständnis　37, 41, 49-51, 54-55, 59, 66, 77, 87, 99, 103, 117, 129, 133-34, 138-39, 141, 145, 169, 171, 299

在らしめる／存在せしめる／存在させる　sein lassen　257, 285-87, 289, 308
終わりへとかかわる存在　Sein zum Ende　81-82, 84
共存在　Mitsein　62-64, 80-81, 85, 87, 121
死へとかかわる存在　Sein zum Tode　82-85, 180, 259
内存在　In-Sein　53-54, 57, 60, 67-71, 74
……のもとでの存在　Sein-bei　74
存在者／存在するもの　Seiendes　4, 12, 22-23, 28-29, 35, 40-42, 47-55, 57-61, 74-77, 101, 103-06, 115-19, 121-24, 138, 149, 173, 176, 178-80, 182-85, 190, 194, 222-23, 226, 228-29, 235, 237, 244-45, 248-49, 254-55, 257, 260-61, 265, 268, 271, 273-75, 277-80, 291-92, 300, 321
存在者性　Seiendheit　146, 167, 171, 173-76, 178, 182, 207, 235, 237, 273, 291
存在者的　ontisch　5-51, 53, 55-56, 77, 88, 115-16, 207, 303
全体としての存在者　Seiendes im Ganzen　104, 116-19, 121, 124, 126-29, 171, 179, 194, 202-05, 234, 237
存在者の存在　Sein des Seienden　40-41, 48, 51, 54, 57, 66, 84, 101, 105-06, 117, 160, 164, 167, 171, 174-75, 207, 236-37, 249, 251, 275, 277, 280, 291-92
エオンタ（オンタ）　*eonta, onta*　222-26, 229-30
存在論　Ontologie　9-13, 15-16, 23, 28-29, 31, 35, 38-41, 47-48, 50-51, 54-56, 62, 64, 68, 74, 76-77, 79, 81-84, 88, 95, 98-99, 103-05, 107-08, 110, 112, 115-17, 119, 123, 140, 174, 212, 217, 235, 240, 243, 273-75, 296-97, 300-03, 309
存在論的　ontologisch　9-13, 15-16, 23, 38-41, 50-51, 55-56, 62, 64, 74, 76-77, 79, 81, 83-84, 87-88, 98, 104, 111, 115, 118-19, 123, 235, 240, 275, 296-97, 301-02
存在論的差異　→「差異」を見よ
基礎存在論　Fundamentalontologie　10, 38, 41, 47, 54-56, 68, 77, 94-95, 102
前存在論的　vorontologisch　41
メタ存在論　Metontologie　78, 103-05, 115-17
領域（的）存在論　regionale Ontologie　41, 54, 104
存在－神－論　Onto-Theologie, Onto-Theo-Logik　170, 273, 291

た 行

第一哲学　50, 117, 273
対向振動　Gegenschwung　178, 312
退去　Entzug　180, 229, 277, 281, 309-11, 313
退屈　Langeweile　119-22, 124, 170, 175, 294
対象　Gegenstand　10, 12-15, 18, 24, 40, 42-45, 48, 51, 54, 61, 66, 70-71, 73, 75, 80, 95, 110-11, 118, 128, 130, 146, 169, 172, 179, 185, 197-98, 201-02, 209-10, 218, 231, 237, 244, 248, 250, 253, 256-57, 266, 269, 276, 280, 288-89, 296, 299, 301, 306, 309, 318
対象化　Vergegenständlichung　28, 41, 128, 130, 178, 183, 185, 209, 280, 291, 299, 301
大地　Erde　6, 129, 140-41, 143-44, 151, 154, 194-95, 209, 211, 249, 257-58, 260, 264-67, 269-70, 287-88, 313, 317-18, 321-23
頽落　Verfallen　20, 64, 66-67, 74-76, 78, 83, 88, 90-93, 105, 107, 121
正しさ／正当性　Richtigkeit　10, 37, 174, 196-200, 224
建てる　bauen　61, 72, 263, 265-68, 270, 283
立てること　stellen　50, 116, 144, 197, 285, 308, 310, 314
表象定立する　vor-stellen　211
用立てる／徴用する　bestellen　253-55, 257, 260, 266, 285
偽装／立て塞ぎ　Verstelltheit　151, 260
総かり立て体制　Ge-stell　156, 171, 252-56, 259-61, 263, 266, 268, 279, 282
脱自態　Ekstase　90-96, 102, 107
脱自的　ekstatisch　45-46, 105, 143, 299
脱－存　→「実存」を見よ
脱性起　→「性起」を見よ
脱－体験化　Ent-leben　19, 21
他人たち　Andere　58, 63-66
魂／プシュケー　*psychē*　14, 28-30, 32-33, 44-45, 199, 256
知　Wissen　10, 13-15, 22, 28, 86, 91, 127-28, 131-33, 142, 172-75, 181, 185-86, 192, 194, 205, 216, 218, 229, 233, 253, 257, 296
近さ　Nähe　152, 171, 177, 190-91, 211, 265, 289, 312
力への意志（ニーチェ）　→「意志」を見よ
地平　Horizont　27, 31, 33-34, 38, 44, 46, 73, 75, 87, 90, 93-95, 100, 102, 104, 106-07, 111-12, 116, 160-62, 174-75, 210, 211, 246, 250, 299, 305
地平的図式　horizontales Schema　46, 102, 105-07
中央　Mitte　151, 187, 189, 193-94
超越　Transzendenz　12-15, 41, 86, 91, 93, 111, 119, 123, 178, 278
超越範疇　transcendentalia　11-13, 15-16

超越論的　transzendental　10-11, 13-15, 37-38, 41-46, 210, 264, 271
超越論的構想力　→「構想力」を見よ
聴従　→「聴くこと」を見よ
超人（ニーチェ）　Übermensch　158, 161, 237, 239-41, 249
跳躍　Sprung　140, 144, 167, 173, 177-80, 185-87, 194, 281
直観　Anschauung/*noein*　41-45, 66, 85, 110-12, 203, 298
感性的直観（カント）　sinnliche Anschauung　42-44, 110
知的直観（カント）　intellektuelle Anschauung　110
範疇的直観　→「カテゴリー的直観」を見よ
沈黙　Schweigen　6-7, 74, 85, 101, 149, 192, 290-91, 313, 327-28
追思すること　→「思索／思考」を見よ
接合組成　Gefüge　167, 170
慎ましさ／控え目　Verhaltenheit　170, 186, 191
ディケー　*dikē*　223-24
デイノン　→「無気味なもの」を見よ
適所性　Bewandtnis　59-60, 72, 93
適切なこと　Fug　223, 225, 229
適切で－ないこと　Un-fug　223, 225, 227, 229-30
テクネー　*technē*　22, 28, 139-44, 218, 252-53, 257, 263　→「技術」も見よ
テクノロジー　Technik　→「科学技術／テクノロジー」を見よ
哲学　Philosophie　4-5, 7-13, 15, 18-20, 23-25, 27-32, 34, 37-42, 47-48, 55-56, 61, 66, 68, 75-77, 94-96, 98, 101, 108, 110, 115, 126-28, 135-37, 145, 157-58, 169-70, 177, 184, 186-87, 196, 199-200, 205, 208, 212-15, 218, 221, 230, 233-34, 242-51, 255, 259, 267, 270, 273, 278, 283, 294-96, 303, 305-06, 309, 318-19, 326
手許にあるもの　Zuhandenes　58, 60-63, 75
手許的存在性　Zuhandenheit　57-59
デュナミス／可能態　*dynamis*　34, 82
転回　Kehre　8, 27, 34, 39, 101, 103, 116-17, 123-24, 136, 153, 166-67, 178, 180, 190, 193, 195, 246-47, 254-57, 259, 261, 263-64, 305, 310
転換／メタボレー　Umschlag/*metabolē*　16, 30, 44, 102-03, 116, 169, 172, 175, 203, 236, 239, 244-45, 247, 251, 255, 257, 302
天空　Himmel　151, 154, 211, 257, 258, 260, 264-67, 269-70, 287, 313
テンポラリテート　→「時間」を見よ
転落　Ruinanz　20-21
同一性　Identität/Selbigkeit　8, 23, 76, 86, 99, 138, 174, 250, 275-76
同一／同なるもの　das Selbe　12, 62, 80, 140, 148, 167, 209, 233, 261, 273, 275-77, 281, 289, 291
道具　Zeug　57-61, 63, 73-74, 80, 85, 90-91, 93-94, 98, 103, 143-44, 179, 252, 262, 318, 322
洞窟の比喩（プラトン）　Höhlengleichnis　197-200
闘争　Kampf/Streit　133, 136, 142, 193, 199
通り過ぎ　Vorbeigang　171, 188, 191-93, 195
徳（アレテー）　*aretē*　28, 32-33, 35
として構造　Als-Strunkur　73-74
乏しい時代　dürftige Zeit　149, 238-39

な 行

内立性　Inständigkeit　178, 186
投げ送り　Zuspiel　167, 173-74, 177
ナチス／ナチズム／国家社会主義　Nationalsozialismus　97, 112, 125-26, 129-31, 133-34, 136-37, 145, 166, 173, 228, 231, 259, 294, 317, 321, 323-27, 329-31
名づけ／名ざし　Nennen　147-51, 264, 271, 276, 283, 285-87, 289, 293
鳴り響き　Geläut　288, 290-92
二重襞／二重の襞　Zwiefalt　223, 225-29, 251, 265-66, 271, 292
日常性　Alltäglichkeit　19-20, 57-58, 64, 68, 74, 79, 89, 91, 95, 162, 259, 301-02
担い分け　Austrag　265-66, 271, 275-78, 291
ニヒリズム　Nihilismus　156-58, 160-63, 216, 231-32, 236-38, 240-41, 242-43, 249, 253-54, 266, 278, 289
ノエイン　*noein*　139-40, 178, 250, 274
ヌース　*nous*　28, 44

は 行

場／場所　76, 89-90, 92, 98, 102, 105-06, 111, 121, 139, 141-44, 149-50, 167, 169-71, 173, 179-80, 184, 190-91, 198-99, 215, 245, 259, 264-66, 277, 289, 297, 308, 311-13, 316, 322
場　das Worin　57
場所　Ort　265
場所　Ortschaft　321
場所　Platz　61, 93
パトス（受動／情念）　*pathos*　33, 35
パルーシア　*parousia*　21-22
反照　Reluzenz　20-21
反照－遊戯　Spiegel-Spiel　264, 265-66
半神　→「神」を見よ

範疇　→「カテゴリー／範疇」を見よ
範疇的直観　→「カテゴリー的直観」を見よ
反復　Wiederholung　33, 49-50, 91, 256, 310
反ユダヤ主義　Antisemitismus　133-34, 315, 319, 321, 323-27, 329-31
非力さ　Nichtigkeit　87
ヒストーリエ　→「歴史学」を見よ
ひと　das Man　64-67, 74, 83, 85, 259
ひと－自己　Man-selbst　65, 260
被投性　→「企投」を見よ
等しきものの永遠回帰（ニーチェ）　ewige Wiederkehr des Gleichen　156-57, 159, 241, 249
響き　Anklang　117, 167-68, 171-74, 177, 184, 270, 281, 287-88, 290, 327
非覆蔵性　→「隠れなさ」を見よ
秘密　Geheimnis　17, 203-04, 256
ピュシス　→「自然」を見よ
表象　Vorstellung/repraesentatio　14, 44, 90, 98, 108, 111, 163, 181-82, 202, 204, 249, 288, 318
表象する　vorstellen　70, 178-80, 197-98, 200, 202-03, 248-49, 253, 257, 278, 280, 297, 305, 310-11
表象定立する　→「立てること」を見よ
開け／開けた場　→「開性」を見よ
不安　Angst　74-76, 83, 85, 90-91, 106, 117-19, 124, 142, 166, 170, 191
不穏　Unruhe　22
無気味な　unheimlich　76, 138, 142, 144
無気味なもの／デイノン　das Unheimliche/*deinon*　86, 137, 140-43
もっとも無気味なもの／デイノタトン　das Unheimlichste/*deinotaton*　139-41
覆蔵性　→「隠れ」を見よ
プラトニズム　Platonismus　158-59, 174
転倒したプラトニズム　umgedrehter Platonismus　157-58
フロネーシス／思慮　*phronēsis*　22, 28-29, 32
ヘクシス／習慣　*hexis*　19, 32
別離　*Abschied*　152, 164, 207
放下した平静さ（放下）　Gelassenheit　33, 158, 160, 163, 209-10, 215, 256-57, 261
奉仕　Dienst　129-33, 173
労働奉仕　Arbeitsdienst　130-33
国防奉仕　Wehrdienst　131-33
知の奉仕　Wissensdienst　131-33
没根拠　→「根拠」を見よ
欲しないこと　→「意志」を見よ
ボルシェヴィズム　Bolschewismus　316-17, 319-20, 325
本質的な現れ　Wesen　209, 213, 225, 229, 286, 292
翻訳すること　übersetzen　222, 230
本来性　Eigentlichkeit　29, 31, 33, 65, 67, 76, 79, 85, 90-91, 107-09, 122, 124, 185, 194, 264, 309
非本来性　Uneigentlichkeit　65, 67, 76-77, 85, 90-92, 107-09

ま 行

待つこと　Warten　136, 163, 175, 215
迷い　Irre　136, 204-05, 215, 218, 228-29
マールブルク学派　Marburger Schule　37, 39
未済　Ausstand　81, 83
道　Weg　6, 8-9, 17-18, 20, 25, 30, 36-38, 45, 50, 61, 77, 101, 108, 137, 156, 168, 195-96, 200, 205-06, 208, 210-18, 231-32, 246, 256, 271-72, 274, 286-87, 293, 300, 305, 309
野の道　Feldweg　208, 213-14
民族／民衆　Volk　6, 125-26, 128-33, 150, 152, 173, 194-95, 202, 216, 240, 271-72, 316-17, 320-22, 324-25
無　das Nichts　76, 85, 90-91, 115, 118-119, 124, 137-38, 142, 145, 155, 157, 163, 176, 177, 180, 185, 240, 258, 293, 317
無意義性　→「有意義性」を見よ
メタ存在論　→「存在論」を見よ
モイラ　*moira*　221, 227-28, 230
目的であるもの　das Worum-willen　59-61, 65, 123
物　Ding　29, 41, 43, 53, 120, 144, 147, 180, 185, 194, 197-98, 200, 208, 211, 214, 256-59, 261-66, 268, 285-90, 292-93, 296-97, 299, 308, 311-13
物化　Dingen　147

や 行

躍動　Schwung　13, 19, 96
有意義性　Bedeutsamkeit　59, 61, 66, 74, 76, 91, 100, 106, 123, 297, 299
無意義性　Unbedeutsamkeit　76
有限性　Endlichkeit　88, 97, 111, 117, 119, 194, 230
夕べの－国　Abend-land　159, 164, 216, 218
用象／徴用物資　Bestand　185, 253-61, 266, 279
用立てる／徴用する　→「立てること」を見よ
予感　Ahnung　170, 208
予期　Gewärtigen　91, 93-94
予－知　Er-ahnen　170
呼びかけ　Zuruf/Anruf　6, 87, 96, 138, 146, 178, 190-91, 247-48, 253-55, 268, 276, 278, 281, 310
呼び声　Ruf　85-87
呼ぶこと（呼びかける／呼び寄せる／呼び出す／呼び放つ）　rufen, anrufen, herrufen, hinrufen

85-87, 150, 227, 285, 287-90

ら 行

理解　Verstehen　9-10, 12-15, 24-25, 28-31, 38, 50-51, 55, 60-63, 65-66, 69, 71-74, 81, 90-94, 97, 99, 103, 105-06, 108, 116-18, 175, 196, 200, 202, 204, 305
理性　Vernunft　10, 39-41, 44, 52, 68, 179, 197, 210, 213, 218, 227, 249-50, 278-79, 309
良心　Gewissen　79-80, 85-88
　良心の呼び声　Gewissensruf　85-86
　良心を持とうとすること　Gewissen-haben-wollen　88
歴史　Geschichte　18, 28-31, 48, 96-97, 107, 128-29, 131, 137, 148, 153, 157-58, 167, 169, 171-75, 180, 184, 192-94, 200, 212-14, 218, 233-34, 236-37, 248, 250-51, 273-74, 283-85, 306-07, 309-10, 316-18, 322
　歴史性　Geschichtlichkeit　89, 91, 95-98, 169, 212, 272
歴史的運命／共同運命　Geschick　138-39, 148, 151, 154, 164, 228, 230, 232, 234, 237, 248, 254-63, 281, 309-14, 317, 331
　存在の歴史的運命　Seinsgeschick　237, 255, 281, 309-14, 331　→「送り遣わす」も見よ
歴史学／ヒストーリエ　Historie　10, 91, 128, 172, 208, 212-13, 321, 326
　歴史学的　historisch　169, 212, 254, 326
労働者　Arbeiter　128, 160-62, 165, 231-32, 240, 260, 267
ロゴス　*logos*　30, 32-33, 35, 44, 139-40, 187, 218, 221, 227-28, 230, 285, 288, 309
論理学　Logik　10-11, 13-14, 28, 41-42, 44

わ 行

分かち－あい　Unter-Schied　→「差異」を見よ

（作成協力：上田圭委子）

付録

ハイデガー全集の全貌

監修：齋藤元紀・陶久明日香・松本直樹

ハイデガーが生前に書き残した膨大な著述は，1975年よりヴィットリオ・クロスターマン書店から刊行中の『マルティン・ハイデガー全集』(*Martin Heidegger Gesamtausgabe*, Vittorio Klostermann Verlag, Frankfurt am Main, 1975– ）に集成されている。四部構成の第一部は公刊著作（1910–76年）を収め，全16巻。第二部は講義録（1919–44年）から成り，マールブルク講義（1923–28年），フライブルク講義（1928–44年），初期フライブルク講義（1919–23年）の順に，25年間のほぼ毎学期分が揃う。第三部は未公刊論稿（講演原稿や草稿類）で，全18巻。第四部は覚え書き類（ゼミナール記録，手記，メモ類）で，21巻の予定。完結すれば102巻に及ぶ巨大な全集となるはずだが，1975年の刊行開始からおよそ40年，すでに88巻が既刊となっている（2014年9月現在)。創文社から刊行中の日本語版『ハイデッガー全集』も，1985年の第1回配本以来，日独の研究者の協力のもとに邦訳・刊行を続け，既刊は48巻に達している。

以下では，巻ごとに内容を略述することで，この全集の「全貌」を提示しようと試みる。創文社版全集の邦訳を担当している，本『ハイデガー読本』の各章執筆者にも協力を仰いだほか，気鋭の研究者に分担執筆をお願いした。「ハイデガーの思索の全貌」がいよいよ露わになり，同時にますます見通しがたくなりつつある今日，われわれのこの試みがすべての読者にとって有益なガイドとなることを期待したい。

各巻の解説にあたっては，冒頭にクロスターマン社版の巻数，書名，編者名，刊行年をドイツ語で記し，続いて創文社版の書名，訳者名，刊行年を示した。邦訳書名は創文社版のそれを踏襲した。ただし，解説における種々の訳語については，必ずしも邦訳書には従っていない。末尾に当該解説文の執筆者名をカッコで括って記した。

解説においては，限られた紙数で可能なかぎり当該巻の重要性や問題性が読者に伝わるよう工夫を凝らしたが，本『読本』の各章で十分に解説されているものについては，むしろテクスト成立の経緯その他の情報提供に重点を置いた場合もある（たとえば第2巻)。

また，最新刊である第94，95，96巻所収の『考察』については，ドイツ語版編者のペーター・トラヴニー氏による特別寄稿「ハイデガーと「世界ユダヤ人組織」――「黒ノート」をめぐって」を参照していただきたい。

Bd. 1, *Frühe Schriften*, hrsg. v. F.-W. von Herrmann, 1978.
『初期論文集』岡村信孝／丸山徳次／H. ブフナー／E. ラフナー訳，1996 年

本巻には，ハイデガー修学時代の論文２本，書評５本および，学位論文「心理主義における判断論——論理学への批判的・積極的寄与」と教授資格論文「ドゥンス・スコトゥスの範疇論と意義論」，そして教授資格取得のための試験講義「歴史科学における時間概念」が収められている。キーワードはさしあたり，新カント派，純粋論理学，『存在と時間』への道，の三つにまとめることができる。

フライブルク大学で学んだハイデガーは，当時，主要な哲学的潮流のひとつであった新カント派の影響下，とりわけ，教授資格論文の指導教官であるハインリヒ・リッケルトと，その高弟エミール・ラスクから強い影響を受けて自らの思索を開始した。学位論文と教授資格論文は，いずれも「純粋論理学」の構想のもとに，とりわけラスクの思想を批判的に継承しつつ拡大するものであったといえる。このような新カント派の影響から脱して，ハイデガー自身の思索が立ち上がってくるその局面とはいかなるものであったのか，また，「存在の問い」の仕上げを企図する『存在と時間』との連関はどこに存するのか，これを考察するためには，この『初期論文集』の読解は最重要事項となる。

また，1972 年に単行本版としてクロスターマン社から出された『初期論文集』にハイデガー自身が付した「序文」には，範疇問題においては「存在の問い」が，意義論においては「言葉への問い」が予示されていた，と述べられている。この言葉を真摯に受け取るのであれば，修学時代の問題意識と基礎存在論に結実する「存在の問い」の形成とが，どのような点で連続性と非連続性を有するのかが，問われるべき事柄となるはずである。（渡辺和典）

Bd. 2, *Sein und Zeit*, hrsg. v. F.-W. von Herrmann, 1976.
『有と時〔存在と時間〕』辻村公一／H. ブフナー訳，1997 年

ハイデガーの前期における主著にして，その後の長きにわたる思索の出発点となった最重要著作。公刊と同時に，その影響は狭義の哲学を超えて神学，精神医学など多様な領域に及び，実存主義やフランス現代思想，英語圏のプラグマティズムや認知科学など，その後に生じた思想運動にも大きな刺激を与えた。また，田辺元，九鬼周造，和辻哲郎，三木清らに深い感銘を与え，近代日本哲学の推力源の一つになった。その巨大な影響力は，未完に終わったこの書の既刊部分に示された「現存在」——いわゆる人間——についての見方に拠るところが大きいが，ハイデガー自身の本来の思索の課題である「存在の問い」に接するためにも，この書をその挫折の経緯まで含めて，徹底的に読み抜く必要がある。

本書は 1927 年，『哲学および現象学的研究のための年報』第８巻に掲載され，同時にマックス・ニーマイヤー社から単行本として出版された。2014 年現在，19 版を重ねているが，1953 年の第７版以降，「前半部（Erste Hälfte）」の表示が削られて未完が確定されるとともに，本文に多くの改訂が施されており，注意が必要である。クロスターマン社全集版は，いわゆる「山小屋手沢本（Hüttenexemplar）」（1929 年の第２版）から多くの欄外注記を収録し，さらには著者による本文訂正を反映させているが，著者自身の指示で注記の年代や訂正箇所の明示を欠き，やはり慎重な扱いを必要とする（単行本も 1977 年の 14 版以降は欄外注記も含めて全集版に依拠しており，事情は同じ）。創文社全集版以外の邦訳には，細谷貞雄訳ちくま学芸文庫版（全二冊），原佑・渡邊二郎訳中公クラシックス版（全三冊），熊野純彦訳岩波文庫版（全四冊），高田珠樹訳作品社版（全一冊）などがある。（松本直樹）

Bd. 3, *Kant und das Problem der Metaphysik*, hrsg. v. F.-W. von Herrmann, 1991.
『カントと形而上学の問題』門脇卓爾／H. ブフナー訳，2003 年

本巻の主論稿は，1929 年に同名でクロスターマン社から単行本として公刊されたハイデガーのカント解釈である。付録として，同時期の関連草稿や，1929 年にカッシーラーと交わされた有名なダヴォス討論の筆記録，カッシーラー『シンボル形式の哲学』への書評論文も収められている。主論稿『カントと形而上学の問題』は，『カント書』と略称されることが示すように，構想力概念を最大限に重視した個性的なカント論としてハイデガー研究の文脈を超えた強烈な存在感を放つ必読文献である。

第一篇から第三篇までは，カント『純粋理性批判』第一版の原則論と超越論的演繹を主な解釈対象とし，これにより，アプリオリな綜合判断としての存在論的綜合の根拠づけが目指される。存在論的綜合とは，存在者が存在者として経験されることを可能にする働きである。ここから分かる通り，本書はハイデガー自身の存在論とカント哲学が絡み合った対話の成果である。具体的には，超越論的構想力が存在論的綜合の根拠とされる。これにより，本書の内外で，構想力は時性《テンポラリテート》や性起の出来事などハイデガー存在論の最深部にある概念と接続される。ただし，第三篇Cで主観性の時間性格を示すために純粋自己触発概念が導入されると結局構想力は自己触発に基づけられてしまい，本書は構想力重視に留まらない複雑な陰影を示す。この陰影は，当時ハイデガーが直面した事象の機微を映し出す。第四篇は，以上のカント解釈とハイデガーの基礎存在論の関係を説明し，形而上学的探究が最後には形而上学を遂行する人間の本質の解明に収斂する所以が説かれる。ここで賭けられるのは，存在を問う者が自らを存在の内に位置づける仕方に他ならない。（景山洋平）

Bd. 4, *Erläuterungen zur Hölderlins Dichtung*, hrsg. v. F.-W. von Herrmann, 1981.
『ヘルダーリンの詩作の解明』濱田恂子／I. ブフハイム訳，1997 年

本巻に収められたテクストは，「帰郷／つながりのある人たちに宛てて」（1943 年，フライブルク大学でのヘルダーリン没後 100 年記念講演），「ヘルダーリンと詩作の本質」（1936 年，ローマでの講演），「あたかも祝日のように……」（1939/40 年），「回想」（1943 年，テュービンゲン記念論集への寄稿），「ヘルダーリンの大地と天空」（1959 年，ヘルダーリン協会での講演），「詩」（1968 年，F. G. ユンガー古稀記念講演）の 6 編である。初版は 1944 年にクロスターマン社から出ている（ただし最初の 2 編のみを収録）。

これらテクストを貫く強力な一本のベクトルがある。それは「聖なるもの」である。「語られたもの」であるヘルダーリンの詩作品は，ハイデガーによって，それが語り出された瞬間へと送り返される。つまり，それを語り出した者である詩人の「半神」としての境涯へと送り返される。だからこそ，序言にあるように，それ自身「語られたもの」である「解釈」の言葉は，最終的には消え去るべきなのである。思索による詩作との対話とは「語ること」へ向けてのこのような送り返しの営為である。そして「語ること」が成就する瞬間が「聖なるもの」の到来を画する。「沈黙」におけるこの到来は「語ること」が「聴くこと」と癒着しつつ，同時に亀裂を被る瞬間であり，ハイデガーはここに「根源的対話」の密やかな成就を見てとる。

1934/35 年冬学期フライブルク講義以来のヘルダーリンとの思索的対話の試みは，ここでも「性起の出来事」からの／における思索という伏線をかいま見せつつ強力に遂行されている。しかし「言い示し（Sage）」と「存在《あり》（Seyn）」の関連をめぐるハイデガーの最深部に属する問題系は，今後も解明の余地を残している。（譽田大介）

Bd. 5, *Holzwege*, hrsg. v. F.-W. von Herrmann, 1977.
『杣径《そまみち》〔杣道〕』茅野良男／H. ブロッカルト訳，1988 年

1950 年初版の単行本『杣道』（クロスターマン社刊）を増補のうえ収録した本巻は，転回を挟んだハイデガー中期思想のエッセンスを凝縮した最重要巻の一つである（単行本の表記やページは第 7 版以降この全集版と一致）。1935 年から 46 年にかけての四つの講演と二つの論文が含まれ，『存在と時間』以降にハイデガー思想のたどった「道・径」を展望させてくれる。

「芸術作品の根源」と「世界像の時代」は，『存在と時間』で展開された手許的存在者と世界性の分析の掘り下げとみることができる。手許的存在として際立つ「物」の存在性（テクネー）を，芸術作品の分析を通じて，世界と大地の根源的闘争の生起（ピュシス）に差し戻す前者に対して，後者では，技術的主体となった人間によって，物が表象定立された「像」へと征服されていくことが，近代形而上学の出来事として示される。こうした出来事を，存在の歴史の構想のもと，形而上学の完成の相として位置づけるべく取り組まれたのが，「ヘーゲルの経験概念」と「ニーチェの言葉〈神は死んだ〉」である。テクストの精密な読解に基づくこれらの「対決」はまた，哲学者が自らの歴史性（運命性）において過去の哲学者と向き合うことがいかなることかを示したドキュメントにもなっている。「詩人は何のために」におけるリルケ論と，「アナクシマンドロスの箴言」におけるソクラテス以前の思考への注目は，上記の芸術作品論をも導いていたところの，言葉とピュシスをめぐる問題意識を背景にしている。それは，人間存在を言葉をもつ死すべきものとして再規定していく，50 年代以降のハイデガー後期思想の先触れをなすものである。

なお，『芸術作品の根源』は，関口浩訳（平凡社，2008 年）もある。　（信太光郎）

Bd. 6-1, *Nietzsche I*, hrsg. v. B. Schillbach, 1996.
『ニーチェ I』圓増治之／S. ミュラー訳，2000 年

本巻には 1961 年にネスケ社から刊行された『ニーチェ』（全二巻）の第一巻が収められている。同書は 1936〜40 年に行われた一連のニーチェ講義の原稿にハイデガーが修正加筆したものと，1941 年および 1944/46 年に成立した四つの論稿を含む全十部構成となっており，ネスケ版と全集版とに内容の異同はない。なお，修正加筆前の各講義原稿は全集第 43，44，47，48，50 巻に収録されている。また，同書の邦訳には創文社全集版の他に，細谷貞雄訳ちくま学芸文庫版（全二巻，第五部までを訳出）が入手しやすい。

『ニーチェ』全体を貫くのは，西洋形而上学の歴史の完成をニーチェの思索のうちに見届けるとともに，その根底で忘却されてきた「存在の歴史」を取り戻そうとするハイデガーの思索道程である。そして，ハイデガーによるニーチェ解釈の視点となるのは「力への意志」，「永遠回帰」，「正義」，「ニヒリズム」，「超人」という五つの鍵概念である。

本巻は，第一部「芸術としての力への意志」（1936/37 年冬学期講義），第二部「等しいものの永遠回帰」（1937 年夏学期講義），第三部「認識としての力への意志」（1939 年夏学期講義）から成る。第一部では，存在者の根本性格たる「力への意志」の内実がニーチェの意志概念と芸術観の検討から解明される。第二部では，『ツァラトゥストラ』解釈を中心に，「永遠回帰」が「力への意志」を根本性格とする存在者全体の存在様態として読み解かれていく。第三部では，ニーチェの認識観の検討から「正義」がニーチェにおける存在者の真理の本質として解釈される。ハイデガーはこの真理規定をもとに，永遠回帰する力への意志が「生成を現前性のうちに恒常化する」という仕方で西洋形而上学の伝統の完成形となることを示す。　（伊藤良司）

Bd. 6-2, *Nietzsche II*, hrsg. v. B. Schillbach, 1997.
『ニーチェⅡ』圓増治之／H. シュミット訳，2004 年

本巻には 1961 年にネスケ社から刊行された『ニーチェ』（全二巻）の第二巻が収められている。同書全体の成立と構成については前巻の紹介にてすでに触れた。本巻に収録されているのは三つの講義と四つの論稿であり，それぞれ第四部「等しいものの永遠なる回帰と力への意志」（1939 年夏学期講義予定・未実施），第五部「ヨーロッパのニヒリズム」（1940 年第二学期講義），第六部「ニーチェの形而上学」（1941/42 年冬学期講義予定・未実施），および第七部「ニヒリズムの存在史的な規定」（1944/46 年論稿），第八部「存在の歴史としての形而上学」（1941 年論稿），第九部「形而上学としての存在の歴史へ向けての諸草案」（1941 年論稿），第十部「形而上学の内への回想」（1941 年論稿）として構成されている。なお，全集版では第七部から第十部を中心にハイデガーの自家用本の書き込みが欄外注記として加えられている。

本巻第四部および第六部は同書でのニーチェ解釈を概略する内容となっている。第五部では，「ニヒリズム」が形而上学の歴史動向の規定として読み解かれていく。加えて，一般に人間尺度説と呼称されるプロタゴラスの命題への解釈やデカルトのコギト解釈を交えつつ，「超人」概念が近代的な主体性の極まりとして読み解かれ，形而上学の歴史動向の完成者たるニーチェの根本的立場が見定められる。つづく第七部から第十部にかけての論稿では，ニーチェの思索に伝統的形而上学を総括したハイデガーがいよいよ「ニーチェとの対決」へと乗り出していく。存在者から存在を規定してきた形而上学の伝統は，存在それ自身の本質動向を護持する「存在の歴史」の視点から捉え直され，イデア，エネルゲイア，コギト，モナド，力への意志といった形而上学的諸概念の形成も存在忘却の歴史として語り直されていくこととなる。（伊藤良司）

Bd. 7, *Vorträge und Aufsätze*, hrsg. v. F.-W. von Herrmann, 2000.
『講演と論文』（未邦訳）

この論集には 1950 年代前半に発表された 11 本の論文が，存在の歴史という観点から，三部に分けて収録されている。第一部は，現代についての四つの論。講演「技術への問い」は，現代技術の本質を思索したもの。この講演の内容は 1949 年に口述されたブレーメン講演（全集第 79 巻所収）に密接に関連している。講演「科学と省察」は，近代科学の本質がどういうところに由来するのか，その境域を指し示そうとしたもの。「形而上学の超克」は 1936 年から 1946 年までに執筆された断章を集めている。講演「ニーチェのツァラトゥストラとは誰か」は，形而上学の完成者としてのニーチェの思索について論じたもの。第二部は，将来に向けた四つの論。講演「思索とは何を意味するか」は，フライブルク大学で 1951/52 年に行われた同題の講義にもとづく。ヘルダーリンの詩句を引用しつつ表題の事柄を論じている。講演「建てる，住む，考える」は，人間の住むことについての考察から，全体としての存在者のあり方を，死すべき者たちと神的な者たち，大地と天空からなる四方界（Geviert）として解明する。講演「物」は，物をこの四方界から説明している。講演「詩人的に人間は住む」は，表題になっているヘルダーリンの詩句を解明する。第三部は，ソクラテス以前の思索者を回想した三つの論。論文「ロゴス」と論文「アレーテイア」は，ヘラクレイトス断片を取り上げたもの。論文「モイラ」は，パルメニデス断片を取り上げた解釈である。

1954 年にネスケ社から出版された本書は，大戦後，ナチスへの関与の責任を問われたハイデガーが，哲学界への復帰をかけて発表した渾身の作であり，1930 年代以来のハイデガーの思索の道における，一つの到達点を示す内容となっている。（関口浩）

Bd. 8, *Was heißt Denken ?*, hrsg. v. P. -L. Coriando, 2002.
『思惟とは何の謂いか〔何が思索を命ずるか〕』四日谷敬子／H. ブフナー訳，2006 年

本巻は「思索とは何を意味するか」という問いをめぐって，フライブルク大学で 1951/52 年の冬学期および 52 年の夏学期に行われた同一表題の講義のテクスト原文が収められている。この講義はハイデガーが第二次世界大戦後に行った最初の講義であるとされる。この講義は，1954 年にマックス・ニーマイヤー社から単行本として出版され，第 5 版（1997 年）まで版を重ねている。単行本と 2002 年に刊行の全集版との違いは，講義と講義のあいだをつなぐ「講義時間の移行」の配置である。単行本では講義部分と別に離して印刷されているのに対し，全集版では講義の該当箇所にそれぞれ配置されている。また全集版では講義のほか，付録として冬学期講義からの未刊行テクストの一節，そして夏学期で講義されなかった最終講義のテクストが収められている。

「思索とは何を意味するか」は「存在とは何か」と同一の問いとして省察される。冬学期講義は「われわれの熟考を要する時代の最も熟考を要することは，われわれがいまだに思索していないということである」という命題から始まり，西洋形而上学を「完成」させた哲学者としてのニーチェを手がかりに，また，夏学期講義は「思索とは何を意味するか」の問いが「何がわれわれに思索するように命ずるのか」の問いを含むものであるとして，西洋形而上学の「始まり」の思想家としてパルメニデスを取り上げ，「思索」およびその根本にある「存在」の問いがそれぞれの講義で展開される。この講義については，単行本からの邦訳が創文社全集版『別巻 3』として 1986 年に出版され（四日谷敬子／H. ブフナー訳），現在はドイツ語全集版に準拠した改訳版が刊行されている。（魚谷雅広）

Bd. 9, *Wegmarken*, hrsg. v. F.-W. von Herrmann, 1976.
『道標』辻村公一／H. ブフナー訳，1985 年

本巻には，1919 年から 61 年までのハイデガーの思索を一望できる 14 篇の論文が収められている。既刊の単行本（1967 年，クロスターマン社）との最大の違いは，「カール・ヤスパース『世界観の心理学』に寄せる論評」と「現象学と神学」とが新たに加えられたことである。

本巻の構成は，大きく三つに区分される。存在の問いを基礎存在論的に仕上げる時期の諸論文は，現象学的哲学と神学的学問の関係を（「現象学と神学」），ライプニッツ存在論の現象学的解体を（「マールブルクでの最終講義より」），無と存在の本質的共属性を（「形而上学とは何か」），現存在の三重の根本生起としての超越を（「根拠の本質について」）それぞれ主題にしている。

存在史的思索の時期からは，真理が自らを開蔵しつつ覆蔵しながら歴史的に支配するという，根源的時間に対する真理の優位を主題にした論文（「真理の本質について」）と人間の現存在を存在史的に存在の明るみと関連付けて脱自的人間存在と規定する論文（「ヒューマニズムに関する書簡」）が収録されている。またこの時期のものとして，存在史的思索の立場から基礎存在論的立場を顧みて，自身の形而上学的思索を再検討している二つの小編（「形而上学とは何か」後記，序論）が収められている。

その他の諸論文は，プラトンとアリストテレス（「プラトンの真理論」，「ピュシスの本質と概念とについて――アリストテレス『自然学』B, I」），カントとヘーゲル（「存在についてのカントのテーゼ」，「ヘーゲルとギリシア人」），エルンスト・ユンガー（「存在の問いへ」）との存在史的対話となっている。（鷲原知宏）

Bd. 10, *Der Satz vom Grund*, hrsg. v. P. Jaeger, 1997.
『根拠律〔根拠の命題〕』（未邦訳）

1957年にギュンター・ネスケ社から単行本として出版された『根拠律』を収めたのが本巻である。その内容は，「根拠律」という同名タイトルを持つ1955/56年冬学期講義と56年の講演とから構成されている。本巻の大半を占める前者は，ハイデガーが行った生涯最後の講義という点でも注目に値する。また，前者の講義，後者の講演ともに「原子（力）時代（Atomzeitalter）」という強烈な時代意識に貫かれている。当巻を読み解くに際してはこのことを決して忘れてはならないだろう。講義ではまず，ライプニッツによって目覚めさせられた「何ものも根拠なしには存在しない」という根本命題（つまり根拠律）が，近世的な表象作用と，その作用によって対象化された存在者の在り方とを，ともに根拠づけていることが示される。それのみならず，現代技術の本質までもがこの根拠律によって規定されているとハイデガーは言う。だが，このような歴史を歩ませたものとは異質な「別の音調」が，根拠律のうちには鳴り響いており，それに耳を傾けねばならないとハイデガーは説く。この別の音調は，根本命題中の「根拠」と「存在」という語に強調点を置くことで聞こえてくるようになる。かくして，議論の水準は存在者から存在へと移され，存在と根拠が「同じもの（das Selbe）」であることや，根拠づけるものとしての存在が「没根拠／深淵」であることが語られる。こうした内容がヘラクレイトスにまで遡りつつ論じられるのだが，それによってハイデガーは西洋の思惟の歴史を，存在の送り遣わしの歴史（すなわち存在史）として明らかにしようとしている。

なお，ネスケ社版に基づく邦訳（辻村公一訳）が創文社から1962年に出ており，その翻訳および充実した訳者注は理解をおおいに助けてくれるだろう。（阿部将伸）

Bd. 11, *Identität und Differenz*, hrsg. v. F.-W. von Herrmann, 2006.
『同一性と差異』（未邦訳）

本巻は三部から成っている。第一部は1950年代の講演「それは何か，哲学とは」（1955年）と，本巻の書名にもなっている『同一性と差異』（1957年）を含み，後者にはフライブルク連続講演の第三講演「同一性の命題」（1957年）と，1956/57年の演習「ヘーゲルの『論理学』」をもとに1957年2月にトートナウベルクで語られた「形而上学の存在－神－論的体制」が含まれている。第二部は1949年のブレーメン連続講演「有るといえるものへの観入」の第四講演「転回」と，前出のフライブルク連続講演の第一講演「思索の根本命題」が，第三部はP. リチャードソンの著書『ハイデガー　現象学から思索へ』の前文に掲載されたリチャードソン宛書簡，そして小島威彦宛書簡がおさめられている。小島宛書簡は「原子力時代と「人間性喪失」」と題され，『道の手帖　ハイデガー』（河出書房新社，2009年）に邦訳されており，また，この書簡前後の手紙のやりとりは『ハイデガー年報（*Heidegger-Jahrbuch*）7』（カール・アルバー社，2013年）に収録されている。

本巻は生前に公刊されたテクスト（ネスケ社），および第79巻所収の講演の再録になっているが，第一部に関してはハイデガーの手沢本にもとづく書き込みが注として，またそれぞれの講演に関するメモ書きが付加されている。「同一性の命題」は，第79巻のそれとは，段落のつけ方，強調の有無などの差異，若干の文言の付加がある。

講演と書簡による，晩年のハイデガーの思索を代表するテクスト集成となっており，技術論，言語論，存在論的差異，形而上学の問題，性起の出来事の思索などが圧縮されて述べられている。熟読玩味されて然るべき論考である。（渡辺和典）

Bd. 12, *Unterwegs zur Sprache*, hrsg. v. F.-W. von Herrmann, 1985.
『言葉への途上』亀山健吉／H. グロス訳，1996 年

後期ハイデガーの言語思想の凝縮された一冊。「言葉」（1950 年），「詩における言葉」（1952 年），「言葉についての対話」（1953/54 年），「言葉の本質」（1957/58 年），「語」（1958 年），「言葉への道」（1959 年）の六篇から成る。そのなかにはゲオルゲ（「言葉」，「詩における言葉」）やトラークル（「言葉の本質」，「語」）の詩の解釈や，手塚富雄の来訪を機に創作された日本人との対話（「言葉についての対話」）などが含まれている。1959 年にネスケ社から単行本として出版され，全集版では若干の改訂と脚注の追加が施された。

この六作品の共通点は，それらが言葉の本質について思索しており，かつその思索がこの言葉自体からの呼び求めによって導かれているという点である。このような思索の在り方を，ハイデガーは「言葉への途上」と呼ぶ。この途上において，言葉の本質は，世界と物の「区－別」の「静けさの鳴り響き」，現前するものと現前の「二つ折れ」の「言い示し」，「近づけ」などとして経験され，この言葉への道が開かれる場所は，「寂寥の境」や詩作と思索の「近隣」として経験される。また途上にある人間の言葉への関わり方は，言葉に「聴従」しつつ「応答すること」としての「対話」や「解釈学的関わり」として，さらにその途上で実る語との関わり方は「諦め」や「断念」などとして，それぞれ論じられている。

「言葉についての対話」の翻訳には他にも理想社版と平凡社版がある。前者は同作品の執筆の機縁をつくった手塚自身による訳であり，ハイデガーとの実際の対話の内容を示すドキュメントが収録されている。後者は高田珠樹による訳であり，詳細な訳注と解説が収録されている。

（丸山英幸）

Bd. 13, *Aus der Erfahrung des Denkens*, hrsg. v. H. Heidegger, 1983.
『思惟の経験から』東専一郎／芝田豊彦／H. ブフナー訳，1994 年

本書は，1910 ～ 76 年の間におりにふれて公刊された小品 35 編を収載したものである。1910 年，フライブルク大学神学部生のときに書かれた「アブラハム・ア・サンタ・クラーラ」（公刊された最初の著述）から，1976 年，死の数日前に書かれた「マルティン・ハイデガーの挨拶の言葉」（公刊された最後の著述）にいたるまで，発表年代順に並べられている。『思索の経験から』（1947 年），『野の道』（1949 年），『ヘーベル――家の友』（1957 年）など，つとに広く読まれてきた著述が収載されている。本書のタイトルは，ハイデガーみずからが生前に定めていたとあって，ハイデガーの思索の道をたどるうえで欠かせない書といえよう。ただし収載作品の年代には偏りがある。1940 ～ 70 年代が 9 割近くを占め，『存在と時間』が発表された 1920 年代が 0 編であるのは，興味深い。なお本書は全集版の刊行と同年に，『思索の経験（Denkerfahrungen）』と題されて単行本としても刊行されている。

本書の特徴としては，まず言語／言葉，方言，家郷などが鍵概念になっているものが多いことがあげられよう。たとえば方言で詩作した詩人であるヘーベルに主に依拠しつつ，言語の源泉は家郷の方言であり，この方言のなかにこそ，神や世界や人間たちへの基底的な関わりが蔵されていると論じられる。あるいは一見単なる田舎の牧歌的な情景描写のようにも見える「創造的な風景――なぜわれわれは田舎にとどまるのか？」（1933 年）には，ハイデガーの政治的な思想を読み取ることができ，興味深い。また詩論をはじめとする芸術論が多いことともに，ハイデガー自身の詩ないしは詩的な文も多数収められていることも特徴といえよう。自身による思索的詩作の実践であるという意味で，重要である。

（三谷竜彦）

Bd. 14, *Zur Sache des Denkens.*, hrsg. v. F.-W. von Herrmann, 2007.
『思索の事柄へ』(未邦訳)

本巻は，二部構成で編集されている。第一部は，1969年にハイデガー自身がニーマイヤー社から公刊した同名の著作に若干の新たな付録を付したものであり，第二部は，さまざまな機会にハイデガーが書いたいくつかの小文を集めたものである。しかし，第二部に収録されたこれらの小文は，たとえば『存在と時間』の自己広告，『形而上学とは何か』の当初の講演時の広告文，といったものが大半で，いずれもさほど重要なものではないし，内容的にも（極端にゆるやかな意味でなら『存在と時間』第一部第三篇「時間と存在」に何らかの関係があるとは言えるものの）特に緊密な関係にあるわけでもない。

本巻で重要なのは言うまでもなく，第一部に含まれている，講演「時間と存在」と，それに関するゼミナールの記録，そして講演「哲学の終焉と思索の課題」である。とりわけ講演「時間と存在」は，その表題が端的に表しているとおり，『存在と時間』第一部第三篇「時間と存在」で果たされるはずであった課題が，ハイデガーの後期思想の視点から見た場合にどのように果たされることになるかを示したものであり，明示的に『存在と時間』の時間論に言及しながら，それを後期の「存在の歴史的運命」の思想と関係づけている。そういう意味でこの講演は，彼の前期思想から後期思想に至る全体像を展望するための，重要な手がかりを与えている。一方，講演「哲学の終焉と思索の課題」は，形而上学の完成の時代の到来とともに，思考の課題もまた，存在を思考するという課題から，「明るみ」と「隠れ」との共属を思考するという課題へと転換しなければならないことを述べており，『存在と時間』の時期の思想との，連続性よりはむしろ断絶を強調した論考となっているところが注目される。（仲原孝）

Bd. 15, *Seminare*, hrsg. v. C. Ochwadt, 1986.
『ゼミナール――フライブルク（ヘラクレイトス），ル・トール，ツェーリンゲン』(未邦訳)
『四つのゼミナール』大橋良介／H. ブロッカルト訳，1985年

本巻は，ゼミナールの参加者がまとめた「プロトコル（記録）」にもとづいて構成されており，ハイデガーと参加者とのやりとりが当時の状況そのままに再現されているという点で，講義や著作とは異なった特色を有している。「付録」として最後に収録されている1951年11月にチューリッヒ大学の学生協会に招待されて行われた「チューリッヒ・ゼミナール」のほかに，次の二種類のゼミナールテクストが収められている。

1966/67年冬学期ゼミナール「マルティン・ハイデガー／オイゲン・フィンク――ヘラクレイトス」は，フィンクの発案でハイデガーと共同で実施された。ヘラクレイトスの諸断片の解釈をめぐって活発な議論が繰り広げられており，ハイデガー，フィンクおよび参加者の発言が対話形式で一言一句書き留められている。フライブルク大学で開講されたハイデガー最後の授業がこのゼミナールである。また「四つのゼミナール」は，1966，68，69年にル・トール，1973年にツェーリンゲンで行われたゼミナールで，1955年のフランス旅行のさいに知り合った詩人ルネ・シャールとの交流を発端として開催されるにいたった。これらは，フランス人たちとの交友関係を伝える重要な記録であり，日本語訳が全集『別巻』として出版されている。取り上げられているテーマは多岐にわたるが，なかでも注目を引くのが，1968年のゼミナールで，ヘーゲルの「繕われた靴下は引き裂かれた靴下よりもましである」という句を印刷屋の「訂正」によるものとして「引き裂かれた靴下は繕われた靴下よりもましである」と解し，分裂と統一から存在論的差異を際立たせる現象学的解釈を展開している箇所である。（若見理江）

Bd. 16, *Reden und andere Zeugnisse eines Lebensweges*, hrsg. v. H. Heidegger, 2000.
『演説と人生行路のその他の証言』（未邦訳）

本巻は全集では800頁を超える最大の分量をもち，1910年代前半の神学生時代の書評から，1976年に執筆された自身の葬儀に関する指示に至る長期間のテクストを含む。その種類も演説，講演を中心に，私的なスピーチ，個人的ないし公的な書簡，対談，行政文書，書評，詩など多彩である。それらが時代順にⅠ．大学生と私講師，Ⅱ．マールブルクとフライブルクにおける教授，Ⅲ．フライブルク大学の学長，Ⅳ．第三帝国における教授，Ⅴ．浄化と教職停止，Ⅵ．年金受給者，Ⅶ．名誉教授，という区分で配列されている。

何といっても本巻は，Ⅲに学長就任演説『ドイツ大学の自己主張』やその他の学長時代の演説，書簡など彼のナチス加担に直接関係するドキュメントを収録し，この問題を論じるうえで欠かせない資料を含む。Ⅴに収録された「学長職1933/34年　事実と思想」などのナチス協力に対する戦後の弁明や，自身の処分をめぐるやりとりから，敗戦直後に彼が置かれた窮境が生々しく伝わってくる。ナチス問題については，Ⅶに収められた雑誌『シュピーゲル』のインタビューも重要である。なお，もともと生地メスキルヒやその周辺の町の記念式典で講演として発表され，本巻刊行以前に小冊子の形で出版されていた詩人ヘーベルや説教師アブラハム・ア・サンタ・クラーラに関する論考，「放下した平静さ」などがⅥ，Ⅶに採録されている。またこの巻には家族や親戚，友人や近隣住民など身近な人々に捧げられた誕生祝いや追悼のスピーチも多く含まれている。われわれはそれらのテクストから，彼の思索がいかに深く南ドイツの土地に根ざしていたかを感じ取り，彼が「故郷」や「土着性」といった語によって示そうとした事柄の意味を知ることができるであろう。（轟孝夫）

Bd. 17, *Einführung in die phänomenologische Forschung*, hrsg. v. F.-W. von Herrmann, 1994.
『現象学的研究への入門』加藤精司／A. ハルダー訳，2001年

本巻には，ハイデガーがマールブルク大学に招聘されて教授として行った最初の講義，1923/24年冬学期のテクストが収められている。講義題目一覧では「近代哲学の始まり」という題目で予告されていたが，実際には「現象学的研究への入門」という題目で実施された。講義テクストは，自筆原稿の複写と聴講者による筆記録にもとづいて編集されており，「付録」として筆記録から30のテクスト断片が付け加えられている。この講義は，ハイデガーがフライブルクのフッサールのもとを離れて行ったはじめての講義という意味をもつものでもあり，フッサールに対する批判が主題となっていることからも，ハイデガーが自らの「現象学」を方向づけたことがうかがえる資料となっている。

「序言」では，フッサールの現象学を規定している西洋における人間の自己解釈の歴史を明らかにし，「現存在」を主題として「現象学」を規定し直すことが告げられる。そして第一部では，「現象学」という言葉の意味がアリストテレスにもとづいて解明される一方で，アリストテレスによって形成された哲学の諸概念が，デカルト以来「確実性」と「明証性」の理念によって支配されており，フッサールの現象学もまた「認識された認識への気遣い」に支配されていることが示される。さらに第二部では，フッサールに見られる「認識された認識への気遣い」がデカルトに遡って究明され，第三部で，デカルトの「懐疑」や「コギト」とフッサールの「還元」や「意識」とが比較されている。『存在と時間』第七節で宣言されている「ファイノメノン」の「ロゴス」としての現象学が仕上げられていくのが本巻なのである。（若見理江）

Bd. 18, *Grundbegriffe der aristotelischen Philosophie*, hrsg. v. M. Michalski, 2002.
『アリストテレス哲学の根本諸概念』(未邦訳)

本巻には1924年夏学期講義のテクストが収められているが，ハイデガー自身の手になる講義草稿は散逸していたため，学生の筆記録を元にして再構成されている。もともとの講義草稿が散逸してしまったのは，ハイデガーがいわゆる『ナトルプ報告』(1922年)で予告した「アリストテレスにかんする研究書」の作成作業にあたって，本講義の草稿を分解して活用したためのようである。しかし，ヨーナスやレーヴィットを含めて複数の筆記録を土台として緻密に再構成された講義テクストは，この時期のハイデガーが，アリストテレス解釈を通してやがて『存在と時間』へ結実する独自の思想を本格的に鍛え上げてゆく際の生き生きとした躍動感を十二分に伝えるドキュメントとなっている。

「序論」では，アリストテレス哲学における概念の究明が掲げられるとともに，カントに倣って定義の重要性が指摘される。そして第一部で『形而上学』や『政治学』，『ニコマコス倫理学』，わけても『弁論術』の解釈を通して，「相互共存在」としての「世界内存在」の様態が明らかにされてゆく。そこでのロゴス，ウーシア，アガトン(善)，ドクサ(意見)，エートス(態度)，パトス(情態)，ヘクシス(習慣)，フォボス(恐れ)などの概念についての考察は，『存在と時間』での言語や情態性など，人間の存在をめぐる基礎存在論的分析に引き継がれている。さらに第二部では，『自然学』の解釈を通して，アルケー，エンテレケイア，ステレーシス(欠如)，エネルゲイア，デュナミスなどの概念が考察されているが，これらもまた『存在と時間』における現存在の解釈学の構造や現存在の運動の理解に継承されてゆく。主として『存在と時間』第一部第一篇の独特な分析や概念の誕生の現場が，まさに本巻なのである。　(齋藤元紀)

Bd. 19, *Platon: Sophistes*, hrsg. v. I. Schüßler, 1992.
『プラトン『ソピステス〔ソフィスト〕』』(未邦訳)

本巻に収録された1924/25年冬学期講義は，プラトンの『ソフィスト』を主題に据え，その対話篇を存在論的な真理探究のドキュメントとして浮き彫りにしてゆく。そのための準備作業として詳細なアリストテレス解釈がまず最初に展開される。主として取り上げられるのは，『ニコマコス倫理学』第6巻での「アレーテウエイン(真理を開示すること)」の諸様態に関する議論である。ロゴスを伴った四つのアレーテウエイン(テクネー，エピステーメー，フロネーシス，ソフィア)のうち最上位に位置するのがソフィアであること，ソフィアによって，存在者全体の存在がその根源(アルケー)から「現前性」として開示されること，とはいえロゴスを伴う以上，ソフィアといえども非真理(偽装／虚偽としてのプセウドス)の可能性にさらされていることなどが論じられる。そのようなプセウドスから脱却し，存在者の存在をアレーテイア(隠れなさとしての真理)へともたらすなかでこそ，アリストテレスの存在論は確立されえたのである。この視角から眺め返すとき，『ソフィスト』も存在論的なアレーテイア探究を為していたことが判然とする。なぜなら同書でプラトンは，ソフィストという自己偽装的な実存の語るロゴスを批判し，そこから脱却することで，存在(オン)と非存在(メー・オン)の，ロゴスを媒介とした真の関係を追究しているからである。ソフィスト(と彼らのロゴス)の虚偽性を暴露することによってプラトンのロゴスは練成されたわけだが，『ソフィスト』が描くその軌跡は，「哲学すること」の道筋そのものにほかならないというわけである。

プラトンとアリストテレスの諸概念をハイデガーがどう咀嚼し，どのように自らの哲学に生かしたのか。それを知るための有益な素材を本講義は提供してくれる。　(阿部将伸)

Bd. 20, *Prolegomena zur Geschichte des Zeitbegriffs*, hrsg. v. P. Jaeger, 1979.
『時間概念の歴史への序説』常俊宗三郎／嶺秀樹／L. デュムペルマン訳，1988 年

本巻収録の 1925 年夏学期講義は，講義当時に「時間概念の歴史　歴史と自然の現象学への序説」と題されていたものであり，導入部のみが仕上げられたため，講義録公刊の際に改題された。当時の未清書の自筆手稿と学生のノートをもとに編集され，編集時にハイデガー本人により推敲され注記を付与されている。

当講義の卓越した特徴として挙げられるべきは二点。第一点は，この講義が『存在と時間』形成期の講義として，その読解の大きな助けになるという点である。『存在と時間』全体は〈西洋哲学の歴史を貫く根本問題である存在の問いを問う〉という動機のもとに〈現存在の分析を新しい仕方で行う〉という二段構えの内容を持つ思索であるが，とりわけ当講義の前半部(「準備部」)は，フッサール現象学の批判という形で西洋哲学史の批判を展開し，そのことで存在への問いを立てる必然性と，現存在の分析を行う動機とを入念に示すものである。言うなれば「準備部」は，『存在と時間』の動機を示した箇所にして最大の難所でもある「序論」を内容的に大幅に補完するのである。また，続く当講義の「主要部」は『存在と時間』第一部，実存論的分析論の先行形態となる。

当講義の第二の特徴は，ハイデガーが自らの師，フッサールへの集中的批判を展開しているという点であり，当講義は有名な『ブリタニカ草稿』(邦訳として谷徹訳，ちくま学芸文庫版)での両現象学者の応酬の内容を補完する。なお，同年に行われた『カッセル講演』(邦訳として後藤嘉也訳，平凡社ライブラリー版)は，当講義の内容を集約したものである。

(津田良生)

Bd. 21, *Logik. Die Frage nach der Wahrheit*, hrsg. v. W. Biemel, 1976.
『論理学――真性への問い』佐々木亮／伊藤聡／S. ミュラー訳，1989 年

1925/26 年冬学期講義。1995 年には校訂第二版が出版されている。本講義が行われたのは『存在と時間』公刊間近の時期であるが，同書との関連でまず目を惹くのは第二部のカント解釈である。『純粋理性批判』でカントが逢着したのは「時間」と「私は考える (Ich denke)」の連関の問題であったこと，しかしもとより時間の「外部」にあるデカルト的コギトと，アリストテレス的時間概念という二つの伝統が妨げとなり，さらに問い進めるには至らなかったことが，経験の第一類推や図式論などの解釈を通じて論じられる。これは明らかに『存在と時間』未刊部のカント解釈の先取りとなっている。

それだけではない。本講義はもともと「論理学」の入門的講義として計画されていた。序論にその概要が示されているが，実際の議論は，準備的考察を経た第一部の途中から予定されていなかった方向へと進んでゆく。その先にカントが登場してくるわけだが，注目すべきはその脱線の仕方である。論理学の中心概念である「真理」とは何かをめぐり，フッサールの心理学主義批判やロッツェの「妥当」概念の検討を通じて，認識の理想を「直観」に置く真理観を浮き彫りにする。そしてその源泉であるアリストテレス『形而上学』Θ 巻第 10 章まで遡ったところで，今度はそこに隠された存在の「現前性」と真理の「現在化」との連関が抉出され，議論はカント解釈へと結びつけられる。ここには最初期以来の伝統的真理概念への問題意識と，それに伴うギリシアへの眼差しが，カントの内に「時間」を発見したことと相俟ってもう一段深められ，『存在と時間』に向けて再編成されてゆく様子を見てとることができるのである。

(君嶋泰明)

Bd. 22, *Grundbegriffe der antiken Philosophie*, hrsg. v. F.-K. Blust, 1993.
『古代哲学の根本諸概念』左近司祥子／ W. クルンカー訳，1999 年

1926 年の本夏学期講義が行われたのはまさに『存在と時間』執筆のさなかであり，おそらくその時間的制約のため，講義の自筆原稿はかなり簡便なものになっている。これを部分的に補うため二名の聴講生による筆記録が添えられているが，それらもハイデガー自身による認証は受けておらず，全般にかなり多くを編者に負う巻である。またこの講義は，文部省が義務づけていた初学者向けのものとして行われ，冒頭では独自の「存在の問い」が提起されているが，全体の流れとしては，アリストテレス『形而上学』第一巻を手引きとしつつ，主要人物を時系列に沿って扱うという標準的な「ギリシア哲学概論」のようなものに近くなっている。

こうした構成はハイデガーの講義としては異例であるが，しかしそれだけにアナクサゴラスやエレアのゼノンあるいはソクラテスといった他では彼があまり言及しない哲学者・思想家についても，存在の問題という観点から一定の見解を得ることができるという点で，本巻は独自の意義を持っている。またプラトンに関しては『テアイテトス』を中心とする知識論が比較的詳細に論じられており，ロゴスの「として」構造などの重要規定が取り出されている。そして最重要のアリストテレスでは，範疇や可能態・現実態，運動といった彼の「根本諸概念」がいずれも存在の規定として解釈されてゆくのであるが，とりわけ興味深いのは，最終節の「現存在の存在論」が生命一般を扱う『霊魂論（デ・アニマ）』の注解に直接続いている点であり，後の講義『形而上学の根本諸概念』（全集 29/30 巻）であらためて問題になる，ハイデガーにおける現存在と他の生物や自然性との関係という重要なテーマにとっても貴重な手がかりとなるだろう。

（串田純一）

Bd. 23, *Geschichte der Philosophie von Thomas von Aquin bis Kant*, hrsg. v. H. Vetter, 2006.
『トマス・アクィナスからカントまでの哲学の歴史』（未邦訳）

本巻は 1926 年から翌 27 年にかけてのマールブルク大学での冬学期講義を収録しており，したがって『存在と時間』の刊行準備の最終盤の時期に重なっている。そのためか全体的に講義としては準備不足の感じは否めない。各哲学者のバイオグラフィーの紹介に多くの分量が割かれ，取り上げられるテクストもほとんど原文のまま解釈を施されず紹介されている。ハイデガー自身にとっても不本意であったにちがいなく，講義の必要に迫られてなされた「〈通例〉の概論講義」という弁明のことばが残されている。

にもかかわらず，ハイデガー思想の発展史の観点からして，そして『存在と時間』の成立史ということからも，この講義に含まれている示唆は見逃すことができない。とりわけ 26 年夏学期講義『古代哲学の根本諸概念』（第 22 巻）とのつながりで読むならば，西洋哲学（形而上学）の歴史という問題が，『存在と時間』の成立にいたる早い時期から，具体的にハイデガーの射程におさめられていた様子が浮かび上がってくる。後に存在の歴史の構想へと仕上げられていく固有の視角を潜在させたこの「哲学史」講義は，したがって決して「通例」のものとはなっていない。『存在と時間』と同じ現象学的存在論の立場に立ちながら，デカルト，スピノザ，ライプニッツから，ヴォルフ，クルジウスをへてカントへと展開するいわゆる近代哲学の根が，トマスを介して古代哲学（アリストテレス）のうちに批判的に探り当てられようとしている。『存在と時間』以後のハイデガーの思索の舞台がこうして早くも整っているのを，われわれは見てとることができるはずである。『存在と時間』の問いの本来の奥行きがいかなるものであったかを，ここから読み取らなければならない。

（信太光郎）

Bd. 24, *Die Grundprobleme der Phänomenologie*, hrsg. v. F.-W. von Herrmann, 1975.
『現象学の根本諸問題』溝口兢一／松本長彦／杉野祥一／ S. ミュラー，2001 年

1927 年夏学期の講義を収録。冒頭にハイデガー自身が「『存在と時間』第一部第三篇の新たな仕上げ」と書き入れたことで，また聴講者のノートをタイプ印刷した冊子が早くから流布したことによって，最も重要で有名になった講義の一つである。タイプ印刷版講義録からの邦訳として，木田元他訳『現象学の根本問題』（作品社，2010 年）がある。

講義計画では，三部構成で，各部が四章に分けられているが，収められているのは第二部第一章までである。第一部の主題は，存在についての四つの歴史的テーゼの現象学的究明である。四つの歴史的テーゼから取り出された四つの根本問題を十分な仕方で仕上げるために，これらテーゼの現象学的－批判的議論が，すべてに優先にして存在一般の意味への根本の問いに答えを与えるのである。カントのテーゼ「存在は実在的（レアール）な述語ではない」は，第一の根本問題，存在論的差異に相当する。アリストテレスにまで遡る中世存在論のテーゼ，「存在者の存在には，本質存在（エッセンティア）と現実存在（エクシステンティア）が属する」は，第二の根本問題，何で－あるかといかに－あるかへの存在の根本分節に符合し，根本的に理解される。近代存在論のテーゼ，「存在の根本様式は，精神の存在（思考スルモノ）と自然の存在（延長シテイルモノ）である」は，第三の根本問題，存在の可能的な諸変様と存在の多様性の統一の問題として考究される。コプラ（繋辞）としての存在（「である」）についての論理学のテーゼから，第四の根本問題，存在の真理性格が取り出される。第二部では，根本の問いとそれから生じる四つの根本問題の体系的な論及が計画されていた。本巻の読解は，『存在と時間』を，その挫折の問題も含めて理解するために不可欠である。（鷲原知宏）

Bd. 25, *Phänomenologische Interpretation von Kants Kritik der reinen Vernunft*, hrsg. v. I. Görland, 1977.
『カントの純粋理性批判の現象学的解釈』石井誠士／仲原孝／ S. ミュラー訳，1997 年

本巻には，1927/28 年冬学期のマールブルク大学講義で行われたカント『純粋理性批判』の現象学的解釈が収録されている。同時期のカント解釈として他にも 1925/26 年冬学期講義『論理学』や 1929 年公刊の『カントと形而上学の問題』（『カント書』）を挙げられるが，本巻は分量において群を抜いており，その分ハイデガーのカント解釈の詳細な実像に迫れる貴重な著作である。

全体の目的は，『論理学』講義や『カント書』と同じく，『純粋理性批判』を形而上学の根拠づけの試みとして読み解くことである。だが本巻は，『純粋理性批判』第一版の超越論的演繹における三重の綜合の解釈に力点を置き，存在論的認識の根拠である図式機能には軽く言及するのみであるなど，特徴もある。これは，『存在と時間』直後のハイデガーの思想的境位を考えるうえで重要である。簡単に言えば，三重の綜合解釈は，対象性一般の事実性を説明する働きとして超越論的構想力を捉える。『存在と時間』の表現なら，存在理解の地平の存立を説明するものが構想力である。しかるに，本巻は，構想力を主観性――時間の自己触発により成り立つ――に遡及させる強い傾向を見せて，『存在と時間』の基礎存在論との連続性を示す。だが，講義末尾の文脈では，統覚に対する構想力の先行性が強調されるなど，ハイデガーの力点は微妙な振幅を見せる。後期の草稿で構想力が「性起の出来事（Ereignis）」に重ねられたことを考えれば，この揺らぎにこそハイデガー哲学が踏み出した新たな一歩を認められるだろう。（景山洋平）

Bd. 26, *Metaphysische Anfangsgründe der Logik im Ausgang von Leibniz*, hrsg. v. K. Held, 1978.

『論理学の形而上学的な始元諸根拠——ライプニッツから出発して』酒井潔／W. クルンカー訳，2002 年

本巻にはマールブルク大学での最終講義となった 1928 年夏学期講義が収められている。この講義は「論理学」という題目で行われたが，そこでの主題は伝統的論理学や現代論理学ではない。むしろ講義の「主要部」に付けられた表題が物語るように，ハイデガーはこの講義全体を通じて，存在の問いを手引きとしつつ「論理学の形而上学的原初根拠」を追究しており，そこから本巻の表題もとられている。

ハイデガーはこの試みを講義の「第一主要部」において，ライプニッツの判断論（論理学）とモナド論に取り組むことから始めている。それは晩年にいたるまでくりかえしなされたライプニッツ解釈の最初の大規模な取り組みである。ライプニッツのモナド概念を検討することにより見出された「力としての実体」あるいは「表象としての衝迫」という観点は，主観性を軸とした近世形而上学に対するハイデガーの批判を反映したものである。講義の「第二主要部」では，ライプニッツ解釈を通じて取り出された根拠の問題が，主として超越と志向性の観点から論じられている。この試みは本講義中に逝去し追悼文が読み上げられた M. シェーラーとの対決にもとづくものである。さらに「補遺」における基礎存在論からメタ存在論（Metontologie）への転換・転回についての指摘は，この時期に特徴的ないわゆる形而上学構想を考えるうえで重要な手がかりとなる。

なお本講義での論点，とりわけ「第二主要部」での議論は，論文「根拠の本質について」（1929 年，全集第 9 巻『道標』所収）のなかでより発展的に凝縮した形で展開されている。（田鍋良臣）

Bd. 27, *Einleitung in die Philosophie*, hrsg. v. O. Saame u. I. Saame-Speidel, 1996.

『哲学入門』茅野良男／H. グロス訳，2002 年

本巻には二度目のフライブルク時代最初の 1928/29 年冬学期講義が収められている。この講義は当初，哲学と学問／科学，哲学と世界観，哲学と歴史という三つの篇に分けて講じられる予定であったが，実際に行われたのは第二篇の途中までである。ハイデガーによると「哲学入門」というこの講義の表題は，哲学という一学科への初歩的導入ではなく，各人のうちに眠っている「哲学する」というあり方の覚醒を意図したものである。

第一篇「哲学と学問／科学」では最初に「哲学はいかなる学問／科学でもない」というテーゼが掲げられる。以後このテーゼにもとづいて，学問／科学の基礎危機の問題，真理と現存在の関係，真理と学問／科学の関係が順に検討される。最終的に，哲学と学問／科学との関係は，超越や存在理解といったこの時期特有の概念を通じて，存在論的差異の観点から捉え返される。続く第二篇「哲学と世界観」では，哲学を卓抜な世界観として理解することが考察の軸となる。ハイデガーはまず，世界観および世界概念についての従来の見解を古代から現代に至るまで概観し（なかでもカントの世界概念にかんして多くの紙幅が割かれる），世界観の本質を超越としての世界内存在のうちに見る。そして神話から哲学へといたる世界観の歴史的な変遷過程が現存在のあり方に即して描き出されるのだが，世界観をめぐるこの歴史的考察は本講義の際立った特徴といえる。とくに神話的世界観にかんする議論はいわゆる「カッシーラー書評」（1928 年，全集第 3 巻『カントと形而上学の問題』所収）と重なり，『存在と時間』公刊直後のハイデガーの問題関心，およびそれ以後の思想動向を考えるうえで重要な論点を提供するものである。

（田鍋良臣）

Bd. 28, *Der deutsche Idealismus (Fichte, Schelling, Hegel) und die philosophische Problemlage der Gegenwart*, hrsg. v. C. Strube, 1997.
『ドイツ観念論と現代の哲学的問題状況』（未邦訳）

本巻はフライブルク大学における1929年の夏学期講義を収録しており，表題通りドイツ観念論の各論者（フィヒテ，シェリング，ヘーゲル）を扱うが，実質的にはフィヒテ講義として読める内容となっている。シェリングは軽く触れられるだけで，ヘーゲルも『フィヒテとシェリングの哲学体系の差異』を中心に概略的に扱われている。ハイデガーの努力の大半はフィヒテの1794年の『知識学』の読解に向けられ，さしあたりそれは『存在と時間』刊行期，マールブルク時代のカント解釈の延長上に，「新たな巨人の戦い」としての「形而上学の問題」を論じ直すものである。ハイデガーは，フィヒテがその自我－非我の思考の徹底化において実存の「有限性」の問題に突き当たっていること，その局面でカントと同様に「構想力」に注目していることを指摘している。

しかし講義の最終盤で語られる次の言葉は（編者が後書きに取り上げている当時のヤスパース宛書簡も参照するならば），ドイツ観念論との取り組みが，ハイデガーに新たな展望を与えた可能性を示唆している。「絶対的観念論はわれわれの固有の現存在の歴史に属している。絶対的観念論との対決は，現存在が自分自身と本質的な仕方で対決することである」。ハイデガーにとってドイツ観念論との取り組みは，歴史性と有限性をめぐる当初の実存論的な問いが，さらにその根底にある歴史と無の問題系（没根拠／深淵としての存在の歴史）に差し戻されるべきであることを強く自覚させた機会だったと推測されるのである。転回に向けてドイツ観念論との「対決」が果たした役割は，決して小さくはなかったはずである。　（信太光郎）

Bd. 29/30. *Die Grundbegriffe der Metaphysik. Welt – Endlichkeit – Einsamkeit*, hrsg. v. F.-W. von Herrmann, 1983.
『形而上学の根本諸概念――世界－有限性－孤独』川原栄峰／S. ミュラー訳，1998年

第29巻は当初，1929年夏学期の講義「大学での学問研究への導き」として予告されていたが，綿密な調査によってもその資料を確認できず（後に部分的な聴講筆記録が発見される），29/30巻は合本となった。本文は主にハイデガー自身が手沢本とした講義速記録と自筆原稿との照合に基づく。またこの書はオイゲン・フィンク追悼に捧げられており，当時聴講していた彼が本講義のいち早い公刊を望んでいた旨が記されている。

この講義はまず，「哲学とは本来，郷愁である」というノヴァーリスの言葉を引きつつ「問う者自身を問いに巻き込む」という哲学の特異性を強調し，この巻き込みを私たちに開示する時代の根本気分として「深い退屈」が名指される。そしてこの気分の解釈を通じて世界・有限性・単独化（表題では「孤独」だが本文では主に「単独化」）という根本諸概念が取り出され，世界概念を解明する比較考察へ移る。そして「石は無世界的」「動物は世界に乏しい」「人間は世界形成的」という各テーゼが提出されるのだが，とりわけ中間の命題の解釈における人間中心主義への傾きとその回避をめぐるハイデガーの苦闘は，現代哲学の一つの臨界点とも言える。動物の規定としてはむしろ「抑止解除へのとらわれ」がより根本的であることが読みとられるが，他方の人間的現存在は有限的に世界形成する存在者であり，最後にこの点が判断言明の分析を通じて示される。このように，身近で具体的な現象の独創的解釈と形而上学の根本的な問題とが緊密に結びついている本講義は，デリダやアガンベンをはじめ思想界一般からもとりわけ大きな注目を集めている。　（串田純一）

Bd. 31, *Vom Wesen der menschlichen Freiheit*, hrsg. v. H. Tietjen, 1982.
『人間的自由の本質について』齋藤義一／W. シュラーダー訳，1987 年

本巻には，1930 年夏学期講義が収録されている。題名は，シェリングの著作と後年のハイデガーの同名の講義を連想させるが，関連性はなく，カントの超越論的自由と実践的自由とを論じることによって，自由の存在論的な次元を明らかにすることが目指されている。ハイデガーの自由論を理解するうえで重要な講義であり，この時期の彼のカント解釈のひとつの頂点とも言える。

第一部では，哲学が自由問題の内実から積極的に規定される。形而上学の主導的問い（「存在者とは何か」）の究明は，形而上学に固有の可能性と前提によって，「存在と時間」の根源的連関を問う哲学の根本問題へと展開し，完成する。この完成のなかで，自由問題と形而上学の根本的問いの連関は顕著になる。形而上学の主導的問いが人間的自由の本質への問いにもとづいているところに連関は存している。こうして問いは，「絶対的自発性－原因性－運動－存在者－主導的問い」というパースペクティヴを形成する。主導的問いのパースペクティヴは，根本の問いによって担われ，導かれているため，最終的に両者を綜合して，「存在と時間－時間－恒常的現前性－存在－存在者としての存在者－積極的自由」という図式が完成する。第二部では，「因果性と自由」という表題で，カントによる自由の究明が因果性の問題に限定されたままであることが批判的に解釈される。最終部では，反対に因果性を，人間的自由にもとづいているものとして考えるべきであることと，いかにしてそのようなものだと考えるべきか，がまず示される。次に，自由とは，存在者の存在の顕わなること，すなわち存在の理解の可能性の制約だと考えるとき，自由の本来的な存在論的次元にはじめて到達することが示される。（鷲原知宏）

Bd. 32, *Hegels Phänomenologie des Geistes*, hrsg. v. I. Görland, 1980.
『ヘーゲル『精神現象学』』藤田正勝／A. グッツォーニ訳，1987 年

フライブルク大学における 1930/31 年冬学期講義。ハイデガーのヘーゲル解釈は，『杣道』所収の「ヘーゲルの経験概念」（1942/43 年）や『道標』所収の講演「ヘーゲルとギリシア人」（1958 年）のほか，大部のものとしては全集第 86 巻『諸ゼミナール　ヘーゲル－シェリング』に収められたヘーゲル演習の記録などが残されている。本巻は講義録のかたちで『精神現象学』を扱ったものである。ハイデガーのヘーゲル解釈は，教授資格論文におけるヘーゲルとの対決を予告する文言から，『存在と時間』における通俗的時間概念をめぐる論及など，思索のエポックとなる著作において言及されている。また，20 年代から 50 年代まで演習ではつねに取り上げられているなど，ハイデガーの思索において決定的な役割を演じているといえる。

本巻は『精神現象学』の「意識」章と「自己意識」章を読解対象としており，ハイデガーはここで論じられるヘーゲルの問題意識に，形而上学がカントの据えた基礎と問いの設定からドイツ観念論のそれへと移行すること，ないし意識の有限性から精神の無限性へと移行する際の，体系的描写と基礎づけを見ている。この二つの章の移行において，ハイデガーが看取しようとしているのは，自己意識を知から把握するのみならず，「存在の意味」の圏域において際立たせることであった。また，「超越」概念や，これをめぐる有限性と無限との関係などが論及されていることに鑑みれば，基礎存在論における存在の「意味」への問いから存在の「真理」への問いへと思索が深化しつつある時期において，ヘーゲルがいかなる役割を演じていたのかを考察する材料となるはずである。そのためには，上記の第 86 巻も併読することが重要になると思われる。（渡辺和典）

Bd. 33. ***Aristoteles, Metaphysik IX 1-3. Von Wesen und Wirklichkeit der Kraft,*** **hrsg. v. H. Hüni, 1981.**
『アリストテレス『形而上学』第 9 巻 1-3 ――力の本質と現実性について』岩田靖夫／篠沢和久／天野正幸／ K. バルドリアン訳，1994 年

本夏学期講義（1931 年）の題目は「古代哲学からの諸解釈」となっていたが，自筆原稿には現行の題が記されており，それはすぐにも出版できるほどにまでハイデガー自身の手で整えられていた。

導入部においてハイデガーは，「デュナミス」が存在一般を問う『形而上学』にとって根本的な概念であることを確認したうえで，この概念を主に運動との連関から扱っている表題の箇所を読み解いてゆく。デュナミスは論理的な「可能性」などを含む多義的な語であるが，ハイデガーによればアリストテレスはここであくまでも「力」あるいは「能力」を問題としているのであり，また力の本質に関する論とその現実存在に関する論とが混同されてはならないとされる。とりわけ，後者の結論を成す 1047a 24-26 の箇所は古くから難解とされてきたのだが，ハイデガーはここを「現実的に有能であるのは，そのものがそれへの能力をもっていると語られる，その能力の中へおのれを置くや否や，それにとってはもはや実行不可能なものがまったくないようなものである」と訳したうえで，「これとともに古代における最大の哲学的認識が語り出されているのだが，この認識は今日に至るまで哲学において十分評価されず理解されないままに留まっている」とまで言っている。本講義では，具体的事象の徹底した解釈と歴史的テクストの批判的読解という哲学の二大要素が高い次元で統合されており，前期ハイデガーの本領と到達点が遺憾なく示されていると言える。また主著『存在と時間』の鍵となる「可能性」概念を本講義の「デュナミス」解釈から読み直すことも実りが多いだろう。（串田純一）

Bd. 34, ***Vom Wesen der Wahrheit. Zu Platons Höhlengleichnis und Theätet,*** **hrsg. v. H. Mörchen, 1988.**
『真理の本質について――プラトンの洞窟の比喩と『テアイテトス』』細川亮一／ I. ブフハイム訳，1995 年

1931/32 年冬学期講義を収録する本巻は，副題が示すように，プラトンの「洞窟の比喩」と対話篇『テアイテトス』の解釈とから成り，同名の講演「真理の本質について」（1930 年）とは独立に，プラトンのテクストを解釈することを通じて，真理概念の歴史との対決を試みている。講義の第一部では，洞窟の比喩の解釈が行われる。ギリシア人は，真なるものを隠れなきものと理解していたが，後に，真理は単なる「正しさ」，つまり陳述と事象の一致であるとみなされるようになる。このような真理概念の重大な変化の意味の究明が試みられるに際して，プラトンは隠れなさとしての真理から正しさとしての真理への移行の「中間滞在地」として解釈される。なぜならプラトンの洞窟の比喩は，一方では真理を正しさと解釈する傾向を有しながら，なおも「隠れなさへの決定的な目配せを与える」からである。いわゆる「善のイデア」とは，力を授けて存在と隠れなさを可能にするもののことであると解される。第二部では，『テアイテトス』の解釈が行われる。知についての対話である『テアイテトス』において問題となるのは，虚偽としての非真理の本質である。哲学史のなかで，それは後に，陳述が「正しくないこと」として，真理の単なる反対物を意味するにすぎなくなるが，ハイデガーは，『テアイテトス』を手がかりに，何かを見間違える「虚偽」という現象の根底に，現在化と準現在化の二重性において存在者に関わる「心」の根本性格を発掘し，そこから，実はそもそも真理の内的可能性のうちには非真理が本質的に属していることを明らかにしようとしている。（鷲原知宏）

Bd. 35, *Der Anfang der abendländischen Philosophie: Auslegung des Anaximander und Parmenides*, hrsg. v. P. Trawny, 2012.
『西洋哲学の原初――アナクシマンドロスとパルメニデスの解釈』（未邦訳）

この 1932 年夏学期講義では，西洋哲学の「第一の原初（der erste Anfang)」において問われた事柄をふたたび問うことを通じて，「原初的な原初がふたたび原初すること（ein Wiederanfang des anfänglichen Anfangs)」が目指される。第一の原初として取り上げられるのは，プラトン，アリストテレスをさらに遡ったところにある，アナクシマンドロスの箴言とパルメニデスの教訓詩である。いずれもこの時期以降のハイデガーが戦後に至るまで何度も取り組むこととなるテーマである。原初の両思索者が問うた事柄がともに「存在の問い」であることを示すべく，講義は二人の言葉を丹念に解きほぐしてゆく。そして，いずれにおいても存在と時間（現前性）の問題が見出されること，しかもそこでの「現前性（Anwesenheit)」がゲネシス（生成）やプトラ（消滅）といった「脱－現前性／不－在性（Ab-wesenheit)」との関わりのなかで把握されていることが明かされる。これは，「隠れなさ（Unverborgenheit)」を「隠れ（Verborgenheit)」との緊張のうちでとらえるハイデガー自身の思索ともつながる論点だろう。1932 年のこの講義の重要性は，1937/38 年に執筆されたテクストでの次の言葉からも確かめられる。「『性起の出来事から』という構想においてはじめてその形態を獲得するプランは，1932 年春より，根本動向のうちで確固としたものになる」(GA66, 424)。ここで言われる「性起の出来事から」とは，存在史の構図を明確に打ち出した 1936–38 年の『哲学への寄与論稿（性起の出来事から)』(GA65）を指す。その出発点たる本巻を読み解けば，存在史的思索が生成した現場を垣間みることができるにちがいない。（阿部将伸）

Bd. 36/37, *Sein und Wahrheit*, hrsg. v. H. Tietjen, 2001.
『有と真理』（未邦訳）

本巻は，ハイデガーがフライブルク大学学長在任中に行った 1933 年夏学期講義「哲学の根本的問い」と 1933/34 年冬学期講義「真理の本質について」を一冊にまとめたものである。両講義とも分量は少なく断片的記述も目立ち，講義準備時間が不足していたことが伺える。前半の 1933 年夏学期講義は，同年 5 月 27 日の学長就任演説と内容的に連続する序論において，「哲学の根本的問いへの決断」のうちにドイツ民族の「精神的・政治的な使命」を見出すことから始まり，西洋哲学の歴史の完成者としてのヘーゲルとの対決を通じて，この使命を果たそうとする抱負が語られている。本論では，ヘーゲルに至るまでの形而上学史を通覧しつつ，とりわけ近代形而上学における「数学的なものの支配」と「キリスト教的な規定」に焦点を定めた批判的検討がなされた後，ヘーゲル論理学のなかに「神論（＝神・論理学 Theo-Logik)」としての西洋形而上学の完成が看取されるが，十分な論述を展開できぬまま 80 頁で途絶している。

後半の 1933/34 年冬学期講義は，約 20 頁の序論を除けば，1931/32 年冬学期講義と概ね同一の内容を繰り返して口述したもので，その口述部分は，学生の筆記録から再現されている。ただし序論では，「戦い《ポレモス》」に関するヘラクレイトスの箴言の解釈を，「真理」と「言語」あるいは「ロゴス」の本質の洞察につなげる考察を展開しており，翌学期以降の言語論の試行的先駆形態が認められて興味深い。また，第 28 節には，「国家社会主義革命（ヒトラー内閣成立）一周年」に際して授業冒頭に行われた演説が挿入されている。それは，当時もてはやされていた作家コルベンハイヤーの「生物学主義」を痛烈に批判する趣旨のもので，ハイデガーとナチス的イデオロギーとの距離を測る参考史料のひとつとして読むことができるだろう。（古荘真敬）

Bd. 38, *Logik als die Frage nach dem Wesen der Sprache*, hrsg. v. G. Seubold, 1998.
『言葉の本質への問いとしての論理学』小林信之／G. シュテンガー訳，2003 年

1934 年夏学期フライブルク大学講義。ハイデガー自身の講義草稿は紛失したとみなされており，聴講者 W. ハルヴァクスの筆記に主として基づく。タイトルからして読者は，論理学という，かなり限定された専門的テーマを予想するかもしれない。しかしながらそれは見かけであって，読みすすめるうちに言葉や思考や人間存在や時間といった哲学上の主要トピックが系統だって論じられていくことがすぐさま明らかとなる。ハイデガーを衝き動かしているのは，伝統的な論理学を動揺せしめ，西欧的思考とは別の原初を問いたずねるという，『存在と時間』以来の基本モチーフなのである。

この講義の進行を簡略に，言葉《ロゴス》への問いという基本線に沿って眺めれば，まず言葉とともに生起する私たちの自己（歴史的存在）が問われ，根源的時間性に向けて展開されていくと同時に，その過程で具体的に言語共同体としての「民族」が主題化される。そして最後に言葉の本質をなす「詩への問い」をもって円環が閉じられるという構造をなしている。この「詩への問い」は，本講義では単に示唆されるにとどまるけれども，ひきつづき次学期のヘルダーリンに関する講義のなかで具体化されることになる。

本講義はフライブルク大学学長辞任直後になされたもので，大学改革など学内政治にかかわる発言や，現実に進行しつつある事件への言及などが散見される。また編者によってそのまま残された講義のリアルな描写，たとえば聴講者が足を踏みならす様子などは，当時の大学の姿をつたえる生々しい資料としての価値をもつものであろう。（小林信之）

Bd. 39, *Hölderlins Hymnen » Germanien « und » Der Rhein «*, hrsg. v. S. Ziegler, 1980.
『ヘルダーリンの讃歌『ゲルマーニエン』と『ライン』』木下康光／H. トレチアック訳，1986 年

本巻はフライブルク大学における 1934/35 年冬学期講義である。ハイデガーは，ヘルダーリンの二つの讃歌「ゲルマーニエン」と「ライン」の解釈において，それぞれの詩作品を客観的な自然描写と捉える態度，詩作の言葉を定型的な文飾へと還元する文学的態度，そして美を言語的に表現した形象として詩を捉える美学的態度さえも，徹底的に退ける。彼にとってヘルダーリンの詩は学問的な研究対象ではないのであり，詩作の言葉は，「創造的な最初の震え」であるような「震動接合構造（Schwingungsgefüge）」として聴きとられている。

ハイデガーは詩作の言葉との対話的経験へと踏み込みながら，われわれ人間存在の被投的企投の本質構造，ならびに共存在をめぐる思索を深めてゆく。そこに結実する洞察は「われわれが言葉を持つのではなく，言葉がわれわれを持つのだ」という，あまりにも有名な一文に集約されている。

われわれは詩作の言葉を通して「根本気分（Grundstimmung）」――「聖なる悲しみ」――へと投げ込まれながらこの「大地」に住む。「半神」としての詩人は，「瞬き」を残して過ぎ去る神々の不在を耐え忍び，挫折すべく宿命づけられた言葉を紡ぐ孤独の境涯に佇む。そのような詩人が語る「民の原言語（Ursprache）」にドイツ人の将来の啓示を聴き取るハイデガーは，ギリシア哲学以来の伝統的形而上学を過ぎ越しつつ，さらに「別の原初」へと向かう途上にいる。

ヘルダーリンの詩作との対話の開始を告げる本巻が，後期思索を読み解こうとする者にとって，思考に値するきわめて多様なモチーフの源泉となることは間違いない。（譽田大介）

Bd. 40, *Einführung in die Metaphysik*, hrsg. v. P. Jaeger, 1983.
『形而上学入門』岩田靖夫／H. ブフナー訳，2000 年

『存在と時間』を中心とした前期の思索から後期の存在史的思索への道程を示す最重要講義。この講義は，ハイデガーのナチスへの関与を示す「この運動の内的な真理と偉大さ」という言葉や，ヘラクレイトスやパルメニデスの断片解釈やソフォクレスの『アンティゴネー』の第一合唱歌の解釈（全集第 53 巻も参照）が含まれていることでもよく知られている。この 1935 年夏学期講義は，「すでに長い間計画されていた講義の公刊の冒頭を飾るものとして」ハイデガー自身による校閲を経て 1953 年にニーマイヤー社から最初に出版され，全集版では新たに補説（「講義の批判のために」と「手稿の第一草稿，31–36 頁」）が加えられている。

本講義において，ハイデガーは「形而上学」の根本の問いへの入門として「存在はどうなっているのか」という先行的な問いを問うている。とりわけ第四章ではプラトン以前と以後の存在理解の違いが存在史的な枠組みとして提示されている。プラトン以前の存在は，「現れ出ながら滞留しつつ支配すること（aufgehend verweilendes Walten）」を意味するピュシスとして理解され，生成・仮象・思考・当為と原初的な仕方で内的連関を保っている。それに対して「ピュシスの無力化」を経たプラトン以後の存在は，「恒常的現前性（ständige Anwesenheit）」を意味するウーシアとして理解され，生成・仮象・思考・当為と対立するものになるのである。したがって，この講義からは，「存在理解という枷から脱出していない」という点では前期の思索の残滓を，「ピュシスの無力化」とその超克という存在史的枠組みが見られるという点では後期の思索の兆しを読みとることができる。単行本からの邦訳として，川原栄峰訳平凡社ライブラリー版がある。 （丸山英幸）

Bd. 41, *Die Frage nach dem Ding. Zu Kants Lehre von den transzendentalen Grundsätzen*, hrsg. v. P. Jaeger, 1984.
『物への問い——カントの超越論的原則論に向けて』高山守／K. オピリーク訳，1989 年

1962 年にニーマイヤー社から単行本として出版された 1935/36 年冬学期講義の全集版。若干の誤りが修正されたほか，巻末に短い追記が付されている。ハイデガーは最初のカント解釈書『カントと形而上学の問題』（1929 年）の第四版（1973 年）「序言」で，同書のカント解釈が，『存在と時間』の問題設定に引きつけすぎたものであったことを認めた。その点を改めようと試みたものとして指示されている二つの著作のうち一方が，本書である（もう一つは，1963 年刊の『存在についてのカントのテーゼ』，のち『道標』所収）。

まず準備部では，形而上学の根本問題の一つ「物とは何か」という問いが立てられる。それは，存在者のただ中での現－存在の歴史的変遷を導く問いであるとされ，その変遷の端緒として，古代ギリシアの「性質（付帯性）の担い手（基体）」という物の規定が取り上げられる。主要部では，カントに至るまでの「物への問いの歴史」が辿られる。まず前提として，ニュートンやガリレオに始まる，物との出会いを数学的企投に基づかせるという近代自然科学の新機軸が，「数学的なもの」——マテーシス，マテーマタ（学ばれたもの）——の原義から，いわば科学史的に解明される。デカルトにおいて「数学的なもの」の探求は，コギトという「基体＝主観（subiectum）」の発見に帰着し，それは，主観の内にないものの言明を禁ずる「矛盾律」の定立をも意味した。一方，カントの革命的な点は，物との出会いの場を「アプリオリな総合判断」に見定め，矛盾律に代わる「原則」の探求を切り開いたことにある。『純粋理性批判』の平明な解釈とともに，独自の哲学史観が注目に値する。 （君嶋泰明）

Bd. 42, *Schelling: Vom Wesen der menschlichen Freiheit (1809)*, hrsg. v. I. Schüßler, 1988.
『シェリング『人間的自由の本質について』』高山守／伊坂青司／山根雄一郎／ G. シュテンガー訳，2011 年

シェリングの『人間的自由の本質とそれに関連する諸対象についての哲学的諸研究』(1809 年）の詳細な解釈。この 1936 年夏学期講義は 1971 年にニーマイヤー社から単行本として最初に出版され，全集版ではこれに若干の改訂（脚注や目次構成など）が加えられている。ハイデガーによるシェリングの『自由論』解釈には，他に全集第 49 巻と第 86 巻があり，単行本には「付録」として，この両巻からの抜粋が収録されている。

シェリングの『自由論』には見出しも目次もないが，ハイデガーはそれを「序論の序論」，「序論の主要部」，「本論」に分けて考察している。「序論の序論」では，「自由の体系」に潜む「自由と必然性」の問題が浮き彫りにされ，これを受けて「序論の主要部」では汎神論と自由の両立の問題が考察される。「本論」では，「善と悪の能力」としての人間的自由を中心とする自由の体系が「悪の形而上学」として捉えなおされ，悪の内的可能性と現実性の問題が考察され，その結果この体系の要が神の「根拠」と「実存」の区別としての「存在接合（Seinsfuge)」にあることが明らかにされる。そしてハイデガーは，この内にシェリングの形而上学の「挫折」とそれを超え出る「ある新しい原初の稲光」を見るのである。なぜなら，この存在接合は「恒常的現前性」としての存在理解とは異なり，「生成」としての存在理解を意味し，無と存在が共属しているからである。本巻では，本来『自由論』の頂点とみなされる「無底（Ungrund)」については考察されない。

単行本からの邦訳として，木田元・迫田健一訳『シェリング講義』(新書館，1999 年）がある。

（丸山英幸）

Bd. 43, *Nietzsche: Der Wille zur Macht als Kunst*, hrsg. v. B. Heimbüchel, 1985.
『ニーチェ――芸術としての力への意志』薗田宗人／ S. ウンジン訳，1992 年

本巻には 1936/37 年冬学期講義の原稿が収められている。同稿は後にハイデガーによる修正加筆を経て 1961 年にネスケ社から刊行された『ニーチェ』（全集第 6 巻収録）第一巻の第一部となったが，本巻では講義原稿が原形のままで再現されている。両者を比較すれば，彼がニーチェ解釈を練磨していく過程を知ることができよう。

ハイデガーのニーチェ論は，ニーチェの思索に西洋形而上学の完成を見届けるとともに，伝統的形而上学がその始まりからすでに忘却してきた存在への問いを取り戻すことを目指す。この構想のもと，本巻はニーチェが存在者の根本性格とした「力への意志」の解釈を主題とする。

第一部では「力への意志」におけるニーチェの意志概念が主にその感情的性格と命令的性格から検討され，情態的に開示される自己超出として解釈される。その際ハイデガーはニーチェのテクストの丹念な読解に加えて，アリストテレス，ライプニッツ，ドイツ観念論，ショーペンハウアーにおける意志概念にも言及しており，「力への意志」を形而上学の歴史動向のうちに定位させようとしている。

つづく第二部では「力への意志」の本質が最も発揮される形態として「芸術」が取り上げられ，プラトンやカントにも言及しつつニーチェの芸術観や美と真理の関係についての解釈が試みられる。とくにプラトンの『国家』および『パイドロス』におけるイデアとミメーシスをめぐる考察にはかなりの紙幅が割かれており，その成果をもとに「プラトニズムの逆転」と称されるニーチェの思索態度の内実が解明される。

（伊藤良司）

Bd. 44, *Nietzsches metaphysische Grundstellung im abendländischen Denken: Die ewige Wiederkehr des Gleichen*, hrsg. v. M. Heinz, 1986.
『西洋的思考におけるニーチェの形而上学的な根本の立場――等しいものの永遠回帰』菊地恵善／A. グッツオーニ訳，2007 年

1937 年夏学期フライブルク大学講義の講義録。1961 年にネスケ社より公刊された著作『ニーチェ』の基となった原稿の一部であり，その第Ⅰ巻の第二部に当たる。両者の違いは，第一に，著作の『ニーチェ』では「等しいものの永遠回帰」が題目になっているが，講義録では，それは副題に回され，「西洋的思考におけるニーチェの形而上学的な根本の立場」が主題になっていること，第二に，著作では全 26 章が章番号も付けずに題目だけを羅列しているのに対して，講義録では，章節の区別を立てていることである。在野の風変わりな思想家であったニーチェを，西洋哲学の伝統の中枢に位置づけようとするハイデガーの解釈は，ハイデガー自身の哲学の成否をも決定する危険な賭けである。本書は，ハイデガー哲学の死活を決する真剣な格闘の現場を伝えるドキュメントである。ハイデガーは，ニーチェの根本思想「等しいものの永遠回帰」について，遺稿集『力への意志』の断片 617 を基に，古代ギリシア哲学以来の存在理解の観点，すなわち「生成するもの」と「存在するもの」という二つの観点がそこで統一されていると解釈し，ここからさらに，ニーチェの哲学がギリシア的思考の原初に回帰するものであり，しかもそれどころか，そこから始まる存在者全体への問いの円環を完結するものだと解釈している。なお，この巻の「編集後記」には，ハイデガーが当時の一般読者以上に，ニーチェについて種々の知識を持ちえた事情が報告されている。すなわち，ヴァイマールのニーチェ文庫との交渉や，歴史的－批判的ニーチェ全集の企画への関与などである。　（菊地恵善）

Bd. 45. *Grundfragen der Philosophie. Ausgewählte "Probleme" der "Logik"*, hrsg. v. F.-W. von Herrmann, 1984.
『哲学の根本的問い――「論理学」精選「諸問題」』山本幾生／柴嵜雅子／W. クルンカー訳，1990 年

1937/38 年冬学期講義。資料は講義手稿の他，三つのタイプ転写があり，その一つはV. シラジに献呈されている。ハイデガーは最後のタイプ版と手稿の双方に出版を見越して加筆した。手稿では「哲学の本質と，真理への問い」と「真理の問いに関する原則的なこと」という区分しかないが，後者の表題は『真理の問い』と題された別の草案（本巻に補遺として収録）を成す 10 項目の最初に挙げられており，本講義は真理をめぐるより大きな論の開始部分ともみなしうる。また，同時期の手稿『哲学への寄与論稿』（第 65 巻）や演習「西洋的思考の形而上学的な根本姿勢」（第 88 巻収録）との内的連関も顧慮されるべきだろう。

本講義はまず「現存在の真理へと問うことが，統治する知であり哲学である」とされ，「言表の正しさ」という伝統的で通常の「論理学的」な真理理解の問題点が，その起源であるアリストテレスにまで遡って明らかにされる。続いて，真理の本質とは隠れなさ（アレーテイア）であり，第一の原初においてはこれが不問のままに留まらざるをえなかった，というハイデガーの基本的な見方が示される。ただし 30 年代の段階ではなお『存在と時間』と同じく「気分」というものに重要な位置が与えられており，原初的な思索の窮迫は「驚嘆（タウマゼイン）」という根本気分において人間を気分づけつつ人間を必要としている，と言われる。驚嘆とは，あるものがあるという最も通常のことが最も尋常ならざるものになるということである。なお本講義は，前期の現象学的解釈の手法と後期における真理論や存在史とのつながりを探るうえでも重要である。　（串田純一）

Bd. 46, *Zur Auslegung von Nietzsches II. Unzeitgemäßer Betrachtung*, hrsg. v. H.-J. Friedrich, 2003.
『ニーチェ『反時代的考察』第二篇の解釈』（未邦訳）

フライブルク大学における 1938/39 年冬学期講義。1930 年代から 40 年代にかけてのニーチェとの対決の一部をなしており，本巻はニーチェの著作『反時代的考察』の第二篇，「生に対する歴史の利害について」を読解対象とした記録である。この著作でニーチェは「生」を生命のあるもの全体と，人間の生という二つの意味で用いており，人間が過去へと歴史的に関わりを持つことと，動物が現在に絡め取られていることとを比較考察している。ハイデガーはこうした主題に即してニーチェとの対決を試みる。人間という存在者は誰であり何であるのか，それはニーチェのいう歴史に対する三種の区別に鑑みてどのように論究されるのか。このような問いが，「歴史性」，「時間性」，「存在忘却」，さらには 30 年代の鍵語である「存在の真理」にも接続されて論じられている。こうした問題系は，基礎存在論構想が頓挫してのち，ニーチェとの対決――彼の「力への意志」の思想とハイデガーの思索との対決という意味でも――がいかにハイデガーの思索の展開に寄与していたのかを考究するための貴重な資料ともなっている。したがって，この講義に前後するニーチェを主題とする講義群とも，合わせて読まれるべき講義録である。

別の観点から述べるなら，『反時代的考察』第二篇は『存在と時間』第 76 節においても言及されており，基礎存在論構想期におけるその位置づけと，「存在の真理」，「存在の歴史」的思索が主導的になった時期におけるそれとのアプローチの差異，動物をめぐる 1929/30 年冬学期講義との相違も見逃せない。ただし，テクスト自体は草稿メモに近い体裁をとっているため，非常に読みにくい。
（渡辺和典）

Bd. 47, *Nietzsches Lehre vom Willen zur Macht als Erkenntnis*, hrsg. v. E. Hanser, 1989.
『「認識としての権力への意志」についてのニーチェの教説』（未邦訳）

1936～41 年にかけてフライブルク大学で行われた一連のニーチェ講義のうち，39 年夏学期講義が本巻に収録されている。この内容は，1961 年にネスケ社よりハイデガー自身の編集により刊行された『ニーチェ』（全二巻）の第三部「認識としての力への意志」に該当し，そのオリジナルの講義テクストが本巻第一・二部に収録されている。しかし，1939 年夏学期は繰り上げ終了のため講義が中断，予定された残りの内容は『ニーチェ』の第四部「等しいものの永遠回帰と力への意志」に該当する。それが本巻第三部に収められたことで，予定されていた講義全体を本巻で見通せる。

また『ニーチェ』と異なり，本巻では講義の章や節が細分化され，節と節のあいだに内容に応じて「反復」が挿入されている（されていない箇所もある）。なお，本巻には講義内容の一部を 1940 年秋頃に加筆修正した原稿等も収録され，一連の講義に関する思索を継続していたことを窺わせる。

本巻の内容は『ニーチェ』と重なる。第一・二部ではニーチェの『力への意志』の断片を導きの糸とし，「力への意志」と認識の問題の重要性を見定めつつ，彼の真理概念や理性概念から，ニーチェもプラトニズムに囚われていることなど，彼の思想が丹念に解釈されていく。そして第三部では先行する三つのニーチェ講義（全集第 43 巻，第 44 巻，本巻第一・二部）が総括される。「力への意志」思想を通して，「西洋形而上学を完成させた思索家」のニーチェがここに描きだされる。
（魚谷雅広）

Bd. 48, *Nietzsche: Der europäische Nihilismus*, hrsg. v. P. Jaeger, 1986.
『ニーチェ――ヨーロッパのニヒリズム』薗田宗人／H. ブロッカルト訳，1999 年

本書は，1930 年代後半の一連のニーチェ講義に連なる，1940 年第二学期講義を収載したものである。1961 年刊の二巻本『ニーチェ』では，第 2 巻の主要部分を成している。

『ニーチェ』とは異なり，本書は厳密に講義ノートに依拠している。注目すべきは，『ニーチェ』には収載されていなかった「反復（Wiederholung）」（ありていに言えば「前回の復習」）が，本書には収められている点である。編者後記によると，「これらの反復はときおり，本文の該当箇所において述べられていること以上の内容を含み，本文の該当箇所における思索の歩みを先鋭化させたり，その思索の歩みを微妙に異なる別の思索へとまとめたりする」（GA48, 338）。そのような反復が，本文の随所に適宜挿入されている。この点で，本書は『ニーチェ』よりも深くハイデガーの思索を追思索できるものとなっている。

それまでの三つのニーチェ講義で，「力への意志」と「永遠回帰」の思想を入念に解釈してみせたハイデガーは，本講義でいよいよ，ニーチェとの対決の狼煙《のろし》をあげる。「ニヒリズム」という言葉の由来から説き起こし，「ニヒリズムの本質」を問うハイデガーは，価値に関する古代の「プロタゴラスの命題」との対比において，近代の「デカルトの命題」にひそむ「主観性の支配」をえぐり出す。そこに示されるのは，デカルトとニーチェの立場の内的連関である。「西洋形而上学の完成者としてのニーチェ」像が，今や姿を見せはじめる。

なお，本講義は収穫勤労奉仕のために予定より早く終了となっている（vgl. GA48, 298）。学期終了後に講義準備稿として残された文章も収録されており，第二次世界大戦の勃発という時局の荒々しさが，そこに聞きとれるであろう。（三谷竜彦）

Bd. 49, *Die Metaphysik des deutschen Idealismus. Zur erneuten Auslegung von Schelling: Philosophische Untersuchungen über das Wesen der menschlichen Freiheit und die damit zusammenhängenden Gegenstände (1809)*, hrsg. v. G. Seubold, 1991.
『ドイツ観念論の形而上学（シェリング）』菅原潤／G. シュテンガー訳，2010 年

1936 年夏学期講義（全集第 42 巻）に次いで，1941 年の三学期制の第一学期の講義（第一部）と夏学期の演習（第二部）で行われた，シェリングの『人間的自由の本質とそれに関連する諸対象についての哲学的諸研究』（1809 年）についての新解釈。演習からの抜粋は 1971 年に単行本として出版されたシェリング講義に「付録」として収録されている。

旧解釈（1936 年）も新解釈（1941 年）も，『自由論』の主題である「自由の体系」の要を「根拠と実存の区別」に見る点では共通している。新解釈の第一部ではこの「根拠と実存の区別」が形而上学の歴史に属し，根拠と実存が「意志（Wollen）」としての存在の「スブイェクトゥム（subjectum）」という性格から，基体および主観として展開したものであることが明らかにされる。第二部では，この意志としての存在に基づく「根拠と実存の区別」から存在者全体（神，世界，人間）が叙述される。そしてこの「区別」の新解釈に伴い，『自由論』は形而上学の超克の兆し（旧解釈）としてではなく，「ドイツ観念論の形而上学の頂点」として解釈しなおされる。なぜなら，新解釈において「区別」は，「存在接合」として堅持される（旧解釈）ことなく，意志としての存在のズブイェクトゥムに還元されるからである。

ただし『自由論』の頂点とみなされる「無底（Ungrund）」については，旧解釈と同様に新解釈においてもほとんど考察されていない。またこの講義は，キルケゴールとヤスパースとの対比から『存在と時間』の実存概念が再解釈されていることでも知られている。（丸山英幸）

Bd. 50, *1. Nietzsches Metaphysik, 2. Einleitung in die Philosophie. Denken und Dichten*, hrsg. v. P. Jaeger, 1990.
『ニーチェの形而上学　哲学入門―思索と詩作』秋富克哉／神尾和寿／ H.-M. シュパイアー訳，2000 年

特別な事情を抱えた二つの異なる講義が併せて収められている異色の巻である。前半部の「ニーチェの形而上学」は，1941/42 年の冬学期講義として告示されていたが，実際には講じられなかった。そして，その講義原稿は，わずかに改稿されて 1961 年刊行の『ニーチェⅡ』に収められた。「力への意志」，「ニヒリズム」，「等しきものの永遠回帰」，「超人」，「正義」という五つのモチーフの内的連関が考究されている。その際，ニヒリズムの状況下で存在するものの真理の本質として働く「正義」の機能にとくに注目している点が，本論考の特徴である。そして，そのような内的連関の明示は，隠され続けてきた形而上学の本質の結集を語るものとして，形而上学的思惟と別の原初からの思索との対決への道を形成していく。

後半部の「哲学入門―思索と詩作」は，1944/45 年の冬学期講義であるが，大戦の激化によって第二講をもって中断された。その欠落を少しでも補うべく，「思索と詩作―講義のための考察」の原稿等も添えられている。存在するところのものを思慮して語る活動として，思索と詩作が指摘される。さらに，そうした両活動の必然的連関を担う典型的な思索家ならびに詩人として，ニーチェとヘルダーリンが挙げられる。ここから，思索と詩作との交錯を通して本来的な哲学のあり方が展望されていこうとする。しかし，先述の事情により，ニーチェの骨格に着手する段階に留まっており，ヘルダーリンにいたってはほとんど論究されていない。

（神尾和寿）

Bd. 51, *Grundbegriffe*, hrsg. v. P. Jaeger, 1981.
『根本諸概念』角忍／ E. ヴァインマイヤー訳，1987 年

本巻のもととなるのはフライブルクの 1941 年夏学期講義「根本諸概念」であるが，原本の手稿は失われ，したがって複写タイプ稿とそれへのハイデガーによる欄外書き込みをもとに編集された。ハイデガー終生の主題，存在の思索へとわれわれを導入する道の一範型にして，ソクラテス以前の思索者への主導的取り組みを展開する最初期の講義である。

当講義の大部分は，存在を思索することへと向けての問題提起と導入によって占められる。現に「根本諸概念」という講義表題は，「根拠」を「把握する」こと，そのために一切のものの根拠に向けて思索すること，すなわち存在に向けて思索することを言う表題である。その「第一部」は，ギリシア七賢人の一人ペリアンドロスの箴言「全体を心に懸けよ」を導きとして，存在と存在者との区別を際立たせ，この区別への問いを今日のわれわれに窮迫させる，という道を歩む。問いへの導入は入念であり，「第一部第二章」では，存在という語に関する既存の伝統的理解を立て続けに八つ取り上げ，それをそのつど解体して存在を逆に謎深いものとして際立たせるという特徴的な行程を踏まえる。また続く「第一部第三章」では，存在を理解し，言い，忘却する人間そのものに焦点が当てられる。今日の人間が存在忘却という仕方で存在の内に滞在しているという事実とその具体的な有り様，このことと存在の歴史性との連関が示され，それによって，西洋の歴史の原初へ想起する課題があらためて要請されるのである。「第二部」は西洋的思索の第一の原初として指定されたアナクシマンドロスへの集中的な取り組みであり，その箴言を翻訳し読解することで，存在が原初的な仕方で言われるさまを聞き取ることとなる。

（津田良生）

Bd. 52, *Hölderlins Hymne »Andenken«*, hrsg. v. C. Ochwadt, 1982.

『ヘルダーリンの讃歌『回想』』三木正之／H. トレチアック訳，1989 年

本巻には 1941/42 年冬学期講義が収められている。冒頭の「準備的考察」によれば，この講義はもともとヘルダーリンの五つの詩（「回想」「イスター」「巨人族」「ムネーモシュネー」「熟すのだ……」）について考察する予定であった。しかし本講義の全体はもっぱら「回想」の読解に終始しており，他の四つの詩については短く触れられるにとどまっている。

ハイデガーは「回想」の解釈に先立って，「詩作の言葉を聴くこと」の重要性を強調する。それは詩作品に対する文学史的な研究態度ではなく，また詩作品の現代的意義を取り出すといったことでもない。そもそも詩作の言葉はいわゆる意思疎通の道具ではなく，それを書いた当の詩人をも「越えて詩作する」とされる。詩作の言葉を聴くとは，そのような詩作からの独特な呼びかけに対して開かれ，その指し示す事柄を思索することである。こうした解釈態度にもとづき，ハイデガーはまず「回想」の始めの句「北東の風が吹く」と結びの句「留まるものをしかし，創設するのは詩人たちだ」の連関性に注目する。ハイデガーはそこに「別の時－空の創設」というこの詩に固有の意図を見出すのだが，それは最終的には，既在的なものから将来的なものへの移行という歴史的な問題として受けとめられる。その際，ヘルダーリンが語った故郷的（固有）なものと異郷的（異他的）なものとの連関性が注目される。本講義は単なるヘルダーリン解釈にとどまらず，いわゆる性起の出来事への言及も見られるように，別の原初への移行というハイデガー自身の思索課題を示すものである。なお『ヘルダーリンの詩作の解明』（1944 年，全集第 4 巻）に収録された論文「回想」（1943 年）は本講義をもとにしている。

（田鍋良臣）

Bd. 53, *Hölderlins Hymne » Der Ister «*, hrsg. v. W. Biemel, 1984.

『ヘルダーリンの讃歌『イスター』』三木正之／E. ヴァインマイアー訳，1987 年

本巻にはヘルダーリンを論じた最後の講義である 1942 年夏学期講義が収められている。主題となる詩作品こそ異なるが，主要な論点は「回想」を扱った前学期と共通しており，それを一言でいえば，故郷的（固有）なものと異郷的（異他的）なものとの連関性である。

ハイデガーはまず「イスター」に依拠しつつ，河流の本質を「所在」と「遍歴」という概念を中心に考察している。ヘルダーリンが詩作する河流とは，決して形而上学的な感覚形象や比喩の類いではなく，その軌道を通じて大地における人間たちの滞在を規定する所在である。だがこの流れは同時に，詩人に対して，人間たちの住まいが真に故郷的となるために異郷への遍歴を要求する。河流とはこうした所在の遍歴（あるいは遍歴の所在）という詩人の独特なあり方を指す。次にハイデガーは，「故郷的であること」の本質をより深く探るため，ヘルダーリンが重視したソフォクレスの「アンティゴネー」における合唱歌を検討する。考察の軸となるのは，合唱歌の始めに語られた「デイノン」というギリシア語の分析である。ハイデガーはこの語を「無気味なもの（Unheimliches）」と翻訳・解釈することで故郷的でない人間のあり方を「最も無気味なもの」と規定するとともに，合唱歌の結びで語られた「炉（ヘスティア）」という語のうちに帰属すべき故郷の場所としての存在の現出を指摘する。そして故郷的となることが異郷的なものとの連関性のうちで，つまり異郷からの詩人の帰郷として考察されることにより，最終的には，いかにしてヘルダーリンが河流としての詩人の本質を神々と人間たちとの間に立つ「半神」として詩作したのかが示される。本講義はハイデガーの思索にとって決定的となったヘルダーリン解釈のひとつの到達点である。（田鍋良臣）

Bd. 54, *Parmenides*, hrsg. v. M. S. Frings. 1982.
『パルメニデス』北嶋美雪／湯本和男／A. グッツオーニ訳，1999 年

本巻のもととなるのはフライブルク大学での 1942/43 年冬学期講義「パルメニデスとヘラクレイトス」であるが，当講義がパルメニデスへの取り組みに終始したため，『パルメニデス』とのみ題されて全集第 54 巻に収録された。ハイデガー本人の講義原稿と反復原稿をもとに編集され，補遺が付加された。前期講義を彷彿とさせる緻密な用例検討と大量，広範囲の文献参照が特徴的である。

ハイデガーは西洋の歴史のすべてに先立つ「原初的な思索家」としてアナクシマンドロス，パルメニデス，ヘラクレイトスを挙げ，今日流通するあらゆる常識的解釈を排しつつ，この原初的な思索家たちの言葉をまず注意深く聞くよう要求する。そのようななかで当講義は，真理について語るパルメニデスの教訓詩に定位し，そこから真理の本質に関する諸指示を取り出して省察するものとなる。とりわけ「序論」は，パルメニデスに限らず古典文献や詩的思索を翻訳し，読解する営みそのものに対して入念に注意を呼びかける箇所で，これは文献解釈に対するハイデガーの姿勢表明となるものである。

「第一部」では，真理の本質としてアレーテイアとレーテー（忘却）との対立関係が取り出され，それをもとに，西洋哲学史における真理問題の諸局面の究明と批判が展開される。そこでの批判は古代ギリシアからニーチェやボルシェヴィズムにまで及ぶ。「第二部」では，真理の本質究明の帰結として「開けた処（das Offene）」「自由な開けた場所（das Freie）」が取り出され，詳細な用例検証と，リルケの悲歌への検討を含む通説批判とが展開される。

（津田良生）

Bd. 55, *Heraklit*, hrsg. v. M. S. Frings, 1979.
『ヘラクレイトス』辻村誠三／岡田道程／A. グッツオーニ訳，1990 年

本書は，1943 年夏学期講義「西洋的思索の原初――ヘラクレイトス（Der Anfang des abendländischen Denkens. Heraklit）」と，1944 年夏学期講義「論理学――ロゴスについてのヘラクレイトスの教説（Logik. Heraklits Lehre vom Logos）」とを収載したものである。

ハイデガーは，西洋的思索の原初の領域内で思索している三人の思索者，具体的にはアナクシマンドロス，パルメニデス，ヘラクレイトスを，「原初の思索者」と名づけている（vgl. GA55, 4）。アナクシマンドロスについては，1941 年夏学期講義『根本諸概念』（全集第 51 巻）等で論じ（他に第 35 巻，第 78 巻参照），パルメニデスについては，1942/43 年冬学期講義『パルメニデス』（第 54 巻）等で論じている（他に第 35 巻，第 40 巻参照）。正規のフライブルク大学教授時代の講義が締めくくられるこの第 55 巻では，ヘラクレイトス解釈が最も集中的に遂行されている。戦後に発表されたヘラクレイトス論二篇「アレーテイア」と「ロゴス」（ともに第 7 巻『講演と論文』所収）も，本巻所収の二つの講義に由来する。

ハイデガーは，一連のニーチェ講義を通してプラトン以降の西洋形而上学の歴史と対決したのち，ソクラテス以前の西洋的思索の原初へとみずからの関心を向けていった。本書の前半部（1943 年夏学期講義）では主に「ピュシス」をめぐって，後半部（1944 年夏学期講義）では主に「ロゴス」をめぐって，考察がなされる。ハイデガーによれば，両者は，後世の「自然」や「論理」の概念とは異なる，原初の意義をもつ。いずれも，「隠れなさ」としての存在の真理（アレーテイア）と結びついた意義である。それらが，考古遺物のスリリングな発掘さながら，一歩一歩丁寧かつ大胆に解き明かされてゆく。　（三谷竜彦）

Bd. 56/57, *Zur Bestimmung der Philosophie*, hrsg. v. B. Heimbüchel, 1987.
『哲学の使命について』北川東子／E. ヴァインマイアー訳，1993 年

1919 年戦時緊急学期講義「哲学の理念と世界観問題」，同年夏学期講義「現象学と超越論的価値哲学」，同じく（隔週で行われた）「大学と学術的研究の本質について」が収められている。前二者はハイデガーの草稿に，第三の講義は筆記録に基づいている。1999 年の校訂第二版には，第一の講義の最終回の内容を補足する筆記録が付されている。

第一の講義は，後の思索の展開に直接つながる要素が初めて明確に出てきており，しばしばハイデガーの出発点と見なされる。たとえば『存在と時間』で「世界」を特徴づける「周囲世界」や「有意義性」といった術語の本格的導入や，後の「形式的告示」につながる独自の方法的考察——「生」の「根源（Ursprung）」には世界への原初的な「跳躍（Sprung）」が存していることを踏まえたとき，生は自分自身をいかに表現すべきなのか——が注目に値する。だが第二部のそうした萌芽的な議論も，第一部で示されるこの時期のハイデガーの問題意識との連関で押さえる必要がある。ヴィンデルバントやリッケルトらの価値哲学のように，理論的に分断されたにすぎない「価値」と「存在」の架橋に頭を悩ますより，「理論以前」の「生」と「世界」の根源的な関係を問題にする「根本学（Urwissenschaft）」にこそ「哲学の理念」を求めるべきではないか——ハイデガーはその可能性をフッサールの現象学に見いだすが，すでに「理解する直観，解釈学的直観」について語るなど独自の道を歩み始めている。価値哲学へのより詳細な「現象学的批判」を行う第二の講義，学問に従事する理論的ふるまいの生成を考察する第三の講義とともに，若きハイデガーが見いだした最初の突破口が本巻には記されている。

（君嶋泰明）

Bd. 58, *Grundprobleme der Phänomenologie*, hrsg. v. H.-H. Gander, 1992.
『現象学の根本問題』虫明茂／池田喬／G. シュテンガー訳，2010 年

1919/20 年冬学期にハイデガーが「根源学（Ursprungswissenschaft）」としての「現象学の理念」を提示した講義。講義内容を導くのは，生の「根源的逆説」である。根源学の対象である根源領域は「即自的な生」には与えられておらず，徹底した学的方法に対してのみ接近可能だが，他方，生に「即かつ対自的に」最も学的に接近しようとするなら，生から最も乖離することにならないか。この逆説から出発する根源学は，「脱体験化」する客観的理論化とは異なり，生に肉薄して生に根源的に接近しうる学的方法の獲得を根本課題とする。

第一篇のテーマは，根源領域の所与性の問題である。即自的な生に根源領域が与えられていないのは，この領域への接近を拒む「自足性」が生の根本相に潜んでいるからである。事実的生のこの閉鎖傾向が現象学的に分析された後，根源領域への突破口は「自己世界への尖鋭」という生の別の傾向に見いだされる。そして，古代ギリシア，キリスト教，現代心理学に至る，自己世界の実践的ならびに理論的な表現態が吟味される。

第二篇では，学の生成論によって根源的逆説の問題に解決が試みられる。あらゆる学は前理論的な事実的生に「経験地盤」をもつ。その限り，学とは事実的生経験からの「変様」である。根源学は，客観化による脱体験化に陥らずに，この変様を果たさねばならない。そのためには，自らの経験地盤が根源的に獲得されるべきだ。こうした問題意識から，前理論的で事実的な生の経験が，生き生きと現象学的に記述されている。

さらに，聴講者のノートから再構成された議論の終結部では，哲学の方法論や根本態度が弁証法やプラトンのエロスとの関連で論じられたりもしている。（池田喬）

Bd. 59, *Phänomenologie der Anschauung und des Ausdrucks: Theorie der philosophischen Begriffsbildung*, hrsg. v. C. Strube, 1993.
『直観と表現の現象学』(未邦訳)

本巻には1920年夏学期の講義テクストが収められている。講義テクストは，自筆原稿の複写と聴講者による筆記録にもとづいて編集されているが，ディルタイに関する部分は欠けていたため，オスカー・ベッカーによる筆記録から補完された。また「付録」として，テクスト断片が収められている。この講義は，「言葉についての対話」(全集第12巻『言葉への途上』所収) でも言及されているように，日本人聴講者が筆記録を持ち帰り，その存在が早くから知られていた。日本におけるハイデガー受容を考えるうえでも興味深いテクストである。

「序論」では，現代の哲学において「生」を捉える仕方が「客観化すること」と「体験すること」という二つの立場に分かれており，前者には「アプリオリ (絶対的妥当) の問題」が，後者には「体験 (非合理的なもの) の問題」が内在していることが指摘される。これら二つの立場がもとづいている土台をつきとめて解体し，「生」という根源的現象を取り戻す方法が「現象学的解体」であり，「事実的生の経験」が哲学の中心課題として位置づけられる。「アプリオリ問題の解体」が企図されている第一部では，「歴史」が六つの意味に分類されて考察されており，「体験問題の解体」が企図されている第二部では，ナトルプの「再構築」とディルタイの「構成」が取り上げられている。「現象学的解体」は『存在と時間』に引き継がれている方法概念であり，『存在と時間』における「歴史性」概念を十分に理解するには，本巻の議論を踏まえることが必要である。 (若見理江)

Bd. 60, *Phänomenologie des religiösen Lebens*, hrsg. v. M. Jung /T. Regehly /C. Strube, 1995.
『宗教的生の現象学』(未邦訳)

本巻には三つの講義テクストが収められている。1920/21年冬学期講義「宗教現象学入門」は講義原稿が紛失していたため，聴講者の筆記録を元に再構成された。第一部では，「事実的生の経験」を扱うための方法として「形式的告示」が提示され，方法の問題が論じられているが，唐突に打ち切られ，第二部からパウロ書簡の解釈が始められている。この第一部から第二部へのテーマの急転は，宗教的な内容を期待した学生たちが方法の問題を扱った第一部の講義内容に対して抗議したため，不服ながらも第一部を中断し，パウロ書簡を扱った具体的で宗教的な内容へと移行せざるをえなかったという事情による。

次の1921年夏学期講義「アウグスティヌスと新プラトン主義」は，自筆原稿の複写と聴講者による筆記録にもとづいて編集されている。「序論」では，トレルチ，ハルナック，ディルタイのアウグスティヌス解釈が検討され，「本論」で，アウグスティヌス『告白』第10巻の解釈が展開される。そこでは，アウグスティヌスのクーラやテンタチオなどの概念が取り上げられており，『存在と時間』における「気遣い」や「頽落」といった概念が形成されていく過程を見出すことができる。

最後の「中世神秘主義の哲学的基底」は1918/19年に書かれた1919/20年冬学期講義用の草稿であるが，予告されていたものの開講されなかった。そこではルターやエックハルト，シュライエルマッハー，オットー，ライナッハ等が取り上げられている。本巻は，宗教的なテーマが正面から扱われている点で全集のなかでも特異な性格をもっている。ハイデガーの神学的由来を考えるうえで欠かすことのできないテクストである。 (若見理江)

Bd. 61, *Phänomenologische Interpretation zu Aristoteles. Einführung in die phänomenologische Forschung*, hrsg. v. W. Bröcker & K. Bröcker-Oltmanns, 1985.

『アリストテレスの現象学的解釈――現象学的研究入門』門脇俊介／K. バルドゥリアン訳, 2009年

1921/22年冬学期講義。1994年には校訂第二版が出版されている。本講義には上記のようなタイトルが付されているが，内容を見ると，第一部でアリストテレスの受容史に触れてからは，ほぼ最後までアリストテレスとの明示的な関連を欠いた議論が続いている。タイトルと内容の関係はかなり不明瞭である。

しかし手がかりがないわけではない。本講義は「序論」とも題されており，巻末付録Ⅱでは「アリストテレス解釈のための中間－考察」とも言われている。実質的な議論としては，第二部では「定義」の考察を通じて哲学とは「現象学的存在論」であるとされ，肝心なことは「原理的に認識するふるまい」を「所持」することだと強調される。第三部では「事実的生」がもつ「関連」や「運動」の仕方が多数の新奇な範疇を用いて解釈される（そのいくつかは『存在と時間』の「実存範疇」にも引き継がれる）。「気遣う（Sorgen）」という仕方で世界と関連をもつこの生は，その運動の仕方に着目したとき，世界を「前構成（Praestruktion）」しつつその「反照（Reluzenz）」に目を奪われたまま「転落（Ruinanz）」に身を委ねるものと解される。それゆえ「原理的に認識するふるまい」を所持しようとするなら，この生は転落に抗い自己を持ち直す必要がある――。哲学と生の関係をめぐるこの議論が「序論」や「中間－考察」として果たす役割は，次学期以降に持ち越されたアリストテレス解釈で確かめられねばならない。本講義はその方向性を示唆している。　（君嶋泰明）

Bd. 62, *Phänomenologische Interpretationen ausgewählter Abhandlungen des Aristoteles zur Ontologie und Logik*, hrsg. v. G. Neumann, 2005.

『存在論と論理学に関するアリストテレス精選諸論文の現象学的解釈』（未邦訳）

密度の高いアリストテレス解釈をハイデガーが講義として披露したのは，1922年夏学期が最初であった。その講義を収めたのが本巻である。また「付録」として「アリストテレスの現象学的解釈――解釈学的状況の告示」（1922年秋執筆）が収載されている。

後者は，当時出版が企図されていたアリストテレス論（結局出版は挫折）の内容梗概である。これをマールブルク大学のパウル・ナトルプに送付したことが機縁となって（ゆえにこのテクストは「ナトルプ報告」と通称される），ハイデガーは当地に職を得ることとなった。その内容および執筆事情に関しては平凡社版邦訳（高田珠樹訳）を参照されたい。

1922年夏学期講義は，『形而上学』第1巻1–2章と『自然学』第1巻1–4章に逐語的な翻訳を施しつつ独自の解釈を展開する。それによれば，『形而上学』の同箇所は，事実的生の日常的な知の在り方（エムペイリアやテクネー）から発して，ソフィアという「本来的了解」が練り上げられるまでを追究したテクストである。アルケー（根源）を眼差しうるこのソフィアによってオン・ヘー・オンの学（すなわち存在論）が樹立されるわけだが，ハイデガーは，ソフィアを遂行する生，つまり観想的生のことを古代ギリシア的な「生の本来的動性」とみなす。そのため講義後半は，キネーシス（運動）やアルケーを論じた『自然学』の解釈へと向かう。なかでも第1巻2–3章のエレア派批判の箇所がとくに論じられ，その過程では詳細なパルメニデス解釈も提示されている。

ハイデガーが唱えた哲学の伝統の「解体」。その具体相を伝える本講義に触れれば，解体を裏打ちする，大胆ながらも緻密な解釈の存在に気づかされるだろう。　（阿部将伸）

Bd. 63, *Ontologie (Hermeneutik der Faktizität)*, hrsg. v. K. Bröcker-Oltmanns, 1988.
『オントロギー（事実性の解釈学）』篠憲二／E. ヴァインマイアー／E. ラフナー訳，1992 年

1923 年，ハイデガーはマールブルク大学へ「正教授の地位と権利を持つ員外教授」として招聘が決定し，その秋に赴任する。本巻は 1923 年夏学期に行われた，初期フライブルク期の最後を飾る講義である。当時ドイツ留学中の田辺元がこの講義を聴講し，その内容を「現象学に於ける新しき転向（ハイデッガーの生の現象学）」（1924 年）において日本に紹介したことでも有名である。本巻の内容はハイデガーの手書きの講義草稿に基づいているが，一部欠如した内容に関しては聴講生のノートによって補完されている。

初期フライブルク講義では一貫して，生または現存在の事実性の解釈と周囲世界の分析をテーマにしているが，表題のとおり，「事実性」が本講義の主題である。序論で「オントロギー」つまり「存在論」の表題が本来「事実性の解釈学」であることが告げられ，第一部では事実性が「その存在性格を問われているものとしての自分自身の現存在」であり，そのつどの「現」において存在する現存在が言及される。第二部では「現存在」が「世界内存在」であり，その根本現象が「気遣い」であることが論じられ，全体として『存在と時間』での実存論的分析論を先取りした内容となっている。

「現存在」「世界内存在」「気遣い」などの概念は，『存在と時間』と比較すると，まだその定義は未分化である（たとえば「現存在」はいわゆる人間の存在だけでなく，物や世界の存在にも使用される）。とはいえ，『存在と時間』の中核をなすこれら概念の登場もあり，「事実的生の自己解釈としての解釈学」から，「存在の意味の現象学的解釈としての存在論」への転換が見出される点で，この講義は重要である。（魚谷雅広）

Bd. 64, *Der Begriff der Zeit*, hrsg. v. F.-W. von Herrmann, 2004.
『時間の概念』（未邦訳）

本巻は，1924 年執筆の論文「時間の概念」と同名の講演を収録する。論文は，ハイデガーが，ロータッカーらが運営する『文学研究と精神史のためのドイツ季刊誌』から発表する予定で執筆したものである。1923 年の『ディルタイ－ヨルク伯往復書簡』の公刊を受け，翌年の 1 月にハイデガーは往復書簡への態度表明を行う希望をロータッカーに伝え，9 月には表題が伝達された。だが，論文の嵩の問題などから，結局同年 11 月に発表は撤回された。全集にはハイデガーの原稿を妻が清書したものが採録された。また講演は，マールブルク神学者協会で 1924 年 7 月に発表されたものである。本人の原稿は発見されておらず，二つの速記録を基にしたものが，1989 年にニーマイヤー社から単行本で出版され，全集にも採録された。

論文「時間の概念」は，ディルタイらが提起した歴史性の問題に対して，歴史性を基づける事象として時間性を分析すべきことを主張する。その叙述は『存在と時間』をはっきり予示している。重要な特徴としては，一貫した仕方で時間性に向かう現存在分析が初めて行われることと，これに伴い，時間性の取りだしを目的とする「現存在と時間性」という分析単位が独立することが挙げられる。また，分析の枠組みとして「世界内存在」の構造概念が明示的に打ち出されることも，アプリオリな実存範疇を展開する『存在と時間』へとつづくハイデガーの思考の微妙な変質を示す。その意味で，本論文は，従来の事実性の解釈学と『存在と時間』型の現存在分析との分水嶺である。同名の講演は，論文と同じ趣旨を短くまとめたものだが，信仰の事象である永遠性と哲学的な時間の探求との隔たりを強調するなど，もともと原始キリスト教と深く関わっていたハイデガーの思索の変容が垣間みられ，興味深い。（景山洋平）

Bd. 65, *Beiträge zur Philosophie (Vom Ereignis)*, hrsg. v. F.-W. von Herrmann, 1989.
『哲学への寄与論稿（性起から〔性起について〕）』大橋良介／秋富克哉／ H. ブフナー訳，2005 年

1936–38 年に執筆されつつも，全講義録の編纂完了まで公開を待つようハイデガーに指示され，生誕 100 周年に公刊された「もう一つの主著」。『存在と時間』が周囲の誤解に苛まれたなかで練り直された，一連の思索の新たな語り出しであり，全体概観，具体的諸分析，過去論稿の注釈が，示唆的独白を交えつつ全 281 節の内に秩序づけられている。後年の諸論稿に本書への参照指示が散見されることからも，「後期思索」の基点と言える。

何より注目すべきは，本書全体が，存在の思索を辿る道そのものに即して構成されているということである。存在の問いを忘却した今日の状況がいったいどのようなものであるのか（「II. 響き」）。その今日の窮状を導いた西洋の思索の歴史とは何であるのか（「III. 投げ送り」）。思索はどのような仕方で従来の思索から新しい思索，「別の原初」へと移行するのか（「IV. 跳躍」）。その際に思索者はどのような問題を担い持ち堪えねばならないのか（「V. 創基／根拠づけ」）。そこで思索者はどのように有り（「VI. 将来する者たち」），そしてどのような運命のもとに置かれるのか（「VII. 最後の神」）。本書全体が存在の思索への道を示し，著作内の具体的諸論点はその道中の各々の指標となる。総じてこれらは，今日のわれわれをハイデガーの思索へと導く最大の助けとなる。なお，「II. 響き」は後期ハイデガーの現代批判，技術論の集約であり，「III. 投げ送り」には西洋哲学史の諸思索に対する批判的分析論が集中する。また「IV. 跳躍」では，誤解に苛まれた『存在と時間』がまさに，新しい思索への移行のプロセスそのものであったことが，ことさらに指示されている。（津田良生）

Bd. 66. *Besinnung*. v. F.-W. von Herrmann, 1997.
『省察』（未邦訳）

『省察』は，28 部 135 節の手稿群から成り，全集第 66 巻として初めて公刊された。巻数が示すように，本書は，前巻『哲学への寄与論稿（性起から〔性起について〕）』に続いて 1938/39 年に書き記されたものを収めており，両巻の内容はきわめて近い。「存在《あり》と存在《ある》（Das Seyn und das Sein）」，「神々」，「技術」など，この時期の思索を特徴づける数々の主題が各部を構成するが，節の数は部によって異なる。留意すべきは，表題の「省察（Besinnung）」である。『寄与論稿』でも，「省察」は哲学の規定に関わる重要語として登場しているが，この語が，『存在と時間』における「存在の意味（Sinn）」への問いを踏まえつつ，それを「存在の真理」を問う新たな歩みのなかで捉え直す意図のもと用いられているのは明らかである。すなわち，覆蔵と空け開けによる存在の動的な本質の現れが「存在歴史《ありのれきし》（Seynsgeschichte）」として展開するという独自な歴史理解に伴って，省察は，『寄与論稿』で扱われた「工作機構」や「技術」への洞察のもと，「全地球規模の省察なき時代における省察」として位置づけられる。特に重要なのは，『寄与論稿』でも本書でも，哲学としての省察ないし哲学の省察が，「存在の真理」あるいは「性起」への省察として，必然的に「自己への省察」，つまり「自己省察」と規定されることである。哲学の自己省察とは，哲学が哲学自身の歴史に向かい行くことに他ならず，それは，存在への問いが存在者の存在への問いとして展開した形而上学の歴史と，そのことによって問い出されないままになった存在の真理の存在歴史的な将来との間の，言い換えれば第一の原初と別の原初との間の対決として遂行されるのである。

巻末に「付録」として収められた「道への回顧」の前半「私のこれまでの道」は，30 年代末時点でのハイデガーの自己理解を知るうえでも非常に興味深い。（秋富克哉）

Bd. 67, *Metaphysik und Nihilismus*, hrsg. v. H.-J. Friedrich, 1999.
『形而上学とニヒリズム』（未邦訳）

本書は，「形而上学の超克（Die Überwindung der Metaphysik）」（1938/39 年）と「ニヒリズムの本質（Das Wesen des Nihilismus）」（1946～48 年）という 2 本の論稿からなる。いずれも全集以前に公刊されたことのないテクストだが，いずれも部分的には公刊されたことがある。「形而上学の超克」に関しては，部分抜粋・加筆修正されたものが『講演と論文』（全集第 7 巻）にほぼ同名のタイトル（Überwindung der Metaphysik）で収載されている。「ニヒリズムの本質」に関しては，最後の 3 分の 1 ほどが加筆修正されたうえで『ニーチェ』第 2 巻（全集第 6–2 巻）に「ニヒリズムの存在史的規定（Die seinsgeschichtliche Bestimmung des Nihilismus）」というタイトルで収載されている。成立年代を異にする二つの論稿が一つにまとめられたのは，両者に共通のテーゼが見出されるからである（vgl. GA67, 269）。プラトンからニーチェまでの西洋形而上学は，存在者と存在とを区別せず存在者を存在者から根拠づけることによって存在を忘却しており，その意味でニヒリズムだ，というテーゼがそれである。

「ニヒリズムの本質」は，全体としてまとまった論文となっており，『道標』（全集第 5 巻）所収のニーチェ論の白眉「ニーチェの言葉〈神は死んだ〉」の成立事情を窺わせる。これに対して，「形而上学の超克」は 164 の大小の断章からなり，その分かえって臨場感がある。考察対象は，『哲学への寄与論稿』以来のテーマである「存在の真理」や「存在に見捨てられてあること」，さらには「無」，「神学」，「世界観」など，多岐にわたる。『存在と時間』，「形而上学とは何か」，「根拠の本質について」，「芸術作品の根源」など，自著についての省察も見られ，さながら形而上学をめぐるハイデガーの思索の総覧の趣がある。（三谷竜彦）

Bd. 68, *Hegel. 1. Die Negativität, 2. Erläuterung der »Einleitung« zu Hegels »Phänomenologie des Geistes«*, hrsg. v. I. Schüßler, 1993.
『ヘーゲル』（未邦訳）

本巻は 1938 年から 42 年にかけての二つのヘーゲル論を含む。ともに小規模なサークルにおける講演の準備原稿と考えられ，第二論文は後に第 5 巻『杣道』において「ヘーゲルの経験概念」としてまとめられていく。ヘーゲルを扱った本巻は，形而上学の完成の相を扱っている点で，ハイデガーの一連のニーチェ論考と性格が重なるが，収録された二つの論文はいずれも短くしかも断片的である。だからといってこのヘーゲル読解の意義を過小評価するのは誤りである。ハイデガーにとってそれがいかに緊迫した“接近戦”であったかは，これらの論文がはっきりと示している。

第一論文でハイデガーは，自らの思想の核心部に一気に踏み込んでいく。存在論的差異と無をめぐるこれまでの思考を，ヘーゲルの否定性概念との距離によってあらためて位置づけようとするばかりではなく（『存在と時間』ですでに弁証法が無の問いを基礎づけえないことが指摘されていた），そこから問いを，存在《あり》（Seyn）の没根拠性へと指示しており，存在と無をめぐるこうした転回期の思索はきわめて密度が高い。

他方で第二論文では，『精神現象学』の成立過程（ヘーゲルの体系構想の変化）に立ち入ってその「緒論」を位置づけつつ，ヘーゲルの論述を丁寧に聴講者に読解してみせている。そこには教育者ハイデガーのスタイルが垣間見られる。しかし背景にあるのは，あくまでもヘーゲルとの抜き差しならない対決であって，その視点から，ヘーゲルのこの「作品」の成立が，「形而上学の歴史のなかの際立った瞬間」として性格づけられていくのである。（信太光郎）

Bd. 69, *Die Geschichte des Seyns*, hrsg. v. P. Trawny, 1998.
『有〔存在〕の歴史』（未邦訳）

本巻には，1938-40 年執筆の草稿群「存在《あり》の歴史」，1939–40 年執筆の比較的長い二つの草稿「共通ナルモノ（*Koinon*）――存在《あり》の歴史から」と「共通ナルモノに関する草稿」，および短い「補遺」が収められている。「存在《あり》の歴史」は，『哲学への寄与論稿』（第 65 巻），『省察』（第 66 巻）の思索を，それらの「源泉」を語ることにまで拡張しようとするものである。

「共通ナルモノ――存在《あり》の歴史から」は，存在の思索に基づいて第二次世界大戦開戦直後の状況と共産主義について論じており，注目に値する。その冒頭では，開戦直後の一見平穏が保たれているような「奇妙さ」の由来を，日常生活すべてが「戦争的性格」を持ち，戦争と平和の区別が消滅している点に見いだしている。それは，自らに授権する「権力（Macht）」が存在者の存在として支配的になることだと言う。民族の救済や精神的財産の庇護などの戦争目的も，実は権力が前面に出る手段にすぎず，「独裁者」も権力拡大の執行者にすぎない。だからたとえ独裁者でも，一つの権力段階に固執するなら直ちに無制約な権力によって駆逐されることになる。むしろ，すべての労働者という「共同的なもの《コミューヌ》」に権力を授け唯一の党の設立を図る共産主義こそ，権力の無制約的発動形態であると言う。さらに「共通ナルモノに関する草稿」によれば，共産主義の本質は，階級差別の撤廃にあるのではなく，匿名の少数者の無制約的権力に支配されることにある。共産主義とは「独裁者」をも超えて，「工作機構」という形而上学の完成形態へと導くものであり，その本質は形而上学の「長い終末」の場所なのである。この草稿の最後には，「工作機構」の支配を「切り抜ける」知や，性起の出来事を待ち望む「快活さ」や存在《あり》への信頼から得られる「歓喜」などの気分についても語られており，「別の原初」を考える大きなヒントとなっている。（相楽勉）

Bd. 70, *Über den Anfang*, hrsg. v. P.-L. Coriando, 2005.
『元初について〔原初について〕』（未邦訳）

『原初について』（1941 年）の思索は，『省察』（1938–39 年）（全集第 66 巻），「形而上学の超克」（1938–39 年）（第 67 巻に所収），『存在《あり》の歴史』（1938–40 年）（第 69 巻），『性起の出来事』（1941–42 年）（第 71 巻），『原初の礿《しゃく》』（1944 年）（第 72 巻）とともに，『哲学への寄与論稿』（1936–38 年）（第 65 巻）に始まる一連の存在史的思索を継承するものである。『哲学への寄与論稿』が「第一の原初」から「別の原初」への「移行」を中心課題としているのに対して，『原初について』では「原初」そのものが主題的に問われている。

ハイデガーによれば，西洋形而上学の「原初」とは，たんに時間的な系列の端緒におかれるようなものではなく，それ自身が歴史的に進行しながら，存在者の全体を支配するものである。だが，そのような「原初」は，もっぱら存在者の存在者性を問題にしてきた「第一の原初」と言われる「原初」である。『原初について』のなかでハイデガーは，「第一の原初」とは異なる「別の原初」の可能性を追求して，「原初」を「より原初的に」問題にしようとし，そのために「原初（Anfang）」という語を，その動的なはたらきを強調して，「始まり（Anfängnis）」という語でとらえ直している。「始まり」とは，原初がまさに始まることの本質的な現れを意味している。そのような「始まり」をそれとして思索すること，それが「性起の出来事」のうちへと先駆的に思索するということである。このように本巻では，「別の原初」そのものが「始まりゆく原初」「原初の始まり」という事態を通して再把握され，存在史的思索がより深められたかたちで展開されている。（松本啓二朗）

Bd. 71, *Das Ereignis*, hrsg. v. F.-W. von Herrmann, 2009.
『性起の出来事』（未邦訳）

本巻は，第 66 巻，67 巻，69 巻，70 巻，72 巻とならんで，第 65 巻『哲学への寄与論稿（性起から〔性起について〕）』に始まる，存在史的思索，原初的思索を主題とする草稿群（1941 年から 42 年）を編纂したものである。

六つの断想からなる序言（その末尾には『寄与論稿』への自己批判的言及が記されている）に続けて，『寄与論稿』と同じように長短さまざまの計 386 の諸断想が，以下の章題を掲げる 11 の章に分けて配列されている。「1. 第一の原初　2. 響き　3. 区別　4. 耐え抜き　5. 性起の出来事。その本質的に現れることの語宝〔語彙〕　6. 性起の出来事　7. 性起の出来事と人間本質　8. 現－存在（Da-seyn）　9. 別の原初　10. 性起の出来事への指し示し　11. 存在史的（seynsgeschichtlich）思索（思索と詩作）」。

なかでも特筆すべきは，第五章であろう。この章の冒頭に置かれた断想 184 では「性起の出来事（Ereignis）」をはじめ，「自性の委ね渡し（Übereignung）」，「本来性（Eigentlichkeit）」など，十一語の性起関連語句について，この草稿執筆時点での語釈が施されている。この章の原語題名に含まれる Wortschatz という語は，日常的なドイツ語では「語彙」を意味するが，ここでは言葉の根源としての「語という宝」をも含意する。この章題そのものが，『寄与論稿』の最終断想で暗示されていた「言葉と性起の出来事」という主題との連関を示し，その内容もまた，語および言葉についての考察を含んでいる。語や言葉に関しては，第 5 章以外でも頻繁に言及され，存在論的差異に関わる「区別」や「担い分け」を主題とする断想が随所に見られるのも本巻の特徴である。　（橋本武志）

Bd. 73-1, *Zum Ereignis-Denken*, hrsg. v. P. Trawny, 2013.
『性起の出来事の思索のために』第一分冊（未邦訳）

1930 年代を中心としたハイデガーの手稿集。最も古い原稿（「存在の裂き開き」）は 1930 年代初期のものであり，最も新しい原稿（「［パルメニデスの残響における］場所性」）は，1950 年代末か 60 年代初期と推定される。

本巻は，編者によって六つに分けられ，それぞれ「性起の出来事によせて」の後に主要表題が付されている。第一分冊には，「I. アレーテイアの裂き開き」，「II. 存在の問いと性起の出来事」，「III. 現－存在」「IV. 退去の本質――前進」，「V. 分断。性起の出来事への一連の手稿集」（すでに別所で発表されている「貧困」などの他，初公開となる「始まり」などの 1943–45 年のテキストが収められている）までが収められている。

本巻に収められた手稿は，主として性起の出来事や存在（Seyn），現－存在（存在者（Seyendes））などに関わるものであるが，それ以外にも，真理，芸術，物，言葉，自由（真なる自由（Freyheit）），民族，国家社会主義，詩作，第一の原初と別の原初などについても言及されており，『哲学への寄与論稿』の背景に，ハイデガーの絶え間ない膨大な思索があったことを示している。

また，本巻には自らの著作や講義，ギリシアから現代までの哲学者たちとの実り豊かな対決が収められている。特に『存在と時間』は繰り返し問い直され，時間や気遣いなどの概念が徹底的に思索し直されている。このことは，『存在と時間』が後年のハイデガーにとっても思索のための汲めども尽きぬ源泉であったこととともに，本巻が 1920 年代の彼の思想にも新たな光を当てうることを示している。　（木村史人）

Bd. 73-2, *Zum Ereignis-Denken*, hrsg. v. P. Trawny, 2013.
『性起の出来事の思索のために』第二分冊（未邦訳）

1930年代を中心とした手稿集の第二分冊。本巻には，「性起の出来事によせて VI. 存在論的差異と区別」が収められている。長短さまざまな手稿には，ハイデガー自身の矢印などによる指示が数多く再現されており，難解であるが，読者自身の理解の深さが問われる巻であるといえる。

本巻では存在論的差異と区別がさまざまな観点から集中的かつ反復的に問い直される。第一に，隠れと一体となった隠れなさ（真理）としての存在《あり》や性起の出来事の動性から。第二に，世界と物（Ding）ないしは集摂体（Geding），そしてそこに参与する存在者の最たるもの（das Seiendste）としての神々と，死への隣人としての人間の関わり・支え合い（Ver-Hältnis）から（これはのちに「ブレーメン講演」（1949年）などでは「四方界」の思想として結実することになる）。第三に，主導命題「存在は存在者では決してない」と関係して，ギリシア以来の形而上学，存在論の存在忘却という経験から。これらの重層的な観点から，存在者ではない存在とは何か，差異や区別とは何であるのか，区別に含まれる「と」とは何であるのか，それらは果たして問いうるのかということが，繰り返し真摯に思索される。その過程で，理解，超越，意志，実存，根拠，基礎存在論，本来性と非本来性，二重性と単一性などの概念も再検討され，彫琢されていく。

本巻は，杣道を行く1930年代のハイデガーが，なぜ存在を，存在《あり》，性起の出来事，そして存在と名指したのか，あるいはそう名指さざるをえなかったのかという問題に取り組むための有力な手掛かりを提供しうる。また，十分な分量とはいえないが，ヤスパースやマックス・ミュラーらについての興味深い言及を含む。（木村史人）

Bd. 74, *Zum Wesen der Sprache und zur Frage nach der Kunst*, hrsg. v. Th. Regehly, 2010.
『言葉の本質と芸術への問いに寄せて』（未邦訳）

本巻の第一部では，1930年代から『言葉への途上』に至るハイデガーの思索への手引きとなる大小200余りの草稿が，「言い示し（Sage）」と「語－記号－対話－言葉」という二つの部分に区分されている。

ここでの問題関心の射程は広く，ヘルダーリン諸講義や全集第65巻『哲学への寄与論稿』との関連はもちろんのこと，全集第2巻の主著『存在と時間』第17節での「記号」をめぐる思索との関連が示唆されている箇所もある。連綿と続く「存在《あり》（Seyn）」をめぐる思索のただなかで，とりわけ「意義」や「像」といった語が示す諸問題への思索に多くの比重が与えられている点が本巻の最大の特徴である。「像の本質――自らを接ぎ合わせ，瞬きへと自らを継ぎ合わせるまなざし（Anblick）であり，こちらへとまなざしを向け入れること（das Hereinblicken）である」というきわめて謎めいた一断片などは，「像」と「言葉」をめぐる問題系に関連して，多様な解釈と議論を呼び起こしうる思索の深みを垣間見せている。また断片的であるとはいえ，エドゥアルト・メーリケの「9月の朝」と「真夜中に」と題された二つの詩作品の解明が試みられているのも目を引く。

本巻の第二部は「芸術とは何か」という本質的問いに導かれた4編の短い論考からなる。とくに「芸術と空間」というモチーフをめぐってアリストテレスの『自然学』にまで立ち戻り，「トポス」と「コーラ」の区別に言及する議論は注目に値する。また「芸術」への思索を阻害する「文化」に対する批判的精神は1930年代以来一貫しているが，その精神はこの第二部でも遺憾なく発揮されている。（譽田大介）

Bd. 75, *Zu Hölderlin – Griechenlandreisen*, hrsg. v. C. Ochwadt, 2000.
『ヘルダーリンに寄せて　付・ギリシア紀行』三木正之／A. グッツオーニ訳，2003年

本巻は編者によって「論文および対話」，「ギリシア紀行」，「覚え書きおよび草稿」，および「付録」に区分された20数点の大小さまざまな遺稿を集成している。

「滞在」（1989年単行本としても出版）においてハイデガーは，ヘルダーリンの詩句に促されつつギリシアの島々を訪れる。現在技術の支配をいたるところに目撃しつつも，彼はヘラクレイトスやピンダロスの詩句へと思い遣る。思索は「コスモス」へと至り，そして「聖なる島」デロス島の威容が差し向ける「アレーテイア」へと収斂していく。ギリシアの豊かな地勢の描写に歴史への深い思慮が重奏する文章は，きわめて斬新な方法をとった思索の試みとしても読みうる。

「夕べの国の対話」は年少者と年長者の対話という形をとったテクストであり，分量にして本巻の3分の1強である約140ページを占めている。ヘルダーリンの「イスター」の詩句の経験から始まる対話は，「ゲルマーニエン」などの他の詩との参照関係の内で展開する。詩作の言葉を触診するように慎重に展開する対話的思索は「流れの精神」，「指し示し（Deuten）」，「尺度（Mass）」，「祖国」といったさまざまな言葉を経由しつつ，人間存在と「神々」の狭間の境域，つまり「政治的なもの（das Politishe）」をめぐる問題圏の臨界が露呈する境域へと送り返される。特に「送り遣わし（schicken）」から思索される「歴史的運命」をめぐるやりとりは対話の言葉の揺らめきを支える幹を為す。

ここには，思考にとって「対話」が持つ古びない意義が照らし出されているのである。

（譽田大介）

Bd. 76, *Leitgedanken zur Entstehung der Metaphysik, der neuzeitlichen Wissenschaft und der modernen Technik*, hrsg. v. C. Strube, 2009.
『形而上学，近代科学，現代技術の成立にかんする主導的諸思想』（未邦訳）

原著で約400頁の大冊である本巻は，形而上学・近代科学・現代技術の成立について逐次あつかう三部構成であり，全体で24本から成る諸論稿の集成である。そのなかには完成度の高い論考もあれば，覚え書きのような草稿もある。これらのテクスト群の成立年代は，ひとつの例外を除き，1935年から1955年までと推定できるようだ。したがって本書は，中期および後期ハイデガーの存在歴史的思索によって全編が貫かれている。存在歴史的思索とは，古代ギリシアの形而上学から近代科学へ，そして現代技術へと変貌していく歴史的過程を，その必然性から内省することであり，そして同時に，それとは別の歴史の原初／始まりについて省察することである。

しかし本巻の魅力は，形而上学批判，科学技術批判だけにとどまらない。芸術や政治，大学教育をめぐる時事問題など，話題が多岐にわたっているところが興味深い。ここには，ピンダロスの祝勝歌とハイゼンベルクの不確定性原理について考察するハイデガーがいる。「哲学を手放してしまったドイツ人――民族的な本質を手に入れるという意図のために！――世界史的な自殺である」という，ナチ時代における哲学者の嘆きもある。わけても第二部で言及される具体的事例の豊富さは，ハイデガー全集のなかでも出色のものだろう。読者は本書のさまざまな細部に分け入ることによって，存在歴史的思索のいわば舞台裏を訪れることができるのであり，ハイデガーの見知らぬ一面にふれて一驚するにちがいない。新たなハイデガー解釈へといざなう，発見の書である。

（稲田知己）

Bd. 77, *Feldweg-Gespräche*, hrsg. v. I. Schüssler, 1995.
『野の道での会話』麻生建／K. オピリーク訳，2001 年

本巻は，第二次大戦の終焉も近い 1944～45 年の冬に執筆された三つの架空の対話篇「アンキバシエー」(1945 年 4 月 7 日完成)，「塔に登る戸口にて，教師が塔守に出会う」，「ロシアの戦争捕虜収容所で交わされた年少者と年長者の夕べの会話」(1945 年 5 月 8 日完成）とそれに付属するメモ群を収録する。これらは，『野の道での会話』と題されて，ハイデガーの遺稿から発見されたものである。

いずれの対話も，戦時下の緊張感を克明に映し出しつつ，技術時代の世界の荒廃とその本質としての近代的思考と存在に見捨てられてあることを省察し，これに対する新たな思索の可能性を探りだしている。「アンキバシエー」の表題はヘラクレイトスに由来するが，ハイデガーはこれを「近さの内に立ち入る」と訳す。この「近さ」とは，形而上学的に存在者を表象する意志によっては汲み取れない世界の原初的なリアリティを意味する。逆に「近さの内に立ち入る」ためには，「意志しないことを意志する」「放下した平静さ（Gelassenheit)」が求められるのだ。教師と塔守の会話では，近代の形而上学的な表象作用の基盤が探求される。だが，一義的な解答を与えずに，形而上学的思考を支える「根拠」の問題を告知し，対話は閉じられる。戦争捕虜となった年少者と年長者の対話では，共同体の問題に焦点を当て，世界の荒廃と再生の可能性が考察される。《戦勝者が実は敗者であった》というドイツ降伏の翌日に記された末文には，母国の敗戦への屈辱感と，世界の荒廃が本質的には何も変わらないという冷徹な状況認識がないまぜに表れており，時代に内在する哲学のありようを生々しく映し出している。

（景山洋平）

Bd. 78, *Der Spruch des Anaximander*, hrsg. v. I. Schüßler, 2010.
『アナクシマンドロスの箴言』（未邦訳）

本巻には，初期ギリシアの思索家の一人であるアナクシマンドロスの箴言（断片 1）に関する論稿が収められている。このテクストの正確な成立時期は不明だが，編者の文献考証によれば 1942 年の晩夏から秋にかけて仕上げられたとされる。ハイデガーはこの原稿を用いた講義を予定していたが実施はされなかった。それに代わるかのように 1950 年に公刊された『杣道』（全集第 5 巻）には，本巻収録原稿から編纂された同表題の論文が収録されている。ハイデガーのアナクシマンドロス解釈は他に 1932 年夏学期講義（全集第 35 巻）や 1941 年夏学期講義（第 51 巻）でも見受けられるが，本巻ではその分量からいっても最も集中的に取り組まれていると言えよう。

本巻導入部でも強調されるように，ハイデガーにとって初期ギリシアの思索家たちの言葉の翻訳とは，単なる逐語訳ではなく，彼らの言葉のうちに伝統的形而上学とは「別の原初」から語り出される根源的な存在経験を聴き取る作業である。この基本姿勢に従って，本巻ではアナクシマンドロスの箴言に登場するタ・オンタ，ゲネシス，ファソラ，クレオーン，ディケー，アディキア，ティシスといった語が解釈されていく。それによって明らかになっていくのは，現前として原初的に経験された存在それ自身の本質動向である。これらの解釈は『杣道』収録論文にも継承されているが，本巻では同論文では言及されないクロノスやアペイロンについての解釈も展開されている。「性起の出来事」をめぐる後期ハイデガーの思索の内実を探るうえで，本巻はパルメニデス講義（第 54 巻）やヘラクレイトス講義（第 55 巻）と並んで重要な位置をもつだろう。

（伊藤良司）

Bd. 79, *Bremer und Freiburger Vorträge*, hrsg. v. P. Jaeger, 1994.
『ブレーメン講演とフライブルク講演』森一郎／H. ブフナー訳，2003 年

本巻には，1949 年ブレーメン連続講演「有るといえるものへの観入（*Einblick in das was ist*）」と，1957 年フライブルク連続講演「思考の根本命題（*Grundsätze des Denkens*）」が収められている。前者の第一講演「物」は『講演と論文』（1954 年）に，第四論文「転回」は『技術と転回』（1962 年）に，また後者の第三講演「同一性の命題」は，『同一性と差異』（1957 年）に，それぞれ収録され，広く読まれてきた（単行本はいずれもネスケ社刊）。だが，それら重要テクストが埋め込まれた両連続講演の全体が公表されるに至ったのは，全集版本巻においてである。とりわけ，ブレーメン第二講演「総かり立て体制」と第三講演「危機」は，ハイデガー技術論の精華と目されながら，長らく未刊であった。1953 年の講演「技術への問い」を理解するうえでも，それに先立つブレーメン講演は，今や必読の基本文献となっている。

ブレーメン講演は，「まえおき」で，飛行機やラジオ，テレビ等の発明にふれたあと，「原子爆弾の爆発」および「水素爆弾」に言及している。第二，第三講演では，「絶滅収容所における死体の製造」が，現代技術の一例として挙げられている。第二次世界大戦という未曾有の「出来事」の余燼の中から，戦後のハイデガーの思索が再開されたことが，ここに紛れもなく告げられている。その最重要語が「総かり立て体制（Ge-Stell）」であった。モノとヒトをおのずとかり立てて地球規模で膨れ上がってゆく巨大システムを表すこの語は，人類史の根本動向を言い当てるべく選ばれており，マルクスの「資本」やニーチェの「ニヒリズム」に匹敵する，現代哲学のキーワードである。「ゲ－シュテル」とは何を意味するかを考えるためには，初出テクストであるブレーメン講演を，まずもって読み解く必要がある。（森一郎）

Bd. 81, *Gedachtes*, hrsg. v. P.-L. Coriando, 2007.
『思い』（未邦訳）

「思い（Gedachtes）」は，本書のタイトルであるとともに，本書の文体を指す。この文体は一見文法的に不可解な詩文の語の羅列のように見えるが，詩作（Dichtung）ではない。むしろ「パルメニデスなどの最初期の思想家の箴言に類した文体」であるとともに，「存在《あり》の歴史的運命」から合図される「静けさをいたわる」ことを目的とする，とされる。この文体には，西洋思想の伝統とヘルダーリンの詩作との間でなされたハイデガーの思索が凝縮しているといえよう。

第一部「初期詩作－書簡類－思い」は，婚約者であり彼の後の夫人となるエルフリーデ・ペトリに宛てられたさまざまな文章や初期の詩作に加えて，1945 年から 46 年にかけて及び 1972 年から 75 年にかけて書かれた「思い」と称された未公開草稿群である。

第二部「思惟の経験から」は 1930 年代の終わりから 40 年代にかけて書かれた草稿群である。この部分に関連して 1941 年に 18 のテクスト「合図」が公刊され，全集第 13 巻『思惟の経験から』（1983 年）に収録された。また，同様に，同タイトルの「思惟の経験から」というテクスト群が 1954 年にネスケ社から刊行され，全集第 13 巻に収録されている。

第三部の「思索の遺贈のための思い」と題されたテクストは，1973 年にハイデガーが夫人の 80 歳の誕生日に献呈した後数年間かけてさらに改訂されたものである。彼はすでに 1971 年にフランス人詩人であり友人であったルネ・シャールに「思い」と題して，第三部中のいくつかの草稿とほぼ重複する七つのテクストを献呈しており，これらは同じく「思い」というタイトルで全集第 13 巻に収録されている。第四部の「個々の小編」には 1930 年代後半からハイデガーの最晩年までの種々の「思い」の文体のテクストが収録されている。（小野真）

Bd. 83, *Seminare: Platon – Aristoteles – Augustinus*, hrsg. v. M. Michalski, 2012
『ゼミナール　プラトン―アリストテレス―アウグスティヌス』（未邦訳）

本巻には，1928 年から 52 年の間にマールブルク大学とフライブルク大学で行われたゼミナールないし演習についてのハイデガーの覚え書き，ならびに参加学生による演習記録が収められている。本編の第一部には 1928 年夏学期演習「アリストテレス『自然学』Γ1-3」，第二部には 1930/31 年冬学期演習「プラトン『パルメニデス』」，第三部には 1930/31 年冬学期演習「アウグスティヌス『告白』第 11 巻（時間論）」，第四部には 1932 年夏学期演習「プラトン『パイドロス』」，第五部には 1944 年夏学期演習「アリストテレス『形而上学』Γ と Z」，第六部には 1950/51 年冬学期演習「読解演習――原因性について」と 1951 年夏学期演習「読解演習――アリストテレス『自然学』B1，Γ3」の二つ，以上計七つの演習の覚え書きが収録されている。さらに付録として，上記のうち第二部を除く六つの演習記録に加えて，1951/52 年夏学期演習「読解演習――アリストテレス『自然学』Γ と『形而上学』Θ10」の記録が二種類収録されている。

これらの覚え書きや演習記録はいずれも，既刊の著作や講義において一定のかたちに集約された古代哲学をめぐるハイデガー独自の解釈をさらに掘り下げて理解するための有力な手がかりばかりでなく，それら諸解釈の間を相互に結びつけて読み解くための強力な補助線をも提供してくれる。運動，分有，時間，語り，原因性，自然等々の伝統的な存在をめぐる根本諸概念に対して，いわゆる「転回」を挟んで，『存在と時間』の影響下の 20 年代から戦後の 50 年代に至るまで，長年にわたりハイデガーが格闘し続けた思考の軌跡を，本巻は鮮やかに浮き彫りにするはずである。（齋藤元紀）

Bd. 84-1, *Seminare: Kant – Leibniz – Schiller*, hrsg. v. G. Neumann, 2013.
『ゼミナール　カント―ライプニッツ―シラー』（未邦訳）

本巻は，カント，ライプニッツ，シラーの哲学に関するゼミナールを収めた巻の第一分冊である。この分冊巻では 1931 年夏学期の「カント『形而上学の進歩について』」，1931/32 年冬学期の「カントの超越論的弁証論と実践哲学」，1934 年夏学期の「カント『純粋理性批判』の中の主要箇所」というカントに関する三つのゼミと，1935/36 年冬学期の「ライプニッツの世界概念とドイツ観念論」というライプニッツを取り上げた一つのゼミが収められている。

本巻の本編は，ハイデガーによるゼミについての覚え書きによって構成されている。それに対して付録には，ゼミの参加者による研究発表，プロトコル（演習記録），ノート，ハイデガー宛の書簡が収集されている。

1931 年のゼミでは，表題にあるカントの懸賞論文の中の「判断」についての諸規定とその対象への関わりが考察されている。1931/32 年においては『純粋理性批判』の「超越論的弁証論」が取り上げられ，なかでも付録のカント自身による「超越論的原理論」の解釈が重点的に読解されている。1934 年には「真理に関わる人間の根本的な態度と主要な構え」を主題として，同書の「超越論的理念」に関する叙述が主に考察されている。

本巻で最も重要なのが，1935/36 年のライプニッツについてのゼミである。すでに公刊された全集の諸ライプニッツ解釈がライプニッツ哲学の包括的な解釈であったのに対し，ここではライプニッツの著作『モナドロジー』について詳細な分析・解釈が試みられている。特に同書第 36 節から第 45 節までの「神の存在論的証明」から，伝統的な理解とは異なるライプニッツ独自の新しい「可能性」概念が，ハイデガーによって浮き彫りにされている。（赤塚弘之）

Bd. 85, *Vom Wesen der Sprache. Zu Herders Abhandlung » Über den Ursprung der Sprache «*, hrsg. v. I. Schüßler, 1999.
『言語の本質について――ヘルダーの論考『言語起源論』をめぐって』（未邦訳）

本巻は，ヘルダーの『言語起源論』の読解を行ったゼミナール（1939年夏学期・上級ゼミナール）の資料として，前半にハイデガー自身の「覚え書き」，後半にゼミナール参加者による11の「演習記録《プロトコル》」を収めている。しばしばハーマン－ヘルダー－フンボルトと並挙されるドイツ人文主義の系譜は，ハイデガーの思想，特にその言語論と強い親近性をもつものと考えられるが，それらの思想家が直接に主題化された個所はきわめて限られている。『存在と時間』の時期のフンボルトへの言及，そして後期の「言語への道」でフンボルトの言語論を主題とした以外に，ドイツ人文主義に対するまとまった論及はほとんど見られない。その点で，本巻はハイデガーとドイツ人文主義を結ぶ貴重な資料となっている。

プロトコルでは，ヘルダー『言語起源論』の原典に即して，その議論を丹念に辿っているところから，実際のゼミナールでは，原典に忠実な解説がなされたことが窺える。ライプニッツの認識論との比較，同趣旨のグリムの言語起源論など，ある程度の哲学史的背景も議論されるが，大半は『言語起源論』の解説に費やされている。基本的には，ヘルダーの言語論が「言語をもつ《ゾーオン・ロゴン・》動物《エコン》」としての人間観に依拠し，その限り形而上学の枠内にあるものと評価されるため，その積極的な可能性が展開されることはない。それに対してハイデガー自身の覚え書きでは，ヘルダーの言語論を手がかりとしながら，きわめて断片的ではあるが，存在史的な言語理解，言語の「本質的な現れ（Wesung）」といった問題に触れ，ヘルダーの「起源」の主題を「別の原初」，あるいは「存在（Seyn）」の「深淵」の問いへと転換しようとする狙いが垣間見られる。形而上学からの「移行」の言語として，ゲオルゲの三編の詩が引用されるなど，その覚え書きでは，ハイデガー自身の模索の試みが散見され，後期の言語論に繋がる要素が提起されている。（村井則夫）

Bd. 86, *Seminare: Hegel – Schelling*, hrsg. v. P. Trawny, 2011.
『諸ゼミナール　ヘーゲル－シェリング』（未邦訳）

本巻では，1927年から57年までにマールブルクおよびフライブルク大学で行われたヘーゲルとシェリングについてのゼミナールのための草稿やプロトコルが収録されている。これらは，マールバッハのドイツ文学資料館にあるハイデガーの遺稿からのものであり，収録されたゼミナールは順に，「アリストテレス－ヘーゲル－ゼミナール」（1927年夏学期），「シェリング『人間的自由の本質について』」（1927/28年冬学期），「ヘーゲル『法哲学』」（1934/35年冬学期），「シェリングとドイツ観念論」（1941～43年），「ヘーゲルに寄せて――『精神現象学』」（1942年夏学期），「ヘーゲルに寄せて――本質の論理学」（1955/56年冬学期），「ヘーゲルの思索の事柄についての言葉」（1956/57年冬学期）である。ドイツ観念論および「存在」の問題が展開されるこれらのゼミのほか，付録として，ヘーゲルとシェリングについての覚え書き，上記のゼミおよび「弁証法についてのコロキウム」（1952年9月）などに関する膨大なプロトコル，また『存在と時間』刊行以降（1927～45年）の諸講義およびゼミ演習の題名覚え書きが収録されている。

なかでも特に，カール・シュミットに反論する形で，「33年1月30日にヘーゲルは死んだ」（この日，ヒトラーが首相に指名された）のではなく，「そのとき彼（ヘーゲル）は初めて生き始めたのだ」と述べている箇所など（vgl. GA86, 85），ハイデガーとナチスとの関係を考える資料としても，本巻はあらためて研究者から注目を集めているところである。（魚谷雅広）

Bd. 87, *Nietzsche: Seminare 1937 und 1944*, hrsg. v. P. v. Ruckteschell, 2004.
『ニーチェ　1937年と1944年のゼミナール』（未邦訳）

本巻には，実施年度も主題も異なる二つのゼミナールのために，ハイデガーがそのつどしたためた覚え書きが収められている。これらが一書にまとめられたのは著者自身の意向による。ニーチェの後期著作（特に遺稿『力への意志』）を扱っている点で，両ゼミナールが軌を一にしているからであろう。

第一部は，37年夏学期の演習「ニーチェの形而上学の根本姿勢（存在と仮象）」に関する断章の集成であり，本巻の大半を占めている。そもそもこのゼミナールは「講義を補完する勉強会」として，同学期の講義（全集第44巻所収）と並行して行われたものであるため，そこにはむろん当該講義（およびこれと内容上密接に連関している第43巻所収の講義）と重なりあう主張も散見する。とはいえこれらの断篇は全体として見れば，きわめて多岐にわたる問題を取り上げており，その範囲の広汎さたるや，上述の二つの講義が束になってかかっても比肩するところではない。それどころか「生」や「真理」に関するニーチェの所説に論及した断章群は，二年後の講義（第47巻所収）をすでに先取りしているとさえ言えよう。

第二部は「「思索の根本諸概念」のための素描」と題され，44年夏学期，従軍学徒向けの特設ゼミナール「思索の根本諸概念」に関するさまざまな断想からなっている。全篇わずか15頁ほどのこの小品において目を惹くのは，ニーチェの（かの有名なニヒリズム論にもつながる）「価値（評価）」の所説をめぐる一連の考察である。なおこの第二部の理解に正確を期するためには，当該ゼミナールの演習記録（本巻「付録その一」所収）の併読が不可欠である。

（安部浩）

Bd. 88, *Seminare (Übungen) 1937/38 und 1941/42*, hrsg. v. A. Denker, 2008.
『諸ゼミナール（1937/38年と1941/42年）』（未邦訳）

本巻には二つの演習のためにハイデガーが準備した草稿とメモ，ならびに学生たちによるプロトコルが収録されている。一つは1937/38年冬学期の演習『西洋の思考の形而上学的な根本姿勢』であり，この内容は同学期に行われた講義『哲学の根本的問い』（第45巻）の内容と連関している。講義では，古代ギリシアの哲学の原初における人間の「根本姿勢・根本的位置(Grundstellung)」が究明され，プラトンにおいてすでにその姿勢・位置が変容したということが示唆された。同様の問題意識のもと当該の演習では，プラトン，それ以降のキリスト教的形而上学，デカルト，ライプニッツ，カントならびにドイツ観念論において，哲学を遂行する人間の根本姿勢・根本的位置がどのように変容してきたのか，いかに存在そのものではなく存在者性について問うてきたのかについての考察がなされている（ドイツ観念論に続くニーチェにおける根本姿勢・根本的位置に関しては第87巻で扱われている）。

もう一つの演習は，1941/42年冬学期に行われた『哲学的な思索への入門演習』というものである。こちらは古代においてアレーテイア（隠れなさ）としてギリシア人に経験された存在の真理が，いかに「正当性（Richtigkeit）」そして「確実性（Gewißheit）」としての真理へと変転していくかということに注目して論が進められる。初学者向けの演習のため，ハイデガーが彼らを教育的に配慮しつつ注意深く哲学的思索の内へと導く様子を随所に垣間見ることができる。

いずれも演習用の草稿ゆえに省略が多く読みにくく，完結された論稿にはなっていないが，両演習を合わせて解釈することにより，西洋における存在の捉えられ方と人間の有り方との内的連関に関して洞察が得られるようになっている。

（陶久明日香）

Bd. 90, *Zu Ernst Jünger*, hrsg. v. P. Trawny, 2004.
『エルンスト・ユンガーへ』（未邦訳）

本書は，1934年から54年までにハイデガーが取り組んだ，ユンガーに対する対決の記録として出版された。この巻は三つの異なる部分から成っている。第一部は1934年から40年の間になされた「エルンスト・ユンガーの概略」と名づけられた手稿であり，第2部はハイデガーが1940年1月に，フライブルク大学の同僚の小さなサークルにおいて行った「ユンガーについての対話」のために提出した原稿と，それへの補遺として1954年に公にされた「形態」の手稿である。最後に付録として，ユンガーの『労働者』他の著作の手沢本へハイデガーが書き込んだ欄外注が採録されている。この書き込みは，本書全体を理解するうえでも重要なものである。

ユンガーの著作に見られる，「総動員（die totale Mobilmachung）」，あるいは「労働者」としての人間の「形態（Gestalt）」という概念に，科学技術時代における社会体制と人間のあり方を剔抉する重要な視点を，ハイデガーは見出していた。こうした概念を手引きとして，ハイデガー自身の「総かり立て体制（Gestell）」という思索が形成されたことが，本書の随所から読みとれる。しかしその一方で，ユンガーの思考がニーチェの思想を継承するものであるために，根本的に形而上学の思考の圏内にとどまっていることを，ハイデガーは強く批判している。というのは，ニーチェの思想は，哲学史的には形而上学の諸概念のなかで理解されるべきであると，ハイデガーは繰り返し強調するからである。ここで顕わにされているのは，ユンガー，およびその背後にニーチェの思索との対決を通して，西洋の形而上学という存在の歴史とニヒリズムの連関，さらにそこから望見される存在の歴史の新たな原初という，1930年代以降のハイデガー自身の思索である。（山本與志隆）